Michel Storck– Gustavo Vieira da Costa Cerqueira – Thales Morais da Costa
**(sous la direction)**

# Les frontières entre liberté et interventionnisme en droit français et en droit brésilien

## Études de droit comparé

Préface de Vlad Constantinesco
Introduction de Michel Fromont

AF745077

Centre du Droit de l'Entreprise de l'Université de Strasbourg/Instituto de Direito Comparado Brasil-França – IDCBF

L'Harmattan

**© L'Harmattan, 2010**
**5-7, rue de l'Ecole polytechnique, 75005 Paris**

http://www.librairieharmattan.com
diffusion.harmattan@wanadoo.fr
harmattan1@wanadoo.fr

ISBN : 978-2-296-13763-9
EAN : 9782296137639

## SOMMAIRE

# PRÉFACE

**Vlad CONSTANTINESCO***

C'est bien volontiers que, répondant à l'invitation des promoteurs de cet ouvrage, j'écris ces quelques mots en guise de préface, à ce livre qui présente une série de recherches comparatives menées entre le droit français et le droit brésilien.

La caractéristique première de l'ouvrage, c'est qu'il répond à l'initiative de jeunes doctorants brésiliens qui sont inscrits en thèse auprès de professeurs français, et qui, grâce à leur dynamisme, trouvent le temps, pendant la préparation de leurs thèses - un parcours long et difficile, comme chacun sait - de se consacrer à d'autres activités comme celle de vivifier les liens entre les droits brésiliens et français.

Mieux faire connaître le droit brésilien aux juristes français, et, inversement, mieux faire connaître le droit français aux juristes brésiliens, telle est l'ambition de cet ouvrage qui rassemble les actes de deux colloques tenus à Strasbourg. La Faculté internationale de droit comparé ne pouvait manquer de soutenir ce projet, exemplaire à beaucoup d'égards, et qui témoigne de l'intérêt des études juridiques comparatives, que la Faculté internationale promeut et développe depuis plus de cinquante ans.

Il émane, on l'a dit, de jeunes doctorants brésiliens venus en France poursuivre des études de haut niveau : demain, revenus dans leur pays en possession d'un titre de docteur délivré par une université française, ils seront en mesure de faire vivre, concrètement, dans les professions juridiques qu'ils embrasseront, les leçons apprises auprès des universités françaises. Surtout, comme en témoigne cet ouvrage, ils sont déjà des 'passeurs', capables de naviguer entre continents juridiques différents : l'internationalisation des rapports juridiques aura de plus en plus besoin de 'passeurs' de qualité, capables de faire comprendre les particularités d'autres droits que le sien.

* *Professeur à l'université de Strasbourg, Doyen de la faculté internationale de droit comparé.*

Le lecteur trouvera dans cet ouvrage les rapports présentés à l'occasion de deux colloques tenus à l'université de Strasbourg les 14 avril et 17 juin 2008, sur les thèmes : *La mise en place d'un projet de droit comparé entre la France et le Brésil*, et *Le droit français et le droit brésilien d'aujourd'hui : éléments de comparaison* (sous la direction du professeur Michel Storck et de M.M. Gustavo Vieira da Costa Cerqueira et Thales Morais da Costa, doctorants)

Sans doute, ces deux colloques ne poursuivaient pas la même ambition : tels qu'ils se présentent, ils apparaissent comme complémentaires. Le premier comporte plutôt des interventions consacrées à la méthodologie comparative, indispensables à celui qui veut entreprendre des études de droit comparé, car il s'agit de savoir comment comparer afin que la comparaison se révèle fructueuse. Le second, au titre ample, examine une série de sujets particuliers, qui constituent en quelque sorte des exemples de micro-comparaison, se rattachant au thème général de l'interventionnisme étatique, au Brésil et en France.

Le lecteur ne pourra manquer d'être reconnaissant, à ces jeunes doctorants brésiliens, de leur projet : il y reconnaîtra la capacité d'initiative et le dynamisme dont la nation brésilienne est créditée, à juste titre, sous sa devise, inspirée d'Auguste Comte : *Ordem e Progresso*, un programme toujours actuel !

# AVANT-PROPOS

**Michel Storck**
**Gustavo Vieira da Costa Cerqueira**
**Thales Morais da Costa**

Nous avons l'honneur d'offrir aux juristes francophones les actes de deux rencontres de droit comparé réalisées à Strasbourg en 2008. La première a eu lieu le 14 avril 2008 au sein de la Faculté internationale de droit comparé de Strasbourg et avait pour thème « *La mise en place d'un projet de droit comparé entre la France et le Brésil* ». La seconde a eu lieu le 17 juin de la même année et était intitulée « *Le droit français et le droit brésilien d'aujourd'hui : éléments de comparaison* ». Cette dernière était une réalisation du Centre du droit de l'entreprise de l'université de Strasbourg, en collaboration étroite avec l'École régionale des avocats du Grand Est (ERAGE) et l'Institut de droit comparé France-Brésil et avec le concours de l'École doctorale de droit, gestion et histoire de l'université de Strasbourg.

Si les actes de ces deux rencontres sont publiés ensemble dans ce volume, c'est en raison des caractéristiques communes qui les unissent. Tout d'abord, les interventions ont été assurées par des jeunes chercheurs brésiliens préparant (ou ayant récemment réalisé) leurs thèses en France. Ensuite, elles sont toutes fondées sur la méthode comparative et permettent ainsi au public de saisir quelques similitudes et quelques différences qui caractérisent les droits français et brésilien. Enfin, ces rencontres ont été marquées par un vif échange entre des professeurs Français et des juristes Brésiliens, ce qui a permis d'approfondir l'analyse comparative et de mieux saisir les enjeux des sujets traités.

Au-delà des caractéristiques communes, les deux rencontres ici présentées au public sont également marquées par d'importantes singularités. Tout d'abord, l'échelle de comparaison adoptée n'est pas la même pour les deux journées d'étude. La manifestation du 14 avril 2008 s'est située sur un plan plus général. Elle a représenté l'effort d'aborder les questions les plus élémentaires d'une analyse prétendument comparative. Ont ainsi été traités, d'une part, les éléments de base permettant l'élaboration d'un projet de droit comparé et, d'autre part, les données fondamentales de la comparaison franco-brésilienne en droit public et en droit privé. La journée du 17 juin 2008 a, en revanche, été structurée autour d'un thème spécifique, à savoir l'intervention de l'État et la liberté des personnes. En refermant l'échelle de la comparaison, cette rencontre a ouvert la voie à une analyse plus détaillée et précise des règles françaises et brésiliennes relatives au rôle de l'État dans la société et face à la liberté des personnes.

La seconde spécificité concerne la nature du public visé. La première rencontre a été adressée à un public universitaire de comparatistes. Cela explique la raison pour laquelle elle a eu lieu au sein de la session de printemps de la *Faculté internationale de droit comparé de Strasbourg*[1]. La seconde rencontre a également été ouverte à un public de comparatistes, mais cette fois-ci en rassemblant des universitaires et des praticiens. Cela explique le fait que ce colloque ait été réalisé par le Centre du droit de l'entreprise de l'université de Strasbourg[2] et qu'il ait été validé au titre de la formation continue des avocats auprès de l'École régionale des avocats du Grand Est (ERAGE)[3].

Le présent volume rassemble ainsi les interventions, les commentaires et les propos introductifs de ces deux journées. Ces textes furent dûment revus par leurs auteurs et se trouvent à jour des dernières modifications du droit français et du droit brésilien. Ils constituent la version élargie et remaniée de l'essentiel de leurs interventions.

Les sujets traités touchent plusieurs champs du droit public et du droit privé. Une recherche approfondie sur ces deux grands domaines se devait d'être réalisée. Elle a révélé qu'aussi bien en droit public qu'en droit privé, les droits français et brésilien présentent d'importantes similitudes, mais aussi de différences substantielles.

Dans le champ du droit public, la République Française et la *República Federativa do Brasil* connaissent, certes, deux différentes formes d'organisation de l'État (État unitaire et État fédéral), mais ce sont avant tout deux Républiques. Elles se caractérisent, d'une part, par leur attachement à un certain nombre de règles formelles : leurs constitutions sont écrites et soumises à une procédure spécifique de révision (Constitution française (CF), art. 89 ; Constitution brésilienne (CB), art. 60) ; le législateur vote les lois sous le contrôle du juge constitutionnel (CF, art. 61 *sq.* ; CB, art. 102 *sq.*) ; il appartient au pouvoir exécutif d'assurer l'exécution des lois (CF, art. 21 ; CB, art. 84) ; les juges compétents en matière civile, pénale et administrative doivent également respecter les lois et exercent leurs fonctions au sein des structures hiérarchisées ayant dans leurs sommets une juridiction suprême. Les systèmes juridiques français et brésilien se caractérisent, d'autre part, par la consécration d'un certain nombre de règles matérielles : ils sont fondés

---

1 Nos remerciements vont particulièrement au professeur Vlad Constantinesco, doyen de la Faculté internationale ainsi qu'aux professeurs Claude Witz et Jochen Bauerreis qui ont assuré le bon déroulement des débats.

2 Nos remerciements vont au professeur Valérie Michel, directrice de l'École doctorale de droit, sciences politiques et histoire de l'université de Strasbourg sous l'égide de laquelle la manifestation du 17 juin 2008 a été réalisée.

3 Nos remerciements vont au Bâtonnier Jean-Jacques Forrer, vice président de l'ERAGE et à Maître Roberta Ribeiro Oertel, responsable pédagogique de l'antenne de formation continue Alsace de l'ERAGE, dont le siège est à Strasbourg. Le partenariat avec cette institution a permis de sensibiliser les avocats et les magistrats présents à l'importance du droit comparé et de faire connaître le travail réalisé par leurs homologues brésiliens.

sur la démocratie représentative et consacrent le peuple comme titulaire de la souveraineté nationale (CF, art. 3) ou de tout pouvoir (CB, art. 1er) ; ils consacrent une série de droits ayant valeur constitutionnelle (CF, préambule et les textes auxquels il renvoie; CB, art. 5 *sq.*) et affirment leur attachement aux valeurs « sociales » (CF, art. 1er et préambule de 1946; CB, art. 1er, IV).

Les deux pays connaissent également un droit privé écrit et essentiellement codifié, dont les origines communes permettent l'identification de nombre de principes et d'institutions convergents, notamment dans le domaine des obligations. De surcroît, le rayonnement de la culture et du droit français au cours du XIXe siècle aurait laissé au Brésil, pays alors en quête d'affirmation suite à son indépendance en 1822, des empreintes qui rendraient davantage convergentes certaines solutions. La comparaison juridique entre les deux systèmes pourrait alors paraître relativement aisée, avec cet avantage que les deux droits s'expriment en langues néo-romaines. Mais loin s'en faut. En abordant les deux droits, le juriste est confronté à de telles particularités quant au fond du droit qu'il est invité à développer une méthodologie bien propre pour systématiser les résultats de la comparaison qu'il mène, comme l'illustre bien la question relative à la levée du voile de la personnalité morale. Ces spécificités que la comparaison fait ressortir confèrent à chacun des deux ordres juridiques une incontestable originalité.

En effet, alors que les solutions françaises sont plus concrètes du fait de leur caractère casuistique, les solutions brésiliennes s'expriment par des textes d'un grand technicisme et formulés de façon très abstraite. Sur le plan des influences, bien que le droit privé brésilien ait adopté un certain nombre de règles et d'institutions d'origine française, il a conservé son héritage ibérien, tout en s'inspirant d'autres systèmes juridiques, notamment l'allemand et l'italien, et, plus récemment, le suisse et le nord-américain. Le droit privé français, moins sensible aux influences des pays qui l'entourent, s'est tout de même ouvert aux solutions forgées aux États-Unis.

Sur le plan international, le droit français subit l'influence de nombreuses solutions formulées à Bruxelles et se voit souvent encadré par des arrêts de la Cour de Strasbourg en matière de protection des droits de l'homme. Cependant, cette influence n'a son correspondant ni dans le Mercosur, en raison du déficit d'harmonisation législative et du manque de supranationalité des actes qu'il édicte, ni dans le cadre de la Convention américaine des droits de l'homme, en raison de la ratification tardive de cet instrument par le Brésil. En effet, c'est par un rapport direct avec la Constitution de 1988 que le droit privé brésilien s'adapte aux exigences en matière de protection des droits fondamentaux et des principes de l'ordre économique, telle la protection du consommateur. Au Brésil, on parle alors d'une « constitutionnalisation du droit privé », phénomène qui n'est toutefois pas étranger au droit français, puisque le Conseil constitutionnel exerce un contrôle de conformité des lois à un certain nombre d'exigences de valeur constitutionnelle comme le droit de propriété, la liberté contractuelle, la liberté de mariage ou la liberté d'entreprendre. De surcroît, la révision constitutionnelle de juillet 2008 confère à la Cour de cassation la compétence de saisir le Conseil constitutionnel lorsque, à l'occasion d'une instance en cours devant une juridiction, il est soutenu qu'une disposition législative porte atteinte aux droits et libertés que la Constitution garantit.

Ainsi, malgré certaines similitudes, l'ensemble de ces différences laisse déjà entrevoir que, tout particulièrement dans les domaines de l'intervention de l'État et de la liberté des personnes, les deux systèmes juridiques examinés connaissent d'importantes singularités.

En matière économique, par exemple, le caractère sommaire de la Constitution française contraste avec les nombreuses dispositions de la Constitution brésilienne. En effet, mise à part la protection de certains droits applicables en matière économique, le constituant français a préféré laisser au législateur le soin de fixer les règles relatives à l'intervention de l'État. C'est cette « neutralité économique » qui a permis à la France de changer de politique économique dans les années 1980 et 1990 sans réviser la Constitution dans ce domaine. En revanche, la Constitution brésilienne consacre un titre entier à ce qu'elle appelle l'« ordre économique et financier ». Dans les 23 articles qui en font partie, le constituant rentre dans le détail dans l'énonciation de règles relatives à l'exercice de toute sorte d'« activité économique », aux politiques applicables aux zones urbaines et rurales, ainsi qu'au système financier. Ce titre de la Constitution a déjà dû subir de nombreuses modifications, dont celles nécessaires à la libéralisation de certains secteurs de l'économie.

Dans l'état actuel du droit brésilien, il résulte des articles 170 et suivants de la CB que la liberté d'entreprendre est la règle et que le monopole public et la fourniture de services directement par l'État sont l'exception. Cette dernière n'est autorisée que lorsqu'elle est justifiée par des raisons liées à la sécurité nationale ou à un intérêt collectif pertinent et, encore, selon certaines règles fixées par l'article 173 de la Constitution. Ce degré de précision pourrait laisser croire que la Constitution encadre à tel point l'action de l'État qu'il resterait aux opérateurs privés une importante marge d'autonomie. Il n'en est nullement ainsi. L'action des opérateurs économiques est fortement encadrée par la Constitution elle-même. Tout en affirmant son attachement à la liberté d'entreprendre, la Constitution assigne à l'« ordre économique » le but d'« assurer à tous une existence digne et conforme aux exigences de la justice sociale » (art. 170). Au moment d'énoncer les principes spécifiques à l'« ordre économique », le premier à être proclamé par le constituant, c'est la souveraineté nationale. La propriété privée n'est énoncée que dans le deuxième alinéa, suivie de près par l'affirmation de la « fonction sociale de la propriété » (troisième alinéa). Les alinéas suivants énoncent les principes de la libre concurrence, la défense du consommateur, la défense de l'environnement et la réduction des inégalités régionales et sociales. Au-delà des contraintes fixées par le constituant, l'on attribue à l'État la compétence de réguler l'économie notamment par l'exercice des compétences suivantes : « surveillance, stimulation et planification » de l'économie.

L'« ordre économique » n'est donc pas seulement un ensemble de règles prises par le législateur et d'autres autorités normatives ; il s'agit d'un ordre « finalisé » par la Constitution. C'est probablement cette spécificité qui explique un certain nombre de différences entre les deux systèmes juridiques, comme l'illustrent les questions relatives à la licence autoritaire de brevet et aux limitations à la liberté des contractants, y compris en matière de conflits de loi. C'est bien l'autonomie des personnes, pierre angulaire de tout système de droit privé, qui est frappée de plein fouet : à une protection renforcée de l'autonomie de la volonté en France s'oppose une démarche brésilienne visant à relativiser la force créatrice de la volonté afin de privilégier des solutions prétendument plus en accord avec une certaine idée d'éthique sociale et d'équité.

Dans d'autres cas, les distinctions entre les deux systèmes juridiques ne sont pas aussi catégoriques. Un bon exemple vient du droit administratif: en matière de retrait des actes administratifs, dans chacun des systèmes étudiés, il y a des règles qui illustrent la prise en compte de la situation individuelle des administrés et d'autres qui relèvent des prérogatives de puissance publique. Un autre exemple révèle l'importance de la prise en considération du fonctionnement réel de chaque système juridique: en matière de séparation de pouvoirs, malgré la différence des régimes politiques adoptés par les deux Constitutions, les pratiques du pouvoir ne sont pas si éloignées que l'on pourrait croire.

Ces quelques exemples permettent de constater la richesse des expériences de nos deux pays et les potentialités de la comparaison pour la connaissance du droit des deux côtés de l'Atlantique.

Cette richesse ne saurait être épuisée par le présent ouvrage. Afin de permettre aux lecteurs d'aller plus loin, les contributions sont suivies d'une liste d'ouvrages et d'articles rédigés en français traitant du droit brésilien ou de la comparaison juridique franco-brésilienne. L'analyse de cette bibliographie permet de faire deux constats. D'une part, elle révèle que les juristes francophones peuvent aujourd'hui avoir accès à des études couvrant les différents champs du droit brésilien. Ces sources sont certes limitées, mais livrent déjà une certaine connaissance du droit de ce pays. D'autre part, elle permet de constater le nombre réduit d'ouvrages à dimension véritablement comparative entre les deux systèmes juridiques. Nombreuses sont les études «de droit étranger», c'est-à-dire, celles qui se limitent à présenter tel ou tel aspect d'un système juridique différent de celui qui est maîtrisé par son lecteur. Très peu nombreuses sont les études qui cherchent à comparer les deux systèmes, c'est-à-dire à analyser leurs similitudes et leurs différences et à en tirer des conclusions à propos des éléments plus fondamentaux sur lesquels se structure chacun des systèmes étudiés.

Les deux rencontres dont les actes sont ici publiés ont moins l'ambition d'y remédier que de donner, chacune à sa façon, une contribution à la comparaison entre ces deux systèmes juridiques.

En ce sens, elles s'inscrivent dans un mouvement plus général de renforcement des échanges culturels, scientifiques, politiques et économiques entre la France et le Brésil. Les saisons culturelles «Année du Brésil en France» en 2005 et «Année de la France au Brésil» en 2009 sont les exemples les plus récents de l'intérêt grandissant que ces deux pays manifestent l'un pour l'autre.

Plus particulièrement dans le domaine du droit, les colloques à l'origine du présent ouvrage ont directement contribué à la réalisation de deux importantes manifestations scientifiques en 2009. La première a été la préparation de l'ouvrage collectif «*Introdução ao direito francês* (Introduction au droit français)» publié au Brésil par l'éditeur Juruá. La réalisation des colloques du 14 avril 2008 et du 17 juin 2008 a en effet donné aux co-auteurs de l'ouvrage paru au Brésil l'occasion de se rencontrer et de discuter ensemble des questions de méthode et de fond de la comparaison juridique franco-brésilienne.

La seconde manifestation a précisément été le colloque international organisé lors du lancement de l'ouvrage précité. Intitulé «*Droit français et droit brésilien: perspectives nationales et comparées*», le colloque s'est déroulé à Porto Alegre (Brésil) du 25 au 29 mai 2009. Il a rassemblé à nouveau la plupart des intervenants ayant participé aux colloques de Strasbourg et les a associés à d'autres professeurs et praticiens. Les échanges réalisés lors de cette rencontre ont permis d'approfondir l'analyse comparative des expériences juridiques des deux pays.

L'ouvrage «*Introdução ao direito francês*» et le colloque de Porto Alegre ont été labellisés par l'«Année de la France au Brésil» en 2009 et, à ce titre, ont fait partie de la programmation officielle de cette saison culturelle.

Toutes ces opérations, y compris celles dont les actes sont désormais rendus publics, n'ont pu voir le jour que grâce au travail incessant d'une pluralité d'acteurs. Des professeurs expérimentés, des jeunes chercheurs et des praticiens ont créé une dynamique de groupe qui a porté ses fruits et qui, l'on espère, en portera encore d'autres.

La publication des actes des colloques du 14 avril et du 17 juin 2008 a pour but d'enrichir la connaissance réciproque des droits français et brésilien et de contribuer au débat sur la méthode des études juridiques comparatives.

Strasbourg-Paris, janvier 2010

# DONNÉES FONDAMENTALES POUR LA COMPARAISON DU DROIT FRANÇAIS ET DU DROIT BRÉSILIEN

# D'UNE INTRODUCTION AU DROIT FRANÇAIS À UN DIALOGUE ENTRE SYSTÈMES JURIDIQUES

## Mise en place d'un projet de droit comparé

**Thales Morais da Costa***

Le projet de droit comparé dont il sera question ici n'a pas existé en tant que tel dès son origine. Il s'est construit au rythme des adhésions et des apports de chaque nouveau membre et de chaque partenaire institutionnel. Il a été placé sous le signe du travail collectif et telle est sa caractéristique essentielle.

Le lecteur de ces lignes n'y trouvera pas une analyse de l'état du droit comparé en France ou au Brésil. Ce n'est pas dans ce champ que se trouve la spécificité de l'objet de cette contribution. Si ce projet est dit « de droit comparé », c'est d'une part, par la comparaison dont s'est inspirée la préparation d'un ouvrage de « droit étranger »[1] et, d'autre part, par la comparaison qu'a entrainée toute une série de manifestations et d'ouvrages que nous allons décrire.

Ce travail collectif trouve sa genèse au sein du projet d'élaboration du livre *Introdução ao direito francês* (*IDF*)[2]. Celui-ci a pris forme en 2007. L'idée est venue de l'expérience que nous[3] avons eue lors de la préparation, pendant l'« Année du

---

* *Avocat au barreau de Curitiba – Brésil, ancien ATER et doctorant à l'université Paris 1 Panthéon-Sorbonne, président de l'Instituto de Direito Comparado Brasil-França (IDCBF).*

La présente contribution reprend en partie nos considérations dans l'avant-propos (*Apresentação*) de l'ouvrage suivant : Th. Morais da Costa (dir.), *Introdução ao direito francês*, Curitiba : Juruá, 2009, vol. I : 671 p. ; vol. II : 686 p., p. 29-36 des deux volumes. L'auteur tient à remercier Kátia Alves da Silva et Gustavo Vieira da Costa Cerqueira des relectures des versions antérieures de la présente contribution.

1 Par ouvrage de « droit étranger », l'on désigne celui qui se limite à présenter tel ou tel aspect d'un système juridique différent de celui qui est maîtrisé par son lecteur.

2 Th. Morais da Costa (dir.), *Introdução ao direito francês, préc.*

3 Malgré l'utilisation de la première personne du pluriel, il va de soi que les lignes qui suivent n'engagent que leur auteur.

Brésil en France» en 2005, de l'ouvrage *Introduction au droit brésilien* (*IDB*)[4]. Cet ouvrage a fait l'objet d'un colloque de lancement en novembre de 2006 portant essentiellement sur l'intérêt du droit brésilien pour les juristes français[5]. En août 2007, l'occasion offerte par la future réalisation d'une «Année de la France au Brésil» (en 2009) s'est révélée le moment idéal pour réaliser l'exercice inverse: d'une part, préparer un ouvrage collectif d'introduction au droit français en portugais et, d'autre part, réaliser un séminaire au Brésil essentiellement consacré au droit français afin de marquer le lancement de cet ouvrage.

La proximité de ces deux saisons culturelles a suscité un nombre inattendu de réactions à cette idée de départ. Les réactions initiales ont été de deux ordres. D'une part, le soutien et l'enthousiasme des professeurs français avec qui nous avons eu l'occasion de discuter au deuxième semestre de 2007. Qu'ils en soient par la présente vivement remerciés: Michel Fromont, Etienne Picard, Bernard Castagnède et Michel Verpeaux. D'autre part, la mobilisation des jeunes docteurs et des doctorants des deux pays qui ont accepté l'invitation de préparer un chapitre sur le droit français dans leur domaine de spécialité. Qu'il nous soit permis de remercier ceux sans lesquels l'*IDF* n'aurait jamais existé: Adriana Jacobi Michel, Anapaula Trindade Marinho, Anneliese Moritz, Bibiana Graeff Chagas Pinto, Brunna Calil dos Santos Alves, Bruno Romeu Inocente, Domingos Augusto Paiva de Almeida, Edouard Lemoalle, Eduardo Ferreira Jordão, Fabia de Melo-Fournier, Fernanda Vieira da Costa Cerqueira, Francisco Augusto Pignatta, Gustavo Vieira da Costa Cerqueira, José Antônio Tietzmann e Silva, Karlo Fonseca Tinoco, Lise Tupiassu-Merlin, Luc Guéraud[6], Luiz Fernando Kuyven, Marcela Orro Freitas Brandão, Márcio Souza Guimarães, Nicolas Kermabon[7], Paula Wojcikiewicz Almeida, Philippe Boutaud-Sanz, Roberta Ribeiro Oertel, Samir Salemkour, Tanísia Martini Vilariño, Thomas Passos Martins, Valeschka e Silva Braga et Xerxes Gusmão[8].

L'ampleur de ces réactions a entraîné, entre septembre 2007 et janvier 2008, la transformation du projet initial. En ce qui concerne l'ouvrage d'introduction au droit français, le nombre de chapitres a pratiquement doublé. Quant au séminaire de son lancement au Brésil, il est devenu un colloque portant et sur le droit français et sur le droit brésilien. Sa durée est passée de trois à quatre, puis finalement à cinq jours. Le projet de départ prenait alors les allures d'un projet

4 D. Paiva de Almeida (dir.), *Introduction au droit brésilien*, L'Harmattan, 2006, 508 p.

5 Les actes de ce colloque sont disponibles (en français) sur le site www.culturasjuridicas.com.br. Un compte rendu substantiel de cette rencontre a été publié par son organisateur à la Revue internationale de droit comparé: Paiva de Almeida (D.), «Regards sur le droit brésilien», *RIDC*, 2007-4, p. 879-890.

6 La contribution de Luc Guéraud a été traduite par Tenile Mascolo Gil.

7 La contribution de Nicolas Kermabon a fait l'objet d'une traduction assurée par Alan Wruck Garcia Rangel.

8 Il convient de remercier également celles et ceux qui ont accepté l'invitation de préparer un chapitre, mais qui n'ont pas pu, pour différentes raisons, achever leur travail en temps utile pour la publication: Gisele Barbosa Reis, Gustavo Just, Lucyana Porto et Solange Teles da Silva.

plus large ayant pour ambition de réaliser une comparaison entre les systèmes juridiques français et brésilien.

Encore fallait-il choisir une méthode adaptée aux spécificités d'un tel projet, s'entendre sur les données de base de cette comparaison et harmoniser les approches que chacun des auteurs allait adopter dans la préparation du chapitre dont il était chargé. Pour ce faire, il fallait organiser une ou plusieurs rencontres entre les auteurs et, comme ils n'habitaient pas la même ville, il était également nécessaire de trouver les moyens pour y parvenir.

C'est à ce moment décisif pour la réussite du projet que Gustavo Vieira da Costa Cerqueira a joué un rôle de premier ordre. Il a proposé – et l'a réussi – que de telles rencontres eussent lieu à Strasbourg, ville dans laquelle se trouvait un nombre important de doctorants brésiliens en droit[9]. Au bout de quelques mois, deux manifestations scientifiques ont eu lieu, l'une consacrée à « La mise en place d'un projet de droit comparé entre la France et le Brésil » (celle du 14 avril 2008) et une autre portant sur « Le droit français et le droit brésilien d'aujourd'hui : éléments de comparaison » (celle du 17 juin 2008). Celles-ci n'auraient pas pu se réaliser sans le concours décisif du directeur du Centre du droit de l'entreprise de l'université de Strasbourg, Michel Storck, coresponsable scientifique de ces manifestations. Il convient par ailleurs de souligner l'importance du soutien exprimé par le doyen de la Faculté internationale de droit comparé de Strasbourg, Vlad Constantinesco, par Claude Witz, professeur à l'université de la Sarre, par Jochen Bauerreis, maître de conférence HDR à l'université de Strasbourg, par le vice-président de l'École régionale des avocats du Grand-Est, Jean-Jacques Forrer, et par la responsable pédagogique de l'antenne de formation continue Alsace de cette institution, Roberta Ribeiro Oertel. Qu'ils en soient vivement remerciés.

Ces deux rencontres ont donné aux auteurs l'occasion de discuter ensemble et d'échanger des points de vue avec des professeurs français et brésiliens sur la comparaison juridique entre les deux systèmes et sur certains aspects contemporains de l'interventionnisme de l'État. Au sein de ces débats ont été établis des points communs pour la préparation des chapitres de l'*IDF*. À partir d'une première version, les chapitres ont été relus et confrontés de façon à aboutir à un ouvrage proprement collectif. Au total, ce sont 29 chapitres préparés par 30 jeunes chercheurs des deux nationalités répartis en deux volumes (vol. I : droit public ; vol. II : droit privé).

Ce processus de préparation de l'ouvrage – nous reviendrons plus loin sur la méthode suivie pour cet exercice (cf. I., *infra*) – a abouti à l'insertion de l'*IDF* dans la collection *França.Br 2009*[10].

9 V. Vieira da Costa Cerqueira (G.), « Les rapports entre les Facultés de Droit de l'Universidade Federal do Rio Grande do Sul et de l'université Robert Schuman de Strasbourg : un exemple de collaboration fructueuse entre le Brésil et la France », *Revista da Faculdade de Direito da Universidade Federal do Rio Grande do Sul* (Edição Especial em Homenagem à Cooperação Acadêmica UFRGS-França), Porto Alegre: UFRGS/Nova Prova, maio 2008, p. 252-259.

10 Cette collection regroupe l'ensemble des ouvrages officiellement labellisés par le programme d'aide à la publication (PAP) de l'Ambassade de France au Brésil et intègre, en tant que tel, le programme officiel de l'« Année de la France au Brésil ». De plus amples informations sur cette collection sont disponibles sur http://www.bibliofranca.

Depuis septembre 2007, de façon concomitante à la préparation de l'*IDF* et à l'organisation des rencontres à Strasbourg, il nous appartenait également de préparer le lancement de cet ouvrage au Brésil. Faisant preuve d'enthousiasme et d'initiative, les auteurs de l'*IDF* ont formulé plusieurs propositions de manifestation à caractère scientifique et de très nombreuses négociations ont été entamées en vue de leur réalisation[11]. Ce processus a débouché sur trois colloques devant avoir lieu à Porto Alegre (Rio Grande do Sul), Belém (Pará) et Fortaleza (Ceará). Ils étaient tous les trois assez ambitieux aussi bien par le nombre et la provenance des intervenants que par la diversité des thèmes traités et la durée de chacun (cinq, un et trois jours, respectivement). Ces manifestations partageaient d'ailleurs des caractéristiques communes : elles venaient célébrer les rapports académiques entre la France et le Brésil, marquaient la parution de l'*IDF* et comptaient sur la présence de professeurs brésiliens et français et sur celle des auteurs de l'*IDF*.

Comme l'ouvrage qui a rassemblé ces jeunes docteurs et ces doctorants portait sur l'ensemble d'un système juridique, ces trois colloques ont également couvert un large champ de recherche. Nous reviendrons aux questions scientifiques liées à ces manifestations (cf. II.B. *infra*). Pour le moment, il nous appartient d'identifier ces trois étapes de la mise en place de ce projet de droit comparé entre la France et le Brésil.

*Le colloque à Porto Alegre* était informé par un point de principe: tous les sujets traités devraient faire l'objet d'au moins deux rapports nationaux – un présentant l'état du droit français, l'autre celui du droit brésilien – suivis d'une analyse comparative. D'où son nom « Droits français et brésilien: perspectives nationales et comparées ». Pour ce faire, ont été invités des professeurs provenant de différentes universités du Brésil et de la France afin de préparer les rapports nationaux. Ces rapports ont été présentés lors du colloque et suivis d'une discussion et d'une analyse comparative au sein d'une table ronde. Outre la présence des rapporteurs, chaque table ronde a compté sur la participation de l'auteur (ou des auteurs) du chapitre de l'*IDF* qui correspondait au sujet traité par les rapporteurs.

Toutefois, en raison de nombreuses difficultés liées à l'organisation depuis la France d'un colloque de ce genre au Brésil, les négociations entamées jusqu'en juillet 2008 n'avaient pas abouti à un résultat satisfaisant. À cette époque, la réalisation de ce colloque restait encore très incertaine. C'est grâce à deux changements majeurs intervenus en septembre 2008 qu'il a pu avoir lieu à la date prévue. En premier lieu, la responsabilité scientifique du colloque a évolué vers une structure collective, à savoir un comité honoré par la participation de deux professeurs agrégés, Marie-Anne Frison-Roche et Michel Fromont, ainsi que de trois auteurs de l'*IDF*: Bibiana Graeff Chagas Pinto, Gustavo Vieira da Costa

---

org.br/lancamentos et sur http://anodafrancanobrasil.cultura.gov.br/br/2009/06/15/livro-"introducao-ao-direito-frances"-permite-ao-publico-lusofono-conhecer-um-dos-principais-sistemas-juridicos-ocidentais.

11 Même si leurs propositions n'ont, pour différentes raisons, pas abouti, il convient de saluer les initiatives de Adriana Jacobi Michel, Anapaula Trindade Marinho, Domingos Paiva de Almeida, Eduardo Ferreira Jordão, Marcela Orro Freitas Brandão, Márcio Souza Guimarães e Xerxes Gusmão.

Cerqueira et Tanísia Martini Vilariño. La période se trouvant entre septembre 2008 et mai 2009 s'est révélée particulièrement éprouvante aussi bien en matière de conception scientifique que d'organisation matérielle de cette manifestation. Il va de soi que la participation de ces acteurs s'est révélée absolument vitale pour la réalisation du colloque, et nous ne saurions jamais suffisamment les remercier de leur inestimable concours.

En second lieu, un nouveau montage institutionnel a été conçu en vue de la soumission du projet de colloque aux autorités en charge de l'« Année de la France au Brésil ». À ce titre, il convient de souligner l'importance de la décision prise par différentes institutions de se regrouper afin de porter ensemble le projet « France-Brésil : un dialogue de systèmes juridiques ». Qu'il nous soit permis de remercier ces institutions et leurs responsables administratifs de nous avoir honorés avec cette décision, à savoir, du côté français : *SciencesPo (Paris)*: Marie-Anne Frison-Roche (directrice de la Chaire régulation) et Marie Mercat-Bruns (directrice du Centre des Amériques), *université de Strasbourg*: Florence Benoît-Rohmer (présidente[12]), Michel Storck (directeur du Centre du droit de l'entreprise – EA 3397) et Danièle Alexandre (professeur émérite) et *université Paris I Panthéon-Sorbonne*: Christine Mengin (vice-présidente aux relations internationales), Gérard Marcou (directeur de l'École doctorale de droit public et de droit fiscal) et Christine Lazerges (directrice de l'École doctorale de droit comparé) ; du côté brésilien: *Universidade Federal do Rio Grande do Sul (UFRGS)*: Sérgio Porto (directeur de la Faculté de droit) et Fábio Morosini (professeur coordinateur de l'opération auprès de l'UFRGS) ; *IDCBF*: outre l'auteur de ces lignes, Bibiana Graeff Chagas Pinto (vice-présidente). La soumission de ce projet aux autorités françaises et brésiliennes a par ailleurs compté sur le soutien des institutions suivantes : *Agence de coopération juridique (ACOJURIS)*: Jean-Claude Magendie (président) et Linda Benrais (directrice) et *Société de législation comparée*: Emmanuel Piwnica (Président) et Bénédicte Fauvarque-Cosson (Secrétaire générale). Le projet soumis par ce regroupement d'institutions a été labellisé en novembre 2008 par le IV$^{e}$ Comité mixte de l'« Année de la France au Brésil »[13].

Par la suite, la crise qui a frappé l'économie mondiale à la fin 2008 a posé d'importants problèmes financiers et ce n'est que par une recherche incessante de financement que le montant nécessaire pour la réalisation du colloque a pu être réuni. Il faut souligner à ce propos le rôle décisif joué par le gouvernement de l'État de Rio Grande do Sul, sans le soutien duquel la réalisation du colloque aurait été compromise (il convient de remercier tout particulièrement la gouverneur de l'État, Yeda Crusius, le conseiller au cabinet du gouverneur, Eugênio Lagemann, l'ancienne secrétaire d'Etat adjoint à la planification et à la gestion, Ana Maria Viana Severo, le directeur-président de la Fondation pour le développement de ressources humaines, Sabino da Silva Porto Jr et la haute fonctionnaire des impôts, Tanísia Martini Vilariño). Par la suite, d'autres institutions sont venues collaborer

---

12 À l'époque, présidente de l'université Robert Schuman (Strasbourg III). Par la suite, cette université a fusionné avec deux autres universités de Strasbourg afin de fonder l'université de Strasbourg le 1$^{er}$ janvier 2009.

13 De plus amples informations sont disponibles sur http://anodafrancanobrasil.cultura.gov.br/br/2009/03/27/congresso-"direito-frances-e-brasileiro-perspectivas-nacionais-e-comparada"/.

de façon étroite avec le comité d'organisation et ont elles aussi joué un rôle de premier ordre : le programme des Nations Unies pour le développement (PNUD), le gouvernement fédéral et le ministère de la justice brésilien, le consulat général de France à São Paulo, les pouvoirs législatif, judiciaire et le ministère public de l'État de Rio Grande do Sul et le Conseil de développement et intégration Sud (CODESUL). Que toutes ces institutions en soient vivement remerciées.

Cette structure a ainsi assuré la réalisation du colloque « Droits français et brésilien : perspectives nationales et comparées » du 25 au 29 mai 2009 à Porto Alegre. Cette manifestation a rassemblé, dans les locaux du ministère public et de la cour de justice de l'Etat de Rio Grande do Sul, une quarantaine d'intervenants des deux pays[14] et a attiré un public d'environ quatre cents personnes sur cinq jours. Le lancement de l'*IDF* a pu compter sur la présence de dix-sept de ses auteurs[15]. Qu'ils en soient vivement remerciés.

En ce qui concerne le colloque à Belém, sa réalisation a été proposée et réussie grâce aux efforts de Lise Tupiassu-Merlin. Il s'est agi du III^e^ séminaire international du Centro Universitário do Estado do Pará (CESUPA) qui a eu lieu le 30 mai 2009 au Hangar – Centro de convenções da Amazônia. Ce séminaire thématique portant sur la « Théorie du droit et du développement durable » (*Teoria do direito e sustentabililidade*) a rassemblé une dizaine d'intervenants des deux pays. Trois professeurs français ayant participé au colloque à Porto Alegre y ont intervenu[16] et le lancement de l'*IDF* a compté sur la présence de trois de ses auteurs[17]. Qu'ils en soient vivement remerciés.

En ce qui concerne le colloque à Fortaleza, sa réalisation a été proposée et réussie grâce aux efforts de Valeschka e Silva Braga. Il s'est agi d'une réalisation conjointe de l'Universidade Federal do Ceará, de l'Escola da Advocacia-Geral da

14 Au Brésil : Aloísio Pessoa, Calixto Salomão Filho, Carlos Alberto Alvaro de Oliveira, Carlos Ari Sundfeld, Carmen Tibúrcio, Carolina Dzimidas Haber, Eugênio Lagemann, Fábio Morosini, Fernando Dias Menezes de Almeida, Guilherme Pereira Baggio, Humberto Bergmann Ávila, Iacyr de Aguilar Vieira, João Bosco Lee, Joaquim Barbosa, José Gabriel Assis de Almeida, José Paulo Baltazar Júnior, Káren Rick Danilevicz Bertoncello, Marçal Justen Filho, Marcos César Alvarez, Olympio de Sá Sotto Maior Neto, Pierpaolo Bottini, Roger Raupp Rios, Tércio Sampaio Ferraz Júnior, Vinícius Marques de Carvalho et Walber Moura Abra.
En France : Claude Witz, Danièle Alexandre, Dany Cohen, David Capitant, Elisabeth Fortis, Emmanuel de Crouy-Chanel, Etienne Picard, Gérard Jazottes, Gérard Marcou, Jean-Claude Magendie, Jean-Pierre Hoss, Laurent Martinet, Marie-Anne Frison-Roche, Michel Fromont, Michel Storck, Michel Verpeaux, Otto Pfersmann, Pierre-Mathieu Duhamel, Pierrette Poncela, Vincent Dussart et Vincent Vigneau.
Les actes de ce colloque doivent paraître courant 2011.

15 Anapaula Trindade Marinho, Anneliese Moritz, Bibiana Graeff Chagas Pinto, Eduardo Ferreira Jordão, Fabia de Melo-Fournier, Francisco Augusto Pignatta, Gustavo Vieira da Costa Cerqueira, Karlo Fonseca Tinoco, Lise Tupiassu-Merlin, Luiz Fernando Kuyven, Márcio Souza Guimarães, Paula Wojcikiewicz Almeida, Samir Salemkour, Tanísia Martini Vilariño, Thomas Passos Martins, Valeschka e Silva Braga et l'auteur de ces lignes.

16 Emmanuel de Crouy-Chanel, Michel Verpeaux et Otto Pfersmann.

17 Outre Lise Tupiassu-Merlin, organisatrice de cette rencontre, Fabia de Melo-Fournier et Tanísia Martini Vilariño étaient également présentes.

União (AGU) et de l'Escola da Magistratura da 5ª Região qui a eu lieu dans les locaux de cette dernière institution. Le colloque a porté sur « Droits de l'homme : à la recherche de fondement, équilibre et protection » (*Direitos humanos : em busca de fundamentação, equilíbrio e proteção*), thème traité dans ses différents aspects par une dizaine d'intervenants du 1er au 3 juin 2009[18]. Trois professeurs français ayant participé au colloque à Porto Alegre sont intervenus[19] et le lancement de l'*IDF* a compté sur la présence de deux de ses auteurs[20]. Qu'ils en soient vivement remerciés.

Enfin, certains intervenants français ayant participé au colloque de Porto Alegre ont par la suite assuré des interventions dans d'autres villes brésiliennes, comme Brasília, Curitiba (Paraná) et São Paulo[21].

Une fois présentées, dans l'ordre chronologique, ces différentes étapes de la mise en place de ce projet de droit comparé entre la France et le Brésil, il convient d'en décrire les principales caractéristiques.

Nous examinerons d'abord le projet de préparation de l'*Introdução ao direito francês* (I) pour ensuite nous concentrer sur les manifestations à caractère scientifique que la dynamique de préparation de cet ouvrage a entrainées (II).

## I. Le projet d'ouvrage d'introduction au droit français

Le projet de publication de l'*IDF* se situe dans un mouvement plus général qui cherche à améliorer l'accessibilité et la connaissance des systèmes juridiques du monde (A). Après l'analyse des caractéristiques essentielles d'*une* introduction au droit français (B), nous verrons quelles sont les spécificités de l'ouvrage *IDF* (C).

### A. L'importance de l'étude des systèmes juridiques étrangers pour l'évolution de la culture juridique nationale

L'argument n'est ni nouveau ni spécifique aux rapports franco-brésiliens : la comparaison juridique est au service de la connaissance du droit, aussi bien du droit étranger que du droit national lui-même. Et pourtant, pour qu'il y ait comparaison, il faut d'abord que le juriste soit « introduit » aux éléments fondamentaux d'un système juridique qui lui est étranger. Sans avoir accès à cette connaissance de base, il pourra difficilement identifier le droit étranger en tant que tel et aura beaucoup de mal à prendre de la distance vis-à-vis des catégories du système juridique dans lequel il a été éduqué.

Ce genre d'« introduction » semble bien nécessaire et c'est peut-être ce qui explique l'existence dans certains pays de toute une série d'ouvrages proposant des introductions aux différents systèmes juridiques du monde (1). Au Brésil, en revanche, les ouvrages de ce genre se font rares (2), d'où la question de l'intérêt d'une introduction au droit français (3).

---

18 De plus amples informations sont disponibles sur http://www.jfce.gov.br/internet/noticias/noticiaInter.jsp?caminho=2009/06/casaCulturaCearense.jsp.

19 David Capitant, Etienne Picard et Michel Verpeaux.

20 Outre Valeschka e Silva Braga, organisatrice de cette rencontre, l'auteur de ces lignes.

21 C'est le cas des professeurs David Capitant, Gérard Marcou, Michel Fromont et Otto Pfersmann et du juriste Samir Salemkour.

**1. Le développement contemporain des études de droit étranger**

En Allemagne, outre la collection «*Arbeiten zur Rechtsvergleichung*» de la maison d'édition Nomos, attire l'attention la collection du même éditeur «*Die Rechtsordnungen der europäischen Staaten*». Cette dernière comporte des ouvrages d'environ 400 pages portant sur le droit de différents pays européens: Allemagne (4ᵉ éd., 2006), Danemark (1996), Espagne (2ᵉ éd., 2000), France (2ᵉ éd., 1999), Grande Bretagne (2ᵉ éd., 2002), Monaco (1998).

En France, les ouvrages de droit étranger sont nombreux. A notre connaissance, les systèmes juridiques ayant déjà fait l'objet d'au moins un ouvrage d'ensemble sont les suivants: Allemagne (1977), Angleterre (1986), Brésil (2005 et 2006), Chine (1955), États-Unis d'Amérique (1955 et 1990), France (1960), Hongrie (1953), Liban (1960), droit musulman (1953), Japon (1966), Israël (1992), Inde (2001) et Union soviétique (1954). Dans la plupart des cas, ces ouvrages ont été publiés au sein de la collection «Les systèmes de droit contemporains». Cette collection contient en outre plusieurs études portant sur un aspect spécifique d'un système juridique donné. Il convient par ailleurs de souligner l'importante collection «Comment ils sont gouvernés» qui regroupe des ouvrages d'environ 400 pages portant sur le système de gouvernement d'un ou plusieurs pays. Ces livres, publiés entre 1959 et 1984, sont les suivants: Afrique du Sud (1966), Afrique noire indépendante (1962), Algérie (1979), Bulgarie (1973), Cameroun (1974), Chine (1976), Cuba (1979), États-Unis d'Amérique (1959), Finlande (1978), Inde (1969), Iran (1978), Irlande (1968), Israël (1969), Italie (1961), Japon (1969), Maroc (1963), Mexique (1969), Pakistan (1974), pays du Benelux (1960), pays nordiques: Danemark, Finlande, Norvège, Suède, Islande (1965), Pologne (1963), Portugal (1971), République démocratique allemande (1973), République populaire démocratique de Corée (1984), Républiques andines: Bolivie, Chili, Colombie, Équateur, Pérou, Venezuela (1972), Royaume-Uni (1979), Sénégal (1966), Suisse (1960), Tchécoslovaquie (1965), Tunisie (1962), Turquie (1969), Union soviétique (1959), Yougoslavie (1966). Il importe enfin de souligner l'existence d'ouvrages qui, malgré leur caractère synthétique (jusqu'à 150 pages), portent sur l'ensemble d'un système juridique donné. Publiés au sein des collections «Que sais-je?» et «Connaissance du droit», ces ouvrages ont connu plusieurs éditions, ce qui témoigne de l'intérêt grandissant par l'étude des systèmes de droit étrangers (dans la liste qui suit seules les premières éditions sont répertoriées). Pour la première collection: Allemagne (1985), Angleterre (1965), Chine (1982), États-Unis d'Amérique (1964), Israël (1990), droit musulman (1956), Union soviétique (1963). Au sein de la deuxième collection: common law (2002), droit allemand (2001), droit musulman (2007), droit américain (2004) et droit russe (2008).

En langue anglaise, l'on retiendra la collection «*Introduction to the Laws of…*» de la maison d'édition *Kluwer Law International*, qui publie des ouvrages d'environ 500 pages d'introduction au droit de plusieurs pays: Afrique du Sud (2004), Allemagne (2005), Belgique (2000), Brésil (2010), États-Unis (2ᵉ éd., 2001), France (2008), Grèce (3ᵉ éd., 2008), Hongrie (1998), Israël (1995), Italie (2002), Pays-Bas (4ᵉ éd., 2007), Pologne (2005), Suisse (3ᵉ éd., 2004) et Turquie (5ᵉ éd., 2004).

En Italie, nous n'avons pas trouvé de collection proposant des ouvrages portant sur l'ensemble du système juridique de différents pays du monde. La collection «*Si governano così*» nous semble pourtant participer du même mouvement en offrant aux lecteurs plusieurs ouvrages sur le système de gouvernement de différents pays: Afrique du Sud (2009), Allemagne (2005), Canada (2006), Chine (2006), Espagne (2005), États-Unis (2006), France (2006), Inde (2007), Iran (2008), Turquie (2008), République Tchèque (2008), Royaume-Uni (2005) et Vatican (2009).

**2. La spécificité de la situation brésilienne**

Au Brésil, ce mouvement semble encore peu développé. Peu nombreux sont les ouvrages rédigés *à l'attention du public brésilien* permettant une introduction à un système juridique étranger. Celui qui se rapproche le plus de ce modèle est un ouvrage d'introduction au droit des États-Unis[22]: sur la base de la jurisprudence de la Cour suprême, il «introduit» le juriste brésilien aux différentes branches du droit étasunien. Un autre ouvrage assez proche porte sur quelques branches du droit des États-Unis[23]. Il propose une analyse du concept de *common law* suivie d'une présentation générale du système juridique étasunien accompagnée de l'analyse de son organisation judiciaire et du droit international privé. D'autres ouvrages peuvent être mentionnés même s'ils s'éloignent, par différentes raisons, des introductions au droit d'un certain pays. Ainsi, par exemple, deux ouvrages proposant une comparaison entre *common law* et *civil law*[24] peuvent être utiles à celui qui cherche à avoir une vision globale des systèmes juridiques appartenant à ces traditions juridiques. Enfin, un dernier ouvrage propose une introduction au droit islamique[25] centrée sur l'étude des rapports entre l'Islam et le droit. L'on pourrait encore citer deux ouvrages publiés récemment au Brésil sur le droit anglais et le droit nord-américain (ce sont en réalité des traductions de deux ouvrages français)[26].

L'absence d'ouvrages permettant une introduction aux différentes branches du droit d'un autre pays peut faire l'objet de critiques. D'une part, cette lacune est un obstacle à la connaissance des droits étrangers par les juristes lusophones. En absence de sources diversifiées d'information, les rares pays faisant l'objet d'études disponibles en portugais prennent les allures d'exemple ou de modèle à suivre. Ainsi, le juriste brésilien de nos jours va chercher l'inspiration surtout du côté du droit étasunien.

D'autre part, dépourvu des outils nécessaires pour la comparaison, le juriste national manque d'instruments pour approfondir la connaissance de son propre

22 Moraes Godoy (A.S.), *Direito nos Estados Unidos*, São Paulo: Manole, 2004, 300 p.

23 Soares (G.F.S.), *Common Law – Introdução ao direito dos EUA*, 2e éd. São Paulo: Revista dos Tribunais, 2000. 198 p.

24 Zitscher (H.C.), *Introdução ao Direito Civil Alemão e Inglês*, Belo Horizonte: Del Rey, s.d. 348 p., Costa Vieira (A.), *Civil Law e Common Law – Os dois grandes sistemas legais comparados*, Porto Alegre: Sérgio Antonio Fabris Editor, 2007, 270 p.

25 Morêz (F.), *Introdução ao Direito Islâmico – Evolução Histórica, Aspectos Dogmáticos e Elementos de Inserção Social*, Curitiba: Juruá, 2008, 206 p.

26 David (R.), *Le droit anglais* (traduction vers le portugais parue chez Martins Fontes, 1987); Seroussi (R.), *Introduction au droit anglais et américain* (traduction vers le portugais parue chez Landy, 2006, 280 p.).

droit. En effet, l'exercice consistant à mettre en perspective deux systèmes juridiques se révèle particulièrement enrichissant pour la connaissance du droit national[27]. Comme le rappelle à juste titre Rodolfo Sacco, cela se doit au fait que la comparaison « s'est avérée comme l'instrument le plus puissant qui soit pour mettre au jour des données structurales qui sans elle passeraient inaperçues »[28]. Nous avons pris l'exacte mesure de l'apport de la comparaison pour la connaissance du droit interne lors de la préparation de l'*IDB*, c'est-à-dire un ouvrage portant sur notre propre système juridique rédigé à l'attention des juristes étrangers[29]. Afin de rédiger cet ouvrage, nous avons dû nous approprier de nouvelles catégories propres à rendre le droit brésilien *accessible* aux comparatistes. Ces catégories renvoient aux éléments fondamentaux des systèmes juridiques et permettent de les mettre en perspective et de préciser quelles en sont les spécificités et quels en sont les traits communs. Or, ces éléments fondamentaux – les « données structurales » dont parle Rodolfo Sacco – passeraient inaperçus sans ce travail de déconstruction et de reconstruction du savoir juridique. Il suffit de confronter, par exemple, la nature des questions traitées dans le chapitre sur le droit administratif de l'*IDB* avec celle des thèmes abordés dans un manuel brésilien de droit administratif pour se rendre compte de l'importante différence de méthode entre expliquer le droit brésilien pour les Brésiliens et le faire à l'attention d'un public étranger. Il résulte de cette différence de méthode que le contenu même de l'*IDB* diffère de façon significative de celui des manuels brésiliens.

Sur la base de ces constats, des ouvrages d'introduction aux systèmes juridiques étrangers semblent bien être nécessaires. Mais pourquoi en écrire un portant sur le droit français ?

### 3. L'intérêt d'une introduction au droit français à l'heure actuelle

La question de la nécessité d'une introduction au droit français a gagné en actualité depuis que la Banque mondiale a publié une série de rapports[30] affirmant que les systèmes de *common law* seraient économiquement plus efficients que ceux de tradition romaniste. Quel serait alors l'intérêt de consacrer nos efforts à comprendre un système de cette dernière tradition ?

Ces rapports ont suscité une vive réaction des comparatistes, notamment en France, qui ont critiqué la méthodologie suivie dans leur préparation et suggéré

27 La comparaison est un « instrument de la connaissance du droit interne » (R. Sacco, *La comparaison juridique au service de la connaissance du droit*, Economica, 1991, p. 111).

28 *Ibid.*, p. 9.

29 Rappelons, tout d'abord, que rares sont les initiatives qui ont pour objectif d'expliquer le droit brésilien pour les juristes étrangers. Mise à part l'*IDB*, nous pouvons citer trois ouvrages qui poursuivent cet objectif même avec des méthodologies et des résultats fort différents: J. Dolinger et K.S. Rosenn (ed.), *A panorama of brazilian law*, Miami: University of Miami, 1992. 518 p.; A. Wald et C. Jauffret-Spinosi (dir.), *Droit brésilien hier, aujourd'hui et demain*, Société de législation comparée, 2005, 538 p.; et F. Deffenti (éd.), *Introduction to brazilian law*, Alphan aan den Rijin: Kluwer Law International, (à paraître).

30 Rapport de 2004 (disponible sur le site: http://rru.worldbank.org/Documents/DoingBusiness/2004/DB2004-full-report.pdf) et rapports annuels à partir de 2005 disponibles sur http://www.doingbusiness.org.

que les droits romanistes soient mieux connus dans le monde[31]. Si l'on regarde la situation actuelle au Brésil, le constat frappant est l'absence de tout ouvrage susceptible de rendre le droit français *accessible* dans son ensemble aux juristes lusophones[32]. Ces derniers ne peuvent pas mieux connaître le droit français ni d'ailleurs d'autres droits romanistes[33] et auront donc beaucoup de mal à prendre du recul vis-à-vis de conclusions comme celles de la Banque mondiale.

---

31 F. Rouvillois (dir.), *Le modèle juridique français: un obstacle au développement économique? Actes du colloque organisé le 30 novembre 2004 par la Fondation pour l'innovation politique*, Dalloz, 2005; Association Henri Capitant des amis de la culture juridique française, *Les droits de tradition civiliste en question. A propos des rapports Doing Business de la Banque mondiale*, Société de législation comparée, 2006, 143 p.

32 La recherche réalisée sur les bases de données de la bibliothèque du Sénat brésilien et de la bibliothèque de la Faculté de Droit de l'*Universidade de São Paulo* (USP) a révélé que, si le juriste cherchait des ouvrages en portugais ayant dans leurs titres les mots « direito francês » ou « direito » et « francês », il ne trouverait *qu'un seul* ouvrage dans la bibliothèque du Sénat (A. Daniel de Melo, *A responsabilidade civil pelo fato de outrem nos direitos francês e brasileiro*, Rio de Janeiro: Forense, 1972) et *aucun* ouvrage dans la bibliothèque de l'université de São Paulo (recherches réalisées le 17 août 2007 sur les sites: http://biblioteca.senado.gov.br et http://dedalus.usp.br:4500/ALEPH/POR/FDI/FDI/FD).

33 Il convient de souligner l'absence relative d'ouvrages d'introduction à l'*ensemble* du système juridique d'autres pays de la tradition romaniste, comme c'est le cas de l'Allemagne, de l'Espagne et de l'Italie. Ce constat contraste avec la plus grande accessibilité au droit des États-Unis. La recherche sur les mêmes bases de données (Sénat et université de São Paulo) d'ouvrages ayant dans leurs titres les mots « direito americano » ou « direito » et « americano » résulterait sur quatre ouvrages généraux (G. Gilmore, *As eras do direito americano*, Rio de Janeiro: Forense-Universitária, 1978; H. Berman, *O fundamento histórico do direito americano. Aspectos do direito americano*, Rio de Janeiro: Forense, 1963; A.S. Moraes Godoy, *Direito nos Estados Unidos*, *préc.*, note 22; G.F.S. Soares, *Common Law – Introdução ao direito dos EUA*, 2e éd., São Paulo: RT Editora, 2000, 198 p.) et sept ouvrages thématiques (L. Boechat Rodrigues, *A Corte suprema e o direito constitucional americano*, Rio de janeiro: Forense, 1958; B. Schwartz, *Direito constitucional americano*, Rio de Janeiro: Forense, 1966; P. Lucena de Menezes, *A ação afirmativa (affirmative action) no direito norte-americano*, São Paulo: RT Editora, 2001; M.L. Andrade Figueira de Sabóia Campos, *Da responsabilidade sem culpa do direito norte-americano na proteção do consumidor*, Rio de Janeiro: Forense, 1991; E. Moraes da Silva, *Limites constitucionais tributários no direito norte-americano*, Curitiba: Juruá, 2001; A.S. Moraes Godoy, *Direito Tributário nos Estados Unidos*, São Paulo: Lex/ Aduaneiras, 2004; B.M. Shieber, *Iniciação ao direito trabalhista norte americano*, São Paulo: Editora LTr, 1988).
L'insuffisance d'ouvrages sur le droit français se révèle également en d'autres pays lusophones comme le Portugal. Sur les sites des bibliothèques des Universités de Lisbonne et Coimbra, il n'est possible de trouver que huit ouvrages thématiques sur le droit français (recherches réalisées le 17 août 2007 sur les sites: http://webopac.sib.uc.pt/search*por/X?t:(direito)+and+t:(fran%C3%A7a)&searchscope=17&l=por&Da=&Db=&SORT=D et http://194.117.1.194/F/ETD9A7S9FCN8GISQ9INSE6BH71LRC735KJ76NY4XX9BK8L3CVN-02285?func=find-b&request=direito+franc%C3%AAs&find_code=WTI&adjacent=N&x=5&y=7)

Cet état des lieux est certes assez bref, mais déjà représentatif du contexte dans lequel l'*IDF* vient s'insérer[34]. Il serait en effet dommageable pour le développement de la culture juridique au Brésil si les systèmes de *common law* devenaient le seul centre d'intérêt des juristes. Compte tenu de la formation historique du droit brésilien, qui s'est toujours inspiré de différentes sources pour trouver sa propre spécificité, il nous paraît important que l'information disponible au public brésilien soit suffisamment diversifiée. Or, à cette fin, des ouvrages comme l'*IDF* peuvent se révéler un instrument puissant d'enrichissement de la littérature juridique nationale[35].

Nous verrons plus loin (cf. I. C. 1. *infra*) qu'une autre raison, celle-ci liée à l'expérience personnelle des auteurs à l'étranger, nous a également semblé justifier la nécessité d'entreprendre la préparation de l'*IDF*.

Mais, si un tel ouvrage semble bien être nécessaire, comment le réaliser ? De quelles sources s'inspirer ? Ces questions ne sont pas nouvelles et renvoient aux caractéristiques essentielles d'une introduction à un système juridique étranger.

## B. Les caractéristiques essentielles d'une introduction au droit français

### 1. Une « introduction » au droit français

Une introduction au droit français ne se confond pas avec un manuel sur ce système juridique. Son objectif n'est ni de résumer ni de traduire le droit français. Il s'agit d'une tentative d'identifier et de régler les questions fondamentales qui se posent au moment d'introduire un juriste étranger au système français. Ces questions sont liées à la structure et au mode de fonctionnement du système juridique.

Tout d'abord, plus que dans d'autres pays, c'est en France que la distinction entre droit public et droit privé se trouve à la base de la compréhension du système juridique. Afin de rendre plus accessible cette séparation, l'ouvrage suit dans son plan cette *suma divisio* du droit français. Il est à noter, toutefois, que cette compréhension est particulièrement difficile pour le juriste brésilien, car il est habitué à un système dans lequel la distinction entre droit public et droit privé n'est ni structurante ni parfaitement claire. Ainsi, contrairement à ce qui se passe en France, les jeunes diplômés brésiliens ne sont pas classés en « publicistes » ou « privatistes ». Les concours d'accès aux professions juridiques ne connaissent pas cette dichotomie et, dans le domaine juridictionnel, un seul ordre de juridiction existe. Même si le droit brésilien connaît des juridictions spécialisées, il n'y a aucun rapport d'exclusivité entre de telles juridictions et ce que l'on pourrait classer comme « droit public ». Toutes les juridictions peuvent être amenées à appliquer le droit public et le droit privé. De surcroît, certaines branches du droit considérées au Brésil comme faisant partie du droit public sont étudiées,

---

34 De plus amples informations sont disponibles dans l'avant-propos que nous avons rédigé à l'*IDF* (cf. « Apresentação », in Th. Morais da Costa (dir.), *Introdução ao direito francês*, vol. I et II, *op. cit.*, p. 29-36 des deux volumes).

35 Comme nous verrons *infra* (cf. I. C. 2.), les lacunes de la littérature juridique nationale contrastent avec la diversité des destinations choisies par les juristes brésiliens. La littérature juridique brésilienne n'aurait qu'à gagner si des ouvrages comme l'*IDF* étaient préparés par celles et ceux qui ont la possibilité de compléter leur formation à l'étranger.

en France, par les « privatistes ». C'est le cas notamment de la procédure (civile et pénale) et du droit pénal. À l'inverse, nous pouvons citer le droit international privé, traditionnellement enseigné au Brésil comme une matière relevant du droit public, tandis qu'en France elle appartient plutôt au droit privé, notamment depuis que la jurisprudence nationale et internationale ainsi que la doctrine l'ont dissociée du droit international public, c'est-à-dire du conflit de souverainetés.

Par ailleurs, afin de permettre la compréhension du *mode de fonctionnement* du système français, l'ouvrage propose une initiation aux principales branches du droit. Afin de donner une vue d'ensemble du traitement accordé aux grandes thématiques du droit, un exercice de synthèse a été entrepris. Le caractère synthétique ne doit cependant être confondu avec superficialité. Synthétiser un système juridique, c'est l'une des tâches les plus difficiles, car elle demande un degré de maîtrise qui ne peut être atteint qu'en suivant jour après jour la façon dont le système fonctionne. Dans le cas de l'*IDF*, le travail de synthèse se révèle davantage problématique, vu que la plupart des auteurs a une formation initiale ailleurs et que le contact avec le droit français n'est qu'assez récent. Il a alors fallu adopter une méthode rigoureuse permettant de faire la distinction entre les caractéristiques du système juridique étudié et les catégories intellectuelles acquises dans un autre pays.

C'est précisément la méthode comparative qui fournit les bases pour surmonter ces difficultés. L'*IDF* a été préparé ayant comme préoccupation essentielle la délimitation de son objet, aussi bien du point de vue historique que juridique. En ce qui concerne le premier, le droit français a été situé dans le temps par l'insertion de deux chapitres sur l'histoire du droit et par l'initiative des auteurs de commencer leurs chapitres respectifs en traçant l'histoire de leurs disciplines et par la définition des concepts nécessaires pour la compréhension de la matière dans les jours actuels. En ce qui concerne le second, l'identification et la délimitation du système français ont amené les auteurs à analyser en détail les manifestations de son mode de fonctionnement. Les conclusions de cette étude constituent les éléments de base de la synthèse proposée par l'*IDF*. Il ne faut donc pas perdre de vue que, derrière le caractère synthétique de l'ouvrage, il y a une analyse approfondie des normes juridiques et de l'interprétation réalisée par les juridictions.

**2. Une introduction au « droit » français**

Une introduction à un système juridique étranger ne se confond pas avec les « introductions générales au droit ». De telles « introductions » ont comme public les étudiants de première année et ont pour objectif de transmettre des connaissances de base sur la science du droit : qu'est-ce qu'une norme juridique, qu'est-ce que la validité d'un acte, qu'est-ce qu'un droit subjectif, etc… Ce sont des introductions *à l'étude du droit*, non au droit lui-même.

L'*IDF* cherche à atteindre un tout autre public : ceux ayant déjà terminé leurs études en droit. Il assume comme étant acquises les connaissances de base qui font normalement l'objet des « introductions générales au droit » et des autres disciplines juridiques. Son objectif n'est pas de faire une introduction à ce que pense la doctrine, mais au droit et à son mode de fonctionnement. Son objet d'étude sont les normes juridiques et la rédaction de l'*Introdução ao direito francês* est entièrement structurée autour du droit positif. Il en résulte que le lecteur de cette « introduction » trouvera moins souvent des citations de doctrine. Les citations des textes normatifs et de la jurisprudence seront en revanche très nombreuses.

**3. Une introduction au droit « français »**

Une introduction à un système juridique étranger est un instrument de connaissance et de développement du droit comparé, mais il n'est pas, en soi, un ouvrage de droit comparé. Il s'agit d'un ouvrage sur le droit français et sur la façon appropriée pour un juriste brésilien de l'appréhender. Avec de rares exceptions, l'on n'y trouvera pas des explications sur le droit d'autres pays que la France. Cela ne veut pas dire que le droit européen – communautaire et relatif à la convention européenne des droits de l'homme – soit totalement absent de cet ouvrage. Une large place lui a été ouverte, d'abord par un chapitre spécifique consacré aux institutions européennes et, ensuite, par l'initiative des auteurs d'expliquer et d'illustrer l'influence du droit européen sur les disciplines faisant l'objet de leurs chapitres respectifs.

On ne trouvera pas non plus des explications approfondies à propos du système juridique de référence du public visé. L'objectif d'une introduction au droit français n'est pas celui d'expliquer, avec le même degré de précision, le droit français et le système juridique auquel le lecteur est habitué. Compte tenu du fait que l'ouvrage est destiné à des chercheurs et à d'autres professionnels du droit, les observations portant sur le droit national ne se justifient que dans la mesure où elles peuvent servir de point de repère pour la compréhension du droit étranger. Elles exercent une fonction exclusivement pédagogique et ne cherchent qu'à préciser qu'une certaine règle nationale est différente (ou bien équivalente) de celle en vigueur en France.

Il ne faut pas non plus espérer identifier à travers une introduction de ce genre des principes universels du droit. L'objectif est d'amener le juriste à comprendre comment fonctionne effectivement le système juridique *français*. Il se pose alors la question de la spécificité de l'objet de cet ouvrage : un système juridique ayant ses propres caractéristiques, délimitées dans le temps et dans l'espace.

Au-delà de ces caractéristiques essentielles à une introduction au droit français, l'*IDF* présente une série de particularités.

## C. Les particularités de l'*Introdução ao direito francês*

Lorsque la question revient à préparer une introduction au droit français *à destination du public lusophone*, notamment le brésilien, d'autres questions viennent s'ajouter à celles examinées ci-dessus. Cette introduction devrait-elle être rédigée en français ou en portugais ? Qui pourrait la préparer ? Quel style rédactionnel choisir ? Avec quels outils conceptuels et bibliographiques ?

**1. Un ouvrage placé sous le seuil de l'accessibilité au droit français pour le public lusophone**

Les juristes sont souvent attachés à l'idée selon laquelle un système juridique ne peut être véritablement compris que dans sa propre langue. Partant, le droit français devrait être enseigné en français, la *common law* en anglais et ainsi de suite. On pourrait alors imaginer que, afin de rendre le droit français plus accessible aux juristes des pays lusophones, il faudrait préparer l'*IDF* en français.

Les ouvrages de « droit étranger » sont pourtant de plus en plus nombreux et, prenant un certain nombre de précautions au niveau linguistique[36], exercent une fonction importante dans la formation des juristes (cf. I. A. 1. *supra*). Cela conduit Pierre Legrand Jr. à affirmer qu'« une tradition juridique n'a pas à être engoncée dans un langage donné » et à parier qu'il serait possible de rendre compte d'un système juridique étranger dans une langue qui n'est pas celle adoptée dans ce système[37].

Préparer l'*IDF* en portugais ne paraît donc pas incompatible avec l'objectif de rendre le droit français plus accessible. À cet argument s'ajoute le fait que seule une minorité des juristes brésiliens maîtrise la langue française. Cette langue ne fait pas l'objet de cours réguliers à l'école publique et seules quelques rares écoles privées proposent son enseignement. En ce qui concerne la terminologie technique du droit, les cours de français juridique sont très rares et surtout insuffisants pour préparer un juriste brésilien à suivre un troisième cycle en France. En face de cette réalité, écrire l'*IDF* en français reviendrait à restreindre considérablement son public.

La langue portugaise s'est donc imposée. Toutefois, les réserves exprimées quant à la nécessité de l'usage de la langue française ont été prises en compte et certaines mesures ont été adoptées de sorte à améliorer l'accessibilité au droit français. Ainsi, les noms des juridictions n'ont pas été traduits, ni celui des diplômes législatifs ni non plus les noms des arrêts. Les citations de jurisprudence suivent d'ailleurs l'usage français. Un glossaire bilingue a été placé à la fin de l'ouvrage afin de présenter l'équivalent français des concepts juridiques brésiliens (cf. I. C. 5. *infra*) et, lorsque aucune traduction n'était satisfaisante, le terme en français a été inséré en italique et entre parenthèses à la suite du mot en portugais le plus proche.

Outre la question de la langue, un autre choix s'imposait : quel devrait être le profil des auteurs de cette « introduction » ? Une première réaction pourrait être de laisser cette tâche aux juristes français[38] et, ensuite, faire traduire leurs

---

36 On tient comme exemple l'ouvrage *Common law d'un siècle à l'autre*, dirigé par le professeur Pierre Legrand Jr, qui s'efforce dès la préface de justifier le choix de préparer un ouvrage en français sur la *common law*. (« Préface – Le droit de Blackstone et la langue de Molière : une valse à mille temps », *in* P. LEGRAND JR. (dir.), *Common law d'un siècle à l'autre*, Cowansville (Québec) : Yvon Blais, 1992, p. VII-XXI).

37 Tout en admettant que ses attentes de voir son projet d'étudier la *common law* en français générer « ses doubles » sont « modestes », il précise que « dans la mesure où il aura établi que la recherche originale consacrée au *common law* et s'exprimant en langue française n'a pas à participer de l'épiphénomène et partant, aura démontré qu'une tradition juridique n'a pas à être engoncée dans un langage donné, ce collectif aura atteint le principal objectif qu'il s'était fixé » (*Ibid.*, p. XXI).

38 Lorsque Xavier Blanc-Jouvan s'est posé la question de savoir à qui confier « l'enseignement du droit national aux étudiants étrangers », il s'est prononcé dans les termes qui suivent : « il est important que de tels cours soient confiés à des professeurs français et non pas, comme l'idée en a parfois été émise, à des collègues étrangers » (« L'enseignement du droit national aux étudiants étrangers », *RIDC*, 1993, p. 21). Sa position était justifiée dans ces termes : « car si les étudiants étrangers peuvent bien

contributions. Même si cela peut paraître moins habituel, un autre choix a été réalisé.

L'expérience que nous avons eue dans nos premières années en France révèle que la compréhension du droit va au-delà de sa traduction. Accéder à un droit étranger ne se résume pas à une question de transposition d'un contenu d'une langue à l'autre. Même lorsque la langue ne posait plus autant de difficultés, le droit français nous semblait toujours difficile d'accès. Tous ressentaient le besoin de consulter une présentation synthétique et objective du système français afin de faire le lien entre les connaissances techniques acquises au Brésil et celles qui se révélaient nécessaires en France[39]. C'est cette expérience commune qui nous a donné la motivation et l'inspiration pour préparer une « introduction » à l'attention des futurs doctorants brésiliens en France et de tous ceux qui s'intéressent aux systèmes juridiques étrangers.

Si les problèmes d'accès au droit français persistent indépendamment du niveau de la maîtrise de la langue française, c'est bien parce que derrière la barrière de la langue se cache celle de la culture juridique. Cet obstacle est difficilement mesurable depuis le pays d'origine, notamment si les études comparatives et les instruments de connaissance des systèmes juridiques étrangers se font rares (cf. I. A. *supra*). Lorsque l'on envisage, depuis le Brésil, de suivre une formation juridique en France, on s'attend plus souvent à ce que le commun enracinement des droits brésilien et français dans la tradition romaniste permette un accès simple et direct à ce dernier. Or, l'expérience vécue par les auteurs de l'*IDF* va dans un autre sens. Encore faut-il transposer la barrière de la culture juridique pour *apprendre à comprendre* ce « nouveau » système juridique. Il faut découvrir et mettre en œuvre de nouveaux outils intellectuels, habilitant celui qui débute ses études de droit étranger à naviguer entre deux systèmes juridiques et à en saisir les similitudes et les différences[40].

Ce sont ces outils, cette connaissance et cette expérience que l'*IDF* souhaite transmettre à ses lecteurs. Or, pour ce faire, il faut faire appel aux compétences de celles et de ceux ayant une double formation juridique en France et au Brésil. Cela présente d'ailleurs l'avantage de valoriser le dynamisme des juristes qui décident de partir compléter leur formation à l'étranger. Pendant longtemps, ce dynamisme s'est manifesté dans un seul sens : du Brésil vers la France. Mais les dernières années connaissent un nouvel équilibre et le dynamisme des juristes français est de plus en plus remarqué. La liste des auteurs de l'*IDF* porte, alors,

---

avoir fait l'objet, dans leur propre pays, d'une première initiation au droit français par des professeurs autochtones, il faut admettre que leur venue en France témoigne du souci de recevoir une formation plus approfondie assurée par des universitaires français, avec leur approche et suivant leurs méthodes ».

39 La situation est la même pour les juristes étrangers qui partent au Brésil et qui ressentent eux-aussi le besoin de consulter une « introduction » au système juridique récemment découvert.

40 La nécessité de découvrir de nouveaux outils intellectuels semble être partagée par d'autres juristes brésiliens partis à l'étranger, même ceux qui étudient le droit international. Nous renvoyons le lecteur au témoignage d'Andréia Costa Vieira, de son expérience en tant qu'étudiante du master en droit du commerce international en Angleterre (cf. « Prefácio », in Costa Vieira (A.), *Ibid.*, p. 11-13).

les signes de son temps: les Brésiliens sont plus nombreux mais la présence des Français lusophones vient illustrer la richesse et l'intensité des échanges académiques en matière juridique entre les deux pays[41].

Il va de soi que, si le regroupement des juristes avec ce profil présente des avantages, il comporte aussi des limitations. Malgré le développement important des rapports entre la France et le Brésil depuis les années 1990, il demeure difficile de trouver, pour les différents domaines du droit, des spécialistes ayant cette double formation. Ceci constitue la raison pour laquelle certaines disciplines juridiques sont absentes de l'*IDF*. L'homogénéité de l'ouvrage a été préférée à la poursuite infinie d'une exhaustivité toujours relative. Pour ce qui est des lacunes que d'aucuns pourront accuser, nous espérons que le temps nous permettra de les combler au moment approprié.

**2. Un outil de développement des études comparatives au Brésil**

Le fait de publier l'*IDF* en portugais présente des avantages qui ne se limitent pas à l'accessibilité au droit français. Cet ouvrage n'est pas seulement *fondé* sur la méthode de droit comparé (cf. I.B.1., *supra*), mais aussi tourné vers le *développement des études comparatives.* En effet, en l'écrivant en portugais, les auteurs de l'*IDF* souhaitent atteindre un public qui ne se limite pas à celles et à ceux qui s'intéressent au droit français. Lorsque l'on survole la littérature juridique brésilienne, on se rend rapidement compte d'une relative absence d'ouvrages d'introduction à un droit étranger (cf. I.A., *supra*).

Or, cette lacune de la littérature brésilienne contraste avec le nombre important des juristes originaires de ce pays réalisant des recherches à l'étranger. Il y a donc un champ de recherche considérable qui reste jusqu'à présent non exploité. Plusieurs autres réalisations du genre permettraient aux juristes lusophones de surmonter la barrière de la langue et d'avoir accès à différents systèmes juridiques du monde.

Nous espérons que la réalisation de l'*IDF* puisse porter ses fruits et donner de l'inspiration aux chercheurs brésiliens ayant une expérience dans d'autres pays. La littérature juridique brésilienne n'aurait qu'à gagner si elle pouvait compter sur des ouvrages sur les droits des pays intégrant le Mercosur, ainsi que sur les droits allemand, indien, marocain et d'autres encore.

**3. Un ouvrage collectif**

Une troisième caractéristique de l'*IDF* résulte du choix réalisé d'inviter plusieurs auteurs pour la rédiger. Il s'agit d'un ouvrage écrit à plusieurs mains et cela présente, à nouveau, des avantages et des inconvénients. L'avantage, c'est que chaque branche du droit a pu être traitée de façon plus approfondie. Chacun des auteurs a été invité à écrire sur le domaine dans lequel il réalise (ou a réalisé) ses recherches. Chaque chapitre est ainsi préparé par des spécialistes qui étudient (ou qui ont étudié) de telles questions pendant leur séjour en France.

41 Parmi les 30 auteurs de l'*IDF*, l'on dénombre sept juristes ayant suivi l'intégralité ou presque de leur formation juridique en France, y compris le troisième cycle (cinq parmi eux sont lusophones). Les autres 23 auteurs ont tous obtenu un diplôme de droit au Brésil suivi de près par leur venue en France afin de s'engager dans des études de 3e cycle.

Un autre avantage réside dans la diversité d'origine géographique des auteurs. Le groupe qui a préparé l'*IDF*, ainsi que l'*IDB* et l'ouvrage que le lecteur a maintenant entre ses mains, rassemble des auteurs venant de onze États fédérés au Brésil. Ces auteurs se sont réunis autour de cinq pôles en France : Paris, Strasbourg, Toulouse, Montpellier et Bordeaux.

Une telle diversité pourrait faire craindre pour la cohérence de l'ouvrage. Cinq mesures ont été adoptées afin de minimiser ce risque. Un premier choix a été opéré au profit du plan traditionnel d'exposition ordonné en deux parties. Même si ce plan n'est pas usuel au Brésil, il a paru davantage judicieux que l'introduction du public lusophone au droit français se fasse dès la structure de l'ouvrage.

Après avoir fixé le plan de l'ouvrage, celui de chaque chapitre a été analysé de façon conjointe par son auteur respectif et par le directeur de l'ouvrage. L'objectif était de renforcer la cohérence de l'ensemble des contributions en évitant que les plans se recoupent les uns avec les autres.

Puis, les auteurs ont été invités à se rencontrer afin d'échanger leurs points de vue et résoudre les difficultés qu'ils avaient en commun. C'est ce qui s'est passé lors des deux rencontres du 14 avril et du 17 juin 2008 à Strasbourg. Ces rencontres ont notamment été motivées par la nécessité de discuter ensemble des questions relatives à la méthode – qu'est-ce qu'aborder un système juridique étranger ? Avec quels instruments ? – et au contenu même de l'ouvrage : les données fondamentales ont-elles été prises en compte ? Sont-elles suffisamment bien maîtrisées ? Serait-il question de les analyser sous l'angle de la comparaison à ce stade du travail ?[42]

Après ces rencontres, les auteurs ont rédigé une première version de leurs chapitres respectifs et, ensuite, ont été invités à réviser les chapitres préparés par leurs collègues. Ainsi, chaque chapitre a été relu par l'auteur d'un autre chapitre portant sur une branche du droit voisine. Le chapitre sur le droit public économique a, par exemple, été relu par l'auteur du chapitre sur le droit administratif, le chapitre sur le droit des successions l'a été par l'auteur du chapitre sur le droit de la famille et ainsi de suite. Une dernière relecture a été assurée par le directeur de l'ouvrage. Cela a permis d'harmoniser le fond même des contributions, ce qui n'aurait pas été possible sans l'esprit de coopération qui s'est créé au sein du groupe.

Enfin, une tentative d'uniformisation de la traduction des concepts français a été entreprise. La préparation du glossaire bilingue a donné aux auteurs l'occasion de discuter de la traduction appropriée pour le vocabulaire juridique français. Après avoir préparé le glossaire bilingue (cf. I. C. 5. *infra*), le langage des chapitres a été harmonisé de façon à assurer l'intelligibilité de l'ouvrage.

Au-delà d'une simple réunion d'articles isolés, l'on espère que l'*IDF* soit perçu comme un véritable travail collectif.

---

42 Cf. les contributions composant la première partie de cet ouvrage sur les données fondamentales pour la comparaison juridique entre la France et le Brésil.

#### 4. Un ouvrage pionnier dans les pays de langue néo-romaine

Une recherche bibliographique réalisée lorsque le projet a été lancé révèle que l'*IDF* est un ouvrage pionnier non seulement au Brésil, mais aussi dans les autres pays de langue néo-romaine. À l'aide d'outils informatiques similaires au catalogue du Système universitaire de documentation (SUDOC), ont été cherchés des ouvrages publiés en espagnol, italien ou portugais, comprenant dans leurs titres les mots « droit » et « français » ou « France ». La bibliographie ainsi produite révèle que les études sur des sujets précis du droit français sont nombreuses, notamment en Italie. Néanmoins, l'on constate l'absence de toute étude réalisée dans une de ces trois langues avec l'objectif d'offrir aux juristes nationaux une vue d'ensemble du système juridique français. Ce constat correspond aux réponses données par les outils informatiques utilisés et couvre les livres publiés entre 1789 et 2007[43].

#### 5. Un ouvrage enrichi par un glossaire bilingue

L'*Introdução ao direito francês* se termine par un glossaire français-portugais et portugais-français. Il ne s'agit pas d'un glossaire avec prétention à l'universalité. Le seul objectif est celui de traduire les termes techniques de plus grande complexité pour le juriste brésilien. La traduction des expressions françaises n'a pas toujours été consensuelle entre les auteurs. Dans certains cas, plus de trois propositions différentes de traduction ont été formulées. Le glossaire qui se trouve à la fin de l'ouvrage[44] regroupe les traductions ayant été choisies par l'unanimité ou, à défaut, par la majorité des auteurs.

Dans certains cas, en revanche, l'on a constaté qu'aucune traduction ne permettait de rendre compte du concept français. Nous avons alors préféré donner la définition en portugais du concept français.

Le *glossaire* qui en résulte n'est pas exhaustif, mais nous espérons qu'il soit tout de même fort utile. Il comprend environ 1 500 mots et joue à la fois les rôles de *lexique bilingue* et de *dictionnaire des termes juridiques*.

## II. La dynamique comparative créée par l'*Introdução ao direito francês*

Comme nous l'avons souligné en introduction, la dynamique résultante de l'*IDF* se caractérise par des manifestations et des ouvrages traitant du droit français et du droit brésilien dans une dimension comparative. Ces opérations ont été réalisées en tenant compte du fait que la comparaison pourrait se réaliser selon différentes échelles (A). Ainsi, le développement du projet a donné l'occasion d'organiser différentes manifestations, chacune illustrative d'un degré différent dans l'échelle de comparaison (B).

---

43 Cf. Morais da Costa (Th.), *Introdução ao direito francês*, vol. II, *op. cit.*, p. 647-664.

44 Cf. Morais da Costa (Th.), *Introdução ao direito francês*, *op. cit.*, p. 623-642 (vol. I) et p. 627-647 (vol. II).

## A. Les différentes échelles de comparaison

Comme le soulignait Georg Simmel, la façon dont nous appréhendons un certain objet dépend de la distance depuis laquelle nous l'observons. « *Lorsque nous voyons un objet spatial à deux, cinq ou dix mètres, nous en avons chaque fois une autre image, qui n'est «juste» chaque fois que dans chaque cas déterminé et qui peut donner lieu dans ces limites à des erreurs* »[45]. Ainsi, selon l'observation de Cécile Vigour, le point de vue du chercheur diffère suivant le niveau d'analyse (« micro », « méso » ou « macro ») auquel il se situe : « *Il ne perçoit pas la réalité de la même manière selon qu'il observe à l'œil nu, avec des lunettes, des jumelles ou un microscope* »[46].

Transposant cela au domaine du droit comparé, l'on constate que la comparaison peut se placer à différents niveaux. Elle peut l'être, par exemple, à un niveau « macro » où seules les données fondamentales seront prises en compte ou bien à un niveau « micro » où une question précise fera l'objet d'une étude comparative. Entre celui-là et celui-ci plusieurs niveaux intermédiaires peuvent être établis selon le degré de précision de l'analyse, la disponibilité des données et le nombre de personnes concernées par la comparaison.

Les centres d'intérêt des uns et des autres nous ont vite montré qu'il y avait suffisamment de matière et de motivation pour organiser des manifestations à différentes échelles de comparaison. Ainsi, une première rencontre à Strasbourg a été prévue le 14 avril 2008 pour traiter des données fondamentales de la comparaison. Un exercice ambitieux certes, mais nécessaire pour un projet qui souhaite aboutir à un certain degré de connaissance des deux systèmes juridiques. Le problème, c'est qu'un tel exercice pouvait difficilement être réalisé à plusieurs. Le nombre d'intervenants pour cette première rencontre était donc limité à trois. Mais une deuxième manifestation s'est presque instantanément construite. En rassemblant les propositions de comparaison sur des sujets précis, une problématique commune a émergé : celle de l'interventionnisme et de l'autonomie des personnes. Ainsi est née la journée strasbourgeoise d'étude du 17 juin 2008 qui renfermait l'échelle de la comparaison pour aboutir à des conclusions plus précises, peut-être plus tangibles, et directement liées à la pratique du droit.

Ensuite, lorsqu'il s'est agi d'organiser les colloques de lancement de l'*IDF*, notamment celui de Porto Alegre, l'échelle de la comparaison a été ouverte à nouveau afin d'élargir les possibilités de dialogue et de comparaison entre les deux cultures juridiques. Une autre raison demandait d'étendre l'échelle de la comparaison : l'excellence des professeurs invités et les échanges prometteurs qui auraient lieu pendant leur séjour au Brésil. Ces objectifs ne pouvaient être atteints dans une seule journée. Des trois jours de colloque prévus au départ, nous en sommes arrivés à cinq et, à juger par les manifestations d'intérêt, il pourrait y avoir encore d'autres journées à venir… Il y a de quoi se réjouir de l'intérêt de rapprochement manifesté des deux côtés de l'Atlantique.

45 SIMMEL (G.), *Sociologie et épistémologie* (trad. L. Gasparini), PUF, 1981, p. 87-88.

46 VIGOUR (C.), « Faire varier les échelles dans la comparaison », in P. Legrand (dir.), *Comparer les droits, résolument*, PUF, 2009, p. 360.

## B. Les différentes manifestations réalisées dans le cadre de ce projet

Cinq manifestations à caractère scientifique sont le résultat de la dynamique créée par la préparation de l'*IDF*. Compte tenu du besoin ressenti par les auteurs d'échanger leurs points de vue sur les différentes façons de rédiger une introduction à un droit étranger et de réaliser une comparaison, deux rencontres ont été préparées à Strasbourg (1 et 2). À l'occasion de la parution de l'*IDF*, trois colloques ont eu lieu à Porto Alegre (3), Belém (4) et Fortaleza (5).

### 1. Strasbourg, 14 avril 2008

Le 14 avril 2008, la Faculté internationale de droit comparé (*FIDC*) de Strasbourg a accueilli la réalisation d'une séance spécifique à propos de la comparaison juridique entre la France et le Brésil. Cette séance, qui a fait partie du programme officiel de la session de printemps de 2008 de la *FIDC*, a consisté dans l'intervention de trois des auteurs de l'ouvrage *Introdução ao direito francês*. Ils ont abordé les questions fondamentales relatives à la comparaison France-Brésil aussi bien en droit public qu'en droit privé. Ces interventions ont été suivies d'un débat avec des professeurs de la *FIDC* et des étudiants.

### 2. Strasbourg, 17 juin 2008

Le 17 juin 2008, le Centre de droit de l'entreprise de l'université de Strasbourg a réalisé, en partenariat avec l'Ecole régionale des avocats du Grand-Est (ERAGE) et l'*IDCBF*, une journée d'études sur *Le droit français et le droit brésilien d'aujourd'hui: éléments de comparaison*. Placé sous la direction scientifique du professeur Michel Storck, de Gustavo Vieira da Costa Cerqueira et de l'auteur de ces lignes, le programme comptait sur les interventions de 13 auteurs de l'*IDF*, précédées d'un rapport introductif du professeur Michel Fromont.

Les interventions ont été regroupées en deux thèmes: (i) le droit de l'État et de son intervention dans la société et (ii) l'autonomie des personnes et le droit de l'État interventionniste. Toutes les interventions ont suivi le même modèle - les sujets choisis ont été traités du point de vue des droits français et brésilien - et, ensuite, soumises aux commentaires de 13 professeurs. Leurs observations ont porté aussi bien quant à la méthode qu'au fond des interventions. Ceci a permis, comme nous l'avons vu, aux participants de mieux saisir les enjeux de la comparaison et donc de mieux préparer leurs chapitres respectifs pour l'*IDF*.

Pour de plus amples informations, nous renvoyons le lecteur à l'avant-propos cosigné par les directeurs de cet ouvrage.

### 3. Porto Alegre, 25-29 mai 2009

L'idée de réalisation de ce colloque est apparue lorsque nous avons constaté la singularité de l'occasion qui serait offerte par l'« Année de la France au Brésil » en 2009 : pour la première fois, chacun des deux pays allait pouvoir compter sur un ouvrage d'introduction à l'ensemble du système juridique de l'autre. Le scénario semblait donc favorable pour la réalisation d'études comparatives.

Encore fallait-il choisir une méthode. L'inspiration est venue des congrès organisés sous les auspices de l'Académie internationale de droit comparé et de ceux réalisés par l'Association Henri Capitant: chaque sujet devrait faire l'objet de deux rapports nationaux (un pour chaque système juridique) préparés par des comparatistes, lesquels seraient exposés lors du colloque et suivis d'un débat sous la forme d'une table ronde.

Ce modèle a été enrichi par la participation des auteurs de l'*IDF*, en leur qualité de jeunes chercheurs engagés dans ce projet de droit comparé entre la France et le Brésil. Ces derniers ont été invités à exercer un double rôle : d'une part, jouer l'interface entre les deux systèmes juridiques en proposant aux rapporteurs nationaux certaines questions communes pour la préparation de leurs rapports et, d'autre part, animer les débats au sein de chaque table ronde de sorte à conduire les participants à discuter des différences et des similitudes entre les deux systèmes juridiques.

Sans revenir à la liste des institutions qui l'ont porté, il convient de souligner que sa labellisation par le IVe Comité mixte de l'« Année de la France au Brésil » a confirmé que sa conception s'inscrivait dans les trois axes de cette saison culturelle. Le colloque a abordé le droit en tant qu'un aspect de la culture (« France diverse »), en tant qu'instrument permettant de répondre aux problèmes contemporains (« France aujourd'hui »), notamment aux défis liés à la mondialisation (« France ouverte »). Par ailleurs, l'importance attachée à la recherche scientifique dans le domaine du droit et les allers-retours de professeurs et d'étudiants entre les deux pays sont une illustration aussi bien de la « France aujourd'hui » que de la « France ouverte ». Enfin, la méthode comparative adoptée dans le colloque correspond à la « volonté » que la France a affirmé lors de cette saison culturelle « de dialogue et de partenariat avec le Brésil ». Ce dialogue ne pouvait pourtant pas rester limité à celles et à ceux qui maîtrisent les langues des deux pays.

Placé sous le seuil de l'accessibilité, deux mesures phares ont été mises en œuvre dans le cadre de ce projet : d'une part, les inscriptions au colloque ont été rendues entièrement gratuites, un fait rarissime pour un colloque de cette ampleur au Brésil et, d'autre part, un service de traduction simultanée a été proposé afin d'assurer que tous, Brésiliens et Français, puissent accompagner la teneur des interventions et des débats.

Le colloque « Droits français et brésilien : perspectives nationales et comparées » s'est déroulé sur cinq jours de travail (du 25 au 29 mai 2009) et a compté sur un nombre significatif d'interventions à caractère scientifique traitant vingt-deux sujets répartis en huit séances thématiques : droits français et brésilien et intérêt du droit comparé ; ordre juridique et répartition des compétences ; réforme de l'Etat ; droits fondamentaux ; justice ; contrats ; concurrence ; le pouvoir dans les sociétés et les difficultés financières et le droit.

Cette opération a eu l'adhésion de différents secteurs de la communauté juridique des deux pays. Plus de cinquante institutions ont manifesté leur soutien à ce colloque qui a rassemblé environ soixante personnes, rapporteurs et auteurs de l'*IDF* confondus. Il convient d'exprimer des remerciements à tous ceux qui ont participé, d'une façon ou l'autre, à la concrétisation de ce projet.

La présentation de ce colloque ne pourrait pas se terminer sans rendre hommage à notre collègue et ami Samir Salemkour, malheureusement disparu dans l'accident du vol AF 447 Rio de Janeiro – Paris, le 1er juin 2009.

**4. Belém, 30 mai 2009**

Le séminaire réalisé le 30 mai 2009 à Belém a porté sur « Théorie du droit et développement durable » (*Teoria do direito e sustentabililidade*).

Chacun des thèmes de cette journée d'études a fait l'objet d'une intervention par un professeur français suivie d'une autre par un professeur brésilien. Les thèmes traités à cette occasion furent : fiscalité environnementale, protection des droits fondamentaux et objectifs à long terme et structure de la démocratie constitutionnelle.

**5. Fortaleza, 1er-3 juin 2009**

Le colloque ayant eu lieu du 1er au 3 juin 2009 à Fortaleza a porté sur « Droits de l'homme : à la recherche de fondement, équilibre et protection » (*Direitos humanos : em busca de fundamentação, equilíbrio e proteção*).

Cinq thèmes ont été traités dont quatre sous le prisme du droit comparé. Ces derniers ont fait l'objet de deux interventions, l'une pour la France, l'autre pour le Brésil. Le cinquième thème a fait l'objet d'une intervention en droit interne brésilien. Les thèmes ont été les suivants : le principe de proportionnalité, le fondement des droits fondamentaux, la protection constitutionnelle des droits fondamentaux, la protection internationale des droits fondamentaux et la protection des droits de l'homme au Brésil.

*
* *

De la préparation d'une introduction au droit français, ce projet en est arrivé à la réalisation de plusieurs manifestations et ouvrages portant sur la comparaison juridique entre la France et le Brésil. L'objectif de cette contribution était de retracer les différentes étapes de cette évolution qui, si intense qu'elle fût, n'est qu'un simple exemple de l'enrichissement mutuel et progressif des échanges entre nos deux pays.

## DONNÉES FONDAMENTALES POUR LA COMPARAISON EN DROIT PUBLIC FRANÇAIS ET BRÉSILIEN

**Domingos Païva de Almeida***

Ce qui constitue ou ne constitue pas une « donnée fondamentale » pour une comparaison entre des ordres juridiques, n'est pas chose facile à établir. Des aspects pouvant paraître « fondamentaux » pour certains observateurs, peuvent ne pas le paraître pour d'autres[1]. Il convient dès lors, dans le cadre de cette étude, de définir ce qui est considéré comme *fondamental*.

Nous entendrons comme « *données fondamentales* » pour la comparaison juridique en droit public français et brésilien les éléments de compréhension qui contribuent de manière significative à l'identification des convergences et divergences juridiques principales en matière d'organisation de l'État et du régime applicable à l'administration publique en France et au Brésil. Cette définition nous amènera à examiner quelques uns des domaines du droit constitutionnel et du droit administratif qui sont les plus à même d'apporter une compréhension significative de l'ordre juridique dans ces deux pays.

Avant toute autre chose, il est important de signaler que la comparaison du droit français avec le droit brésilien suscite aujourd'hui un grand intérêt. Comme le souligne à juste titre B. Fauvarque-Cosson, le droit brésilien n'est plus pour le juriste français, un terrain d'investigation « inconnu »[2]. M. Fromont, pour sa part,

* *Avocat au barreau de Recife, Assistant juridique en droit comparé à la cellule de droit comparé du Conseil d'État, Consultant au Cabinet Chenut Oliveira Santiago, Docteur en droit de l'université Paris I Panthéon-Sorbonne, Post-doctorat à l'Institut universitaire européen (Florence).*

1 L'un des efforts les plus remarquables tendant à identifier explicitement les critères d'analyse qui seraient « substantiels » pour la comparaison et la classification des différents droits nationaux à l'échelle mondiale, est celui du prof. Constantinesco (J.-L.), *Traité de droit comparé. Tome III: La science des droits comparés*, LGDJ, 1983.

2 Fauvarque-Cosson (B.), « Le droit brésilien, cet 'inconnu' qui ne l'est plus », *Journal of Legal Cultures*, vol. 2, n° 2, juil.-déc. 2007 (numéro spécial dédié aux actes du colloque du 23 novembre 2006 réalisé à l'université Paris 1 Panthéon-Sorbonne pour

considère que «*l'étude du droit brésilien peut apporter aux juristes français des idées fécondes*»[3]. Ces considérations témoignent de l'intérêt croissant que revêt actuellement l'étude du droit brésilien en France, grâce notamment à l'apparition de travaux de plus en plus nombreux[4]. Cela va de pair avec le regain d'intérêt dont bénéficie l'étude du droit français au Brésil[5].

À la suite de ces remarques initiales, il convient de préciser que le présent travail ne prétend pas à être exhaustif. Notre but consiste uniquement à comparer quelques uns des aspects les plus connus et les plus traditionnels du droit public dans les deux pays. Il s'agit seulement de proposer des observations de caractère général, sur des thèmes qui en eux mêmes n'ont rien d'original, dès lors qu'ils touchent à des aspects suffisamment diffusés et largement traités par la doctrine nationale. Notre objectif est alors simplement d'apporter un éclairage minimum sur quelques uns des principaux aspects qui tantôt séparent, tantôt rapprochent les droits publics français et brésilien en termes de similitudes et de divergences.

Pour mener cette comparaison, il est opportun de suivre la distinction traditionnelle entre le droit constitutionnel d'une part et le droit administratif d'autre part. Certes, un tel binôme ne saurait être retenu sans réserve. Comme l'a souligné à juste titre B. Stirn, il n'existe pas de «frontière étanche» entre les deux disciplines[6]. En France, en effet, les normes du droit constitutionnel ont

---

le lancement du livre D. Païva de Almeida (dir.), *Introduction au droit brésilien*, L'Harmattan, 2006), www.legalcultures.com. Rapprocher avec: Jauffret-Spinosi (C.) et Wald (A.), «Avant-propos. Le droit brésilien, cet inconnu», dans Wald (A.) et Jauffret-Spinosi (C.), *Le droit brésilien d'hier, d'aujourd'hui et de demain*, Société de Législation Comparée, 2005, p. 1; Païva de Almeida (D.), «Regards sur le droit brésilien», *Revue internationale de droit comparé*, 2007, n° 4, p. 879-890.

3 Fromont (M.), «Le regard d'un juriste européen sur le droit brésilien», *Journal of Legal Cultures*, vol. 2, n° 2, juil.-déc. 2007 (numéro spécial préc.).

4 Voir: Maus (D.) et Bon (P.), *La nouvelle République brésilienne: études sur la Constitution du 5 octobre 1988*, Economica, 1991; Barbosa Gomes (J.), *La Cour suprême dans le système politique brésilien*, LGDJ, 1994; Wald (A.) et Jauffret-Spinosi (C.), *Le droit brésilien d'hier, d'aujourd'hui et de demain*, Société de Législation Comparée, 2005; Païva de Almeida (D.), *Introduction au droit brésilien*, L'Harmattan, 2006; Ferreira Filho (M.), «L'évolution du contrôle de constitutionnalité au Brésil», dans *Renouveau du droit constitutionnel, Mélanges en l'honneur de Louis Favoreu*, Dalloz, 2007, p. 209 *sq.*; Medauar (O.), «Un aperçu du droit administratif brésilien», dans *Confluences. Mélanges en l'honneur de Jacqueline Morand-Deviller*, Montchrestien, 2007, p. 437 *sq*; Teles da Silva (S.), «Le droit de l'environnement au Brésil», dans *Confluences*, préc.; Wald (A.), *Code civil brésilien: édition bilingue brésilien-français*, Société de législation comparée, 2009; Fromont (M.), *Grands systèmes de droit étranger*, 6e éd., Dalloz, 2009.

5 Morais da costa (t.), *Introdução ao direito francês*, Curitiba: Juruá, 2009. Pour des études plus ponctuelles, voir par exemple: Païva de Almeida (D.), «O controle de constitucionalidade na França», *Revista de Informação Legislativa*, a. 36, n° 144, oct.-déc. 1999, p. 197-210; Païva de Almeida (D.), «Dois conceitos de serviço público: Duguit e Jèze», dans Continentino (M.), *Etudantes - Caderno Acadêmico - Edição Comemorativa*, Recife: Nossa Livraria, 2007, p. 55-70.

6 Stirn (B.), *Les sources constitutionnelles du droit administratif. Introduction au droit public*, 3e éd., LDGJ, 1999, p. 6.

été reconnues comme étant une source très importante du droit administratif[7]. Certainement, prendront-elles davantage d'ampleur avec la mise en place d'un système de contrôle *a posteriori* de constitutionnalité des lois[8].

Cette évolution du droit en France atténue, sans pour autant effacer, ce qui est une grande différence entre le droit public français et brésilien, à savoir, la place prépondérante de la Constitution en droit brésilien[9], ou sa place « omniprésente » vis-à-vis du droit administratif[10]. Une telle importance du droit constitutionnel en droit brésilien se doit à plusieurs facteurs, dont l'ampleur du texte de la Constitution lui-même qui est conjuguée à un *double* système de contrôle de constitutionnalité : *diffus* (tout juge peut écarter l'application d'une loi s'il l'estime inconstitutionnelle) et *concentré* (la Cour suprême peut être saisie par différentes voies de recours directs à l'initiative de certaines autorités, des partis politiques et des syndicats de portée nationale)[11].

---

7 Larzul (T.), *Les mutations des sources du droit administratif*, L'Hermès, 1994. L'idée était soutenue depuis bien longtemps par le doyen Vedel : Vedel (G.), « Les bases constitutionnelles du droit administratif », *E.D.C.E.* n° 8, 1954, p. 21-54. Voir aussi : Vedel (G.), « Droit administratif et normes constitutionnelles. Quelques réflexions trente ans après », dans *Mélanges en l'honneur de Franck Moderne, Mouvement du droit public*, Dalloz, 2004, p. 635-648.

8 La réforme constitutionnelle menée par la loi constitutionnelle n° 2008-724 du 23 juillet 2008 et complétée par la loi organique n° 2009-1523 du 10 décembre 2009, entrée en vigueur le 1er mars 2010, a introduit la possibilité pour les justiciables de formuler, à l'occasion d'une instance en cours, une « question prioritaire de constitutionnalité » afin de soutenir qu'une disposition législative porte atteinte aux droits et libertés que la Constitution garantit. Le cas échéant, le juge doit alors surseoir à statuer et saisir l'une des deux cours suprêmes compétentes – Cour de Cassation ou Conseil d'État – qui décideront de saisir ou non le Conseil constitutionnel, seul compétent pour déclarer l'inconstitutionnalité invoquée, celle-ci ayant pour effet d'abroger la disposition en question (arts. 61-1 et 62-2 de la Constitution française, loi organique préc. et décision du Conseil constitutionnel n° 2009/595 DC du 3 décembre 2009). Voir notamment : *Revue du droit public* (RDP), 2009, n° 3, Numéro spécial, « L'exception d'inconstitutionnalité : un chantier difficile » ; Mathieu (B.), « La question prioritaire de constitutionnalité : une nouvelle voie de droit », *La Semaine Juridique*, n° 52, 21 déc. 2009, p. 54*sq* ; *L'Actualité juridique Droit administratif* (AJDA), 2010, n° 2, Dossier spécial, « La question prioritaire de constitutionnalité », p. 74-96.

9 Chantebout (B.), « Discussion », dans *La nouvelle République brésilienne, op. cit*, p. 68 : « Pour les brésiliens, il s'agit d'un document fondamental : les français parlent de loi, eux de la Constitution ». Blanquer (J.-M.), « Le droit brésilien et l'originalité des droits d'Amérique latine », *Journal of Legal Cultures*, vol. 2, n° 2, juil.-déc. 2007 (numéro spécial préc.) : « *En Europe nous sommes allés lentement vers la constitutionnalisation des branches du droit au travers du développement du contentieux constitutionnel. Dans le cas brésilien qui accentue de ce point de vue là d'autres cas en Amérique latine, c'est l'écriture même de la Constitution qui est à l'origine de cet avant-gardisme constitutionnel, de cette volonté d'englober l'ensemble des droits dans un seul document* ».

10 Fromont (M.), « Préface », dans *Introduction au droit brésilien, op. cit.*, p. 7.

11 Voir : Ferreira Filho (M.), « L'évolution du contrôle de constitutionnalité au Brésil », dans *Renouveau du droit constitutionnel*, préc., p. 209*sq* ; Morais da Costa (T.), « Le droit constitutionnel : la protection des droits fondamentaux », dans Païva de Almeida (D.), *Introduction au droit brésilien, op. cit.*, p. 47-87.

Bien que très important, les mécanismes de contrôle de constitutionnalité des lois ne seront pas traités directement dans la présente étude, dès lors qu'ils supposent un certain nombre de développements qui vont au-delà de l'approche plus panoramique recherchée ici. Sous ces réserves, il sera question de proposer un aperçu général des mécanismes d'organisation de l'État et du régime applicable à l'administration publique en France et au Brésil dans les champs du droit constitutionnel d'une part (I) et du droit administratif d'autre part (II).

## I. Les données fondamentales en droit constitutionnel

La France et le Brésil adoptent des modes d'organisation équivalents dans un certain nombre de domaines. Ainsi notamment, ils sont tous les deux des Républiques, placées sous le régime démocratique du gouvernement et qui proclament leur respect à l'État de droit, au droit international et aux droits fondamentaux[12].

Dans d'autres domaines en revanche, les divergences sont significatives. C'est à elles que nous nous intéresserons en particulier, dès lors qu'elles permettent de comprendre des aspects d'un système étranger qui souvent, sont assez méconnus du système de référence. Il s'agit de la *forme d'organisation territoriale* d'une part (A), et du *régime de gouvernement* d'autre part (B).

### A. Des divergences quant à la *forme d'organisation territoriale*

En ce qui concerne la *forme d'organisation territoriale*, la France et le Brésil s'opposent en ce sens que le premier adopte la forme unitaire (1) et le second, la forme fédérale (2).

#### 1. La France, forme unitaire

La France adopte la forme d'organisation unitaire dans la mesure où, selon l'enseignement de F. Hamon et M. Troper, l'ensemble de son territoire est soumis aux mêmes lois qui émanent d'une seule autorité législative compétente[13].

L'autorité législative en France se concentre au sein du Parlement national. Celui-ci exerce de manière exclusive le pouvoir d'édicter des lois, dont le champ d'application s'étend en principe à tout le territoire. La division de celui-ci en des

12 Tupiassu (L.), « Le droit constitutionnel : les institutions politiques », dans *Introduction au droit brésilien*, préc., 2006, p. 15-46 ; Morais da Costa (T.), « Le droit constitutionnel : la protection des droits fondamentaux », dans *Introduction...*, préc., p. 47-87. Tupiassu (L.) et Passos Martins (T.), « Direito constitucional : as instituições políticas », dans *Introdução ao direito francês*, préc., 2009, p. 105-137. Morais da Costa (T.), « Justiça constitucional », dans *Introdução...*, préc., 2009, p. 139-194 ; « Direitos e liberdades », dans *Introdução...*, préc., 2009, p. 195-228.

13 Hamon (F.) et Troper (M.), *Droit constitutionnel*, 29e éd., LDGJ, 2005, p. 81 : « *En France, les lois sont nationales et les normes locales ne peuvent être créées que si une loi nationale détermine les matières dans lesquelles elles peuvent intervenir. C'est aussi la loi qui institue l'autorité locale compétente, lui fixe des objectifs et des limites, détermine des procédures et organise un contrôle sur le contenu des décisions, de telle manière qu'on peut penser que dans un tel État, les normes locales ne sont jamais que la concrétisation, compte tenu des situations locales, des normes nationales* ».

multiples entités administratives, ne met pas en cause le monopole du pouvoir central en matière législative. Ainsi, les attributions dont disposent les *collectivités territoriales* - Communes, Départements et Régions - consistent essentiellement à assurer l'exécution des lois nationales au niveau local, par le biais notamment d'actes réglementaires d'application des lois, lesquels ne se substituent pas aux prescriptions du législateur national[14].

Selon l'alinéa premier, de l'article premier de la Constitution française de 1958, la « France est une République indivisible ». À cet énoncé, la réforme constitutionnelle de 2003 a rajouté que « son organisation est décentralisée »[15]. Ces deux prémisses rendent explicite, au niveau du texte constitutionnel même, un aspect de l'organisation territoriale française qui existe depuis plus longtemps à savoir, la *décentralisation* existant au sein de l'État unitaire. Il s'agit d'une *décentralisation* des compétences administratives, et non des compétences législatives, celles-ci étant propres aux États fédéraux, comme le Brésil, les États-Unis et l'Allemagne, et aux États dits *régionaux*, comme l'Italie et l'Espagne.

La décentralisation de l'administration française ne met pas en cause le caractère unitaire de l'État, comme le rappelle B. Chantebout[16]. Ainsi, les *collectivités territoriales* sont des personnes morales de droit public interne distinctes de l'État national. Elles bénéficient du pouvoir de s'auto-administrer librement, tel que reconnu au niveau constitutionnel[17]. Ce pouvoir a été renforcé considérablement par les *Lois de décentralisation* de 1982, qui ont supprimé le *contrôle de tutelle* des autorités nationales sur les actes locaux. Depuis, il n'appartient plus aux autorités nationales d'approuver ou d'annuler les actes des collectivités territoriales. Les plus importants d'entre eux doivent néanmoins être notifiés à l'autorité nationale sur place - appelée « préfet » - qui peut le cas échéant saisir les tribunaux d'une demande d'annulation pour illégalité[18].

---

14 La réforme constitutionnelle de 2003 a prévu néanmoins certaines possibilités de transferts de compétence législative aux régions et collectivités d'outre-mer, en leur permettant d'adapter la loi au vu de circonstances locales (art. 73 et 74-1 de la Constitution).

15 Constitution, art. 1er, avec la rédaction de la révision constitutionnelle du 28 mars 2003 : « La France est une République indivisible, laïque, démocratique et sociale. [...] Son organisation est décentralisée ».

16 Chantebout (B.), *Droit constitutionnel*, 25e éd., Dalloz, 2008, p. 66 : « *On appelle État unitaire celui dans lequel une volonté politique unique s'impose à l'ensemble des citoyens, lesquels sont par conséquent soumis aux mêmes lois en tous domaines. Les États unitaires sont de très loin les plus nombreux; la France en constitue l'un des meilleurs exemples historiques puisque le principe selon lequel 'la République est une et indivisible', posé par la Convention dans sa proclamation du 24 septembre 1792 pour faire échec aux tendances fédéralistes qui se manifestaient à l'époque, n'a jamais été remis en cause par aucun des régimes qui se sont succédés depuis. L'administration de l'État unitaire est susceptible d'être aménagée de diverses façons : l'État unitaire peut être plus ou moins centralisé ou décentralisé* ».

17 Constitution, art. 72. Conseil Constitutionnel, DC n° 82-137, 25 fév. 1982, *Lois de décentralisation*.

18 Constitution, art. 72-6. Code Général des Collectivités Territoriales, arts. L. 2131-6 et L. 3.132-1.

Le principe constitutionnel de l'auto-administration des collectivités territoriales signifie notamment qu'il appartient à la population locale de désigner ses représentants. C'est donc par la voie du suffrage universel direct que sont élus, pour un mandat allant de cinq à six ans, les membres des assemblées délibérantes territoriales, à savoir : le *Conseil municipal* pour les Communes ; le *Conseil général* pour les Départements ; et le *Conseil régional* pour les Régions. Ce sont ensuite ces assemblées qui désignent le chef de l'exécutif local : le *maire* pour les Communes ; le Président du Conseil général pour les Départements ; et le Président du Conseil régional pour les Régions.

Les collectivités territoriales bénéficient d'un budget propre, formé à la fois de fonds de coparticipation fiscale (par exemple la taxe foncière) et de dotations provenant du budget de l'État. Les collectivités territoriales ont le pouvoir de signer des contrats, d'organiser leurs administrations, ainsi que de recruter et de gérer la carrière de leur personnel. Ces compétences s'exercent toutefois dans le cadre de la législation nationale. C'est le législateur national en effet qui fixe les modalités d'organisation et de financement, les procédures de passation des contrats, ainsi que les règles de la fonction publique territoriale[19].

Deux aspects de l'organisation territoriale française atténuent, sans mettre en cause, le caractère unitaire de l'État.

Le premier d'entre eux est le bicaméralisme, qui s'exprime par la division du Parlement en une chambre basse, *l'Assemblée nationale*, et une chambre haute, le *Sénat*. Celui-ci « assure la représentation des collectivités territoriales de la République » (article 24 de la Constitution), nonobstant le fait que la France soit un État unitaire.

Le mode de recrutement des sénateurs, élus pour six ans, diffère de celui des députés, élus pour cinq ans. Ceux-ci sont élus au suffrage direct ; les autres, au suffrage indirect. Les 348 sénateurs sont ainsi élus par un collège électoral formé d'environ 150 000 *grands électeurs*, dont 95 % environ sont des délégués des conseils municipaux et la partie restante est constituée des 577 députés de l'Assemblée nationale, des 1870 *conseillers régionaux* et des 4 000 *conseillers généraux* (du Département).

Le bicaméralisme français se caractérise en outre par une certaine asymétrie des pouvoirs entre les deux chambres. Ainsi, par exemple, seule l'Assemblée nationale peut être dissoute par le Président de la République, non le Sénat (art. 12 de la Constitution). En outre, c'est le Président du Sénat et non celui de l'Assemblée nationale, qui assure l'intérim du Président de la République en cas de vacance ou d'empêchement (art. 7 de la Constitution). Quant aux pouvoirs législatifs, ils doivent en principe être approuvés à l'identique par les deux chambres, mais en cas de désaccord persistant, le vote de l'Assemblée nationale prévaut sur celui du Sénat[20].

Le second aspect qui atténue le caractère unitaire de l'État, est la grande diversité existant aujourd'hui entre les différentes formes de décentralisation en

---

19 Code Général des Collectivités Territoriales et Code de la fonction publique (3e partie).

20 Constitution, art. 45. Cet outil étant d'application rare, le Sénat bénéficie dans la pratique d'un rôle décisif dans l'organisation politique française.

France. Ces formes sont en effet très diverses et comportent un grand nombre de particularités.

En premier lieu, il faut savoir que parmi les grandes catégories de collectivités qui sont les *Communes*, les *Départements* et les *Régions*, quelques unes font l'objet de *statuts particuliers*. Ceux-ci constituent autant de dérogations au *régime commun* applicable à la catégorie générale, en ce sens qu'ils prévoient souvent des prérogatives spéciales[21]. Quant à la Corse, initialement considérée comme une *Région*, il est admis aujourd'hui qu'elle n'en est plus une, et qu'il s'agirait plutôt d'une collectivité territoriale *sui generis*[22].

En second lieu, il convient de souligner que des nouvelles catégories de collectivités ont été créées ou réformées par la révision constitutionnelle de 2003. Celle-ci a transformé les anciens *Départements d'outre-mer* (DOM) à savoir la Guadeloupe, la Guyane française, la Martinique et La Réunion, en *Régions d'outre-mer*. Cette nouvelle configuration a été accompagnée d'une plus grande autonomie en matière réglementaire et même légale[23].

Les anciens *Territoires d'outre-mer* ont été substitués quant à eux, par les *Collectivités d'outre-mer* (art. 74 de la Constitution)[24]. Elles bénéficient davantage d'autonomie, en faisant l'objet de lois d'organisation spéciales, différentes du Code général des collectivités territoriales. Quant à la Nouvelle Calédonie, son niveau d'autonomie est tel qu'elle ne peut plus être considérée comme une *collectivité territoriale*. Son statut est celui d'un territoire qui se prépare à l'indépendance et qui est doté déjà d'institutions politiques, de pouvoirs législatifs nombreux et même d'une citoyenneté propre[25].

Dans les développements précédents, nous avons cherché à expliquer quelques traits principaux de la forme de l'État en France. Il convient maintenant de s'intéresser à l'expérience brésilienne.

---

21 Le Code général des collectivités territoriales (CGCT) prévoit en dérogation aux régimes communs applicables aux *Communes* (2e partie, livres I à IV), aux *Départements* (3e partie, livres I à III) et aux *Régions* (4e partie, livres I à III), des statuts particuliers pour quelques unes de ces collectivités (Communes à statut particulier: 2e partie, livre V; Départements à statut particulier: 3e partie, livre IV; Régions à statut particulier: 4e partie, livre IV).

22 Frier (P.-L.), *Précis de droit administratif*, 3e éd., Montchrestien, 2004, p. 162: « *(la Corse) n'appartient plus à la catégorie des régions même si son statut en reste proche* ».

23 Constitution, arts. 73 et 74-1.

24 Les *collectivités d'outre-mer* sont les six suivantes: Mayotte, Wallis et Futuna, Polynésie française, Saint-Pierre-et-Miquelon, Saint-Martin et Saint-Barthélemy.

25 La possibilité qu'a la Nouvelle Calédonie d'avoir un statut à part, dans l'organisation territoriale française est prévue par la Constitution, dans son titre XIII. Selon le Conseil constitutionnel, ce droit à l'auto-détermination ne vaut que pour les parties du territoire situées outre-mer, ce qui n'est pas le cas de la Corse (CC décision n° 91-290 DC du 9 mai 1991, *Loi portant statut de la collectivité territoriale de Corse*).

**2. Le Brésil, forme fédérale**

À la forme d'État unitaire en France, s'oppose la forme fédérale au Brésil[26]. Elle a été introduite dans la Constitution de 1891, à la suite de revendications politiques qui existaient en fait depuis de longue date[27]. La forme fédérale a été maintenue dans les Constitutions ultérieures de 1934, 1937, 1946 et 1967-1969, même si les dictatures militaires de 1937-1945 et de 1964-1985 en ont fait lettre morte, ce qui a amené quelques auteurs à considérer que le Brésil ne connaissait qu'un « pseudo-fédéralisme »[28]. Mais cette crainte ne se justifie plus depuis le retour à la démocratie au milieu des années 1980 et l'adoption de la Constitution du 5 octobre 1988[29].

La Constitution de 1988 définit le Brésil comme étant une République fédérale composée de quatre catégories d'*entités fédératives*, à savoir : l'Union fédérale, les États membres, le District fédéral et les communes (*Municípios*).

La qualification des communes en tant que membres de la Fédération fait l'objet de discordances doctrinales. Certes, au Brésil elles disposent d'importantes compétences législatives et fiscales. En outre, elles ne sont pas soumises à un code ni à une loi d'organisation politique édictée de l'extérieur. Au contraire, elles écrivent elles-mêmes leurs lois d'organisation politique (*lei orgânica municipal*), même si elles doivent se conformer aux principes et règles assez stricts prévus par

---

26 Chantebout (B.), *Droit constitutionnel, op. cit.*, p. 69 : « *Un État est dit* fédéral *quand les unités territoriales qui le composent sont dotées, en matière constitutionnelle, législative et juridictionnelle, d'une autonomie telle qu'elles méritent le nom d'*États, *bien qu'elles n'aient pas en principe de compétences internationales. L'État fédéral est donc un État composé de plusieurs autres États avec lesquels il partage les compétences qu'exerce ailleurs l'État unitaire. […] Le fédéralisme est un mode d'organisation politique relativement répandu. Parmi les quelque vingt États fédéraux qui existent actuellement figurent les États les plus puissants et les plus vastes : les États-Unis et la Russie, l'Inde, le Canada, l'Australie, le Brésil, l'Argentine…* ».

27 Le Brésil a acquis son indépendance vis-à-vis du Portugal en 1822. Mais à la différence d'autres États latino-américains, il a conservé la forme monarchique jusqu'au coup d'État militaire du 15 novembre 1889. Sous la période monarchique (1822-1889), des révoltes locales pro-républicaines, pro-fédéralistes et sécessionnistes ont eu lieu, notamment au Rio Grande do Sul et dans la région du Nordeste, où en 1824 des provinces sécessionnistes ont tenté de créer un État républicain et fédéral appelé Confédération de l'Équateur (*Confederação do Equador*). Réprimé par les armes, ce mouvement de durée éphémère, a contribué à forger le sentiment fédéraliste qui a fini par s'imposer en 1889 lors du renversement de la Monarchie.

28 Moderne (F.), « La nouvelle constitution brésilienne et le constitutionnalisme latino-américain », dans Maus (D.) et Bon (D.), *La nouvelle République brésilienne : études sur la Constitution du 5 octobre 1988*, Economica, 1991, p. 11-44, p. 43.

29 Blanquer (J.-M.), « Le droit brésilien et l'originalité des droits d'Amérique latine », *Journal of Legal Cultures*, vol. 2, n° 2, juil.-déc. 2007 (numéro spécial préc.) : « Parmi les points spécifiques du Brésil par rapport à l'Amérique latine, le premier est la question du fédéralisme. Le Brésil n'est pas le seul pays fédéral mais il est celui qui prend au plus sérieux la notion de fédéralisme en Amérique latine. Si l'on compare au Venezuela, cela va de soi, mais si l'on compare au Mexique ou à l'Argentine, l'on voit le respect de l'idée fédérale qui est probablement plus fort dans le cas brésilien que dans le cas des autres pays latino-américains, notamment depuis la Constitution de 1988 qui a mis à l'honneur cette idée dans un esprit de séparation de pouvoirs favorisant la démocratie ».

la Constitution fédérale et par les Constitutions des États membres. À la différence des ceux derniers, les communes ne sont pas représentées au Sénat fédéral, ni aux Assemblées délibérantes des États, celles-ci étant toutes monocamérales.

Le District fédéral pour sa part, où se situe Brasília, la capitale du pays, connaît une situation mixte. Avec quelques variantes, il bénéficie de l'ensemble des pouvoirs des communes et des États membres à la fois. Il dispose ainsi d'un gouverneur, d'une assemblée délibérante et même d'un système juridictionnel propre, à l'instar des États membres. En revanche, il n'a pas de Constitution, mais une « loi organique » comme les communes, et ne peut pas lui-même créer des communes.

Quant aux États membres, ils constituent à proprement parler le socle du fédéralisme.

Il existe aujourd'hui vingt-six États membres au Brésil[30]. Ils sont de dimensions physiques et démographiques très différentes[31]. Malgré de tels écarts, ils bénéficient des mêmes compétences et d'un égal nombre de sénateurs (trois). Ceux-ci sont élus au suffrage universel direct à scrutin proportionnel, par la population de chaque État. Avec un mandat de huit ans renouvelable, contre quatre pour l'ensemble des autres élus, les sénateurs bénéficient dans la pratique d'une grande autonomie politique. Ils bénéficient des mêmes pouvoirs que la *Câmara de Deputados* pour l'approbation des projets de loi et des amendements constitutionnels. Ils disposent par ailleurs de certaines prérogatives spéciales concernant la nomination et la destitution de hautes autorités institutionnelles, ainsi que l'examen de questions d'ordre éminemment fédératif.

Les députés fédéraux quant à eux – 513 au total – sont élus de la même façon que les sénateurs au sein de chaque État. Mais leur nombre varie en fonction du poids de la population locale. Ce principe subit quelques nuances, en raison des seuils et des plafonds que prévoit la Constitution, afin d'éviter un écart trop important entre les États. Ainsi, aucun État ne peut avoir moins de huit et plus de soixante députés (art. 45, § 1 de la Constitution fédérale). Ce mécanisme critiqué par certains, a pour effet de surévaluer le poids de l'électorat des États à très faible population, tout en sous-évaluant celui de l'électorat des États les plus peuplés.

Du point de vue de l'organisation interne, les États fédérés brésiliens disposent d'une assemblée délibérante monocamérale appelée *Assembléia Legislativa*. Celle-ci est composée de députés élus au suffrage universel direct au scrutin proportionnel pour un mandat de quatre ans renouvelable. Le pouvoir exécutif appartient, quant à lui, à un gouverneur (*governandor*) élu également au suffrage direct pour un mandat de quatre ans, une fois renouvelable. L'emprise des gouverneurs sur la vie politique régionale, ainsi que leur influence sur les

30 Aux vingt États originels de 1889, six autres ont été créés, leurs dates de création étant indiquées entre paranthèses : Acre (1962), Alagoas, Amapá (1988), Amazonas, Bahia, Ceará, Espírito Santo, Goiás, Maranhão, Mato Grosso, Mato Grosso do Sul (1977), Minas Gerais, Pará, Paraíba, Paraná, Pernambouc, Piauí, Rio de Janeiro, Rio Grande do Norte, Rio Grande do Sul, Rondônia (1981), Roraima (1988), Santa Catarina, São Paulo, Sergipe et Tocantins (1988).

31 Leur dimension varie de 21 000 km$^2$ (Sergipe), soit la superficie de la Slovénie, à plus 1 500 000 km$^2$ (Amazonas), soit presque trois fois la France. Leur population varie de 400 000 habitants (Roraima) à 40 000 000 d'habitants (São Paulo).

institutions nationales, est souvent considérable. Ils sont en fait des acteurs majeurs de la vie politique brésilienne. Ils bénéficient d'une grande indépendance, et le gouvernement fédéral a régulièrement besoin de leur accord pour forger des compromis politiques importants[32].

Les États membres bénéficient d'importantes compétences sur le plan administratif, fiscal et juridictionnel. En matière législative, cependant, leurs pouvoirs sont réduits. En réalité, la Constitution fédérale adopte en partie la technique utilisée dans la Constitution nord-américaine, qui consiste à énumérer les attributions de l'Union fédérale et à autoriser les États fédérés à exercer les pouvoirs résiduels (art. 25, § 1 de la Constitution fédérale). Cependant, l'énumération des compétences fédérales est si vaste, que la marge résiduelle laissée aux États se trouve très réduite[33].

Une telle technique donne au fédéralisme brésilien un aspect plus centralisateur, sur le plan législatif, que celui de ses homologues nord-américain, mexicain et argentin[34]. Ainsi, les États membres brésiliens n'édictent pas des lois en matière de droit civil, pénal, électoral, ni de procédure contentieuse. Les codes civil, pénal, électoral etc. ont tous été édictés par des lois fédérales, dès lors qu'il s'agit de matières relevant de la compétence exclusive de l'Union (art. 22 de la Constitution fédérale).

Quant au pouvoir d'édicter leur Constitution propre, les compétences des États sont fortement encadrées par la Constitution fédérale, qui fixe notamment les formes d'organisation et la durée des mandats des élus étatiques. Par ailleurs, la Cour suprême a développé une jurisprudence encore plus limitative des pouvoirs étatiques, dès lors qu'elle exige que les États adoptent dans beaucoup de domaines, le même type d'organisation que celui que la Constitution impose au niveau fédéral[35].

Une autre technique utilisée par la Constitution fédérale est celle de prévoir des champs de compétence *partagée* ou *concurrente*. Il appartient ainsi à l'Union, aux États et au District fédéral d'édicter des lois dans un bon nombre de secteurs, comme la protection de l'environnement, les marchés publics, le droit économique, le droit de l'urbanisme et le droit fiscal. Dans ces domaines, le législateur fédéral doit se limiter à l'adoption de lois-cadres, afin de laisser aux

---

32 Abrucio (L. F.), *Os barões da Federação. Os governadores e a redemocratização brasileira*, São Paulo : Hucitec, 1998.

33 Fromont (M.), « Préface », dans *Introduction au droit brésilien*, préc., p. 8. Dias de Menezes Almeida (F.), *Competências na Constituição de 1988*, 2e éd., São Paulo : Atlas, 2000.

34 Voir Païva de Almeida (D.), *La nouvelle place des États fédérés en Argentine et au Brésil*, Mémoire de DEA sous la direction de Maus (D.), université Paris 1 Panthéon-Sorbonne, 2001, p. 9-10 et p. 40 *sq*.

35 Il est exigé par exemple – au nom d'une certaine *symétrie* organisationnelle – que les gouverneurs aient les mêmes pouvoirs en matière d'initiative exclusive des projets de loi que ceux attribués par la Constitution fédérale au Président de la République. Les Constitutions étatiques qui en ont disposé autrement ont été déclarées contraires à la Constitution fédérale : *Cour suprême fédérale* (Supremo Tribunal Federal), ADIN no 1.196-1/RO, publiée au D.J. le 24 mars 1995 ; ADIN no 1.197-6/RO ; ADIN no 864-1/RS, DJ 13 sept. 1996 ; ADIN 248-1/RJ, DJ 8 avril 1994.

États et au District fédéral une marge suffisante d'adaptation (art. 24, § 1 de la Constitution fédérale).

Dans la pratique, et avec l'aval de la jurisprudence de la Cour suprême, la législation fédérale est souvent très exhaustive, ce qui laisse peut de marge d'adaptation. Tel est le cas en matière de passation des marchés publics, où les lois étatiques sont amenées à calquer la législation fédérale sous peine d'être jugées inconstitutionnelles. En revanche, en matière de procédure administrative générale, les États disposent de compétences effectives, sous réserve toutefois de respecter les principes communs prévus dans la Constitution fédérale (art. 37).

En ce qui concerne les compétences administratives, il faut savoir que les États bénéficient d'un rôle très significatif dans le fédéralisme brésilien. Ainsi par exemple, il n'existe pas de carte *nationale* d'identité au Brésil. Les pièces d'identité sont en fait octroyées par les services d'enregistrement des États membres. Ces sont également les États membres qui tiennent l'essentiel des systèmes policier, hospitalier et scolaire. Par ailleurs, ces dernières années, ils ont apporté, conjointement avec le gouvernement fédéral, d'importants moyens pour la réalisation des investissements en infrastructure (routes et ports notamment).

En matière fiscale enfin, les compétences des États sont très significatives. Elles englobent un certain nombre de prélèvements, dont le plus important est l'*impôt sur la circulation des marchandises et sur certains services* (ICMS), qui n'est pas sans rappeler la TVA. Les États sont compétents pour effectuer le prélèvement, et pour fixer le taux applicable, ce qui constitue un outil très puissant de politique fiscale. Mais pour éviter la pratique d'un *dumping* fiscal entre les Etas, certains mécanismes d'harmonisation existent. Un premier mécanisme est la fixation, par les autorités fédérales, de taux d'ICMS applicables aux opérations commerciales interétatiques. Un second mécanisme réside dans les décisions du CONFAZ (conseil national de politique en matière de finances publiques), autorisant ou non l'octroi d'exonérations fiscales en matière d'ICMS par les États membres[36].

Il a été question jusqu'ici d'aborder les formes d'organisation territoriale en France et au Brésil à savoir, unitaire d'une part et fédérale d'autre part. Il convient désormais de se pencher sur les formes de gouvernement.

## B. Des divergences quant au *régime de gouvernement*

La France et le Brésil adoptent des régimes de gouvernement divergents, à savoir *semi-présidentiel* d'un côté (1), *présidentiel* de l'autre (2).

### 1. La France, régime semi-présidentiel

La Constitution française de 1958 a adopté un régime politique hybride, qui conjugue des éléments de parlementarisme et de présidentialisme. Maurice Duverger y a vu une forme d'organisation *sui generis,* qu'il a appelée régime « semi-présidentiel »[37].

---

36 Le CONFAZ est formé des secrétaires des finances de chaque État et décide à l'unanimité ou à la majorité qualifiée, ce qui n'est pas sans rappeler l'ECOFIN (qui réunit les ministres des finances au Conseil de l'Union européenne).

37 DUVERGER (M.), *Institutions politiques et droit constitutionnel. Les grands systèmes politiques. Tome I*, 18ᵉ éd., PUF, 1990, p. 189-190 : « *À première vue, le régime semi-*

Ce modèle se caractérise par l'existence d'un pouvoir exécutif bicéphale, composé par le Président de la République et par le Premier Ministre, celui-ci étant responsable devant l'Assemblée nationale. Si les grandes lignes de ce régime sont définies par le texte de la Constitution, son évolution mérite d'être expliquée notamment en fonction de facteurs historiques et politiques qu'a connus la France.

La Constitution du 4 octobre 1958 attribue la direction du gouvernement au Premier Ministre (art. 21), qui dépend politiquement du Président de la République et de l'Assemblée nationale. Ainsi, c'est le Président de la République qui nomme le Premier Ministre et sur sa proposition, les autres membres du gouvernement; c'est également le Président qui accepte ou non la lettre de démission du Gouvernement (art. 8). L'Assemblée nationale pour sa part, exerce un contrôle sur la politique du Gouvernement dès lors qu'elle peut s'y opposer par le vote d'une motion de censure ou par la désapprobation du programme ou de la déclaration de politique générale, auxquels cas le Gouvernement est contraint à démissionner (arts. 49 et 50).

Sous un autre ordre d'idée, la Constitution de 1958 prévoit des mécanismes de limitation du pouvoir du Parlement, ce qui est connu sous le nom de «parlementarisme rationalisé». Parmi ces mécanismes, il faut compter: la possibilité de dissolution de l'Assemblée nationale par le Président de la République; le contrôle de constitutionnalité des lois par le Conseil constitutionnel (contrôle initialement *a priori*, et depuis la réforme constitutionnelle du 23 juillet 2008, également *a posteriori*); un pouvoir d'initiative législative dont dispose le Premier Ministre; la participation du gouvernement à différents stades de la procédure législative. Certains de ces pouvoirs ont en fait été atténués ou mieux encadrés par la réforme constitutionnelle du 23 juillet 2008, qui a renforcé les pouvoirs du Parlement à certains égards, notamment ceux relatifs à la maîtrise de la procédure législative, ainsi que ceux de contrôle et d'évaluation des politiques publiques et de la politique extérieure de la France.

En ce qui concerne le Président de la République, celui-ci occupe une place très originale dans l'organisation politique française. D'un côté, en tant que chef de l'État, il est le garant de l'indépendance nationale, assure le fonctionnement régulier des pouvoirs publics et la continuité de l'État, signe les traités internationaux et est le chef des armées. D'un autre côté, en tant que membre de l'Exécutif, il exerce un

---

*présidentiel tient plus du régime parlementaire que du régime présidentiel. On y retrouve en effet les éléments fondamentaux du parlementarisme. L'Exécutif est divisé entre un Chef de l'État et un Cabinet ayant à sa tête un chef de gouvernement. Le Cabinet est responsable politiquement devant le Parlement, c'est-à-dire que celui-ci peut obliger par un vote de défiance le chef du Gouvernement à démissionner avec l'ensemble de ses ministres. L'Exécutif a le droit de dissoudre le Parlement, ce qui lui donne une influence sur celui-ci. La différence essentielle concerne le choix du Chef de l'État. Au lieu qu'il s'agisse soit d'un monarque héréditaire, soit d'un Président élu par les parlementaires ou par un nombre restreint de notables, il s'agit d'un Président élu au suffrage universel, comme aux États-Unis: c'est le cas en France et en Autriche, c'était le cas dans la République de Weimar. (…) l'élection au suffrage universel fait du Chef de l'État un représentant du peuple, qui se trouve ainsi placé sur le même pied que le Parlement et nettement au-dessus du Premier Ministre et des ministres».*

certain nombre d'attributions qui lui permettent de prendre part aux décisions du Gouvernement, en nommant des hauts fonctionnaires, en présidant le Conseil des Ministres, en promulguant les lois ou en exerçant un pouvoir de véto.

Les pouvoirs présidentiels sous la cinquième République ont été renforcés considérablement par deux révisions constitutionnelles d'importance majeure. La première, en 1962, a introduit le suffrage direct, ce qui a donné au Président de la République une indépendance totale, en ne le faisant plus dépendre d'un vote parlementaire.

La seconde révision a eu lieu en 2000, qui a réduit la durée du mandat de sept à cinq ans, ce qui, contrairement aux apparences, a permis de renforcer les pouvoirs du Président. En effet, en alignant la durée du mandat présidentiel à celle du mandat des députés, la réforme a permis de donner au Président une majorité parlementaire stable, qui est élue à la suite de l'élection présidentielle, et qui est censée rester en place tout au long de la durée du mandat présidentiel. Le but de la réforme était donc d'éviter les expériences de « cohabitation » qui ont fragilisé le pouvoir présidentiel dans un passé récent[38].

**2. Le Brésil, régime présidentiel**

Alors qu'en France, comme nous venons de voir, le régime politique cumule des éléments du parlementarisme et du présidentialisme, au Brésil le modèle suivi est basé clairement sur le présidentialisme.

Le régime présidentiel brésilien a été inauguré par la Constitution fédérale de 1891 et a été suivi jusqu'aujourd'hui, à la seule exception de l'expérience éphémère de parlementarisme entre les années 1963 et 1964. Un peu plus récemment, lorsqu'en en 1993 un plébiscite a demandé aux brésiliens de choisir entre le maintien du régime présidentiel ou l'adoption du régime parlementaire, le premier a obtenu 41 % et le second 18 % de l'électorat[39].

---

38 Une « cohabitation » signifie l'appartenance du Président de la République et du Premier Ministre à des champs politiques opposés. Il y a des cohabitations *de fin de mandat* et de *début de mandat*. Le premier cas est celui auquel un Président élu pour un mandat de sept années, a bénéficié durant les cinq premières, d'une majorité parlementaire favorable, qui a été renversée cinq ans après, à l'occasion du renouvellement quinquennal de l'Assemblée nationale. Ainsi, le Président socialiste François Mitterrand, lors de son premier mandat (1981-1988) a dû « cohabiter » entre 1986-1988 avec un Premier Ministre de droite, Jacques Chirac, issu des élections de 1986. La situation s'est reproduite lors du second mandat de Mitterrand (1988-1995), laquelle a donné lieu à une nouvelle cohabitation entre 1993-1995, avec Edouard Balladur comme Premier Ministre. La cohabitation de *début de mandat* implique la situation inverse, comme ce fût le cas sous la présidence de Jacques Chirac. Élu pour un mandat de sept ans (1995-2002) et ayant décidé de dissoudre l'Assemblée nationale dès 1997 au lieu d'attendre les élections de 2000, Chirac s'est retrouvé avec une majorité parlementaire « de gauche ». Celle-ci lui a imposé la désignation d'un Premier Ministre socialiste, Lionel Jospin, qui est devenu chef du Gouvernement pendant les cinq années suivantes (1997-2002).

39 Ce plébiscite a également posé le choix entre le maintien de la forme républicaine et la restauration de la Monarchie, laquelle avait existé entre 1822 et 1889. La première a obtenu 49 % et la seconde 7 % de l'électorat total (l'abstention a représenté 25 % de l'électorat).

Sous la Constitution de 1988, le Président brésilien et son vice-président sont élus conjointement au suffrage universel direct pour un mandat aujourd'hui de quatre ans. En 1998, une réforme constitutionnelle a introduit la possibilité de réélection, non seulement pour le Président de la République, mais aussi pour les gouverneurs et les maires (*prefeitos*)[40].

Le Président de la République cumule la double fonction de chef de l'État et de chef du pouvoir exécutif fédéral. En tant que chef de l'État, il noue des relations avec les États étrangers, accrédite les représentants diplomatiques et signe les traités; il détient des pouvoirs exceptionnels en cas d'état de siège et d'autres situations critiques; il exerce le droit de grâce; il exerce le commandement des formées armées, etc. (art. 84 de la Constitution fédérale). En tant que chef de l'exécutif fédéral, il met en place son programme politique, nomme et destitue les différents ministres, dirige l'administration publique fédérale, édicte des règlements, etc. (même article).

Traditionnellement, le régime politique brésilien se caractérise par une prédominance des pouvoirs présidentiels vis-à-vis du législatif et du juridictionnel, ce qui a été exacerbé sous les dictatures (1937-1945 et 1964-1985). Certains auteurs français ont donné à ce régime le nom de «présidenti*aliste*», pour le présenter comme une sorte de déformation du «régime présidentiel» nord-américain, pris alors comme archétype.

Sous la Constitution de 1988, une telle image mérite cependant d'être relativisée. Si certains aspects du régime politique corroborent la thèse de l'*hyperpuissance* présidentielle, d'autres en revanche tendent à la démentir.

D'un côté, le Président continue à bénéficier en effet, de compétences qui extrapolent clairement celles de nature typiquement exécutives. L'exemple le plus illustratif consiste dans l'adoption d'actes ayant valeur de loi, appelés «mesures provisoires» (*medidas provisórias*), et qui, en fait, ont succédés aux anciens «décrets-lois» (*decretos-leis*) existant avant 1988. Les «mesures provisoires» ne devraient être utilisées qu'à titre exceptionnel (art. 61 de la Constitution). Mais les différents Présidents en ont fait un outil presque courant, jusqu'à ce qu'un amendement constitutionnel de 2001 en ait mieux encadré l'usage.

D'un autre côté, certains aspects du régime politique brésilien permettent de relativiser l'importance des pouvoirs présidentiels. Au niveau fédéral en effet, les pouvoirs législatif et juridictionnel bénéficient d'une réelle indépendance face à l'exécutif, dès lors que le système de *freins et contrepoids* fonctionne de manière assez efficace.

L'une des illustrations majeures est la procédure d'*impeachment*, qui constitue une forme de *jugement* politique du Président ou des ministres, réalisé par le Parlement (arts. 85 et 86 de la Constitution fédérale). Sa procédure tient en quelque sorte de la procédure pénale, dès lors qu'il s'agit d'une réelle mise en accusation, avec une phase d'instruction (devant les députés) et, en cas de vote positif, avec une phase de jugement (devant les sénateurs). Le principe du contradictoire régit toute la procédure, laquelle devient très longue, en pouvant s'étaler sur plusieurs

---

40 Les deux derniers Présidents ont réussi effectivement à se faire réélire, à savoir: Fernando Henrique Cardoso (1994-1998, 1998-2002) et Luis Inácio da Silva ou Lula (2002-2006, 2006-2010).

mois, pendant lesquels la vie politique du pays reste en suspens. Mais loin d'être lettre morte, cette procédure a été appliquée en 1992 contre le Président Fernando Collor de Mello, accusé de corruption passive et blanchissement d'argent. La prononciation de l'*impeachment* de ce dernier a marqué les esprits en montrant que même un Président de la République peut être déchu[41].

Les considérations évoquées jusqu'ici reflètent l'existence d'importantes différences entre la France et le Brésil sur le plan des grands principes d'organisation de l'État. Ainsi, tandis que du point de vue territorial, la France est un État unitaire et le Brésil un État fédéral, du point de vue de la forme de gouvernement, la France adopte un régime *semi-présidentiel* et le Brésil un régime *présidentiel*. Il convient à présent de s'interroger sur les données fondamentales de comparaison entre les deux pays dans le domaine du droit administratif.

## II. Les données fondamentales en droit administratif

Dans le domaine du droit administratif, la France et le Brésil connaissent à la fois des éléments de convergence et de divergence importants. L'élément principal de convergence concerne le champ d'application du droit administratif, dès lors qu'il est très étendu de part et d'autre (A). Au contraire, l'élément principal de divergence concerne le contrôle juridictionnel sur l'administration (B).

### A. Des convergences quant au *champ d'application*

Le droit administratif – ainsi entendu comme l'ensemble de normes qui prévoient des prérogatives et des sujétions spéciales dans les agissements de l'administration – a un champ d'application très étendu tant en France (1), qu'au Brésil (2).

#### 1. Un champ d'application très étendu en France

En France, les normes du droit administratif bénéficient d'un champ d'application très étendu. Ainsi en effet, la plupart des agissements de l'administration relèvent de normes *spéciales* ou *exorbitantes* qui en principe ne se confondent pas avec celles applicables aux rapports entre particuliers[42]. Non

41 La procédure d'*impeachment* doit être instaurée devant la Chambre des députés, à qui appartient la fonction d'instruire le dossier d'accusation. La fonction de jugement revient au Sénat, qui doit être présidé par le Président de la Cour suprême dont il incombe d'assurer la régularité de la procédure, mais sans droit de vote. En cas d'*impeachment*, le Président est destitué de ses fonctions et déclaré inéligible pour une période de huit ans. Une particularité de l'affaire de Collor de Mello provient du fait qu'il a déposé sa démission un jour avant la date à laquelle le Sénat devait rendre le verdict, qu'il savait défavorable. Mais cela n'a pas empêché le Sénat de prononcer une décision d'*impeachment* – alors même que le Président n'occupait plus le poste – et de lui appliquer la peine d'inéligibilité. Contestée par Collor de Mello devant la Cour suprême, celle-ci s'est dite incompétente pour un examen sur le fond. Quant à la procédure proprement pénale ouverte devant la Cour suprême pour crime de corruption, elle a abouti à un jugement de non lieu.

42 MELLERAY (F.) (dir.), *L'exorbitance du droit administratif en question(s) ?*, université de Poitiers/LGDJ, 2004.

seulement les actes unilatéraux, mais aussi les contrats de l'administration, la responsabilité pour les dommages provoqués à autrui, et une partie essentielle du régime des agents, sont soumis à un cadre juridique propre, qui se caractérise par le fait d'imputer à l'administration des prérogatives et des sujétions spéciales.

La spécificité des *actes administratifs unilatéraux* tient notamment à leur caractère *exécutoire*, qui signifie l'aptitude à changer l'ordre juridique en créant, en modifiant ou en supprimant une situation juridique, indépendamment du consentement d'autrui[43]. Cette prérogative couvre une large gamme de situations. Elle tend à s'élargir au détriment de la catégorie des *mesures intérieures* de l'administration[44]. Elle s'applique même à certains actes des personnes privées[45]. Elle s'oppose certes aux actes *privés* de l'administration, mais dont la portée est assez réduite[46].

Les actes administratifs unilatéraux de l'administration se distinguent aussi par les sujétions spéciales auxquelles ils sont soumis. Il s'agit notamment des règles de *compétence*[47], de *procédure*[48], de *forme*[49], de *finalité*[50], d'*exactitude matérielle*[51] et de *fondement juridique*[52], qui conditionnent la légalité de l'acte administratif.

En ce qui concerne les *contrats administratifs*, ils bénéficient d'un champ de signification très large. Ce champ est fixé tantôt par détermination légale[53], tantôt par la jurisprudence[54]. Celle-ci a eu en fait, une importance historique majeure

---

43 Ce caractère a été appelé «effet normateur» par le professeur Pierre-Laurent FRIER, *Précis de droit administratif*, 3e éd., Montchrestien, 2004.

44 C.E., 17 fév. 1995, *Hardouin* et *Marie*: relatif à des mesures disciplinaires appliquées à un militaire et à un détenu respectivement.

45 C.E., 13 janv. 1961, *Magnier*: relatif à des fédérations agricoles agréées.

46 C.E., 6 mai 1996, *Formery*: relatif à la gestion financière et patrimoniale d'un chemin rural appartenant à l'État et dont l'accès est interdit au public (gestion du domaine privé de l'État).

47 L'acte administratif doit être issu d'une autorité compétente, en raison soit de la matière, soit du territoire, soit du temps (C.E., 4 mai 1826, *Landin*).

48 Les règles de procédure peuvent être notamment d'origine légale (par exemple: loi du 12 avril 2000 relative aux droits des citoyens dans leurs relations avec les administrations), réglementaire (par ex.: décret du 28 nov. 1983 relatif aux procédures consultatives) ou jurisprudentielles (C.E., 5 mai 1944, *Dame Veuve Trompier-Gravier*: *principe général du droit* relatif aux droits de la défense en matière de sanctions administratives).

49 L'acte doit être signé, notifié à l'intéressé (loi du 17 juil. 1978) et motivé dans les cas prévus par la loi (loi du 11 juil. 1979).

50 C.E., 26 nov. 1875, *Pariset*: fermeture d'une fabrique d'allumettes dans l'intérêt financier de l'État, et non pour les raisons invoquées de salubrité publique.

51 C.E., 14 juin 1916, *Camino*: éloignement d'un maire pour des faits constitutifs de faute disciplinaire qui en réalité n'ont pas existé.

52 Les règlements, les *principes généraux du droit*, la loi, les normes internationales et les normes constitutionnelles. Sur la diversification des fondements juridiques du droit administratif, voir notamment: LARZUL (T.), *Les mutations des sources du droit administratif*, L'Hermès, 1994.

53 Loi du 28 pluvieux de l'an VIII, art. 4: contrats de travaux publics; décret-loi du 17 juin 1938: contrats d'occupation privative du domaine public.

54 C.E., 06 fév. 1903, *Terrier*: contrat administratif d'un Département avec un particulier avec pour objet l'élimination des serpents dangereux; C.E., 4 mars 1910, *Thérond*:

vis-à-vis de la notion de contrat administratif. Ainsi, après en avoir retenu une notion très étroite de contrat administratif au XIXe siècle, sur la base de l'ancienne distinction entre actes *d'autorité* et *actes de gestion*, la jurisprudence a évolué vers une notion plus large au début du XIXe siècle, avec le critère du *service public* pris tantôt de manière isolée, tantôt en conjugaison avec celui de *clauses exorbitantes* ou du *régime exorbitant au droit commun*.

Quant au régime applicable aux contrats administratifs, leur spécificité est illustrée à différents stades: lors du choix du cocontractant, lors de l'exécution contractuelle et lors de l'extinction du contrat. Lors du choix initial, l'administration n'est pas libre en effet de choisir son cocontractant. En général, elle doit suivre des procédures très contraignantes, avec des obligations de transparence et de publicité[55]. Lors de l'exécution du contrat, l'administration bénéficie d'importantes prérogatives. Tel est le cas des pouvoirs de sanction[56] et de modification unilatérale du contrat[57]. Enfin, parmi les voies d'extinction du contrat, l'administration dispose du pouvoir de résiliation unilatérale, que ce soit pour un motif d'intérêt général[58], ou à la suite d'une faute grave du cocontractant (*déchéance directe*)[59].

L'étendue du champ d'application du droit administratif est illustrée également dans le domaine de la *responsabilité extracontractuelle de l'État*. Jusqu'à la fin du XIXe siècle cependant, en raison de l'ancien principe de l'irresponsabilité de l'État, une partie substantielle des dommages provoqués par l'administration étaient en réalité imputables à l'agent qui l'avait commis. La demande en réparation lui était donc dirigée et, par conséquent, relevait d'un régime de droit privé[60]. L'avènement de la IIIe République (1870) a permis d'inverser progressivement cette situation. Le principe de la responsabilité générale de l'État – même en absence de textes – a été admis, ainsi que le principe de l'application de normes exorbitantes au droit

contrat administratif passé par une Commune avec un particulier en vue de la capture et du ramassage des chiens et animaux errants; C.E., 31 juil. 1912, *Société des granits porphyroïdes des Vosges*: contrat communal d'acquisition de pavés devant servir à la construction de rues; C.E., 20 avril 1956, *Époux Bertin*: contrat entre l'État et des particuliers chargés de prêter assistance à des militaires à la fin de la seconde guerre; C.E., 19 janv. 1973, *Société d'exploitation électrique de la rivière du Sant*: contrat relatif aux obligations d'achat d'EDF.

55 Pour les marchés publics: Nouveau Code des marchés publics de 2006 (dont un grand nombre de dispositions transpose des directives communautaires); pour les délégations de service public: loi du 29 janv. 1993, dite *loi Sapin*.

56 C.E., 31 mai 1907, *Deplanque*: pénalités de retard dues à une exécution tardive de la prestation par le cocontractant.

57 C.E., 10 janv. 1902, *Compagnie nouvelle de gaz de Déville-lès-Rouen*; C.E., 11 mars 1910, *Compagnie générale Française des Tramways*; C.E., 02 fév. 1983, *Union des transports publics et urbains*.

58 C.E., 2 mai 1958, *Distillerie de Magnac-Laval*.

59 C.E., 17 nov. 1944, *Ville d'Avallon*.

60 T.C., 20 mai 1850, *Manoury*: jurisprudence distinguant selon que le dommage était imputé à un agent (*faute personnelle*) ou à l'administration (*faute du service*).

privé[61]. Ces principes ont été étendus, au début du XIXe siècle, également aux dommages provoqués par les collectivités territoriales[62].

En ce qui concerne les *agents publics*, l'application du droit administratif français a aussi une portée très large. Les *agents publics* sont en effet l'ensemble des agents titulaires et non titulaires qui, de manière continue, assurent le fonctionnement de l'administration. Ils constituent la plus grande partie du personnel de l'administration et sont soumis à un régime de droit public (*statutaire* pour les titulaires et *contractuel* de droit public pour les non titulaires)[63]. Le droit commun du travail s'applique uniquement dans certaines situations ciblées, comme celle des personnels des établissements publics qui gèrent un service public industriel ou commercial (EPIC)[64].

Après avoir étudié le champ d'application du droit administratif en France, il convient de traiter la situation au Brésil.

### 2. Un champ d'application très étendu au Brésil

Au Brésil, le droit administratif a aussi un champ d'application très étendu. La plupart des rapports juridiques dans lesquels l'administration publique est impliquée, relèvent en effet d'un ensemble de règles considérées comme exorbitantes ou dérogatoires au droit commun. Elles concernent non seulement les actes unilatéraux, mais aussi les contrats, la responsabilité extracontractuelle et les agents de l'administration.

Les *actes unilatéraux de l'administration* sont régis en grande partie par les lois de procédure administrative que chaque entité fédérative est habilitée à édicter, dans le respect des principes communs prévus par la Constitution fédérale (art. 37). Dans l'administration publique fédérale, la procédure relève de la loi n° 9.784 du 30 janvier 1999. Elle prévoit par exemple les mesures de publicité (notification, publication) pour les actes faisant grief, ainsi que les cas – plus étendus qu'en France – de motivation obligatoire. Elle généralise en outre la possibilité de former un recours administratif, sans qu'il constitue une condition obligatoire préalable à la saisine du juge. Les États membres pour leur part, ont adopté des lois de procédure administrative qui sont calquées le plus souvent sur le texte fédéral, à l'exception de São Paulo, qui s'était doté d'une loi de procédure administrative avant l'édiction de la loi fédérale. Ces textes, adoptés par les

61 T.C., 08 fév. 1873, *Blanco*.

62 T.C., 29 fév. 1908, *Feutry*, note Jèze (G.), *RDP*, 1908, p. 267.

63 Tel n'est pas le cas en Allemagne ou en Italie, le régime de droit public ne s'applique pas aux contractuels, mais aux seuls fonctionnaires, ceux-ci étant en nombre très limité (J.-M. Auby et J.-B. Auby, *Droit de la fonction publique*, 6e éd., Dalloz, 2009, p. 20-22).

64 Les agents contractuels de l'État, des collectivités territoriales et des établissements publics administratifs (EPA), ont la qualité d'agents de droit public, indépendamment de la fonction exercée (T.C., 25 mars 1996, *Préfet de la région Rhône-Alpes, Préfet du Rhône*, arrêt dit *Berkani*). En revanche, les agents contractuels des établissements publics industriels ou commerciaux (EPIC) ont la qualité d'agents de droit privé, à l'exception du directeur et du chef du service de comptabilité s'il a la qualité de comptable public (C.E., 26 janv. 1923, *de Robert Lafrégeyre*; C.E., 8 mars 1957, *Jalenques de Labeau*).

différentes sphères de la Fédération brésilienne, ont permis de mieux protéger les citoyens dans leurs rapports avec l'administration publique[65].

En ce qui concerne les contrats de l'administration, ils relèvent aussi en grande partie, d'un régime de lois spécifiques et de solutions jurisprudentielles qui écartent l'application des règles de droit privé. En principe, la Constitution fédérale a autorisé les États membres et les communes à légiférer en la matière, concurremment à l'Union fédérale, celle-ci devant se limiter à édicter des « principes généraux », autrement dit, des lois-cadres. Dans la pratique cependant, la législation fédérale a été très exhaustive et, avec l'aval de la jurisprudence, la marge de manœuvre des États membres s'est trouvée considérablement réduite[66]. Les contrats de marchés publics, les concessions de service public et les contrats de partenariat public privé sont les exemples les plus illustratifs de la soumission des contrats de l'administration à un régime exorbitant, en ce sens qu'ils comportent des contraintes procédurales dans la sélection du cocontractant, ainsi que des pouvoirs unilatéraux de modification et de résiliation[67].

La *responsabilité extracontractuelle de l'État* relève pour sa part, d'un régime juridique qui a certes bon nombre de traits particuliers, mais qui s'inscrit plus globalement dans le champ d'application du code civil. En ce sens, le droit brésilien se distingue du droit français en ne faisant pas de séparation absolue entre régime de responsabilité administrative et régime de responsabilité civile. La particularité principale du régime applicable à l'administration consiste en fait dans la reconnaissance et l'application du principe de la responsabilité *objective,* à savoir *sans faute,* de l'administration. Il découle de l'art. 37, § 6 de la Constitution fédérale, tel qu'il est interprété par la jurisprudence[68].

Quant aux *agents de l'administration*, leur situation est assez proche de ce que connaît la France. Ainsi en effet, le régime de *fonctionnariat* est applicable non seulement aux agents qui occupent des fonctions d'autorité comme en Allemagne et en Italie, mais à une large gamme d'employés. La possibilité de recruter des contractuels au sein de l'administration centrale et des établissements publics (*autarquias*) est très encadrée, afin de lutter contre le népotisme et la corruption. En réalité, la Constitution fédérale exige que l'ensemble des agents du secteur public soient recrutés par voie de concours, notamment les agents contractuels de droit privé des entreprises publiques ayant la personnalité de droit privé (*sociedades de economia mista*), sous réserve des situations spécifiques prévues par le législateur. Par ailleurs, les États membres sont habilités à adopter leurs propres lois en matière de fonction publique, et de pensions et retraites de leurs agents, dans le respect des règles communes contenues dans la Constitution fédérale.

---

65 MEDAUAR (O.), « Un aperçu du droit administratif brésilien », dans *Confluences. Mélanges en l'honneur de Jacqueline Morand-Deviller*, Montchrestien, 2007, p. 437-442, p. 339.

66 PAÏVA DE ALMEIDA (D.), « Le droit administratif », dans *Introduction au droit brésilien*, préc., 2006, p. 140.

67 Au niveau fédéral, les textes applicables sont la loi n° 8.666, du 21 juil. 1993 (marchés publics), la loi n° 8.987, du 13 fév. 1995 (concessions), et la loi n° 11.079, du 30 déc. 2004 (partenariats public-privé).

68 PAÏVA DE ALMEIDA (D.), « Le droit administratif », dans *Introduction...*, préc., 2006, p. 159-168.

En vue des éléments examinés, le droit administratif en France et au Brésil présente d'importants facteurs de convergence en ce qui concerne l'étendue de son champ d'application. Tel n'est pas le cas en ce qui concerne les mécanismes de contrôle juridictionnel.

## B. Des divergences quant au *contrôle juridictionnel*

Le contrôle juridictionnel de l'administration en France et au Brésil se confronte à une divergence fondamentale. Tandis que le contrôle en France s'inscrit dans un régime de *dualisme juridictionnel* (1), au Brésil, il s'inscrit dans un régime de *monisme juridictionnel* (2).

### 1. Le *dualisme* juridictionnel français

Le modèle *dualiste* de la justice en France se caractérise, comme son nom l'indique, par l'existence de deux ordres juridictionnels distincts, de par leur organisation et leurs fonctions. D'un côté, se trouve la justice dite « judiciaire » ; de l'autre, la « justice administrative ». L'adjectif « administratif » ne doit pas prêter à confusion. Il ne désigne pas – ou plus – le contrôle interne que l'administration exerce sur ces propres actes, mais un contrôle exercé *de l'extérieur* par des organes indépendants.

En France, la *Justice administrative* est devenue autonome par rapport au pouvoir exécutif à la fin du XIXe siècle. Avant cette période, elle rendait des *avis* au nom du chef de l'État, celui-ci étant compétent en dernier lieu pour résoudre des plaintes formulées par les particuliers contre l'administration. En pratique, le chef de l'Exécutif suivait les avis du Conseil d'État[69]. Mais celui-ci ne bénéficiait pas de garanties légales. C'était l'époque dite de la *justice retenue*.

La loi du 24 mai 1872 a donné un statut légal au Conseil d'État. Celui-ci a acquis une autonomie légale par vis-à-vis du Chef de l'État, du gouvernement et de l'administration, même si les membres ont conservé leur statut de fonctionnaire. La loi de 1872 a aussi maintenu la double fonction du Conseil d'État : celle de nature *consultative* (sur les projets de loi et de décret préparés par le gouvernement et soumis à des avis préalables) ; et celle de nature *contentieuse* (consistant à résoudre les litiges relatifs à des agissements de l'administration).

Sur la base de son nouveau statut, le Conseil d'État a développé une jurisprudence tendant à renforcer son indépendance vis-à-vis de l'Exécutif (époque dite de la *justice déléguée*). Elle est illustrée par une série d'arrêts célèbres rendus par le Conseil d'État et par le Tribunal des conflits entre la fin du XIXe et le début du XXe siècle[70].

---

69 Le Conseil d'État a été créé par Napoléon sous la Constitution de l'an VIII (1799). Le nom « conseil » provient du fait qu'il était un organe consultatif sur des projets de lois et de règlements, et aussi sur des projets de décisions tranchant les réclamations que les particuliers formulaient contre l'administration. Avant le Conseil d'État, il existait un Conseil du roi, composé de notables et de hauts fonctionnaires appartenant au cercle de confiance du monarque, et qui existait non seulement en France, mais aussi dans d'autres monarchies européennes.

70 Le Tribunal de conflits est lui-même une illustration du dualisme en France. Réinstauré par la loi du 24 mai 1872, il est composé de membres du Conseil d'État et de la Cour

Ces arrêts sont significatifs à différents égards: pour avoir consolidé la séparation entre les fonctions contentieuses du Conseil d'État d'une part, de celles exercées par les autorités administratives décidant à titre gracieux ou sur recours hiérarchique d'autre part[71]; pour avoir reconnu le principe de la responsabilité de l'État en cas de dommages provoqués à des tiers (contrairement à l'ancien principe de l'irresponsabilité extracontractuelle de l'État)[72]; pour avoir assoupli les conditions d'accès au juge («droit au recours») en plaçant ainsi la plupart des actes de l'administration à la portée d'un contrôle juridictionnel[73]; et pour avoir renforcé les garanties du procès équitable au sein de la procédure contentieuse[74].

Ces innovations ont permis au Conseil d'État – agissant dans l'exercice de ses attributions contentieuses – d'être considéré comme un organe juridictionnel à part entière, même si des éléments traditionnels ont été maintenus, comme l'appartenance au Pouvoir exécutif, le mode de recrutement et la gestion des carrières[75]. Mais si le Conseil d'État a gardé ainsi d'importants liens avec l'exécutif, tel n'est pas le cas des autres organes de la juridiction administrative.

Ainsi en 1953, les anciens *Conseils de préfecture* ont été transformés en *Tribunaux administratifs*, dotés d'importantes garanties procédurales[76]. Puis, en 1987, pour alléger le Conseil d'État, ont été créées les Cours administratives

---

de cassation, et a pour fonction de résoudre les conflits de compétence entre les deux ordres.

71 C.E., 13 déc. 1889, *Cadot*: cet arrêt a confirmé l'indépendance du Conseil d'État en écartant l'idée ancienne du «ministre-juge», qui supposait une confusion entre les rôles de l'administration dite *active* et celle dite *passive*.

72 T.C., 08 fév. 1873, *Blanco*.

73 C.E., 19 fév. 1875, *Prince Napoléon*: restreignant le champ d'application de la notion d'*actes de gouvernement*; C.E., 29 mars 1901, *Casanova*: concernant l'intérêt pour agir des contribuables locaux; C.E., 11 déc. 1903, *Lot*: concernant l'intérêt pour agir des fonctionnaires; C.E., 4 août 1905, *Martin*: concernant l'intérêt pour agir des tiers contre les actes préalables au contrat; C.E., 21 déc. 1906, *Syndicat des propriétaires et contribuables du quartier de la Croix de Seguey-Tivoli*: concernant l'intérêt pour agir des associations contre les décisions d'exécution des contrats; C.E., 28 déc. 1906, *Syndicat des patrons-coiffeurs de Limoges*: concernant l'intérêt pour agir des associations professionnelles contre les mesures réglementaires.

74 C.E., 20 juin 1913, *Téry*: renforçant les garanties du droit de la défense et du procès équitable dans le domaine du contentieux administratif.

75 Fromont (M.), «La justice administrative en Europe: différences et convergences», *RFDA*, 2008, n° 2, p. 267: «*Ce qui caractérise ce système, c'est d'abord l'appartenance au pouvoir exécutif, ce qui entraîne toute une série de conséquences. Cela explique tout d'abord le recrutement: en France, il se fait par l'Ecole Nationale d'Administration, et non par l'Ecole de la Magistrature; il n'y a pas de circulation possible entre la magistrature judiciaire et la magistrature administrative. Le tour extérieur est aussi un trait caractéristique du système français. Certes, il y a toute une série d'usages qui font que les risques très importants d'abus du pouvoir discrétionnaire du gouvernement sont limités – encore qu'il y ait eu quelques cas pittoresques dans un passé qui n'est pas si lointain. De même, la pratique du détachement auprès d'administrations actives a pour effet de créer tout un réseau de relations entre le Conseil d'État et la haute administration*».

76 Décret n° 53-934, du 30 sept. 1953, portant réforme du contentieux administratif.

d'appel[77]. Aujourd'hui au nombre de huit, elles sont compétentes en général pour juger des litiges en deuxième instance. Ces réformes ont donné à la justice administrative une organisation assez semblable à celle de la justice judiciaire, composées ainsi de trois instances de jugement, avec le Conseil d'État comme juridiction suprême[78].

Plus récemment, la justice administrative a été dotée d'outils de contrôle plus efficaces. Le premier a été le *pouvoir d'injonction* (1995)[79]. Il a permis au juge administratif de contraindre l'administration à adopter un comportement précis, pour tenir compte de la situation individuelle et concrète du requérant, au-delà de la simple annulation de l'acte administratif illégal.

Le second grand outil a été la possibilité de prendre des mesures provisoires telles que la suspension d'un acte administratif en cas d'urgence, les *référés* (2000)[80]. En réalité, certains de ces pouvoirs, comme le *sursis à exécution*, existaient déjà avant la réforme, mais celle-ci leur a donné un statut légal, tout en facilitant les conditions de mise en œuvre. La réforme a donc permis de renforcer substantiellement les garanties des justiciables, en donnant à la justice administrative des d'outils de contrôle plus rapides et efficaces.

Après avoir examiné brièvement quelques traits principaux du *dualisme* juridictionnel en France, il convient de se pencher sur le *monisme* juridictionnel au Brésil.

### 2. Le *monisme* juridictionnel brésilien

Conceptuellement parlant, la justice au Brésil est considérée comme *une*. Elle consiste dans la *fonction de juger*, qui relève du « Pouvoir juridictionnel » (*Poder Judiciário*), lequel est indépendant des deux autres *Pouvoirs* – l'exécutif et le législatif. L'existence d'une Cour suprême (*Supremo Tribunal Federal* ou *STF*), épaulée en matière d'harmonisation de l'interprétation des lois fédérales par une Cour supérieure de justice (*Superior Tribunal de Justiça* ou *STJ*), reflète l'*unicité* du système juridictionnel brésilien.

Plus concrètement cependant, le « Pouvoir juridictionnel » (*Poder Judicial*) comporte de nombreuses divisions. D'une part, il existe la « Justice fédérale » (au sens large du terme) et, d'autre part, la « Justice ordinaire » (*Justiça ordinária*), qui

---

77 Loi n° 87-1127, du 31 déc. 1987, portant réforme du contentieux administratif.

78 Code de justice administrative (CJA), art. L. 111-1 : « *Le Conseil d'État est la juridiction administrative suprême. Il statue souverainement sur les recours en cassation dirigés contre les décisions rendues en dernier ressort par les diverses juridictions administratives ainsi que sur ceux dont il est saisi en qualité de juge de premier ressort ou de juge d'appel* ».

79 Loi n° 95-125, du 08 fév. 1995, relative à l'organisation des juridictions et à la procédure civile, pénale et administrative, codifié aux arts L. 911-1 s. du Code de justice administrative. En 1980, le législateur avait déjà autorisé le juge a imposer des *astreintes* pour rendre efficaces les condamnations (loi n° 80-539, du 16 juil. 1980, relative aux astreintes prononcées en matière administrative).

80 Loi du 30 juin 2000, actuellement art. L.511-1 à L.555-2 du Code de justice administrative : référé suspension ; référé-liberté ; référé conservatoire ; référé en matière de passation de contrats et de marchés ; référé en matière fiscale ; référé en matière de communication audiovisuelle ; régimes spéciaux de suspension.

relève de la compétence de chaque État membre et du District fédéral. Ainsi, il n'est pas excessif de dire qu'à côté de l'organisation juridictionnelle fédérale (au sens large du terme), il existe 27 organisations juridictionnelles *de droit commun*. Leur organisation interne, ainsi que la nomination et la carrière des magistrats, dépendent du budget et des lois de chaque État membre et du District fédéral, ainsi que de leurs règlements intérieurs respectifs. Nonobstant, ces juges et ces cours *de droit commun* appliquent des lois de procédure contentieuse fédérales, dès lors que seule l'Union peut légiférer en matière de contentieux (les codes de procédure civile et pénale sont donc des lois fédérales, à la différence des cas nord-américain, mexicain et argentin).

Au niveau de la *Justice ordinaire*, les litiges de l'administration peuvent relever de la compétence d'un juge spécialisé. Il s'agit d'une simple spécialisation *fonctionnelle*, dès lors qu'il n'y a aucune dérogation aux règles de recrutement et de carrière. Il n'existe pas non plus de réelle séparation entre règles de procédure civile et droit du contentieux administratif comme en France[81]. Au Brésil, en effet, les litiges de l'administration relèvent du code de procédure civile, même si celui-ci connaît de plus en plus de dérogations (délais de recours plus souples pour l'administration, insaisissabilité des biens publics, procédure spéciale d'exécution des créances publiques…)[82].

Dans les circonscriptions juridictionnelles plus peuplées, des juges spécialisés – pour les litiges de l'administration – sont en effet mis en place, appelés alors *Vara da Fazenda Pública*. Il s'agit d'une simple spécialisation interne, visant à une meilleure administration de la justice. Le critère d'attribution est exclusivement *organique*, puisqu'il vise tous les litiges de l'administration étatique et municipale. Dans les circonscriptions qui n'ont pas une *Vara da Fazenda Pública*, les litiges de l'administration sont traités par le juge de droit commun. Chapeautant le système juridictionnel de chaque État membre, il existe une Cour de justice appelée *Tribunal de Justiça* qui se divise en deux, trois ou plusieurs chambres. Souvent, l'une d'entre elles est spécialisée dans les litiges de « droit public ».

Ces divisions ne sont pas déterminées par la Constitution ni par la loi. Il s'agit d'une simple technique de répartition interne d'attributions, qui découle du règlement intérieur de la Cour. Les conflits éventuels de compétence entre les juges spécialisés dans les litiges de l'administration et les autres juges, ne sont pas traités comme mettant en cause la séparation des pouvoirs, à l'instar de la France, mais comme des problèmes de simple organisation interne, ce qui est un important révélateur du caractère *moniste* de la justice au Brésil.

---

81 Refusant d'appliquer l'expression « contentieux administratif » en droit brésilien : Cretella Júnior J., *Droit administratif comparé*, São Paulo : Bushatsky, 1978, p. 230-232. Utilisant l'expression « contentieux administratif » : Dumon, Frédéric, *Le Brésil – Ses institutions politiques et judiciaires*, Bruxelles : université Libre de Bruxelles, 1964.

82 Païva de Almeida (D.), « Le droit administratif », dans *Introduction au droit brésilien*, préc., 2006, p. 153-159. Dans la doctrine brésilienne : Sundfeld (C. A.), Scarpinella Bueno (C.) (dir.), *Direito processual público: a Fazenda pública em juízo*, São Paulo : Malheiros, 2000 ; Pereira (H. V.), *Manual da Fazenda pública em juízo*, Rio de Janeiro : Renovar, 2003 ; Carneiro da Cunha (L. J.), *A Fazenda pública em juízo*, 2e éd., São Paulo : Dialética, 2005.

Quant à la *Justice fédérale* au sens large du terme, elle se divise organiquement en quatre grandes branches : la Justice fédérale du travail (*Justiça do Trabalho*), la Justice fédérale électorale (*Justiça Eleitoral*), la Justice fédérale militaire (*Justiça Militar*) et la Justice fédérale au sens étroit (*Justiça Federal*). Les trois premières, comme leur nom l'indique, ont une compétence d'attribution pour les litiges qui mettent en cause la législation du travail, la législation électorale et le statut militaire respectivement.

Pour sa part, la compétence de la Justice fédérale au sens étroit (*Justiça Federal*) obéit à deux critères. Le premier, d'ordre organique, comprend l'ensemble des litiges de l'administration publique fédérale. Cela inclut les litiges des ministères, des établissements publics fédéraux (*autarquias federais*) et de certaines entreprises publiques fédérales (comme les *Correios*, les aéroports Infraero, la Banque nationale de développement économique et social – BNDES etc.) Le contentieux des sociétés d'économie mixte fédérales (Banque du Brésil, Petrobrás, Eletrobrás etc.) relève en revanche de la *Justice ordinaire* des États. Ce premier critère, relativement simple, rend la *Justica Federal* compétente pour tout litige de l'administration publique fédérale – au sens indiqué plus haut –, sans qu'il soit nécessaire d'identifier, comme en France, le type de droit applicable à telle ou telle opération.

Le second critère est d'ordre *matériel*. Il inclut les activités régies par des lois fédérales et dont le contentieux est attribué à la *Justiça Federal* par détermination expresse de la Constitution. Il s'agit notamment des litiges relatifs aux droits des indiens, au trafic international de drogues, aux violations graves au droit de l'homme. Ces litiges sont du ressort du juge fédéral, indépendamment de la qualité des requérants.

L'existence de telles répartitions de la justice au Brésil, dont la division fondamentale entre la Justice des États membres (*Justiça ordinária*) et les grandes branches de la justice fédérale, ne met pas en cause le caractère *moniste* du système juridictionnel. Sur les plans fonctionnel et procédural, il n'y a pas de différence substantielle entre le contentieux *de droit commun* et le contentieux *de l'administration*. Fonctionnellement parlant, l'activité juridictionnelle est considérée comme *une* et *indivisible*. Quant à la procédure, l'administration est soumise au Code de procédure civile, même si celui-ci fait l'objet d'un certain nombre de dérogations. Aussi, les juges spécialisés dans les litiges de l'administration – les *Varas da Fazenda Pública* et les chambres *de droit public* des *Tribunais de Justiça* au niveau des États, ainsi que la *Justiça Federal* au sens étroit – relèvent des mêmes procédures de recrutement et de carrière que les autres juges de leur ressort.

Enfin, l'un des derniers aspects du *monisme* brésilien, et non celui des moindres, réside dans l'existence de deux cours suprêmes qui chapeautent l'ensemble du système juridictionnel. Il s'agit de la Cour suprême fédérale (*Supremo Tribunal Federal* ou *STF*) d'une part, et de la Cour supérieure de Justice (*Superior Tribunal de Justiça* ou *STJ*) d'autre part. La première assure l'harmonisation de l'interprétation des dispositifs de la Constitution fédérale, tant par voie de cassation (vis-à-vis des arrêts des *Tribunais de Justiça* et des cours fédérales d'appel), que par voie de recours direct[83]. La Cour supérieure de Justice, créée en 1988 pour désengorger la Cour suprême, assure par voie de cassation l'harmonisation de l'interprétation des lois et règlements fédéraux (vis-à-vis des arrêts des *Tribunais de Justiça* et des cours fédérales d'appel)[84].

L'existence de ces deux cours suprêmes reflète le caractère *moniste* du système juridictionnel brésilien. Ainsi, différemment de la France, l'administration brésilienne relève d'un juge qui, dans certains cas peut certes être *spécialisé*, mais dont la procédure de recrutement et la carrière restent identiques à ceux des autres juges du même ressort. Et combien même des dérogations puissent exister sur le plan procédural, notamment avec les voies spéciales de recours visant à la protection des droits des administrés (*mandado de segurança, mandado de injunção...*)[85], l'unité du système est garantie au sommet par les deux cours suprêmes, qui se partagent l'harmonisation de l'interprétation de la Constitution fédérale et des lois et règlements fédéraux.

## Conclusion

Les éléments d'analyse développés dans le présent travail tendent à montrer qu'il existe entre les droits publics français et brésilien, aussi bien des divergences, que des convergences. En ce qui concerne les principes de l'organisation de l'État, nous nous sommes intéressés par delà les similitudes de principe - forme républicaine et régime démocratique - aux principales divergences. Ainsi, tandis que la France est un État unitaire doté d'un régime semi-présidentiel de gouvernement, le Brésil en revanche, est un État fédéral qui adopte le régime présidentiel.

Des telles divergences sont importantes à saisir, puisqu'elles illustrent des formes bien différentes de structuration de l'État, combien même il s'organise de part et d'autre, sous la forme républicaine et démocratique.

En ce qui concerne le droit administratif, nous avons essayé d'expliquer que son champ d'application est très large dans les deux pays, dès lors que la plupart des opérations de l'administration sont soumises à un régime juridique spécial qui diffère de celui applicable aux rapports entre les particuliers. En revanche, le jugement des litiges de l'administration s'inscrit dans des principes très différents : en France, ils relèvent en général d'un ordre de juridiction et de règles de procédure qui sont totalement indépendants de ceux régissant les litiges entre les particuliers ; au Brésil, même s'il existe des organes juridictionnels dotés d'une spécialisation interne, ainsi que quelques prérogatives procédurales, les litiges de l'administration restent largement soumis au code de procédure civile et à des mécanismes de contrôle qui assurent une uniformité par le sommet.

---

83 Morais da Costa (T.), « Le droit constitutionnel : la protection des droits fondamentaux », dans *Introduction au droit brésilien*, préc., p. 79-86

84 Silva Braga (V.), « L'organisation juridictionnelle », dans *Introduction...*, préc., p. 113-114

85 Païva de Almeida (D.), « Le droit administratif », dans *Introduction...*, préc., 2006, p. 125-170, voir p. 156-158 ; Morais da Costa (T.), « Le droit constitutionnel : la protection des droits fondamentaux », préc., p. 51-74.

Si les éléments de comparaison ici étudiés sont nécessaires à la compréhension du droit public en France et au Brésil, ils ne sont certes pas exhaustifs. Bien d'autres aspects méritent attention, même si nous n'avons pas pu les traiter. Nous pensons spécialement aux sources des normes du droit public, au régime électoral, au contrôle de constitutionnalité des lois, aux droits fondamentaux et aux libertés publiques, aux formes d'action de l'administration et à ses modalités d'organisation, à l'étendue du pouvoir discrétionnaire et / ou au degré du contrôle juridictionnel entre autres. À défaut de n'avoir pu proposer une analyse aussi vaste, nous espérons avoir au moins indiqué ou rappelé quelques pistes de réflexion utiles.

# DONNÉES FONDAMENTALES POUR LA COMPARAISON EN DROIT PRIVÉ FRANÇAIS ET BRÉSILIEN

**Gustavo VIEIRA DA COSTA CERQUEIRA***

Dès le début de sa recherche, le comparatiste est confronté au besoin de connaître les « données fondamentales » des systèmes juridiques qu'il étudie. Outre la difficulté de déterminer ces « données fondamentales »[1], ce sont des questions d'ordre méthodologique qui se posent. Sous quelle perspective mener l'étude : diachronique et dynamique ou synchronique et structurale ? Est-il convenable de n'envisager que certaines branches du droit ? Enfin, quelle définition de droit privé retenir au préalable, étant donné que chaque ordre juridique y attache une perception bien particulière, tributaire de sa propre histoire ? Les réponses dépendront, bien entendu, de l'objectif de l'analyse intentée. Voilà que la connaissance même des données préalables à toute analyse comparative suggère déjà la réflexion.

Loin de prétendre offrir un panorama exhaustif du droit privé des deux pays[2], ces lignes se veulent une première approche. L'exposé combiné de deux systèmes, bien qu'appartenant aux mêmes traditions juridiques et linguistiques (néo-romaines), implique un travail herculéen qui ne va pas sans danger et sans défi. Nous nous limiterons à présenter un cadre général, dans lequel les obligations et les contrats seront les domaines privilégiés, car ils constituent le noyau du droit privé et le tronc commun du droit civil, du droit commercial et, de nos jours, du droit de la consommation. Pour être bien balisé sur notre chemin, nous aurons comme repère cette perception de René David[3], pour qui l'essentiel dans un droit sont les

---

* *Avocat aux Barreaux de Porto Alegre et Vitória – Brésil, et Doctorant à l'université de Strasbourg et à l'universidade de São Paulo– Brésil.*

1 Cf. l'introduction de la contribution de D. PAÏVA DE ALMEIDA, « Les données fondamentales pour la comparaison juridique en droit public français et brésilien ».

2 La bibliographie est trop importante pour pouvoir être reproduite dans les notes de bas de pages. Nous nous limiterons à quelques références.

3 Cité par C. JAUFFRET-SPINOSI, « La structure du droit français », in Vanderlinden (J.) et Moréteau (O.), *La structure des systèmes juridiques*, Bruxelles : Bruylant, 2003, p. 259.

cadres stables au dessous desquels les règles de droit changent avec l'évolution des mœurs et des temps. Sans néanmoins négliger ces règles, nous nous intéresserons à tels cadres, conscients que, comme l'avertit C. Jauffret-Spinosi[4], le droit d'un État est plus qu'un ensemble de règles existant à un moment donné, l'information des règles de droit en vigueur ne suffisant pas à sa connaissance.

Dans cette perspective, nous vérifierons, la manière dont les droits privés français et brésilien sont structurés (I), avant de mettre en relief les principes cardinaux des deux systèmes (II) ainsi que les voies juridictionnelles pour leur mise en œuvre (III). Nous croyons qu'en possession de ces données fondamentales le juriste aura des outils pour mener à bien la comparaison juridique entre le droit privé français et le droit privé brésilien.

Mais avant tout chose, deux précisions s'imposent. La première consiste en une donnée préalable : la législation française et brésilienne de droit privé est essentiellement la même sur l'ensemble du territoire de ces pays[5], même si, en France, certaines dérogations sont accordées à l'Alsace-Moselle et aux territoires d'outre-mer. La seconde a trait à une exclusion : malgré leur importance, les nombreuses influences du droit français sur le droit brésilien ne seront pas systématiquement mises en lumière dans notre étude[6].

## I. Structure codifiée des systèmes de droit privé

La notion de structure d'un droit n'étant pas univoque[7], celle du droit privé semble encore plus délicate à cerner, car elle suppose une incursion sur l'histoire du droit de chaque pays et, plus particulièrement, sur l'évolution législative, jurisprudentielle et doctrinale permettant la délimitation des frontières du droit privé. Cette délimitation se fait soit en fonction des principes permettant d'identifier et de délimiter le champ d'application d'un certain nombre de règles et d'institutions juridiques, soit en fonction des intérêts en jeux, auquel cas une distinction naturelle s'opère face au droit public.

Nous nous consacrerons plus fondamentalement à identifier la façon dont le droit privé est organisé à l'intérieur de deux ordres juridiques en partant d'un point de convergence des deux systèmes : la codification (A). Phénomène convergent, la codification se révélera, ensuite, assez divergente à l'égard des méthodes employées (B). Enfin, il sera question de connaître la manière dont chaque système codifié s'intègre (C).

---

4 Jauffret-Spinosi (C.), « La structure du droit français », *op. cit.*, p. 259.

5 Alors que la France est un État unitaire au sein duquel la compétence législative revient à l'Assemblée nationale, le Brésil est un État fédéré au sein duquel la compétence législative en la matière revient à l'Union, selon l'art. 22, I, de la Constitution fédérale de 1988. Cf. *supra* la contribution de D. Païva de Almeida.

6 La bibliographie en annexe de cet ouvrage rend compte des travaux notables déjà préparés à cet égard.

7 Jauffret-Spinosi (C.), « La structure du droit français », *op. cit.*, p. 259.

## A. Organisation codifiée du droit privé

La codification est le point de convergence structurelle le plus fort du droit privé français et brésilien (1). Nonobstant, un certain éclatement des sources nom ou pseudocodifiées, phénomène commun aux deux systèmes, marque plus fondamentalement le droit français (2).

### 1. La codification : phénomène de convergence structurelle

La structure essentiellement codifiée du droit privé français et brésilien (b) est tributaire d'un processus commun de construction et d'affirmation du droit des États nationaux, dont la codification est l'expression maxime de systématisation de l'ordre juridique (a). Une constellation de codes en résulte (c).

#### *a. Le pluralisme juridique précédant la codification moderne*

Les nations de l'ancienne Europe ont été marquées par la diversité juridique. Celle-ci a accompagné la diversité politique sur laquelle le Vieux Continent s'est organisé après la disparition de l'Empire romain de l'Occident au Ve siècle ap. J.-C. Il en résulte que le droit en vigueur au début du XVIIIe siècle offrait une image de fidélité à des traditions juridiques ancestrales[8] : la structure des droits privés des États européens présentait essentiellement les mêmes catégories de sources. D'une part, il y avait le droit romain, revivifié par l'interprétation donnée aux compilations de Justinien « redécouvertes » en Italie à la fin du XIe siècle. Ce droit romain, à qui l'on a attribué l'expression *jus commune* pour traduire son empire par-dessus les frontières, se distingue du droit antique du fait des relations nouées par la doctrine médiévale avec le droit canonique[9]. D'autre part, il y avait les coutumes et les statuts, écrits ou non, qui avant d'être nationaux, étaient régionaux ou locaux. Ce dernier ensemble de sources formait les *jura propria*[10], parmi lequel devait être également compté les quelques ordonnances royales communes à tout l'empire concerné.

Il en allait ainsi pour l'ancien droit : en 1789, la France connaissait encore 65 coutumes générales et 300 variations coutumières locales dans le nord du royaume, tandis que le Sud obéissait à un droit romain en sa qualité de *ratio scripta*, qui variait néanmoins au gré des ressorts parlementaires[11].

Il en allait de même pour le droit brésilien, pour lequel deux précisions s'imposent. La première est que le Brésil pendant toute la période coloniale, et même après son indépendance le 7 septembre 1822, demeurait sous l'empire du droit portugais. À cette époque, ce droit était essentiellement compilé dans les Ordonnances Philippines de 1603 et composé de quelques lois complémentaires, toutes assez lacunaires. Subsidiairement, mais assez largement, on appliquait les règles romaines fixées à la Renaissance ainsi que le droit canonique[12]. La coutume

---

8 Halpérin (J.-L.), *Histoire des droits en Europe de 1750 à nos jours*, Flamarion, 2004, p. 18.

9 *Idem*, p. 20.

10 Carbasse (J.-M.), *Manuel d'introduction historique au droit*, 2e éd., PUF, 2002, p. 85.

11 Bouineau (J.) et Roux (J.), *200 ans de Code civil*, Adpf, p. 35.

12 Braga da Cruz (G.), *Formação Histórica do Moderno Direito Privado Português e Brasileiro, Scientia Iuridica*, IV (1954-1955), p. 32-77, p. 34-38 (56).

y jouait un rôle considérable au XVIe siècle, à tel point que l'on admettait qu'elle pût déroger au droit romain et aux lois générales, contenues dans les ordonnances du royaume. Ces dernières constituaient le droit commun des deux pays et sont demeurées en vigueur au Portugal jusqu'en 1867 et au Brésil jusqu'en 1916, années d'adoption de leurs respectifs et premiers codes civils. Par conséquent, et là réside la seconde précision, c'est en conformité avec le *jus commune* lui-même que la coutume ait pu jouer un rôle de premier plan au Brésil colonial. Comme l'a enseigné René David, du fait que les conditions de vie y étaient très différentes de celles de la métropole, la situation était propice à fomenter la naissance des coutumes locales dérogatoires des dispositions des Ordonnances Philippines[13]. De surcroît, le manque de documents et de juristes provoquait des situations d'incertitude ou d'impossibilité pratique d'application du droit commun[14]. Ainsi, pendant toute l'époque coloniale, l'existence du droit privé brésilien « *était restée toute théorique, la vie réelle du pays étant commandée par une structure géographique et sociale qui laissait bien peu de place à l'application des règles théoriquement en vigueur* »[15].

Cette variété de sources ne contribuait guère à la perception du contenu du droit privé. Un manque de visibilité et de cohérence prévalait à l'intérieur des ordres juridiques alors en formation d'autant plus que certains ensembles législatifs correspondaient plus ou moins à « des périodes de synthèse » ou de « stagnation juridique », dont l'objectif principal était d'organiser des répertoires actualisés du droit en vigueur, sans grand souci quant à sa structure interne[16]. La méthode de « consolidation » juridique engendrait des compilations globalisantes réunissant plusieurs domaines juridiques. L'autonomie du droit privé se relativisait en fonction de tensions suscitées entre la réception du droit romain et l'essor des particularismes nationaux, parfois réfractaires. La distinction épineuse et non sans intérêt épistémologique entre droit public et droit privé[17], accompagnée des questions liées à la compétence et les fonctions des juridictions au sein des États européens, ont fortement contribué à la difficulté de lisibilité du droit privé. En outre, le mélange entre certaines institutions civiles et des institutions religieuses, à l'instar du mariage, était un élément non moins important de complication.

Nonobstant les problèmes de clarté et de cohérence, le droit privé français et le droit privé brésilien, dont le droit portugais fut le « porte-parole », étaient largement considérés comme un ensemble de règles relativement universelles, fruit d'un héritage commun : le droit romain-canonique. Cette universalité s'avérait d'autant plus qu'une unité intellectuelle entre les juristes s'est construite sur le

13 David (R.), « Le droit brésilien jusqu'en 1950 », in Wald (A.) et Jauffret-Spinosi (C.) (dir.), *Le droit brésilien : hier, aujourd'hui et demain*, SLC, 2005, p. 25-182, p. 53-54.

14 *Idem.*, *op. cit.*, p. 53.

15 David (R.), « Structure et idéologie du droit brésilien », *Cahiers de législation et de bibliographie juridique de l'Amérique Latine*, nº 17-18, Janvier-Juin, 1954, p. 5-20, p. 6.

16 Almeida Costa (M. J.), *História do direito português*, 3ª ed., Coimbra : Almedina, 2007, p. 420-421.

17 Bigot (G.), « La difficile distinction droit public / droit privé dans l'ancien droit : l'exemple du droit administratif », *Droits*, 38, 2003, p. 97-111.

socle d'une tradition commune, malgré les disparités parfois non négligeables entre les différents ordres juridiques européens en phase de nationalisation[18].

Toutefois, la croyance sinon à une similitude des règles, du moins à un même esprit pour un droit commun reposant sur des assises sociales et culturelles comparables ne pouvait pas cacher des tensions entre le *jus commune* et *jura propria*. D'une manière générale, au sud de la France et au Portugal, le droit romain réglait la plupart des relations de droit privé, sans rencontrer d'obstacles importants de la part des droits territoriaux réduits à l'« état de souvenir » ou à la « portion congrue », tandis que dans le nord de la France, il n'avait qu'une valeur supplétive, s'appliquant là où la coutume faisait défaut[19]. Il en était ainsi dans le domaine des obligations et des contrats, terrain de prédilection du *jus commune*[20]. En ces matières, le droit coutumier ou les ordonnances royales étaient peu développés ou insuffisants. Le droit romain s'était avéré alors beaucoup plus sophistiqué et s'imposa en tant que *ratio scripta*[21], au moment où l'activité économique et le niveau d'instruction progressaient[22].

Au sein de ces structures assez semblables, le droit privé se présente comme un droit qui se combine avec le poids de l'autorité accordée au passé et qui échappe pour une grande partie à l'intervention législative et réformatrice des États[23]. En même temps, la diversité juridique existant au sein de ces ordres la diversité française ne correspondait plus à l'esprit du temps. Il convenait désormais d'unifier le droit, de tout soumettre à une loi unique, dont on fait « la clef de voûte » de tout le système[24]. Les ordres juridiques sont alors en phase d'évolution vers une nationalisation complète, dont les codifications modernes en ont témoigné de manière exacerbée.

*b. La codification moderne : moyen rationnel d'organisation du droit*

On peut affirmer que la codification moderne du droit privé des deux pays est l'aboutissement d'un mouvement tendant à l'unification initié au XV^e siècle. En France, l'unification avait commencé avec l'édit de Charles VII prescrivant la rédaction des coutumes par l'Ordonnance de Montils-lès-Tour d'avril 1454

18 GERKENS (J.-F.), *Droit privé comparé*, Bruxelles : Larcier, 2007, p. 16.

19 Il est à préciser qu'alors que le Saint Empire recevait le droit romain en vertu d'une décision impériale, les rois de France, en raison de la méfiance à l'égard de ce droit en tant qu'instrument d'annexion de leurs royaumes par l'Empire, ne l'acceptèrent que du fait de l'impérieux besoin de la raison, et non eu égard à l'Empire. A leur tour, les ordonnances portugaises en vigueur au Brésil colonial plaçaient le *jus commune* comme source subsidiaire, dont l'application ne se faisait qu'en raison de sa légitimation par la volonté du monarque. Ceci obéit aux impératifs historiques, car tout comme en France, la publication des ordonnances au Portugal était liée au processus général de lutte pour la centralisation du pouvoir souverain.

20 HALPÉRIN (J.-L), *Histoire des droits en Europe de 1750 à nos jours, op. cit.*, p. 19-21.

21 J. KRYNEN, « Le droit romain : droit commun de la France », *Droits*, 38, 2003, p. 21-35, rappelle l'attachement des glossateurs à la supériorité du *jus commune* de vocation à fournir principes, définitions, règles et techniques valant universellement (non exclusivement, ni uniformément).

22 GERKENS (J.-F.), *Droit privé comparé, op. cit.*, p. 74.

23 HALPÉRIN (J. L.), *Histoire des droits en Europe de 1750 à nos jours, op.cit.*, p. 18.

24 BOUINEAU (J.) et ROUX (J.), *200 ans de Code civil, op. cit.*, p. 35.

sur « le fait de la justice »[25]. Au XVIe siècle, Charles du Moulin a entrepris une comparaison inter-coutumière à des fins unificatrices, pour laquelle la coutume de Paris (1510) a servi de modèle[26]. Puis, les grandes ordonnances de Louis XIV et de Louis XV et la législation révolutionnaire ont renforcé cette tendance[27], sans oublier l'œuvre doctrinale de Jean Domat et Robert-Joseph Pothier qui a fourni une remarquable base à la codification de 1804. Lors de la « découverte » du Brésil, le Portugal venait d'entamer ce même mouvement : en 1446 sont publiées les Ordonnances Alphonsines, considérées comme le code le plus ancien de l'Europe moderne. En 1521, celles-ci ont été substituées par les Ordonnances Manuélines, qui sont restées en vigueur jusqu'en 1603, date de la parution des Ordonnances Philippines[28]. D'ailleurs, on ne connaîtra en France un diplôme rassemblant les Ordonnances Alphonsines que huit ans plus tard avec l'Ordonnance de Montils-lès-Tour de 1454.

Le processus de codification moderne du droit est ainsi la conséquence d'une politique d'édification et d'affirmation des Etats nationaux européens[29]. D'une part, la codification devait mettre fin à la multiplicité des sources de droit ; d'autre part, elle envisageait de mettre sur pied un système qui couvrirait l'entièreté du droit privé, tout en excluant les sources juridiques « rivales », plus particulièrement le *jus commune* romano-canonique[30]. Elle était, en même temps, le pont de passage d'une culture en maints aspects liée à la force prééminente de la coutume pour celle de la loi. Modernisatrice et progressive, la codification envisageait le renouvellement par rapport à la pratique de la compilation : à la place d'une pure synthèse globalisante du droit ancien, il devait avoir lieu une œuvre prospective et de classification rationnelle des règles de droit.

Dans ce contexte, la codification française est considérée comme le premier *grand* travail de réforme, d'unification et de systématisation moderne du droit privé (civile en 1804 et commerciale en 1807), ayant à cet égard servi de modèle à un très grand nombre de codifications nationales[31]. Le Brésil a suivi ce mouvement suite à son indépendance en 1822. Tout en maintenant l'application des lois portugaises en vigueur au Portugal au 25 avril 1821, l'*Alvará* du 20 octobre 1823, promulgué par l'*Assembléia Constituinte Legislativa* de l'Empire brésilien (1822-1889), ordonnait l'élaboration d'un Code civil et d'un Code de commerce.

---

25 Gazzaniga (J.-L.), « Rédaction des coutumes et codification », *Droits*, n° 26 (1998), p. 71-80.

26 Lovisi (C.), *Introduction historique du* droit, 3e ed., Dalloz, 2007, n° 351-356.

27 Ainsi, Malaurie (Ph.), *Anthologie de la pensée juridique*, 2e éd., Cujas, 2001, p. 63-64 et 185.

28 Sur leur différentes sources, cf. Almeida Costa (M. J.), *História do direito português*, *op. cit.*, p. 276-277.

29 L'essor du mouvement de codification consécutif aux développements de l'École du droit naturel moderne (fondée par Hugo Grotius – 1583 / 1645) est illustré par les codifications : prussienne de 1794, française de 1804 et autrichienne de 1811.

30 Gerkens (J.-F.), *Droit privé comparé*, *op. cit.*, p. 18.

31 Cf. *La circulation du modèle juridique français*, Trav. de l'Assoc. Henri Capitant, vol. XV, Litec, 1994.

Cette démarche du législateur brésilien est d'ailleurs un héritage de la tradition juridique portugaise, marquée par un droit formaliste, individualiste et codifié[32].

À la différence de la France, le Brésil s'est d'abord doté d'un Code de commerce en 1850, avant que la codification civile n'ait eu lieu en 1916. Cela n'est pas sans importance pour le comparatiste, car ce décalage temporel explique pourquoi le Code de commerce brésilien a réglementé les obligations et les contrats commerciaux, tandis que le Code de commerce français de 1807, qui a servi de modèle pour le législateur brésilien[33], ne contenait qu'une seule disposition en la matière, plus précisément sur la preuve. Dans cet univers codifié, surgit la figure du consommateur dans la seconde moitié du XX$^{e}$ siècle, dont la protection est devenue une exigence d'ordre public. Tant en France qu'au Brésil, cette protection est restée en marge du Code civil et s'est organisée au sein d'un code spécifique.

Le premier grand élément convergent des deux systèmes est donc la codification du droit privé. Le code y constitue, comme l'a affirmé Fréderic Zenati[34], « un mythe fondateur et acquiert une dimension transcendantale, au sens de donnée *a priori*, de l'expérience juridique ». La codification se présente comme moyen de rationalisation juridique par le biais duquel on prétend apporter un certain degré d'unification du droit. La codification entend également aboutir à la réforme du droit et ne peut pas être une simple compilation[35]. Toutefois, au sens strict, aussi bien le droit privé français que le droit privé brésilien n'ont pas été unifiés par la codification. Celle-ci a obéi à la dichotomie alors régnant entre le droit civil et le droit commercial. On ne parle plus alors de codification, mais de *codifications*.

#### *c. Une constellation de codes résultant de la codification*

Le droit brésilien et le droit français possèdent un droit privé fondé sur une constellation de codes. Cette convergence structurelle était d'autant plus accentuée que jusqu'à l'avènement du nouveau Code civil brésilien en 2002[36], la constellation présentait la même configuration : un Code civil (i), un Code de commerce (ii) et un Code de la consommation (iii). L'absence d'une codification nationale du droit international privé est également un point de convergence structurelle des deux ordres juridiques (iv).

---

32 Couto e Silva (C. V.), « O Direito civil em perspectiva histórica e visão de futuro », *Revista de Informação Legislativa*, n° 97 (I-1988), p. 167.

33 Cf. Aguilar Vieira (I.) et Vieira da Costa Cerqueira (G.), « L'influence du Code de commerce français au Brésil (Quelques remarques sur la commémoration du bicentenaire du Code français de 1807) », *RIDC*, 2007-1, p. 27-78 ; De Melo Valença Filho (C.) « Le Code de commerce : un point de vue brésilien », in *Bicentenaire du Code de commerce : 1807-2007 – Les actes des colloques*, Dalloz, 2008, p. 265-270.

34 Zenati (F.), « Les notions de code et de codifications », *Mélanges Mouly*, Litec, 1998, p. 217-253, p. 217.

35 Golab (S.), « Théorie et technique de la codification », *Mélanges del Vechio*, 1930, p. 296.

36 Loi n° 10.406, du 10 janvier 2002, en vigueur depuis le 11 janvier 2003. *Code Civil brésilien*, Édition bilingue Brésilien / Français, traduit sous la direction de A. Wald, SLC, 2009.

i. La codification civile – élément central du droit privé

Les Codes civils français et brésilien se tiennent au cœur du droit privé des deux pays. Au Code civil de 1804 (*Civ*) on a précisément attribué la tâche d'unifier le droit civil. À cette fin, le législateur de 1804 a considéré comme devant faire ses principaux objets : le mariage, le gouvernement des familles, l'état des enfants, les tutelles, les questions de domicile, les droits des absents, les différentes catégories de biens, les divers moyens d'acquérir, de conserver ou d'accroître sa fortune, les successions, les contrats.

Pour avoir été en phase avec la Révolution, le Code de 1804 a fait triompher un certain nombre de principes correspondant aux idées fortes en vigueur lors de son élaboration : laïcité, individualisme, liberté, égalité, autorité. Reposé sur certains acquis révolutionnaires[37], dont les postulats de la propriété et de la liberté contractuelle, le Code civil libère définitivement l'ordre juridique français du féodalisme et l'inscrit dans le libéralisme. Pour ne citer que quelques exemples, le Code civil a laïcisé le mariage et l'état civil (origine : loi du 20 septembre 1792, bien que cette réforme ait pu s'inscrire dans une longue tradition gallicane et étatique)[38] ; il a établi l'égalité entre les époux, en finissant avec l'incapacité de la femme mariée ; le divorce par faute et, de manière très restrictive, par consentement mutuel (malgré sa suppression de 1816 à 1884) ont été inscrits dans le Code ; il y a eu un gain de terrain de la notion de majorité émancipatrice par rapport à la puissance paternelle perpétuelle ; sur l'égalité entre héritiers légitimes et sur la reconnaissance de droits, même limités aux enfants naturels reconnus (il y a eu exclusion de tout recours à l'exhérédation et l'interdiction des substitutions) ; le principe de l'adoption y fut inscrit, toutefois ouverte au profit des seuls majeurs. En outre, le Code civil a rompu avec l'ancien droit en matière de statut personnel par l'effacement du domicile devant la nationalité comme critère de rattachement en la matière (art. 3, al. 3 *Civ*). Ce rejet du domicile inscrit dans le courant individualiste et libéral de l'époque post-révolutionnaire, il était naturel qu'il y ait un rejet du territorialisme en matière de statut personnel comme un vestige de l'époque féodale qui reliait l'homme à la terre[39].

Nonobstant le souhait révolutionnaire de rompre avec le long et riche passé de formation de l'ancien droit et de ses institutions les plus marquantes, les rédacteurs du Code de 1804 ont puisé à pleines mains dans l'ancien droit coutumier et romain, le transfusant ainsi dans le nouveau droit. Dans son *Discours préliminaire*, Portalis a observé qu'il était *« utile de conserver tout ce qu'il*

---

37 J.-L. Halpérin (« Le droit privé de la Révolution : héritage législatif et héritage idéologique » *Annales historiques de la Révolution française*, n° 328, avril-juin 2002, 135-151, n° 3) rappelle néanmoins que *« la Révolution n'est pas parvenue à réaliser la codification du droit civil et quand celle-ci aboutit, sous le Consulat, elle efface le droit révolutionnaire ou ce qui en restait »*.

38 *Idem., op. cit.*, n° 7.

39 Audit (B.), *Droit international privé*, 4e éd, Economica, 2006, p. 68. Quoique, comme l'a enseignée Lainé (« La rédaction du Code Civil et le sens de ses dispositions en droit international privé », *Rev. dr. int.* 1905, p. 52, spéc. p. 55), les rédacteurs du Code civil n'ont pas eu clairement conscience du caractère, à multiples égards, révolutionnaire de cet effacement.

*n'est pas nécessaire de détruire* ». Pour cette raison, les codificateurs ont été obligés de privilégier l'expression des principes communément admis[40].

Au Brésil, la codification civile de 1916 (CC/ 16) a été précédée d'une compilation de lois en vigueur, qui pour l'essentiel était le droit portugais dans ses grandes lignes, dont la très grande influence sur la formation du droit brésilien est indéniable[41]. C'est ainsi qu'en 1857 Teixeira de Freitas présente *La Consolidation des lois civiles* à l'Empereur Brésilien, qui l'approuve le 22 décembre 1858[42]. Cette compilation se substituait aux textes dont elle reproduisait les solutions, et portait une telle autorité, qu'elle a été maintes fois utilisée par les juristes comme source du droit. Teixeira de Freitas fut également responsable de l'élaboration du projet du Code civil et songea, alors qu'il était en train de finir l'élaboration de son « ébauche » (*Esboço*), à la rédaction d'un code de droit privé, contenant les matières civiles et commerciales unifiées. Pour ce *Jurisconsulte de l'Empire*, ce même code de droit privé devrait être précédé d'un code général, « *dominant toute la législation, et nécessaire à la compréhension de celle-ci* »[43]. Outre le retard dans l'accomplissement de sa tâche, les nouvelles conceptions de systématisation du droit privé ont largement contribué à l'échec des travaux de Teixeira de Freitas. Après quelques tentatives de codification postérieures (1872, 1882, 1889, sous l'Empire; et 1890, sous la République), la codification civile s'est finalement achevée sous la plume de Clóvis Beviláqua, en 1899. Une longue période de discussion s'en est suivie, en particulier sur les aspects linguistiques et sur le style du projet. Le premier code civil brésilien a été promulgué le 1er janvier 1916 et est entré en vigueur le 1er janvier 1917[44]. Il est resté en usage pendant 85 ans.

À la différence du Code civil français, la codification civile brésilienne de 1916 n'avait pas une tâche première d'unification, nonobstant la confusion résultant de la multiplicité des sources du droit portugais en vigueur au Brésil jusqu'alors. À ce propos, le fait que le droit brésilien ne prenne aucune racine dans le droit et les coutumes des populations indigènes est illustratif. En outre, la population noire, très importante au Brésil, n'a pas davantage contribué, par un apport de coutumes africaines, à la formation du droit brésilien. Les projets de Teixeira de Freitas (1860) et de Clóvis Beviláqua (1899) sont partis d'une perspective plutôt cosmopolite (non nationaliste, mais conservatrice en même temps), en se basant sur les Ordonnances Philippines de 1603 et la tradition juridique portugaise, la

---

40 LEFEBVRE-TEILLARD (A.), « Le droit canonique et la formation des grands principes du droit privé français », in H. Scholler (dir.), *Die Bedeutung des kanonischen Rechts für die Entwicklung einheitlicher Rechtsprinzipien*, Coll. Arbeiten zur Rechtsvergleichung, n° 177, Baden-Baden: Nomos, 1996, p. 9-22, p. 9.

41 PONTES DE MIRANDA (F. C.), *Fontes e evoluções do direito civil brasileiro*, Col. Econômica e jurídica, vol. CCXIV, Rio de Janeiro: 1928, p. 50-51.

42 Un commentaire à la Consolidation fait par l'*Annuaire de Législation Étrangère* de 1877, publié par la Société de Législation Étrangère en 1878, se trouve dans WALD (A.), « Le droit brésilien et le Code civil de 2002 », in *Code Civil brésilien*, *op. cit.*, p. 15-28, p. 18-19, note 6.

43 *Apud* DAVID (R.), « Le droit brésilien jusqu'en 1950 », *op. cit.*, p. 76.

44 GOULÉ (P.) *et alli*, *Code civil des États-Unis du Brésil: loi n° 3071 du 1er janvier 1916, avec les modifications résultant de la loi n° 3725 du 15 janvier 1919*, Imprimerie Nationale, 1928.

pandectiste allemande, le droit italien, le droit suisse, la littérature brésilienne, les lois en vigueur au Brésil et, à certains égards, le Code civil français[45].

La codification civile brésilienne de 1916, suivant l'esprit libéral qui animait les codifications du XIX^e^ siècle, s'est également fondée sur la famille, la propriété et le contrat. Mais, à la différence de la codification française, elle n'a pas totalement libéré la société brésilienne de son passé féodal. En effet, en prévoyant un modèle contractuel hautement expressif de l'autonomie individuelle d'une part, et en maintenant un système fortement conservateur de relations sociales et familiales d'autre part, le Code de 1916 illustrait la contradiction du tissu social d'après l'indépendance, composé par une bourgeoisie mercantile et urbaine en ascension et par une population rurale prédominante (de l'ordre de 80%), où les rapports de production approchaient le modèle féodal et duquel les indigènes et les noirs libres[46] restaient pratiquement en marge.

En 2002, le Brésil s'est doté d'un nouveau Code civil[47]. La commission nommée en 1969 pour la révision et l'élaboration du Code de 1916 a constaté la difficulté de réaliser une simple révision de ce dernier. Le manque de corrélation avec la société contemporaine et les changements significatifs vérifiés dans la science du droit justifiait l'édition d'un nouveau code, plus en phase avec son temps et porteur de certaines valeurs considérées comme essentielles. Ces principes fondamentaux, sur lesquels on reviendra, sont les valeurs éthiques, la sociabilité et l'opérationnalité[48]. Un certain degré d'unification sera en conséquence atteint avec la nouvelle codification, comme corollaire des principes fondamentaux l'inspirant. Le nouveau Code civil (CC/02) est appelé à jouer un rôle central au sein du droit privé brésilien, notamment en raison de l'unification des obligations civiles et commerciales et de la réglementation nouvelle qu'il pose en matière de droit de l'entreprise[49].

ii. La codification commerciale : élément d'une dichotomie persistante

La codification du droit commercial, nonobstant les critiques qu'elle a suscitées[50], a largement contribué à la structuration du droit privé des deux pays. La codification française de 1807 a été la première codification *stricto sensu*

---

45 F. C. Pontes de Miranda (*Fontes e evoluções do direito civil brasileiro, op. cit.*, p. 93) a relevé que 172 des articles du Code de 1916 trouvaient leur origine dans le Code civil français (plus de son expression moderne de règles romaines que du Code lui-même).

46 L'esclavage au Brésil a été officiellement aboli que le 13 mai 1888.

47 Cf. Witz (Cl.), « Regards d'un juriste européen sur le nouveau Code civil brésilien », in Wald (A.) (dir.), *Le code civil brésilien, op. cit.*, p. 29-45.

48 Reale (M.), « Visão Geral do novo Código Civil », in *Novo Código Civil brasileiro, estudo comparativo com o Código de 1916, Constitutição Federal, legislação comparada e extravagante,* 2ª ed., São Paulo : RT, 2002, p. IX-XIX.

49 Lima Marques (C.), « Das neue brasilianische Zivilgesetzbuch vom 2002 : Bemerkung zum neuen Unternehmensrecht und der Quellendialog mit dem Verbraucherschutzbuch von 1990 », in Jayme (E.) et Schindler (Ch.) (dir.), *Portugiesisch – Weltsprache des Rechts,* Aachen : Shaker, 2004, p. 127-153, p. 138.

50 Suite aux premières codifications nationales, A. Fremery, *Études de droit commercial ou le droit fondé sur la coutume universelle des commerçants*, Gobelet, 1833, p. 19, s'exprimait : « *depuis deux cents ans, le véritable droit commercial, œuvre lente et*

de la matière et a exercé une influence universelle[51]. Jusqu'alors on se trouvait devant de simples tentatives de coordonner et de compiler les règles régulatrices des rapports commerciaux, y compris le commerce maritime, à l'instar des Ordonnances de Louis XIV de 1673 (« code de Savary ») et 1681 (sur le commerce maritime)[52]. Le Code de 1807 était ainsi l'aboutissement d'une longue, complète et universelle période de préparation de la codification commerciale en France. Le fait que la France disposait d'un droit commercial écrit et national précédant la codification explique, d'un point de vue historique, les différences de forme, de contenu et d'esprit entre la codification civile et commerciale, ainsi que le « démembrement du droit privé »[53].

Avec le notable progrès de la technique législative qu'elle traduit, la codification napoléonienne a imprimé une nouvelle forme à ce qui existait déjà, tout en conservant des éléments traditionnels. Avec la mission de remplacer l'ancienne législation royale, le Code de 1807 devait d'une part « *corriger les abus qu'un régime d'excessive liberté avait introduit dans les relations commerciales* » et, d'autre part, « *obéir aux progrès qui s'étaient déjà accomplis dans l'économie publique* »[54]. Il se serait cependant limité à la simple mise à jour de la législation abrogée, avec une étonnante méconnaissance des changements sociaux et économiques de l'époque. Si toute grande codification représente à la fois une rupture avec le passé et son maintien[55], le Code de 1807 a été une exception. En reflétant un état du droit déjà dépassé, ce Code, contrairement à son frère aîné, a été le portrait d'une « codification manquée »[56], ne tardant pas à subir les conséquences de son aspect lacunaire[57] et de son attachement à une vision et à une réglementation du

---

*successive de l'unanimité des commerçants et dont les sources se retrouvent dans les monuments épars de leur coutume, a été divisé et mis en lambeaux par les législateurs de nations diverses et au lieu d'un droit commercial simple, grand, universel comme le commerce qui l'avait produit, on a eu le droit commercial français, le droit commercial anglais, le droit commercial espagnol* ».

51 Cf. Saint-Joseph (A.), *Concordances entre les Codes étrangers et le Code de commerce français*, 2e éd., Videcoq, 1851. p. XI-XVII.

52 Ces ordonnances ont à la fois réformé le droit commercial statutaire d'alors (institué par l'édit de Charles IX en 1563) et lui ont offert un cadre juridique plus scientifique et systématique en unifiant le droit commercial, le droit maritime et la procédure. Cf. Richard (E.), « Les sources et l'encadrement du droit des affaires », in É. Richard (dir.), *Droit des affaires – Questions actuelles et perspectives historiques*, Rennes : PUR, 2005, p. 102. Une traduction portugaise de l'Ordonnance de 1681 se trouve dans l'ouvrage de J. Silva Lisboa, *Princípios de direito mercantil e lei de marinha*, vol. II, Rio de Janeiro : Cândido Mendes, 1874.

53 Expression empruntée à F. Terré, citée par Leveneur (L.), « Code Civil, Code de commerce et Code de la Consommation », in *Le Code de Commerce 1807-2007. Livre du Bicentenaire*, Dalloz, 2007, p. 81-93, p. 82.

54 Saint-Joseph (A.), *Concordances entre les Codes étrangers…*, *op. cit.*, p. XII.

55 Malaurie (Ph.), *L'utopie et le bicentenaire du Code civil*, in *1804-2004 : Le Code civil, un passé, un présent, un avenir*, Dalloz, 2004, p. 1-8, p. 6.

56 Richard (E.), *op. cit.*, p. 103.

57 Outre l'absence des dispositions sur le fonds de commerce, les sociétés par actions, les sociétés à responsabilité limitée, les parts de fondateurs et les obligations, l'organisation des bourses et des banques, la propriété industrielle, il n'existait aucune règle sur l'exercice du commerce, alors même que le corporatif avait disparu. Cf.

commerce propre de l'ère mercantiliste alors en pleine phase de mutation vers le libéralisme.

Toutefois, le Code de 1807 aurait été conçu dès le départ comme lacunaire par nature[58], la doctrine de l'époque ayant reconnu que « *le moment n'était pas encore venu où le commerce, sorti de ses anciennes limites, devait révéler tous les besoins de sa législation* »[59]. Fils de la Révolution, il portait ses valeurs, telles l'égalité entre les citoyens devant la loi (en transformation de « *l'ancien droit subjectif écrit par et pour une caste des commerçants en un droit objectif qui affirme 'la supériorité totale de la loi sur les usages du commerce'* »[60]) la liberté d'entreprendre et de s'associer.

Après un longue période de décodification de la matière commerciale commencée dès 1830[61], le gouvernement a mis en place un processus de recodification, démarré en 1948 selon une méthode de codification « à droit constant ». Cette méthode, comme nous le verrons, a conduit, à travers l'incorporation de plusieurs lois spéciales touchant à d'importants domaines du droit commercial, à l'aboutissement d'un nouveau Code de commerce en 2000 (*Co*)[62].

Au Brésil, la codification commerciale de 1850 intervient dans le contexte d'affirmation du nouvel Empire brésilien[63]. Le besoin même d'élaboration d'un Code de commerce serait tributaire des éléments historiques précédant l'indépendance du pays, dont le transfert de la famille impériale du Portugal au Brésil en 1808. Auparavant, la législation commerciale applicable au Brésil était, pour la plupart, étrangère, à laquelle le législateur brésilien allait puiser pour l'élaboration de son propre code, à savoir : le Code de commerce français de 1807, le Code de commerce espagnol de 1829 et le Code de commerce portugais de 1833[64]. L'application de ces derniers, a été rendue possible grâce à la *Lei da boa razão* (Loi de la saine raison) du 18 août 1769, une des lois portugaises en vigueur au Brésil après son indépendance, qui autorisait l'application subsidiaire, pour les

---

Ripert (G.) et Roblot (R.), *Traité de droit commercial*, t. 1, v. 1, par Vogel (L.), 18e éd., LGDJ, 2001, n° 21.

58 Carbasse (J.-M.), *Manuel d'introduction historique au droit*, *op. cit.*, p. 298.

59 Horson, *Questions sur le Code de commerce*, 1829, t. 1, p. 29, *apud* Didier (P.) et Didier (Ph.), *Droit commercial*, t. 1, Economica, 2005, p. 85.

60 Rey (P.), « Propos introductifs », in *Bicentenaire du Code de commerce : 1807-2007*, *op. cit.*, p. 1-10, p. 3.

61 À partir de cette année, se succèdent des lois sur les tribunaux de commerce (1830), sur les conditions de vente des marchandises (1837-1841), sur les transports maritimes (1835-1841). Le livre III sur les faillites et banqueroutes fut remplacé par une loi spéciale de 1838. Cf. Oppetit (B.), « La décodification du droit commercial français », *Mélanges Rodière*, Dalloz, 1982, p. 189 *sq*.

62 Ordonnance n° 2000-912 du 18 septembre 2000, *JO* n° 219 du 21 septembre 2000, p. 19042. Pour une introduction au droit commercial français en langue portugaise voir : Vieira da Costa Cerqueira (G.) et Ribeiro Oertel (R.), « O direito comercial », in Morais da Costa (Th.), *Introdução ao direito francês*, vol. II, Curitiba : Juruá, 2009, p. 313-392.

63 Ferreira (W.), *Tratado de direito comercial*, vol. I, São Paulo : Saraiva, 1960, p. 86-87.

64 Carvalho de Mendonça (J. X.), *Tratado de direito comercial brasileiro*, vol. I, 2e ed., Rio de Janeiro : Freitas Bastos, 1933, p. 79-80.

affaires politiques, économiques, commerciales et maritimes, des lois des nations chrétiennes, éclairées et cultivées[65]. Cette loi portugaise concédait indirectement aux juges brésiliens la possibilité d'utiliser le droit comparé pour justifier leurs décisions et assurait, par conséquent, l'influence de la vision européenne[66] commune du droit de l'époque dans la formation du droit brésilien. En matière commerciale, les tribunaux de commerce du Brésil (cf. *infra*, III, A, 1) statuaient *ex æquo et bono* dans la plupart des affaires, en ayant pour sources juridiques les lois générales, parfois les dispositions spéciales énonçant les principes adoptés par les nations plus civilisées, et en se référant surtout aux dispositions du Code français de 1807[67].

Deux idées phares ont guidé les travaux d'élaboration du projet du Code de commerce brésilien. D'une part, le code devait être «*rédigé sur la base des principes adoptés par toutes les nations commerçantes, en harmonie avec les usages et les coutumes du commerce qui réunissent sous un même drapeau les peuples du nouveau et du vieux Monde*» et, d'autre part, il devait être «*aménagé selon les circonstances spéciales du peuple pour lequel il est fait*»[68]. Parler d'un aspect réformateur de cette codification s'avère cependant difficile, d'autant plus que les circonstances spéciales du peuple pour lequel le Code de 1850 a été conçu étaient celles d'une monarchie constitutionnelle, fondée sur une structure économique essentiellement agraire et esclavagiste. À cela s'ajoute le fait qu'il y eût un décalage du Code avec les transformations de son temps: il n'a pas résisté à la fracture entre ses règles et le bouleversement de l'économie du XIXe siècle.

Comme le Code français de 1807, le Code brésilien de 1850 a eu le même sort. Après sa promulgation, le législateur a renoncé à l'enrichir de nouvelles dispositions, préférant satisfaire les besoins nouveaux du commerce en dehors de ce cadre normatif[69]. Il demeure toutefois en vigueur. Mais l'émancipation

---

65 La *Lei da boa razão* disposait que le droit romain ne s'appliquerait que subsidiairement aux lois du Royaume, de façon complémentaire et seulement si en accord avec la *recta ratio*, celle-ci étant fondée sur le droit naturel et les *usus modernus pandectarum* que le droit des gens avait unanimement établis pour diriger et gouverner toutes les nations civilisées. La doctrine aurait même soutenu que la *Lei da Boa Razão* permettrait d'exclure, dans bien des cas, l'application du droit portugais en faveur de solutions, conformes à la raison, admises par les législations les plus modernes des nations civilisées. Des exemples peuvent être trouvés in SANTOS JUSTO (A.), «Direito Brasileiro: raízes históricas», *Revista Brasileira de Direito Comparado*, n.º 2, p. 1-14, p. 5, et BRAGA DA CRUZ (G.), «Formação Histórica do Moderno Direito Privado Português e Brasileiro», *op. cit.*, p. 60-64.

66 Pour R. DAVID («Structure et idéologie du droit brésilien», *op. cit.*, p. 8), «*cette référence, dans le monde du dix-neuvième siècle, constituait en fait une référence au droit français, lequel avec la codification napoléonienne, avait été le premier (...) à fonder sa structure et ses solutions nouvelles sur les exigences de la raison*».

67 SAINT-JOSEPH (A.), *Concordances entre les Codes étrangers... op. cit.*, p. 171 (notice fournie par Pinheiro-Ferreira à l'auteur).

68 Exposé des motifs du Projet *apud* W. FERREIRA, *Tratado de direito comercial*, vol. I, *op. cit.*, p. 93.

69 RUSSELL (A.), «O direito comercial e sua codificação», in *Livro do centenário dos cursos jurídicos (1827-1927)*, vol. I, Rio de Janeiro: Imprensa Nacional, 1928, p. 125-156, p. 131.

du droit de la faillite depuis 1890, l'unification du droit des procédures civiles et commerciales depuis 1939, l'unification des obligations civiles et commerciales, et la réglementation du droit de l'entreprise par le nouveau Code civil de 2002[70], ne lui ont laissé qu'une place très marginale au sein du droit privé brésilien d'aujourd'hui. Cette marge est essentiellement circonscrite au droit maritime.

iii. La codification de la consommation : nouvel élément de la constellation

La codification française et brésilienne de la consommation connaît un décalage temporel de plus d'un siècle et demi par rapport aux codifications civiles et commerciales. Elle est plutôt la conséquence d'une politique de protection d'une partie contractuellement présumée dans une position d'inégalité et de faiblesse[71] par rapport à un professionnel, que des impératifs épistémologiques imposant la délimitation des frontières au sein du droit privé, notamment du droit des contrats[72].

En France, les initiatives officielles de codification remontent à 1982, quand une commission de refonte du droit de la consommation, présidée par le professeur Jean Calais-Auloy, a été installée. Cette commission a publié, en 1985, un rapport intitulé « Propositions pour un nouveau droit de la consommation », où figure un projet de code contenant 326 articles[73]. Ce rapport a été mis à jour par M. Calais-Auloy au sein de la Commission supérieure de codification (CSC), créée en 1989, et remis au secrétaire d'État chargé de la consommation, en avril 1990, sous l'intitulé « Propositions pour un code de la consommation »[74]. Après une validation du périmètre du code et d'un premier projet de plan par le CSC en août 1990, la loi n° 92-60 du 18 janvier 1992 renforçant la protection des consommateurs a entériné le principe d'une codification « à droit constant » du droit de la consommation. Le 26 juillet 1993 est publiée la loi n° 93-949 relative au Code de la consommation (partie législative). Le décret n° 97-298 du 27 mars 1997 a codifié la partie réglementaire.

Le Code de la consommation de 1993 (*Consom*) n'est donc pas l'aboutissement du *Projet Calais-Auloy*, jugé trop ambitieux, mais la consolidation d'une série de lois élaborées progressivement depuis les années 1970. Ces textes couvrent de nombreux secteurs, dont la publicité trompeuse, les actions en justice des associations de consommateurs, le démarchage à domicile, le crédit, les clauses abusives, la sécurité des produits et des services. Alors que l'on s'était déjà interrogé sur le bien fondé d'une telle codification[75], une refonte du Code de 1993 est prévue par la loi n° 2008-3 du 3 janvier 2008 pour le développement

---

70 L'art. 2.045 du nouveau Code civil brésilien a abrogé la partie première du Code de commerce.

71 Sur la définition de consommateur, voir la contribution de Bibiana G. C. Pinto dans la seconde partie de cet ouvrage.

72 Ainsi, Mazeaud (D.), « Droit commun du contrat et droit de la consommation », *Liber amicorum Jean Calais-Auloy*, Dalloz, 2004, p. 297-724.

73 *Propositions pour un nouveau droit de la consommation*, La documentation française, 1985.

74 *Propositions pour un code de la consommation*, La documentation française, 1990.

75 Fenouillet (D.) et Labarthe (F) (dir.), *Faut-il recodifier le droit de la consommation ?*, Economica, 2002 ; Bauchard (J.), *op. cit.* p. 14.

de la concurrence au service des consommateurs, qui habilite le Gouvernement à procéder, par ordonnance, à l'adaptation de la partie législative du Code de la consommation, « *afin d'y inclure les dispositions de nature législative qui n'ont pas été codifiées et d'aménager le plan du code* » (art. 35, I, 1°). Les lois postérieures à 1993 ont été, pour la plupart, introduites dans ce Code par la méthode de la codification « à droit constant ».

La plus grave critique adressée au Code de 1993 est la compilation pure et simple qu'il constitue. De ce fait, il reproduit, selon la doctrine[76], les imperfections des textes antérieurs, dont leur manque de cohérence, qui répercute dans la perception du réel domaine d'application des dispositions du code, considéré à ce titre comme « un édifice à géométrie variable ». On lui a attribué un manque d'unité philosophique, dont le résultat comporte, par ailleurs, de nombreux oublis[77]. Toute imparfaite qu'elle soit, cette codification a été jugée utile par la doctrine[78] dans la mesure où elle facilite l'accès au droit d'autant plus qu'il s'agit d'une matière qui intéresse le quotidien des citoyens.

Au Brésil, un Code de protection du consommateur (CDC) a été adopté par la loi n° 8.078, du 11 septembre 1990. Ce code n'est pas une compilation. Il traite de manière unitaire et systématisée la protection du consommateur, dont le fondement est constitutionnel. En effet, l'art. 5, XXXI de la Constitution fédérale du 5 octobre 1988 (CF), inscrit la protection du consommateur, devoir de l'État, dans la liste des droits et des garanties fondamentales, tandis que l'art. 170, V, reconnaît le consommateur comme un acteur économique vulnérable au sein du marché, et inscrit sa protection comme l'un des principes de l'ordre économique national. Complétant ces dispositions, il était prévu à l'art. 48 des Actes et des dispositions constitutionnelles transitoires, l'obligation attribuée au Congrès national d'élaborer un Code de protection du consommateur dans les 120 jours suivant la promulgation de la Constitution. Le CDC était ainsi spécialement conçu pour régir les rapports entre le consommateur et les professionnels[79]. À cet égard, les rédacteurs se sont d'ailleurs largement inspirés du projet de code de la consommation de J. Callais-Auloy, dont l'influence était majeure parmi les sources étrangères consultées lors des travaux préparatoires[80].

---

76 Calais-Auloy (J.) et Steinmetz (F.), *Droit de la consommation*, 7e éd., Dalloz, 2006, n° 37.

77 Piedelièvre (S.), *Droit de la consommation*, Economica, 2008, n° 8.

78 Calais-Auloy (J.) et Steinmetz (F.), *Droit de la consommation*, *op. cit.*, n° 37.

79 Cf. Lima Marques (C.), « L'expérience de la codification et de la réforme du droit de la consommation au Brésil », *in Pour une réforme du droit de la consommation au Québec*, Cowansville : Yvon Blais, 2006, p. 74-91 ; Tepedino (G.), « Les contrats de consommation au Brésil », *in Le droit brésilien :…*, *op.cit.*, p. 433-443.

80 Pellegrinni Grinover (A.) *et alli*, *Código Brasileiro de Defesa do Consumidor – comentado pelos autores do anteprojeto*, 9a éd., Rio de Janeiro : Forense, 2007, p. 9-10.

Dans une optique comparatiste, il est à noter avec Claude Witz[81] que la codification de la consommation peut résulter d'un manque d'alternative législative. Pour cet auteur :

> *Il est aisément compréhensible que les vieux codes ou les codes plus récents conçus à une époque où le droit de la consommation n'existait pas encore ou n'en était qu'aux balbutiements, ne laissent au législateur d'autre choix que l'adoption de textes successifs de protection des consommateurs, appelés le cas échéant à former plus tard un code-compilation ou à voir leur contenu intégré dans un authentique code de la consommation. La voie suivie par le Brésil, doté à la fois d'un Code civil et d'un Code de protection des consommateurs, s'éclaire d'autant mieux que le Nouveau Code civil repose, rappelons-le, sur un projet achevé en 1974. Ainsi, l'expérience brésilienne converge avec celle de la plupart des pays européens, dont les codes civils antérieurs au mouvement de protection des consommateurs n'incluent pas les textes consuméristes. […]. La quintessence d'un code-compilation est illustrée par le Code de la consommation français de 1993.*

iv. L'absence de codification nationale du droit international privé

En France, le droit international privé (DIP) se voit attribué un domaine très vaste, englobant à la foi les conflits de lois, les conflits de juridictions, la condition des étrangers et la nationalité, tandis qu'au Brésil, il ne concerne traditionnellement que le conflit de lois, certains auteurs y associant de nos jours les conflits de juridictions[82]. Ni le droit français, ni le droit brésilien ne connaissent, au sens propre du mot, une codification du DIP.

Les principales dispositions concernant le DIP français se trouvent disséminées à l'intérieur du Code civil. Une grande partie des solutions en la matière sont dégagées à partir de l'art. 3 qui intègre le titre préliminaire du Code civil, intitulé « De la publication, des effets et de l'application des lois en général ». Des règles sommaires en matière de compétence juridictionnelle (art. 14 et 15), de condition des étrangers (art. 11 et 16) et des sociétés (art. 1837)[83], et, un peu plus nombreuses, en matière de nationalité (art. 8 à 10 ; 12 ; 13 ; 17 à 33-2) se trouvent également dans le Code civil. De même, des lois adoptées dans des domaines spécifiques contiennent des dispositions de DIP, comme la loi sur la filiation du 3 janvier 1972 (art. 311-14 s. *Civ*), la loi sur le divorce du 11 juillet 1975 (art. 309 *Civ*), la loi sur les régimes matrimoniaux du 28 octobre 1997 (art. 1397-2 s. *Civ*) et la loi sur l'adoption internationale du 6 février 2001 (art. 370-3 s. *Civ*). Enfin, les conventions internationales en la matière sont nombreuses. Elles ont la primauté sur les lois internes en raison de la place qui leur est accordée dans l'ordre juridique français par l'art. 55 de la Constitution du 4 octobre 1958[84].

---

81 Witz (Cl.), « Regards d'un juriste européen sur le nouveau Code civil brésilien », *op. cit.* p. 33.

82 Araujo (N.), *Direito international privado*, 4ª ed., Rio de Janeiro : Renovar, 2008.

83 Cf. art. L. 210-3 *Co*, pour les sociétés en général, et l'art. L. 229-1, al. 3 *Co*, pour la Société européenne.

84 Le juge français a longtemps été réticent à reconnaître la supériorité des traités à toutes lois. Elle ne devrait porter que sur des lois antérieures. Après une évolution jurisprudentielle, les Cours supérieures l'ont admise. L'arrêt de la Cour de cassation dans affaire *société Jacques Fabre* (1re civ., 25 mai 1975) affirme la supériorité d'un

La place originairement modeste accordée au DIP au sein du Code civil se doit d'une part, à *« l'insuffisant développement des systématisations doctrinales en la matière, de sorte que firent défaut aux rédacteurs du Code civil les œuvres qui constituèrent en d'autres domaines une source d'inspiration privilégiée* (cf. *notamment Domat et Pothier) »* ; d'autre part, à l'époque de la rédaction du code, la problématique du DIP n'était encore guère développée[85]. Au cours du dernier siècle, la France a connu des initiatives codificatrices de la matière[86] : le projet Niboyet de 1954, le projet Batiffol de 1959 et le projet Foyer de 1967. Outre les questions conjoncturelles, la doctrine soulève des raisons méthodologiques expliquant l'absence de codification du DIP. D'un côté, le principe même de la codification est mis en cause : risque de figer le droit et de bloquer l'adhésion aux conventions internationales. D'un autre côté, c'est la technique qui appelle à la réflexion : loi d'introduction, code à part, législation en détail ou principes[87] ? À cela, s'ajoute le réel intérêt d'une codification nationale depuis le transfert des compétences en la matière à l'Union européenne (UE) par le Traité d'Amsterdam du 2 octobre 1997, alors même que les normes européennes sont encore trop parcellaires pour dispenser d'une codification nationale[88].

Étant donné l'insuffisance de dispositions écrites pour les matières constituant le cœur du DIP (qualification, renvoi, dépeçage, office du juge, etc.), la plupart des solutions en la matière sont élaborées par les tribunaux français[89]. Il s'agit vraisemblablement d'une particularité dans un pays de droit écrit et codifié[90]. Mais outre la place privilégiée de la jurisprudence, on constate l'apport incessant de la doctrine à la théorie générale du DIP. Ces apports se font sentir au sein de la jurisprudence, existant entre le « Palais et l'École » une « écoute respectivement attentive »[91]. On ne saurait cependant nier que l'évolution est tout de même en faveur de textes formels, d'autant plus que le droit de l'UE est lui-même à l'origine de maintes dispositions en la matière.

À la différence du droit français, le DIP brésilien trouve dans la Loi d'introduction au Code civil de 1942 (LICC / 42)[92] sa principale source. Cette loi

---

traité sur une loi postérieure. Le Conseil d'Etat a finit par accepter ce principe dans l'arrêt *Nicolo* (Ass., 20 oct. 1989), sous le fondement d'un manque de distinction par l'art. 55 de la Constitution entre loi postérieure et antérieure.

85 Bureau (D.) et Muir-Watt (H.), *Droit international privé*, t. I, Partie Général, PUF, 2007, p. 47.

86 Voir notamment Bodénès-Constantin (A.), *La codification du droit international privé français*, Defrénois, 2005 ; Muir-Watt (H.), « La codification en droit international privé », *Droits* n° 27 (1998), p. 149-158 ; Bureau (D.), « La codification du droit international privé », in Beignier (B.), *La Codification*, Dalloz, 1996, 119 *sq* ; Loussouarn (Y.), « Les vicissitudes de la codification du droit international privé », *Liber amicorum Droz*, The Hague, 1996, p. 191-204.

87 Bureau (D.) et Muir-Watt (H.), *Droit international privé*, *op. cit.*, p. 47-48.

88 En y voyant tout l'intérêt : Bodénès-Constantin (A.), *préc.*

89 Consulter : Ancel (B.) et Lequette (Y.), *Les grands arrêts de la jurisprudence de droit international privé*, 5e éd. Dalloz, 2006.

90 Cf. Muir-Watt (H.), « Les principes généraux en droit international français », *JDI*, n° 2, 1997, p. 403 *sq.*

91 Bureau (D.) et Muir-Watt (H.), *Droit international privé*, *op. cit.*, p. 47-48.

92 Version en français disponible dans le *Code Civil brésilien*, *op. cit.*, p. 47-55.

est venue remplacer l'« Introduction au Code civil des États-Unis du Brésil » de 1916[93]. À l'image de l'Introduction abrogée, la LICC / 42 contient des dispositions sur l'application des normes juridiques en général dans le temps et dans l'espace, ainsi que des critères d'herméneutique et des dispositions concernant aussi bien le droit public que le droit privé. Le droit brésilien et le droit français ont donc cette particularité d'avoir rangé l'essentiel de leurs règles de conflit de lois à l'intérieur d'un ensemble de dispositions ayant trait aux aspects généraux de l'application et de l'interprétation de la loi. Il s'agit là d'une convergence qui met en exergue le rôle primordial de la règle de conflit de lois, à savoir celui de délimiter le champ d'application des règles matérielles[94]. En même temps, cela donne lieu à une différence d'approche épistémologique de la matière : tandis qu'en France le DIP relève du droit privé, au Brésil il est rangé parmis les branches du droit public.

Plus légiféré qu'en droit français, le DIP brésilien reste tout de même en-deçà d'une véritable codification. La LICC / 42 ne lui dédie que quelques règles consacrant des solutions classiques. On y trouve ainsi des règles concernant le statut personnel, le mariage, le régime matrimonial et le divorce (art. 7), les biens (art. 8), les obligations (art. 9), les successions (art. 10), les personnes morales (art. 11), la compétence internationale (art. 12), la preuve (art. 13), l'application de la loi étrangère (art. 14), la reconnaissance et l'exécution de décisions étrangères (art. 15), le renvoi (art. 16), les moyens d'effacement de la loi, des actes et des décisions étrangers (art. 17). La LICC / 42 a apporté deux importantes innovations. D'abord, le critère de la nationalité a été remplacé par celui du domicile en matière de statut personnel. Ce changement a permis au Brésil de s'affranchir du modèle nationaliste français qui a inspiré le législateur de 1916 et de créer les conditions d'une meilleure assimilation des étrangers d'origines multiples venus s'installer au Brésil à partir du XIX^e^ siècle[95]. Ensuite, contrairement à l'Introduction de 1916, la LICC / 42 a gardé un étrange silence sur le principe de l'autonomie en matière d'obligations. Ceci fait l'objet de forts débats en doctrine d'autant plus que la loi de 1916 l'avait expressément prévu. Certains ont vu dans le silence de la nouvelle loi un refus du principe par le législateur de 1942. Malgré l'admission du principe de l'autonomie par certaines cours d'appel[96], le *Superior Tribunal de Justiça* (STJ) ne s'est pas encore manifesté sur la validité du choix de la loi applicable aux contrats

93 Jusqu'alors, les règles portugaises s'appliquaient au Brésil, sauf en matière commerciale pour laquelle le législateur impérial avait prévu des règles de conflit de lois et de conflit de juridictions, à l'instar de l'art. 30 du Code de commerce de 1850 (sur la loi applicable aux actes de commerce réalisés au Brésil par des étrangers y ayant leur résidence) ou des art. 3, 4, 5 (sur la loi applicable au statut personnel, à la forme et au fond du contrat commercial, respectivement) et de l'art. 14, § 3 (sur la compétence de la justice commerciale) du *Regulamento* n° 737 de 1850.

94 Cf. VIEIRA DA COSTA CERQUEIRA (G.), *L'indivisibilité des règles de conflit et des règles matérielles,* Mémoire, DEA, Université Robert Schuman, 2003.

95 L'idée de pleine égalité entre nationaux et étrangers et le rejet du principe de réciprocité dans la réglementation de la condition des étrangers étaient, par ailleurs, présents déjà dans l'œuvre de Teixeira de Freitas et a fortement marqué l'évolution du DIP brésilien.

96 VIEIRA DA COSTA CERQUEIRA (F.), *Proposition d'un système dualiste de détermination de la loi applicable aux contrats internationaux dans l'espace juridique du Mercosur,* Thèse, Strasbourg, 2010, p. 124 *sq.*

internationaux en général, valant la mention que le *Tribunal Superior do Trabalho* (TST) l'admet dans les contrats individuels de travail[97]. Les quelques tentatives de réforme en vue d'adapter la LICC / 42 aux évolutions les plus récentes du DIP ont jusqu'à présent échoué par manque de volonté politique.

D'autres textes nationaux contiennent des dispositions intéressant le DIP. Ainsi, la Constitution de 1988 (CF) régit certains aspects liés à la nationalité (art. 12), aux droits fondamentaux des étrangers (art. 5, « chapeau ») et à la loi applicable à leur succession (art. 5, XXXI). La Constitution fixe la compétence du STJ pour la reconnaissance (« homologação ») des décisions étrangères et l'octroi de l'exequatur aux documents commis par un juge étranger (« cartas rogatórias ») (art. 105, I, *i*,), ainsi que celle de la *Justiça Federal* pour les différends relatifs aux traités internationaux et aux contrats signés entre l'Union et un État étranger ou une organisation internationale (art. 109, II) et pour l'exécution des décisions étrangères et des documents commis par un juge étranger, ainsi que pour les questions concernant la nationalité (art. 109, X). La Constitution établit aussi la place occupée par les traités dans l'ordre juridique brésilien, dont le contrôle de constitutionnalité revient, en dernière instance, au *Supremo Tribunal Federal* (STF) (art. 102, II, *b*) ce qui n'est pas anodin, vu le nombre des conventions en la matière envers lesquelles le Brésil se tourne aujourd'hui. À ce titre, il convient de mentionner le rang constitutionnel attribué aux traités portant sur les droits de l'Homme par l'Amendement constitutionnel n° 45 du 30 décembre 2004 (nouvel art. 5°, § 3° CF)[98].

On trouvera également certaines dispositions assez restrictives dans le nouveau Code civil sur le fonctionnement des sociétés étrangères au Brésil (art. 1134 à 1141). La condition juridique de l'étranger est quant à elle réglementée par la loi n° 6.815 du 19 août 1980. Enfin, le Code de procédure civile comporte certaines règles de compétence internationale (art. 88 et 90) et des précisions sur les exigences de forme et sur l'exécution de documents commis par un juge étranger (art. 204 à 212).

En ce qui concerne la jurisprudence, celle-ci joue un rôle secondaire dans le comblement des vides législatifs et dans l'évolution de la matière. D'une manière générale, les décisions sont assez conservatrices et, jusqu'à une époque récente, assez méfiantes du droit étranger, ce qui contraste par ailleurs avec l'esprit universaliste, comparatiste et pluraliste de la science juridique brésilienne. Des changements se font cependant sentir, notamment en matière d'obligations contractuelles. Ceci est le résultat d'une réinsertion du pays dans l'économie globalisée après une longue période de dictature militaire et de ralliement à la politique externe nord-américaine, en soi-même très nationaliste.

Certains changements législatifs récents et ponctuels ne sont pas sans importance pour l'évolution de la pratique du DIP brésilien, à l'instar de l'Amendement constitutionnel n° 45 du 30 décembre 2004, qui a fait glisser la compétence pour la reconnaissance et l'exécution de décisions étrangères du

97 *Idem*, p. 128-130.

98 Les autres traités demeurent équivalant à la loi ordinaire et peuvent, à ce titre, voir certaines de ses dispositions dérogées par la *lex posteriori*, sauf quand la spécialité commande leur application en cas d'antinomie.

*Supremo Tribunal Federal* au *Superior Tribunal de Justiça* (art. 105, I, *i* CF / 88). De surcroît, l'avènement de la loi d'arbitrage du 23 septembre 1996 rend la voie arbitrale plus favorable au principe de l'autonomie en matière contractuelle (art. 2) que la voie judiciaire[99], où le juge se voit restreint à appliquer la loi du lieu de conclusion du contrat, le seul rattachement prévu à l'art. 9 de LICC / 42[100].

De source internationale, outre certaines des conventions interaméricaines et de La Haye, le Brésil a ratifié la *Convention sur le droit international privé*[101], adoptée par la sixième conférence panaméricaine de La Havane le 20 février 1928[102]. Connue comme le « *Code Bustamante* », cette convention est composée de 4 volumes et 437 articles, traitant respectivement : du droit civil international, du droit commercial international, du droit de la procédure internationale et du droit pénal international. Nonobstant son vaste contenu et son esprit de système, elle ne représente pas une codification du DIP brésilien, car ses règles lient seulement les États contractants (art. 1°), bien qu'une décision du STF l'ait appliquée à une situation concernant un ressortissant d'un État non-contractant sur le fondement qu'« un Code, quelle que soit son origine, et la loi du pays qui l'a promulgué, régit le droit qu'il réglemente indépendamment de la nationalité des personnes qui l'invoquent »[103].

Enfin, malgré l'absence d'une véritable codification nationale, les deux pays connaissent depuis quelques années une production législative intra-régionale qui peut conduire à une future codification de leur DIP par la voie supranationale (cf. *infra* II. C. 2. b).

### 2. L'éclatement de sources non ou pseudo-codifiées : point des particularités

Malgré le caractère codifié du droit privé français et brésilien, toute une autre réalité normative subsiste. Ces droits sont marqués, comme bien d'autres, par une multiplicité de sources internes et externes.

Sous ce premier aspect, la France connaît cependant une situation beaucoup plus complexe que le Brésil. En effet, depuis les grandes codifications napoléoniennes, l'évolution du droit français revêt un caractère paradoxal. D'une part, un profond mouvement de décodification s'est poursuivi au fil des années, notamment en matière commerciale, auquel s'ajoute la multiplication des domaines échappant à toute codification. En outre, bien des dispositions renforçant la protection du consommateur ont été adoptées sur la même période sans être codifiées, de nombreux textes spéciaux restant en dehors du Code de la consommation[104]. D'autre part, un mouvement tout aussi puissant de reprise de la codification

---

99 Aguilar Vieira (I.), « L'arbitrage au Brésil », *Bulletin du CEDIDAC*, n° 52, décembre 2009, p. 1-7.

100 Voir les contributions de F. V. da Costa Cerqueira et de L. F. M. Kuyven dans la seconde partie de cet ouvrage.

101 Promulgué par le Décret 5.647, du 8 janvier 1929 et publié par le Décret 18.956, du 22 octobre 1929. Le Code fut adopté dans son ensemble, exception faite des seuls art. 52 et 54 qui avaient fait l'objet de réserves.

102 SDN, *Recueil des Traités*, vol. 86, p. 113.

103 STF, SE n° 933, Rio de Janeiro, 17 juill. 1940, *R. T.*, vol. 136, 1942, p. 824-828.

104 Ces textes sont présentés en appendice dans les Codes édictés par des maisons d'édition privées.

s'est mis en place : on en compte actuellement plus de cinquante, dont la plupart comporte des compilations globalisantes[105].

Quant à l'éclatement des sources externes, la situation des deux pays diverge également. La France connaît une situation beaucoup plus complexe que le Brésil du fait du grand nombre de traités internationaux auxquels elle est partie (plus de 4 000) et du droit européen, celui-ci beaucoup plus en avant dans l'harmonisation du droit privé des États nationaux que le Mercosur, qui connaît un fort déficit d'harmonisation législative.

Enfin, on relève l'exceptionnelle force créatrice de la jurisprudence. On ne peut lire les codes français sans connaître la jurisprudence en la matière, tellement sont nombreuses les nuances, les précisions et les créations apportées par les juges. Du côté brésilien, le phénomène est également vérifiable, mais en moindre mesure en droit civil, après l'entrée en vigueur du nouveau Code civil, qui a consacré nombre de solutions prétoriennes. L'expectative demeure, en revanche, sur l'interprétation des nombreuses clauses générales codifiées conférant aux juges brésiliens une très large fonction créatrice du droit.

## B. Méthodologies de codification

La systématisation du droit privé au travers de la codification ne s'est pas faite de la même manière en France et au Brésil. Chaque système présente des spécificités, dont celles liées à la façon dont certaines matières ont été codifiées (1), à l'étendue (2), à l'architecture (3) et au style des principaux codes (4).

### 1. La codification « à droit constant » : une pratique française, une exception au Brésil

Le législateur français ne se prive pas d'une codification « à droit constant » pour rajeunir les ensembles législatifs. Il en est ainsi pour les principaux codes, la codification civile de 1804 restant néanmoins relativement épargnée[106]. Cette méthode implique à codifier sans conduire au changement de la loi. Elle vise « *la mise en ordre du droit positif existant* »[107], des modifications aux textes regroupés ne pouvant intervenir que dans la mesure nécessaire « *pour assurer le respect de la hiérarchie des normes et la cohérence rédactionnelle des textes ainsi rassemblés, harmoniser l'état du droit, remédier aux éventuelles erreurs ou insuffisances de codification et abroger les dispositions, codifiées ou non, devenues sans objet* »[108]. Par conséquent,

> *L'abrogation d'une loi à la suite de sa codification à droit constant ne modifie ni la teneur des dispositions transférées, ni leur portée. En outre, les arrêtés ou règlements légalement pris par l'autorité compétente revêtent un caractère de permanence qui les fait survivre aux lois dont ils procèdent, tant*

---

105 Cf. Lascoumes (P.) et Martin (G. J.), « Des droits épars au code de l'environnement », *Droit et société* 30 / 31 (1995), p. 323-343.

106 Sourioux (J.-L.), « Codification et autres formes de systématisation du droit à l'époque actuelle. Le droit français », in *Journées de la Société de Législation Comparée - Année 1988, RIDC*, n° spécial, vol. 10, 145-158.

107 Malaurie (Ph.), *L'utopie et le bicentenaire du Code civil, op. cit.*, p. 3.

108 Art. 35, I, 1° de la loi du 3 janv. 2008 pour le développement de la concurrence au service des consommateurs.

> *qu'ils n'ont pas été rapportés ou qu'ils ne sont pas devenus inconciliables avec les règles fixées par une législation postérieure*[109].

C'est la méthode qui a prévalu lors de la recodification de la matière commerciale, dont les illusions et les effets négatifs ont été largement mis en évidence par la doctrine[110]. Tout d'abord, codifier à nouveau le Code de commerce français aurait davantage signifié la réunion des dispositions de droit commercial dans un Code de commerce que l'élaboration d'un code *pour le* commerce[111]. Il n'a pas été question d'élaborer un Code de droit de l'entreprise ou de droit des affaires ou encore moins un Code des activités économiques[112] mais d'élaborer « des modifications nécessaires pour améliorer la cohérence rédactionnelle des textes rassemblés, d'assurer le respect de la hiérarchie des normes et d'harmoniser l'état du droit »[113]. Il ne s'agit donc pas d'un véritable *nouveau* Code de commerce, mais d'une compilation de lois jusqu'alors en vigueur, faite sans prendre en considération la jurisprudence[114], ce qui, pour certains, aurait constitué un « abus de pouvoir »[115].

Malgré ces critiques, d'ailleurs plutôt liées à la méthode qu'au fond[116], le Code de 2000 aura apporté au vieux code un rajeunissement et une structure satisfaisante[117]. En effet, la codification de 2000 a remis le Code de commerce au premier plan dans le cadre des sources du droit commercial français, essentiellement multiforme.

La même méthode a également conduit à la codification française de la consommation issue de la loi du 26 juillet 1993. D'une part, la codification « à

109 Cass. crim., 4 mai 1995, *BID* n° 5 / 1996.

110 Licari (F.-X.) et Bauerreis (J.), « Das neue französische Handelsgesetzbuch. Ein kritischer Beitrag zur Methode der codification à droit constant », *ZEuP*, 1 / 2004, p. 132-152 ; Bureau (D.) et Molfessis (N.), « Le nouveau code de commerce : une mystification », *D.* 2001, chr., p. 366 *sq* ; Monéger (J.), « De l'Ordonnance de Colbert de 1673 sur le commerce au code de commerce français de septembre 2000 : réflexion sur l'aptitude du droit économique et commercial à la codification », *RIDE* 2004, p. 171-196, p. 186.

111 Arrighi de Casanova (C. A.) et Douvreleur (O.), « La codification par ordonnances. À propos du Code de commerce », *JCP* G, n° 2, 10 janvier 2001, I, p. 285, spéc. p. 286 *sq*.

112 Licari (F.-X.) et Bauerreis (J.), *op. cit.*, p. 146, note 36.

113 Art. 1er de la loi d'habilitation du Gouvernement à procéder, par ordonnance, à l'adoption de la partie législative de certains codes, dont le code de commerce (loi n° 99-1071 du 16 décembre 1999).

114 Monéger (J.), « De l'Ordonnance de Colbert de 1673 sur le commerce au code de commerce français de septembre 2000… », *op. cit.*, p. 182 *sq*.

115 Ripert (G.) et Roblot (R.), *Traité de droit commercial*, *op. cit.*, n° 32.

116 Reigné (Ph.) et Delorme (T.), « Une codification à droit trop constant. À propos du code de commerce », *JCP E* 2001, act. n° 1, p. 2 ; Molfessis (N.), « Les illusions de la codification à droit constant et la sécurité juridique », *RTD Civ.* 2000, p. 186 *sq* ; Le Bars (T.), « Nouvelles observations sur la codification "à droit constant" du code de commerce », *JCP* E 2000, p. 2164 ; Moysan (H.), « La codification à droit constant ne résiste pas à l'épreuve de la consolidation », *JCP* G 2002, p. 1231 ; GB, « Le code de commerce nouveau est arrivé ! («Arrêter de recoder !») », *Bull. Joly* 2000, p. 883.

117 Monéger (J.), « De l'Ordonnance de Colbert de 1673 sur le commerce au code de commerce français de septembre 2000 (…) », *op. cit.*, p. 182 *sq*.

droit constant» a permis au code de s'adapter plus constamment à la fois aux situations purement nationales, à l'instar de la réglementation du surendettement, et aux prescriptions européennes. D'autre part, elle a conduit également, sous l'effet d'un empilement des textes, au manque de clarté et de cohérence du code. En cette matière, des hésitations persistent cependant: bien des dispositions renforçant la protection du consommateur ont été adoptées depuis sans être codifiées, contrariant l'art. 8 de la loi du 26 juillet 1993.

À la différence du législateur français, le législateur brésilien n'a recouru à la pratique de la consolidation que dans de très rares occasions. On relève notamment l'ancienne *Consolidation de lois civiles* de 1857, ainsi que l'actuelle *Consolidation des Lois du Travail* de 1943, qui comporte également des dispositions spéciales sur la procédure auprès de la justice prud'homale. En droit civil, il est à noter que, dans le même esprit de Portalis, le législateur brésilien de 2002 a maintenu toutes les règles qui ne devaient pas nécessairement être changées: il s'agissait de conserver les traditions avec un minimum de rupture et de ne pas modifier la terminologie juridique elle-même.

On observe ainsi deux façons de codifier, fort différentes l'une de l'autre: l'une, important une véritable systématisation et innovation de contenu, fortement privilégié par le législateur brésilien, l'autre, plutôt organisatrice, basée sur la technique de la codification « à droit constant », fortement privilégiée actuellement par le législateur français[118]. Celle-ci n'évite cependant pas le paradoxe: complexité engendrée au fil du temps et lisibilité qu'elle cherche initialement à imprimer aux textes rassemblés.

**2. L'étendue des principales codifications**

Alors qu'à la dichotomie française du droit privé s'oppose l'unification partielle du droit privé brésilien (a), un certain dépassement de la notion de droit commercial dans les deux systèmes peut être relevé (b). D'autre part, la transversalité de la codification française de la consommation se distingue de la codification brésilienne, vouée plutôt à former un microsystème (c).

*a. La dichotomie française du droit privé et l'unification partielle du droit privé brésilien*

Bien que la dichotomie du droit privé ait marqué l'évolution du droit français et du droit brésilien, elle n'est plus d'actualité, du moins en termes absolus. Alors qu'en France demeure en vigueur le principe de la dichotomie du droit civil et du droit commercial, au Brésil, un pas considérable vers l'unification de ces matières a été franchi avec la nouvelle codification civile de 2002.

En France, l'unification du droit civil et du droit commercial paraît toutefois concevable[119]. L'unification codifiée n'a pourtant pas eu le même sort qu'au

118 Sourioux (J.-L.), «Codification et autres formes de systématisation du droit à l'époque actuelle. Le droit français», *op. cit.*, 145-158.

119 J. Escarra, «À propos de la révision du code de commerce», *RTD com.*, 1948, p. 3. Didier (P.) et Didier (Ph.), *Droit commercial, op. cit.*, p. 114-115, affirment que l'unification du droit privé «*peut même apparaître coinscrite dans le sens de l'histoire*», tout en se demandant «*qui en France est prêt à cette révolution*». Voir également Mazeaud (L.), «Vers la fusion du droit civil et du droit commercial français», in *L'unité du droit des obligations*, 1974, p. 333; Tallon (D.), «Réflexions

Brésil et ce malgré le fait que les deux branches « se parlent » à l'unisson dans de nombreuses situations. Il en va ainsi de l'obligation de registre des professionnels libéraux auprès du registre de commerce et des sociétés, de l'intervention de diverses dispositions du droit commun des contrats sur les contrats créés par la pratique commerciale ou encore de la récente unification du délai général de prescription applicable aux obligations civiles et commerciales issue de la loi du 17 juin 2008[120]. La « porosité » existant entre ces deux branches connaît cependant des limites, comme le montrent les règles sur la liberté de la preuve en droit commercial, sur la forme de divers documents commerciaux (lettres de change, contrat social), ou sur la présomption de solidarité, admise en droit commercial, mais non en droit civil.

De surcroît, certains obstacles se présenteraient à l'unification des obligations civiles et commerciales en France. D'abord, la différence d'esprit[121] qui anime l'un et l'autre de ces droits : tandis que le droit civil ne voit dans les obligations et dans les contrats qu'un moyen d'acquérir la propriété immobilière, le droit commercial tend à subordonner la propriété aux échanges[122]. La suppression de la limite de l'usure pour des prêts accordés à une personne morale dont l'activité est professionnelle l'illustre bien. Ensuite, l'unification impliquerait la refonte du droit civil et la réduction du rôle, voire la suppression même, de la juridiction commerciale. Par ailleurs, les liaisons un peu trop étroites avec le droit public pourraient créer des malaises dans le droit civil après une telle union. Enfin, le « goût de la rationalisation », le « poids de l'histoire » et « la peur des réformes profondes » justifient, selon un auteur avisé, le choix d'un « nouveau Code de commerce », dont la conséquence est la manutention de la dichotomie du droit privé[123]. On pourrait toutefois se demander si avec l'avènement d'un droit européen des contrats ces obstacles pouvaient subsister, du moins en de tels termes.

Au Brésil, le nouveau Code civil de 2002 unifie le droit des obligations civiles et commerciales[124] et réglemente le droit de l'entreprise. Cette unification n'est

---

comparatives sur la distinction du droit civil et du droit commercial », *Mélanges Jauffret*, p. 649.

120 Pour d'autres exemples, cf. Richard (E.), *op. cit*, p. 108-109 ; et Germain (M.), « Le Code civil et le droit commercial », in *1804-2004 : Le Code civil, un passé, un présent, un avenir, op. cit.*, p. 639-655.

121 Germain (M.), « L'esprit des lois commerciales », in *Le discours et le code, Portalis, deux siècles après le code de napoléon*, Litec, 2004, p. 313-322

122 Didier (P.) et Didier (Ph.), *Droit commercial, op. cit.*, p. 114-115.

123 Jauffret-Spinosi (C.), « La structure du droit français », *op. cit.*, p. 266.

124 Malgré l'échec de la proposition d'unification par Teixeira de Freitas, l'idée d'unification, du moins des obligations, demeurait vivante chez les juristes brésiliens. Ils ont envisagé dans le courant du XX^e siècle un Code unique des obligations, tout en conservant pour les matières spécifiques au commerce une série de lois distinctes, sans les réunir dans le cadre artificiel d'un code. Ainsi le Projet de Code de droit privé, proposé par Herculano Marcos Inglez de Souza en substitution au projet d'un nouveau Code de commerce, dont il a été chargé d'élaboration par le gouvernement brésilien en 1911 ; Projet de Code des obligations de 1940, proposé par Hahnemann Guimarães, Philadelpho Azevedo et Orozimbo Nonato ; Projet de Code des obligations de 1962 / 1965, de Caio Mário da Silva Pereira *et alli*.

pas sans conséquences sur le droit commercial. Tout d'abord, les modifications introduites par le législateur de 2002 dépassent le simple aspect formel de présentation du droit civil et du droit commercial. Désormais incluses dans le nouveau Code civil, ces matières sont soumises aux lignes directives du code (*sociabilité, opérationnalité, éthicité*) et aux principes en découlant, dont la fonction économique et sociale du contrat et de la propriété et la protection de l'adhérent dans les contrats d'adhésion. Ces nouveaux principes encadrent les relations entre les particuliers, qu'elles soient ou non d'affaires.

Ensuite, l'unification a eu pour effet le dépassement de certains clivages qui existaient dans l'ordre juridique brésilien[125], même si déjà auparavant on assistait à une relative « commercialisation du droit civil » de même qu'« un civilisme du droit commercial »[126]. En effet, la distinction traditionnelle entre les obligations civiles et commerciales avait déjà perdu sa raison d'être lors de l'unification de la compétence civile et commerciale au sein d'une seule et même justice. Les distinctions de base qui existaient entre certains biens, comme les meubles et les immeubles, avait également perdu une partie de leur importance avec la titrisation des crédits immobiliers, la commercialisation de l'hypothèque, l'émission de lettres de change immobilières et la création de fonds d'investissements immobiliers dans le marché financier et l'adoption (optionnelle) de la forme anonyme pour les sociétés de construction d'immeubles[127].

En conséquence de l'unification des obligations, la nouvelle codification brésilienne régit certains contrats commerciaux, dont la vente. On regrette toutefois que certains aspects les plus importants restent sans une réglementation précise par dérogation à la partie générale du Code de commerce de 1850. En effet, toute une série de dispositions propres à la vente commerciale et à d'autres obligations typiquement commerciales n'a pas été reprise par le nouveau Code civil[128]. En outre, les obligations du vendeur et de l'acheteur obéissent au système élaboré selon les modèles classiques du droit romain, aujourd'hui insuffisantes

---

125 Wald (A.), « Le droit de l'entreprise au XXI$^{e}$ et le Code civil brésilien », in *Le droit brésilien :... op. cit.*, p. 249-273, p. 263.

126 L'art. 121 du Code de commerce de 1850 autorisait le recours aux règles du droit civil des contrats, tandis que le Code civil de 1916 autorisait le recours au droit commercial, lorsqu'il s'agissait d'appliquer subsidiairement aux sociétés civiles les règles relatives aux sociétés anonymes, à condition que celles-ci ne rentraient pas en conflit avec la loi civile (art. 1364).

127 Wald (A.), « L'entreprise et le Code civil brésilien », *op. cit.*, p. 263.

128 Dans le Code de commerce de 1850, les règles générales sur les contrats étaient complétées par des dispositions, supplétives certes, mais indicatives des obligations subsidiaires et accessoires à la prestation principale ou caractéristique de l'affaire, plus en accord avec la pratique commerciale. Le nouveau Code est silencieux par exemple quant au délai, à la forme et à qui doit être livrée la chose achetée. Le Code civil de 1916 était également silencieux quant à toutes ces questions, mais le Code de commerce à son tour, bien que légèrement et timidement, stipulait que la marchandise devait être livrée dès le contrat conclu, dans le délai et selon la manière déterminés dans celui-ci (art. 197), et au lieu où elle se trouvait au moment de la vente, si les parties n'en avaient pas décidé autrement (art. 199).

pour garantir le bon déroulement de l'exécution des obligations contractuelles de plus en plus complexes[129].

Cette complexité se reflète notamment dans les effets de l'inexécution, comme le demontre la consécration, en tant qu'obligation principale, de la notion unitaire de *conformité de la prestation*[130] par les principaux instruments internationaux et par certains codes nationaux régissant la matière[131]. Sous l'empire du Code civil de 1916, la jurisprudence[132] et la doctrine[133] ont pu dégager cette notion de la formule générale de l'ancien art. 1.056[134], alors que ce Code, à l'instar du Code de commerce de 1850, avait gardé les règles spécifiques propres aux vices cachés (art. 210, C. com. 1850; art. 1101, CC/16), à la mise en demeure (art. 202, C. com. 1850; art. 955 CC/16); à l'éviction (art. 214 et 216, C. com. 1850; art. 1107, CC/16). Le nouveau Code civil a conservé les garanties légales antérieurement prévues et a consacré un dispositif aux garanties contractuelles (art. 456), mais il est resté silencieux aussi bien à propos de la formule générale de l'ancien art. 1.056 du Code civil de 1916 (actuel art. 389[135]) que des obligations subsidiaires

129 La tendance de la vente moderne est celle du pluralisme d'obligations, de plus en plus étendues et complexes soit en raison du contrat, soit en raison du droit (loi, jurisprudence, usages) : à l'obligation de livraison d'un bien conforme s'ajoutent les obligations de remise de documents, d'information, de collaboration, de conseil, de sécurité (avertissement des risques) ; certaines obligations subsistent même après le transfert de la propriété et des risques.

130 Le mot *conformité* est ici utilisé dans un sens plus large que celui que lui attribue le droit interne de la vente français, qui distingue les défauts de la chose selon leur caractère apparent (non-conformité attachée à l'obligation de délivrance) ou caché (effet de l'obligation de délivrance). En revanche, pour les contrats de vente conclus par les consommateurs (L. 211-4 *Consom*) ou pour les contrats de vente internationale soumis à la Convention de Vienne de 1980 (art. 35), la notion de conformité présente un caractère unitaire, recouvrant les notions traditionnelles de vice caché et de non-conformité.

131 Comme prévu dans la Convention de Vienne de 1980 sur la vente internationale de marchandises (art. 35) ; dans la directive européenne 44/1999 sur certains aspects de la vente aux consommateurs (art. 2) ; dans la notion d'*exécution défectueuse* des Principes d'UNIDROIT 2004 (art. 7.1.1) ; ou encore dans le droit comparé sous la notion de *breach of contract* du droit anglais ou de *Pflichtverletzung* (§ 280 du BGB après la réforme de 2002). Au Brésil, la notion unitaire de conformité est adoptée par l'art. 18 du CDC.

132 STJ : Resp. n.º 52075/ES, *Industrial Malvina S.A. v. Coopersanto Industrial S.A., DJ* 21.11.1994, p. 34352 ; Resp. n.º 72482/SP, *Condomínio Edifício Orion v. Estrutura Incorporadora e Construtora Ltda, DJ* 08.04.96, p. 10474 ; Resp. 406590/PR, *Cerâmica Porto Ferreira Ltda v. Casagrande Pisos Cerâmicos Ltda, DJ* 16.09.2002, p. 00194.

133 Aguiar Jr. (R. R.), *Extinção dos contratos por incumprimento do devedor*, Rio de Janeiro : Aide, 1991.

134 Art. 1056 : « *Le débiteur sera condamné au paiement de dommages-intérêts lorsqu'il n'exécute pas l'obligation ou lorsqu'il ne l'exécute pas de la manière et dans le délai prévus* ».

135 Art. 389 : « *Si l'obligation n'est pas exécutée, le débiteur répond des dommages et intérêts, outre les intérêts et l'indexation, selon les taux officiels régulièrement établis, et les honoraires de l'avocat* ».

ou accessoires à l'obligation principale. On attend toujours de voir comment la jurisprudence réagira à cet égard[136].

À ces critiques, l'on peut associer la remarque d'un juriste européen avisé[137] pour qui même si le Code civil de 2002 apporte une modernisation au droit privé par rapport au Code de 1916 auquel il se substitue, il n'est pas pour autant un code du XXIe siècle naissant. Selon Claude Witz[138], outre l'ancienneté du projet sur lequel l'essentiel du code repose,

> *Il en résulte, par exemple l'absence de retombées de la révolution numérique, notamment en droit des contrats et dans le domaine de la preuve. De même, le Code n'a pas pu tirer profit des divers instruments d'uniformisation du droit des contrats, d'apparition plus récente, sous le prisme desquels tout droit national des contrats tend aujourd'hui à être apprécié, pas plus que de l'intense bouillonnement intellectuel ayant précédé ou suivi leur adoption.*

Enfin, il est à noter que, durant les travaux législatifs, l'unification du droit des obligations a suscité la méfiance, voire l'opposition, d'une partie de la doctrine. D'une part, on y voyait le danger que la réglementation de certains types de contrats dans le cadre de l'unification puisse susciter, d'autre part, on craignait la mise en cause de l'autonomie du droit commercial et, par là même, sa disparition. Malgré l'unification, celui-ci n'a cependant pas disparu. Il semble même avoir conservé son autonomie, cette fois-ci sous une nouvelle dénomination : le droit de l'entreprise.

*b. Le dépassement de la notion de droit commercial : crise d'identité en France et nouvelle identité affirmée au Brésil*

En raison de la codification « à droit constant », les lignes directrices de la codification commerciale de 2000 ont paru moins définies qu'en 1807. L'étendue de son contenu ainsi que la difficulté de son classement dans le système objectif ou dans le système subjectif ont mené la doctrine à poser la question de l'existence d'un « système » dans le nouveau Code du commerce[139]. En effet, en admettant l'application de certaines dispositions du nouveau Code aux non-commerçants, le législateur n'a pas privilégié le système subjectif[140]. En même temps, affirmer le choix pour le système objectif sur la base de l'art. L. 121-1 *Co*, serait consacrer le caractère fort lacunaire du nouveau Code de commerce, car de nombreux domaines juridiques restent en dehors de son domaine d'application[141]. Un tel

136 Certes, outre les nouveaux principes qui régissent la matière, le juge se servira également des règles générales applicables aux obligations de donner, notamment celles concernant l'exécution et l'extinction des obligations (art. 304 s. CC/02). L'arbitrage pourra également apporter quelques contributions en ce domaine dans un futur proche. Cf. Vieira da Costa Cerqueira (G.), « Garantias e exclusão da responsabilidade no novo direito brasileiro da compra e venda », in : Grundmann (S.) et dos Santos (M.) (dir.), *Direito contratual entre liberdade e protecção dos interesses e outros artigos alemães-lusitanos*, Coimbra : Almedina, 2008, p. 89-153.

137 Witz (Cl.), « Regards d'un juriste européen sur le nouveau Code civil brésilien », *op. cit.* p. 29.

138 *Ibidem*, p. 29.

139 Licari (F.-X.) et Bauerreis (J.), *op. cit.*, p. 146.

140 *Ibidem*, p. 147.

141 Bureau (D.) et Molfessis (N.), *op. cit.*, p. 367.

objectif serait également contradictoire en soi, puisque l'on pourrait à peine justifier le traitement, dans le Code de commerce, de beaucoup de domaines professionnels étrangers aux commerçants[142]. Ceci a permis à la doctrine d'affirmer que le nouveau Code de commerce n'est ni le code des commerçants, ni le code des actes de commerce, ni celui des activités commerciales, ni un code des principes essentiels du droit commercial, ni même celui des règles censées marquer le particularisme de la matière à défaut de comprendre lors de la recodification les dispositions relatives à la compétence des tribunaux de commerce ou, par hypothèse, la présomption de solidarité en matière commerciale[143]. Il en va de la définition même du droit commercial.

Parallèlement, la pluralité de codes que le juriste français doit consulter pour bien cerner la question dont il est saisi met en cause l'identité de la matière commerciale. En dépit de la recodification en 2000, un certain nombre de règles appliquées au commerce doit être recherché dans le Code monétaire et financier, dans le Code de la propriété intellectuelle et dans le Code de la consommation, sans oublier le très réquisitionné Code civil.

Le débat sur l'unification en France contribue également à dépasser la notion de droit commercial. Pour Edouard Richard[144], ce débat se calque, tout en le dépassant, sur le débat droit commercial / droit des affaires. Ce dernier, dont la difficulté de définition *« s'explique par la diversité des courants, parfois contraires, qui agitent sa vie »*, marquerait en effet un « retour aux sources » plus qu'une innovation. Selon cet auteur, le droit commercial serait un cadre dépassé, la codification un épiphénomène et la doctrine se rallierait à la pratique qui en a donné un horizon beaucoup plus élargi en y intégrant des considérations de droit public[145].

Ce « retour aux sources » se fonde sur la façon dont on concevait le droit commercial pendant les XIII^e^-XIX^e^ siècles: la codification de 1673 ne serait qu'un élément parmi d'autres concernant le commerce[146] lequel était inclus pour certains[147] dans la rubrique droit public et soumis au gouvernement économique de l'État, assujetti à des règles et à une police qui lui sont particulières[148]. En effet, la notion de droit commercial a été d'assimilation difficile même après la codification de 1807, très particulariste, assez restrictive et pénalisante. La doctrine n'a pas tardé à la stigmatisation de « code ghetto » des commerçants, d'« isolat juridique », cause de la véritable « mort » d'un droit commercial salutairement remplacé à l'heure actuelle par le droit des affaires[149]. Il en va de même pour

142 Licari (F.-X.) et Bauerreis (J.), *op. cit.*, p. 147.
143 Bureau (D.) et Molfessis (N.), *op. cit.*, p. 367.
144 Richard (E.), *op. cit.*, p. 110 *sq.*
145 *Ibidem*, p. 110 *sq.*
146 Hilaire (J.), *Introduction historique au droit commercial,* PUF, 1986, p. 131.
147 Guyot, cité par E. Richard, *op. cit.*, p. 110.
148 Merlin, cité par E. Richard, *op. cit.*, p. 110.
149 Champaud (C.), *Le droit des affaires*, PUF, 1984, p. 12. Sur un droit des affaires beaucoup plus pluridisciplinaire que le droit commercial: Guyon (Y.), *Droit des affaires*, t. 1, 12^e^ éd., Economica, 2003, p. 1 *sq.*

la codification de 2000, qui serait restée victime de l'impossibilité de définir la matière même qui est censée lui donner la substance[150].

Le droit des affaires correspondrait donc à un « retour aux sources » dans la mesure où l'on ne conçoit plus le droit du commerce comme un droit d'exception. Dans un contexte d'intervention étatique constante, le droit des affaires prend en considération aussi bien les aspects privatistes que les aspects publicistes de l'activité économique. Dans ce contexte s'inscrivent à la fois le nouveau Code de commerce et le Code monétaire et financier, en raison des matières qu'ils réglementent, telles la concurrence et le marché financier.

Dans la recherche d'une base théorique moderne, la doctrine française a soutenu l'avènement d'un *droit de l'entreprise*, comme base objective d'une nouvelle théorie se substituant même au droit des affaires[151]. Principale actrice de la vie économique, l'entreprise est devenue un concept largement utilisé, ce qui englobe tant l'activité du commerçant et de l'industriel que celle de l'agriculteur, de l'artisan et du professionnel. La prise en compte de l'« entreprise » par des textes sur les sociétés, sur la concurrence et sur l'insolvabilité a conduit la doctrine à considérer toutes ces questions sous-jacentes non plus au droit commercial, mais au droit de l'entreprise[152].

Toutefois, bien que l'entreprise soit une notion bien définie du point de vue économique, le droit positif français la réceptionne de manière réticente et ambiguë[153]. Ainsi, des hésitations sur le fait de savoir si l'entreprise serait une chose ou une personne persistent. Classiquement conçue comme objet du droit, dont le patrimoine qu'elle représente appartient à l'entrepreneur, l'entreprise d'aujourd'hui tend à se personnifier[154]. Cette innovation se produit parfois implicitement, lorsque l'art. L. 123-12 *Co* lui attribue un patrimoine, ainsi qu'expressément lorsque la loi 85-697 du 11 juillet 1985 permet à l'entreprise l'accès à l'existence légale en tant qu'entreprise unipersonnelle à responsabilité limitée[155]. Pour la doctrine, toutefois, c'est juste une tendance, puisque de nombreuses dispositions continuent à aborder la société comme une chose, à l'instar de l'art. 831 *Civ*[156].

Le droit commercial peut également être un *droit des marchés*[157], au sein duquel l'intérêt public doit prévaloir. Dans ce contexte, les règles juridiques viseraient à protéger certaines catégories d'intervenants *« pour assurer l'accès au*

---

150 BUREAU (D.) et MOLFESSIS (N.), « Le nouveau code de commerce : une mystification », *op. cit.*, p. 367.

151 HAMEL (J.) et LAGARDE (G.), *Traité de droit commercial*, t. 1, 1954, p. 50.

152 CABRILLAC (M.), « Vers la disparition du droit commercial ? », *Écrits en hommage à J. Foyer*, PUF, 1997, p. 329-340.

153 Parmi d'autres, voir BLANC (G.), « Les frontières de l'entreprise en droit commercial (Brève contribution...) », *D.* 1999, chr. p. 415-418 ; DRAGO (G.), « De quelques apports du droit constitutionnel à une définition de l'entreprise », *Mélanges Cl. Champaud*, Dalloz, 1997, p. 299-315 ; PAILLUSSEAU (J.), « Les apports du droit de l'entreprise au concept de droit », *D.* 1997, chr. p. 97-106.

154 PETIT (B.), *Droit commercial*, Coll. Cours. 4e éd., Litec, 2007, p. 5.

155 Contra, LEGEAIS (D.), *Droit commercial et des affaires*, 17e éd., Sirey, 2007, p. 5.

156 En ce sens, PETIT (B.), *Droit commercial*, *op. cit.*, p. 5.

157 LUCAS DE LEYSSAC (Cl.) et PARLÉANI (G), *Droit du marché*, PUF, 2002.

*marché, sa transparence, sa liquidité, sa sécurité* »[158]. Une telle perspective rendrait au droit du marché une fonction uniformisatrice permettant de surmonter les oppositions classiques entre le droit civil et le droit commercial, le droit de la consommation et le droit des obligations. Cette perspective traduit également un nouveau critère objectif de définition du droit commercial : les opérations réalisées sur le marché en substitution à l'acte de commerce[159]. La critique à cette approche demeure principalement dans la difficulté pour la détermination des acteurs économiques, élément subjectif essentiel à la détermination du champ d'application des règles commerciales[160].

Enfin, nous assistons en France à l'avènement d'un acteur économique qui suggère le dépassement de la figure du commerçant : le professionnel, auquel de nombreux textes nationaux et européens font aujourd'hui référence sans distinction de la matière réglementée (consommation, insolvabilité des entreprises, concurrence et arbitrage). L'opposition traditionnelle entre le commerçant et les autres acteurs de la vie économique qui justifie la dichotomie du droit privé tend ainsi à disparaître. L'affirmation du binôme consommateur- professionnel dans la vie économique a permis l'édition d'un ensemble de lois en fonction de ce dernier, dont la protection envisagée serait difficile d'être assurée par les règles du Code civil, encore moins par celles du Code de commerce. Le professionnel qui intéresse le droit commercial est celui qui participe à la vie économique en réalisant une activité commerciale. Il peut ainsi être un commerçant, un artisan, un agriculteur ou un professionnel. Ce professionnel peut également agir individuellement ou au sein d'un groupement sociétaire. Le droit français reconnaît de plus en plus le professionnel comme une catégorie à laquelle des règles commerciales sont destinées, à l'instar de l'accès à l'arbitrage par les professionnels non-commerçants rendu possible par la loi sur les nouvelles régulations économiques du 15 mai 2001. Cette possibilité était jusque-là réservée à l'usage exclusif des commerçants. Outre l'extension aux artisans d'institutions et des règles propres aux commerçants, comme le fonds artisanal, les baux commerciaux et la procédure collective, la récente loi n° 2008-776 du 04 août 2008 relative à la modernisation de l'économie renforce l'approximation entre le droit civil professionnel et le droit commercial lorsqu'il institue le statut d'entrepreneur individuel. Ce statut simplifie les étapes de la création, la gestion et la cessation d'une activité, en réduisant les risques pour l'entrepreneur individuel. Cette loi se trouve, par ailleurs, au carrefour de tous les phénomènes que l'on vient d'énoncer, en raison de diverses mesures de nature tant publique (impôts, sécurité sociale, publicité légale, etc.) que privée (bail commercial, liberté de négocier les prix dans le marché de la distribution, etc.) mises en place pour encourager les entrepreneurs à accroître la concurrence pour attirer les investissements et à financer l'économie.

Qu'en est-il en droit brésilien ?

L'unification réalisée par le législateur en 2002 a contribué au dépassement de la notion de droit commercial. Désormais, sous la rubrique *Direito da empresa*, le

---

158 Legeais (D.), *Droit commercial et des affaires, op. cit.*, p. 5.
159 *Idem*, p. 5.
160 *Ibidem*, p. 5.

Livre II de la Partie spéciale du Code civil de 2002 (art. 966 à 1.195)[161] réglemente le *droit de l'entrepreneur (direito do empresário)*, le *droit des sociétés*, le *droit d'établissement* et quelques *institutions complémentaires du commerce.*

Sous l'égide de la notion d'*entreprise*, qui n'est d'ailleurs pas définie dans le nouveau Code civil[162], la figure du *commerçant* a été remplacée par celle de l'*entrepreneur.* Il semble que le nouveau Code conserve dans une large mesure le critère subjectiviste[163] adopté jadis par le Code de commerce de 1850, dans la mesure où l'*empresário* demeure au centre de l'activité entrepreneuriale, tel que l'était le commerçant vis-à-vis de la loi commerciale abrogée[164]. La définition actuelle d'*empresário* (art. 966)[165], comme étant *celui qui exerce une activité économique organisée en vue de la production ou de l'échange des biens et des services*, n'est d'ailleurs pas suivie d'une spécification quelconque des actes qui caractérisent objectivement une telle activité économique[166]. Tout comme auparavant, l'*empresário* doit être inscrit dans le *Registro público de empresas mercantis* avant de démarrer ses activités (art. 967)[167]. La même logique se présente d'ailleurs pour l'*entreprise* (société, non plus *commerciale* mais *entrepreneuriale*),

---

161 D'autres dispositions du nouveau Code civil sont également applicables en la matière, à l'instar des art. 45, 48, 50, 51 (dispositions générales concernant les personnes morales) ; des art. 83, III, 89, 90, 91 (sur les biens) ; des art. 927, § unique, 932, III, 933 (sur la responsabilité civile) ; et des art. 2.031, 2.033, 2.035, 2.037 et 2.045 (concernant les dispositions transitoires).

162 Concept que la doctrine brésilienne formule d'une façon double, l'entreprise se présentant à la fois comme objet et comme sujet de droit. Cette tendance de la doctrine a été mise en limière par C. V. Couto e Silva, « O conceito de empresa no direito brasileiro », *Revista da Ajuris*, n° 37, 1986, p.42-59.

163 R. Requião parle d'un *concept subjectif moderne* (*Curso de direito comercial, op. cit.*, 2003, p. 14).

164 Un auteur a même parlé d'un retour au critère subjectif à travers la théorie de l'entreprise : Gomes da Silva (S. A. R.), « Teoria da empresa – um retorno ao critério subjetivo » , *RT* 783, 2001, p. 16 *sq.*

165 Inspirée *ipsis litteris* de l'art. 2082 du *Codice civile* italien. Par ailleurs, le nouveau Code se préoccupe, d'une part de ne pas qualifier d'*empresário* celui qui exerce une profession intellectuelle, de nature scientifique, littéraire ou artistique, même avec la concurrence d'assistants ou de collaborateurs, sauf si l'exercice de la profession constitue un élément de l'entreprise (art. 966, §1), ainsi que la société dite simple (art. 982) ; et, d'autre part, de prêter cette qualification à l'entrepreneur, dont l'activité agricole constitue sa profession principale (art 971).

166 Selon Wald (A.), « L'entreprise et le Code civil brésilien », *op. cit.*, p. 265, ce texte ne se limiterait pas au seul domaine de la circulation, mais comprendrait aussi l'industrie, sous toutes ses formes.

167 La définition actuelle se base sur l'ancienne définition d'activité commerciale (art. 4 du Code de 1850, combiné avec l'art. 19 *Regulamento* n° 737 de 1850), dans la mesure où elle distingue les activités entrepreneuriales et celles qui ne le sont pas (art. 966 et 1044, p. ex.), en qualifiant les premières d'activités économiques exercées de façon professionnelle. Les définitions sont tellement proches que le nouveau Code civil détermine dans son article 2.037 que « *sauf disposition contraire, s'appliquent aux entrepreneurs et aux sociétés entrepreneuriales les dispositions de loi non abrogées par ce code qui s'appliquent aux commerçant, aux sociétés commerciales et aux activités commerciales* ».

car la définition de celle-ci se base sur celle de l'*empresário* et son inscription a lieu auprès du même registre prévu pour l'inscription de celui-ci (art. 982).

La réglementation de l'entreprise au sein du Code civil brésilien a créé une nouvelle configuration de la matière. L'*entreprise* surgit comme un élément unificateur[168]. Elle semble apporter au concept de société un nouvel éclairage qui, sans en modifier la structure, ouvre à ce dernier un champ d'application nouveau. En ce sens, l'*entreprise* est désormais soumise au *principe fondamental de la sociabilité*, étant à la fois attachée à la *fonction sociale du contrat* et à *la fonction sociale de la propriété*. On ne distingue plus les sociétés civiles et commerciales, mais désormais les sociétés simples et les sociétés entrepreneuriales. On a également introduit dans le nouveau Code civil une réglementation ferme sur la responsabilité du chef d'entreprise ainsi que la théorie de la levée du voile social (art. 50), déjà admise en matière de protection du consommateur (art. 28 CDC) et reconnue par la jurisprudence en matière de protection du travailleur[169]. En outre, le nouveau Code règle désormais la phase précédant l'acquisition de la personnalité morale de la société sous la dénomination de *société en commun*, à côté de la société en participation, faisant en sorte que les sociétés de fait quittent le cadre du droit commun[170]. La nouvelle loi couvre également le groupe, la liquidation, la transformation, l'incorporation, la fusion et la scission des sociétés, ainsi que, de façon originale, l'autorisation, la nationalité et la liberté d'établissement liée à la société étrangère (art. 1097-1141)[171].

Le nouveau Code civil brésilien régit également l'établissement (art. 1142-1149) et quelques institutions complémentaires du commerce (art. 1150-1195). Défini comme « tout complexe de biens organisé, pour l'exercice de l'entreprise, par l'entrepreneur, ou par la société entrepreneuriale » (art. 1142), l'établissement intègre le concept même d'entreprise[172] et surgit comme une nouvelle manière de voir le fonds de commerce, de dimension objective. Les institutions complémentaires régies par le Code civil, non sans faire appel aux lois spéciales, sont le registre (art. 1150-1154), le nom entrepreneurial (art. 1155-1168), les préposés (art. 1169-1178) et les livres (art. 1179-1195).

L'incorporation dans le Code civil brésilien du droit de l'entreprise a suscité la critique d'une certaine doctrine pour qui un tel droit est comme un « corps étranger », sans aucune relation interne impérative avec les autres parties du code[173]. Le droit de l'entreprise aurait dû faire l'objet d'une réglementation spécifique, propre à ce domaine particulier du droit[174]. Par ailleurs, les lacunes ne sauraient être négligées, comme en matière de responsabilité de l'entrepreneur individuel

---

168 En ce sens, voir Couto e Silva (C. V.), « O conceito de empresa no direito brasileiro », *op. cit.*, p.42-59.

169 Cf. notre contribution dans la seconde partie de cet ouvrage.

170 Caruso Mac-Donald (N. C.), « O Projeto de Código civil e o direito comercial », *Revista da Faculdade de Direito da UFRGS*, vol. 16 (1999), p. 139-160, p. 154.

171 Cf. Lima Marques (C.), « Das neue brasilianische Zivilgesetzbuch vom 2002... », *op. cit.*, p. 138-142.

172 Lippert (M. M.), *A empresa no Código Civil, elemento de unificação no direito privado*, São Paulo : RT, 2003, p. 122.

173 Comparato (F. K.), *Atualidades*, p. 177.

174 Bulgarelli (W.), *Tratado de direito empresarial*, p. 191.

ou encore sur la possibilité de constitution d'une société unipersonnelle[175], à l'image du droit italien, dont le code s'inspire, ou du droit français.

L'absence de normes générales en matière de droit de la concurrence, de la propriété intellectuelle, d'entreprises en difficultés, ainsi qu'en droit maritime ou du transport aérien, constitue d'avantage un facteur de critique au nouveau Code[176]. En effet, nonobstant l'unification des obligations civiles et commerciales et la codification du droit de l'entreprise, la tendance en droit privé brésilien est de garder un large arsenal législatif en parallèle. Ainsi, alors que certains nouveaux types de contrats commerciaux ne font pas l'objet de réglementation, ce qui compromet l'unité et la systématisation qu'on attend d'un code[177], une grande partie des matières que l'on peut ranger dans le domaine du droit de l'entreprise demeure réglementée en dehors du Code civil, à l'instar de la loi n° 6.404, du 15 décembre 1976 sur les sociétés par actions et de la loi n° 11.101, du 9 février 2005 sur les entreprises en difficultés[178].

Enfin, si l'on a pu énoncer « que le droit commercial français ne peut se dire qu'avec la langue du Code civil »[179], il faut reconnaître qu'au Brésil le nouveau Code civil s'exprime, non sans quelques difficultés, dans la langue parlée par le droit commercial, désormais identifié comme droit de l'entreprise[180].

*c. Transversalité de la codification française de la consommation – micro systématisation de la protection des consommateurs au Brésil*

Comme l'ont affirmé J. Calais-Auloy et F. Steinmetz, une définition du droit de la consommation « n'est ni possible, ni utile », étant donné que les disciplines juridiques « n'ont jamais de frontières tracées au cordeau »[181]. Si le droit de la consommation peut être plus étendu qu'un Code de la consommation, il n'en demeure pas moins que c'est celui-ci qui en contient les règles les plus importantes[182].

En France, le Code de la consommation vise la consommation et le marché de la consommation avec toutes ses implications. Il a ainsi trait aux diverses autres disciplines, comme le droit civil, le droit commercial, le droit économique, le droit pénal, le droit administratif et de la procédure. La consommation est donc

---

175 La seule possibilité de constitution d'une société unipersonnelle est par le biais d'une société subsidiaire intégrale d'une société anonyme, prévue à l'art. 251de la loi n° 6.404, du 15 décembre 1976 sur les sociétés par actions.

176 Jaeger Jr. (A.), « Das neue brasilianische Bürgerliche Gesetzbuch und das Unternehmensrecht », in Jayme (E.) et Schindler (Ch.) (dir.), *Portugiesich – Weltsprache des Rechts, op. cit.*, p. 217-235, p. 223.

177 Comparato (F. K.), « Projeto de Código civil », *RDM* n° 17 (1975), p. 173-175.

178 Une liste des principales normes de droit privé en vigueur se trouvent dans Wald (A.), « Le droit brésilien pendant la deuxième moitié du XXe siècle » in *Le droit brésilien…, op. cit.*, p. 183-198, p. 197 *sq.*

179 Germain (M.), « Le Code civil et le droit commercial », *op. cit*, p. 640.

180 Aguilar Vieira (I.) et Vieira da Costa Cerqueira (G.), *op. cit.*, p. 72.

181 Calais-Auloy (J.) et Steinmetz (F.), *Droit de la consommation*, 7e éd., Dalloz, 2006, n° 17. Les auteurs remarquent tout de même l'utilité de définir le professionnel et le consommateur, car ces notions délimitent le domaine d'application des principales règles du droit de la consommation (*Ibid.*, n° 17, p. 18, note 1).

182 *Ibidem.*

une thématique transversale du droit privé et du droit public et le code est un pont, dont les piliers sont de natures différentes, selon la métaphore d'un juriste brésilien[183]. Le périmètre du Code de la consommation a été premièrement défini par le CSC en 1990. Le code devrait contenir des textes généraux à l'exclusion des textes spéciaux définissant les règles relatives à l'affichage des prix par profession et à la définition des produits alimentaires, dispositions du Code civil concernant la formation des contrats ayant un caractère impératif (régime spécifique de la garantie des risques cachés dans la relation vendeur professionnel-consommateur), dispositions du Code de commerce ayant un objectif affiché de protection du consommateur (pratiques commerciales interdites ou réglementées, information sur les prix et les conditions de vente, pour lesquelles le Code de la consommation est « pilote »), à l'exclusion toutefois des règles relatives à la concurrence, aux soldes et aux liquidations qui relèveraient davantage de l'organisation du commerce, et des dispositions du Code rural relatives à la qualité des produits.

Le Code brésilien de 1990 s'est voulu plutôt protecteur d'un agent économique considéré plus faible, le consommateur, qu'un véritable code de la « consommation ». Quand bien même une certaine transversalité peut lui être reconnue (vu qu'il traite des questions liées à la procédure ou aux infractions pénales et à l'organisation du système national de protection du consommateur), il ne vise toutefois pas le marché de la consommation avec toutes ses composantes, dont la concurrence et les situations de surendettement[184]. Par conséquent, le CDC tend à former une sorte de microsystème au sein du droit privé brésilien[185], dont les règles ont vocation à régir tous les rapports juridiques entre un consommateur et un professionnel (*fornecedor*), que leur origine soit contractuelle, précontractuelle ou extracontractuelle ou encore de caractère interne ou international[186], auquel cas la jurisprudence l'applique en tant que loi d'application immédiate[187]. Il aboutit ainsi à une protection maximale du consommateur aussi bien matérielle (notamment les art. 6 à 54, couvrant les droits fondamentaux des consommateurs ; la protection à la santé et la sécurité des produits ; la responsabilité du fait du produit et du service ; la responsabilité par défaut de conformité ; la déchéance et la prescription ; la levée du voile social ; les pratiques commerciales ; la protection contractuelle, dont celle contre les clauses abusives et les contrats d'adhésion) que procédurale (notamment les art. 81 à 104, couvrant les conditions, les modalités et les règles procédurales des actions individuelles et collectives visant

183 Lima Marques (C.), « A chamada crise do contrato e o modelo de direito privado brasileiro : crise de confiança ou de crescimento do contrato », in Lima Marques (C.) (coord.), *A nova crise do contrato. Estudos sobre a Nova teoria contratual*, São Paulo : RT, 2007, p. 17-86, p. 68-70.

184 Lima Marques (C.), « L'expérience de la codification et de la réforme du droit de la consommation au Brésil », *op. cit.*, p. 74-91.

185 Cf. Tepedino (G.), « Les contrats de consommation au Brésil », *op.cit.*, p. 433-435.

186 Zanchet (M.), « A proteção dos consumidores no Direito Internacional privado brasileiro», *Revista de Direito do Consumidor*, vol. 62 (2007), p. 172-219 ; Del'Olmo (F.), « Direito do consumidor e direito internacional privado », *Revista de Direito do Consumidor*, vol. 68 (2008), p. 108-116.

187 Friedrich (T.S.), *Normas Imperativas de Direito Internacional Privado – Lois de Police*, Belo Horizonte : Forum, 2007, p. 199 *sq.*

la protection du consommateur, ainsi que sur la chose jugée) et aussi bien interne qu'internationale (cf. art. 1°)[188].

### 3. L'architecture des principaux codes de droit privé

Voyons brièvement comment les législateurs français et brésilien ont entendu organiser les matières à l'intérieur des principaux codes de droit privé.

#### *a. Les codes civils*

Le Code civil français de 1804 s'est inspiré du plan des *Institutes* de Gaius, particulièrement remarquable à l'époque en raison de la systématisation qu'elles édifiaient en répartissant tous les phénomènes juridiques en trois catégories: « tout le droit dont nous nous servons est relatif aux personnes, aux biens ou aux actions » (I, 1.8). Le « système de trois livres » s'avéra ainsi révolutionnaire et fut adopté par de nombreuses codifications modernes. Le Code civil a été originairement publié contenant 2281 articles, répartis de la manière suivante: un titre préliminaire, intitulé « De la publication, des effets et de l'application des lois en général », contient des dispositions générales sur les lois (art. 1er à 6); un Livre I, intitulé « Des personnes », consacre onze titres aux droits civils, à l'état civil, à la famille et aux incapacités (art. 7-515); un Livre II, intitulé « Des biens et des différentes modifications de la propriété», consacre quatre titres à la propriété, à ses démembrements et aux servitudes (art. 516-710) ; et un Livre III est dédié aux « différentes manières dont on acquiert la propriété », deux fois plus long que les autres (1 570 articles), et comporte vingt titres englobant les successions, les donations et testaments, les contrats, les quasi-contrats, les quasi-délits, le contrat de mariage, les contrats spéciaux, le mandat, les privilèges et hypothèques et la prescription (art. 711 à 2281).

Les historiens relèvent que cette division en trois livres et leur organisation interne illustrent la manière dont la pensée des rédacteurs du Code civil s'est articulée sur quelques idées-fortes, comme le primat de la propriété ou l'organisation de la famille autour du mariage et de la puissance paternelle[189]. Actuellement, le Code civil a été augmenté de deux autres livres: un Livre IV: « Des sûretés » (art. 2284 à 2488), créé par l'Ordonnance n° 2006-346 du 23 mars 2006, qui a ménagé à l'intérieur du Code les anciennes dispositions des Titre XIV, XVII et XVIII du Livre III, tout en modernisant les droit des sûretés, y compris de l'hypothèque; et un Livre V: « Disposition applicables à Mayotte » (art. 2489 à 2534). Il est légitime de se demander si, depuis la réforme du droit des sûretés, la fidélité à la numérotation et au plan même du Code civil gardera sa signification d'antan.

Formellement, le Code civil français est dépourvu d'une « partie générale », tandis que matériellement il s'éloignerait de tout genre de principes juridiques généraux[190]. Le plan adopté par le législateur de 1804 ne semble avoir fait l'objet

188 Cf. LIMA MARQUES (C.), « Rapport national: droit brésilien », in *La protection des consommateurs dans les relations internationales*, à paraître.

189 HALPÉRIN (J-L.), *Histoire du droit français depuis 1804*, PUF, 1996, p. 24.

190 Cf. EICHLER (H.), « Codificação do direito civil e teoria dos sistemas de direito », trad. R. Limongi frança, *Revista de direito civil*, 1977, vol. 2, p. 43-58, p. 45.

d'aucune discussion durant les travaux préparatoires au sein du Conseil d'État, ce qui a valu par ailleurs les critiques les plus vigoureuses de la part de Savigny en 1814[191]. L'architecture retenue a été également critiquée par le manque de cohérence du troisième livre, considéré comme un fourre-tout. Le rejet des successions, des régimes matrimoniaux et les obligations dans ce dernier aurait fourni la preuve du caractère hétéroclite de ces dispositions empruntées à la fois à l'ancien droit et au droit révolutionnaire. Pour un comparatiste[192], l'existence d'un grand hiatus entre les régimes matrimoniaux et le mariage pourrait être considérée comme absurde, si l'on tient à considérer que les régimes matrimoniaux auraient trouvé une bien meilleure place dans le Livre I. Il en irait de même pour les successions, qui auraient été mieux placées dans le Livre I avec le droit de la famille. Finalement, la logique même du rattachement de l'action en responsabilité civile aux différentes manières d'acquérir la propriété serait discutable.

À ces critiques, M. Planiol[193] a répondu que :

> *L'entassement de toutes ces matières hétérogènes dans un livre unique est peu logique (...). L'ordre scientifique, qui convient à l'enregistrement donné sous la forme du cours ou du livre, n'est point nécessaire ni même utile dans un code. L'enseignement est une initiation; c'est pour cela qu'il a besoin d'une méthode particulière. Un code est fait pour des gens qui ont fini leurs études, pour des praticiens qui connaissent le droit. Il suffit que la répartition des matières soit claire et commode.*

De même, R. David[194] a souligné que :

> *Quels que soient les défauts de notre Code civil, (...), parce qu'il ne prétend pas être scientifique et parce qu'il examine successivement les diverses parties du droit selon un ordre imparfait sans doute du point de vue de la logique, mais qui, traditionnel, paraît aux Français être conforme à la nature des choses et ne heurte pas leurs sens commun.*

Le Code civil brésilien de 2002, ainsi que celui de 1916, n'a pas suivi le modèle français. Ce code présente une structure binaire, comprenant une Partie générale et une Partie spéciale[195]. La première contient des dispositions dominant l'ensemble du droit civil et qui ont vocation à s'appliquer dans la partie spéciale. Tel que dans la législation antérieure, la partie générale contient trois livres : Livre I – « Des personnes » ; Livre II – « Des Biens » et Livre III – « Des faits juridiques ». La partie spéciale comporte cinq livres, dont quatre existant auparavant : Livre I – « Du droit des obligations » ; Livre II – « Du droit de l'entreprise » ; Livre III – « Du droit des Choses » ; Livre IV – « Du droit de la famille » ; Livre V – « Du droit des

---

191 Savigny (F. C.), « Sur la vocation de notre temps pour la législation et la science du droit », (traduit et présenté par A. Dufour), PUF, 2006, p. 77-89, spéc. p. 79.

192 Gerkens (J.-F.), *Droit privé comparé, op. cit.*, p. 86.

193 Planiol (M.), *Traité élémentaire de droit civil*, t. I, 5e éd., LGDJ, 1950, p. 33 et 36..

194 David (R.), « Le droit brésilien jusqu'en 1950 », *op. cit.*, p. 70.

195 Cf. Jacob de Fradera (V.M.), « La partie générale du Code civil », in *Le droit brésilien : hier, aujourd'hui et demain, op. cit.*, p. 203-221.

successions»[196]. Un livre complémentaire contient les dispositions finales et transitoires. Le nouveau Code compte 2 046 articles.

L'architecture des codes civils brésiliens suit la division pensée et mise en œuvre par Teixeira de Freitas lors de l'élaboration de la Consolidation des lois civiles de 1857 et, plus tard, dans son *Esboço de Código Civil* de 1860 (Première partie). Ce juriste a proposé une division particulière aux deux textes qui n'était ni celle du Digeste ou des Institutes, ni celle des Ordonnances Philippines, ni celle du Code Napoléon ou d'autres codes qu'il avait à sa disposition, ni celle enfin des auteurs portugais qu'il connaissait[197]. En effet, il s'est inspiré de la pandectiste allemande[198], responsable pour la diffusion de l'idée d'une partie générale regroupant l'ensemble des institutions et des concepts applicables en droit privé[199]. Si nous laissons de côté le projet de Code civil pour la Sache de 1852, duquel Teixeira de Freitas n'a vraisemblablement pas eu connaissance, la *Consolidation de lois civiles* de 1857 a été la première solution législative à avoir adopté le plan bipartite[200].

Nonobstant une «étroite parenté» unissant les deux Codes civils brésiliens au *Bürgerliches Gesetzbuch* (BGB), ce qui a suggéré leur classement dans le «système des cinq livres»[201], Claude Witz[202] a remarqué que «le plan du Code

196 L'ordre de la Partie spéciale du code de 1916 était le suivant: Livre I – «Du droit de la famille»; Livre II – «Du droit des Choses»; Livre III – «Du droit des obligations»; Livre IV – «Du droit des successions».

197 Le plan de la Consolidation fut établi en fonction de la distinction entre droits réels, absolus, et droits personnels, relatifs. Son architecture était ainsi conçue: une partie générale et une partie spéciale. Dans celle-ci, on trouvait le Livre I, dans lequel étaient réglementés les droit personnels, soit dans les relations de famille (mariage, puissance paternelle, relations de parenté, tutelle et curatelle), soit dans les relations dites civiles (causes génératrices de droits, contrats et délits, causes d'extinction des droits). Le Livre II était consacré aux droits réels tels la propriété, les servitudes, les successions, les hypothèques et l'usucapion. La partie générale précédant ces deux livres spécicux contenait des dispositions concernant les personnes et les dispositions concernant les choses. Il est à noter que Teixeira de Freitas était un internationaliste, mais n'a pas doté la Consolidation de lois civiles des règles de conflit, contrairement au législateur français de 1804. Cela est très compréhensible, car, d'une part, le Code français ne l'inspirait pas tellement et, d'autre part, conformément à la doctrine dominante à l'époque, les questions de DIP relevaient des rapports entre nations et du droit de gens, et non du droit privé. Cf. R. David, «Le droit brésilien jusqu'en 1950», *op. cit.*, p. 67-70.

198 Schmidt (J. P.), *Zivilrechtskodifikation in Brasilien*, Tübingen: Mohr Siebeck, 2009, p. 331 *sq*; Valladão (H.), *Einfluss des deutschen Rechts auf das brasilianische Zivilgesetzbuch (1857-1922)*, Rio de Janeiro, s.n., 1973; Lima Marques (C.), «Das BGB und das brasilianische Zivilgesetzbuch von 1916», in Jayme (E.) et Mansel (H.-P.) (Hrsg.), *Auf dem Weg zu einem gemeineuropäischen Privatrecht –. 100 Jahre BGB und die lusophonen Länder* Baden-Baden: Nomos, 1997, p. 73-97.

199 Ainsi les règles relatives aux personnes, aux choses, aux actes d'affaire, à la prescription et à la déchéance.

200 Schmidt (J. P.), *Zivilrechtskodifikation in Brasilien*, *op. cit.*, p. 337.

201 Cf. Eichler (H.), «Codificação do direito civil e teoria dos sistemas de direito», *op. cit.*, p. 45.

202 Witz (Cl.), «Regards d'un juriste européen sur le nouveau Code civil brésilien», *op. cit.*, p. 33.

de 2002, tout comme celui de 1916, s'opposent sous un angle formel au plan du BGB, qui s'articule en cinq Livres, les Livres 2 à 5 formant par leur contenu une réglementation particulière par rapport au livre 1er (Partie générale)». L'auteur conclut finement qu'

> *en érigeant la réglementation du droit des obligations, du droit de l'entreprise, du droit des choses, du droit de la famille et du droit des successions en 'partie spéciale', la codification brésilienne rejoint paradoxalement l'ordonnancement en deux parties, cher à la tradition d'exposition de la doctrine française.*

Le plan bipartite se répandra ultérieurement sur quelques codes et lois brésiliennes de dimension importante, à l'instar du Code pénal, la codification commerciale de 1850 n'ayant toutefois pas suivi ce modèle.

*b. Les codes de commerce*

Le Code de commerce français de 1807 a suivi la forme employée auparavant par le Code civil: division en livres et titres avec une seule numérotation par articles. Le plan a reproduit la structure de l'Ordonnance de 1673, tandis que l'Ordonnance de 1681 aurait fondé le Livre II sur le droit maritime, du moins en ce qui concerne les aspects privés, les aspects publics de ce droit ayant été oubliés, même si une petite nouveauté avec l'assurance maritime a dû être reconnue[203]. Le Livre I était ainsi consacré au commerce en général; le Livre II au commerce maritime; le Livre III aux faillites et banqueroutes; le Livre IV à la juridiction commerciale. Avec ses 648 articles, il a été considéré comme un code assez bref et son plan stérile scientifiquement[204]. Son premier livre a été traité de «bric-à-brac» avec ses 189 articles[205]. Par ailleurs, son intitulé semblait suggérer que le reste du code serait consacré au commerce en particulier, ce qui n'a pas été le cas.

Le nouveau Code de 2000 comprend, dans sa partie législative neuf livres (articles «L»). Le Livre I s'intitule «Du commerce en général» et comporte les règles relatives aux actes de commerce, aux négociants, aux courtiers, aux commissionnaires, aux transporteurs, aux agents commerciaux et aux fonds de commerce. Le Livre II est dédié aux sociétés commerciales et aux autres groupements. Le Livre III est consacré à certaines conditions de la vente au consommateur, à la vente aux enchères et aux conditions d'exclusivité, alors que le Livre IV se consacre à la liberté des prix et à la concurrence. Dans le Livre V se trouve consolidé le régime de certains effets de commerce (lettre de change et billet à ordre) ainsi que le gage, le nantissement et le *warrant*[206]. Le Livre VI prévoit les règles applicables aux entreprises en difficultés. Depuis juin 2006, le Livre VII s'occupe des juridictions commerciales et de l'organisation du commerce, suivi du Livre VIII dédié à quelques professions réglementées, en réalité aux seuls administrateurs judiciaires. Le Livre IX comporte les dispositions relatives à l'outre-mer.

---

203 E. Richard, «Les sources et l'encadrement du droit des affaires», *op. cit.*, p. 102.

204 Ripert (G.) et Roblot (R.), *Traité de droit commercial, op. cit.*, n° 32.

205 Monéger (J.), «De l'Ordonnance de Colbert de 1673 sur le commerce...», *op. cit.*, p. 185.

206 Les textes concernant d'autres garanties comme le crédit-bail ou la cession de créances professionnelles sont intégrés au nouveau Code monétaire et financier.

Le Code de 2000 est complété d'une partie réglementaire, instituée par le décret 2007-431 du 25 mars 2007. Ce décret a recodifié, « à droit constant », les dispositions originaires de près de quatre-vingts textes réglementaires, tous désormais abrogés. Cette partie a suivi le plan de la partie législative du Code de commerce et les dispositions qu'elle contient sont précédées par « R » ou par « D », selon leur origine[207]. En élargissant considérablement les matières qu'elle couvre, la recodification commerciale de 2000 a été plus prétentieuse que celle de 1807, sans pour autant avoir réussi à réunir des lois particulières dans un plan rationnel[208]. Il en va ainsi, à titre d'exemple, du Livre III qui introduit « comme par mégarde » une partie du droit de la consommation et de la distribution dans le Code de commerce[209].

Le Code de commerce brésilien de 1850 comporte trois parties, à savoir : « Du commerce en général » (art. 1er-456), « Du commerce maritime » (art. 457-796), « Des faillites » (art. 797-913). Il y avait en plus un « Titre unique » portant sur l'« administration de la justice dans les affaires et causes commerciales ». Ce Code n'a pas adopté un plan binaire. Il a également évité une division trop détaillée et « hiérarchisée » des matières, ce qui a rendu difficile une meilleure reconnaissance et une rapide localisation de leur réglementation.

Le Code brésilien de 1850 se présentait ainsi à l'image du Code français de 1807. Seule la réglementation de la juridiction commerciale[210] manquait pour que le code brésilien lui soit équivalent sur un plan formel. En revanche, il semble l'avoir particulièrement suivi dans la composition de sa première partie, également intitulée « Du commerce en général ». À l'image du premier livre du Code français de 1807, la première partie du Code de commerce brésilien régissait dans ses 456 articles les commerçants, les livres de commerce et la comptabilité, les auxiliaires du commerce, les banquiers, les obligations et les divers contrats commerciaux, la lettre de change et le billet à ordre, les sociétés commerciales, entre autres. Comme pour le code français, l'intitulé de la première partie suggérait que le reste du Code serait consacré au commerce en particulier, ce qui n'a pas été le cas non plus. La similitude de forme du premier livre des deux codes ne révélait cependant pas les différences existant dans leurs contenus. À cet égard, alors que la réglementation des obligations et des contrats commerciaux est pratiquement inexistante dans le Code français de 1807, elle tenait une place prépondérante dans le Code brésilien de 1850, faute d'une réglementation de la matière lui précédant comme en France. Enfin, à l'époque de sa promulgation, le code brésilien présentait plus de dispositions normatives (913 articles) que le Code de commerce français (648 articles).

---

207 Les articles identifiés par un « R » correspondent à des dispositions relevant d'un décret en Conseil d'Etat, ceux identifiés par un « D » correspondent à des dispositions relevant d'un décret.

208 Ainsi, Ripert (G.) et Roblot (R.), *Traité de droit commercial*, *op. cit.*, n° 32.

209 *Ibidem.*

210 Réglementé par le *Regulamento* n° 738, du 25 nov. 1850, et abrogé par le Décret-loi n° 1608, du 18 sept. 1939, instituant l'ancien Code de procédure civile.

*c. Les codes de la consommation*

Pluridisciplinaires, autant le Code français de la consommation que le Code brésilien de protection du consommateur présente une structure reflétant la politique que l'État établit pour la protection du consommateur.

Le Code français de la consommation est organisé en deux parties : une législative et l'autre réglementaire, certaines annexes les complétant. La partie législative comporte 562 articles (« L »), organisés en cinq livres : Livre I : « Information des consommateurs et formation des contrats » ; Livre II « Conformité et sécurité des produits et des services » ; Livre III : « Endettement » ; Livre IV : « Les associations de consommateurs » ; Livre V : « Les institutions ». La partie réglementaire, codifiée par le décret du 27 mars 1997 (contient 541 articles « D » et « R »), suit le même plan que la partie législative.

Le CDC brésilien contient 119 articles distribués dans cinq titres. Le Titre premier, intitulé « Des droits des consommateurs », abrite les dispositions générales, celles destinées à la politique nationale des rapports de consommation, aux droits fondamentaux des consommateurs, à la qualité des produits et des services, à la prévention et à la réparation des dommages, aux pratiques commerciales, à la protection contractuelle ainsi qu'aux sanctions administratives. Le Titre deux est dédié aux infractions pénales, alors que le Titre trois apporte des règles et des mécanismes spécifiques à la protection individuelle et collective du consommateur dans le cadre de la procédure. Un quatrième titre s'occupe plus particulièrement du système national de protection du consommateur et un cinquième titre réglemente la convention collective de consommation, suivi de quelques dispositions transitoires.

**4. Le style des principaux codes**

Comparer le style d'aussi différents ensembles législatifs suppose d'abord définir ce qui caractérise le style législatif. Pour Claude Witz[211], celui-ci « est à la fois le degré de généralité des normes ou le recours à une réglementation tatillonne, la propension à l'abstraction ou aux situations concrètes, la précision ou la souplesse des normes, l'emploi de concept-cadres, ou encore l'élégance de la formulation ». L'élégance de la formulation est tributaire de la manière dont la langue est maniée et de la fonction structurante d'un discours propre à la discipline juridique qu'elle porte, le langage juridique.

La rédaction de l'ensemble des codes français avait pour principal objectif que la loi soit écrite et qu'elle soit claire pour que nul ne l'ignore. C'est par le principe de l'uniformité du droit privé que la simplicité et la clarté des textes de la loi se font affirmées. En ce sens, la loi du 5 juillet 1790 établit qu'« il sera fait un Code général de lois simples, claires, et appropriées à la Constitution ». La doctrine a pourtant relevé, au long de deux cents ans, des divers problèmes d'interprétation découlant de la simplicité ou de la rédaction approximative de certaines dispositions. Elle en fournit des exemples[212]. Tout d'abord, la simplicité contrastante du droit français de la responsabilité civile avec des droits nationaux voisins : alors qu'elle

211 Witz (Cl.), « Regards d'un juriste européen sur le nouveau Code civil brésilien », *op. cit.* p. 33.

212 Les exemples sont extraits de J.-F. Gerkens, *Droit privé comparé, op. cit.*, p. 83-85.

est organisée en cinq articles dans le Code civil (1382 à 1386), le BGB l'organise en 31 articles. Comme exemple de clarté, avec style et élégance, l'art. 2276, al. 1er du Code civil énonce: «*en fait de meubles, la possession vaut titre*». Cette rédaction est d'avantage source de questions que de réponses: entre autres, dans quelles conditions la possession constitue-t-elle un moyen de défense contre une *rei vindicatio*? Que faut-il entendre par possession? Le possesseur doit-il être de bonne foi? Qu'est-ce que la bonne foi? Quelles en sont les conditions? A quel moment la bonne foi doit-elle être établie? La version ancienne de l'art. 778[213] donnait l'exemple d'imprécision terminologique:

> *l'acceptation peut être expresse ou tacite: elle est expresse quand on prend le titre ou la qualité d'héritier dans un acte authentique ou privé; elle est tacite quand l'héritier fait un acte qui suppose nécessairement son intention d'accepter et qu'il n'aurait droit de faire qu'en sa qualité d'héritier.*

Bien que le mot *acte* soit utilisé deux fois, les deux occurrences revêtent des sens très différents: dans la première, c'est l'instrument qui est visé, tandis que dans la seconde, le *negotium*. Un manque d'éclairage résulte également des art. 1146 et 1147 relatifs à l'inexécution d'une obligation contractuelle: pour le premier, c'est la *cause étrangère* libératoire qui permet au débiteur de se dégager de sa responsabilité contractuelle, pour le second, ce sont la *force majeure* ou le *cas fortuit* qui relèvent le débiteur de sa responsabilité. Ce que le code ne fait pas c'est d'établir les liens entre les différentes réalités que ces phénomènes recouvrent, ou encore une éventuelle différentiation conceptuelle entre eux. L'existence même de ces difficultés a été prévue par les rédacteurs du Code civil: «le juge qui refuse de juger, sous prétexte du silence, de l'obscurité ou de l'insuffisance de la loi, pourra être poursuivi comme coupable de déni de justice» (art. 4).

Outre Atlantique, la tradition d'une partie générale extrêmement didactique est un trait caractéristique de la codification civile et de celles que ce modèle a influencées. Par là, on peut se rendre compte de l'importance du style pour le législateur brésilien. La longue durée de discussion et d'approbation du Projet de Code civil de 1916 l'illustre parfaitement: elle est due en grande partie à la vive controverse engagée entre le Sénateur Rui Barbosa et Clóvis Beviláqua, auteur du Projet de 1899, sur le langage et le style de celui-ci. À ce débat autour de la forme du texte ont pris part les grammairiens et philosophes du Brésil, d'où l'origine d'une vaste littérature sur ce sujet. Outre leur importance pour la fixation au Brésil de la langue écrite[214], ces ouvrages, ainsi que les débats au sein du Congrès, ont contribué à ce que le Code de 1916 ait un style amélioré et un langage plus simple et plus vigoureux[215].

La codification de 2002 n'a également pas échappé au souci de présentation des nouvelles règles, marquées cette fois-ci toutefois moins par les préciosités grammaticales que par la nécessité d'établir un ensemble cohérent et accessible. Ainsi, en raison du décalage entre le Code de 1916 et la société brésilienne actuelle,

---

213 Article modifié par loi n°2006-728 du 23 juin 2006. La nouvelle rédaction a entièrement reformulé l'ancienne et fait disparaître l'imprécision.

214 F. C. Pontes de Miranda, *Fontes e evoluções do direito civil brasileiro, op. cit.*, p. 84-85.

215 David (R.), «Le droit brésilien jusqu'en 1950», *op. cit.*, p. 85-86.

la commission mise sur pied pour élaborer le projet de nouveau Code civil avait la mission de présenter un texte plus opérationnel. Cette exigence visait à : éliminer les doutes liés à certaines incertitudes et controverses[216] ; supprimer des synonymes pouvant être source de confusion ; et établir des clauses générales, afin d'adapter le mieux possible le droit aux circonstances[217]. Tout en la modernisant, le nouveau Code n'a cependant pas rompu avec la technique de rédaction de la législation antérieure[218].

---

216 C'est notamment le cas des nullités. Avant l'entrée en vigueur du Code de 1916, les nullités étaient traitées par le *Regulamento* n° 737 du 25 novembre 1850 (Règlement instituant les actes de commerce et la justice consulaire) qui adoptait la division consacrée par la doctrine française entre les « *nullités absolues* » et les « *nullités relatives* ». Le Code de 1916 n'a cependant pas suivi cette division, en instituant les notions d'« *actes nulles* » et d' « *actes annulables* » (art. 145 à 158). Le nouveau Code civil de 2002 a retenu cette classification, tout en y apportant des précisions techniques par rapport aux dispositions du Code abrogé. Désormais, la matière est traitée dans les art. 166 à 184, du chapitre V, intitulé « *Da invalidade do negócio jurídico* » (« De l'invalidité de l'acte juridique »), qui appartient au Titre I (« *Do negócio jurídico* »), du Livre III (« *Dos fatos juríricos* ») de la Partie générale du nouveau Code. Du fait de cette classification « dualiste » on relève également deux régimes juridiques en la matière : soit on est en face des hypothèses d'« *actes juridiques nuls* » (art. 166 à 170), soit des hypothèses d'« *actes juridiques annulables* » (art. 171 à 184). La déclaration de la nullité de l'acte, qu'il s'agisse d'un acte nul ou d'un acte annulable, requiert toujours l'intervention du juge. Un autre exemple marquant est la réglementation distincte de la prescription (art. 189 à 206) et de la déchéance (art. 207 à 211), alors inexistante sous l'empire du Code 1916.

217 A l'instar de l'art. 113, selon lequel les actes juridiques doivent être interprétés selon la bonne foi et les usages du lieu de leur réalisation ; de l'art. 422, selon lequel les contractants sont tenus d'agir en bonne foi tant dans la conclusion que lors de l'exécution du contrat ; ou de l'art. 187, sur l'abus de droit, selon lequel « le titulaire d'un droit qui, en l'exerçant excède manifestement les limites imposées par sa fin économique ou sociale, par la bonne foi ou par les bonnes mœurs, commet ainsi un acte illicite ».

218 Wald (A.), « Le droit brésilien et le Code civil de 2002 », *op. cit.*, p. 22.
Gustavo Tepedino et Anderson Schreiber proposent pourtant une autre lecture de la technique législative du Code de 2002 : « l'innovation la plus valorisée du Code Civil de 2002 se trouve dans le changement de la technique législative employée dans le traitement des relations privées. Inspiré des exemples fournis par les statuts plus récents, 'le législateur emploie les clauses générales, abdiquant la technique règlementaire qui, sous l'égide de la codification, définit les types juridiques et les effets qui en découlent. Il revient à l'interprète de faire ressortir des clauses générales les incidentes fonctions qui se reflètent sur d'innombrables situations futures, dont quelques-unes n'ont même pas été prises en compte par le législateur, mais qui sont cependant soumises au traitement législatif prétendu, du fait qu'elles s'insèrent dans certaines situations-standards: la typification formelle donne lieu à des clauses générales, globales et ouvertes' ». (G. Tepedino et A. Schreiber, « Culture et droit civil : rapport brésilien », document accessible sur le site de l'association Henri Capitant à l'adresse http://www.henricapitant.org/sites/default/files/Bresil_Tepedino_et_Schreiber_.pdf (p. 7 du document mis en ligne). Ce rapport vient d'être publié *in Travaux de l'Association Henri Capitant, Tome LVIII – Droit et culture : journées louisianaises (19-23 mai 2008)*, Bruxelles : Bruylant, 2010, p. 87-98.

Un auteur[219] a relevé que « *les normes s'articulent en phrases courtes, dont le sens est généralement compréhensible dès la première lecture* », mais la légèreté de la réglementation confine parfois à l'imprécision, à l'instar de la nullité de clauses au sein des contrats d'adhésion, sur laquelle nous avons eu déjà l'occasion de mener une analyse plus spécifique[220]. Enfin, une modernisation terminologique était par ailleurs nécessaire dans la mesure où il a été reconnu par la doctrine que dès 1950 il y avait un droit civil propre au Code civil de 1916 et un droit civil résultant des lois postérieures et de la jurisprudence qui allaient « au delà du Code »[221].

Il est à noter avec Claude Witz[222] que les Codes civils français et brésilien se rejoignent sur ce qu'ils s'en tiennent aux lignes directrices de la codification. En effet, ainsi le voulait Portalis, pour qui

> *l'office de la loi est de fixer, par de grandes vues, les maximes générales du droit : d'établir des principes féconds en conséquence, et non de descendre dans le détail des questions qui peuvent naître sur chaque matière,*

ainsi l'a également voulu Miguel Reale, lorsqu'il énonça l'opérationnalité (cf. *infra* II. A. 2) comme un principe guidant la formulation de nombreuses règles, dont le réel contenu doit être dégagé par la concrétion plutôt que par un traitement législatif exhaustif ou détaillé de la matière.

En revanche, la notion de clause générale, telle qu'elle a été découverte et telle qu'elle est conçue en Allemagne et aujourd'hui au Brésil, n'existe pas en droit français. À ce propos, C. Jauffret-Spinosi[223] rappelle que cette notion peut néanmoins être rapprochée de certains concepts connus du droit français, tels les *principes généraux du droit*, la notion de *standard* et de la bonne foi, sans que pour autant on puisse connaître une équivalence entre ces différentes notions. Quoi qu'il en soit, la loi semble non rarement abandonner au juge la définition de certaines notions de portée tout à fait générale, comme celle d'*ordre public* inscrite aux art. 6 et 1133 *Civ.*

Quant à la codification commerciale, il est à noter que par manque de choix, le législateur brésilien a suivi la manière dont sont présentés encore de nos jours les articles dans les codes français, tant dans la façon de les rédiger que dans celle de les numéroter. En ce sens, les articles du Code de 1850 ne comportait aucun intitulé ni mentions marginales indiquant leur contenu[224]. Ils étaient parfois très longs et leurs alinéas comportaient plusieurs phrases sans numérotations.

---

219 Witz (Cl.), « Regards d'un juriste européen sur le nouveau Code civil brésilien », *op. cit.* p. 33-34.

220 Sur ce point, cf. Vieira da Costa Cerqueira (G.), « Garantias e exclusão da responsabilidade no novo direito brasileiro da compra e venda », *op. cit.*, p. 132-139.

221 Wald (A.), « Le droit brésilien et le Code civil de 2002 », *op. cit.*, p. 23.

222 Ainsi, Witz (Cl.), « Regards d'un juriste européen sur le nouveau Code civil brésilien », *op. cit.* p. 34.

223 Jauffret-Spinosi (C.), « Théorie et pratique de la clause générale en droit français et dans les autres systèmes juridiques romanistes », *in* S. Grundmann et D. Mazeaud (org.), *General Clauses and Standards in European Contract Law*, The Hague : Kluwer Law International, 2006, p. 23-39.

224 David (R.), « Le droit brésilien jusqu'en 1950 », *op. cit.*, p. 99-100.

Ils possédaient parfois un langage imprécis et polysémique[225], à l'exemple de l'art. 121 qui établissait que les règles civiles applicables aux contrats en général s'appliquaient également aux contrats commerciaux. Dans cette disposition, comme l'avait observé J.X. Carvalho de Mendonça[226], le mot « contrats » devait être compris comme « obligations », car à l'occasion le législateur brésilien avait repris l'expression employée par l'art. 1101 du Code civil français tout en voulant se référer à l' « obligation », dont le contrat n'est qu'une des sources.

Comme en France, la doctrine brésilienne partait également en défense de son code. Pour W. Ferreira :

> *Celui qui se propose de justifier l'ancienneté du code commercial brésilien n'a pas à chercher en lui l'autorité classique de la langue, qui évidemment lui manque. Manifeste est son langage. Limpide sa phrase. Clairs leurs dispositifs, écrits par des opérateurs et par des juristes qui se sont efforcés pour que la grande loi du commerce était à la portée de tous ceux qui se consacraient à l'activité professionnelle, médiateur entre l'offre et la demande de marchandises, aussi bien dans les marchés internes comme dans les marchés internationaux.*

Si nous constatons une divergeance entre le style des principaux codes français et brésilien, nous notons que la langue est en revanche un facteur de convergence très important des deux systèmes de droit privé : l'un et l'autre s'exprime dans des langues néo-romaines. Cette convergence est d'autant plus remarquable qu'une grande partie du vocabulaire juridique, notamment en droit privé, tend à une correspondance terminologique et à une similitude de contenus considérables, du fait de leur origine commune, le droit romain. Cette convergence révèle aussi l'existence de faux-amis ainsi que de nuances tout aussi non négligeables entre les institutions juridiques d'un côté et de l'autre de l'Atlantique, à l'instar de la *decadência* du droit brésilien : la portée juridique de ce terme ne saurait trouver son correspondant dans le mot « décadence », mais dans celui de « déchéance ». Nonobstant les spécificités terminologiques des deux systèmes[227], le comparatiste franco-brésilien les cernera avec plus d'aisance que s'il n'était en face des institutions sans correspondant dans son système d'origine, à l'instar de notions comme la *fondamental breach of contrat*, l'*estoppel* ou le *trust* de la Common law, ou la *Generalklausel* et le *Rechtsgeschäft* allemands, ces deux dernières étant étrangères au droit français, mais pas au droit brésilien.

---

225 Ferreira (W.), « O código comercial no século », *Rev. de direito mercantil*, vol. 1 (1951), p. 7-20, p. 9.

226 Carvalho de Mendonça (J. X.), *Tratado*, vol. VI, Iª parte, n° 254.

227 Un riche glossaire juridique français-portugais / portugais-français a été préparé par les rédacteurs des chapitres de l'ouvrage collectif publié au Brésil, sous la coordination de Morais da Costa (Th.), *Introdução ao direito francês*, *op. cit.*, p. 623-642 (vol. I) et p. 627-647 (vol. II).

## C. Intégration des systèmes de droit privé : l'articulation entre les codes

En abordant la réalité française, la doctrine semble être confrontée à un problème de cohérence dans le traitement des matières par les différents codes (1). Dans la réalité brésilienne, le souci semble être plutôt au stade de leur application, notamment en matière des obligations (2).

### 1. Difficulté de traitement législatif en France se répercutant sur le droit applicable

En dépit de la recodification commerciale en 2000, un certain nombre de règles appliquées au commerce en France doit être recherché dans le Code monétaire et financier ou dans le Code de la propriété intellectuelle. En revanche, le nouveau Code de commerce a incorporé plusieurs dispositions concernant non seulement le commerce et le commerçant, mais toutes activités économiques, telles que les règles sur les difficultés des entreprises et sur la concurrence. La répartition des matières entre différents codes peut sembler souvent artificielle, à l'instar de la réglementation des effets de commerce et des sociétés. Pour les premiers, les règles relatives aux lettres de change et aux billets à ordre sont disposées dans le Code de commerce, tandis que celles sur le chèque et d'autres instruments de paiement se trouvent dans le Code monétaire et financier. Les règles régissant les sociétés commerciales sont réparties entre ce dernier et le Code de commerce et le Code civil. Cette dispersion entraîne des difficultés quant au droit applicable, notamment aux rapports soumis à des différentes connexions extérieures au droit commercial.

Ainsi, lorsque le juriste français consulte les codes pour des questions commerciales, il est confronté, dans la plupart des cas, à leur insuffisance quant au droit applicable. La fragmentation requiert attention. Les exemples les plus significatifs sont les contrats commerciaux, dont le régime est en grande partie tributaire du Code civil[228] et de la jurisprudence interprétant ses dispositions. Il n'est pas rare non plus que le juriste ait à prendre en considération le Code de la consommation ou le Code de l'artisanat, ainsi que les règles européennes non codifiées. Inversement, certaines formes de ventes aux consommateurs, comme les liquidations, les ventes au déballage, les soldes et les ventes en magasins d'usine, sont réglementées dans le Code de commerce (art. L. 310-1 à L. 310-7) et non dans le Code de la consommation.

Cette fragmentation du traitement des matières exige une articulation entre les principaux codes de droit privé. Pour Laurent Leveneur[229], elle repose pour l'essentielle sur la précision du champ d'application des dispositions de chacun d'entre eux et non sur une interaction pour ainsi dire fonctionnelle entre eux, à l'exception de celle partiellement nécessaire avec le Code civil. Ainsi, afin de ventiler le droit des contrats, l'auteur[230] propose que le Code civil demeure le réceptacle commun de droit privé. En matière contractuelle, sa vocation est de

228 Le Code civil consacre 120 articles à la vente, parmi les 800 articles concernant la matière contractuelle. Il semble naturel que, dans ce domaine, le Code de Commerce se présente comme une exception au droit civil.

229 Leveneur (L.), « Code Civil, Code de commerce et Code de la Consommation », *op. cit.*, p. 82.

230 *Idem*, p. 82.

révéler toutes les règles qui s'appliquent, quelle que soit la qualité des contractants, ce qui couvre la théorie générale des contrats ainsi que les matrices des principaux contrats: vente, mandat, dépôt, prêt etc. L'interaction fonctionnelle résulte de cette vocation universelle de la loi civile et du respect qu'elle impose aux règles spécifiques, aux transactions commerciales établies par les lois relatives au commerce (art. 1107, al. 2 *Civ*). Ce principe vaut également pour les sociétés, auxquelles s'appliquent des règles spéciales qui, édictées pour des raisons de forme ou de l'objet de la société, disposent de manière distincte de la loi civile (art. 1834 *Civ*). Toujours pour cet auteur[231], le Code de Commerce a vocation à regrouper les règles spécifiques aux contrats entre les commerçants et plus largement entre les professionnels. En effet, on y trouve actuellement les dispositions sur la clause d'exclusivité (art. L. 330-1 s. *Co*)[232] ou les règles concernant l'équilibre contractuel et qui sanctionnent la pratique restrictive de la concurrence (art. L. 442-1 s. *Co*). Le Code de la consommation quant à lui doit réunir les règles spécifiques aux contrats entre professionnels et consommateurs.

Toutefois, ces clefs de répartition ne sont pas toujours respectées. Deux exemples l'illustrent. Tout d'abord, la codification de la loi sur l'usure du 28 déc. 1966 dans le Code de la consommation en 1993 aurait été mieux atteinte si elle avait été intégrée dans le Code civil, parce que l'exigence de mention de taux effectif global et la limitation du taux d'intérêt s'appliquent à tout prêt, indépendamment de la qualité des parties contractantes[233]. En second lieu, les règles sur les ventes au déballage, les soldes, les liquidations, les ventes en magasins d'usine, inscrites dans le Livre III du Code de commerce (art. L. 310-1 à L. 310-7) seraient en meilleure position dans le Code de la consommation, car il s'agit avant tout, sinon exclusivement, de dispositions relatives à des ventes entre professionnels et consommateurs. En revanche, la réintroduction de la régulation de la justice commerciale dans le Code de commerce en 2006 est un bon exemple de la distribution et de l'organisation de la matière au sein de la codification commerciale.

L'inobservance des clefs de répartition des matières ne contribue en aucun cas à la lisibilité et la cohérence du droit privé et elle peut mettre en cause l'efficacité des codifications menées par le Gouvernement français au cours de la dernière décennie.

#### 2. Difficulté de définition du champ d'application des dispositions codifiées au Brésil

Au Brésil, une articulation entre les principaux codes est nécessaire, car l'avènement du nouveau Code civil n'a pas dérogé aux dispositions spéciales du Code de protection des consommateurs. À ces dispositions peuvent concurrencer celles du nouveau Code civil, tant *ratione materiae* que *ratione personae*[234].

231 *Ibidem*, p. 82.

232 Cf. la contribution de R. Ribeiro Oertel dans la seconde partie de cet ouvrage.

233 Leveneur (L.), «Code Civil, Code de commerce et Code de la Consommation», *op. cit.*, p. 90.

234 Un bon exemple du besoin d'articulation est l'application de la règle autorisant la levée du voile social, prévue dans les deux codes sous des conditions fort différentes. Voir notre contribution dans la seconde partie de cet ouvrage.

Dans la perspective d'un « dialogue » entre le Code civil et le CDC, Cláudia Lima Marques a suggéré trois articulations, notamment en matière des obligations et des contrats[235]. La première articulation possible est l'*articulation systématique de cohérence*, par laquelle le Code civil peut servir de base conceptuelle pour les lois spéciales, apportant, si nécessaire, des définitions légales. Ensuite, une *articulation de complémentarité* et *de subsidiarité* pourrait avoir lieu, les règles spéciales s'appliquant en premier. Enfin, une *articulation de coordination* ou *d'adaptation systématique* est proposée, car les influences ont un double sens. Notons, toutefois, que ces influences provoqueraient deux types de résultat : en partant des lois spéciales vers le Code Civil, les influences seraient peu concrètes, en raison du nombre réduit d'interprétation et de concrétisation dont les dispositions spéciales ont fait l'objet. Dans le sens inverse, il surgit une indéfinition, car les délimitations qui résultent de l'application des dispositions du Code civil pourraient contribuer à une réduction considérable du champ d'application du CDC, à l'instar de l'application aux relations de consommation de l'art. 50 CC/02 sur la levée du voile social ou de l'art. 424 CC/02 sur la nullité des clauses de contrats d'adhésion, beaucoup plus restrictives quant aux conditions d'application que les dispositions correlatives prévues par le CDC.

Des telles difficultés renforcent la nécessité d'articulation entre ces deux codes et révèlent la valeur des différents dialogues proposés par Cláudia Lima Marques qui, associés à d'autres techniques d'herméneutique, devront conduire à une solution appropriée de composition entre les différents textes régissant une même institution. Une solution appropriée serait l'utilisation d'un *dialogue d'application simultanée* dans le cadre d'une *articulation de coordination ou d'adaptation systématique* pour distinguer les champs respectifs d'application des dispositions civiles et spéciales[236]. Dans ce cas, comme le suggère l'auteur, les différentes dispositions composant le régime juridique d'une institution, comme celles sur les clauses abusives, seraient utilisées comme argument pour révéler qu'il s'agit d'un cas différent, pour être alors ensuite écartées au bénéfice d'une seule règle[237]. À notre avis, si cette articulation a pour effet de réserver pour une même institution un régime juridique pluriel, elle contribue néanmoins à une harmonie fonctionnelle du système en surmontant les divergences et le manque de cohérence pouvant résulter d'une pluralité des sources.

## II. Principes cardinaux du droit privé

Il s'agit ici de faire un tour d'horizon des principes structurant l'élaboration des principaux codes des deux pays (A) et de rappeler les lignes directrices de leur droit des contrats (B). Il convient également de mettre en évidence certains

235 Lima Marques (C.), « Três diálogos entre o Código de Defesa do Consumidor e o Código Civil de 2002 : superação das antinimias pelo 'diálogo das fontes' », in Pfeiffer (R. A. C.) et Pasqualotto (A) (org.), *Código de Defesa do Consumidor e o Código Civil de 2002*, São Paulo : RT, 2005, p. 11-82.

236 *Idem*, p. 47-48

237 En ce sens, STF, Pleno, SEC 5.847-1, j. 01.12.1999, *Revista do direito do Consumidor*, vol. 34 (2000), p. 253-263.

phénomènes actuels engendrant une modulation du droit privé français et brésilien (C).

## A. Principes à portée structurante du droit privé

Lorsque le comparatiste prétend dépasser l'état de la connaissance de la structure formelle d'un droit privé pour mieux connaître ses institutions, il doit identifier au préalable les principes structurant de l'ordre juridique en question (1). Ces principes peuvent être enrichis par une politique législative ou par une codification orientée. À cet égard, le nouveau Code civil brésilien est un exemple illustratif (2).

### 1. La portée des principes structurants

Que doit-on entendre par principes structurants? La réponse n'est pas évidente et tend toujours vers la notion de principes généraux du droit. Doivent-ils cependant être confondus ou assimilés? Même si certains principes peuvent aisément cumuler les deux positions, les principes structurants ne doivent pas être confondus avec les principes généraux du droit. Nous estimons qu'un principe structurant peut jouer le rôle, d'ailleurs toujours controversé et à définir[238], d'un principe général du droit, tandis que l'inverse nous semble moins certain.

Les principes ayant une portée structurante sont ceux qui soutiennent l'édifice juridique et autour duquel une série d'institutions et de régimes juridiques se justifient et se développent, à l'instar du primat de la propriété. C'est Portalis qui nous indique *« que le corps entier du Code civil est consacré à définir tout ce qui peut tenir à l'exercice du droit de propriété ; droit fondamental sur lequel toutes les institutions sociales reposent !»* C'est ainsi que le primat de la propriété, à côté de la famille, du contrat et de la responsabilité, est un principe structurant du droit privé, en l'occurrence français et brésilien, autour duquel s'articule l'ensemble du droit civil[239].

La méthode de distinction pourrait alors être ainsi formulée : si l'on écarte du système juridique un principe structurant, cela provoque des changements fondamentaux au sein de ce système. De la même manière, si des nouveaux contours sont apportés à un principe structurant, cela se reflétera à l'intérieur du système. Par exemple, depuis 1988, l'exercice du droit de la propriété en droit brésilien est soumis à l'exigence de la fonction sociale de la propriété. Cette méthode de distinction part d'une non-considération fictive d'un principe comme facteur engendrant sinon la disparition, du moins des mutations considérables d'une série d'institutions et de leurs régimes juridiques. La disparition ou la mutation d'un principe général du droit ne produirait pas forcément ce genre d'effet tout au pire, d'une telle dimension.

---

238 Tant la nature et la fonction que la classification (Rippert, Josserrand, Gény et Carbonnier et Ghestin) des principes généraux du droit privé font débat en doctrine, certains niant même leur existence (c'est le cas de René RODIÈRE, « Les principes généraux du droit privé français », *RIDC* 1990, n° spécial - vol. 2, p. 309-317).

239 Cf. HALPÉRIN (J.-L.), *Histoire des droits en Europe de 1750 à nos jours*, *op. cit.*, p. 20, p. 25. Pour une belle étude avec une dimension comparatiste : LEMOALLE (É.), « Le droit civil », in *Introduction au droit brésilien*, *op. cit.*, p. 271-293.

D'autre part, la classification d'un principe structurant dépend (et peut varier en fonction) de son importance au sein du système juridique. Prenons l'exemple du *principe du consensualisme*, principe cher au droit français des obligations[240] : il ne saurait être un principe structurant du droit privé français pris dans son ensemble, car sa disparition ou sa mutation conceptuelle ne provoquerait pas la suppression du régime de formation du contrat, ni de celui de transfert de la propriété et du risque, le droit privé demeurant structurellement inchangé par rapport à ce qu'il était auparavant. En revanche, on pourrait considérer le consensualisme comme un principe structurant du système de droit privé dans l'une de ses composantes : les obligations. Sa disparition, ou plutôt sa substitution par le principe du formalisme, engendrerait des conséquences non négligeables à l'intérieur du micro système des obligations et des contrats, à l'instar du régime de nullités.

En revanche, on voit mal le principe du consensualisme comme un principe général du droit, d'où l'impropriété des assimilations. On pourrait même faire de la spéculation, en attribuant à un principe une fonction structurante du droit privé pris dans son ensemble en raison du degré structurant du domaine juridique (obligation, famille etc.) à l'intérieur duquel il joue un rôle structurant… limitons-nous là cependant.

Il y aurait donc des principes structurants relatifs au droit privé pris dans son ensemble, ainsi que ceux restreints à certains domaines. Les principes de la laïcité, de l'égalité, de la liberté individuelle, de la responsabilité, ainsi que le primat de la propriété et les principes de la libre circulation de biens et de services et de liberté économique ont cette portée structurante, car ils constituent l'axe autour duquel tout le droit privé français et brésilien s'emboîte et s'articule. La valeur absolue et le contenu de ces principes ont été peu à peu relativisés ou redéfinis au sein des deux ordres juridiques. L'œuvre de la jurisprudence et du législateur au fils du temps, maintes fois sous l'impulsion de la doctrine, a bien rendu le droit privé un terrain mouvant, où l'individualisme, le libéralisme, l'égalité formelle et le formalisme ont dû céder la place au respect de la dignité des personnes et à l'individu ou au groupe d'individus dans leur dimension privée et sociale, à l'équilibre effectif dans les rapports juridiques, à la (dés)égalité matérielle des parties à un contrat, à l'égalité affirmée entre femmes et hommes au sein d'un couple, non nécessairement sacré par le mariage, à l'égalité des enfants (adultérins, naturels et légitimes, notamment sur le plan successoral), ainsi qu'à des considérations liées à l'environnement ou au comportement des parties dans leur rapport contractuel, à l'instar de la bonne foi objective ou de la confiance légitime créée chez le partenaire.

Des spécificités relatives à l'efficacité de ces principes peuvent également exister. Deux exemples illustrent bien les nuances qui peuvent se trouver au sein des deux ordres juridiques concernés. Tout abord, la laïcité appliquée au mariage. Sur le plan de la forme, le mariage laïc (devant un officier d'état civil) est la règle en droit français et en droit brésilien (art. 165 *Civ* et art. 1512 CC / 02). Il peut être ou non suivi d'une cérémonie religieuse. Le mariage religieux n'intéresse donc

240 Au Brésil, le transfert entre vifs de la propriété des biens meubles dépend de la tradition (art. 1226 CC / 02), tandis que celui des biens immeubles de l'inscription au registre immobilier des titres d'acquisition (art. 1227 CC / 02).

en principe pas l'État, qui organise l'union entre hommes et femmes sur d'autres considérations et admet, contrairement à certains sacrements, sa dissolubilité par le divorce. Toutefois, le droit brésilien consent que le mariage religieux qui respecte les exigences faites par la loi en ce qui concerne la validité du mariage civil produira les mêmes effets que ce dernier, pourvu qu'il soit enregistré, à partir de la date de sa célébration (art. 1515 CC/02; art. 226, §2 CF). En France, la jurisprudence considère que le mariage purement religieux célébré en France ne produit aucun effet en France[241], la cérémonie religieuse ne pouvant en aucun cas se substituer valablement à la cérémonie civile[242]. Par ailleurs, le mariage religieux doit être obligatoirement précédé par le mariage civil, sous peine d'amende ou d'emprisonnement à l'encontre du ministre du culte qui contreviendrait à la règle, conformément à l'art. 433-21 du Code pénal français[243].

Le second exemple concerne le primat de la propriété. En France, le droit à la propriété est inscrit dans la Déclaration des Droits de l'Homme du Citoyen de 1789 comme un droit naturel et imprescriptible (art. 2) et le Code civil le reconnaît comme un droit absolu, dont les seules limitations admises doivent résulter de la loi (art. 544). C'est particulièrement le cas lorsqu'il s'agit de mettre en œuvre des garanties constitutionnelles, comme la possibilité, pour toute personne, de disposer d'un logement décent, ou le droit de vivre dans un environnement équilibré et respectueux de la santé. Il ne faut cependant pas que la démarche entreprise par le législateur ait un caractère de gravité tel que le sens et la portée du «*droit de jouir et disposer des choses de la manière la plus absolue*» en soient dénaturés. Au Brésil, la Constitution de 1988 inscrit également la propriété comme un droit fondamental (art. 5) en ce sens qu'elle est inviolable, mais détermine qu'elle réalise sa «fonction sociale» (art. 5, XXIII et 170, III). Ceci justifie l'augmentation progressive des taxes foncières sur les propriétés urbaines en fonction de leur valeur ou d'une différentiation du montant de la taxe en fonction de la localisation ou de l'usage auquel l'immeuble est destiné (art. 156, § 1), la détermination que la propriété urbaine soit en conformité aux exigences fondamentales de la politique d'aménagement urbain (art. 182, § 2) ou la désappropriation de l'immeuble rural afin de procéder à la réforme agraire (art. 184, § 2), ou encore l'exigence, selon les critères et exigences établis par la loi, d'utilisation rationnelle et adéquate de la propriété rurale, en respectant les ressources naturelles disponibles, l'environnement et les dispositions qui réglementent les relations du travail de sorte à favoriser le bien-être des propriétaires et des travailleurs (art. 186). Le Code civil brésilien exige, à sont tour, que la propriété soit

> *exercée en conformité avec ses finalités économiques et sociales et de façon à ce que soient préservés la flore, la faune, les beautés naturelles, l'équilibre écologique et le patrimoine historique et artistique, et que soit évitée la pollution de l'air et des eaux, conformément à ce que établi par des lois spéciales* (art. 1228, § 1).

---

241 CA Paris, 8 déc. 1992, *D.* 1994, p. 272.

242 Cass. 1re civ., 09 oct. 1991, *Rev. crit. DIP*, 1992, p. 61.

243 Il est à noter toutefois que selon l'art. 171-1 *Civ*, le mariage célébré à l'étranger entre Français, ou entre un Français et un étranger, est valable en France s'il a été célébré dans les formes usitées dans le pays de célébration, ce qui comprend, notamment, le mariage purement religieux.

À la différence du droit français, le caractère absolu de l'exercice de la propriété n'a pas été expressément consacré par la loi au Brésil. Il est soumis aux exigences imposées par le *principe de sociabilité* qui axe désormais le droit privé brésilien[244]. La rédaction de l'art. 1228, § 1, *in fine*, du CC/02 laisse cependant supposer que les limitations du droit de propriété visant à mettre en œuvre la fonction sociale de la propriété, y compris l'entreprise, ne peuvent résulter, cette fois-ci à l'image du droit français, que de la loi (*« conformément à ce que établi par des lois spéciales »*). Mais rien n'est moins sûr. L'art. 1228, § 1 constitue une clause générale, moyen d'expression par excellence des nouvelles valeurs innervant le droit privé brésilien, lesquelles devront être concrétisées et par les juristes et par les juges lors de leur application, comme nous le verrons par la suite.

**2. Les principes structurants et les paradigmes de la codification (suite) : l'exemple de la nouvelle codification civile brésilienne de 2002**

Bien que le nouveau Code civil soit l'aboutissement d'un projet précédant l'ouverture politique du pays en 1985 et la Constitution de 1988, il s'est doté des principes fondamentaux pouvant contribuer à la réalisation des objectifs constitutionnels, notamment la construction d'une société libre, juste et solidaire (cf. l'art. 3, I CF). Ces principes fondamentaux sont ceux que Miguel Reale[245] appelle l'*eticidade* (les valeurs éthiques), la *sociabilidade* (sociabilité) et l'*operacionalidade* (opérationnalité), dont découleraient tous les autres principes[246].

L'*eticidade* est le principe qui a permis au législateur de 2002 de dépasser l'attachement de l'ancien Code de 1916 au formalisme juridique. Il s'agit de *« reconnaître l'indéclinable participation des valeurs éthiques dans l'ordonnancement juridique »*. L'abondant recours à des *concepts flexibles* ou à des *expressions floues*, dont certaines constituent des clauses générales, donnent lieu à l'ouverture du système et son irrigation par les valeurs éthiques. Le système des *clauses générales* permet la création des modèles juridiques herméneutiques et par conséquent l'actualisation continue des textes légaux[247]. La *sociabilidade* s'impose face à l'individualisme excessif de l'ancien Code de 1916, édicté dans le cadre d'une société essentiellement rurale. Avec une population essentiellement urbaine aujourd'hui, il est apparu important d'insérer un critère de *sociabilité* dans les rapports juridiques, dont la *fonction sociale du contrat* (art. 421) et la *fonction sociale de la propriété* (art. 1228) sont les illustrations les plus fidèles du paradigme de la sociabilité[248]. L'*opérationnalité* se révèle à travers l'idée d'offrir au milieu juridique un code accessible et compréhensible, dont l'interprétation et l'application devraient être rendues faciles. Pour cela, outre les clauses générales

244 Il est à noter que l'art. 5 LICC/42 établit que « lorsqu'il applique la loi, le juge tiendra compte des fins sociales auxquelles elle se destine et les exigences du bien commun ».

245 REALE (M.), « Visão Geral do novo Código Civil », *op. cit.*, p. IX *sq.*

246 Ainsi la protection de la personne (art. 11 s.), l'unification du droit des obligations (art. 233 s.), l'édification du droit de l'entreprise (art. 966 s.), entre autres.

247 REALE (M.), « Visão Geral do novo Código Civil », *op. cit.*, p. XII.

248 *Idem*, p. XIII-XIV.

distribuées un peu partout dans le code[249], on a conservé la structure bipartite du plan avec une partie générale extrêmement didactique et remplie de définitions légales. Enfin, l'*opérationnalité* contient également un *principe de concrétude* (*concrétude / concrétitude*) qui a imposé au législateur l'obligation d'édicter des règles fondées sur des circonstances sociales concrètes et non éloignées des faits sociaux composant l'environnement des justiciables[250].

De par leur importance, ces nouveaux paradigmes ou principes fondamentaux agissent sur les principes structurants du droit privé brésilien de manière à provoquer sinon une refonte de certaines institutions et droits, du moins à conditionner largement leur exercice à l'observance des nouvelles exigences qu'ils établissent à l'instar de l'exercice du droit de propriété (cf. *supra*, II. A. 1). Bien que ces nouveaux paradigmes aient guidé l'élaboration du Code civil de 2002, ils concernent également la codification du droit de la consommation[251], dans la mesure où cette dernière en est l'expression en elle-même.

### B. Nouvelles lignes directrices du droit des contrats : vers une justice contractuelle

Alors même qu'on assiste à une contractualisation renforcée du droit, où *« le centre de l'organisation de la société [se déplace] de la loi vers le contrat »*[252], un mouvement mettant l'accent sur l'intérêt social du contrat vient perturber les postulats traditionnels de la *liberté contractuelle*, de la *force obligatoire des conventions* et de l'*effet relatif du contrat* pour les adapter aux nouvelles exigences résultant de *la diminution de la part des liens prescrits au profit des liens consentis*[253]. Il y a plus particulièrement un changement de la vision du contrat, appelé à devenir plus que jamais un véritable instrument de justice économique, voire sociale. Il s'agit de dépasser le seul intérêt des parties et de leur imposer, en même temps, un devoir de coopération, sans pour autant aller jusqu'à rendre le contrat un véritable « instrument d'efficacité économique », quoiqu'il puisse y contribuer lorsqu'on admet la détermination unilatérale du contenu du

---

249 Voir le vaste catalogue élaboré par Martins-Costa (J.), *Comentários ao novo Código civil*, vol. 5, Rio de Janeiro : Forense, 2005, p. 11-13.

250 Reale (M.), [chapitre 1], in A.H. Ferreira (dir.), *O novo Código Civil. Discutido por juristas brasileiros*, Campinas : Bookseller, 2003, p. 27-61, p. 36 *sq* ; Schmidt (J.P.), *op. cit.*, p. 337.

251 Lima Marques (C.), « A chamada crise do contrato e o modelo de direito privado brasileiro : crise de confiança ou de crescimento do contrato », *op. cit.*, p. 17-86.

252 Jauffret-Spinosi (C.). « Le contrat – Rapport de synthèse », in *Le contrat*, Travaux de l'Association Henri Capitant, Journées brésiliennes, tome LV (2005), SLC, 2008, p. 1-22, p. 3.

253 L'expression est empruntée à Jauffret-Spinosi (C.). « Le contrat – Rapport de synthèse », *op. cit.*, p. 3.

contrat[254] ou la résolution unilatérale du contrat[255]. Ce mouvement très répandu en droit comparé se fait fortement sentir en France et au Brésil. Les rapports qui suivent dans la seconde partie de cet ouvrage en rendent compte de manière plus spécifique et détaillée. Nous nous limiterons ici à en donner un bref aperçu.

Alors qu'une vocation sociale et solidaire du contrat est explicitement affirmée par le législateur brésilien (1), en France elle se désigne plutôt par la plume des juges et de la doctrine que du législateur, qui n'y est pour autant pas indifférent (2). Les deux modèles convergent toutefois quant il s'agit de la protection du consommateur (3). En tout état de cause, en cas de défaillance des parties[256] ou de la loi, c'est le rôle d'intervention du juge dans le contrat qui est en jeu, car pour le rendre juste, aussi bien économiquement que moralement et aussi bien à l'égard des parties que des tiers, il faut bien pouvoir le modifier.

**1. Relativisation des postulats contractuels classiques « à la brésilienne »**

Dans les domaines intéressant le contrat, le Code civil de 2002 prévoit de nombreuses clauses générales, à l'instar des art. 113 et 422, sur la *bonne foi*, de l'art. 421, sur la *fonction sociale du contrat*, de l'art. 478, sur *l'onérosité excessive*, de l'art. 1228, §1, sur la *fonction économique et sociale de la propriété*, ou encore de l'art. 187, sur l'*abus de droit*. Toutes ces innovations ont vocation à révolutionner les postulats classiques du droit des contrats et à imposer un traitement égalitaire des intérêts intégrant aussi bien la sphère du créancier que du débiteur[257]. Nombre de ces solutions ont été dégagées par la jurisprudence avant la codification de 2002[258].

---

254 Cf. Cass. Ass. Plén., 1er décembre 1995, *D.* 1996, note L. Aynès; *Rev. Dr. Affaires* 1996, n° 1, p. 4, note A. Laude; *Défrenois*, 1996, p. 747, obs. Ph. Delebecque; *JCP* G, 1996 II 22565, obs. J. Ghestin; *JCP* E, 1996 II 776, obs. L. Leveneur; *LPA* 27 déc. 1995, p. 11, note D. Bureau et N. Molfessis; *RJDA*, 1996, p. 5, M. Frison-Roche; *RTDciv* 1996, p. 153, obs. J. Mestre.
En droit brésilien, l'admission de la détermination unilatérale du contenu du contrat est possible, mais sous contrôle en cas des contrats d'adhésion (art. 424 CC / 02). L'art. 489 CC / 02 prévoit la nullité du contrat lorsque la fixation du prix est laissée à l'appréciation exclusive d'une des parties.

255 Cass. 1re civ., 13 octobre 1998, *D.* 1999, p. 197, note C. Jamin et somm. Comm., p. 115, obs. P. Delebeque; *Défrenois* 1999, 374, obs. D. Mazeaud; *RTDciv.* 1999, p. 374, obs. J. Mestre; 20 février 2001, *D.* 2001, p. 1568, note C. Jamin et som. Comm., p. 3239, obs. D. Mazeaud; *Défrenois*, 2001, p. 705, note E. Savaux; *RTDciv* 2001, p. 363, obs. J. Mestre et B. Fages; et 14 janvier 2003, *Défrenois*, 2004, p. 378, obs. R. Libchaber; *RDC* 2004, p. 2777, obs. D. Mazeaud.
En droit brésilien, le contrat inexécuté est résolu de plein droit en présence d'une clause résolutoire expresse (à l'image du droit français), mais dépend d'une décision judiciaire lorsque cette clause est tacite (art. 474 CC / 02).

256 À l'instar de l'absence d'une clause de modification ou de renégociation dans le contrat de longue durée ou même d'une telle démarche même en l'absence d'une clause contractuelle contraignante en ce sens.

257 Martins-Costa (J.), « A boa-fé objetiva e o adimplemento das obrigações, *JB* 200, p. 3-39, p. 20-21.

258 À l'instar de la bonne foi : le nouveau Code civil a incorporé la règle de l'ancien art. 131, al. 1 du Code de commerce de 1850, selon laquelle le contrat doit être

La *bonne foi objective* (art. 422) attribue à la *bonne fides* une valeur autonome, sans rapport avec la volonté des parties[259]. Elle dépasse le dogme de l'autonomie de la volonté lorsqu'elle reconnaît des nouvelles obligations entre les contractants[260] qui s'ajoutent implicitement au contrat (telles les obligations d'information, de transparence, de loyauté et de coopération)[261]. Il en va de même lorsque la bonne foi établit des limites à l'exercice des droits subjectifs, en interdisant, par exemple, l'abus de droit, dont la constatation est indépendante de la faute (art. 187)[262]. Le *principe de l'équilibre du contrat* bouleverse à son tour le principe de la force obligatoire des conventions en permettant la révision ou la résolution des contrats lors de la «disparition du fondement contractuel» (art. 317, 478 et 479) ou en cas lésion (art. 157)[263]. Il est remarquable de noter que si le Code civil de 1916 ne disposait pas sur la lésion, le Code de commerce de 1850 quant à lui interdisait tout simplement la rescision du contrat de vente conclu entre commerçants au motif d'une lésion, sauf en présence d'un vice de consentement rendant le contrat inéquitable (art. 220). Le nouveau Code civil dispose encore que la *«liberté de contracter sera exercée en raison et dans les limites de la fonction sociale du contrat»*. Cette nouvelle approche sociale permet la relativisation du principe de l'effet relatif des contrats, en imposant des effets contractuels au-delà du convenu entre les parties. Par la fonction sociale, le respect au contrat devient opposable aux tiers[264], en même temps que les contractants doivent respecter les titulaires d'intérêts socialement valorisés, éventuellement touchés par le rapport contractuel[265].

---

interprété selon la bonne foi des parties. Avant cette incorporation, la jurisprudence avait comblé cette lacune existante dans le Code civil de 1916. Voir les décisions du STJ: *Resp. n.º 52075/ES, Industrial Malvina S.A. v. Coopersanto Industrial S.A., DJ* du 21.11.1994, p. 34352; *Resp. n.º 72482/SP, Condomínio Edifício Orion v. Estrutura Incorporadora e Construtora Ltda, DJ* du 08.04.96, p. 10474; et *Resp. 406590/PR, Cerâmica Porto Ferreira Ltda v. Casagrande Pisos Cerâmicos Ltda, DJ* du 16.09.2002, p. 00194. Cf. Couto e Silva (C.V.), *A Obrigação como processo*, São Paulo: Bushatsky, 1976; Martins-Costa (J.), *A boa-fé no direito privado*, São Paulo: RT, 1999.

259 Couto e Silva (C.V.), «O princípio da boa-fé no direito brasileiro e português», in *Estudos de direito civil brasileiro e português (I Jornada Luso-Brasileira de Direito Civil)*, São Paulo: RT, 1980, p. 41, p. 54.

260 Aguilar Vieira (I.), «Deveres de Proteção e Contrato», *Revista dos Tribunais*, vol. 761 (1999), p. 68 *sq*.

261 Tepedino (G.), «Novos princípios contratuais e teoria da confiança: a exegese da cláusula "to the best knowledge of the sellers», *Revista Forense*, vol. 377, p. 237 *sq*, p. 243.

262 Ainsi, l'énoncé n° 37, approuvé lors de la Ire Journée de droit civil (CEJ/CJF) – cf. *supra*, III. A. 2.

263 Cf. Junqueira de Azevedo (A.), «Rapport brésilien. La révision du contrat», in *Le contrat*, Travaux de l'Association Henri Capitant, Journées brésiliennes, t. LV (2005), SLC, 2008, p. 466-481.

264 Ainsi l'énoncé n° 21, approuvé dans le cadre de la Ire Journée de droit civil (CEJ/CJF) cf. *supra*, III. A. 2.

265 Tepedino (G.), «Novos princípios contratuais e teoria da confiança...», *op. cit.*, p. 242.

La doctrine a remarqué qu'un paradoxe existe désormais entre le renouveau du contrôle étatique des contrats et de la propriété, rendu possible par le biais de ces clauses générales, et le fort caractère néolibéral qui imprègne le continent américain[266]. Ce paradoxe est d'autant plus remarquable qu'à côté de ces clauses générales intervient une règle générale d'ordre public extrêmement contraignante, selon laquelle les conventions, même celles valablement constituées sous l'empire des lois abrogées, ne prévalent pas lorsqu'elles portent atteinte aux dispositions d'ordre public établies en vue d'assurer la *fonction sociale du contrat et de la propriété* (art. 2035, § unique CC / 02)[267]. Erigés en normes d'ordre public et d'intérêt social, ces principes sont appliqués d'office par le juge à tout instant du procès[268].

Il est donc permis de s'interroger sur le sort des contrats, auparavant qualifiés de commerciaux, lorsque ceux-ci seront mis à l'épreuve des principes fondamentaux du nouveau Code, notamment celui de la *fonction sociale du contrat* et *celui de la fonction sociale de la propriété*[269].

**2. Relativisation des postulats contractuels classiques « à la française »**

Le droit français commun des contrats n'a pas connu les mêmes transformations législatives qu'a connues le droit brésilien, malgré la crise qu'il rencontre[270]. Le comparatiste ne trouvera dans le Code civil aucune disposition similaire à celle de l'art. 421 (fonction sociale du contrat) ou des art. 478 et 479 combinés avec l'art. 317 (onérosité excessive) du Code civil brésilien. La bonne foi quant à elle fait l'objet de l'un des alinéas du viscéral art.1134 du Code civil français, lequel

266 Lima Marques (C.), « Das neue brasilianische Zivilgesetzbuch vom 2002... », *op. cit.*, p. 129-131.

267 Selon l'énoncé n° 300, approuvé lors de la IV^e^ Journée de droit civil (CEJ / CJF) : « *La loi applicable aux effets actuels des contrats conclus avant le nouveau Code civil sera celle en vigueur au moment de leur célébration ; toutefois, en présence d'une modification législative qui met en évidence l'anachronisme de la législation abrogée, le juge équilibrera les obligations des parties contractantes, en tenant compte des intérêts traduits par les règles abrogées et celles qui leur sont substituées ainsi que de la nature et de la finalités de l'affaire* ». Par ailleurs, le STF a eu l'occasion de décider qu'en matière contractuelle la Constitution de 1988 n'admet pas la rétroactivité de la loi, sous toutes ses formes, y compris sur les effets postérieurs des conventions formées antérieurement à la nouvelle loi (STF Pleno, ADI 493-DF, Rel. Min. Moreira Alves, j. 25.06.1992, *DOU* 04.09.1992, p. 14089). En revanche, le STJ a récemment décidé que la loi brésilienne d'arbitrage de 1996 régit les contrats contenant une clause d'arbitrage, même s'il a été signé avant son entrée en vigueur (SEC 894 / UY, Rel. Min. Nancy Andrigui, j. 20 / 08 / 2008, *DJ* 09 / 10 / 2008). Cette même solution a été retenue en droit français, la Cour de cassation ayant décidé que la clause compromissoire, conclue avant l'entrée en vigueur de la loi sur les nouvelles régulations économiques du 15 mai 2001, est valable quand bien même elle serait nulle sous l'empire du droit antérieur (Cass. 1^re^ civ., 22 nov. 2005, *JCP* G 1 fév. 2006, 10015, note E. Cornut).

268 Fromont (M.). « L'influence de la Constitution sur le Code civil au Brésil », *in La lettre du Centre français de droit comparé*, n° 58, oct. 2009, p. 4-6, p. 5.

269 Cf. Junqueira de Azevedo (A.), « Princípios do novo direito contratual e desregulamentação do mercado », *Revista dos Tribunais*, vol. 750, p. 113 *sq*.

270 Cf. Jamin (C.) et Mazeaud (D.) (dir.), *La nouvelle crise du contrat*, Dalloz, 2003.

prévoit que les conventions *« doivent être exécutées de bonne foi »*, la jurisprudence ayant étendu son exigence également à la formation du contrat. C'est dire que le droit commun des contrats est fidèle à un cadre de pensée classique, où le contrat tient lieu de loi à ceux qui l'ont conclu et ne peut nullement déroger aux lois qui intéressent l'ordre public et les bonnes mœurs. Dans un tel cadre, il revient *« aux auteurs du contrat à insérer les clauses nécessaires à l'assouplissement de ces principes »*[271].

Mais au rebours de cette vision traditionnelle du contrat, une approche solidariste – aboutissement actuel de l'évolution du droit des contrats en droit français ?[272] – séduit de nos jours les juges, la doctrine et même le législateur français. C'est un mouvement toutefois à géométrie variable, car les larges aspirations d'une partie de la doctrine française[273], qui connaît ses détracteurs[274], ne trouvent qu'un écho partiel en jurisprudence, l'intervention du législateur quant à elle ne demeurant, pour l'essentiel, qu'au stade de l'étude de différents projets de réforme du droit des contrats, d'ailleurs assez convergents à l'égard de la justice contractuelle.

En jurisprudence, des pas ont été franchis pour l'établissement d'une justice contractuelle conçue au-delà du mythe de la rationalité des contractants sans qu'au juge soit autorisée une quelconque ingérence sur l'économie du contrat. D'une part, le risque d'un déséquilibre contractuel a été sanctionné par la Cour de cassation en raison d'une exploitation abusive par une des parties d'une situation de dépendance économique de son partenaire pour en retirer un profit excessif. En effet, dans deux arrêts rendus le 30 mai 2000[275] et le 3 avril 2002[276], la Cour de cassation a considéré que la violence économique pouvait entraîner la nullité du contrat au même titre que les violences (physiques et morales) intervenant sur le consentement des parties. Alors que dans ces arrêts, la Cour de cassation a expressément nié toute assimilation de la violence économique autorisant l'annulation d'une transaction à la lésion[277], qui ne saurait l'autoriser (art. 2052

---

271 Fromont (M.), « Préface », in *Introdução ao direito francês*, *op. cit.*, p. 5-14, p. 13.

272 En 1979, Gérard Cornu (« L'évolution du droit des contrats en France », *RIDC* 1979-1, n° spécial, p. 447-463) dressait déjà un tableau d'une telle évolution, au sein de laquelle l'avènement d'une approche solidariste nous semble un aboutissement inévitable.

273 Mazeaud (D.), « Loyauté, solidarité et fraternité, la nouvelle devise contractuelle ? », in *L'avenir du droit, Mélanges F. Terré*, Dalloz / PUF, 1999, p. 603 ; Jamin (C.), « Plaidoyer pour le solidarisme contractuel », *Mélanges Ghestin*, 2001, p. 442.

274 Lequette (Y.), « Bilan des solidarismes contractuels », *Mélanges P. Didier*, 2008, p. 247 ; Leveneur (L.), « Le solidarisme contractuel, un mythe », in L. Grynbaum et M. Nicot (dir.), *Le solidarisme contractuel*, Economica, 2004, p. 184.

275 Cass. 1re civ., 30 mai 2000. Comm com élec 2002, n° 89, obs. Ph. Stoffel-Munck ; *Contrats, conc., consomm.*, 2000, comm. 142, obs. L. Leveneur ; *D.* 2000, 879, note J.-P. Chazal ; *D.* 2001, somm comm, p. 1140, obs. D. Mazeaud ; *Défrenois*, 2000, p. 1124, obs. Ph. Delebecque ; *JCP* 2002 I p. 184, obs. G. Loiseau ; *RTDciv* 2000, p. 827, J. Mestre / B. Fages.

276 *Contrats, conc., consomm* 2002, n° 121, obs. L. Leveneur, *D.* 2002, p. 1860, note J.-P. Gridel.

277 Cass. 1re civ., 30 mai 2000, *préc.*

*Civ*)[278], d'aucuns y ont vu une « lésion qualifiée »[279] ou une « lésion subjective »[280], tributaire de l'influence du droit européen des contrats sur le droit français[281]. Quoi qu'il en soit, la violence économique devient *« un redoutable moyen de régulation contractuelle »*[282], destiné à protéger les contractants faibles contre l'abus commis par leurs partenaires.

D'autre part, le même souci de faire prévaloir l'équilibre dans les rapports contractuels conduit la Cour de cassation à tempérer le principe du refus de révision judiciaire pour imprévision posé par elle-même en 1876[283], pour admettre dans un arrêt de sa Chambre commerciale du 3 novembre 1992[284] que, au nom de la bonne foi visée par l'article 1134 *Civ*, le cocontractant doit réviser le contrat dans l'intérêt de son partenaire en cas d'imprévision. Par cet arrêt, la bonne foi gagne *« le terrain de l'adaptation du contrat »*[285] pour garantir son équilibre, notamment quand il s'agit d'un rapport de longue durée dans le cadre de la distribution exclusive, en l'occurrence, des produits pétroliers[286]. Cette ouverture vers la théorie de l'imprévision imposant un devoir de révision du contrat a été confirmée par la Chambre commerciale de la Cour de cassation par un arrêt du 24 novembre 1998[287] dans le domaine de l'agence commerciale, dans lequel l'obligation de loyauté requiert du mandant des initiatives permettant à son mandataire d'exécuter son mandat, en l'occurrence, « de pratiquer des prix concurrentiels »[288]. Il y va ainsi de la pérennité du contrat en droit français dans une perspective du *favor contractus*, la Cour de cassation imposant désormais aux parties un devoir de renégocier le contrat lorsque, à défaut d'une clause en ce sens, un changement imprévisible de circonstances provoque un déséquilibre

278 Les dispositions de cet article excluent la rescision de la transaction au seul motif qu'elle est déséquilibrée. Cet article est à rapprocher de l'art. 1118 *Civ*, qui n'admet la lésion comme une cause *per se* (acception stricte) de rescision que dans certains contrats (ceux pour lesquels la loi instaure un seuil de déclenchement, à l'instar de l'art. 1674 *Civ* ou de l'art. 131-5 *CPI*) ou au bénéfice de certaines personnes vulnérables, telles les mineurs).

279 LEVENEUR (L.), « La contrainte économique : violence ou lésion ? », *D.* 2000, p. 879.

280 Ph. STOFFEL-MUNCK, obs. *préc.*

281 MAZEAUD (D.), « Le droit européen des contrats et ses influences sur le droit français », *ERCL*, n° 1 (2010), p. 1-24, p. 10.

282 EDELMAN (B.), « De la liberté et de la violence économique », *D.* 2001, p. 2315 *sq.*

283 Cass. civ., 6 mars 1876, *Canal de Caprone*, in Capitan (H.), Terré (F.), Lequette (Y.), *Les grands arrêts de la jurisprudence civile*, t. II, Dalloz, 2000, n° 163.

284 Cass. com., 3 novembre 1992, *Société française des pétroles BP c/ Michel Huard*, *Bull.* 1992 IV n° 338 p. 241 ; *JCP* 1993 II 22164, obs. G. Virassamy; *RTD Civ.* 1993, p. 124, obs. J. Mestre.

285 MESTRE (J.), « Une bonne foi franchement conquérante… au service d'un certain pouvoir judiciaire de révision du contrat ! », *RTD Civ.* 1993, p. 124 *sq.*

286 Cf. JAMIN (C.), « Révision ou intangibilité du contrat, ou la double philosophie de l'article 1134 du code civil », *Droit et patrimoine*, mars 1998, p. 46 *sq.*

287 Cass. com., 24 novembre 1998, *M. Chevassus-Marche c/ Sociétés Groupe Danone, Brasseries Kronenbourg et Eaux minérales d'Evian.*

288 MESTRE (J.), « Où le devoir de loyauté fait naître pour l'un des contractants le droit de rester concurrentiel », *RTD Civ.* 1999, p. 98 *sq.*

contractuel[289]. Cette amorce jurisprudentielle ne doit cependant pas fait d'ombre à la règle de l'art. 1244-1 *Civ* qui autorise le juge, compte tenu de la situation du débiteur et en considération des besoins du créancier, à reporter ou à échelonner le paiement des sommes dues, ainsi qu'à prescrire que les sommes correspondant aux échéances reportées porteront intérêt à un taux réduit (mais non inférieur au taux légal).

*De lege ferenda*, le but de modernisation du droit français pour le rendre attractif et exportable a animé les auteurs des différents projets récemment présentés en France à intégrer dans leur proposition des mécanismes de flexibilisation des postulats classiques du droit des contrats. Trois projets ont été conçus par des universitaires réunis autour des Professeurs Pierre Catala[290], François Terré[291] et Jacques Ghestin[292], le Ministère de la justice quant à lui ayant également présenté son projet de réforme[293]. Sans prétendre à l'exhaustivité, on signalera quelques propositions particulièrement significatives d'une vision plus solidariste du contrat.

L'avant-projet Catala, par exemple, impose un devoir de loyauté dont dépend la validité du contrat, largement basé sur un devoir de renseignement (art. 1110). Il sanctionne le déséquilibre contractuel lorsqu'il autorise la révision ou la suppression des clauses léonines (art. 1122-2) et lorsqu'il offre au juge le pouvoir d'ordonner la renégociation d'une convention qui a perdu tout intérêt pour l'une des parties (art. 1135-2), ou lorsqu'il établit des mesures visant à secourir la partie la plus faible dans les rapports contractuels ne rentrant pas dans le domaine du droit de la consommation, à l'instar de la règle d'interprétation en faveur de la partie qui est sous influence dominante d'une autre (art. 1140-1). La consécration législative de l'action directe en paiement (art. 1168) et en garantie et intérêts contre le débiteur du débiteur (art. 1168, al. 2) couronne cette nouvelle vision du contrat, qui porte un coup au principe de l'effet relatif dans l'univers des chaînes translatives.

Le projet orchestré[294] par François Terré comporte également des dispositions garantissant une justice contractuelle, à l'instar de l'obligation de bonne foi également exigée pendant la formation du contrat (art. 5), de la protection de la confiance légitime (art. 6), de l'obligation précontractuelle d'information (art. 33), de la renégociation du contrat conventionnellement et judiciairement imposée pour imprévision (art. 92), de la neutralisation des aménagements contractuels de la responsabilité qui contredisent la portée de l'engagement souscrit par le débiteur (art. 64), ou encore de l'admission de la lésion qualifiée (art. 66), de la

289 Parmi d'autres, voir WITZ (Cl.), « Force obligatoire et durée du contrat », in *Les concepts contractuelles du droit français à l'heure des Principes du droit européen des contrats*, Dalloz, 2003, p. 175 *sq*; FAUVARQUE-COSSON (B.), « Le changement de circonstance », *RDC* 2004, p. 67 *sq*.

290 CATALA (P.), *Avant projet de réforme du droit français des obligations et de la prescription*, La documentation française, 2006.

291 TERRÉ (F.) (dir.), *Pour une réforme du droit des contrats*, Dalloz, 2008.

292 *LPA*, 12 févr. 2009, n° 31, *Récapitulation finale des textes proposés*, p. 121 *sq*.

293 Projet de réforme présenté en juillet 2008. Sur ce projet, cf. *RDC 2009* / 1.

294 MAZEAUD (D.), « Une nouvelle rhapsodie doctrinale pour une réforme du droit des contrats », *D.* 2009, p. 1364 *sq*.

révision de clauses pénales manifestement excessives (art. 123, al. 2)[295] et de la révision ou suppression des clauses abusives (non négociées), quel que soit le statut de la victime (art. 67).

Dans le projet élaboré par la Chancellerie, on relève notamment l'interdiction imposée aux parties de soumettre leur partenaire à des obligations créant un déséquilibre significatif dans les droits et obligations des parties (art. 66) et l'obligation d'adaptation du contrat aux circonstances exceptionnelles (art. 136). Enfin, la cause, principe structurant du droit français des contrats[296] pourrait être abandonnée[297] pour donner place, par exemple, à la lésion qualifiée, comme le préconise le « projet Terré » (art. 13 avec l'art. 66)[298], à l'abus de faiblesse (violence économique, vice de consentement), comme l'envisage le projet de la Chancellerie (art. 85 combiné avec l'art. 66)[299], ce qui ne fait pas l'unanimité en France[300].

Ces impasses en droit civil ouvrent la voie à des transformations de la vie des contrats sur d'autres terrains, comme en droit commercial. Même si la spécificité des affaires apporte une distinction à l'identité structurelle entre le droit civil et le droit commercial[301], ce dernier semble définitivement partager les mêmes principes que le droit civil: *bonne foi, réciprocité et égalité* (Portalis); *loyauté, solidarité et fraternité* (Denis Mazeaud), *efficacité, souplesse et adaptation* (Michel Germain). Pour preuve, retenons le seul art. L. 442-6, I, 2° *Co* issu de la loi de modernisation de l'économie du 4 août 2008, selon lequel tout professionnel engage sa responsabilité et doit réparer le préjudice causé par le fait « *de soumettre ou de tenter de soumettre un partenaire commercial à des obligations créant un*

295 À l'image de l'art. 413 CC / 02.

296 Outre sa condition de validité du contrat, la cause est une notion flexible permettant la jurisprudence de déceler un bon nombre des règles complétant le régime légal des contrats et de réaliser la justice contractuelle, du moins lorsqu'elle est prise dans une perspective objective.

297 Du moins sous cette dénomination...car les notions de « licéité » et d'« intérêt au contrat » qui la remplacent ne sauraient avoir une portée foncièrement distincte ou innovatrice. Ainsi, Larroumet (C.), « De la cause de l'obligation à l'intérêt au contrat : à propos du projet de réforme du droit des contrats », *D.* 2008. Point de vue, p. 2441. Cf. également, Cabrillac (R.), « Le projet de réforme du droit des contrats, Premières impressions », *JCP* G 2008. I. 190, § 10.

298 Houtcieff (D.), « Le contenu du contrat », *Pour une réforme du droit des contrats, op. cit.*, p. 183-218.

299 M. Chagny et J. Ghestin, *LPA*, 12 fév. 2009, n° 31, proposent la notion de lésion qualifiée.

300 Cf. Chénedé (F.), « L'utilité de la cause de l'obligation en droit contemporain des contrats : l'apport du droit administratif », CCC 2008, étude n° 11; Ghestin (J.), « Faut-il conserver la cause en droit européen des contrats ? », *ERCL* 2005, p. 396; Tournafond (O.), « Pourquoi il faut conserver la théorie de la cause en droit civil français », *D.* 2008. p. 2607. Ce dernier, tout en étant contraire à la suppression de la cause, rappelle la solution d'équilibre à laquelle serait arrivé l'art. 1124 de l'avant-projet Catala à travers la notion de « cause de l'engagement », qui est une conception « *suffisamment subjective pour apprécier l'économie du contrat et suffisamment objective pour ne pas avoir à entrer dans les méandres de la psychologie de chaque contractant* ».

301 Germain (M.), *L'esprit des lois commerciales, op. cit.*, p. 313 *sq.*

*déséquilibre significatif dans les droits et obligations des parties*». Par ce texte[302], c'est bien un contrôle des *clauses abusives* entre professionnels qui est rendu possible en droit français, à l'image du droit brésilien. Ce constat *de lege data* a conduit un auteur[303] à se demander: «*et si la principale réforme du code civil se trouvait... dans le code de commerce?*».

**3. Relativisation des postulats contractuels classiques affirmée en droit de la consommation: une démarche législative convergente**

Les codes français et brésilien de la consommation présentent des mesures réformatrices des postulats classiques du droit des contrats. D'abord, ils apportent des modifications dans la structure contractuelle basée sur la liberté et l'égalité. Dans un contrat passé entre un professionnel et un consommateur, la liberté contractuelle n'est plus pleine et entière et le consommateur reçoit un traitement différencié et protectif[304], notamment contre l'abus de faiblesse (art. 39, IV CDC et L. 122-8 *Consom*). En outre, du fait que la plupart des dispositions des deux codes soient impératives et d'ordre public interne[305], la place accordée aux règles non-contraignantes ainsi qu'à l'autonomie contractuelle reste assez résiduelle[306]. Enfin, la bonne foi innerve les rapports de consommation (art. 4, III CDC et L. 330-1 *Consom*).

L'assouplissement du principe de la force obligatoire des conventions peut être illustré par l'exigence d'une obligation générale d'information préalable du consommateur conditionnant l'efficacité du contrat (art. 46 CDC et art. L. 111-1 *Consom*) et par l'adoption de faculté de rétractation (art. 49 CDC et art. L. 121-20 *Consom*)307. Par ailleurs, le juge peut réviser ou résilier le contrat en cas d'onérosité excessive conclu par le consommateur (art. 6, V CDC). En outre,

302 Les diverses dispositions que comporte l'art. L. 442-6 *Co* illustrent l'impératif de justice contractuelle qui s'impose aux relations d'affaires, notamment dans le domaine de la concurrence.

303 Mainguy (D.), «Défense, critique et illustration de certains points du projet de réforme du droit des contrats», *op. cit.*, n° 8.

304 Cf. Aguilar Vieira (I.), «A autonomia da vostade no Código Civil brasileiro e no Código de Defesa do Consumidor», *Revista dos Tribunais*, vol. 791, p. 31 *sq.*

305 Ainsi, l'art. 1er du CDC.

306 Cette caractéristique amène certains auteurs, comme Véra Maria Jacob de Fradera, à soutenir que «*le principe de la liberté contractuelle ne joue pas, dans les contrats de consommation, un rôle pareil à celui joué dans le domaine des contrats de droit civil, au contraire, c'est la loi qui détermine toutes les normes contractuelles, et ces normes sont de nature impérative. Cela est dû au fait que le plus important dans les rapports de consommation, n'est pas la volonté des parties, mais si, l'intérêt social, selon les mots de Paulo Luiz Netto Lobo*» (V.M. Jacob de Fradera, «Les contrats du consommateur: rapport brésilien», *Travaux de l'Association Henri Capitant, Tome LVII - Le consommateur: journées colombiennes (24-28 septembre 2007)*, Bruxelles: Bruylant, 2010, p. 55-64, p. 60.

307 Pour un inventaire des facultés de rétractation en droit français, voir Dupichot (Ph.), «Les contrats du consommateur: rapport français», *Travaux de l'Association Henri Capitant, Tome LVII - Le consommateur, op. cit.*, p. 109-129, p. 119-123.

l'équilibre contractuel est assuré par les moyens de lutte contre les clauses abusives (art. 51 CDC et L. 132-1 *Consom*)[308].

Enfin, l'assouplissement de l'effet relatif du contrat peut être illustré par la responsabilité solidaire de tous les fournisseurs[309] d'une chaîne contractuelle à l'égard du consommateur en vertu du défaut de conformité des biens et des services (art. 18 à 25 CDC)[310], ce qui n'est pas le cas en droit français de la consommation, qui n'admet qu'une action récursoire du vendeur final à l'encontre des vendeurs ou intermédiaires successifs et du producteur du bien meuble corporel du ou des responsable(s) appartenant à la chaîne contractuelle en vertu d'un défaut de conformité (art. L. 211-14 *Consom*). Cette solution, certes conditionnée par les impératifs d'harmonisation européenne en la matière[311], contraste avec l'admission, en droit commun, de l'action directe contractuelle dans une chaîne des contrats[312] et ne joue certainement pas en faveur des consommateurs.

## C. Phénomènes actuels de modulation du droit privé

Un double phénomène module actuellement le pouvoir du législateur et des juges nationaux. D'une part, les principes et les règles constitutionnels s'imposent en droit privé pour rendre ses institutions compatibles avec un nouvel ordre socio-politico-économique (1). D'autre part, les engagements internationaux conduisent à l'adaptation ou à la mise en conformité du droit privé aux impératifs en résultant (2).

### 1. La « constitutionnalisation » du droit privé

L'évolution du droit privé brésilien est liée à ses constitutions[313]. L'évolution actuelle est fortement rattachée à la Constitution du 5 octobre 1988, de forte connotation sociale. En effet, cette Constitution dote l'État de mécanismes interventionnistes pour réaliser les objectifs de construction d'une société

---

308 Cf. la contribution de B. Graeff Chagas Pinto dans la seconde partie de cet ouvrage.

309 Selon l'art. 3 CDC, le fournisseur est un professionnel (personne physique ou morale, publique ou privée, nationale ou étrangère), qui vend, produit, fabrique ou commercialise un produit ou offre un service sur le marché brésilien.

310 Comme le dit Véra Maria Jacob de Fradera, « *le contrat ou rapport de consommation rompt avec ce principe (celui de la relativité des contrats), en introduisant l'ouverture des effets du contrat réalisé entre un commerçant et un consommateur, dans le sens que le consommateur peut demander en justice le fabricant, le producteur de ce produit, s'il présente un défaut. Dans ce sens là, le contrat de consommation se ressemble, par rapport à cet aspect de la non relativité de ses effets, à la convention collective de travail et au fidéicommis inter vivos, par exemple* ». (V. M. Jacob de Fradera, « Les contrats du consommateur: rapport brésilien », préc., p. 19). Voir d'autres développements à ce sujet dans la page 26 du même document.

311 Cf. l'art. 4 de la Directive 99 / 44 / CE du Parlement européen et du Conseil du 25 mai 1999 sur certains aspects de la vente et des garanties des biens de consommation.

312 Cass. 1re civ., 21 juin 1988, *D.* 1989, p. 5; Ass. Plén., 12 juillet 1991, *Besse*, *JCP* 1991, II, 21743, note G. Viney; Cass. 3e civ., 30 octobre 1991; Cass. com., 22 mai 2002, *D.* 2002, note Delebecque.

313 Wald (A.), « Le droit brésilien et le Code civil de 2002 », in *Code Civil brésilien, op. cit.*, p. 21.

socialement juste et fraternelle. Ceci laisse des empreintes sur le droit privé[314], car, au-delà des règles relatives à la forme de l'Etat et à l'organisation des pouvoirs publics, la Constitution brésilienne projette des règles et des principes relevant des rapports entre particuliers. Outre les droits fondamentaux assurés par les art. 5 à 17, l'affirmation de l'égalité de tous les enfants et la reconnaissance de « l'union stable» entre personnes de sexe différent comme entité familiale et de l'aspect contractuel de cette union[315], la Constitution dispose que l'ordre économique[316], fondé sur la valorisation du travail humain et sur la libre entreprise, a pour but d'assurer à tous une existence digne et conforme aux exigences de la justice sociale, conformément aux principes de la propriété privée, de la fonction sociale de la propriété, de la libre concurrence, de la protection du consommateur et de l'environnement (art. 170).

Ces principes constitutionnels interviennent directement sur la force créatrice de la volonté : elle doit désormais privilégier des solutions plus en accord avec une certaine idée d'éthique sociale et d'équité[317]. On parle ainsi d'une « constitutionnalisation » du droit privé brésilien[318], rendue possible notamment grâce au système de contrôle de constitutionnalité *a posteriori* exercé de manière diffuse par le juge du fond. Mais cette « constitutionnalisation » du droit privé peut également résulter du fait que le texte constitutionnel germine de véritables institutions juridiques et leur donne une valeur hautement significative et de prééminence. À cet égard, le droit brésilien de la consommation est très illustratif, puisque la codification issue de la loi de 1990 découle d'un commandement constitutionnel (art. 48 des Actes et des dispositions constitutionnelles transitoires)[319].

Ce phénomène n'est pas étranger au droit français. La Constitution de 1958 irradie des principes et des règles intéressant directement les acteurs et l'activité économique, dont les droits et les devoirs fondamentaux résultant du bloc constitutionnel[320]. La Déclaration des Droits de l'Homme et du Citoyen de 1789 garantit le droit à la liberté et à la propriété (art. 2, 4 et 17), tandis que des principes sociaux et économiques sont énoncés dans le préambule de la Constitution de 1946, à l'instar de la participation des travailleurs dans la gestion

---

314 FROMONT (M.). « L'influence de la Constitution sur le Code civil au Brésil », *op. cit.*, p. 4-6 ; LEMOALLE (É.), « Le droit civil », *op. cit.*, p. 279-284.

315 Cf. la contribution de A. Jacobi Michel dans la seconde partie de cet ouvrage.

316 Pour une analyse en droit comparé, cf. FRISON-ROCHE (M.-A.) (dir.), *Le rôle des Cours suprêmes en matière économique – Dossier scientifique*, Regulatory law review / Lextenso, 2010.

317 Sur la prise en compte des valeurs sociales contenues dans la Constitution de 1988 dans le domaine du droit civil, cf. TEPEDINO (G.) et SCHREIBER (A.), « Culture et droit civil: rapport brésilien », *préc.*, p. 4-6.

318 Expression d'origine doctrinale, Gustavo Tepedino étant l'un des fondateurs de cette théorie au Brésil.

319 COMPARATO (F.K.), « A proteção do consumidor na Constituição Brasileira de 1988 », *Revista de Direito Mercantil*, vol. 80 (1990), p. 66-75.

320 Composent le bloc constitutionnel la Constitution de 1958 et trois autres textes fondamentaux : la Déclaration des Droits de l'Homme du Citoyen du 26 août 1789, le Préambule de la Constitution du 27 octobre 1946 (la Constitution de la IVe République) et, depuis le 1er mars 2005, la Charte de l'environnement de 2004.

de l'entreprise (art. 8) et de la collectivisation de tout bien ou de toute entreprise dont l'exploitation détient ou acquiert les caractères d'un service public national ou d'un monopole de fait (art. 9). Récemment, les obligations environnementales ont également atteint un *status* constitutionnel par le biais de la Charte de l'environnement en 2004, telle l'obligation de prévention (art. 3) et l'obligation de réparer les dommages causés à l'environnement (art. 4), celle-ci se distinguant de l'obligation générale de réparation civile prévue à l'art. 1382 *Civ*, de valeur infra constitutionnelle.

En France, l'influence de la Constitution sur le droit privé est grandissante[321]. Elle résulte d'une part, de la mise en œuvre législative accrue des principes constitutionnels, notamment à partir de 1965 avec l'adoption des lois mettant sur un pied d'égalité les époux, les parents, ainsi que les contractants dans les domaines des baux commerciaux, de la consommation, de la distribution et de la concurrence, entre autres. Elle résulte, d'autre part, du contrôle *a priori* exercé par le Conseil constitutionnel[322] de conformité des lois à un certain nombre d'exigences de valeur constitutionnelle comme le droit de propriété, la liberté contractuelle, la liberté de mariage ou la liberté d'entreprendre[323]. Par la révision constitutionnelle du 23 juillet 2008, le Conseil constitutionnel peut désormais être également saisi par la Cour de cassation (ainsi que par le Conseil d'État) lorsque, à l'occasion d'une instance en cours devant une juridiction, il est soutenu qu'une disposition législative porte atteinte aux droits et libertés que la Constitution garantit[324]. Le phénomène de « constitutionnalisation » du droit privé français ne peut qu'être renfoncé par cette nouvelle voie de contrôle de constitutionnalité (*a posteriori*), d'autant plus que l'un des objectifs de la révision de 2008 est celui d'assurer la prééminence de la Constitution dans l'ordre juridique.

Cette innovation ne doit cependant pas laisser entendre qu'aucune influence sur le droit privé ne résultait de la Constitution, auparavant, à travers l'activité de la Cour de cassation. Lorsqu'il s'agit d'exiger d'une personne privée le respect des droits et des libertés constitutionnels d'autres personnes privées non établis ou réglementés par la loi, il revient à la Cour de cassation de l'assurer en application de la Constitution. C'est ainsi que le règlement interne d'une entreprise qui interdisait la contractation simultanée des conjoints a été considéré

321 Foyer (J.), « De l'influence de la constitution sur le droit privé en France », *RIDC*, 1981, p. 539-550, p. 540 ; Luchaire (F.), « Les Fondements Constitutionnels du Droit Civil ». *RTDCiv* 1982, p. 245 *sq.* ; Mathieu (B.), « Droit constitutionnel et droit civil : 'de vieilles outres pour un vin nouveau' », *RTDCiv* 1994, p. 59 *sq.*

322 Dans ce cadre, le Conseil apprécie la constitutionnalité d'une loi votée, mais non promulguée, avec le bloc constitutionnel, à la condition d'avoir été saisi par l'une des quatre plus hautes autorités de l'État (à savoir : le Président de la République, le Premier ministre, le Président de l'Assemblée nationale et le Président du Sénat) ou bien par soixante députés ou soixante sénateurs.

323 Cf. Molfessis (N.), *Le Conseil constitutionnel et le droit privé*, 1997.

324 Le Conseil constitutionnel est saisi par le biais de la question prioritaire de constitutionnalité prévue au nouvel article 61-1 de la Constitution, conformément à la réglementation issue de la loi organique n° 2009-1523 du 10 décembre 2009, complétée par le décret n° 2010-148 du 16 février 2010. Cf. *LPA*, 23 octobre 2009, n° 212 ; Mathieu (B.) « La question prioritaire de constitutionnalité : une nouvelle voie de droit », *JCP* G, n° 25, 21 déc. 2009, p. 602 *sq.*

inconstitutionnel pour offense à la liberté du matrimoine[325]. De même lorsqu'il s'agit de sanctionner la résiliation d'un contrat de travail de celui qui exerce son droit de grève constitutionnellement assuré[326]. Ainsi, le juge ne se refuse pas le pouvoir de décider que les principes fondamentaux, notamment ceux inscrits dans la Déclaration de 1789, constituent des éléments constitutifs de l'ordre public auquel les conventions particulières ne peuvent déroger au sens de l'art. 6 *Civ* et qui annule les conventions dont la cause lui est contraire au sens de l'art. 1133 *Civ*[327], même si à l'égard de l'art. 2 de la Déclaration, l'Etat demeure le principal obligé à respecter les droits et libertés fondamentaux inscrits dans le bloc constitutionnel[328].

**2. L'incidence de l'ordre juridique international sur le droit privé**

Le droit privé français et brésilien, notamment dans le domaine des contrats, subissent une influence grandissante des instruments et solutions approuvés au sein de différents organismes travaillant pour l'unification du droit privé. En France, outre les conventions portant loi uniforme sur certaines matières spécifiques, comme la vente internationale (CVIM-CNUDCI, 1980) ou le crédit-bail ou l'affacturage international (Unidroit, 1998), dont les apports au droit interne sont mis constamment en lumière par la doctrine, ce sont également les lois-modèles qui peuvent influencer le législateur, à l'instar de l'adoption en 2000 d'une loi sur le commerce électronique largement inspirée de la loi modèle de la CNUDCI adoptée le 12 juin 1996. En outre, les tribunaux français n'hésitent pas à se référer aux Principes d'Unidroit relatifs aux contrats du commerce international comme un outil d'interprétation des contrats[329].

Au Brésil, le nombre de ratifications de conventions internationales sur le droit du commerce international n'est pas comparable à celui de la France. Un changement de posture à cet égard s'annonce néanmoins. Son adhésion à l'Unidroit en 1993[330], ainsi que son retour à la Conférence de La Haye en 2001[331] sont des initiatives à saluer. Les divers protocoles signés dans le cadre du

325 Cass. soc., 10 juin 1982, *J-Cl périodique*, 1984, II, n. 20.230.

326 Cass. soc., 28 juin 1951, *Dalloz social*, 1951, p. 532.

327 Foyer (J.), *De l'influence de la constitution sur le droit privé en France*, *op. cit.*, p. 540 *sq.*

328 Morais da Costa (Th.), « Direitos e liberdades », in Morais da Costa (Th.), *Introdução ao direito francês*, vol. I, *op. cit.*, p. 195-228, p. 226.

329 CA Grenoble, 24 janv. 1996, *Société Harper Robinson v. Société internationale de maintenance et de réalisations industrielles*; CA Grenoble, 23 oct. 1996, *SCEA GAEC Des Beauches Bernard Bruno v. Société Teso Ten Elsen GmbH & CoKG*; CA Paris, 1er civ, 05 mars 1998, *Société Forasol v. Société mixte Franco-Kazakh CISTM*.

330 Comme en France, les Principes d'Unidroit relatifs aux contrats du commerce international ont pu servir de support pour interpréter la règle nationale sur la lésion (art. 478 CC/ 02) dans des arbitrages purement internes. Cf. Câmara FGV de Conciliação e Arbitragem (São Paulo, Brésil), décision nº 1/2008 du 09.02.2009, *Delta Comercializadora de Energia Ltda v. AES Infoenergy Ltda*; et Ad hoc Arbitration (Brésil), décision du 21.12.2005. Ces décisions sont disponibles sur le site www.unilex.info.

331 Le Brésil avait adhéré aux statuts de la Conférence en 1972 et les avait dénoncés en 1978. Cf. Grandino Rodas (J.) et Campos Monaco (G. F.) (org.), Conferência da Haia de Direito Internacional Privado : A Participação do Brasil, Brasília : FUNAG,

Mercosur depuis 1991, son adhésion en 2002 à la Convention de New York de 1958 sur la reconnaissance et l'exécution de décisions arbitrales étrangères ainsi que son action au sein des *Conférences interaméricaines de droit international privé* (CIDIPs) contribuent également à renforcer cette tendance. Enfin, le recours aux pratiques commerciales uniformisées par la Chambre de commerce internationale de Paris (CCI) dans les Incoterms est de plus en plus vérifié dans les contrats de vente aussi bien internes qu'internationaux[332]. Par ailleurs, une future adhésion du Brésil à la Convention de Vienne en 1980 sur la vente internationale, à propos de laquelle des discussions sont en cours au sein du gouvernement brésilien, provoquera un fort impact au droit interne de la vente[333].

Mais, sur le plan international, c'est un double mouvement qui provoque des modulations les plus inattendues des droits privés nationaux : il s'agit de la prééminence des droits de l'Homme (a) et de l'intégration économique régionale (b).

*a. La prééminence des droits de l'Homme*

Outre la Déclaration des Droits de l'Homme du Citoyen de 1789 et les principes énoncés dans le préambule de la Constitution du 27 octobre 1946, ce sont les dispositions de la Convention de sauvegarde des droits de l'Homme des libertés fondamentales (CEDH), signée à Rome le 4 novembre 1950, qui contribuent à la modulation du droit privé français. Toutefois, les litiges en droit privé ne sont pas tous aisément rattachables à une disposition de la Convention, car celle-ci n'a trait qu'aux libertés publiques et aux droits de l'Homme. À cet égard, un auteur affirmait en 2001 que « *s'agissant des règles de droit civil et de droit commercial, la Cour européenne ne peut guère y porter sa faux qu'au nom du principe d'égalité, principe extrêmement commode dont le juge fait ce qu'il veut* »[334]. On constate néanmoins une évolution des arrêts de la Cour de Strasbourg vers l'application d'autres principes au fil du temps. Ces arrêts proclament ainsi des prérogatives intéressant de près le monde des affaires, telles que la liberté d'association[335], l'inviolabilité des sites commerciaux[336], ou encore la liberté d'expression étendue

---

2007 ; Vieira da Costa Cerqueira (G.), « A Conferência de Haia de direito internacional privado », *Revista da Faculdade de Direito da UFRGS*, vol. 20 (2001), p. 171-192.

332 Esplugues Mota (C.) et Aguilar Vieira (I.), *Compraventa internacional de Mercaderías : Los Incoterms 2000*, in C. Esplugues Mota et D. Hargain (orgs.), *Derecho del comercio internacional – Mercosur et Unión Europea*, Madrid : Reus, 2005, p. 399-435.

333 Cf. Aguilar Vieira (I.), *L'Applicabilité et l'impact de la Convention des Nations Unies sur les contrats de vente internationale de marchandises au Brésil*, Strasbourg : PUS, 2010 ; « Brazil », in Ferrari (F.), *CISG and its Impact on National Legal Systems*, Berlin / NY : Selliers de Gruyter, 2009, p. 7-32.

334 Foyer (J.), « Le droit civil dominé », *Mélanges Pierre Catala*, Litec, 2001, p. 13-20, p. 17.

335 Cass. 3e civ., 12 juin 2003 (nullité de clause d'association imposée au locataire d'un immeuble commercial, car contraire à l'art. 11 de la CEDH).

336 CEDH, 30 mars 1989, aff. 17 / 1987 / 140 / 194, *Chappell*, série A, n° 152 : perquisition effectuée au domicile d'une personne physique se trouvant simultanément être le siège d'une société contrôlée par elle – ingérence dans le droit au respect du domicile

à la publicité commerciale[337]. Il est à noter que les arrêts de la Cour Européenne des Droits de l'Homme peuvent conduire non seulement à l'abrogation du texte national dont la conformité a été contestée, mais aussi astreindre le législateur national à l'élaboration d'une règle de substitution.

D'autre part, par le biais d'un contrôle de conventionalité, le juge français écarte l'application de la loi lorsque celle-ci apparaît contraire à la CEDH. L'impact de cette convention en droit interne est frappant même là où on l'attendrait le moins: en matière commerciale. Pendant les années 2000 à 2007, la Chambre commerciale de la Cour de cassation a traité environ 500 cas. Les questions les plus débattues concernent les garanties contenues dans les art. 6 (procès équitable), 8 (respect de la vie privée), 10 (liberté d'expression) et 11 (liberté d'association). Dans 30 décisions (soit environ 6% des cas), la Chambre commerciale de la Cour de cassation a constaté une atteinte à la CEDH[338]. En outre, la Cour de cassation énumère les garanties procédurales dont chaque opérateur économique peut se prévaloir[339]. Ces garanties ont été invoquées surtout dans les procédures adoptées par certains organismes de régulations, tels l'ancienne Commission des opérations de bourse (COB) et l'Autorité de la concurrence. Dans de nombreux cas, un défaut de conformité à la CEDH a été constaté[340].

L'intervention de l'idéologie des droits de l'Homme sur le droit privé français pourrait encore connaître un essor significatif avec la Charte des droits fondamentaux de l'UE signée à Nice le 7 décembre 2000, dont l'application uniforme est assurée par la CJUE[341]. En outre, l'entrée en vigueur du Traité de Lisbonne, le 1er décembre 2009, a rendu possible l'adhésion de l'UE à la CEDH.

---

au sens de l'art. 8 de la Convention; CEDH, 16 déc. 1992, aff. 72/1991/324/396, *Niemietz c/ Allemagne*, série A, n° 251-B, § 29 et 31.

337 CEDH, 25 mars 1985, aff. 10/1983/66/101, *Docteur Barthold c/ RFA*, série A, n° 90; CEDH, 24 fév. 1994, aff. 8/1993/403/481, *Pablo Casado Coca c/ Espanha*, série A, n° 285-A; CEDH, 28 mars 1990, aff. 14/1988/158/214, *Groppera Radio AG et autres c/ Suíça*, série A, n° 173; CEDH, 20 nov. 1989, aff. 3/1988/147/201, *Markt Intern Verlag GmbH et Klaus Beerman c/ RFA*, série A, n° 165.

338 Leclère (C.), « Réflexion sur l'incidence de la Cour européenne des droits de l'homme sur le droit des affaires », *Droit & patrimoine* 1999, n° 74, p. 1; Flauss (J.-F.), « La CEDH, une nouvelle interlocutrice pour le juriste d'affaires », *RJDA* 1995, p. 524; Bauerreis (J.), « Der Einfluss der Europäischen Menschenrechtskonvention auf die nationalen Privatrechtsordnungen », *in* J. Schwarze (Hrsg.), *Rechtseinheit und Rechtsvielfalt in Europa – Beiträge zur EUCOR*. Freiburg: Universität Freiburg, 2008, p. 15-60, p. 31 *sq.*

339 Cass. Ass. Plén., 23 janv. 2004, *RTD com.* 2004, p. 72, obs. J. Monéger.

340 CA Paris, 12 janv. 1994, *D.* 1994, I.R., p. 34; Cass. com., 1er déc. 1998, *JCP* E 1999, n° 8, p. 372, note E. Garaud; Cass. com., 29 avril 1997, *JCP* G 1997, II, n° 22935, note F. Sudre; Cass. com., 1er déc. 1998, *JCP* E 1999, p. 372, note E. Garaud; Cass. Ass. Plén., 5 fév. 1999, p. 957 note E. Garaud, et 1999.II.10060, note H. Matsopoulou; *Rev. sociétés* 1999, p. 620, note H. Le Nabasque; CA Paris, 7 mars 2000, *JCP* E 2000, p. 800, obs. A. Viandier.

341 Jusqu'à l'avènement du Traité de Lisbonne, la Charte n'était pas contraignante. Désormais, l'art. 6-1 du Traité sur l'Union européenne établit que: « l'Union reconnaît les droits, libertés et principes énoncés dans la Charte des droits fondamentaux du 7 décembre 2000, telle qu'adaptée le 12 décembre 2007 à Strasbourg, laquelle a la même valeur juridique que les traités ». Le Royaume-Uni et la Pologne bénéficient d'une dérogation quant à son application.

C'est sur la base juridique du paragraphe 2 de l'article 6 de ce Traité que l'UE devra devenir la 48e partie contractante à la Convention, sans toutefois, devenir membre du Conseil de l'Europe, sous l'égide duquel elle a été adoptée. Certes, cette adhésion contribuera à la mise en place d'une culture commune en matière de droits fondamentaux dans l'UE, mais elle garantira également le développement harmonieux de la jurisprudence de la CJUE et de la Cour de Strasbourg. Il en résultera que l'UE sera soumise à un contrôle juridictionnel externalisé en matière de protection des droits de l'Homme, puisque la Cour de Strasbourg sera en mesure de réexaminer les actes des institutions, organes et agences de l'UE, y compris les arrêts de la CJUE afin de garantir le respect de la CEDH[342]. L'impact de ces nouvelles voies de protection des droits de l'Homme sur le droit privé européen naissant, ainsi que sur ceux des États membres, sera inéluctable.

En droit brésilien, il en va autrement. L'influence des droits de l'Homme sur le droit privé se fait sentir plutôt par le biais de la protection et de l'effectivité des droits fondamentaux inscrits dans la Constitution de 1988[343] que par le système interaméricain de protection des droits de l'Homme. Le Mercosur quant à lui ne dispose pas d'un système de protection des droits fondamentaux à l'image du droit européen[344]. En ce qui concerne plus spécifiquement la modulation du droit privé brésilien par le système interaméricain de protection des droits de l'Homme, il est à noter que le Brésil n'est lié à la Convention américaine relative aux droits de l'Homme, signé à San José de Costa Rica le 22 novembre 1969 (Pacte de San José de Costa Rica), que depuis le 9 juillet 1992. Les droits et libertés garantis par cette Convention correspondent, dans une large mesure, à ceux protégés par les instruments européens.

En application du Pacte de San José de Costa Rica à un rapport de consommation, le STF a considéré que l'art. 5, LXVII CF, qui admet la prison du dépositaire infidèle, devait être interprété d'après ce Pacte[345] afin d'assurer le droit au consommateur de ne pas être incarcéré en tant que dépositaire infidèle, quelle

342 En effet, les particuliers auront désormais une nouvelle possibilité de recours devant la Cour européenne des Droits de l'Homme dans les cas des violations des droits fondamentaux commises par l'UE.

343 Sur cette protection, cf. Morais da Costa (Th.), « Le droit constitutionnel : la protection des droits fondamentaux », in *Introduction au droit brésilien, op. cit*, p. 47-87.

344 Les deux instruments qui pourraient annoncer un tel système seraient le Protocole d'Ushuaia sur le Compromis Démocratique au Mercosur, du 24 juillet 1998, et le Protocole d'Asunción sur l'engagement avec la promotion et la protection des Droits de l'Homme au Mercosur, du 19 juin 2005, où les Etats parties et associés annoncent des mesures à prendre dans le cas de graves violations des droits de l'Homme des libertés fondamentales (art. 3). Cependant, le Mercosur ne dispose pas d'un instrument contraignant et d'un organe juridictionnel compétent en matière de protection des droits de l'Homme.

345 CADH, article 7.7 : « *Nul ne peut être arrêté pour motif de dette. Cette disposition ne s'applique pas aux mandats décernés par une autorité judiciaire compétente pour cause d'inexécution des obligations alimentaires* ».

que soit la modalité du dépôt[346]. Cette perspective *pro homine*[347] d'alignement du droit privé a abouti à la formulation par le STF de la « súmula vinculante » n° 25 (cf. *infra*, III. A. 2). Cette décision est d'autant plus importante qu'elle a interprété une règle constitutionnelle d'après une convention de valeur infra-constitutionnelle. En effet, ayant été ratifié avant l'avènement de l'Amendement constitutionnel n° 45 du 30 décembre 2004, le Pacte de San José da Costa Rica ne semble pas bénéficier d'une place privilégiée dans la hiérarchie des normes que la réforme de décembre 2004 assure aux traités portant sur les droits de l'Homme (rendus équivalents à l'amendement constitutionnel art. 5, § 3 CF)[348].

Quant à la jurisprudence de la Cour interaméricaine, l'impact sur le droit privé est encore à attendre. L'acceptation de la compétence de la Cour interaméricaine par le Brésil n'ayant eu lieu que le 10 décembre 1998, le contentieux le concernant demeure très faible[349].

*b. L'impact de l'intégration régionale*

Le droit privé français connaît une évolution sans égale en raison de l'activité législative et jurisprudentielle européenne. En matière de protection du consommateur, des changements considérables à l'intérieur des ordres juridiques nationaux en résultent, à l'instar du régime juridique de la responsabilité du fait des produits défectueux issu de la directive du 25 juillet 1985 (art. 1386-1 *Civ*) et de celui de la vente et des garanties des biens de consommation issu de la directive du 25 mai 1999 (art. L. 211-1 *Consom*). L'impact des solutions européennes sur le droit interne va même au point d'inspirer la modernisation de certaines branches du droit, telle que l'a connue le droit des obligations allemand en 2002 à l'occasion de la transposition de la directive du 25 mai 1999[350]. Cette démarche aurait été

---

346 STF, HC n° 87.585 et RE n° 466.343 et 349.703, du 3 décembre 2008; et HC n° 96.772 / SP, du 9 juin 2009, disponibles sous www.stf.jus.br

347 Cf. Cançado Trindade (A. A.), «International Law for Humankind: Towards a New Jus Gentium (II)», *RCADI*, 317 (2005), p. 9 *sq*.

348 Outre l'antériorité du Pacte à la réforme constitutionnelle de 2004, c'est la condition d'approbation imposée par le nouvel art. 5, § 3 CF qui lui manquerait pour être érigé en norme constitutionnelle. En effet, l'art. 5, § 3 CF établit que « les traités et conventions internationales portant sur les droits de l'Homme qui ont été approuvés, dans la Chambre des députés et dans le Sénat du Congrès national, en deux tours, par 3/5 des votes de ses membres respectifs, seront équivalents aux amendements constitutionnels ». La lecture des arrêts du STF ne permet pas d'en déduire le contraire, malgré l'opinion en ce sens manifesté par les juges rapporteurs. Le STF semble donc divisé quant à la valeur constitutionnelle du Pacte de San José, certains juges l'étendant comme une règle « supra-légale », mais de valeur infra-constitutionnelle. Cf. Piovesan (F.), « Sistema Interamericano de Proteção de Direitos Humanos: Impacto, Desafions e Perspectivas à Luz da Experiência Latino-Americana » ; in Von Bogdandy (A.) *et alii* (dir.), *Direitos Humanos, Democracia e Integração Juridica na América do Su*", Lumen Juris : Rio de Janeiro, 2010, p. 340

349 En douze ans, le Brésil n'a été condamné que par trois reprises par la Cour de San José, dans les affaires *Ximene Lopes*, du 17 août 2006 (portant sur l'intégrité personnelle), *Escher et autres*, du 6 juillet 2009, et *Sétimo Garibaldi*, du 23 septembre 2009, les deux dernières portant sur les « travailleurs sans terre ».

350 Cf. Witz (Cl.) et Ranieri (F.) (dir), *La réforme du droit allemand des obligations*, SLC, 2004.

également souhaitable pour la France[351]. En matière commerciale, l'admission désormais possible d'une société anonyme unipersonnelle en droit français par le biais d'une société européenne[352] d'une part, et l'établissement d'une règle de conflit de lois française plus rigoureuse pour les sociétés européennes[353] qu'elle ne l'est à l'égard des sociétés de droit interne (art. L. 210-3 *Co*), d'autre part, illustrent des changements indéniables du contenu d'un bon nombre de règles de droit[354]. Dans le domaine du conflit de lois et du conflit de juridictions, la transposition en droit interne de plusieurs directives européennes comportant des règles de conflits, la transformation en règlement des conventions de conflit de lois et de conflit de juridictions liant les États membres de l'UE, ainsi que les récents travaux entrepris par la Commission en la matière, démontrent, du point de vue des sources, la tendance à la substitution du droit national et conventionnel traditionnel par le droit européen dérivé[355] pouvant conduire à une codification du DIP français par la voie supranationale[356], en passant d'ailleurs par La Haye depuis le 3 avril 2007[357].

Ce cadre législatif est complété par la jurisprudence de la CJUE, qui assure l'application uniforme des textes européens. Illustrons-le avec une affaire liée à la concrétisation d'une liberté européenne dont les conséquences se sont fait sentir

351 Witz (Cl.), « Pourquoi la réforme et pourquoi s'y intéresser en France », in *La réforme du droit allemand des obligations*, *op. cit.*, p. 11-17.

352 Cf. l'art. 3, §2 du règlement (CE) n° 2157/2001 du Conseil du 8 octobre 2001, combiné avec l'art. L. 229-6 *Co*, qui établit que la société européenne unipersonnelle est soumise aux dispositions applicables à la société européenne et à celles relatives à la société à responsabilité limitée à associé unique édictées par les art. L. 223-5 et L. 223-31 *Co*, tout en écartant l'application de l'art. L 225-1 *Co*.

353 L'art. L. 229-1, al. 3 *Co* établit la non-dissociation du siège statutaire et de l'administration centrale, suivant la faculté ouverte par l'art. 7, *in fine*, Règlement (CE) n° 2157/2001 du 8 octobre 2001.

354 Lecourt (B.), « L'influence du droit communautaire sur le Code de commerce »; Fabienne (J.-S.) et Menjucq (M.), « Droit international privé et droit communautaire dans le Code de commerce », *in* P. Le Cannu (dir.), *D'un Code à l'autre: le droit commercial en mouvement*, LGDJ, 2008, p. 375-392 et 393-406 respectivement.

355 Citons le système de DIP européen des obligations en matière civile et commerciale, qui se substituent, le plus souvent, aux règles de conflit nationales: Règlement (CE) n° 593/2008 du 17 juin 2008 sur la loi applicable aux obligations contractuelles; Règlement (CE) n° 864/2007 du 11 juil. 2007 sur la loi applicable aux obligations non contractuelles; et Règlement (CE) n°44/2001 du 22 déc. 2000 concernant la compétence judiciaire, la reconnaissance et l'exécution des décisions en matière civile et commerciale.

356 Cf. Fallon (M.), « Les conditions d'un code européen de droit international privé », in Fallon (M.), Lagarde (P.) et Poillot-Peruzzeto (S.) (dir.), *La matière civile et commerciale, socle d'un code européen de droit international privé*, Dalloz, 2009, p. 1-34. Pour une approche critique, cf. Jayme (E.) et Kohler (Chr.), « Europäisches Kollisionsrecht 2006: Eurozentrismus ohne Kodifikationsidee? », *IPRax*, 26 (2006), p. 537-550.

357 Vieira da Costa Cerqueira (G.), « La Conférence de La Haye de droit international privé. Une nouvelle voie pour le développement du droit international privé des organisations régionales d'intégration économique », *Revue de droit uniforme / Uniform Law Review*, vol. 12, 2007-4, p. 761-793.

sur la règle nationale de conflit des lois en matière des sociétés. L'arrêt *Cassis de Dijon*[358], rendu dans le domaine de la libre circulation des biens et des personnes, a consacré le *principe de la reconnaissance mutuelle*. Ce principe atteint une importance particulière en matière de liberté d'établissement garantie par l'actuel art. 49 du Traité sur le fonctionnement de l'UE. En effet, la poursuite de la liberté d'établissement par les sociétés commerciales a provoqué un contentieux important, dont l'évolution semble favorable à la théorie de l'incorporation[359]. Mais du fait que la CJUE ne s'y est pas prononcée pas sur le critère de rattachement des sociétés nationales[360], une partie de la doctrine y a vu l'expression du principe de la reconnaissance mutuelle[361]. L'impact de cette jurisprudence sur le droit français n'est pas anodin vu que la règle de conflit française en la matière serait assez largement fondée sur la théorie du siège réel[362]. En effet, chaque État membre est libre d'exiger ou non que la société constituée sur son territoire y ait et maintienne son siège social, à l'instar du droit français (art. 1837 *Civ*; art. L. 210-3 *Co*). Mais si une société régulièrement constituée dans un État membre imposant une telle exigence tente de faire valoir le droit d'établissement dans un autre État membre, elle doit être reconnue dans son État d'accueil. Par conséquent, la France ne peut pas nier la personnalité juridique et la capacité à société régulièrement constituée dans un État membre qui établit, sur son territoire, son siège social réel au motif que celle-ci n'aurait pas respecté les dispositions impératives de la loi française sur la constitution des sociétés[363].

Une modulation du droit privé français par l'intervention du droit européen peut également être appréciée sous l'angle des droits de l'Homme. À cet égard, outre les mécanismes de contrôle de l'UE visant à assurer l'effectivité des droits fondamentaux, la Cour Européenne des Droits de l'Homme interprète la CEDH à la lumière du droit européen[364], en retenant une présomption de « protection

358 CJCE 20 fév.1979, aff. 120/78, *Rewe-Zentral AG/Bundesmonopolverwaltung für Branntwein, Rec.* 1979, p. 649.

359 CJCE 27 sept. 1988, aff. 81/87, *Daily Mail, Rec.* 1988, p. 5483; 09 mars 1999, aff. C-212/97, *Centros, Rec.* 1999, p. I-1459, concl. La Pergola; 5 nov. 2002, aff. C-208/00, *Uberseering, Rec.* 2002, p. I-9919; 30 sept. 2003, aff. C-167/01, *Inspire Art, Rec.* 2003, p. I-10155; 11 mars 2004, *de Lasteyrie du Saillant*, aff. C-9/02, *Rec.* 2004, p. I-2409; 22 mai 2008, aff. C-210/06, *Cartesio.*

360 CJCE 27 sept. 1988, *Daily Mail, préc.*

361 Lagarde (P.), « Développements futurs du droit international privé dans une Europe en voie d'unification: quelques conjectures », *RabelsZ* Bd. 68 (2204), p. 225-243, p. 227-228.

362 À l'appui de la thèse de H. Synvet, M. Menjucq (*Droit international et européen des sociétés*, 2e éd., *op. cit.*, n° 96-100) soutient que le droit français se place plutôt dans une position intermédiaire entre les deux critères de rattachement: le rattachement de principe étant le siège statutaire, le siège réel ne prévaut que lorsqu'il s'agit de sanctionner la fictivité du siège statutaire et la fraude.

363 Bauerreis (J.), « Transfert international de siège social au regard du droit communautaire », *LPA*, n° 164, 17 août 2006, p. 3-7.

364 Cf. Spielmann (D.), « La prise en compte et la promotion du droit communautaire par la Cour de Strasbourg », *Mélanges Petros J. Paras*, Bruyllant/Sakkoulas, 2009, p. 455-471.

équivalente » des droits fondamentaux que ce dernier établit par ses actes, comme l'illustre l'arrêt *Bosphorus*[365].

Enfin, outre les influences résultant des règles européennes en matière de protection du consommateur et de la concurrence[366], la doctrine relève également les apports au droit positif provenant des règles non-contraignantes du « droit européen des contrats »[367], dont les possibilités de détermination unilatérale du contenu du contrat (notamment du prix), de résolution unilatérale du contrat inexécuté, d'annulation du contrat pour violence économique et de renégociation en cas d'imprévision[368].

Le droit privé brésilien, en revanche, est moins influencé par la réglementation issue des accords d'intégration régionale dans lesquels le Brésil est impliqué[369]. Les raisons en sont multiples. Outre le caractère strictement intergouvernemental des institutions régionales, on peut citer l'absence de primauté du droit de l'intégration sur les droits internes, l'absence d'effet direct des normes issues de l'activité législative de ces organisations d'intégration et la portée encore relativement réduite des champs concernés. Par rapport à cette dernière, il faut relever un fort déficit d'harmonisation législative dans le cadre du Mercosur, malgré l'obligation imposée aux États membres par l'art. 1er du Traité d'Asunción du 26 mars 1991 d'harmoniser leur législation dans les « domaines pertinents »[370]. Il est néanmoins à noter que, en droit de la consommation, la situation pourrait évoluer. D'une part, bien qu'une proposition de Protocole commun de

365 CEDH, 30 juin 2005, req. n° 45036 / 98, *Bosphorus Hava Yollari Turizm ve Ticaret AS c. Irlande*. Dans cet arrêt, la Cour accepte de reconnaître sa compétence pour vérifier la conformité au regard de la CEDH d'une mesure nationale prise sur le fondement d'un règlement communautaire.

366 Cf. Aubry (H.), *L'influence du droit communautaire sur le droit français des contrats*, PUAM, 2002.

367 Notamment les *Principes du droit européen du contrat*, l'*Avant-projet du code européen des contrats* et le *Projet de cadre commun de référence*. Cf. Witz (Cl.), « traditions savantes et projets de codifications européennes », in Ophèle (Cl.) et Remy (Ph.), *Tradition savantes et codifications*, Aristec, 2005, p. 273-285.

368 Cf. Mazeaud (D.), « Le droit européen des contrats et ses influences sur le droit français », *préc.*

369 Notamment le Traité d'Assomption du 26 mars 1991 instituant le Mercosur et, plus récemment, le Traité de Brasília du 23 mai 2008 instituant l'Union des nations sud-américaines (Unasur).

370 Sur l'étendue de cette expression, cf. Vieira da Costa Cerqueira (G.), « A Conferência da Haia de Direito Internacional Privado como fonte de direito uniforme para os processos regionais de integração econômica », in D. P. Fernández Arroyo et J. A. Moreno Rodríguez (dir.), *Protección de los consumidores em América, Los trabajos de la CIDIP (OEA)*, Asunción : Revista Jurídica La Ley, 2007, p. 303-346, p. 315 *sq.*; Faria (W. R.), *Harmonização Legislativa no MERCOSUL*, Coll. Estudos da Integração, n° 8, Porto Alegre : ABEI, 1995, 76 p.; et « Métodos de harmonização aplicáveis no Mercosul e incorporação das normas correspondentes nas ordens jurídicas internas », in M. Basso (dir.), *MERCOSUL : seus efeitos jurídicos, econômicos e políticos nos Estados-membros*, 2a ed., Porto Alegre : Livraria do Advogado, 1997, p. 143-153.

protection du consommateur[371] ait été rejetée par les États membres au motif qu'elle conduirait au démantèlement des mesures nationales de protection des consommateurs, plus particulièrement au Brésil et en Argentine[372], l'obligation d'aboutir à un texte commun en la matière semble persister[373]. En attendant, c'est la loi du marché de commercialisation des produits qui est applicable, conformément à l'art. 2 de la Résolution du Groupe Marché Commun n° 126 / 94. D'autre part, la notion de consommateur retenue par le Tribunal Permanent de Révision du Mercosur (TPR) dans son *opinion consultiva* n° 1 pourrait, malgré son caractère non-contraignant, avoir un impact sur l'ordre juridique national. La définition retenue (consommateur comme celui qui achète en dehors du cadre de son activité professionnelle) est plus restrictive que celle retenue par le droit des États membres ainsi que celle figurant dans l'Annexe I du Protocole de Santa Maria sur la juridiction en matière de contrats conclus par les consommateurs[374], mais proche de celle retenue par la jurisprudence brésilienne pour les contrats internationaux conclus par les consommateurs[375]. Le TPR indique ainsi clairement que la définition de consommateur en matière de contrats internationaux au Mercosur sera différente de celle retenue en droit interne[376].

Dans le domaine du conflit de lois et du conflit de juridictions, le Mercosur réglemente les matières du ressort du DIP considérées d'intérêt commun et nécessaires à la consolidation de l'intégration économique[377]. Toutes proportions gardées par rapport au phénomène européen, les Protocoles signés dans le cadre du Mercosur, nonobstant la nature intergouvernementale des actes qu'il approuve[378],

---

371 L'adoption de ce règlement (*Protocolo de Defensa del Consumidor en el Mercosur*) était la condition pour l'entrée en vigueur des cinq *Résolutions* concernant le consommateur adoptées en 1996 par le Comité technique n° 7 (CT-7). Il s'agit des résolutions 123 / 96 à 127 / 96, qui traitent respectivement : (i) de la définition des concepts de base en matière de protection du consommateur ; (ii) des droits fondamentaux du consommateur ; (iii) de la protection de la santé et de la sécurité du consommateur ; (iv) de la publicité commerciale ; et (v) de la garantie contractuelle. Il est à noter que lors de la mise en place du Projet de règlement, le CT-7 a décidé de ne pas adopter un « regulamento » (droit dérivé), comme l'avait établi la Résolution 126 / 94 du Conseil Mercosur, mais un « protocolo » et, à ce titre, l'intégrer aux traités constitutifs du Mercosur (droit originaire).

372 Cf. Bourgoignie (T.) (ed.), *L'intégration économique régionale et la protection du consommateur*, Ed. Yvon Blais, 2009, p. 319 *sq* et p. 355 *sq*, respectivement.

373 Cf. *Defensa do consumidor – Direitos básicos*, 13 décembre 1996, MERCOSUR / GMC / RES n° 124 / 96.

374 MERCOSUR / CMC / Decisión 10 / 96 (pas en vigueur).

375 Cf. Lima Marques (C.), « Rapport national : droit brésilien », *préc.*

376 *Ibidem.*

377 Lima Marques (C.), « Procédure civile internationale et Mercosur : pour un dialogue des règles universelles et régionales », *Rev. dr. unif.* (2003), p. 465-484.

378 Parmi eux : *Protocolo de Las Leñas sobre Cooperação e Assistência Jurisdicional em Matéria Civil, Comercial, Trabalhista e Administrativa* de 1992 (CMC / DEC. 5 / 92) ; *Protocolo de Buenos Aires sobre Jurisdição Internacional em Matéria Contratual* de 1994 (CMC / DEC. 1 / 94) ; *Protocolo de Medidas Cautelares* de 1994 (CMC / DEC. 27 / 94) ; *Acordo sobre a Arbitragem Comercial Internacional do Mercosul* de 1998 (CMC / DEC. 3 / 98) ; *Protocolo de São Luiz sobre Matéria de Responsabilidade Civil Emergente de Acidentes de Trânsito* de 1996 (CMC / DEC. 1 / 96) ; *Acordo Complementar ao Protocolo*

témoignent également de la tendance d'une codification régionale de la matière. Leur influence sur le DIP brésilien se fait sentir, à l'instar de la flexibilisation de la règle *lex loci delicti commissi* appliquée aux accidents de la route (art. 9 LICC / 42) par l'avènement du *Protocolo de São Luiz sobre matéria de responsabilidade civil emergente de acidentes de trânsito* du 25 juin 1996 (cf. l'art. 3).

## III. Voies juridictionnelles d'application du droit privé : bref aperçu

Sous le sceaux de la justice judiciairement organisée, le droit privé s'applique par l'*obiter dictum* du juge (A) ou de l'arbitre (B)[379].

### A. La voie judiciaire : une voie traditionnelle

La dichotomie sur le plan législatif entre le droit civil et le droit commercial peut se refléter sur le plan du règlement de différends touchant à l'une ou à l'autre de ces matières. La fonction juridictionnelle de l'État n'est partant pas indifférente à cette dichotomie. La manière dont l'apparat judiciaire s'est organisé pour appliquer les règles de droit privé diffère néanmoins entre les ordres juridiques.

À la dichotomie judiciaire française s'oppose l'unicité judiciaire brésilienne (1). L'autorité des décisions des cours supérieures diffère quelque peu dans chaque système (2).

#### 1. La dichotomie judiciaire française et l'unicité brésilienne

Le droit français connaît depuis 1548 l'affirmation de la dualité juridictionnelle en droit privé : à côté d'une juridiction commune, s'est développée une juridiction d'exception pour les litiges entre les professionnels. Ceux-ci se trouvent entre une justice publique et une justice privée pour le règlement de leurs différends[380]. En choisissant la voie privée des règlements de leurs différends, les professionnels ont à leur disposition la procédure arbitrale, ou le recours à des modes alternatifs comme la médiation ou la conciliation. En choisissant la justice étatique, les professionnels ont à leur disposition une justice spécialisée.

La justice publique entre les professionnels se fait, en premier degré, dans les tribunaux de commerce. C'est la seule justice d'Ancien Régime à avoir survécu à la Révolution à raison des principes qui avaient présidé à sa création : élection, célérité, faible coût, connaissance par les juges des litiges traités et des attentes des justiciables. Depuis l'Ordonnance n° 2006-673 du 8 juin 2006, la juridiction commerciale française est à nouveau réglementée dans le Code de commerce (art. L. 721-1 à L. 743-14). Celui-ci ne s'intéresse cependant pas aux

---

*sobre Medidas Cautelares* de 1997 (CMC. DEC. 9/97) et *Acordo Complementar ao Protocolo de Las Leñas* de 1997 (CMC/ DEC. 9/97).

379 Outre les particularités de l'apparat institutionnel impliqué dans la mise en œuvre de la législation de droit privé, la technique de dire le droit se distingue aussi, mais elle ne fera pas l'objet de notre étude.

380 Kassedjian (C.), « Le règlement de différends entre professionnels : entre justice publique et justice privée », in *Le Code de Commerce 1807-2007. Livre du Bicentenaire*, *op. cit.*, p. 601-623.

modes privés de règlement des différends[381]. Pour des raisons historiques, le Bas-Rhin, le Haut-Rhin et la Moselle connaissent un régime spécial, inscrit dans les art. L. 731-1 à L. 731-4 *Co*. Les art. L.732-1 à L. 732-7 *Co* disposent d'un statut spécifique pour les départements et régions d'outre-mer.

Actuellement, il existe 191 tribunaux de commerce, dont le siège et le ressort sont fixés conformément à un tableau de l'annexe 7-1 du Livre VII de la Partie réglementaire (art. D. 721-2 *Co*). Distribués par arrondissement, les tribunaux de commerce agissent en premier degré lorsque l'intérêt du litige dépasse 4 000 euros (art. R. 721-6 *Co*) et sont composés par des juges élus. Le Parquet, garant de l'ordre public, est présent tout particulièrement en matière de défaillance de l'entreprise. Dans les arrondissements qui n'ont pas de tribunal de commerce c'est le tribunal de grande instance (TGI) qui statue en matière commerciale (art. L. 721-2 *Co*), en suivant les règles de la procédure commerciale. En Alsace-Moselle la compétence commerciale est exercée par une chambre spécialisée du TGI, organisée selon le système de l'échevinage (composée d'un juge du TGI, président, de deux assesseurs élus et d'un greffier). Des chambres spécialisées sont également présentes au sein des cours d'appel et de la Cour de cassation.

Les tribunaux de commerce appliquent les principes directeurs du procès civil (art. R. 721-1 *Co*), mais la procédure commerciale connaît certaines spécificités. Outre les principes communs de la publicité et du contradictoire, la procédure commerciale tend à la simplicité et à la rapidité. Ainsi, les parties ont la possibilité de tenir les débats devant un juge unique, qui rend compte ensuite au tribunal tout entier ; le ministère de l'avocat n'est pas obligatoire ; l'oralité est de mise, sous réserve du rôle joué par l'acte introductif d'instance et les conclusions en défense fixant l'objet du litige et les moyens des parties ; les délais sont plus brefs et il n'y a pas de mise en état ; finalement, la preuve est libre et le recours aux usages du métier est autorisé. Le droit commercial connaît également certaines règles spéciales contenues dans le Code de la procédure civile (*CPC*), à l'instar de l'art. 872 sur la procédure de *référé* devant le président du tribunal de commerce, de l'art. 875 sur les mesures d'urgence lorsque les circonstances exigent qu'elles ne soient pas prises contradictoirement ou encore l'art. 1.405 sur la procédure d'injonction de payer. Par ailleurs, des différences considérables au niveau tant du style que de la forme peuvent être remarquées entre les décisions provenant des tribunaux de commerce et celles de la justice commune.

Quant aux compétences, elles sont strictement cadrées par la loi en raison du caractère d'exception de la juridiction consulaire. L'incompétence de celle-ci est donc d'ordre public[382]. *Rationae materiae*, les tribunaux connaissent trois chefs de compétence : les contestations relatives aux engagements à caractère commercial entre commerçants, entre établissements de crédit ou entre eux ; celles relatives aux sociétés commerciales[383] ; et celles relatives aux actes de commerce entre

---

381 Selon C. Kassedjian (*ibidem*, p. 601), la raison en est dans le fait qu'à l'époque de l'élaboration du Code de commerce, l'arbitrage n'avait pas les faveurs du législateur, dont la méfiance fut témoignée par l'ancienne rédaction des art. 2059 à 2061 du Code Civil.

382 Cass. com., de 21 octobre 1963, *Exp Mignard c/ Epx vérité*.

383 N'y sont pas concernés les litiges relatifs aux cessions de parts ou d'actions n'impliquant pas une cession de contrôle, ni ceux relatifs aux sociétés d'exercice

toutes personnes (L. 721-3 *Co*)[384]. Le tribunal de commerce connaît également des billets à ordre portant en même temps des signatures de commerçants et de non-commerçants. Toutefois, le tribunal est tenu de renvoyer au TGI s'il en est requis par le défendeur lorsque les billets à ordre ne portent que des signatures de non-commerçants et n'ont pas pour occasion des opérations de commerce, trafic, change, banque ou courtage (art. L. 721-4 *Co*). Finalement, le tribunal de commerce a la compétence spéciale pour les procédures préventives et collectives si le débiteur est commerçant ou artisan (art. L. 621-2, al. 1 *Co*). Hormis ces hypothèses, la procédure collective se déroulera devant le TGI. Ces normes de compétences matérielles sont liées tant à la nature de l'opération qu'à celle de la profession exercée, ce qui *« traduit l'ambivalence du droit commercial que participe tantôt d'une vision objective, tantôt d'une vision subjective de la matière »*[385].

*Rationae loci*, la compétence des juridictions commerciales est soumise aux règles communes fixées aux art. 42 à 48 *CPC*. La règle générale est celle de la compétence du tribunal du domicile du défendeur. Les parties peuvent déroger à ces règles en qualité de commerçant (art. 78 *CPC*)[386]. Cette liberté d'aménagement ne peut cependant pas jouer en matière de sauvegarde ou de liquidation judiciaires, ni sur les injonctions de payer. Par ailleurs, en matière de sauvegarde et de liquidation judiciaires, toutes les actions sont regroupées au sein du tribunal initialement saisi, afin d'assurer la cohérence du traitement des entreprises en difficultés (art. L. 621-2, al. 2 *Co*).

À ces règles nationales de compétence s'ajoutent celles établies par les règlements européens en matière civile et commerciale (règlement 44/2001 du 22 décembre 2000) et sur les procédures d'insolvabilité (règlement 1346/2000 du 29 mai 2000). Ces règlements interprètent la notion «juridiction» au sens large et s'appliquent quelle que soit leur nature. Il revient donc au droit national d'habiliter le tribunal compétent selon les chefs de compétences établis par ces règlements[387].

---

libéral (société à objet civil et à forme commerciale créée par la loi du 31 décembre 1990 - art. L. 721-5 *Co*).

384 Dans l'hypothèse d'un acte mixte, le plaideur pour qui l'acte est civil dispose d'une option entre la juridiction civile et commerciale. Pour les actions en responsabilité délictuelle pour un dommage causé par un véhicule, seule la juridiction civile est compétente. Il en va de même pour d'autres litiges particuliers tels que la propriété industrielle, les baux commerciaux, ou les litiges du travail, même si on a constaté par rapport à ces derniers une compétence «quasi prud'homale» des tribunaux de commerce (I. Pétel-Teyssié, «La compétence «prud'homale du tribunal de commerce», in *Le Code de Commerce 1807-2007, op. cit*, p. 581 *sq*).

385 Decocq (G.), *Droit commercial*, 3e édition, Dalloz, 2007, p. 38.

386 Cass. com., 8 novembre 1994, *D.* 1994. IR. 264.

387 Le règlement 44/2001 pose en principe que les personnes domiciliées sur le territoire d'un État membre ne peuvent être assignées, quelle que soit leur nationalité, que devant les juridictions de cet État (art. 2-1). Ensuite, le règlement ajoute quelques dérogations qui concernent principalement, à titre facultatif: en matière contractuelle, le tribunal du lieu où l'obligation qui sert de base à la demande a été ou doit être exécutée (art. 5-1, *a*); pour les contestations relatives à l'exploitation d'une succursale, d'une agence ou de toute autre établissement, le tribunal du lieu de leur situation (art. 5-5); en matière délictuelle ou quasi délictuelle, le tribunal du lieu où

À l'encontre des tribunaux de commerce sont constamment formulées des critiques. Il convient de mentionner que de par sa structure et de par ses compétences, on leur reproche un esprit de corporatisme, alors que les litiges touchent parfois des non-commerçants. Le manque de connaissance du droit par certains juges (élus et bénévoles) serait un handicap au regard de la complexité du contentieux commercial. En outre, les conflits de compétence, corollaire de l'existence de juridictions spécialisées, aurait pour effet le retardement du déroulement du procès. Enfin, l'absence de la justice consulaire ne saurait être un obstacle au bon fonctionnement de la justice, à l'instar des expériences étrangères. À ces critiques s'opposent naturellement les juges consulaires en ayant pour argument la qualité de leurs jugements, dont le taux de réformation n'est pas supérieur à celui des tribunaux de grande instance, ainsi que la présence effective du ministère public qui permet d'assurer la défense de l'ordre public[388].

Pour un auteur[389], *« la question des tribunaux de commerce ne répond plus qu'à des considérations de politique juridique »*, car si la présence du juge consulaire est à l'origine de la distinction entre le droit commercial et le droit civil, l'atténuation de sa singularité et la méfiance du législateur envers lui, en lui interdisant de connaître de nouveaux contentieux, comme le statut des baux commerciaux ou l'essentiel du droit de la concurrence ou du droit boursier, a fait en sorte que le droit commercial a décroché de la justice commerciale[390].

À la différence de la France, au Brésil prévaut l'unicité juridictionnelle pour le règlement des litiges concernant l'ensemble du droit privé[391], sauf, cette fois-ci comme en France, en matière prud'homale. Cette unicité juridictionnelle est observée en droit civil, en droit de l'entreprise et en droit de la consommation. Par rapport à ce dernier, les tribunaux de droit commun sont compétents, malgré l'existence d'un code spécifique (CDC). Cela amène certains auteurs à défendre la nécessité de créer des juridictions spécialisées en matière de droit

---

le fait dommageable s'est produit ou risque de se produire (art. 5-3). Ces règles de compétences peuvent être écartées si les parties, « dont l'une au moins a son domicile sur le territoire d'un État membre, sont convenues d'un tribunal ou de tribunaux d'un État membre pour connaître des différends nés ou à naître à l'occasion d'un rapport de droit déterminé » (art. 23). Le règlement 1346/2000, à son tour, permet aux juridictions de l'État membre sur le territoire duquel se situe le centre d'intérêts principaux du débiteur d'ouvrir une procédure d'insolvabilité. Pour les sociétés et les personnes morales, le centre des intérêts principaux est présumé être le lieu du siège social (art. 3).

388 Cf. Germain (M.), « Le Code civil et le droit commercial », *op. cit.* p. 642. Sur l'ensemble des critiques et des propositions en vue d'une réforme profonde de la justice consulaire, voir *Rapport d'enquête sur l'organisation et fonctionnement des tribunaux de commerce*, La documentation française, 1998.

389 *Idem*, p. 642.

390 Si la spécificité des tribunaux de commerce tend à s'estomper, le domaine du règlement de différends par la voie privée s'étend, d'autant plus que la compétence matérielle des ces tribunaux n'est pas exclusive et peut être dérogée par les parties (cf. art. L. 721-3, al. 2 et L. 721-5, al. 2 *Co*), sauf en matière de procédure collective.

391 Cf. *supra*, la contribution de D. Païva de Almeida.

de la consommation afin de rendre la protection du consommateur « plus effective »[392].

Il est à noter que la justice commerciale a existé au Brésil dès 1808, lors de l'ouverture de ses ports au commerce international, avec la création de la *Real Junta do Comércio, Agricultura, Fábricas e Navegação* le 23 août 1808. Le *Regulamento* n° 738, du 25 novembre 1850 a supprimé la *Real Junta do Comércio* et donné leur règlement aux tribunaux de commerce alors créés par le *Regulamento* n° 737, de la même date. Ce « rétablissement » de la justice commerciale, peu après la promulgation du Code de commerce exprime certainement l'influence française et résulte de la distinction du droit civil et du droit commercial faite par les deux ordres juridiques à cette époque. Ces tribunaux ont été toutefois supprimés ultérieurement par le décret Impérial n° 2.662, du 9 octobre 1875. Depuis la justice étatique commune est devenue compétente pour juger tous les litiges commerciaux, y compris ceux relatifs au redressement et à la liquidation judiciaires des entreprises. Pour ces derniers, les tribunaux de première instance ont l'habitude de créer des *varas* spécialisées. L'organisation judiciaire concernant la justice commune varie dans chaque État fédéré. Une juridiction spéciale en la matière demeure toutefois en vigueur : il s'agit du *Tribunal Maritime Administratif*, crée par le décret n° 20.829, du 21 décembre 1931, et réglementé par le décret n° 24.585, du 5 juillet 1934. Ce tribunal s'est vu attribué des compétences disciplinaires et pénales en cas d'accidents de la navigation et constitue, en même temps, un organe de l'administration publique chargé de tenir différents registres.

Il est à noter, également, que malgré cette unicité juridictionnelle, la spécificité de certaines matières (le droit de la consommation ou des entreprises en difficulté) entraîne des dérrogations aux règles communes de la procédure civile unifiée depuis 1939.

L'unification du droit privé sur le plan judiciaire est donc une particularité du droit brésilien en plein contraste avec le droit français, contraste d'ailleurs existant sur certains aspects concernant l'arbitrage, notamment celui de l'accès à cette procédure, comme nous le verrons.

### 2. L'autorité des décisions des cours supérieures

Tant en France qu'au Brésil, les cours supérieures ont la fonction primordiale de contrôle et d'uniformisation de l'interprétation de la loi. Si leur fonction de création du droit ne peut plus être contestée, des divergences existent dans les deux pays quant à l'effet obligatoire de décisions réitérées des tribunaux supérieurs.

En France, la jurisprudence est une autorité : « *elle influe plus ou moins fortement sur la décision, sans jamais l'imposer en droit* ». Elle n'est pas une source du droit au même titre que la loi et la coutume[393], alors qu'un pouvoir créateur est fortement exercé par la Cour de cassation, soit par le couvert de l'interprétation

---

392 Cf. Armelin (D.), « Le consommateur et le procès : rapport brésilien », *in Travaux de l'Association Henri Capitant, Tome LVII – Le consommateur : journées colombiennes (24-28 septembre 2007), op. cit.*, p. 625-634, p. 654.

393 Carbonier (J.), *Droit civil*, t. 1, PUF, 2002, p. 245

d'un texte qui sera visé dans l'arrêt, soit par référence à des principes juridiques[394]. Alors qu'il est « défendu aux juges de se prononcer par voie de disposition générale et réglementaire sur les causes qui leur sont soumise » (art. 5 *Civ*), il n'est pas interdit au juge de créer le droit. Le système de responsabilité sans faute du fait de choses qu'on a *sous sa garde*, par exemple, a été créé de toute pièce par la jurisprudence. De manière plus exceptionnelle, une règle générale peut également émaner de la Cour de cassation, à l'instar de la règle sur la personnalité morale posée par un arrêt de 1954 au sujet des comités d'établissement prévus par le Code du travail : « *la personnalité civile n'est pas une création de la loi ; ...elle appartient, en principe, à tout groupement pourvu d'une possibilité d'expression collective pour la défense d'intérêts licites, dignes, par suite, d'être juridiquement reconnus et protégés* »[395]. L'art. 5 *Civ* empêche en revanche « *qu'un juge statue une fois pour toute sur un type de cas* », ce qui est renforcé par le caractère relatif de la chose jugée[396].

Il est à noter encore que si l'art. 5 *Civ* interdit au juge de faire d'une disposition de son jugement une règle de droit, il n'interdit pas que la répétition de cette disposition dans d'autres jugements devienne une règle de droit, ni que les juges s'en aident au besoin pour interpréter la loi (cf. art. 4 *Civ*). Dans ce système, les *arrêts de principes* de la Cour de cassation sont particulièrement suivis par les juges du fond, alors que « *la décision rendue dans un litige différent de celui soumis à une juridiction ne saurait, en toute hypothèse, servir de fondement à la décision de cette dernière* »[397]. Par ailleurs, le *revirement de jurisprudence* est une faculté corrélative de modifier les règles et les interprétations que la Haute juridiction dicte. En revanche, les interprétations données par la CJUE s'imposent au juge français en raison de la primauté du droit européen, dont le contenu lui revient de dégager.

Quant aux avis de la Cour de cassation, institués en 1991 en vue d'un dégorgement de la Haute juridiction, ils sont particulièrement suivis par les juges du fond, malgré leur caractère non contraignant, puisqu'ils indiquent comment elle statuera en cas de pourvoi[398]. Ceci infléchit quelque peu l'esprit de l'art. 5 *Civ*.

Au Brésil, on connaît depuis des années la pratique des énoncés (« súmulas »), qui consolident des décisions réitérées ne faisant plus l'objet de divergence au sein des tribunaux supérieurs (STF / STJ / TST). Par cette pratique, les cours supérieures brésiliennes renforcent bien leur pouvoir créateur du droit[399]. Dans la majorité des cas, ces énoncés sont suivis par les chambres des cours supérieures et des cours d'appel, au point même de fonctionner comme moyen de non-recevabilité

---

394 Dans un arrêt du 24 octobre 1990, la Cour de cassation a bien fondé sa décision en référence à un principe général, celui que nul ne doit causer à autrui un trouble anormal de voisinage (Cass. 3e civ., 24 octobre 1990, *Bull*, III, n° 205). Cf. Jobard-Bachellier (M.-N.) et Bachellier (X.), *La technique de cassation*, 6e ed. Dalloz, 2006, p. 66.

395 Cass 2e civ, 28 janvier 1954, *D.* 1954, p. 217, note G. Levasseur.

396 Beignier (B.) et Bléry (C.), *Manuel d'introduction au droit*, PUF, 2004, n° 113.

397 Cass 3e civ., 27 mars 1991, *Bull. civ* V, n° 101 ; soc., 27 février 1991, *Bull. civ* V, n° 102.

398 Beignier (B.) et Bléry (C.), *Manuel d'introduction au droit*, *op. cit.*, n° 118.

399 L'art. 4 LICC / 42 établit que « dans les cas non prévus par la loi, le juge décidera en appliquant l'analogie, les usages et les principes généraux de droit ».

des pourvois formés sur la base de chefs de compétence constitutionnels. Ils ont une force persuasive auprès des juges du fond et jouent un rôle dissuasif vis-à-vis des plaideurs, pas toujours convaincus de leur intangibilité. L'encombrement des tribunaux supérieurs et la pratique interne d'application systématique des énoncés avec force obligatoire ont conduit récemment le législateur à attribuer l'effet obligatoire à certains énoncés émanant du STF (« súmula vinculante ») par l'Amendement constitutionnel n° 45 du 30 décembre 2004, selon les conditions établies par la loi n° 11.417 du 19 décembre 2006[400]. Le caractère obligatoire de la « súmula vinculante » ne doit cependant pas conduire à son assimilation à la règle du précédent, car la « súmula vinculante » est un énoncé rédigé selon une procédure spéciale et autonome des décisions qui lui ont servi de fondement. De surcroît, elles font l'objet d'un système spécial de publicité qui diffère de celui propre d'une décision de justice.

L'impact des « súmulas vinculantes » du STF sur le droit privé est cependant limité aux questions, non de moindre importance, relevant du champ d'application de la Constitution, dont le STF est le « Gardian ». D'une trentaine de « súmulas vinculantes » adoptées par le STF jusqu'à présent, seulement une concerne le droit privé. Il s'agit de la « súmula vinculante » n° 25, qui établit l'illicéité de l'emprisonnement civil du dépositaire infidèle, quelle que soit la modalité du dépôt[401]. De par leur origine, elles contribueront néanmoins à la « constitutionnalisation » du droit privé brésilien.

Le grand juge de droit privé au Brésil demeure le STJ, qui n'a pas le pouvoir d'édicter des énoncés obligatoires. C'est donc les « súmulas » non obligatoires qui jouent le rôle primordial en droit privé. Celles-ci peuvent acquérir une plus grande importance avec l'avènement des nombreuses clauses générales à l'intérieur du Code civil de 2002, car des groupes de cas suggérant l'application de telle ou telle clause générale tendent à être constitués. La formation des groupes de cas par les énoncés du STJ ne doit toutefois pas porter atteinte à la nature et à finalité primordiale de la clause générale, à savoir à son aptitude à être concrétisée en fonction de la réalité des cas d'espèce et à promouvoir l'ouverture du système de droit privé[402]. Notons encore que, comme en France, la chose jugée a un caractère relatif.

Enfin, les énoncés prononcés par les cours supérieures brésiliennes ne doivent pas être confondus avec des « énoncés » formulés par la doctrine portant sur les dispositions du Code civil de 2002, notamment sur les clauses générales. Ces derniers constituent, en effet, la synthèse de la pensée de magistrats, professeurs, avocats, notaires et d'autres acteurs de la vie juridique brésilienne ayant pour tâche d'étudier les différents livres du nouveau Code civil au sein de divers comités thématiques des Journées de droit civil organisées par le Centre d'études

---

400 Cette loi réglemente l'art. 103-A de la Constitution de 1988 et modifie la loi n° 9.784 du 29 janv. 1999 sur l'édition, la révision et l'annulation des énoncés contraignants par le STF.

401 Súmula Vinculante n° 25, en application de l'art. 5°, LXVII et § 2° de la CF combiné avec l'art. 7, § 7° du Pacte de San José de Costa Rica et avec l'art. 11 du Pacte international sur les droits politiques et civils.

402 Cf. Menke (F.), « *A interpretação das cláusulas gerais : a subsunção e a concreção dos conceitos, Revista de Direito do consumidor,* n° 50 (2004) , p. 9-35.

judiciaires du Conseil de la Justice Fédérale. Il est à noter que les « énoncés » approuvés au sein de ces comités n'expriment pas la position du Conseil, encore moins celle du STJ. La prise en compte de ces « énoncés » par la doctrine et leur invocation par les juges, toutes instances confondues, attestent en revanche l'autorité scientifique qui leur est de plus en plus accordée par l'ensemble des professions juridiques[403].

### B. L'arbitrage : une voie en expansion. Point de convergence et lieu de particularismes

L'arbitrage en France, dont le caractère juridictionnel a été accentué par un décret du 14 mai 1980, est une voie privilégiée par les entreprises françaises en raison de la discrétion et de la célérité de la procédure. On y a accès par une clause compromissoire insérée dans le contrat, ou plus rarement, d'un compromis signé *a posteriori*, une fois le litige né (art. 1447 *CPC*). Jusqu'à l'avènement de la loi sur les nouvelles régulations économiques du 15 mai 2001, la clause d'arbitrage était nulle en droit interne, sauf s'il en était disposé autrement par la loi, à l'instar de l'ancien art. 631 *Co* qui l'autorisait dans les contrats conclus entre commerçants[404]. Depuis, le champ des clauses compromissoires a été étendu à tous les professionnels, commerçants ou non-commerçants, à toutes les sociétés et groupements (art. 2061 *Civ*)[405]. La notion de professionnel reste tout de même à préciser, d'autant plus que des dispositions protectrices sur les clauses abusives issues de l'art. L. 132-1 *Consom* peuvent s'appliquer aux contrats conclus par un professionnel n'ayant qu'un rapport indirect avec son activité professionnelle[406].

L'arbitrage est tout particulièrement utilisé pour les activités internationales des entreprises « *qui n'hésitent pas à recourir à ce mécanisme parfois pour éviter l'image ethno-centrée que donnent certains tribunaux de commerce et la méfiance qu'ils peuvent parfois susciter à leurs partenaires étrangers* »[407]. Cela doit également expliquer pourquoi le législateur français a gardé l'arbitrage bien loin du cadre institutionnel des tribunaux de commerce. En effet, lorsque la procédure arbitrale a besoin de la force de l'État, c'est au président du TGI à qui ce rôle est primordialement confié. Ce n'est qu'accessoirement, si les parties en ont ainsi voulu, que le rôle d'appui peut être confié au président du tribunal de commerce (art. 1444 *CPC*). Le rôle de juge de recours est quant à lui confié à la Cour d'appel (art. 1481-1491 *CPC*).

---

403 L'ensemble des « énoncés » approuvés dans le cadre de ces Journées de droit civil a fait récemment l'objet d'une compilation : R. R. AGUIAR JUNIOR (org.), *Jornada de Direito Civil*, Brasília : CJF, 2007.

404 La Cour de cassation a cependant reconnu la validé d'une clause compromissoire, conclue dans un contrat de collaboration d'un avocat avec une SCP d'avocat avant l'entrée en vigueur de la loi sur les nouvelles régulations économiques du 15 mai 2001 : Cass. 1re civ., 22 nov. 2005, *préc.*

405 Cf. art. 2059 *Civ* et les art. L. 721-3, al. 2 e 721-5, al. 2 *Co.*

406 Un décret publié le 20 mars 2009 liste l'arbitrage comme une clause « grise », présumée donc abusive.

407 KASSEDJAN (C.), *op. cit.*, p. 601-623, p. 602.

Nonobstant la grande marge de liberté dont jouissent les parties, certains aspects de l'arbitrage en France sont régis par la loi, à l'instar du compromis et de la clause compromissoire, du respect des principes généraux de la procédure, de la sentence et de son exécution. L'arbitrage interne ainsi que l'arbitrage international se trouvent règlementés dans le Livre IV du *CPC*, les premiers quatre titres concernant l'arbitrage interne (art. 1442 à 1491). L'arbitrage international quant à lui est régi par le cinquième titre (art. 1492 à 1497). L'art. 1492 définit l'arbitrage international comme étant celui «*qui met en cause des intérêts du commerce international*». Comme l'a mis en exergue un auteur[408], on est en présence d'une définition dérivée, car «*ce n'est pas l'arbitrage lui-même, mais l'opération litigieuse elle-même, qui peut mettre en jeu les intérêts du commerce international*». En déterminant l'internationalité de l'arbitrage par l'internationalité du contrat litigieux selon un critère économique, la loi française a privilégié le critère économique. Ce critère est utilisé en jurisprudence plutôt lorsqu'il s'agit d'appliquer des règles spécifiques réservées aux contrats internationaux que pour trancher un conflit de lois, auquel cas elle adopte un critère juridique d'internationalité, celui de liens des conventions avec plus d'un Etat[409]. Enfin, malgré l'art. 12 *CPC* qui donne aux parties la faculté de conférer au juge la mission de statuer comme arbitre au cours d'un litige, ce sont l'Association Française d'Arbitrage (AFA) et la Cour d'arbitrage de la CCI qui jouent un rôle très important dans le contexte de l'arbitrage aussi bien interne qu'international.

Au Brésil, les principaux textes régissant l'arbitrage sont la loi n° 9.307 de 1996, l'Accord sur l'arbitrage commercial international dans le cadre du Mercosur, souscrit à Buenos Aires le 23 juillet 1998, la Convention interaméricaine sur l'efficacité extraterritoriale des sentences et des décisions arbitrales étrangères de 1979, la Convention interaméricaine sur l'arbitrage commercial international de 1975, la Convention de New York pour la reconnaissance et l'exécution de sentences arbitrales étrangères du 10 juin 1958 et le Protocole sur la clause d'arbitrage signée à Genève en 1923.

Certains aspects de la loi brésilienne sur l'arbitrage de 1996 sont très proches du droit français, mais quelques particularités méritent néanmoins d'être soulignées. La première est que la justice arbitrale présente un champ beaucoup plus étendu que celui prévu par le droit français: toutes les personnes capables contractuellement peuvent se servir de l'arbitrage (art. 1^er^). Il n'y a pas ici à distinguer entre commerçant et non-commerçant, ou selon l'actuel critère français, entre professionnel et non-professionnel. Le champ de la loi brésilienne est tellement plus élargi que même les contrats conclus par les consommateurs et les contrats d'adhésion peuvent être soumis à l'arbitrage (art. 4). En effet, le CDC établit comme abusive la clause qui prévoit l'arbitrage obligatoire (art. 51, VII). Cependant, le CDC est silencieux sur la clause compromissoire librement négociée. La loi sur l'arbitrage lui étant postérieure et prévoyant expressément la forme et les conditions de validité de la clause compromissoire insérée dans les

---

408 WITZ (Cl.), «Internationalité et le contrat», in *L'internationalité, bilan et perspectives*, Supplément de la *Revue Lamy Droit des affaires*, février 2002, n° 46, étude n° 2979, p. 59-66, p. 65.

409 *Ibidem*, p. 60 et 65.

contrats d'adhésion semble être un argument de poids pour l'élargissement du champ d'application de cette loi aux contrats conclus par les consommateurs[410]. Par ailleurs, l'art. 4, V CDC encourage expressément l'utilisation de mécanismes alternatifs de solutions de différends dans les litiges concernant les rapports de consommation. Quoi qu'il en soit, les clauses obéissent à des règles spéciales, comme celle sur la clause compromissoire figurant dans l'art. 4, §2 de la loi n° 9.307 de 1996.

À l'égard des sociétés d'économie mixte et des sociétés d'État, le droit brésilien ne dispose pas d'une règle telle que celle de l'art. 2060 *Civ*, selon laquelle « *des catégories d'établissements publics à caractère industriel et commercial peuvent être autorisées par décret à compromettre* ». Sur ce point, une zone grise existe dans la pratique de l'arbitrage au Brésil. On trouve une certaine résistance à accepter l'arbitrage tant de la part des autorités411 que du pouvoir judiciaire. Les quelques affaires portées devant les tribunaux brésiliens par les sociétés brésiliennes visant l'annulation d'une convention d'arbitrage ont plutôt connu du succès, notamment par rapport aux arbitrages tenus à l'étranger. Cependant, deux décisions des cours d'appel (Paraná - aff. *Energética Rio Pedrinho S/A vs. Copel Distribuição S/A*; et District Fédéral - aff. *CAESB*) ont reconnu l'effet positif de la convention d'arbitrage concernant des sociétés brésiliennes d'économie mixte[412].

Une autre particularité de la loi brésilienne est que, tout en affirmant le caractère juridictionnel et autonome de l'arbitrage, elle établit des règles plus détaillées sur les liens de coopération entre la justice arbitrale et la justice étatique, le rôle et les situations d'appui de cette dernière étant mieux définis par la loi. La jurisprudence actuelle tend à respecter cette autonomie, notamment en matière de saisine du tribunal et de son fonctionnement ainsi qu'en matière de mesures conservatoires et provisoires, n'admettant l'exercice par le juge étatique de sa fonction d'appui que dans le cas expressément prévu par la loi d'arbitrage.

Une dernière particularité à souligner est le critère utilisé par la loi brésilienne pour reconnaître le caractère interne ou international de l'arbitrage. À rebours du droit français, le droit brésilien, suivant le critère de la Convention de New York de 1958, considère comme international l'arbitrage qui s'est déroulé à l'étranger (art. 34). Il y a ici une forte tradition territorialiste, propre d'ailleurs au DIP brésilien, alors même que les arbitres ne sont pas tenus d'appliquer les règles de conflits de lois en la matière.

*

* *

410 Une décision en cours d'instance de la Cour d'appel de Rio de Janeiro l'a ainsi admise : TJRS : Agravo de Instrumento n° 2001.002.09325, 2ª Câmara Civil, cité par I. Aguilar Vieira,, « L'arbitrage au Brésil », *préc.*, p. 2. Sur la polémique autour de l'arbitrabilité des litiges de consommation, cf. Lima Marques (C.), « Rapport national : droit brésilien », *préc.*

411 Même si certaines entreprises, comme Petrobras SA, ont l'habitude de prévoir une clause d'arbitrage dans leurs contrats internationaux.

412 Wald (A.), « Le droit brésilien de l'arbitrage », *op. cit.*, p. 405-432.

Cette étude n'appelle pas de conclusion, mais seulement une invitation au lecteur à visiter les données fondamentales du droit privé lors de la réalisation d'une étude comparative. La méthode choisie pour la réalisation de cette étude ne saurait exclure d'autres approches susceptibles de s'imposer en fonction de la démonstration envisagée. Quant au fond, elle ne saurait être exhaustive, des pans des matières et des problématiques corrélatives ayant été volontairement mis de côté pour des besoins de synthèse.

La réalisation de cette étude est fondée sur la conviction quant à l'importance des éléments de droit positif jugés fondamentaux pour la compréhension de la structure et du fonctionnement des ordres juridiques mis en comparaison. La connaissance de tels éléments permet au comparatiste d'avancer avec moins de risque sur le terrain toujours mouvant qui est le système juridique d'autrui.

Enfin, nous espérons que, à côté d'une littérature foisonnante de présentation et de comparaison du droit privé des deux pays, cette étude puisse contribuer à une meilleure appréhension des convergences et des divergences existant entre les deux systèmes.

# INTERVENTIONNISME DE L'ÉTAT ET LIBERTÉ DES PERSONNES

## – QUESTIONS CHOISIES –

## LE DROIT FRANÇAIS ET LE DROIT BRÉSILIEN D'AUJOURD'HUI
## Rapport introductif

**Michel Fromont***

Cette table ronde qui est organisée à l'initiative de MM. *Gustavo Vieira da Costa Cerqueira* et *Thales Morais da Costa* se trouve à mi-chemin de la publication de deux livres également dus à l'initiative des doctorants et anciens doctorants brésiliens d'universités françaises, principalement celles de Robert Schuman Strasbourg et de Paris I Panthéon-Sorbonne. Le premier livre « Introduction au droit français » a été élaboré sous la direction de M. *Domingos Païva de Almeida* et a paru aux éditions L'Harmattan en 2006 ; le second « Introdução ao direito francês » est en cours d'élaboration sous la direction de M. *Thales Morais da Costa*[1]. Ces livres sont d'autant plus précieux qu'ils sont dus à des jeunes enseignants qui ont une double formation et une double culture juridique brésilienne et française. Ils sont dans la digne continuation de ce que firent les premiers professeurs français, principalement de sciences humaines et de sciences économiques lorsqu'ils vinrent enseigner pour la première fois à São Paulo dans les années 1930.

Il était donc tout naturel de demander à certains de ces auteurs et futurs auteurs de venir aujourd'hui exposer un thème de droit franco-brésilien qu'ils connaissent bien du fait de leurs recherches antérieures. Ce qu'ils vont nous dire est d'autant plus intéressant que les échanges d'idées entre les juristes de nos deux pays ne peuvent être que très fructueux. Certes le Brésil et la France sont des pays très dissemblables par le nombre de leurs habitants (respectivement 63 millions et 190 millions d'habitants, soit un rapport de 1 à 3) et par leurs dimensions (respectivement 0,65 million et 8,6 millions km$^2$, soit un rapport de 1 à 13). Ils sont aussi très dissemblables par leur âge (l'un a 1 500 ans, l'autre à peine deux siècles). Cependant, ils ont assez de points communs pour que les comparaisons

---

* *Professeur émérite de l'université Paris I Panthéon-Sorbonne.*

1 Thales Morais da Costa (coordinateur), *Introdução ao direito francês*, Juruá Editora, Curitiba – Brésil, préface Michel Fromont et Francisco Rezek, 2 tomes, 672 p. et 588 p.

soient aisées. L'un et l'autre ont une langue d'origine latine, même si le français est un latin légèrement germanisé ; les droits sont des droits romanistes[2], c'est-à-dire des droits qui se sont développés sur la base de l'enseignement universitaire du droit romain, tel qu'il a été dispensé dès le XIIIe siècle en Franc et en Europe continentale : du fait de structures de pensée très proches, la communication entre juristes des deux pays est aisée.

Bien plus, la connaissance du droit brésilien est particulièrement intéressante pour les juristes français, car le droit brésilien a certes adopté beaucoup de règles et d'institutions d'origine française, mais il a su s'inspirer d'autres systèmes juridiques européens, notamment allemand et italien, et même du système des États-Unis. À cet égard, le droit brésilien est un véritable paradis pour le comparatiste français.

Bien sûr, les droits français et brésilien présentent nécessairement des différences que la présente journée fera apparaître avec beaucoup de netteté. En premier lieu, les deux droits ne se développent pas tout à fait dans les mêmes conditions. Le Brésil est un pays jeune qui se développe souvent à rythme rapide, mais qui a des problèmes importants d'inégalité sociale ; la France, au contraire, est un pays au développement déjà ancien qui se développe à un rythme plus lent et qui a une structure sociale beaucoup plus égalitaire. En deuxième lieu, le Brésil fait partie d'une organisation sud-américaine encore peu développée alors que la France est membre de deux organisations européennes, dont l'une veille au respect des droits de l'homme et l'autre assure le fonctionnement d'un marché économique unique. Enfin, en troisième lieu, il faut relever la différence d'inspiration des deux constitutions. Tandis que la constitution française est de facture très classique en ce qui concerne les droits de l'homme et les objectifs assignés à l'État, la constitution brésilienne se veut plus novatrice. En particulier, on trouve des principes relatifs à l'interventionnisme de l'État dans le chapitre II du titre II de la constitution qui est consacré tout entier aux droits sociaux, notamment en faveur des travailleurs et dans les titres VII et VIII qui portent respectivement sur l'ordre économique et financier (y compris les politiques urbaine et agricole) et sur l'ordre social (sécurité sociale, éducation et culture, science et technologie, médias, environnement, famille, jeunesse et vieillesse). Nous verrons qu'elle a incité le législateur brésilien et plus généralement les juristes brésiliens à s'éloigner du droit classique et à poser des règles nouvelles parfois surprenantes pour le juriste français. À cet égard, ce n'est pas le hasard si les organisateurs de cette table ronde, qui sont brésiliens, ont retenu pour thème fédérateur des diverses contributions « l'intervention de l'État dans la société ».

2 Nous préférons dire « romanistes et non pas « romano-germaniques », car l'influence du droit germanique, sans être tout à fait nulle, est tout de même négligeable. Cf. FROMONT (M.), *Grands systèmes de droit étrangers*, Dalloz, 6e éd. Paris 2009, p. 7.

## Le droit public et l'intervention de l'État dans la société

Par droit public, il faut entendre à la fois les droits constitutionnel, administratif et pénal.

Le droit constitutionnel brésilien est apparemment fort différent du droit constitutionnel français. L'influence du droit des États-Unis semble prépondérante : comme aux États-Unis, le système brésilien se caractérise tout d'abord par son fédéralisme et son régime présidentiel, encore que les différences entre les deux pays soient assez grandes. Il se caractérise aussi par le pouvoir du juge ordinaire de contrôler la constitutionnalité des actes législatifs, exécutifs et même judiciaires (pour autant qu'il s'agit d'actes émanant de juridictions inférieures) comme aux États-Unis. Mais l'influence du Portugal est manifeste en ce qui concerne le style de rédaction de la constitution : les constitutions portugaise et brésilienne sont parmi les plus longues du monde et sont souvent aussi précises que le seraient des lois-cadres dans d'autres pays. Dans la constitution, l'on retrouve même des règles d'origine allemande. La plus remarquable est la disposition posant le principe de l'intangibilité de certaines règles constitutionnelles (article 60) ; la liste de celles-ci est même plus longue que celle contenue dans l'article 79 de la Loi fondamentale. Enfin, il existe dans la constitution brésilienne des dispositions relatives aux partis politiques (art. 17) qui sont d'origine allemande (art. 20), mais qui se trouvent aussi sous une forme atténuée dans la constitution française de 1958 (art. 4). La constitution brésilienne a même repris un élément de la législation française en ce domaine, l'interdiction faite aux partis politiques de recevoir des ressources financières de l'étranger.

C'est précisément en se fondant sur la force des partis politiques et aussi sur l'élection du Président de la République au suffrage direct à deux tours, qui est un autre point commun entre les deux pays, que Mme *Lise Tupiassu-Merlin* nous démontrera le déclin d'un principe constitutionnel classique, celui de la séparation des pouvoirs exécutif et législatif et, par là même, l'atténuation de la distinction classique des régimes parlementaire et présidentiel.

De même, les droits administratifs brésilien et français sont apparemment très différents l'un de l'autre. En particulier, les contentieux de l'administration sont organisés de façon dissemblable : au Brésil, le principe est l'unité de juridiction, c'est-à-dire que tous les litiges administratifs sont portés devant le juge civil alors qu'en France, la majeure partie de ceux-ci relève de la compétence de juridictions spécialisées, les juridictions administratives. De plus, au Brésil, le contentieux administratif est un contentieux des droits subjectifs alors qu'il est un contentieux de caractère objectif en France, même si bien des atténuations sont aujourd'hui apportées à ce principe en France. Cependant, en raison d'un héritage commun, celui provenant du droit romain tel qu'il fut enseigné dans les universités en Europe continentale pendant des siècles, on retrouve bien des façons communes de poser les problèmes et de les résoudre. C'est ce que nous montrera M. *Domingos Païva de Almeida* dans son exposé sur l'annulation d'office par l'autorité administrative des décisions administratives contraires au droit : les conditions de procédure (principe du contradictoire) et de forme (motivation) sont très proches ; seules les règles de délai sont différentes, le système français se caractérisant par sa complexité.

Le thème de droit fiscal qui sera ensuite traité par Melle *Tanisia Martini Vilarino* est en réalité un thème de portée générale. En effet, le problème de l'effectivité des principes de droit fiscal pose deux questions fondamentales. En premier lieu, ces principes sont-ils consacrés par un texte de valeur constitutionnelle, internationale ou simplement législative et quel est donc leur rang ? En second lieu, sont-ils protégés efficacement par les juridictions constitutionnelles et les juridictions non constitutionnelles (civiles ou administratives) ? Le thème est d'autant plus attractif que la France est en train d'introduire, d'ailleurs avec circonspection, le contrôle incident de constitutionnalité des lois sous la forme de la faculté pour les juridictions non constitutionnelles de demander à l'une des deux juridictions suprêmes, la Cour de cassation et le Conseil d'État, de poser une question préjudicielle au Conseil constitutionnel.

Le quatrième thème, traité par Mme *Paula Wojcikiewicz Almeida*, est au centre des relations entre le droit national et le droit supranational, soit le droit du Mercosur pour le Brésil et le droit des Communautés européennes pour la France. La question qui sera exposée plus particulièrement concerne l'autorité des décisions des juridictions supranationales dans l'ordre juridique national. L'exemple de décisions constatant des manquements d'un État membre aux obligations découlant du traité fondateur est particulièrement éclairant, car, il s'agit précisément de procédures assez proches. Cependant le droit du Mercosur est moins exigeant que le droit communautaire à l'égard des États. En effet, dans le cadre du Mercosur, l'État qui a obtenu gain de cause de la part du Tribunal arbitral a la faculté de définir lui-même la riposte sous la forme de mesures dites conservatoires, ce que ne peut évidemment pas faire l'État membre de la Communauté européenne, car c'est à l'État qui a été condamné par la Cour de justice des Communautés européennes de mettre fin à son manquement sous peine de fortes amendes.

La cinquième intervention, due à M. *Karlo Fonseca Tinoco*, illustre parfaitement le thème de la licence autoritaire de brevet qui est un enjeu important dans tous les pays. En effet, le titulaire du brevet peut user de son monopole d'utilisation pour bloquer toute exploitation alors qu'une autre entreprise souhaiterait l'exploiter ou que l'intérêt général exige qu'il soit exploité. Comme il sera montré dans cette intervention, il est tout à fait logique que l'État puisse intervenir en réquisitionnant en quelque sorte le brevet inexploité ou mal exploité (techniquement ou commercialement) et qu'il le mette ensuite à la disposition d'une entreprise apte à l'exploiter. Il est tout à fait logique que le Brésil, qui est un pays émergent, disposant de moins de brevets que la France, ait adopté une conception plus large de l'intérêt général que la France.

La contribution de Melle *Gisela Barbosa dos Reis*, qui termine la première demi-journée, illustre une certaine synchronisation des évolutions de nos deux droits : alors que la responsabilité pénale des personnes morales fut introduite dans le Code pénal français en 1994, son principe fut introduit dans le droit brésilien par la constitution de 1988. Cependant, ce parallélisme n'est pas complet puisqu'au Brésil le législateur n'a mis en œuvre le principe constitutionnel de la responsabilité pénale des personnes morales que dans le cas d'atteintes à l'environnement ; en France, au contraire, la loi du 9 mars 2004 a pratiquement étendu la responsabilité pénale des personnes morales à toutes les formes d'infractions pénales compatibles avec leur nature. Du fait de ce relatif synchronisme, les discussions qui ont lieu dans la doctrine et la jurisprudence des deux pays au sujet du régime de cette nouvelle responsabilité pénale sont particulièrement intéressantes à connaître pour nos deux pays.

## L'autonomie de la personne privée et l'intervention de l'État dans la société

La deuxième demi-journée est consacrée au droit privé et plus spécialement, comme l'indique l'intitulé du deuxième thème, à l'autonomie de la volonté, laquelle concerne principalement les contrats, y compris le contrat de société, et secondairement le droit international privé. Sur ce point, le droit français est resté fidèle à une protection très stricte de l'autonomie de la volonté alors que le droit brésilien, suivant l'exemple de beaucoup de pays voisins de la France a évolué pour faire une plus large place à la souplesse et à l'équité.

La première intervention, celle de M. *Francisco Augusto Pignatta*, est précisément consacrée à une présentation générale du droit brésilien des contrats, tel qu'il résulte du nouveau Code civil brésilien de 2002. Elle montrera que celui-ci est désormais dominé par ce que les juristes brésiliens appellent le « solidarisme contractuel ». Comme le droit allemand, tel qu'il a été façonné par la jurisprudence du dernier siècle et conforté par la réforme du droit des obligations entrée en vigueur le 1er janvier 2002, le droit brésilien des contrats civils admet la théorie de l'imprévision (art. 478 à 480). De plus, le Code consacre expressément la théorie de la fonction sociale du contrat (art. 421) et le principe de la bonne foi (art. 422), ce qui restreint la liberté des parties de contracter ou de ne pas contracter ainsi que la force obligatoire des contrats chaque fois que les deux parties sont dans une position d'inégalité (cas d'une clause abusive). Bien plus, le principe de la fonction sociale du contrat est déclaré d'ordre public et doit être appliqué d'office par le juge (art. 2035). Le contraste est grand avec le droit français qui ne connaît guère que la théorie de l'abus du droit et la règle selon laquelle tout contrat doit avoir une cause réelle et licite. Ces théories brésiliennes sont beaucoup plus proches des Codes civils italien, néerlandais et allemand que du Code civil français.

Les deux interventions suivantes sont toutes deux consacrées à la nullité de certaines clauses. La première traite des clauses qui sont interdites afin de garantir la concurrence entre une entreprise de production et une entreprise de distribution alors que la seconde traite des clauses qui sont interdites dans le but de protéger les consommateurs contre les entreprises qui leur vendent des produits ou des prestations.

La deuxième intervention de cette seconde demi-journée, celle de Melle *Roberta Ribeiro Oertel*, porte sur les clauses d'exclusivité dans les contrats de distribution. La comparaison entre les droits brésilien et français est assez surprenante, car elle débouche sur une constatation un peu paradoxale. Alors que la constitution brésilienne pose le principe de la libre concurrence et que le Code civil brésilien met en exergue le solidarisme contractuel et la fonction sociale du contrat, les clauses d'exclusivité sont en définitive encadrées moins sévèrement par le droit brésilien que par le droit français. En effet, en droit brésilien, il n'existe pratiquement aucune règle précise et ce sont simplement les principes constitutionnels et les clauses générales du nouveau Code civil qui permettent au juge brésilien de censurer les clauses qu'il juge attentatoires à des règles générales comme la bonne foi ou la fonction sociale du contrat. Au contraire, en France, l'encadrement juridique est assez strict, mais il est davantage dû aux règlements communautaires relatifs aux contrats de distribution qu'aux règles générales du Code civil français.

Le pendant de cette intervention est celle de Melle *Bibiana Graeff Chagas Pinto* qui est relative aux clauses abusives dans les contrats de consommation. Dans les deux pays, la protection des consommateurs (également des non-professionnels en droit français) contre les clauses abusives a fait son apparition à peu près en même temps : les lois de 1978 et 1988 en France, la constitution de 1988 et surtout le Code de la protection des consommateurs de 1990 au Brésil. Les différences entre les deux systèmes ne sont pas très grandes, mais elles montrent cependant que les deux pays n'ont pas tout à fait les mêmes traditions, tant en ce qui concerne le rôle des autorités administratives et du *soft law* qu'elles peuvent secréter qu'en ce qui concerne le rôle assigné aux associations de consommateurs et au ministère public lorsque le contrat contenant la clause abusive a déjà été conclu. Elles tiennent aussi en partie à ce que le droit de la Communauté européenne exerce une influence qui n'a pas son correspondant dans le droit du Mercosur.

L'intervention de M. *Gustavo Vieira da Costa Cerqueira* porte sur le contrat de société et plus précisément sur la question de savoir dans quels cas la personnalité morale d'une société est opposable à une personne qui entend faire valoir ses droits à l'encontre d'une autre personne, un dirigeant ou une société membre du même groupe. Le droit brésilien est en ce domaine plus riche en textes législatifs que le droit français. Alors qu'au Brésil le Code civil de 2002 consacre la notion d'abus de la personnalité morale caractérisé par le détournement de finalité ou la confusion des patrimoines, le droit français ne dispose pas d'un texte général et les juges français recourent principalement à la notion d'abus du droit. De même, les lois spéciales sont plus nombreuses au Brésil qu'en France ; seuls deux domaines ont fait l'objet de lois spéciales tant en France qu'au Brésil, le droit du travail et les procédures collectives dirigées contre une société en difficulté. C'est évidemment dans ces deux domaines que la comparaison entre les deux pays peut être la plus fructueuse. Dans l'ensemble, les solutions françaises et brésiliennes reflètent assez les différences de style opposant les deux pays : les solutions françaises sont plus concrètes du fait de leur caractère casuistique que les solutions brésiliennes qui recourent plus à des textes contraignants ou abstraits.

Les trois dernières contributions s'éloignent du droit civil et commercial du contrat, même si elles concernent également le contrat. L'une s'intéresse aux contrats conclus dans les relations hors mariage et les deux autres abordent l'application au contrat des règles du droit international privé.

La contribution de Mme *Adriana Jacobi Michel* porte sur les limites apportées à l'autonomie du contrat dans le cadre des relations hors mariage. Elle montre que les droits brésilien et français sont animés par des philosophies assez différentes :

en France, le pacte civil de solidarité a été conçu comme une sorte de mariage au petit pied et donc comme étant un engagement mutuel proche du contrat alors qu'au Brésil, l'union stable est simplement une situation de fait caractérisée par la vie en commun entre un homme et une femme, de caractère notoire et stable, c'est-à-dire une sorte de concubinage notoire, mais régi par des règles impératives auxquelles il ne peut pas être dérogé par contrat. Assez curieusement, le droit brésilien est en définitive plus protecteur du concubin que le droit français l'est pour le titulaire d'un pacte civil de solidarité (notamment en matière successorale) ; en revanche, le pacte français de solidarité peut unir un couple homosexuel alors que l'union stable brésilienne concerne nécessairement un couple hétérosexuel. Il semble que le législateur brésilien ait eu pour objectif principal de remédier à la détresse financière des femmes dont le concubin part ou meurt ; au contraire, le législateur français a entendu offrir aux couples hétérosexuels une formule plus souple que le mariage et, en même temps, offrir aux couples homosexuels une formule autre que le mariage, qui leur demeure interdit.

Le premier thème de droit international privé, celui traité par Mme *Fernanda Vieira da Costa Cerqueira*, porte sur la détermination de la loi applicable à un contrat conclu entre un professionnel et un consommateur : peut-elle être choisie librement par les parties au nom de l'autonomie de la volonté ou doit-elle être déterminée impérativement par la loi au nom de la protection des consommateurs ? Les droits des deux pays ne donnent pas de réponse claire : le droit français, parce que les exigences du Marché commun de la Communauté européenne s'opposent à une liberté qui permettrait d'appliquer une loi étrangère, le droit brésilien, parce que les textes sur la consommation sont muets sur la question et que seule la loi sur l'arbitrage autorise expressément le choix de la loi applicable en cas d'arbitrage. C'est pourquoi, pour les États membres de l'Union européenne dont la France, le règlement communautaire « Rome 1 » privilégie dans un certain nombre de cas l'application de la loi du pays dans lequel le consommateur a sa résidence habituelle, ce qui a pour effet de restreindre l'autonomie de la volonté en ce domaine. Au contraire, au Brésil, l'insuffisance des textes législatifs actuels laisse les tribunaux dans l'incertitude et incite le législateur à intervenir. De surcroît, dans les deux pays, l'exception de l'ordre public et l'application d'office des lois de police sont susceptibles d'empêcher l'application de la loi étrangère normalement applicable, ce qui pose notamment la question de savoir si les lois nationales protectrices des consommateurs peuvent être considérées comme des règles impératives.

Le second thème de droit international privé qui fait l'objet de l'intervention de M. *Luiz Fernando Kuyven* est plus général puisqu'il porte sur la détermination de la loi applicable aux contrats internationaux quels qu'ils soient. En droit français, alors que l'article 6 du Règlement communautaire de 2008 privilégie la loi de la résidence habituelle du consommateur, l'article 3 du même règlement, lequel vise toutes les sortes de contrats (autres que ceux faisant l'objet de dispositions spéciales), pose clairement le principe de la liberté de choix des parties et c'est seulement à défaut de choix que le règlement communautaire détermine lui-même la loi applicable. Au contraire, en droit brésilien, aucune règle générale ne pose le principe de la liberté de choix de la loi applicable et les parties ne peuvent choisir la loi applicable à leur contrat que dans quelques cas : choix du lieu de conclusion du contrat et donc indirectement de la loi applicable, élection du for à condition que le juge étranger choisi soit en mesure de respecter le choix des parties quant à la loi applicable, arbitrage puisque la loi brésilienne sur l'arbitrage a expressément admis l'autonomie de la volonté pour la détermination de la loi applicable. En revanche, les obstacles à l'application de la loi choisie sont les mêmes qu'en matière de droit de la consommation : fraude à la loi et ordre public, qui tous deux s'opposent à l'application de la loi choisie et l'application d'une loi de police à la place de la loi choisie, ces trois notions n'ayant d'ailleurs pas tout à fait la même étendue dans les deux pays.

Cet aperçu des questions qui seront exposées au cours de cette journée est certes bref, mais il est suffisant pour montrer l'intérêt de mener des comparaisons entre les principes et les solutions des droits brésilien et français.

# LE DROIT DE L'ÉTAT
# ET SON INTERVENTION DANS LA SOCIÉTÉ

## LE NOUVEL ÂGE DE LA SÉPARATION DES POUVOIRS EN FRANCE ET AU BRÉSIL

**Lise Tupiassu-Merlin***

Les brésiliens ne se passionnent pas que pour le football et le carnaval. Curieusement, l'élection présidentielle française de 2007 a suscité une attention très particulière au Brésil, à l'instar de très nombreux articles de presse publiés à l'époque à ce sujet[1]. Cet intérêt accru pour la politique française au Brésil implique, toutefois, une constatation étonnante : la grande majorité des brésiliens considère que la France adopte un véritable régime présidentiel. L'attention suscitée par les élections présidentielles en France s'explique, donc, en partie parce que les brésiliens notent une grande ressemblance avec le régime politique existant dans leur propre pays. Et pourtant, structurellement, la France et le Brésil adhèrent à des régimes politiques complètement opposés.

Nous savons que la classification traditionnelle des régimes politiques prend son origine dans les distinctions classiques existantes entre séparation souple et rigide des pouvoirs[2]. Cette séparation fonde respectivement les

* *Professeur au Centro Universitário do Pará – Brésil, Avocate au Barreau de Belém – Brésil, Docteur en droit de l'université Toulouse I.*

1 Sur le sujet, cf. Tupiassu (L.) « Regard comparé sur les élections en France et au Brésil », in : Roussillon (H.) et Mouton (S.) (dir.), *Les élections présidentielles et législatives de 2007*, Toulouse : Presses de l'Université des sciences sociales de Toulouse, 2007.

2 Certes, la séparation des pouvoirs est une notion mouvante. Comme l'explique Michel Troper, « il n'y a pas de 'véritable' séparation des pouvoirs, il existe des discours sur la séparation des pouvoirs [...] l'expression est employée dans au moins six sens différents » (M. Troper, « La V$^{e}$ République et la séparation des pouvoirs », *Droits*, n° 43, 2006, p. 33-34). De plus, la séparation des pouvoirs, depuis son origine, se présente comme « une notion ambivalente, ambiguë et, de ce fait, indéterminée » (M. Lahmer, « Séparation et balance des pouvoirs », in *Dictionnaire de la culture juridique*, PUF, 2003). En raison des limites de cette communication, nous laisserons de côté le parcours passionnant que l'exploitation théorique de ce domaine pourrait apporter, et nous resterons sur le chemin simpliste qui comporte une « idée » de séparation des pouvoirs consistant à fonder des régimes politiques. Sur cette « idée » de

régimes parlementaire et présidentiel en fonction de leur manière de diviser fonctionnellement et organiquement les pouvoirs politiques qui les composent. Il faut souligner, par ailleurs, que cette conception ne prend souvent pas en compte le statut du pouvoir judiciaire, celui-ci n'étant pas considéré comme un pouvoir *politique*[3]. Comme l'expliquent Pierre Pactet et Ferdinand Mélin-Soucramanien, la théorie classique de la séparation des pouvoirs concerne «*plus précisément les deux pouvoirs politiques, le législatif et l'exécutif*»[4]. Cette séparation des pouvoirs, dont le principe fonde la notion même de Constitution dans les États modernes (art. 16 DDHC), sert à protéger la liberté des individus contre les abus qui étaient commis lorsque le pouvoir politique était concentré dans les mains d'une seule personne. La séparation des pouvoirs politiques sert à limiter, ainsi, l'intervention de l'État dans la sphère d'autonomie privée des individus.

Selon la dualité classique de séparation des pouvoirs politiques, la Constitution française de 1958, comme nous le savons tous, instaure un régime de séparation souple des pouvoirs. Il s'agit d'un régime parlementaire dont les éléments clés sont très évidents: la tête du pouvoir exécutif est bicéphale, partagée entre le Président de la République - chef de l'État - et le Premier ministre - chef du Gouvernement; il existe une claire collaboration fonctionnelle entre l'exécutif et le législatif, notamment par de nombreuses modalités d'intervention du premier dans la procédure législative attribuée à ce dernier; la dépendance organique est constitutionnellement assurée par la possibilité d'engagement de la responsabilité politique du gouvernement par le Parlement et par la possibilité de dissolution de l'Assemblée nationale par le chef de l'État.

Le Brésil, en revanche, affiche constitutionnellement un régime nettement rapproché du régime présidentiel nord-américain[5]: le commandement du

---

séparation des pouvoirs, cf. MILACIC (S.), «De la séparation des pouvoirs à l'idée des contre-pouvoirs», *in* Pariente (A.), *La séparation des pouvoirs*, Dalloz, 2007, p. 31.

3 Il s'agit, selon Montesquieu, de la «puissance des choses qui dépendent du droit civil» (MONTESQUIEU, *De l'esprit des lois*, vol. 1, P. Pourrat, 1831). Le judiciaire est plutôt considéré comme exerçant une espèce de fonction «annexe» à la fonction exécutive. Selon la description de M. Tropper et F. Hamon, «c'est l'exécution des lois dans le but de trancher des litiges» (F. HAMON et M. TROPER, *Droit constitutionnel*, 30e éd., LGDJ, 2007). Mauro Cappelletti critique cette vision: «Avec une opiniâtreté digne d'une meilleure cause, les esprits soucieux d'assurer les libertés civiles ont prôné une rigide «séparation des pouvoirs», au lieu de chercher à assurer des contrôles et des contrepoids. Cet idéal de stricte séparation des pouvoirs a eu pour conséquence un affaiblissement dangereux du pouvoir judiciaire, qui a été cantonné essentiellement dans le règlement des conflits d'ordre privé» (M. CAPPELLETTI, *Le pouvoir des juges*, Economica, 1990, p. 56).

4 PACTET (P.) et MELIN-SOUCRAMANIEN (F.), *Institutions politiques - Droit constitutionnel*, 25e éd., Sirey, 2006, p. 107. Cette conception s'insère, cependant, dans le cadre la tradition classique européenne de division bipartite des pouvoirs, contrairement à celle issue du modèle américain, tripartite, qui considère l'existence du pouvoir judiciaire comme un véritable pouvoir. Sur le sujet, cf. L. FAVOREU *et al.*, *Droit constitutionnel*, 9e éd., Dalloz, 2006.

5 Certains considèrent que seul le régime adopté aux États-Unis peut être appelé présidentiel. Nous ne partageons pas cet avis. D'autres régimes dont l'exécutif s'exerce de façon monocéphale et ayant une faible dépendance organique peuvent également

pouvoir exécutif est exercé exclusivement par le Président de la République, qui sera assisté par les ministres d'État; les tâches *législatives* de l'exécutif se limitent à l'initiative des lois dans un certain nombre de domaines, ainsi qu'au veto ou la promulgation des lois, tandis que le législatif se permet un certain *contrôle* de l'exécutif; il n'existe pas, *a priori*, de possibilité de remise en cause réciproque entre le pouvoir exécutif et le pouvoir législatif pour des raisons politiques. L'indépendance organique et l'indépendance fonctionnelle[6] y sont donc en grande partie présentes.

Ainsi, les régimes politiques français et brésilien adoptent, à travers leurs textes constitutionnels respectifs, des modèles distincts d'organisation des pouvoirs, l'un affichant la séparation souple, l'autre, la conception stricte. Comment pourrait-on alors expliquer cette ressemblance ressentie par les brésiliens au cours des élections présidentielles françaises ?

En réalité, un élément essentiel rapproche les deux pays : l'élection du Président de la République au suffrage universel direct à deux tours. L'importance cruciale qu'a prise ce mode d'élection du chef de l'État en France et la concentration des pouvoirs autour de cette personne entraînent des confusions et des comparaisons avec le mode d'organisation des pouvoirs au Brésil. Certes, cette comparaison découle du fait que les brésiliens lient le régime présidentiel à l'émergence de la figure du Président au centre du scénario politique. Ils ne perçoivent pas que le point juridique principal pour la différentiation entre un régime présidentiel et un régime parlementaire actuellement n'est pas tant la suprématie de l'un des pouvoirs ou la spécialité des fonctions – puisque la collaboration fonctionnelle est présente, de façon plus ou moins marquée, dans les deux régimes – mais plutôt l'indépendance organique – c'est-à-dire la possibilité ou non de voir engager la responsabilité politique du Gouvernement devant le Parlement, par exemple[7].

Mais si ce sentiment de *rapprochement* ressenti par les citoyens en général découle d'une certaine méconnaissance des détails techniques des systèmes de séparation des pouvoirs dans les deux pays, il permet tout de même d'attirer l'attention des juristes sur un phénomène marquant : en pratique, tant en France

---

être inclus dans la dénomination régime présidentiel, tous ayant, bien entendu, des spécificités qui leur sont propres. Comme l'affirme Michel Troper, dans la préface à l'ouvrage de Richard Moulin : « cette catégorie [le régime présidentialiste] ne correspond pas à un type de structure constitutionnelle ; elle regroupe tout simplement les systèmes politiques dans lesquels, en pratique, le chef de l'État dispose ou semble disposer d'un pouvoir « très important », cette qualification étant d'ailleurs vaguement précisée par comparaison avec la puissance du Président aux États-Unis » (M. Troper, « Préface », *in* Moulin (R.), *Le présidentialisme et la classification des régimes politiques*, LGDJ, 1978, p. xi).

6 Notez que dans un système présidentiel bien qu'il soit possible de parler d'indépendance fonctionnelle – chaque pouvoir pouvant exercer ses pouvoirs indépendamment de l'autre – il n'est pas question de parler de spécialisation fonctionnelle absolue. Le Président de la République peut toujours agir en tant qu'organe législatif partiel intervenant soit en amont (initiative législative) soit en aval (veto) de la procédure législative.

7 Pour des critiques sur ce dernier critère, cf. Hamon (F.) et Troper (M), *Droit constitutionnel*, *op. cit.*, 2007.

qu'au Brésil, l'organisation et la séparation des pouvoirs ont largement dérivé par rapport aux modèles théoriques.

En effet, une analyse juridique nous permet de constater que, malgré l'existence d'un régime parlementaire en France et d'un régime présidentiel au Brésil, ces deux modèles théoriques de séparation des pouvoirs ne sont pas toujours appliqués dans le système politique des deux pays[8].

En France, l'élection du Président de la République au suffrage universel direct, la pratique institutionnelle qui en est faite, l'impossibilité pratique de remise en cause réciproque des pouvoirs due au fait majoritaire, la réduction de l'importance tant électorale que législative du Parlement, etc., d'une manière générale toutes les mesures prises originellement dans un but d'assurer la gouvernabilité du pays contre un régime d'assemblée, mènent à une mutation du régime parlementaire tendant vers une présidentialisation. Au Brésil, le Président est aussi élu au suffrage universel direct, mais le multipartisme très marqué, la personnification des élections législatives et les coalitions nécessaires pour assurer la gouvernabilité transforment le régime présidentiel en régime de collaboration mettant en cause l'indépendance des pouvoirs et tendant vers une « parlementarisation » du régime présidentiel[9].

Ainsi, en France et au Brésil, l'aménagement des pouvoirs dans les faits implique un éloignement du régime de droit affiché. Les raisons en sont beaucoup trop complexes, et cet article n'envisage pas de les exploiter en profondeur. D'un point de vue général, on peut simplement constater que, en raison des pratiques électorales et politiques, c'est la remise en cause de certaines notions de la théorie classique de la séparation des pouvoirs qui semble en constituer la clef d'interprétation. Il s'agirait, peut-être, d'une nouvelle pratique de séparation des pouvoirs, découlant de l'interprétation politico-électorale des dispositions constitutionnelles et des aménagements des pouvoirs réalisés par la pratique du système des partis. Le pouvoir se concentre visiblement autour d'un parti majoritaire. On pourrait penser, par ailleurs, à un retour aux origines de la notion même de séparation des pouvoirs, qui faisait référence essentiellement à un « *mode d'organisation des pouvoirs publics qui [avait] précisément pour objet de proscrire l'attribution à un organe unique de l'intégralité de la fonction législative* »[10]. Une autre piste indique, de plus, l'émergence sur la scène politique, du troisième pouvoir, le judiciaire, qui assume le rôle de contre-pouvoir.

Mais le fait le plus marquant, et le plus consensuel aujourd'hui, est que la théorie classique de la séparation des pouvoirs, qui servait à classifier les régimes

8 C'est-à-dire que la classification de ces régimes selon leur « structure constitutionnelle » n'est pas suffisante pour comprendre leur « mode de fonctionnement » réel. Sur le sujet, cf. Troper (M.), « Préface », *op. cit.*, p. x.

9 Pour garder la cohérence concernant l'analyse traditionnelle des régimes, qui se limite à la prise en compte de l'organisation des deux pouvoirs *politiques*, le rôle du pouvoir judiciaire dans cette dynamique sera intentionnellement mis de côté pour l'instant, en raison des limites de cette communication. Cependant, l'importance accrue du pouvoir judiciaire, et notamment du contrôle de constitutionnalité, implique, dans une large mesure, la complexification du système de séparation des pouvoirs dans les deux pays, comme on le verra ultérieurement

10 Lahmer (M.), « Séparation et balance des pouvoirs », *préc.*

politiques depuis longtemps, n'exprime plus – ou seulement d'une manière très partielle – la réalité politique, notamment parce qu'elle n'est pas adaptée au rôle acquis par les partis en tant que principaux animateurs de la vie politique[11].

De par le rôle des partis au quotidien, les différences théoriques entre les régimes parlementaires et les régimes présidentiels se limitent plutôt à la terminologie et à l'organisation formelle des pouvoirs[12]. Lorsque l'on intègre la configuration normativo-constitutionnelle des pouvoirs dans le cadre de l'analyse du processus politique effectif, on ne trouve plus vraiment de séparation entre l'exécutif et le législatif, et on ne retrouve guère que la subtile suprématie d'un pouvoir sur l'autre, en quête d'équilibre. La séparation des pouvoirs s'exerce aujourd'hui entre la majorité et l'opposition, tant dans les systèmes « présidentiels » que dans les systèmes « parlementaires ». La séparation des pouvoirs semble donc vivre actuellement un nouvel âge : un âge de séparation, ou plutôt de la lutte pour le pouvoir entre les partis politiques ou les groupes parlementaires. Et finalement, dans cette nouvelle configuration de séparation des pouvoirs, l'importance d'un troisième acteur — le pouvoir judiciaire — revient à l'ordre du jour. Il s'affirme en tant qu'élément de garantie de la liberté dont la préservation était le but premier du principe de séparation.

Ce phénomène se manifeste tant en France qu'au Brésil. Il est surprenant de voir donc que, si le système politique français ne s'inspire en rien du système brésilien, et qu'en outre, le système brésilien n'a pas de liaison directe avec le système politique français actuel, les deux modèles suivent des dynamiques qui ne sont pas pour autant complètement différentes. Nous verrons, ainsi, comment deux pays ayant des systèmes politiques assez différents (I) peuvent arriver, dans les faits, à une configuration des pouvoirs portant des caractéristiques convergentes (II). Tant la France comme le Brésil vivent le nouvel âge de la séparation des pouvoirs…

## I. Des configurations constitutionnelles des pouvoirs politiques fondées sur des traits classiquement opposés

La configuration des régimes politiques en France et au Brésil se fonde sur des principes de séparation des pouvoirs distincts. La séparation souple est appliquée en France, dans le cadre du régime parlementaire rationalisé (A), tandis qu'au Brésil c'est un régime de séparation plus stricte qui s'impose (B).

---

11 PACTET (P.) et MELIN-SOUCRAMANIEN (F.), *Institutions politiques - Droit constitutionnel*, *op. cit.*, p. 106-107.

12 Michel Tropper et Francis Hamon ouvrent déjà la voie à une critique des classifications traditionnelles des régimes parlementaire et présidentiel. Les auteurs constatent que « *les 'vrais' régimes sont seulement ceux que la doctrine a imaginés et il n'existe aucune raison valable de rendre les régimes réels conformes à des constructions doctrinales* » (F. HAMON et M. TROPER, *Droit constitutionnel*, *op. cit.*, p. 117).

### A. Le modèle français de parlementarisme rationalisé

La configuration constitutionnelle actuelle de la séparation des pouvoirs en France est le résultat d'un processus politique ayant tiré son origine de la volonté de rationaliser efficacement le régime parlementaire de façon à mettre fin à l'instabilité politique dominante au cours de la IIIe et de la IVe Républiques. Sur la base de son célèbre Discours de Bayeux, Charles de Gaulle, avec le concours de Michel Debré, a dirigé la rédaction de la Constitution de 1958, qui est parvenue à instituer un régime parlementaire, consacrant dans le même temps une place d'exception à la figure du Président de la République.

Le régime parlementaire de la Ve République affiche, ainsi, un certain nombre de caractéristiques «typiques». La définition et la conduite de la politique de la nation sont conférées à un Premier ministre, qui dirige l'action des ministres composant son Gouvernement (art. 20)[13] et dont la légitimité politique repose sur l'organe représentatif. L'Assemblée nationale est dotée de mécanismes spécifiques pour mettre en jeu la responsabilité politique du Gouvernement, l'obligeant à la démission (art. 49). En contrepartie de ce pouvoir d'interférence organique conféré à l'Assemblée nationale sur le Gouvernement, un pouvoir de dissolution de la première est octroyé au Président de la République (art. 12). De plus, dans le cadre de la rationalisation du régime parlementaire, l'interdépendance fonctionnelle des pouvoirs politiques est extrêmement encadrée, de sorte à doter le pouvoir exécutif d'un rôle d'importance accrue. Le Gouvernement dispose, ainsi, d'un large pouvoir d'interférence dans la procédure législative exercée par le Parlement de façon bicamérale – Assemblée nationale et Sénat (art. 24). L'exécutif acquiert, en outre, une force normative grandissante avec la possibilité d'édicter des règlements autonomes dans un certain nombre de domaines (art. 37).

La particularité de ce «nouveau» régime parlementaire français est la figure d'une dyarchie affichée au sommet du pouvoir exécutif. Le Premier ministre partage la tête du pouvoir exécutif avec le Président de la République. Celui-ci, ayant des pouvoirs renforcés, est élevé à la place «d'arbitre au-dessus des contingences politiques» et représente désormais la «clef de voûte des institutions». Il exerce, à côté des pouvoirs formels traditionnels, dits *pouvoirs partagés*, contresignés par les membres du gouvernement, un certain nombre de *pouvoirs propres*, dispensés de contreseing, lui permettant de veiller au respect du texte constitutionnel et d'assurer le fonctionnement normal des pouvoirs publics et la continuité de l'État (art. 5 et 19). Afin de permettre au Président de la République d'assurer ses nouvelles fonctions d'arbitrage avec plus d'aisance, on a voulu dissocier sa légitimité de celle de l'organe représentatif. Le Président serait donc élu par un collège électoral élargi, composé en outre des membres du Parlement, d'environ 80 000 autorités politiques issues de la sphère locale.

Ce compromis institutionnel organisé par la rédaction originelle de la Constitution de 1958 a été cependant modifié par la révision constitutionnelle entreprise par de Gaulle en 1962, qui change le mode de désignation du chef de l'État. À partir de cette révision, le Président sera élu, tout comme les députés, au suffrage universel direct, par scrutin majoritaire à deux tours (art. 6 et 7). Par cette

13 Les articles cités entre parenthèses dans cette sous-section correspondent à la Constitution Française du 4 octobre 1958, selon le texte en vigueur au 30 mai 2007.

démarche, la dyarchie au sein de l'exécutif est remplacée, dans le cadre du système politique, par le renforcement de la figure du Président, devenu « l'homme de la nation ». Ce tournant décisif dans l'histoire de la V^e^ République change la nature du régime politique français. Le régime parlementaire rationalisé s'affirme en quelque sorte comme un système hybride, semi-présidentialiste et bireprésentatif, où la volonté nationale se manifeste par l'élection à la fois de l'Assemblée nationale et du Président de la République.

Dans ses premières années d'existence, la dynamique politique de la V^e^ République a été marquée par une sorte de personnalisation du pouvoir mise en place par le général de Gaulle qui, à cette époque, institutionnalise une véritable prééminence du chef de l'État sur les autres pouvoirs institués. Le Président, soutenu par une solide majorité parlementaire, devient titulaire d'une double légitimité et s'accapare non seulement de ses pouvoirs propres et partagés, mais également des pouvoirs de direction politique que la Constitution confère normalement au Premier ministre. Celui-ci, choisi librement par le Président, acquiert une espèce de rôle secondaire : il exécute la politique pensée par le Président de la République et devient son « fusible » en cas de tension politique. En effet, c'est le Président qui incarne les qualités de chef du parti majoritaire, en outre, il reste le seul détenteur du pouvoir de dissolution de l'Assemblée nationale.

Passé quelque temps, avec la fin de la période présidentielle personnaliste de de Gaulle, la dynamique des pouvoirs institués commence à changer de tournure. L'élection des députés au suffrage universel direct par scrutin majoritaire uninominal à deux tours apporte une tendance au bipartisme et permet le dégagement de nettes majorités politiques qui fonderont, comme mentionné auparavant, la légitimité politique du Gouvernement. Mais, considérant que l'élection du Président de la République se faisait tous les 7 ans, et celle de l'Assemblé nationale à chaque 5 ans, le laps de temps écoulé entre les deux suffrages entraînait une sorte d'alternance de légitimité, notamment quand le Président élu n'appartenait pas au même bord politique de la majorité à l'Assemblée nationale. Dans ce cas, le Président perd une grande part de liberté lorsqu'il doit nommer le Premier ministre, celui-ci devant être naturellement choisi parmi les leaders du parti majoritaire à l'Assemblée.

Un nouvel équilibre entre les pouvoirs institués s'affirme donc, à partir des années 1980 en France, quand une alternance politique est suivie d'une cohabitation. Lorsque le Président de la République se retrouve face à une Assemblée nationale qui lui est hostile, il n'a pas d'autre choix que de mettre en pratique la lettre constitutionnelle. Il exerce ses pouvoirs, mais doit coopérer avec la direction politique proposée par le Premier ministre.

En 2000, un referendum portant sur la révision de la Constitution réduit la durée du mandat présidentiel à 5 ans. Cette mesure, accompagnée de l'inversion du calendrier électoral, vise à réduire les risques de cohabitation. Le Président de la République sera désormais élu quelques semaines avant les députés, de façon à garder un certain lien entre la légitimité présidentielle et celle de l'Assemblée nationale. La majorité parlementaire à l'Assemblée nationale appartiendra, probablement, au même bord politique que le Président de la République. Les partis tendront, ainsi, à indiquer leurs leaders au poste de Président de la

République qui, comptant sur un Gouvernement organisé à sa guise, exercera aisément, avec le soutien du pouvoir législatif, la direction de la politique conduite au sein de l'État.

## B. Le régime présidentiel brésilien

La configuration constitutionnelle actuelle des pouvoirs politiques au Brésil est le résultat d'un processus « lent et graduel » de redémocratisation, qui met fin à deux décennies de régime dictatorial. L'avènement de la Constitution de 1988, sonnant le glas de cette période tourmentée, insuffle au Brésil un nouvel élan républicain.

Cette Constitution très étendue (245 articles), établit de façon assez détaillée une organisation politique fondée sur des pouvoirs politiques « mutuellement indépendants et en harmonie ». La séparation des pouvoirs suit donc le modèle strict, dans lequel s'affiche une indépendance fonctionnelle et organique assez marquée. Les organes politiques sont réciproquement interdits d'interférer dans l'investiture[14] et dans l'exécution des attributions conférées à chacun d'entre eux.

Dans ce cadre, le pouvoir exécutif est monocéphale, attribué à un Président élu au suffrage universel, par vote direct et secret de tous les citoyens, selon le principe majoritaire à deux tours (art. 77)[15], pour un mandat de 4 ans, reconductible une seule fois. En tant que titulaire unique du pouvoir exécutif, le Président de la République exerce simultanément les fonctions de chef de l'État et de chef du Gouvernement, disposant de l'assistance des Ministres d'État (art. 76).

Le pouvoir législatif apparaît comme une attribution exclusive du Congrès national, composé de deux chambres indépendantes, la Chambre des députés et le Sénat, dont les membres sont élus au suffrage universel direct.

Le régime politique brésilien est marqué, tout comme en France, par un caractère bireprésentatif dans lequel le Président et les membres du législatif[16] sont élus directement par les citoyens. Mais si les pouvoirs politiques jouissent

---

14 Selon les caractéristiques traditionnelles d'un régime de séparation stricte des pouvoirs, le Président ne peut, sous aucun prétexte, mettre fin au mandat des parlementaires, dissoudre le Congrès ou convoquer de nouvelles élections. Il n'existe pas non plus de responsabilité politique du gouvernement au regard du pouvoir législatif. Le Congrès ne peut pas destituer les Ministres de leurs fonctions, ni le chef de l'exécutif, pour des raisons de méfiance politique. Suivant cette tradition, au Brésil, la seule hypothèse envisageant la perte du mandat du Président de la République est celle de la condamnation pour crime commun ou crime de responsabilité dans une procédure *d'impeachment*. Sur le sujet, cf. Tupiassu (L.), « Introduction au droit brésilien : Le droit constitutionnel – les institutions politiques », *in* D. Paiva de Almeida (dir.), *Introduction au droit brésilien*, L'Harmattan, 2006, p. 15-46.

15 Les articles cités entre parenthèses dans cette sous-section correspondent à la Constitution de la République Fédérative du Brésil, selon le texte en vigueur au 30 mai 2007.

16 Notez qu'en France ce sont uniquement les membres de l'Assemblée nationale qui sont élus au suffrage universel direct. Les membres du Sénat sont élus indirectement par des élus locaux.

chacun d'une légitimité qui leur est propre, garantissant leur indépendance organique, la spécialisation fonctionnelle, à son tour, est loin d'être absolue.

En effet, la participation du Président à la procédure législative est assez importante. Il est compétent pour engager la procédure (art. 84, III), pour sanctionner, promulguer et faire publier les lois (art. 84, IV), ainsi que pour opposer son veto, total ou partiel aux projets de loi (art. 84, V et 66 § unique)[17]. Pour sa part, le pouvoir législatif peut surmonter un veto présidentiel et refuser librement les projets proposés par l'exécutif. Le législatif détient aussi de larges pouvoirs d'enquête et de contrôle sur les actions des membres du pouvoir exécutif. Le chef de l'exécutif ne dispose d'aucun pouvoir réglementaire autonome, mais il garde tout de même un instrument normatif fort, les *mesures provisoires*, qui, édictées normalement qu'en cas d'urgence, ne dépendant pas d'une autorisation préalable du Parlement et restreintes dans leur champ matériel, ont force de loi pour une période limitée, au bout de laquelle elles doivent être votées et approuvées par le Congrès pour rester en vigueur (art. 62). Pendant les années 1990, l'utilisation arbitraire et abusive des mesures provisoires a été une pratique réitérée servant à renforcer le pouvoir exécutif. Le Président, disposant en pratique d'un pouvoir légiférant, pouvait exécuter sa politique en toute aisance, sans attendre l'autorisation préalable du Congrès pour prendre chacune des *mesures provisoires*. À partir de 2001 un amendement constitutionnel est intervenu pour réencadrer le régime juridique des mesures provisoires, imposant des limites plus strictes à son utilisation de sorte à réduire les pouvoirs « législatifs » du Président et rétablir l'équilibre entre les pouvoirs.

Ainsi, actuellement, le Président de la République au Brésil, bien que seul responsable de la définition et de la conduite de la politique nationale, a besoin tout de même de compter sur le soutien du pouvoir législatif, sans quoi il ne peut pas modifier substantiellement l'ordre juridique de l'État. Cependant, l'utilisation du scrutin proportionnel pour l'élection des membres de la Chambre des députés empêche la définition de majorités claires, de sorte que le Président de la République ne peut pas forcément compter sur le seul soutien des membres de son parti, s'il souhaite mettre en place aisément son programme de gouvernement. Des coalitions entre les partis doivent être faites afin de garantir un soutien stable à la politique du Gouvernement au sein du Congrès.

Finalement, après le retour à l'équilibre sur le pouvoir d'édiction de la loi au Brésil, les pouvoirs du Président de la République se sont un peu affaiblis face à la reprise d'importance des pouvoirs du Congrès[18]. Le Président, à l'origine tout puissant, se voit obligé de mettre en place une politique de coopération et de compromis afin de parvenir à relier les différents bords politiques qui garantiront la gouvernabilité du pays.

---

17 Sur le sujet, cf. TUPIASSU (L.), « Introduction au droit brésilien : Le droit constitutionnel – les institutions politiques », *préc.*

18 Cf. GROHMANN (L.G.M.), « A separação de poderes em países presidencialistas : a América Latina em perspectiva comparada », *Revista de Sociologia e Política*, vol. 17, p. 75-106, 2001, p. 97.

## II. Les régimes français et brésilien convergeant vers une nouvelle dynamique des pouvoirs

Les différences entre les régimes politiques au Brésil et en France semblent importantes. Mais les deux pays retrouvent, en pratique, une variation du modèle de séparation des pouvoirs constitutionnellement énoncé. Ce sera donc plutôt par l'analyse de la manière dont les forces politiques s'articulent que l'on pourra comprendre la vraie nature de leurs systèmes politiques[19]. Et, par la comparaison des pratiques institutionnelles dans les deux pays, il est possible de voir plusieurs points convergents, voire même communs.

En réalité, les modèles classiques de séparation des pouvoirs omettent le fait que c'est justement le partage des pouvoirs, et non leur séparation[20], qui permet l'existence d'un équilibre institutionnel. Ainsi, dans cette quête d'équilibre, les deux différents modèles de séparation des pouvoirs ont été obligés de s'adapter à une réalité qui les pousse à s'éloigner des cadres théoriquement adoptés (A). En arrière-plan de cette évolution, on remarque que le système classique de séparation des pouvoirs formellement adopté par chacun de ces États cède place à un partage des pouvoirs ayant tendance à être orchestré par les systèmes des partis (B).

### A. La convergence des pratiques politiques en quête de l'équilibre entre les pouvoirs

Les régimes brésilien et français ont expérimenté des phases d'extrême déséquilibre et, par la pratique, ont entrepris la construction d'une nouvelle dynamique institutionnelle.

Le régime parlementaire français, comme nous l'avons mentionné, a été contraint de lutter contre l'instabilité du régime d'assemblée. Le mécanisme utilisé dans la quête d'équilibre a été l'amplification constitutionnelle des pouvoirs de l'exécutif, organisés initialement en dyarchie. La pratique du régime a toutefois démontré que la dyarchie de l'exécutif tend à devenir une sorte de hiérarchie, orchestrée par les rapports entre les partis politiques dont proviennent les autorités au pouvoir. Le centre de gravité du pouvoir penche au départ, en faveur soit du Président de la République, soit du Premier Ministre, selon que la majorité parlementaire est favorable ou pas au premier.

À partir des années 2000, cependant, les expériences mal vécues de cohabitation ont poussé à l'affaiblissement délibéré de la représentativité du Parlement au profit du Président de la République[21]. Avec le quinquennat, l'inversion du calendrier

---

19 Comme l'explique Richard Moulin: «*La doctrine est de plus en plus consciente de l'importance du rôle joué par les forces politiques dans le fonctionnement des institutions et par conséquent de la nécessité d'associer droit constitutionnel et sociologie, ou science politique*» (R. Moulin, *Le présidentialisme et la classification des régimes politiques*, LGDJ, 1978, p. 323).

20 Comme le signale Vedel: «*séparation des pouvoirs? Pas nécessairement. Mais séparation du pouvoir, à peu près sûrement, oui*» (C. Vedel in Bidegaray et C. Emeri, «Du pouvoir d'empêcher: veto ou contre-pouvoir», *Revue du droit public*, 1994, p. 329).

21 Sur le sujet, cf. Rehren (A.), «La presidencia y el parlamento como instituciones representativas: los casos de Argentina, Chile y Francia», *Revista de Ciência Política*, vol. XXI, n° 2, 2001, p. 140.

électoral et le système des partis, les élections présidentielles offusquent celle des membres de l'Assemblée nationale, de sorte que, paradoxalement, dans un État adoptant un régime parlementaire, la majorité des citoyens s'intéresse moins à l'élection de leurs parlementaires qu'à l'élection du Président. De plus, par le fait majoritaire, par la procédure rigide, et par le fait que le Président de la République, soutenu par l'Assemblé, est en pratique le chef du Gouvernement, l'engagement de la responsabilité politique du Gouvernement est difficilement envisageable. Tout cela contribue à une plus grande centralisation du pouvoir entre les mains du Président. Celui-ci soutient et surtout met en pratique un projet politique individuel. La politique choisie par le Président ne prend pas vraiment en compte, ou trop peu, le pouvoir législatif, détenteur d'un contre-pouvoir extrêmement impuissant, faisant penser à un retour au gaullisme d'origine. Il s'agit d'une sorte de personnalisation du pouvoir qui impose un affaiblissement du Parlement[22].

Cette pratique est encore plus évidente à l'issue des élections françaises de 2007. Le même parti, dont le chef[23] a été élu Président de la République au suffrage universel direct, a acquis une forte majorité au sein du Parlement. Cela permet au chef de l'État de choisir son Gouvernement et d'assurer que celui-ci mettra en place, avec la concurrence de la majorité parlementaire, une politique que le Président aura formulée et soutenue personnellement.

Comme le décrit l'éditorial du journal *Le Monde*, « *en un mot comme en cent, tout se passe comme si l'article 20 de la Constitution – selon lequel « le gouvernement détermine et conduit la politique de la nation* » – avait été, *de facto*, abrogé »[24]. Sur ces entrefaites, pour Dominique Rousseau, depuis « *le 6 mai 2007, il est écrit dans les faits que le Président gouverne et que le Premier ministre coordonne l'application de la politique présidentielle par les ministres* »[25].

Ainsi, indépendamment du passage hypothétique à une VI^e^ République, c'est une pratique dérogatoire du régime de séparation des pouvoirs affichés par la Constitution qui est mise en œuvre en France. Les caractéristiques du régime parlementaire s'effacent de plus en plus. Elles existent quasi uniquement de façon formelle[26]. La France transite d'un régime d'assemblée[27] vers un régime présidentialiste.

---

22 Constantinesco (V.) et Pierre-Caps (S.), *Droit constitutionnel*, 2^e^ éd., PUF, 2006.

23 Il faut souligner que le Président élu a quitté formellement la tête du parti qu'il dirigerait auparavant, sans qu'une personnalité de poids politique équivalent ne vienne immédiatement occuper ces fonctions.

24 Voir « VI^e^ République ? » (éditorial), *Le Monde*, 04/07/07.

25 Rousseau (D.), « Un régime de président », *Le Monde*, 12/06/07.

26 Comme le décrit Jean-Baptiste de Montvallon, sans avoir touché au texte de la Constitution, le nouveau Président s'est clairement engagé dans une lecture et une pratique très présidentialistes des institutions. Avant même d'être élue, la majorité dont il disposera à l'Assemblée est appelée à n'être qu'un instrument au service d'un « Président qui gouverne » (J. B. Montvalon, « Les législatives confirment la présidentialisation du régime », *Le Monde*, 09/06/07).

27 C'est-à-dire que l'avènement d'une V^e^ République, destinée à contrer les excès du régime d'assemblée sous les III^e^ et IV^e^ Républiques, implique, finalement, le renforcement des pouvoirs de l'exécutif. On semble s'insérer dans le « cercle infernal » nietzschéen de l'histoire constitutionnelle française. Sur le sujet, veuillez consulter

De l'autre coté de l'Atlantique, c'est le même phénomène, mais dans le sens inverse qui se produit. En fait, il y a quelques années, partout en Amérique Latine, les régimes présidentiels ont été confrontés au problème du présidentialisme[28]. Mais, de la même façon qu'en France des mesures ont été prises pour essayer d'écarter l'instabilité instituée par les régimes d'assemblée, au Brésil, des mesures ont été prises dans le sens opposé, afin de limiter les pouvoirs du Président, et consolidant ainsi le législatif[29].

Au Brésil, la légitimité démocratique – l'élection au suffrage universel direct – et le statut institutionnel du Président – sa qualité de chef de l'État et de chef du Gouvernement – sont compensés par un mandat présidentiel très court, souvent en cohabitation avec un Congrès composé de forces politiques dispersées.

En raison de l'élection des députés au scrutin proportionnel, le Brésil est l'un des pays du monde avec la plus grande fragmentation entre les partis politiques[30] et où la personnalisation des élections législatives se montre très flagrante[31]. Le

---

J.-Cl. CABANNE, *Introduction à l'étude du droit constitutionnel et de la science politique*. Toulouse: Privat, 1981.

28 Ce que Bruce Ackerman qualifie de « Latin America's disastrous nineteenth century experience with the North American model » (B. ACKERMAN, « The New Separation of Powers », *Harvard Law Review*, n° 113, 2000, p. 729). Encore aujourd'hui le sens commun de la culture juridique européenne est habitué à qualifier ces régimes de présidentialistes, considérant qu'ils sont marqués par une suprématie excessive du Président sur les autres pouvoirs institués. La discussion approfondie de ce point échappe aux limites méthodologiques de cette communication, mais il nous faut relever que cette qualification générale ne prend pas en compte les spécificités de chacun des systèmes latino-américains. Pour plus de détails sur les régimes présidentialistes, veuillez consulter: CONAC (G.) « Pour une théorie du présidentialisme: quelques réflexions sur les présidentialismes latino-américains », *Mélanges Burdeau*, LGDJ, 1977, p. 115-148; CHANTEBOUT (B.), *Droit Constitutionnel*, 23e éd., Sirey, 2006, p. 117-119.

29 Un des actes importants pris dans le sens d'une « rationalisation du présidentialisme » – à savoir une tentative de réduction des pouvoirs du Président et du renforcement du législatif – consistait à recadrer le régime juridique des *mesures provisoires*. Actuellement, le Brésil est l'un des pays de l'Amérique Latine qui confère le plus grand pouvoir de contrôle de l'exécutif au législatif. Voir sur ce sujet GROHMANN (L. G. M.), « A separação de poderes em países presidencialistas : a América Latina em perspectiva comparada », *op. cit.*, p. 97.

30 Actuellement, 19 partis sont représentés à la Chambre des députés. Certainement, cette représentativité nominale se trouve réduite quand on prend en considération la représentativité effective des partis. Comme l'explique F. Santos, le fait de compter combien de partis sont représentés dans le Parlement n'est pas la meilleure manière de mesurer le degré de concentration ou de dispersion des partis au sein d'un pays, puisque ces partis n'ont pas tous la même importance (cf. F. SANTOS, « Escolhas institucionais e transição por transação: sistemas políticos de Brasil e Espanha em perspectiva comparada », *Dados*, vol. 43, n° 4, 2000). Ainsi, au Brésil, malgré la présence de 19 partis au sein du Parlement, en pratique, juste la moitié des partis représentés sont effectivement capables d'influencer la prise de décision politique. La représentativité des partis au Parlement brésilien reste beaucoup plus pluraliste qu'en France.

31 Non seulement chacun des partis représentés au Parlement soutient, au moins en théorie, une idéologie politique différente, mais surtout chacun des candidats soutient, auprès de leurs électeurs, un programme politique. Ainsi, le fait que l'élection se réalise selon une liste ouverte la rend presque personnelle. Au Brésil, chaque électeur se rapprochera non pas d'un parti, mais surtout d'un candidat en particulier.

Président de la République ne détient jamais, par son seul parti, la majorité au sein du Congrès National. La gouvernabilité est tout de même assurée par des coalitions constituées par l'ouverture dans la formation du Gouvernement[32]. Ainsi, c'est par la définition du candidat au poste de vice-président[33] et par la distribution des postes au sein des ministères que le Président, ou son parti, cherche à avoir le soutien des camps politiques qui se rapprochent de son idéologie.

Dès lors, dans l'aménagement pratique du système politique brésilien, malgré l'existence d'un exécutif unipersonnel, où la direction de l'État et du gouvernement est l'apanage d'une seule personne, la fragmentation du système des partis et les élections proportionnelles imposent la formation de gouvernements d'ouverture ou de coalition[34], obligeant l'entente politique entre les groupes divers et réduisant la centralisation du pouvoir. En conséquence, afin d'assurer une stabilité politique et la gouvernabilité du pays, le Président s'oblige à construire des alliances, ce qui implique un partage des ministères entre les membres des partis de la coalition entraînant, finalement, une réduction considérable de sa capacité personnelle de maîtrise tant de la direction politique du pays[35], que de la composition du Gouvernement[36].

---

32 «*À cause du multipartisme, les présidents ont de plus en plus de difficultés à trouver une majorité qui les soutienne, et sont contraints de recourir à la formation de coalition*» (R. Moulin, *Le présidentialisme et la classification des régimes politiques, op. cit.*, p. 329). Cf., Lima Junior (O.B.), «Eleições presidenciais: Centralidade, Contexto e Implicações», *Revista Brasileira de Ciências Sociais*, vol. 14, n° 40, 1999, p. 11-30.

33 Au Brésil, au moment de présenter une candidature à la présidence de la République, chaque parti ou coalition de partis doit présenter le candidat à la présidence accompagné d'un candidat à la vice-présidence. Ce dernier est souvent choisi en fonction d'accords politiques et sa désignation représente un poids essentiel dans les négociations pour la construction de la majorité présidentielle au Parlement.

34 Cependant, considérant que l'élection des membres du législatif est très personnelle, le fait qu'un député appartienne à un parti soutenant le Président n'implique pas son adhésion automatique aux projets de loi provenant de l'exécutif. Dans la mesure où le scrutin pour le Parlement brésilien se base sur des listes ouvertes, les formations politiques perdent en contrôle sur les membres du groupe. Ainsi, le gouvernement ne connaît jamais l'extension du soutien dont il dispose au sein du Parlement, puisque le comportement des députés se base beaucoup sur ses intérêts et convictions personnelles et peuvent être imprévisibles lors des votations législatives (cf. F. Santos, «Escolhas institucionais e transição por transação... », *préc.*)

35 Richard Moulin commente ce phénomène. Selon lui, lorsque l'environnement politique se compose de plusieurs partis de force inégale, la compatibilité entre les fonctions de ministre et le mandat parlementaire, si elle peut permettre la constitution d'une majorité, est également un facteur de désagrégation interne, d'impuissance du gouvernement et d'affaiblissement du président. En effet, combinée avec certaines dispositions des systèmes constitutionnels présidentialistes, elle aboutit à réduire l'indépendance de celui-ci dans l'exercice de la fonction exécutive ainsi qu'à remettre en cause l'autorité hiérarchique dont il doit disposer sur ses ministres conformément au modèle classique (R. Moulin, *Le présidentialisme et la classification des régimes politiques, op. cit.*, p. 183).

36 La direction de la politique du pays dépend, ainsi, de la discussion entre les groupes parlementaires. Une fracture entre les voix pour et contre le gouvernement au sein d'un même parti est toujours possible et des concessions doivent sans cesse être faites. Sur

Le système présidentiel brésilien finit par se rapprocher d'un modèle presque parlementaire, avec une sorte de « responsabilité politique cachée » du Gouvernement[37], malgré l'inexistence de Premier ministre. C'est le régime présidentiel tendant vers la « rationalisation » voire même la « parlementarisation ».

Dans la plupart des cas, cependant, le Président parvient à compter sur une coalition de soutien majoritaire au sein du Congrès National, ce qui lui permet de maîtriser l'essentiel des décisions politiques et législatives du pays[38]. C'est justement le cas actuellement : le Président de la République a été élu en 2006 avec plus de 60 % des voix. Ce sont, pourtant, plutôt des partis qui ne se rallient pas forcément au Président qui ont eu le plus de sièges au Congrès National[39]. Cette « cohabitation » de principe a impliqué un accroissement du partage des pouvoirs entre les divers partis, avec une ouverture ministérielle assez importante, dans la quête d'une alliance stable en faveur du gouvernement[40]. Une coalition majoritaire a tout de même réussi à se former[41]. En pratique, cela confère au Président une bonne maîtrise sur les décisions politiques et législatives du pays, mais l'oblige tout de même à faire des concessions aux partis constituant sa base de soutien.

## B. Les clefs de la convergence dans le cadre de la nouvelle séparation des pouvoirs

À travers la comparaison des réalités pratiques des deux pays, on remarque donc que les systèmes français et brésilien pâtissaient de dérives qui tendaient vers deux extrêmes opposés. Des changements dans les pratiques électorales et institutionnelles ont inversé le sens de la concentration des pouvoirs, de sorte que les deux systèmes essayent de trouver un équilibre et convergent vers un point très semblable. Sur les faits, les systèmes politiques adoptés en France et au Brésil ont actuellement plusieurs caractéristiques en commun. Dans les deux cas :

---

la gouvernabilité dans le système actuel brésilien, veuillez consulter Araujo (C. E. P.), « As eleições de 2006 e a reforma política », *Revista de Informação Legislativa*, vol. 43, n° 172, 2006. Voir aussi Oliveira (L. H.), « Produção legislativa no Brasil : a relação entre partidos e governo », *Revista dos Tribunais*, n° 803, 2002, p. 43-58.

37 Amené à l'extrême, le manque de maîtrise de la coalition majoritaire rend le Président de la République et les membres du Gouvernement « vulnérables », à l'exemple de ce qui s'est passé avec le Président Fernando Collor de Mello, seul à ne pas avoir réussi à constituer une coalition majoritaire, qui a été destitué par impeachment en 1993.

38 Sur le sujet, cf. Limongi (F.), « A democracia no Brasil : Presidencialismo, coalizão partidária e processo decisório », *Novos Estudos – Cebrap*, n° 76, nov. 2006, p. 17-41.

39 La coalition sous laquelle a été élu le Président (PT-PC do B-PRB) a eu 103 sièges, tandis que la coalition adversaire la plus forte (PSDB-PFL) a eu 130 sièges. Le Président devra faire des accords avec un parti isolé – PMDB qui a eu 89 sièges, par exemple – ou avec plusieurs petits partis, afin d'assurer une majorité stable au sein du parlement.

40 Sur le sujet, cf. Araujo (C. E. P.), « As eleições de 2006 e a reforma política », *préc.*

41 Il faut dire que dans l'histoire de la République brésilienne les présidents, à l'exception de Fernando Collor de Mello, ont généralement réussi à obtenir un soutien assez important au sein du Parlement, ce qui relativise le déséquilibre en faveur de ce dernier.

- la politique de l'État est définie et conduite par le Président de la République à l'aide de son Gouvernement;
- le pouvoir exécutif dispose d'un large pouvoir d'initiative législative, dans les deux pays, environ 90 % des lois votées proviennent de l'exécutif;
- le contrôle de la majorité au sein du pouvoir législatif reste indispensable à la bonne exécution du programme présidentiel;
- à l'heure actuelle, la majorité des membres du Parlement se tient fidèle au Président et soutient la politique qu'il met en place;
- ni la responsabilité politique du Gouvernement ni celle du Président ne sont remises en question.

Ce rapprochement dans le modèle d'organisation des pouvoirs des deux pays semble un fruit du hasard, mais, en réalité, il s'insère dans un mouvement global[42] : tant au Brésil qu'en France, c'est une nouvelle séparation des pouvoirs qui s'affirme, orchestrée par les partis vainqueurs des élections.

Dans les deux pays, un Président qui ne maîtrise pas la majorité au sein du pouvoir législatif perd ses pouvoirs et devient un contre-pouvoir politique[43]. Celui qui maîtrise la majorité conserve en même temps la fonction exécutive et la direction de la fonction législative, dans une sorte de fusion du pouvoir gouvernemental et du pouvoir parlementaire[44]. Le parti majoritaire à l'Assemblée est donc celui qui orchestre la dynamique des pouvoirs. Selon Slobodan Milacic, cette « *affirmation des partis politiques (...) enlève de la pertinence à la séparation et à la concurrence globalement modératrice du législatif et de l'exécutif, désormais soudés autour du parti majoritaire* »[45]. Le système des partis, comme l'explique Michel Troper, « *rend impossible le respect de la division des tâches lorsque le gouvernement domine la majorité de l'assemblé* »[46].

À la suite de ce phénomène, les régimes politiques perdent beaucoup de leurs spécificités[47] et on remarque une réorientation généralisée, mise en évidence par la comparaison entre le Brésil et la France : d'une part, un régime présidentiel à gouvernement d'ouverture qui oblige la prise en compte de la volonté du Congrès pour la formation du Gouvernement, mais finit par consolider une coalition majoritaire autour de la politique présidentielle; d'autre part, un régime mixte parlementaire-présidentiel ou semi-présidentiel, où la majorité écrasante détenue par le Président au sein du Parlement réduit considérablement l'importance du législatif en tant que contre-pouvoir capable de remettre en cause la responsabilité

---

42 Sur le sujet, cf. Quermonne (J. L.), « La distinction entre régime présidentiel et régime parlementaire commande-t-elle encore l'avenir de la Ve République ? », *Revue du Droit Public*, n° 6, 2005, p. 1505-1511.

43 Sur le sujet, cf. Gassiot (O.), *Du conseil constitutionnel comme contre-pouvoir juridictionnel sous la Ve République*, Thèse de Doctorat, Université Toulouse 1, 2006; Hourquebie (F.), *Le juge sous la Ve République, entre pouvoir et contre-pouvoir. Contribution au débat sur la notion de contre-pouvoir.* Thèse de Doctorat, Université Montesquieu-Bordeaux IV, 2003.

44 Constantinesco (V.) et Pierre-Caps (S.), *préc.*

45 Milacic (S.), « De la séparation des pouvoirs à l'idée des contre-pouvoirs », *op. cit.*, p. 32.

46 Troper (M.), « La Ve République et la séparation des pouvoirs », *op. cit.*, p. 37.

47 Grohmann (L. G. M.), « A separação de poderes em países presidencialistas : a América Latina em perspectiva comparada », *op. cit.*, p. 85.

du Gouvernement. À la fin, dans les deux cas, de par la légitimité et la force politique du Président, le législatif soutient la politique de gouvernement mise en place par le chef de l'État, qui exerce dans les faits le rôle de chef du parti ou de la coalition majoritaire. La tendance vers la concentration des pouvoirs est remarquable. Dans les cas de la France et du Brésil, le parti ou la coalition majoritaire exerce, à la fois, le pouvoir exécutif et le pouvoir législatif.

Ainsi, il n'existe plus de réelle opposition ni de séparation entre le pouvoir législatif et le pouvoir exécutif. Quand bien même les structures législative et exécutive traditionnelles restent en place, on s'aperçoit que leurs fonctions et la façon de les exercer se transforment. Comme l'affirment Daryl Levinson et Richard Pildes, le degré et le type de concurrence entre le législatif et l'exécutif varient de façon significative, et peuvent même disparaître, selon que le Sénat, l'Assemblée et la présidence sont partagés ou unifiés par un parti politique[48]. Ainsi, « *on constate que les structures législative et exécutive traditionnelles se maintiennent mais que leurs fonctions évoluent et se transforment dans l'ensemble, au profit de l'exécutif* »[49]. Comme l'affirme Duverger, « *le degré de séparation des pouvoirs dépend beaucoup plus du système des partis que des dispositions prévues par les constitutions* »[50].

Cette nouvelle forme d'organisation des pouvoirs fait penser à un retour à la règle négative de séparation de la fonction législative entre deux organes différents[51], classiquement connue comme la « balance des pouvoirs ». L'organe exécutif servira à « équilibrer » l'organe législatif dès lors qu'il participe lui-même à l'exercice de la fonction législative et s'oppose au Parlement en sa qualité de co-législateur[52]. Cet équilibre du pouvoir de création de la loi par le partage entre deux organes s'affaiblit, cependant, dès lors que les organes sont composés de membres d'un même groupe politique ou quand le même intérêt – c'est-à-dire, l'idéologie du parti politique majoritaire – est dominant au sein des deux organes[53].

Dans un tel cadre, finalement, la concentration des pouvoirs dans les mains du parti majoritaire doit être contrecarrée par l'action des partis d'opposition, « *la régulation du système étant assurée par le pouvoir juridictionnel et les mécanismes du contrôle de constitutionnalité* »[54].

---

48 Cf. Levinson (D.) et Pildes (R.), « Separation of parties, not powers », *Harvard Law Review*, n° 119, 2006, p. 2315.

49 Pactet (P.) et Melin-Soucramanien (F.), *Institutions politiques – Droit constitutionnel*, *op. cit.*, p. 108.

50 Cité par R. Moulin, *Le présidentialisme et la classification des régimes politiques*, *op. cit.*, p. 324.

51 Pour Michel Troper « la règle négative, c'est-à-dire l'interdiction d'accorder tous les pouvoirs à une seule et même autorité, est nécessairement respectée par le seul fait qu'il existe une constitution » (M. Troper, « La Ve République et la séparation des pouvoirs », *op. cit.*, p. 35).

52 Lahmer (M.) « Séparation et balance des pouvoirs », *Dictionnaire de la culture juridique*, *préc.*

53 Sur le sujet, cf. Troper (M.) « La Ve République et la séparation des pouvoirs », *op. cit.*, p. 33-44.

54 Favoreu (L.) *et al.*, *Droit constitutionnel*, *préc.* Cf. également Passos Martins (T.), « A implementação do constitucionalismo na França », *Revista da Associação dos Juízes do Rio Grande do Sul*, ano 34, n° 108, 2007.

Ainsi, la «*confrontation traditionnelle entre pouvoir exécutif et pouvoir législatif s'efface de plus en plus, désormais, devant celle entre majorité et opposition*»[55]. Comme l'expliquent Pierre Pactet et Ferdinand Mélin-Soucramanien il y a

> *d'un côté, la majorité, composée du ou des partis vainqueurs des élections et qui dispose à la fois du gouvernement et du Parlement, et de l'autre, l'opposition – ou les oppositions – qui attend les prochaines élections pour prendre une éventuelle revanche*[56].

Cependant, dans le cadre actuel, le contre-pouvoir de l'opposition ne dispose guère de véritables moyens d'imposer ses opinions[57]. L'instrumentalisation de ce contre-pouvoir passe, donc, par la mise en valeur des cours constitutionnelles.

À ce stade, c'est le rôle du pouvoir judiciaire qui ressort. D'un pouvoir «politiquement nul»[58], le judiciaire et surtout le contentieux constitutionnel apparaît comme «le» noyau central de la séparation des pouvoirs dans l'État contemporain[59], notamment lors qu'il se présente comme le moyen le plus accessible à l'opposition de faire valoir ses conceptions dans le cadre législatif. Une fois la balance des pouvoirs affaiblie lors de la coïncidence des majorités présidentielle et législative, il revient au troisième acteur du «régime d'énonciation concurrentiel de la volonté générale»[60], le juge constitutionnel, la tâche de garantir l'équilibre des pouvoirs.

Comme l'explique Pierre Rosanvallon, les procédures de contrôle de constitutionnalité se sont donc substituées à la doctrine originelle de la séparation

---

En ce même sens, cf. Barcellos (A. P.), «Separação dos poderes, maioria democrática e legitimidade do controle de constitucionalidade», *Revista Trimestral de Direito Público*, n° 32, 2000, p. 184-206; Constantinesco (V.) et Pierre-Caps (S.), *Droit constitutionnel, préc.*; Gassiot (O.), *Du conseil constitutionnel comme contre-pouvoir juridictionnel sous la Ve République, préc*; Hourquebie (F.), *Sur l'émergence du contre-pouvoir juridictionnel sous la Ve République*, Bruxelles: Bruylant, 2004.

55 Favoreu, (I.) *et al.*, *Droit constitutionnel, préc.*

56 Pactet (P.) et Melin-Soucramanien (F.), *Institutions politiques - Droit constitutionnel*, *op. cit.*, p. 107.

57 Certaines des dispositions prévues dans le projet de loi constitutionnelle de modernisation des institutions de la Ve République, approuvé par l'Assemblé Nationale en première lecture le 3 juin 2008, s'insèrent dans le cadre justement du renforcement des pouvoirs de l'opposition.

58 Comme nous avons fait référence dans l'introduction.

59 Pelicioli (A.), «A atualidade da reflexão sobre a separação dos poderes», *Revista de informação legislativa*, n° 43, 2006, p. 28.
«*Les termes de "justice" ou de "pouvoir judiciaire" sont même jugés trop étroits par certains qui préfèrent parler de "pouvoir juridictionnel" (...) De lui on attend l'avènement d'une "autre justice", forte et indépendante, capable de se dresser contre les autres pouvoirs et d'assurer le respect de l'État de droit*» (E. Zoller, «La justice comme contre-pouvoir: regards croisés sur les pratiques américaine et française», *Revue internationale de droit comparé*, n° 3, 2001, p. 562).

60 Rousseau (D.), *Droit du contentieux constitutionnel*, 7e éd., Montchrestien, 2006, p. 510.

des pouvoirs pour asseoir la garantie des libertés et conjurer le risque de tyrannie des majorités[61].

La nouvelle configuration de la séparation des pouvoirs en France et au Brésil s'affirme, donc, par une évolution du système des partis qui rend possible une concentration des pouvoirs, et notamment du pouvoir de faire la loi, dans les mains d'une force politique majoritaire, axée sur la figure du Président de la République. Le contrepoids et l'équilibre des pouvoirs dans ce nouveau système reviennent aux « organes partiels de la fonction législative ».

Il s'agit, finalement, d'un véritable nouvel âge de la séparation des pouvoirs qui se dessine, marqué par une dynamique entre les pouvoirs institués et les contre-pouvoirs de l'opposition et du juge constitutionnel.

61 ROSANVALLON (P.), « Les métamorphoses de la légitimité », *La démocratie au XXIe siècle – Cours au Collège de France III*, 2008.

## LE RETRAIT DES ACTES ADMINISTRATIFS INDIVIDUELS EN FRANCE ET AU BRÉSIL

**Domingos Païva de Almeida***

Dans ses cours doctoraux de 1949-1950, René David attirait l'attention des juristes français sur le fait que les principes du droit administratif brésilien «*ne se confondent en aucune façon avec nos principes et nos tendances*» et que «*le Brésil ne possédant pas de Conseil d'État, ses juristes ont une plus grande liberté pour délimiter les contours du droit administratif, et ils n'arrivent pas à ce sujet aux mêmes conclusions que nos auteurs*»[1].

Aujourd'hui, plus d'un demi-siècle après que l'éminent comparatiste a livré ces leçons, il convient de se demander si elles restent encore valables. Est-ce qu'un tel fossé séparant les droits administratifs français et brésilien existe toujours ? Ou est-ce qu'il est possible, en ces temps de globalisation, de repérer des points de convergence, voire certaines tendances communes entre les deux modèles ?

Ces interrogations méritent d'être soulevées d'autant plus que les droits administratifs français et brésilien ont connu, au long des dernières décennies, d'importantes réformes qui ont pu sensiblement les rapprocher, mais sans pour autant effacer leurs différences structurelles. Ainsi, de même qu'il est possible de constater, comme le fait le professeur Wald, la «place importante» ou les «progrès réalisés par le droit administratif» brésilien[2], il faut également tenir compte, à l'instar du professeur Fromont, des «avancées du droit français», qui

---

* *Avocat au Barreau de Recife - Brésil, Assistant juridique en droit comparé à la cellule de droit comparé du Conseil d'Etat, Consultant au Cabinet Chenut Oliveira Santiago, Docteur en droit de l'université Paris I Panthéon-Sorbonne, Post-doctorat à l'Institut universitaire européen de Florence.*

1 David (R.), «Le droit brésilien jusqu'en 1950», dans Wald (A.) et Jauffret-Spinosi (C.), *Le droit brésilien d'hier, d'aujourd'hui et de demain*, Société de législation comparée, 2005, p. 171.

2 Wald (A.), «L'évolution du droit brésilien pendant la deuxième moitié du XX^e^ siècle», in *Le droit brésilien d'hier, d'aujourd'hui et de demain*, *op. cit.*, p. 194.

lui ont permis « *de se maintenir, sinon en tête, du moins dans le peloton de tête des meilleurs droits administratifs du monde* »[3].

L'objet du présent travail n'est pas de proposer une comparaison globale entre les droits administratifs français et brésilien. Il s'agit uniquement de traiter un aspect précis de cette discipline, mais qui doit être suffisamment significatif pour apporter des pistes de réflexion à la question plus générale de la comparaison entre les deux droits. L'aspect choisi est celui du retrait – dit aussi *annulation d'office* – des actes administratifs individuels[4].

L'étude du retrait ou de l'annulation d'office des actes administratifs individuels est significative à plusieurs égards. Tout d'abord, il s'agit de l'un des thèmes les plus traditionnels du droit administratif, à en témoigner le vif intérêt que lui attachent les publicistes français[5]. Aussi, comme le signalent les professeurs Weil et Pouyaud, « *le principe de l'intangibilité des décisions individuelles créatrices de droit* » – qui est à la base de la théorie du retrait – « *est l'une des constructions les plus originales de la jurisprudence* »[6].

Ces dernières années, l'étude du pouvoir de retrait a connu un développement important[7]. Cet intérêt est dû notamment au revirement jurisprudentiel qu'aurait

---

3 FROMONT (M.), *Droit administratif des États européens*, PUF, 2006, p. 357-358.

4 Dans le cadre de la présente comparaison, la notion de « retrait de l'acte administratif individuel » est définie de la façon suivante : l'acte juridique édicté par l'administration publique, dans l'exercice de son pouvoir de contrôle sur ses propres actes, dont l'effet est la suppression rétroactive d'un autre acte juridique de portée unilatérale et individuelle qui avait été édicté irrégulièrement.

5 JÈZE (G.), *Principes généraux du droit administratif, t. 1*, 3e éd., M. Giard, 1925, Reproduit en 2005, Dalloz, voir p. 178 *sq.* ; JÈZE (G.), note RDP, 1908, p. 249 ; *ibid.* 1910, p. 52 ; *ibid.* 1911, p. 61 ; *ibid.* 1945, p. 262 ; HAURIOU (M.), note sous l'arrêt CE, 3 novembre 1922, *Dame Cachet*, RDP, 1922, p. 552 ; HAURIOU (M.), « La limitation du pouvoir d'annulation d'office des décisions administratives », *Revue de droit public*, n° 2, 1927, p. 207-217 ; DUGUIT (L.), « La limitation du pouvoir d'annulation d'office des décisions administratives », *Revue de droit public*, n° 2, 1927, p. 218-227 ; WALINE (M.), « Le retrait des actes administratifs », dans *L'évolution du droit public, Études offertes à Achille, Mestre*, Sirey, 1956, p. 563-572 ; LE MIRE (P.), « La stabilité des situations juridiques et l'évolution de la jurisprudence relative au retrait et à l'abrogation », *AJDA*, 1980, p. 203 *sq.*

Le sujet a fait l'objet également d'un certain nombre de thèses : ANDRÉ (Y.), *Le retrait des actes administratifs*, thèse 1943, 164 p. ; MUZELLEC (R.), *Le principe d'intangibilité des actes administratifs en droit français*, thèse Rennes, 1971, 521 p. ; TALLINEAU (L.), *Les actes particuliers non créateurs de droits : Essai critique de la théorie des droits acquis en droit administratif*, Thèse Poitiers, 1972, 422 p.

6 WEIL (P.) et POUYAUD (D.), *Le droit administratif*, 21e éd., PUF « coll. Que sais-je ? », 2006, p. 44.

7 ARBOUSSET (H.), « Retrait, abrogation et sécurité juridique (Analyse, depuis 1981, d'une relation souvent difficile) », *Revue de la Recherche Juridique – Droit Prospectif (RRJ)*, n° 83, 2000-2, p. 542-560 ; GAUDEMET (Y.), « Faut-il retirer l'arrêt Ternon ? », *AJDA*, 2002, p. 738-739 ; FRANCES-LAGARRIGUE (J.), « Retrait des actes administratifs et sécurité juridique », *AJDA*, 2006, p. 2361 ; COLLIÈRE (PH.), « Le retrait des décisions individuelles créatrices de droits : un régime juridique peu satisfaisant », *AJDA*, 2008, p. 334-337 ; BOUCHER (J.), BOURGEOIS-MACHUREAU (B.), « Retrait des actes

apporté l'arrêt *Ternon* du Conseil d'État, du 26 octobre 2001[8]. L'arrêt *Ternon*, qui figure parmi les *Grands arrêts de la jurisprudence administrative*[9], est considéré par la plupart de la doctrine, dont le professeur Delvolvé, comme l'une des innovations les plus importantes du droit administratif français[10], même si d'autres auteurs restent plus réservés[11]. À ces études, sont venues s'ajouter d'autres qui s'intéressent à l'emprise croissante du droit communautaire sur le régime du pouvoir de retrait et qui ne coïncident pas nécessairement avec les solutions du droit national[12].

Si l'étude du retrait des actes administratifs individuels trouve un intérêt majeur en France, elle n'est cependant jamais ou quasiment jamais soumise à une approche comparative. Or, sur ce point précis du droit administratif, la comparaison entre la France et le Brésil peut susciter des réflexions très riches.

Il faut savoir en effet, que le droit brésilien n'est plus un terrain d'investigation « inconnu » du juriste français, comme le remarque à très juste titre la professeure Fauvarque-Cosson[13]. Aujourd'hui, il est même admis que « *l'étude du droit brésilien peut apporter aux juristes français des idées fécondes* », comme le suggère

---

administratifs : un équilibre délicat entre intérêt de la légalité et protection des droits acquis », *AJDA*, 2008, p. 338-343.

8 CE, ass., 26 octobre 2001, *Ternon*; GUYOMAR (M.) et COLLIN (F.), « Chronique », *AJDA*, 2001, p. 1034 ; SÉNERS (F.), « Conclusions », *RFDA*, 2002, p. 77 ; DELVOLVÉ (P.), « note », *RFDA*, 2002, p. 80.

9 LONG (M.), WEIL (P.) BRAIBANT (G.), DELVOLVÉ (P.) et GENEVOIS (B.), *Les grands arrêts de la jurisprudence administrative*, 14e éd, Dalloz, 2003, p. 872 : « *si l'arrêt* Ternon *innove par rapport à l'arrêt* dame Cachet *dans la solution qu'il adopte, il se situe dans la même ligne que lui par l'esprit qui l'anime* ».

10 DELVOLVÉ (P.), *Le droit administratif*, 3e éd., Dalloz, 2002, p. 2.

11 GAUDEMET (Y.), « Faut-il retirer l'arrêt Ternon ? », *AJDA*, 2002, p. 738 : « L'arrêt *Ternon* est critiquable à un double titre : sur le plan des principes car il empiète sur les pouvoirs du législateur, frôlant l'arrêt de règlement ; sur le plan de ses conséquences pratiques, car il complique très fortement la question du retrait des actes administratifs ».

12 BAZEX (M.) et BLAZY (S.), « note sous CE 29 mars 2006, *Centre d'exportation du livre français et ministre de la culture et de la communication*, Rec. 173 », *Droit administratif*, 2006, n° 112 ; KOVAR (R.), « L'emprise du droit communautaire sur le régime du retrait des actes administratifs nationaux », dans *Renouveau du droit constitutionnel. Mélanges en l'honneur de Louis Favoreu*, Dalloz, 2007, p. 767-788. CHALTIEL (F.), « Le retrait de l'acte administratif devant la Cour de Justice des Communautés européennes : l'arrêt Ternon maintenu », *Les Petites Affiches*, 13 mars 2008, n° 53, p. 4-9; HOUYET (Y.), « Le rétablissement de la légalité communautaire par le retrait d'actes administratifs nationaux », *Journal de droit européen*, nov. 2008, n° 153, p. 257-264.

13 FAUVARQUE-COSSON (B.), « Le droit brésilien, cet 'inconnu' qui ne l'est plus », *Journal of Legal Cultures*, vol. 2, n° 2, juil.-déc. 2007 (numéro spécial dédié aux actes du colloque du 23 novembre 2006 réalisé à l'université Panthéon-Sorbonne Paris I pour le lancement du livre D. PAÏVA DE ALMEIDA (dir.), *Introduction au droit brésilien*, L'Harmattan, 2006), www.legalcultures.com. Rapprocher avec JAUFFRET-SPINOSI (C.), WALD (A.), « Avant-propos. Le droit brésilien, cet inconnu », dans *Le droit brésilien d'hier, d'aujourd'hui et de demain*, *op. cit.*, p. 1 ; PAÏVA DE ALMEIDA (D.), « Regards sur le droit brésilien », *Revue internationale de droit comparé*, 2007, n° 4, p. 879-890.

le professeur Fromont[14]. En ce qui concerne plus spécialement le droit public ou le droit administratif, on souligne aussi que l'un des intérêts du droit brésilien, est d'avoir largement accueilli les idées des grands publicistes français[15]. En outre, il convient de remarquer que l'étude du droit administratif brésilien en France connaît un développement de plus en plus significatif[16].

La comparaison entre les régimes du retrait des actes administratifs individuels en France et au Brésil est intéressante dans la mesure où elle permet de confronter deux modèles assez différents de droit administratif et, partant, deux conceptions assez distinctes de rapports entre l'État et les administrés. Face à de telles divergences, notre travail cherchera en fait à démontrer l'hypothèse suivante : tandis que le régime juridique du pouvoir de retrait en France a mis au premier plan la protection des droits des administrés, le régime de retrait au Brésil a tendu plutôt à conforter les amples prérogatives dont bénéficie l'administration.

Un tel écart, comme nous essayerons de l'expliquer, est illustré surtout en matière de délais. Alors qu'en France le pouvoir de retrait ne peut être exercé qu'au terme de quelques mois seulement, au Brésil de telles limites n'existaient pas jusqu'à une dizaine d'années, lorsque le législateur est finalement intervenu pour établir des échéances quinquennales, voire décennales. Ainsi, la différence entre les régimes français et brésilien reste très importante. En France, par exemple, un agent public recruté sur concours, un bénéficiaire d'une allocation sociale ou d'un permis de construire, sont assurés de l'intangibilité des situations passées au terme d'à peine quelques mois. Au Brésil, au contraire, les mêmes personnes doivent attendre cinq, voire dix ans, avant d'avoir la certitude que l'administration ne pourra plus défaire rétroactivement les relations en cause, sous prétexte d'un vice juridique qu'elle aura mis cinq, voire dix ans à détecter.

En dehors de cette différence fondamentale, le pouvoir de retrait en France et au Brésil se distingue aussi au niveau de ses *fondements juridiques*. En effet, la forme d'État (unitaire pour la France et fédérale pour le Brésil), ainsi que l'agencement des sources juridiques (rôle croissant du droit communautaire en France et rôle omniprésent du droit constitutionnel au Brésil) constituent autant

---

14 FROMONT (M.), « Le regard d'un juriste européen sur le droit brésilien », *Journal of Legal Cultures*, vol. 2, n° 2, juil.-déc. 2007 (numéro spécial préc.).

15 BLANQUER (J.-M.), « Le droit brésilien et l'originalité des droits d'Amérique latine », *Journal of Legal Cultures*, vol. 2, n° 2, juil.-déc. 2007 (numéro spécial préc.) : « *Je tiens toujours à souligner l'importance qu'a eue au début du siècle la pensé du Doyen Hauriou et celle de Duguit. Le Brésil est probablement le pays du monde qui a eu la réception la plus forte de ces deux auteurs au moment où l'Etat providence se développait en Europe mais il était loin d'être une réalité au Brésil. Là l'on voit bien l'influence de ces deux auteurs, évidement dans la lignée du positivisme d'Auguste Comte, si bien reçu au Brésil qu'il avait été en France. Dans le cadre de la pensée de Duguit, il y a cette approximation évidente. Et dans le cadre de la pensée d'Hauriou, probablement dans la lignée des courants chrétiens politiques qui ont pu se développer au Brésil* ».

16 Voir MEDAUAR (O.), « Un aperçu du droit administratif brésilien », dans *Confluences. Mélanges en l'honneur de Jacqueline Morand-Deviller*, Montchrestien, 2007, p. 337-342 ; PAÏVA DE ALMEIDA (D.), « Le droit administratif », dans PAÏVA DE ALMEIDA (D.), *Introduction au droit brésilien*, L'Harmattan, 2006, p. 125-170 ; WALD (A.) et LEMOALLE (E.), « Le droit brésilien des concessions de services publics et des partenariats publics-privés », dans *Le droit brésilien. Hier, aujourd'hui et demain*, préc., 2005, p. 379-403.

d'éléments qui affectent aujourd'hui le retrait des actes administratifs individuels dans les deux pays.

Au-delà de ces divergences, il faudra révéler également l'existence de certaines similitudes entre les deux pays. C'est le cas notamment du rôle croissant de la loi, qui vient de plus en plus régir l'exercice du pouvoir de retrait tant en France, qu'au Brésil. C'est le cas aussi de l'exigence commune d'une procédure contradictoire préalable, qui s'impose de part et d'autre avant l'édiction d'une décision de retrait lorsque des intérêts individuels sont susceptibles d'être affectés.

Par l'analyse de ces éléments de convergence et aussi de divergence, le but du présent travail est d'essayer de répondre à une double problématique. En premier lieu, il s'agit de savoir si l'opposition fondamentale que René David avait détectée entre le droit administratif français et le droit administratif brésilien, permet-elle d'expliquer aujourd'hui encore le thème du retrait des actes administratifs individuels dans les deux pays. En second lieu, il s'agit de savoir comment la France et le Brésil envisagent-ils les relations entre l'État et le citoyen : protègent-ils davantage les prérogatives de l'administration ou, au contraire, l'intangibilité des décisions individuelles, de sorte à favoriser les administrés ?

En guise d'hypothèse, nous dirions que le pouvoir de retrait dans les deux pays relève effectivement de cadres juridiques très différents, même si un tel constat mérite d'être atténué en raison des éléments de convergence qui existent aujourd'hui. Pour comprendre ces différences et similitudes, il convient d'examiner tout d'abord le *fondement juridique* du pouvoir de retrait en France et au Brésil (I) et ensuite son *régime juridique* (II).

## I. Le *fondement juridique* du pouvoir de retrait en France et au Brésil

Le retrait des actes administratifs individuels ne relève pas du même *fondement juridique* en France et au Brésil. Effectivement, le fait que l'un adopte la forme d'État unitaire[17] et l'autre celle d'un État fédéral[18], ou que l'un se soumette au droit

17 TURPIN (D.), *Droit constitutionnel*, 4e éd., PUF, 1999, p. 73 : « *Les États unitaires [...] sont ceux dans lesquels existe un seul système de droit, applicable sur l'ensemble du territoire. Toutefois, ils peuvent être plus ou moins centralisés* ».
CHANTEBOUT (B.), *Droit constitutionnel*, 25e éd., Dalloz, p. 66 : « *On appelle État unitaire celui dans lequel une volonté politique unique s'impose à l'ensemble des citoyens, lesquels sont par conséquent soumis aux mêmes lois en tous domaines. Les États unitaires sont de très loin les plus nombreux ; la France en constitue l'un des meilleurs exemples historiques puisque le principe selon lequel 'la République est une et indivisible', posé par la Convention dans sa proclamation du 24 septembre 1792 pour faire échec aux tendances fédéralistes qui se manifestaient à l'époque, n'a jamais été remis en cause par aucun des régimes qui se sont succédés depuis. L'administration de l'État unitaire est susceptible d'être aménagée de diverses façons : l'État unitaire peut être plus ou moins centralisé ou décentralisé* ».

18 CHANTEBOUT (B.), *Droit constitutionnel*, *op. cit.*, p. 69 : « *Un État est dit fédéral quand les unités territoriales qui le composent sont dotées, en matière constitutionnelle, législative et juridictionnelle, d'une autonomie telle qu'elles méritent le nom d'États, bien qu'elles n'aient pas en principe de compétences internationales. L'État fédéral est donc un État composé de plusieurs autres États avec lesquels il partage les compétences qu'exerce*

communautaire et l'autre non, constitue autant d'éléments structurels qui ont un impact en matière de pouvoir de retrait. Il convient de comprendre ces différences en s'intéressant au pouvoir de retrait face aux différentes *formes d'État* d'une part (A), et face aux différentes *sources du droit* d'autre part (B).

## A. Le pouvoir de retrait face aux différentes *formes d'État*

Est-ce que la forme d'État – unitaire pour la France et fédérale pour le Brésil – a une réelle influence sur le retrait des actes administratifs individuels ? Cette question, qui est décisive pour comprendre les différents *fondements juridiques* du pouvoir de retrait dans les deux pays, appelle une réponse positive. En effet, tandis que le pouvoir de retrait relève d'un *fondement unitaire* en droit français (1), il relève en droit brésilien d'un *fondement fédératif* (2).

### 1. Le *fondement unitaire* du pouvoir de retrait en droit français

La France étant constitué sous la forme d'un État unitaire décentralisé[19], il est permis de se demander dans quelle mesure cet aspect structurel de son ordre juridique affecte-t-il la définition du régime de retrait des actes administratifs individuels ? À titre illustratif, il s'agit de savoir à quel point le fait que la France soit un État unitaire, conditionne-t-il la mise en œuvre d'une prérogative aussi technique, que celle dont dispose l'administration pour, par exemple, revenir sur sa décision ayant autorisé Monsieur « X » à faire construire sa nouvelle maison ou ayant délivré à la société « Y » une licence d'exploitation d'un débit de boissons ?

L'impact de la forme unitaire d'État sur le retrait des administratifs individuels tient au fait qu'il n'y a, dans l'ordonnancement juridique français, qu'une seule et unique source législative et qu'un seul et unique ordre juridictionnel – l'ordre administratif – qui soient compétents en la matière. Au Brésil, au contraire, il existe autant de sources législatives et juridictionnelles qu'il y a d'États membres dans la Fédération, voire même de Communes, tel que nous verrons plus loin.

Ainsi, en France, qu'il y ait une, deux ou plusieurs lois régissant le retrait des actes administratifs individuels, elles relèvent nécessairement d'une même autorité législative nationale[20]. Certes, l'exercice du pouvoir de retrait appartient à des administrations diverses, notamment au niveau des collectivités territoriales, lesquelles bénéficient du principe constitutionnel de la libre administration[21], en

---

*ailleurs l'État unitaire. [...] Le fédéralisme est un mode d'organisation politique relativement répandu. Parmi les quelques vingt États fédéraux qui existent actuellement figurent les États les plus puissants et les plus vastes : les États-Unis et la Russie, l'Inde, le Canada, l'Australie, le Brésil, l'Argentine...* ».

19 Constitution, art. 1er, avec la rédaction de la révision constitutionnelle du 28 mars 2003 : « *La France est une République indivisible, laïque, démocratique et sociale. [...] Son organisation est décentralisée* ».

20 Voir arts. 23 et 24, de la loi n° 2000-321 du 12 avril 2000, relative aux droits des citoyens dans leurs relations avec les administrations ; et art. 6, de la loi n° 2006-872 du 13 juillet 2006, portant engagement national pour le logement, qui a ratifié et complété l'ordonnance du 8 décembre 2005, portant la réforme du Code de l'urbanisme.

21 Voir Constitution, art. 72. Conseil Constitutionnel, DC n° 82-137, 25 fév. 1982, *Lois de décentralisation*.

vertu du fait que la France est un État unitaire décentralisé[22]. Mais en dehors de la sphère administrative, le pouvoir de retrait reste encadré au niveau politique et juridictionnel, par un seul pouvoir législateur et par une seule autorité juridictionnelle, qui se situent au niveau national[23]. Ainsi, un seul parlement dispose sur le régime légal du pouvoir de retrait[24]. Suivant la même logique, un seul juge - le juge administratif - règle les litiges nés de l'exercice du pouvoir de retrait[25].

Dès lors, il est possible de dire que les décisions par lesquelles un maire annule le permis de construire délivré à Monsieur «X» ou supprime la licence d'exploitation délivrée à la société «Y», restent encadrées par les mêmes conditions légales et jurisprudentielles que celles applicables à toute décision de retrait, sur toute autre partie du territoire national. Certes, ces décisions n'ont qu'un effet individuel (vis-à-vis de M. «X» ou de la société «Y») et elles sont exercées de manière décentralisée par l'exécutif d'une collectivité territoriale qui s'administre librement (la Commune). Mais les sources législative et jurisprudentielle d'un tel pouvoir, à la différence du modèle brésilien, relèvent d'un seul et unique centre de compétences, qui se situe au niveau national, que ce soit par le biais des lois du Parlement, ou par l'application que leur donne le juge administratif.

Après ces brefs éléments d'explication sur le droit français, il faut à présent comprendre le cas brésilien, où le retrait des actes administratifs individuels relève, au contraire, de *fondements juridiques* multiples, en raison de sa forme fédérative.

---

22 Favoreu (L.), *Droit constitutionnel*, 8e éd., Dalloz, 2005, p. 431: «*L'État unitaire décentralisé ne comporte, sur son territoire, qu'une seule organisation juridique et politique dotée des attributs de la souveraineté. Les collectivités territoriales (communes, départements, régions...), composantes de l'État, ne constituent qu'une modalité de l'organisation administrative. Elles n'existent que par l'État et elles n'apparaissent pas dans l'ordre politique. Notamment, elles ne disposent d'aucun pouvoir législatif, contrairement aux Régions italiennes ou aux Communautés autonomes espagnoles*».

23 Constantinesco (V.) et Pierré-Caps (S.), *Droit constitutionnel*, 2e éd., PUF, 2006, p. 290: «*L'État unitaire est la forme d'État qui se définit comme celle qui ne connaît qu'une seule autorité publique sur un même territoire et à l'égard de la population qui y habite, et qu'un seul droit applicable. L'État forme un seul ordre juridique dans lequel les mêmes instruments (constitution, loi, décret, etc.) ont vocation à s'appliquer partout et à tous de manière identique*».

24 Hamon (F.) et Troper (M.), *Droit constitutionnel*, 29e éd., LDGJ, 2005, p. 81: «*En France, les lois sont nationales et les normes locales ne peuvent être créées que si une loi nationale détermine les matières dans lesquelles elles peuvent intervenir. C'est aussi la loi qui institue l'autorité locale compétente, lui fixe des objectifs et des limites, détermine des procédures et organise un contrôle sur le contenu des décisions, de telle manière qu'on peut penser que dans un tel État, les normes locales ne sont jamais que la concrétisation, compte tenu des situations locales, des normes nationales*».

25 Bien entendu, la justice administrative est exercée non seulement par le Conseil d'État, comme aussi par les Tribunaux administratifs et les Cours administratives d'appel répartis sur le territoire. Mais ce ne sont que des divisions internes d'une seule et unique source de compétence, qui trouve dans le Conseil d'État le gardien suprême de l'ordre administratif (CJA, art. L. 111-1).

**2. Le fondement *fédératif* du pouvoir de retrait en droit brésilien**

Le Brésil étant un État fédéral, il faut chercher à savoir jusqu'à quel point cet élément structurel affecte-t-il la définition du retrait des actes administratifs individuels ? Jusqu'à quel point la forme fédérale d'État affecte-t-elle le régime de retrait, tel qu'il est exercé par les différentes autorités administratives du pays ?

Ces questions sont d'une grande importance, dès lors que la portée du fédéralisme brésilien n'est pas toujours aisée à comprendre. Il est souvent présenté comme étant plus centralisateur que celui des États Unis, dont il s'est inspiré[26]. Certains auteurs l'ont même décrit comme un « pseudo-fédéralisme »[27]; d'autres, au contraire, l'entendent de façon plus optimiste, en vue notamment de la nouvelle Constitution de 1988[28].

Pour notre part, nous rejoignons l'idée du professeur Fromont selon laquelle le pouvoir fédéral concentre la plus grande partie des compétences législatives, au détriment des pouvoirs fédérés. Cela donne au fédéralisme brésilien un aspect plus centralisateur, au moins sur le plan législatif, que celui de ses homologues nord-américain, mexicain et argentin[29]. Cependant, s'il existe un domaine dans lequel les États membres brésiliens détiennent une compétence législative importante, c'est justement celui d'adopter des lois de procédure administrative et donc de régir le retrait des actes administratifs individuels.

En effet, le pouvoir de légiférer en matière de procédure administrative et, par conséquent, en matière de retrait, constitue une compétence « privative » qui appartient à chacune des entités de la Fédération, dès lors que la Constitution n'attribue au législateur fédéral aucune compétence générale dans ce domaine. Dès lors, en vertu de la clause constitutionnelle des pouvoirs résiduels (art. 25, §1) ou de celle de l'intérêt local (art. 30), le pouvoir d'édicter des lois en matière de procédure administrative revient aux vingt-six États membres, au District fédéral et également aux plus de cinq mille Communes (*Municípios*). Particularité du

---

26 Fromont (M.), « Préface », dans *Introduction au droit brésilien*, préc., p. 8: « *Le fédéralisme brésilien est bien différent du fédéralisme américain: ainsi, les compétences législatives de l'Union sont beaucoup plus étendues au Brésil qu'aux États-Unis* ».

27 Moderne (F.), « La nouvelle constitution brésilienne et le constitutionnalisme latino-américain », dans Maus (D.) et Bon (D.), *La nouvelle République brésilienne: études sur la Constitution du 5 octobre 1988*, Economica, 1991, p. 11-44, voir p. 43.

28 Blanquer (J.-M.), « Le droit brésilien et l'originalité des droits d'Amérique latine », *Journal of Legal Cultures*, vol. 2, n° 2, juil.-déc. 2007 (numéro spécial préc.) : « *Parmi les points spécifiques du Brésil par rapport à l'Amérique latine, le premier est la question du fédéralisme. Le Brésil n'est pas le seul pays fédéral mais il est celui qui prend au plus sérieux la notion de fédéralisme en Amérique latine. Si l'on compare au Venezuela, cela va de soi, mais si l'on compare au Mexique ou à l'Argentine, l'on voit le respect de l'idée fédérale qui est probablement plus fort dans le cas brésilien que dans le cas des autres pays latino-américains, notamment depuis la Constitution de 1988 qui a mis à l'honneur cette idée dans un esprit de séparation de pouvoirs favorisant la démocratie* ».

29 Voir Païva de Almeida (D.), *La nouvelle place des États fédérés en Argentine et au Brésil*, Mémoire de DEA sous la direction de D. Maus, Université Paris 1, 2001, p. 9-10 et p. 40 *sq*. Voir aussi : Tupiassu (L.), « Le droit constitutionnel : les institutions politiques », dans *Introduction au droit brésilien, préc.*, p. 15-46; Vargas Grof (P.), *L'État fédéral et la démocratie au Brésil : l'application du principe de subsidiarité*, thèse Université Paris 1, 2000.

fédéralisme brésilien, les Communes sont décrites dans la Constitution fédérale comme étant des entités fédératives (art. 18); elles bénéficient notamment de compétences législatives, ce qui les habilite à adopter leurs propres lois de procédure administrative et, dès lors, leurs propres régimes de retrait[30].

Différemment donc de la France, où il n'existe qu'une seule et unique source législative, le pouvoir de retrait au Brésil, relève d'autant de sources législatives qu'il y a des entités fédératives. Ainsi, tandis que le retrait des actes administratifs fédéraux se soumet à la volonté du législateur fédéral, celui des actes administratifs étatiques et municipaux se soumet à la volonté des législateurs des respectifs États et Communes.

Nous verrons plus loin que, dans la pratique, les lois des États membres en matière de retrait s'alignent en grande partie sur les dispositions de la loi fédérale. Mais toujours est-il que, selon la Constitution fédérale, il s'agit d'un domaine de compétence « privative » de chaque entité fédérative. Dès lors, sous réserve des principes communs prévus par la Constitution fédérale, chaque entité fédérative est potentiellement libre pour établir le régime de retrait qu'elle juge le plus opportun.

En outre, le fédéralisme brésilien comporte également une pluralité d'ordres juridictionnels. Chaque État membre, ainsi que le District fédéral, est doté d'une organisation juridictionnelle propre, tel que prévu par la Constitution fédérale (art. 125). Par conséquent, les litiges nés de l'exercice du pouvoir de retrait au sein de l'administration d'un État membre, sont traités par les juges qui intègrent l'organisation juridictionnelle de ce même État[31]. Les litiges relatifs au retrait des actes administratifs individuels fédéraux sont, quant à eux, examinés par les juges relevant de l'organisation juridictionnelle fédérale.

Il résulte de ces premières considérations qu'il existe effectivement, entre les droits français et brésilien, une importante différence en ce qui concerne le *fondement juridique* du retrait des actes administratifs individuels. Alors qu'en France, en raison de sa forme unitaire d'État, le pouvoir de retrait relève d'une seule et unique sphère de compétences sur les plans législatif et juridictionnel, au Brésil, qui est un État fédéral, le pouvoir de retrait relève au contraire de sphères de compétence multiples. Ainsi, après avoir tenté de montrer de quelle manière la *forme d'État* affecte-t-elle le fondement du pouvoir de retrait en France et au

30 Bon nombre d'auteurs ne voient pas les Communes comme étant des véritables entités fédératives, dès lors qu'à la différence des États membres et du District fédéral, elles n'ont pas de pouvoir juridictionnel propre et n'envoient pas des représentants au Sénat. Dans ce sens, voir: Afonso da Silva (J.), *Curso de direito constitucional positivo*, 13e éd., São Paulo: Malheiros, 1997, p. 450-451.

31 La justice de chaque État membre est chapeautée par une sorte de Cour suprême, appelée « *Tribunal de Justiça* ». Celui-ci est compétent en dernier ressort pour trancher les litiges mettant en cause les lois étatiques. Le recours aux cours nationales n'est alors possible que si l'application de la Constitution ou de lois fédérales est également mise en cause. Relèvent également de la justice étatique les litiges relatifs aux décisions de retrait dans les Communes, dès lors que celles-ci ne disposent pas de pouvoir juridictionnel propre. Pour plus de développements, voir: Silva Braga (V.), « L'organisation juridictionnelle », dans *Introduction au droit brésilien*, préc., p. 89-124.

Brésil, il conviendrait de comparer à présent, l'impact qu'auraient, sur le pouvoir de retrait, les différentes *sources du droit*.

## B. Le pouvoir de retrait face aux différentes *sources du droit*

Les *sources du droit* sont-elles différentes en France et au Brésil ? Existe-t-il des *sources* qui, selon le pays en cause, auraient une plus ou moins grande importance en ce qui concerne le droit administratif et, plus spécifiquement, le retrait des actes administratifs individuels ? Ces questions sont d'une grande importance, dès lors que le pouvoir du retrait est encadré de manière diverse de part et d'autre. Il ne s'agit plus ici de revenir sur le clivage État unitaire et État fédéral, mais de comprendre le rôle croissant exercé par le législateur en matière de retrait dans les deux pays, ainsi que la reconnaissance inégale attribuée tantôt au droit de l'intégration régionale (Union européenne pour la France, Mercosud pour le Brésil), tantôt au droit constitutionnel.

Pour comprendre ce qui assimile ou oppose le retrait des actes administratifs individuels en France et au Brésil en termes de *sources du droit*, il convient d'évoquer le rôle exercé actuellement par la loi et par le droit communautaire dans le cas français (1), avant d'examiner le rôle exercé par la loi et par la Constitution dans le cas brésilien (2).

### 1. *Légalisation et communautarisation* du pouvoir de retrait en droit français

La plupart des auteurs affirment que les *sources juridiques* du droit administratif ont connu d'importants développements depuis au moins une trentaine d'années. Ces développements reposent essentiellement sur le rôle croissant de la loi, sur la multiplication des textes réglementaires, sur le rôle de plus en plus déterminant du droit constitutionnel et sur la place de plus en plus importante du droit international en général et du droit communautaire en particulier[32].

Il faut comprendre que toutes les sources du droit qui jouent un nouveau rôle en droit administratif n'ont pas nécessairement une égale importance en ce qui concerne le retrait des actes administratifs individuels. Ainsi, le mouvement de « constitutionnalisation progressive des diverses branches du droit » dont faisait allusion L. Favoreu[33] et que G. Vedel a toujours soutenu[34], n'a pas été – du moins encore – décisif en ce qui concerne le pouvoir de retrait.

---

32 Larzul (T.), *Les mutations des sources du droit administratif*, L'Hermès, 1994, p. 378 : « *Les juridictions constitutionnelles, Conseil constitutionnel et Cour de justice des Communautés européennes, sont les bénéficiaires en même temps que les acteurs des mutations des sources. Ce phénomène se déduit plus largement d'une évolution des démocraties occidentales de plus en plus soumises aux exigences du Droit en général, du droit constitutionnel en particulier. [...] Les mutations des sources du droit administratif révèlent en particulier une multiplication des règles juridiques d'origines diverses. Cela est vrai des sources internes – et surtout de l'activité législative et réglementaire. Cela vaut également pour les sources communautaires toujours plus présentes dans notre ordre juridique* ».

33 Favoreu (L.), « L'influence de la jurisprudence du Conseil constitutionnel sur les diverses branches du droit », dans *Mélanges Léo Hamon*, Economica, 1982, p. 235.

34 Vedel (G.), « La continuité constitutionnelle de 1789 à 1989 », *RFDC*, n° 1, 1990, p. 5 : « *Trente ans après [...], la discussion est devenue obsolète. [...] Il est évident que*

S'il est vrai qu'il n'existe pas de « frontière étanche » entre droit administratif et droit constitutionnel[35], le régime du retrait des actes administratifs individuels reste pour le moment, peu encadré par la jurisprudence constitutionnelle, nonobstant l'existence de principes constitutionnels partiellement applicables[36].

En revanche, le régime du retrait a été considérablement affecté par l'intervention du législateur. Celui-ci a en effet donné valeur légale au principe « *audi alteram partem* », c'est-à-dire, à l'exigence d'une procédure contradictoire préalable[37]. Cette exigence existait déjà en droit français, mais n'avait qu'une valeur réglementaire[38]. En lui donnant un rang légal, le législateur a renforcé considérablement le régime de protection des administrés face au pouvoir de retrait de l'administration. Les décisions de retrait ne peuvent alors être prononcées qu'après que les intéressés ont eu l'occasion de se défendre.

Le rôle du législateur a été très important également en ce qui concerne le régime des délais de retrait. La mise en place de délais est en effet très importante, puisqu'elle permet d'assurer l'intangibilité des situations juridiques individuelles à partir d'une certaine échéance de temps. L'acte individuel devient alors « définitif », ne pouvant plus être supprimé rétroactivement (retrait), mais seulement supprimé vers l'avenir (abrogation). Aujourd'hui en France, la loi définit le régime des délais de retrait pour deux types d'actes : les décisions implicites d'acceptation « créatrices de droit »[39] et les autorisations d'urbanisme, lesquelles se comptent par centaines de milliers tous les ans[40]. Si la loi ne couvre certes pas encore toutes les modalités de retrait – une bonne partie relevant seulement de la jurisprudence –, son rôle reste en tout cas primordial[41].

---

*le droit administratif a des bases qui sont la Constitution et les principes dégagés par la jurisprudence du Conseil constitutionnel. Un point c'est tout* ». Voir aussi : VEDEL (G.), « Droit administratif et normes constitutionnelles. Quelques réflexions trente ans après », dans *Mélanges en l'honneur de Franck Moderne, Mouvement du droit public*, Dalloz, 2004, p. 635-648.

35 STIRN (B.), *Les sources constitutionnelles du droit administratif. Introduction au droit public*, 3e éd., LDGJ, 1999, p. 6 : « *Moins que jamais il n'existe donc de frontière étanche entre droit administratif et droit constitutionnel. À mesure que s'est développée la source constitutionnelle du droit public, les règles constitutionnelles ont affirmé leur présence dans toutes les branches du droit administratif* ».

36 Par exemple : la reconnaissance, par le Conseil constitutionnel, du « principe des droits de la défense » applicable à toute décision prise en raison du « comportement personnel » de l'intéressé (Cons. Const., Déc. n° 77-83 DC, 20 juillet 1977, *Loi modifiant l'article 4 de la loi de finances rectificative pour 1961 – obligation de service des fonctionnaires*).

37 Art. 24, de la loi n° 2000-321 du 12 avril 2000, relative aux droits des citoyens dans leurs relations avec les administrations.

38 Article 8, du décret du 28 novembre 1983. Voir : AUBY (J.-M.) et DRAGO (R.), *Traité des recours en matière administrative*, Litec, 1992, p. 421.

39 Art. 23, de la loi n° 2000-321 du 12 avril 2000, relative aux droits des citoyens dans leurs relations avec les administrations.

40 Code de l'urbanisme, tel que réformé par l'art. 6, de la loi n° 2006-872 du 13 juillet 2006, portant engagement national pour le logement, qui a ratifié et complété l'ordonnance du 8 décembre 2005.

41 HAMON (F.) et TROPER (M.), *Droit constitutionnel*, 29e éd., LGDJ, 2005, p. 760 : « *La loi reste la source principale du droit français. Comme l'indique l'article 6 de la DDHC de*

Le régime du retrait en France est en train d'être affecté considérablement aussi par le droit communautaire. Certes, le droit communautaire est considéré depuis longtemps par la Cour de Justice des Communautés européennes comme étant un « ordre juridique propre, intégré au système juridique des États membres » et bénéficiant du principe de la « primauté »[42], tel que le reconnaissent sous certaines réserves les juridictions nationales[43]. Mais ce n'est que plus récemment, au moins en ce qui concerne la France, que le droit communautaire est venu exercer un plus grand impact en matière de retrait. À ce titre, la question se pose de savoir si l'interdiction de retirer les actes devenus « définitifs » en droit national est compatible avec le droit communautaire, lorsque l'acte en cause viole le droit communautaire.

Cette question mérite d'être posée dès que, comme l'a démontré le professeur Kovar, il existe aujourd'hui une réelle « emprise du droit communautaire » sur le régime du retrait[44]. Cette situation est illustrée par une affaire posée devant le Conseil d'État qui, par un renvoi préjudiciel récent[45], a permis à la CJCE de rendre une décision éclaircissant sa position en ce qui concerne le régime de retrait en France, considéré alors compatible avec le droit communautaire[46]. Sur le contenu de ces décisions, nous aurons l'occasion de revenir un peu plus en avant. Pour l'instant, ce qu'il convient de retenir est qu'au niveau des juridictions tant nationales que communautaires, le droit communautaire s'impose désormais parmi les *sources juridiques* du pouvoir de retrait des actes administratifs individuels. À chaque fois qu'un acte administratif contrarie la « légalité communautaire », les normes communautaires trouveront à s'appliquer à son régime de retrait.

---

*1789, elle exprime la volonté générale [...] Affirmer que la loi est la principale source du droit français revient à dire qu'il appartient au législateur de fixer les plus importantes de ces normes ».*

42 CJCE, *Costa c/ Enel*, aff. n°s 61 à 64 du 15 juillet 1964, *Rec.*, vol. 10, p. 1161.

43 Cons. Const., Déc. n° 2004-505 DC, 19 novembre 2004, *Traité établissant une Constitution pour l'Europe*, *Rec.*, p. 173 ; Cons. Const., Déc. n° 2006-50 DC, 27 juillet 2006, *Loi relative au droit d'auteur et aux droits voisins dans la société de l'information.*

44 Kovar (R.), « L'emprise du droit communautaire sur le régime du retrait des actes administratifs nationaux », dans *Renouveau du droit constitutionnel. Mélanges en l'honneur de Louis Favoreu*, Dalloz, 2007, p. 767 : « *Aussi bien la jurisprudence de la Cour de justice des Communautés européennes que des décisions récentes des juridictions françaises mettent en évidence l'impact du droit communautaire sur le régime du retrait des actes administratifs* » .

45 CE, 29 mars 2006, *Centre d'exportation du livre français et ministre de la culture et de la communication*, Rec. 173 ; Bazex (M.) et Blazy (S.), « Note », *Droit administratif*, 2006, n° 112.

46 CJCE, 12 février 2008, Aff. C-199/06, *Centre d'exportation du livre français (CELF), ministre de la Culture et de la Communication c/ Société internationale de diffusion et d'édition, sur renvoi préjudiciel effectué par le Conseil d'État.* Consulter : Chaltiel (F.), « Le retrait de l'acte administratif devant la Cour de Justice des Communautés européennes : l'arrêt Ternon maintenu », *Les Petites Affiches*, 13 mars 2008, p. 4-9.

2. ***Légalisation et constitutionnalisation* du pouvoir de retrait en droit brésilien**

Quelles sont les sources les plus importantes du pouvoir de retrait en droit brésilien ? Sont-elles les mêmes qu'en France ou, au contraire, sont-elles différentes ? La loi a-t-elle gagné en importance ces dernières années ? Les expériences d'intégration régionale dans lesquelles le Brésil est impliqué, exercent-elles une influence quelconque en matière de retrait ? Enfin, quelle est la part du droit constitutionnel ?

En ce qui concerne les sources juridiques du pouvoir de retrait des actes administratifs individuels, il nous paraît possible d'affirmer que la comparaison entre le Brésil et la France conduit à une réponse mitigée. D'une part, le législateur brésilien, au même titre que le législateur français, est venu exercer ces dernières années un rôle décisif, ce qui peut être considéré comme étant une tendance commune vers la *légalisation* du pouvoir de retrait. D'autre part, les deux pays s'opposent à la fois sur la place du droit de l'intégration régionale, qui est très faible au Brésil, et sur celle du droit constitutionnel, qui au contraire est très forte.

Le mouvement de *légalisation* du pouvoir de retrait des actes administratifs individuels au Brésil a pris place il y a une dizaine d'années. Le pouvoir de retrait a été encadré par les lois de procédure administrative qui ont été adoptées aussi bien au niveau de l'administration fédérale[47] qu'au niveau des administrations des différents États membres[48].

Ces différentes lois – fédérale et fédérées – s'inscrivent dans le mouvement plus vaste tendant à assurer une meilleure protection des citoyens dans leurs rapports avec l'administration publique, comme le signale la professeure Medauar[49]. Essentiellement, les différentes lois de procédure administrative ont prévu deux limites déterminantes en matière de retrait, à savoir, l'instauration de *délais* d'exercice d'une part, et l'exigence d'une procédure contradictoire préalable d'autre part. Ces limites n'existant pas antérieurement – si ce n'est qu'en vertu de dispositions réglementaires dans des secteurs spécifiques comme la sécurité sociale – l'administration bénéficiait jusqu'alors d'un pouvoir quasi illimité. Or, grâce aux contraintes de *temps* et de *procédure* nouvellement instituées, le législateur a accompli un grand pas vers la protection de la sécurité juridique en faveur des administrés[50].

---

47 Loi n° 9.784 du 29 janvier 1999, arts. 54 et 55.

48 Voir : loi de l'État de São Paulo n° 10.177, du 30 décembre 1998, art. 10 ; loi de l'État de Pernambouc n° 11.781, du 6 juin 2000, art. 54 ; loi de l'État de Goiás n° 13.800, du 18 janvier 2001, art. 54.

49 MEDAUAR (O.), « Un aperçu du droit administratif brésilien », dans *Confluences. Mélanges en l'honneur de Jacqueline Morand-Deviller*, Montchrestien, 2007, p. 437-442, voir p. 339.

50 Certains juristes français remarquent que la *loi* en droit brésilien aurait un rôle très positif pour le développement de la société brésilienne. Voir : FAUVARQUE-COSSON (B.), « Le droit brésilien, cet 'inconnu' qui ne l'est plus », *préc.* : « *En ce pays, la loi n'est ici synonyme ni de rigueur, ni de lenteur. Le droit brésilien se caractérise au contraire par la rapidité des changements accomplis, ce qui est dû au fait qu'il s'agit d'un pays en voie de développement rapide où le législateur non seulement accompagne les faits mais*

Si le mouvement de *légalisation* du pouvoir de retrait constitue ainsi un élément de similitude entre la France et le Brésil, les effets de *régionalisation* du droit d'une part, et de *constitutionnalisation* du droit d'autre part, n'ont pas la même portée dans les deux pays.

En effet, le phénomène de *communautarisation* du droit que connaît la France, ne trouve pas d'équivalence dans les accords régionaux dans lesquels le Brésil est impliqué[51]. Les raisons en sont multiples, dont on peut citer: le caractère strictement *intergouvernemental* des institutions régionales; l'absence de primauté du droit de l'intégration régionale sur les lois brésiliennes[52]; l'absence d'*effet direct* des normes issues de ces accords; et la portée encore relativement réduite des champs concernés[53]. Ces caractères permettent de comprendre, ne serait-ce que de façon élémentaire, pourquoi le droit de l'intégration régionale n'occupe-t-il pas encore, comme c'est le cas en France, un rôle déterminant en tant que *source juridique* du droit administratif brésilien et, par conséquent, en tant que *source juridique* du pouvoir de retrait.

Le droit constitutionnel, au contraire occupe une place « omniprésente » en droit brésilien[54]. La raison proviendrait du fait que la Constitution est représentée comme l'« acte fondateur »[55] ou la norme de référence de la société brésilienne[56], voire même un « instrument d'avant-gardisme »[57].

---

*les devance souvent 'avec des textes qui sont élaborés pour accélérer le développement économique et social'* ».

51 Voir principalement le Traité d'Assomption du 26 mars 1991 instituant le Mercosur et, plus récemment, le Traité de Brasília du 23 mai 2008 instituant l'Union des nations sud-américaines (UNASUR).

52 Cette position a été atténuée récemment par l'attribution de valeur constitutionnelle aux traités internationaux en matière de droits de l'homme, sous condition que leur ratification ait été autorisée par une majorité qualifiée de trois cinquièmes au Parlement (amendement constitutionnel n° 45/2004).

53 Sur l'histoire du Mercosud, voir: MEDEIROS (M.), *La genèse du Mercosud*, L'Harmattan, 2000. Sur ses institutions, voir: BAPTISTA (L.O.), *Mercosul, ses institutions et son ordonnancement juridique*, Montchrestien, 2001. Sur une comparaison avec l'Union européenne, voir: VENTURA (D.), *Les asymétries entre le Mercosur et l'Union européenne: les enjeux d'une association interrégionale*, L'Harmattan, 2003. Sur l'émergence d'actions communes en matière de services publics, voir: PAÏVA DE ALMEIDA (D.), « Intégration régionale et services publics: le cas du Mercosud », dans MARCOU (G.) et MODERNE (F.), *Droit de la régulation, service public et intégration régionale*, t. 1, L'Harmattan, 2005, p. 211-242.

54 FROMONT (M.), « Préface », dans *Introduction au droit brésilien, op. cit.*, p. 7.

55 MODERNE (F.), « La nouvelle constitution brésilienne et le constitutionnalisme latino-américain », dans MAUS (D.) et BON (P.), *La nouvelle République brésilienne: études sur la Constitution du 5 octobre 1988*, Economica, 1991, p. 11-44, p. 12.

56 CHANTEBOUT (B.), « Discussion », dans *La nouvelle république brésilienne, op. cit*, p. 68: « *Pour les brésiliens, il s'agit d'un document fondamental: les français parlent de loi, eux de la Constitution* ».

57 BLANQUER (J.-M.), « Le droit brésilien et l'originalité des droits d'Amérique latine », *préc.*: « *La Constitution est conçue comme un instrument d'avant-gardisme, comme le constat d'un devoir être et non comme un constat de ce qui existe pour de vrai [...]. En Europe nous sommes allés lentement vers la constitutionnalisation des branches du droit au travers du développement du contentieux constitutionnel. Dans le cas brésilien*

Il faut préciser qu'une telle suprématie est favorisée au moins par trois éléments déterminants qui sont : a) l'étendue considérable du texte constitutionnel, dont font partie une longue liste de droits fondamentaux et un chapitre relatif à l'administration publique ; b) le contrôle diffus de constitutionnalité, en fonction duquel n'importe quel juge du pays est habilité à faire prévaloir la Constitution fédérale sur toute norme inférieure (lois, décrets, actes administratifs individuels etc.) ; et c) le rôle décisif de la Cour suprême, qui est à la fois une Cour de cassation eu égard à toute question relative à l'application du droit constitutionnel, et une Cour constitutionnelle auprès de laquelle certaines autorités politiques, mais aussi des partis politiques et des syndicats peuvent former des recours directs[58].

L'ensemble de ces raisons permet de comprendre que, même en matière de retrait, le droit constitutionnel est aussi une *source juridique* déterminante. En effet, depuis au moins les années 1940, c'est dans la jurisprudence de la Cour suprême que le pouvoir de retrait a trouvé son fondement juridique le plus décisif[59]. Jusqu'au milieu des années 1990, la Cour suprême avait une conception qui était très favorable à l'administration. Ainsi, en absence de texte réglementaire, la Cour entendait que l'administration ne se cantonnait à aucune limite de *temps* et pouvait retirer indéfiniment les actes irréguliers. En outre, la jurisprudence constitutionnelle n'exigeait pas le respect d'une procédure contradictoire préalable. La seule garantie effective apportée par la Cour consistait à limiter le pouvoir de retrait aux seuls actes irréguliers. Les actes réguliers, pour leur part, ne pouvant pas être retirés (*invalidação*), pouvaient seulement être abrogés, c'est-à-dire, supprimés vers l'avenir (*revogação*).

Il a fallu attendre les années 1990 pour voir la jurisprudence constitutionnelle évoluer dans un sens plus favorable aux administrés. La Cour suprême est alors revenue partiellement sur sa position traditionnelle, en estimant qu'il résultait du texte de la nouvelle Constitution du 5 octobre 1988, que le pouvoir du retrait devait dorénavant être limité par le principe du contradictoire[60]. Le rôle ainsi joué par la jurisprudence constitutionnelle a été décisif. Il a influencé les nouvelles

---

*qui accentue de ce point de vue là d'autres cas en Amérique latine, c'est l'écriture même de la Constitution qui à l'origine de cet avant-gardisme constitutionnel, de cette volonté d'englober l'ensemble des droits dans un seul document ».*

58 Sur l'histoire de la Cour suprême brésilienne et son rôle en matière de contrôle de constitutionnalité, voir : Barbosa Gomes (J.), *La Cour suprême dans le système politique brésilien*, LGDJ, 1994. Pour des données plus récentes, voir : Ferreira Filho (M.), « L'évolution du contrôle de constitutionnalité au Brésil », dans *Renouveau du droit constitutionnel, Mélanges en l'honneur de Louis Favoreu*, Dalloz, 2007, p. 209 *sq.* ; Morais da Costa (T.), « Le droit constitutionnel : la protection des droits fondamentaux », dans *Introduction au droit brésilien*, *op. cit.*, 2006, p. 47-88.

59 *Supremo Tribunal Federal*, 2nde *Turma*, *Apelação cível* n° 7.704 / DF, *Juiz da 1° Vara dos Feitos, ex-officio e a União Federal c/ Olimpio Nogueira de Figueiredo e Felicio Fernandes Nogueira*, *j.* 19 janvier 1943, *RDA* n° 1, janv. 1945, p. 174-187 : retrait de l'inscription de deux praticiens à l'ordre national des médecins, en raison de l'irrégularité de leurs diplômes universitaires.

60 *Supremo Tribunal Federal*, 2e *Turma*, RE n° 158543 / RS, *Ubirajara de Sá Gomes e outros c/ Estado do Rio Grando do Sul*, j. 30 août 1994, *DJ* 06 oct. 1995, p. 33135, *RTJ* n° 156-3, p. 1042 : au sujet d'une pension de retraite que l'administration a annulée d'office sans procédure contradictoire préalable.

lois de procédure administrative qui ont été édictées vers la fin des années 1990. Celles-ci ont alors institué l'obligation légale d'une procédure contradictoire préalable, ainsi que des limites de temps, de sorte à ce que le pouvoir de retrait ne puisse plus être exercé de manière quasi-illimitée.

Au terme des développements précédents, nous avons cherché à montrer que le pouvoir de retrait des actes administratifs individuels en France et au Brésil repose effectivement sur des *fondements juridiques* différents. D'une part, alors qu'en France le pouvoir de retrait relève d'un fondement *unitaire*, en raison de la concentration des compétences législative et juridictionnelle au sein du seul pouvoir national, au Brésil, le pouvoir de retrait relève de fondements *divers*, en vertu naturellement de sa forme fédérale d'État. D'autre part, en ce qui concerne les *sources juridiques*, il résulte que la *loi* exerce depuis quelques années un rôle déterminant en matière de retrait dans les deux pays. En revanche, le droit de l'intégration régionale et le droit constitutionnel reçoivent des traitements distincts : si en France le premier a gagné beaucoup d'importance et si le second n'a pas encore affecté considérablement le pouvoir retrait, au Brésil, au contraire, la place du droit de l'intégration régionale reste insignifiante, tandis que celle du droit constitutionnel est considérable.

Après ces éléments de réflexion relatifs au *fondement juridique* du retrait des actes administratifs individuels en France et au Brésil, il serait à présent nécessaire d'examiner le *régime juridique* du pouvoir de retrait.

## II. Le *régime juridique* du pouvoir de retrait en France et au Brésil

Le régime juridique du pouvoir de retrait des actes administratifs individuels en France et au Brésil comporte quelques similitudes, mais surtout d'importantes différences.

Au nombre des similitudes, il faut savoir que les deux pays entendent concilier les soucis de *légalité* et de *sécurité juridique*, dès lors qu'ils autorisent l'administration à supprimer rétroactivement les actes illégaux, tout en subordonnant ce pouvoir à certaines limites. Ainsi, en France, comme au Brésil, l'administration ne peut pas retirer les actes réguliers, mais seulement les actes irréguliers. En outre, les actes dits « créateurs de droit » en France ou ayant des « effets favorables » au Brésil, ne peuvent être retirés que pendant un certain délai, après lequel, les effets déjà produits deviennent définitifs. En outre, dans les deux pays, le législateur a soumis les décisions de retrait au respect d'une procédure contradictoire préalable, qui tend à assurer les droits de la défense des personnes intéressées.

Malgré ces éléments de convergence, les deux régimes restent très différents en ce qui concerne les *délais* de retrait. Tandis qu'en France les délais sont très courts, allant de l'ordre de quelques mois, au Brésil au contraire, ils sont de cinq ou dix ans. En ce sens, le modèle français paraît plus protecteur de la *sécurité* des relations juridiques que le modèle brésilien. Celui-ci tend plutôt à conforter les prérogatives de l'administration vis-à-vis du contrôle de *légalité* effectué sur ses propres actes, en laissant perdurer pendant de nombreuses années le risque de remise en cause des situations juridiques passées.

Il sera opportun de traiter, de prime abord, le thème des *délais* et, ainsi, les conditions *de temps* qui encadrent différemment l'exercice du pouvoir de retrait dans les deux pays (A). Dans un second moment, il conviendra d'examiner les conditions *de procédure*, lesquelles expriment une certaine convergence de régimes (B).

## A. Le pouvoir de retrait encadré par des conditions différentes *de temps*

Le retrait des actes administratifs individuels est encadré par des conditions différentes *de temps* en France et au Brésil. Tandis qu'en droit français, le pouvoir de retrait se caractérise par des délais *brefs* (1), en droit brésilien, au contraire, il se caractérise par des délais *étendus* (2).

### 1. Les délais *brefs* du pouvoir de retrait en droit français

Les délais dont dispose l'administration française pour retirer les actes administratifs individuels sont très courts. Ils se situent en moyenne entre deux et quatre mois. Une telle brièveté est très caractéristique du droit français, qui vise ainsi à parvenir à un équilibre raisonnable entre les besoins de *légalité* et de *sécurité juridique*[61]. Ainsi, le droit français reconnaît d'une part, que l'administration dispose de la prérogative qui consiste à contrôler d'office la légalité de ses propres actes et, par conséquent, du pouvoir de les supprimer rétroactivement de l'ordre juridique en cas d'irrégularité. Mais d'autre part, une telle prérogative est limitée à un court laps de temps, afin que des situations juridiques bien établies ne puissent pas être remises en cause indéfiniment.

La brièveté des délais de retrait en France remonte à une jurisprudence des plus traditionnelles, à savoir, l'arrêt du Conseil d'État, du 3 novembre 1922, *Dame Cachet*[62]. Dans cet arrêt de principe, il a été jugé que l'administration, à l'exception d'une demande explicite de son bénéficiaire même, ne pouvait pas retirer éternellement les actes administratifs individuels illégaux « créateurs de droits »[63]. Dans l'arrêt *Dame Cachet*, il a été entendu que le retrait ne pouvait

---

61 La recherche de cet équilibre est soulignée par la plupart des auteurs, même si la définition de ce qui constitue la « sécurité juridique » reste souvent difficile. Voir: ARBOUSSET (H.), « Retrait, abrogation et sécurité juridique (Analyse, depuis 1981, d'une relation souvent difficile) », *Revue de la Recherche Juridique - Droit Prospectif (RRJ)*, n° 83, 2000-2, p. 542-560. L'arrêt du CE, Ass., 24 mars 2006, *Société KPMG et autres*, 2006, a certes reconnu un «principe de sécurité juridique». Mais il s'agit en l'espèce d'une limite plutôt au pouvoir d'abrogation qu'au pouvoir de retrait.

62 CE, 3 nov. 1922, *Dame Cachet*, Lebon, p. 790; *RDP*, 1925, concl. Rivet (P.). Tel que l'explique le commissaire du gouvernement F. Séners, sur l'affaire Ternon du 26 octobre 2001, l'arrêt *Dame Cachet* serait l'aboutissement d'une évolution exprimée par les décisions *Abbé Blanc* du 16 février 1912, *Lebon*, p. 223; *Wuillet*, du 14 juin 1912, *Lebon*, p. 659; *Milloud*, du 28 novembre 1913, *Lebon*, p. 1181; *Richebé*, du 26 juin 1914, *Lebon*, p. 769; *Fraissé*, du 1er août 1919, *Lebon*, p. 695.

63 Les auteurs en général n'arrivent pas à définir cette notion. Ils préfèrent dresser la liste des décisions de justice l'ayant utilisée (par ex.: AUBY (J.-M.) et DRAGO (R.), *Traité des recours en matière administrative*, Litec, 1992, p. 469). Certaines définitions ont certes été proposées, mais elles paraissent répondre à la question par la question, voir: LONG (M.), WEIL (P.) BRAIBANT (G.), DELVOLVÉ (P.) et GENEVOIS (B.), *Les grands*

alors avoir lieu que pendant le délai du recours pour excès de pouvoir, qui est de deux mois, à compter de la date de la notification ou de la publication de l'acte irrégulier. L'administration avait donc deux mois pour retirer un acte individuel illégal. Si, entre-temps, un recours contentieux avait été formé, alors l'administration pouvait retirer l'acte illégal aussi longtemps que le juge n'avait pas encore statué.

L'idée centrale de la jurisprudence *Dame Cachet* était de permettre à l'administration d'annuler un acte illégal « créateur de droits » aussi longtemps qu'il n'était pas devenu « définitif », donc aussi longtemps qu'il pouvait être annulé par le juge. Ce raisonnement explique pourquoi le délai de retrait se confondait avec le délai du recours en annulation. Il s'agissait ainsi de concilier les prérogatives de l'administration agissant comme garant de la légalité de ses propres actes, avec le besoin de sécurité juridique exprimé par la protection des droits des administrés.

Bien que la jurisprudence *Dame Cachet* répondît au « besoin de logique, qui est l'une des caractéristiques de l'esprit français », pour reprendre une formule utilisée par Jèze[64], elle a révélé au fil du temps de plus en plus d'inconvénients. Sans qu'il y ait besoin de revenir ici sur l'ensemble de cette évolution, qui est en fait bien connue, il suffira de rappeler trois de ses manifestations principales.

La jurisprudence *Dame Cachet* a, par exemple, conduit le juge à admettre la situation paradoxale, qui a été de permettre l'administration de retirer indéfiniment les actes qui, affectant aussi l'intérêt de tiers, n'avaient pas été publiés. L'explication reposait sur l'idée selon laquelle, à défaut de publication le délai du recours contentieux ne commençait pas à courir pour les tiers. Par conséquent, l'expiration du délai de recours n'ayant pas lieu, celle du délai de retrait ne se produisait pas non plus. Comme l'acte pouvait toujours être attaqué en justice par les tiers intéressés, il ne devenait jamais « définitif » et l'administration pouvait alors toujours le retirer en cas d'illégalité[65].

Cette décision, qui était totalement défavorable aux administrés, a été contrebalancée peu de temps après, par une autre qui a opté pour la situation inverse. En vue cette fois de privilégier la sécurité juridique, il a été entendu que les décisions implicites d'acceptation ne pouvaient, quant à elles, jamais être retirées, sauf demande en ce sens de leur bénéficiaire. Cette solution reposait

---

*arrêts de la jurisprudence administrative*, *op. cit*, p. 874 : « Sont *créateurs de droits* les actes qui donnent aux intéressés une situation sur laquelle il n'est pas possible en principe à l'administration de revenir ».

64 Jèze (G.), « Illégalité des concessions de service d'intérêt collectif à titre de monopole », *RDP*, 1910, p. 251.

65 CE, Ass., 6 mai 1966, *Ville de Bagneux*, Lebon p. 303 : au sujet d'un permis de construire. Trouvant au contraire, que la solution était la plus adaptée, voir : Auby (J.-M.) et Drago (R.), *Traité des recours en matière administrative*, Litec, 1992, p. 470 : « Si l'acte n'a été ni notifié, ni publié, le Conseil d'Etat décidait que le délai du retrait courait à compter de sa signature (jurisprudence constante ; Cf. Cons. d'Etat, 19 déc. 1952, *Demoiselle Mattei : Rec. Cons. d'Etat*, p. 594) [...]. Mais il décide aujourd'hui, plus logiquement, que le retrait peut intervenir à tout moment, puisque le recours pour excès de pouvoir peut, lui aussi, intervenir à tout moment (Cons. d'Etat, 6 mai 1966, *Ville de Bagneux*) ».

sur l'idée selon laquelle les décisions implicites d'acceptation ne font pas l'objet de mesures de publicité. Ainsi, le délai du recours reste en principe ouvert. Mais au lieu d'admettre leur retrait illimité, il était mieux, au contraire, d'interdire tout retrait effectué d'office[66]. À propos de cette solution, la doctrine a expliqué qu'elle était cohérente avec la règle selon laquelle, dans les cas déterminés par la loi, le silence de l'administration vaut acceptation, car si tel n'était pas le cas, alors l'administration contournerait la volonté du législateur de donner valeur d'acceptation au silence prolongé de l'administration[67].

Une autre manifestation des difficultés de la jurisprudence *Dame Cachet* a été celle des actes qui, tout en ayant été notifiées, n'avaient pas respecté la nouvelle disposition de l'art. 9 du décret du 28 nov. 1983, selon lequel « *les délais de recours ne sont opposables qu'à la condition d'avoir été mentionnés ainsi que les voies de recours dans la notification de la décision* »[68]. Cette disposition, dont le but initial était de mieux protéger les administrés, a eu pour effet inverse d'étendre dans le temps la possibilité d'exercice du pouvoir de retrait. En effet, quand la notification ne mentionnait pas les possibilités de recours, les délais restaient ouverts, ceux de recours contentieux et ceux de retrait. Face à cette difficulté, le Conseil d'État a alors décidé de dissocier les deux délais. Il a jugé que, même si la possibilité de recours restait ouverte, le retrait démarrait avec la notification et ce, pour une durée de deux mois[69]. Le pouvoir d'annulation devenait ainsi plus circonscrit pour l'administration que pour le juge, l'acte irrégulier ne pouvant pas être retiré au-delà de deux mois, alors même qu'il restait susceptible d'une annulation juridictionnelle.

Ces quelques éléments donnent une brève idée de l'impasse à laquelle l'ancienne jurisprudence *Dame Cachet* est arrivée. C'est ce qui explique son abandon, sinon total, du moins substantiel. Le pivot de ce revirement a été l'arrêt d'assemblée du Conseil d'État, *Ternon*, du 26 octobre 2001[70].

L'arrêt *Ternon* s'inscrit dans la tendance déjà amorcée avant lui, consistant à dissocier le délai du retrait du délai du recours. Le souci central de cet arrêt reste la conciliation entre les prérogatives de l'administration et les besoins de sécurité juridique des administrés. Mais l'instrument pour y parvenir passe désormais par la dissociation des délais de recours et de retrait. Cette dissociation est double, puisqu'elle concerne à la fois le *moment d'ouverture* et la *durée dans le temps*[71].

66 L'autorité administrative se trouve, à la date où intervient la décision, « *dessaisie et il ne lui est plus possible, même dans le délai de recours contentieux, de revenir sur celle-ci* » (CE, Sect., 14 déc. 1969, *Eve*, Rec. p. 498).

67 Auby (J.-M.) et Drago (R.), *Traité des recours en matière administrative*, Litec, 1992, p. 470.

68 Retranscrit à l'art. R. 421-5, du CJA.

69 CE, Ass., 24 oct. 1997, *Mme de Laubier*, Lebon, p. 371 ; RFDA, 1998, p. 527, concl. Pécresse.

70 CE, Ass. 26 oct. 2001, *Ternon*, Lebon, p. 497 ; *RFDA*, 2002, p. 80 concl. Séners (F.); *Les Petites affiches*, 12 déc. 2002, p. 7, note Chaltiel (F.) ; *RFDA*, 2002, p. 77, note Delvolvé (P.) ; *AJDA*, 2002, p. 7, note Gaudemet (Y.); *AJDA*, 2001, p. 1034, chron. Guyomar (M.) et Collin (P.).

71 Dans son considérant de principe, l'arrêt *Ternon* prescrit: « *sous réserve de dispositions législatives ou réglementaires contraires, et hors le cas où il est satisfait à une demande du*

Ainsi, le premier apport de l'arrêt *Ternon* a été de déterminer que le délai de retrait doit s'ouvrir au moment de l'édiction de l'acte (et non plus au moment de la mesure de publicité). Son second apport est de fixer la durée du pouvoir de retrait à quatre mois (et non pas deux mois)[72].

Le régime de l'arrêt *Ternon* ne s'applique pas à tous les actes administratifs individuels « créateurs de droits », mais à l'une de ses catégories les plus importantes, celle des décisions explicites d'acceptation. D'autres régimes s'appliquent toutefois à d'autres catégories d'actes, tantôt par détermination légale[73], tantôt par détermination jurisprudentielle[74], tantôt par l'influence croissante du droit communautaire. La conjugaison de ces différentes sources aboutit à un régime complexe, qui peut être résumé d'après le schéma suivant. Il révèle l'existence d'au moins six conditions de *temps* distinctes.

En premier lieu, il existe des actes qui, par détermination légale, ne peuvent pas être retirés. C'est le cas très particulier des décisions de non-opposition à travaux, tel qu'il ressort de l'art. L. 424-5 du Code de l'urbanisme. Ces décisions étant considérées comme ne soulevant pas des risques trop significatifs, le législateur a estimé sans doute plus opportun de privilégier davantage la sécurité juridique et moins le contrôle de la légalité, dans le but de simplification générale qui a animé la réforme du code.

En deuxième lieu, certains actes ne peuvent être retirés que dans le délai de *deux mois* à compter de la date d'édiction. C'est ce que prévoit la loi n° 2000-321, du 12 avril 2000, dans son art 23, al. 2, en ce qui concerne les décisions implicites d'acceptation qui n'ont pas fait l'objet de mesures d'information auprès des tiers. Dans ces cas, l'administration n'a que deux mois pour revenir sur son silence s'il est effectivement illégal et, dès lors, la jurisprudence *Eve* se trouve écartée.

La troisième modalité de retrait est celle des décisions édictées en matière d'urbanisme. Dans un souci de simplification, le code reformé a institué un délai forfaitaire de *trois mois*, qui s'applique aux différentes formes d'actes concernés (permis de construire, d'aménager et de démolir) et indépendamment de leur

---

*bénéficiaire, l'administration ne peut retirer une décision individuelle explicite créatrice de droits, si elle est illégale, que dans le délai de quatre mois suivant la prise de cette décision* ».

72 Le choix du délai de quatre mois semble s'expliquer par la raison suivante : si l'acte avait été notifié dès le jour de sa signature, alors son destinataire aurait deux mois pour former un recours administratif et, à supposer que le recours ne soit formé qu'au dernier jour, alors l'administration bénéficierait encore de deux mois supplémentaires pour l'examiner ; ainsi, quatre mois correspondent au délai minimum pendant lequel un acte administratif individuel reste susceptible de réexamen au niveau administratif, en additionnant les deux premiers mois pour introduire un recours administratif aux deux mois suivants pour rendre la décision finale.

73 Concernant les décisions administratives implicites d'acceptation, voir : art. 23 de la loi n° 2000-321 du 12 avril 2000, relative aux droits des citoyens dans leurs relations avec les administrations ; concernant les autorisations d'urbanisme, voir : art. 6 de la loi n° 2006-872 du 13 juillet 2006, portant engagement national pour le logement, qui a ratifié et complété l'ordonnance du 8 décembre 2005, portant la réforme du Code de l'urbanisme.

74 CE, 26 janvier 2007, *SAS Kaefer Wanner*: concernant les décisions administratives implicites de rejet « créatrices de droit ».

forme d'édiction (explicite ou implicite)[75]. Cette simplification a vraiment une importance toute particulière en matière d'urbanisme. Ce champ du droit connaît en effet différentes catégories de décisions qui, à défaut d'uniformisation, seraient soumises à des régimes très différents, alors même qu'elles se comptent par centaines de milliers tous les ans[76].

En quatrième lieu, nous retrouvons les actes couverts par la jurisprudence *Ternon*, à savoir, les actes administratifs individuels résultant de décisions explicites « créatrices de droits ». Tel qu'indiqué précédemment, leur délai de retrait est de *quatre mois*, à compter de la date de signature[77].

En cinquième lieu, certains actes peuvent être retirés pendant la *durée du recours contentieux* et, en cas de recours, pendant la durée de l'instance. Cette condition s'applique actuellement à deux situations : a) les décisions implicites d'acceptation lorsque des mesures d'information des tiers ont été mises en œuvre[78] ; et b) les décisions implicites de rejet « créatrices de droits »[79]. Cette dernière solution, bien qu'ayant un champ d'application plus limité que d'autres, constitue néanmoins un exemple d'application de l'ancienne jurisprudence *Dame Cachet*, en ce sens que le délai du retrait se confond à nouveau avec le délai du recours contentieux[80].

---

75 Les décisions implicites d'acceptation sont souvent la règle en matière d'urbanisme, en vertu du dispositif légal qui prévoit que le silence gardé par l'administration au-delà du temps d'instruction des demandes d'autorisation vaut acceptation (Code de l'urbanisme, art. L. 424-3).

76 Morand-Deviller (J.), *Droit de l'urbanisme*, 4e éd., Dalloz, 1998, p. 134 : « *Au cœur du droit de l'urbanisme dont il assure le respect, lié à des préoccupations concrètes et familières : il se délivre entre 4 000 et 500 000 permis par an, le permis de construire peut se définir comme l'autorisation donnée par l'administration d'édifier une construction après vérification de la conformité du projet à la réglementation d'urbanisme* ».

77 Pour un exemple d'application, voir CE, Sect., 21 déc. 2007, *Soc. Bretim* ; Boucher (J.), Bourgeois-Machureau (B.), « Chronique », *AJDA*, 2008, p. 338 ; Struillou (Y.), « Conclusions », *RFDA*, 2008, p. 471.

78 Art. 23, de la loi n° 2000-321 du 12 avril 2000, alinéas 1 et 3. voir CE, avis, 12 octobre 2006, *Mme Cavallo épouse Cronier* ; *AJDA*, 2006, p. 2394.

79 CE, 26 janv. 2007, *SAS Kaefer Wanner* ; *AJDA*, 2007, p. 537, concl. Struillou. Les faits de l'espèce se résument ainsi. La SAS Kaefer Wanner avait sollicité à l'inspecteur du travail l'autorisation de licencier un salarié figurant parmi les « salariés protégés » selon la législation du travail. À la suite de l'autorisation accordée explicitement par l'inspecteur qui a « créé de droits » vis-à-vis de la société, le salarié concerné a introduit un recours hiérarchique auprès du ministre. Passée sous silence, la décision du ministre a constitué une décision implicite de rejet quant au recours du salarié, tout en confirmant la décision « créatrice de droits » que l'inspecteur du travail avait rendue à la société. Ressaisi de l'affaire, le ministre a finalement retiré sa décision implicite de rejet et a déclaré illégales les raisons du licenciement. Ainsi, le retrait prononcé par le ministre s'opère sur une décision qui était à la fois « implicite de rejet » (quant au recours hiérarchique du salarié) et « créatrice de droits » (quant à la demande initiale de la société).

80 Frier (P.-L.) et Petit (J.), *Précis de droit administratif*, 5e éd., Montchrestien, 2008, p. 324 : « *Décisions implicites de rejet.* À ces décisions, qui n'entrent pas dans le champ d'application de l'article 23 de la loi du 12 avril 2000, le Conseil d'Etat n'a pas étendu la jurisprudence *Ternon*. Elles continuent donc de relever de la jurisprudence Dame

Enfin, en sixième lieu, se trouvent tout d'abord, les actes administratifs individuels qui peuvent être retirés *sans condition de temps*, comme ceux ayant été obtenus par *fraude*, puisque le droit français les considère comme n'étant pas « créateurs de droits »[81].

Ensuite, se trouvent les actes qui peuvent être retirés dans des « délais de recours raisonnables ». C'est ce qu'il ressort de la jurisprudence communautaire actuelle qui, en s'éloignant d'une position parfois peu tolérante vis-à-vis des droits nationaux[82], poursuit désormais une ligne plus conciliatrice[83], telle qu'elle a pu être explicitée au regard du droit français[84]. Il ressort de ces arrêts récents, que

---

Cachet: retrait possible en cas d'illégalité et aussi longtemps que l'annulation par le juge est possible (CE, 26 janv. 2007, SAS Kaefer Wanner: *AJDA* 2007.537, concl. Struillou) ».

81 Voir: CE, 17 juin 1955, *Siberstein*, Lebon, p. 334; CE, 12 déc. 1986, *Tshibangu*, Lebon, p. 279; CE, Sect., 29 nov. 2002, *Assistance publique – Hôpitaux de Marseille, AJDA*, 2003, p. 276.

82 CJCE, 20 sept. 1999, C-5-89, *Commission c. République fédérale d'Allemagne, Rec.* CJCE, p. I-3487: « *cet État membre n'est pas fondé à invoquer l'impossibilité absolue d'exécution d'une telle décision, les obligations qui découlent pour l'autorité administrative compétente, les modalités particulières de protection de la confiance légitime prévue par une disposition nationale fixant un délai pour le retrait d'un acte administratif générateur de droits. Une telle disposition doit en effet être appliquée de manière à ne pas rendre pratiquement impossible la récupération de l'aide exigée par le droit communautaire et à prendre pleinement en considération l'intérêt communautaire* ». Pour une explication de cet arrêt, ainsi que de la jurisprudence plus ancienne de la CJCE en matière de retrait, voir: Kovar (R.), « L'emprise du droit communautaire sur le régime du retrait des actes administratifs nationaux », *préc.* p. 783 *sq.*

83 CJCE, 13 janv. 2004, *Kühne & Heitz n. v.*, aff. C-453/00, *Rec.*, I-837. Voir Houyet (Y.), « Le rétablissement de la légalité communautaire par le retrait d'actes administratifs nationaux », *Journal de droit européen*, nov. 2008, n° 153, p. 257: « *Dans cet arrêt* (Kühne & Heiz n. v.), *la Cour de justice a affirmé explicitement que, pour des raisons de sécurité juridique, une décision administrative peut acquérir un caractère définitif, à l'expiration de délais de recours raisonnables ou par l'épuisement des voies de recours, et ne doit pas être retirée en dépit de sa contrariété au droit communautaire* ».
Voir également: Kovar (R.), « L'emprise du droit communautaire... », *préc.*, p. 774: « *La Cour procède donc à une combinaison du droit national et du droit communautaire pour déterminer si l'intervention d'un arrêt communautaire peut constituer une circonstance qui pour le droit néerlandais serait de nature à justifier un retrait d'un acte devenu définitif d'une autorité administrative néerlandaise* ».

84 CJCE, 12 février 2008, Aff. C-199/06, *Centre d'exportation du livre français (CELF), ministre de la Culture et de la Communication c/ Société internationale de diffusion et d'édition, sur renvoi préjudiciel effectué par le Conseil d'État*. Commentaire: « *L'article 88, paragraphe 3, dernière phrase CE doit être interprété en ce sens que le juge national n'est pas tenu d'ordonner la récupération d'une aide mise à exécution en méconnaissance de cette disposition, lorsque la Commission des Communautés européennes a adopté une décision finale constatant la compatibilité de ladite aide avec le marché commun au sens de l'article 87 CE* ».
L'intérêt de cet arrêt, entre autres, est de ne pas imposer à l'État la récupération d'une aide certes « compatible », mais en tout cas « illégale » au sens du droit communautaire (car non notifiée préalablement à la Commission). Voir Chaltiel (F.), « Le retrait de l'acte administratif devant la Cour de Justice des Communautés européennes: l'arrêt

les décisions contraires au droit communautaire peuvent, en raison du principe de sécurité juridique, acquérir un caractère définitif, à l'expiration de « délais de recours raisonnables », ce que la Cour de justice se réserve d'apprécier au cas par cas, selon la nature des intérêts en présence.

Le régime des délais de retrait en France se caractérise en général par leur brièveté, sous réserve de quelques situations particulières (non-expiration des délais des recours dans les cas de liaison des délais; actes « non créateurs de droits »), et sous réserve des actes qui sont contraires au droit communautaire et qui dépendent du régime établi par la jurisprudence communautaire. À présent, il convient d'examiner le régime des délais en droit brésilien.

### 2. Les délais *étendus* du pouvoir de retrait en droit brésilien

La caractéristique du droit brésilien en matière de retrait des actes administratifs individuels, est d'établir des délais *étendus*. Ils sont de cinq ou dix ans, tel qu'il ressort de la législation édictée depuis la fin des années 1990. Auparavant, le pouvoir de retrait au Brésil, sauf disposition réglementaire spécifique, n'était soumis à aucune limite de temps et pouvait dès lors, être exercé indéfiniment.

En effet, avant l'intervention du législateur, le régime du retrait était soumis uniquement à des textes réglementaires éparpillés et à la jurisprudence. Or, celle-ci était particulièrement favorable à l'administration. Aucune condition particulière de temps n'était prévue. Ce régime s'est mis en place dans la jurisprudence de la Cour suprême au moins depuis les années 1940[85], avant d'être fixé dans les années 1960 dans les *súmulas* n° 346 et n° 473[86]. La *súmula* 346 dispose que « *l'Administration publique peut déclarer la nullité de ses propres actes* »[87]. La *Súmula* 473, pour sa part, précise que « l'administration peut annuler ses propres actes, s'ils sont entachés de vices d'illégalité, puisqu'aucun droit n'en découle; ou les abroger, en raison de nécessité ou d'opportunité, dans le respect des droits acquis et sous réserve, dans tous les cas, d'examen juridictionnel »[88].

---

Ternon maintenu », *Les Petites Affiches*, 13 mars 2008, p. 4-9. Rapprocher avec: CE, 29 mars 2006, *Centre d'exportation du livre français et ministre de la culture et de la communication*, Rec. 173; BAZEX (M.) et BLAZY (S.), *Droit administratif*, 2006, n° 112.

85 *Supremo Tribunal Federal, 2ª Turma, Apelação cível* n° 7.704/ DF, *Juiz da 1° Vara dos Feitos, ex-officio e a União Federal c/ Olimpio Nogueira de Figueiredo e Felicio Fernandes Nogueira, j.* 19 janvier 1943, *RDA* n° 1, janv. 1945, p. 174-187: au sujet du retrait de l'acte d'inscription de deux praticiens à l'ordre national des médecins, en raison de l'irrégularité de leurs diplômes universitaires.

86 La *súmula* est une position de principe qui vise à expliciter une solution jurisprudentielle déjà consolidée sur une question importante de droit. Elle est rendue par une cour de justice réunie dans sa formation la plus solennelle et est publiée dans le bulletin d'information officiel des actes du pouvoir juridictionnel (voir: SILVA BRAGA (V.), « L'organisation juridictionnelle », dans *Introduction au droit brésilien, préc.*, p. 91).

87 *Supremo Tribunal Federal*, session plenière du 13 décembre 1963, *Súmula* 346: « *A administração pública pode declarar a nulidade dos seus próprios atos* ».

88 *Supremo Tribunal Federal*, session plénière du 3 décembre 1969, *Súmula* 473: « *A administração pode anular seus próprios atos, quando eivados de vícios que os tornam ilegais, porque deles não se originam direitos; ou revogá-los, por motivo de conveniência ou oportunidade, respeitados os direitos adquiridos, e ressalvada, em todos os casos, a apreciação judicial* ».

De cet entendement jurisprudentiel, il ressort que le pouvoir de retrait était conçu de manière très souple. La seule garantie avec laquelle pouvait compter le destinataire de l'acte, était l'impossibilité pour l'administration de retirer des actes réguliers (*súmula* 473, *in fine*). Quant au retrait des actes irréguliers ou illégaux, aucune limite générale de temps, ni de procédure, n'était exigée. Cette orientation s'explique notamment par l'idée selon laquelle, « aucun droit n'en découle » d'un acte illégal, tel que l'a exprimé la *súmula* 473. L'opposition avec la conception française de l'acte « créateur de droits » est manifeste. Ainsi, en droit brésilien, un acte irrégulier *ne crée pas* des « droits ». Des arrêts encore relativement récents affirment que « des droits ne naissent pas » d'une décision illégale[89].

Cependant à la fin des années 1990, le législateur, aussi bien fédéral que fédéré, est intervenu pour fixer des limites maximales de temps. Ainsi, pour le retrait des actes de l'administration fédérale, la durée du retrait a été fixée à cinq ans à compter de leur édiction (loi n° 9.874, du 29 janvier 1999, relative à la procédure administrative fédérale, art. 54)[90]. Cette limite a été reproduite dans la plupart des lois des États membres, régissant leur procédure administrative respective[91]. Dans l'État de São Paulo, en revanche, qui avec ses quarante millions d'habitants est le plus peuplé et aussi le plus riche de la Fédération, le délai du retrait a été fixé à dix ans[92]. Ce délai plus étendu accentue bien entendu le risque d'insécurité juridique des décisions prononcées par l'administration *pauliste*, par rapport à celles des autres États qui ont adopté la limite quinquennale.

Il serait opportun de préciser que le choix du délai de cinq ans, pour sa part, n'est pas totalement arbitraire. Il émane de la volonté du législateur d'aligner le délai de retrait dont dispose l'administration, sur le délai des recours contentieux, tout en sachant qu'il n'y a pas en droit brésilien de recours semblable au recours pour excès de pouvoir français. Ainsi, est de cinq ans le délai traditionnel pendant lequel le juge brésilien peut être saisi d'une demande à caractère pécuniaire contre l'administration (décret n° 20.910, du 6 janvier 1932, ayant valeur légale). Est aussi de cinq ans le délai de saisine d'une *action populaire*, tendant à annuler tout acte ou contrat administratif mettant en cause des deniers publics (loi n° 4.717, du 29 juin 1965). Ainsi, en limitant le délai de retrait à cinq ans, le législateur aurait suivi la logique qui veut que l'administration puisse contrôler elle-même

---

89 *Supremo Tribunal Federal*, 1re *Turma*, RE n° 118572 / ES, *José Erildo Paixão e outros c/ Maria da Penha Pizzani Trindade e outros*, j. 10 mai 1992, DJ 7 août 1992, p. 11.781, *RTJ* n° 143-1, p. 251 : relatif au retrait d'une promotion de commissaires de police dans l'État de l'Espírito Santo.

90 Loi n° 9.784/99, art. 54 : « *O direito da Administração de anular os atos administrativos de que decorram efeitos favoráveis para os destinatários decai em cinco anos, contados da data em que foram praticados, salvo comprovada má-fé* » (« Le droit de l'Administration pour annuler les actes administratifs dont découlent des effets favorables pour les destinataires prescrit en cinq ans, à compter de la date à laquelle ils ont été rendus, sauf s'il y a preuve de mauvaise foi »). Avant cette loi, le délai du retrait était parfois délimité par des textes réglementaires spécifiques, comme celui régissant la sécurité sociale fédérale (décret fédéral n° 89.312 du 23 janvier 1984, art. 207 : limite de cinq ans pour le retrait des allocations sociales délivrées illégalement).

91 Par exemple : État de Pernambouc (loi n° 11.781, du 6 juin 2000, art. 54) ; État de Goiás (loi n° 13.800, du 18 janvier 2001, art. 54).

92 État de São Paulo, loi n° 10.177, du 30 décembre 1998, art. 10.

la légalité de ses décisions, aussi longtemps qu'elles peuvent faire l'objet d'un contrôle juridictionnel.

La limite de cinq ans instituée par la loi fédérale n° 9.784/99 a fait l'objet, depuis son entrée en vigueur, d'au moins deux précisions importantes. D'un côté, il a été précisé par la Cour de justice fédérale (*Superior Tribunal de Justiça*)[93], que la limite quinquennale s'applique non seulement aux actes édictés après l'entrée en vigueur de la loi, mais aussi à ceux édictés auparavant, ce qui signifie en pratique rendre définitifs les actes édictés avant l'année 1994[94]. D'un autre côté, la même Cour a précisé que le délai de cinq ans ne se suspend pas avec l'instauration d'une procédure contradictoire préalable[95].

Il faut savoir également que la limite prévue par la loi n° 9.784/99 et par les lois étatiques qui l'ont suivie, ne protège pas les actes résultant de la « mauvaise foi » de l'administré, ce qui semble correspondre aux cas de « fraude » en droit français[96]. En outre, la loi protège désormais les actes qui, tout en étant irréguliers, « ont des effets favorables pour les administrés », alors que la jurisprudence traditionnelle, comme nous l'avons indiqué, entend qu'il n'en découle « aucun droit » de l'acte irrégulier (*súmula* n° 473).

Une évolution plus récente qui mérite d'être également soulignée est l'élargissement du délai de retrait de cinq à dix ans dans le domaine de la sécurité sociale fédérale (loi n° 10.839, du 5 février 2004, art. 103-A). Cette mesure tend à renforcer davantage les prérogatives de l'administration, que les garanties des administrés. Ainsi, les allocations sociales accordées au niveau fédéral, peuvent désormais être retirées jusqu'à un délai de dix ans, période que le législateur a estimée nécessaire afin de donner aux organes de contrôle interne de la sécurité

---

93 Le *Superior Tribunal de Justiça* (STJ) a été créé en 1988 pour désengorger la Cour suprême. Il exerce depuis lors le rôle de cour de cassation pour le contentieux de l'administration fédérale (compétence qui relève essentiellement de sa 1re *Seção*, qui se divise dans la 1re et la 2e *Turmas*) ; il exerce en plus le rôle de cour de cassation pour les litiges mettant en cause l'application d'une loi fédérale (par ex. : code civil, code pénal, code de procédure civile etc.). La Cour suprême, pour sa part, a conservé le pouvoir de cassation pour les contentieux relatifs à l'application de la Constitution fédérale, ainsi que le contrôle abstrait et *a posteriori* de constitutionnalité des lois.

94 *Superior Tribunal de Justiça*, 1re *Seção*, *Mandado de segurança* n° 6566 / DF, *Abib Issa Sabbag e outrs c/ Ministro de Estado da Previdência e da Assistência Social e Presidente do Instituto Nacional do Seguro Social – INSS*, proc. n° 199900841727, j. 27 octobre 1999, DJ 15 mai 2000, p. 113, *RJADCOAS*, vol. 10, p. 94.

95 *Superior Tribunal de Justiça*, 1re *Seção*, *Mandado de segurança* n° 7841 / DF, *Bonfim Abrahão Tobias c/ Ministros do Planejamento, da Fazenda, da Agricultura*, proc. n° 20010098055-5, j. 27 mai 2002, DJ 23.09.2002, p. 218 : retrait d'une nomination après la limite quinquennale et sans consultation préalable de l'intéressé.

96 Dans le domaine de la sécurité sociale, alors qu'une disposition réglementaire fixait déjà une limite quinquennale (décret fédéral n° 89.312 du 23 janvier 1984, art. 207), la jurisprudence a entendu qu'une telle limite ne s'appliquait pas au retrait des décisions obtenues de « mauvaise foi ». Voir : Superior Tribunal de Justiça, 6[a] Turma, RESP n° 78703 / RS, *Seno Leonhardt c/ Instituto Nacional do Seguro Social – INSS* proc. 199500570262 – RS, j. 19 mai 1998, *DJ* 22 juin 1998, p. 184.

sociale, suffisamment de temps pour contrôler les cas d'irrégularité, mais ce qui accroît d'autant plus le problème d'insécurité juridique[97].

Par les considérations précédentes, nous avons cherché à montrer la différence de régime qui oppose le droit français, avec ses délais de retrait *brefs*, au droit brésilien, avec des délais *étendus*. Si le pouvoir de retrait relève ainsi de conditions *de temps* très différentes, il faut savoir que celles *de procédure*, en revanche, montrent bien pus d'affinité.

## B. Le pouvoir de retrait encadré par des conditions semblables *de procédure*

Aujourd'hui, le retrait des actes administratifs individuels est encadré par des limites semblables *de procédure*, qui consistent dans l'obligation d'une procédure contradictoire préalable existant aussi bien en droit français (A) qu'en droit brésilien (B).

### 1. L'obligation d'une procédure contradictoire préalable en droit français

L'exigence d'une procédure contradictoire préalable – appelée aussi *audi alteram partem*[98] – constitue une garantie très importante. Elle signifie que «*certaines mesures administratives individuelles ne peuvent intervenir qu'après que les intéressés ont été en mesure de présenter leurs observations*»[99]. Consolidée par la jurisprudence, cette exigence a valeur de *principe générale du droit* en ce qui concerne les décisions administratives ayant le caractère de sanction et/ ou qui ont été prises en «considération de la personne»[100].

L'application de cette exigence aux décisions de retrait découle aujourd'hui de dispositions légales explicites, tel qu'il ressort de la lecture combinée des lois du 12 avril 2000[101] et du 11 juillet 1979[102]. Ainsi, le retrait d'une «décision créatrice

---

97 MACHADO DA ROCHA (D.), «O princípio da segurança jurídica e a decadência do direito de revisão do ato de concessão de benefício previdenciário», *AJUFERGS*, 2006, n° 3.

98 WALINE (M.), «Le principe 'audi alteram partem'», *Livre jubilaire du Conseil d'Etat luxembourgeois*, 1956, p. 495.

99 AUBY (J.-M.) et DRAGO (R.), *Traité des recours en matière administrative*, Litec, 1992, p. 421.

100 STIRN (B.), *Les sources constitutionnelles du droit administratif. Introduction au droit public*, 3e éd., Paris, LDGJ, 1999, p. 78: «*Tel qu'il a été affirmé par la décision du Conseil d'État du 5 mai 1944, Mme veuve Trompier-Gravier, le principe des droits de la défense impose à l'administration de suivre une procédure contradictoire avant d'arrêter, à l'égard d'un administré, une mesure prise en considération de la personne*».

101 Art. 24, de la loi du 12 avril 2000: «*Exception faite des cas où il est statué sur une demande, les décisions individuelles qui doivent être motivées en application des articles 1er et 2 de la loi n° 79-587 du 11 juillet 1979 relative à la motivation des actes administratifs et à l'amélioration des relations entre l'administration et le public n'interviennent qu'après que la personne intéressée a été mise à même de présenter des observations écrites et, le cas échéant, sur sa demande, des observations orales. Cette personne peut se faire assister par un conseil ou représenter par un mandataire de son choix. L'autorité administrative n'est pas tenue de satisfaire les demandes d'audition abusives, notamment par leur nombre, leur caractère répétitif ou systématique*».

102 Art. 1er al. 6, de la loi du 11 juillet 1979: «*Les personnes physiques ou morales ont le droit d'être informées sans délai des motifs des décisions administratives individuelles*

de droit» (art. 1er, al. 6 de la loi du 11 juillet 1979), ne peut être prononcé sans que l'intéressé ait eu l'occasion de «présenter des observations écrites et, le cas échéant, sur sa demande, des observations orales» (art. 24, de la loi du 12 avril 2000).

Les exemples d'annulation de décisions de retrait pour violation du principe du contradictoire sont abondants[103]. Le Conseil d'État a eu notamment l'occasion de préciser que l'exigence s'applique même pour le retrait des décisions obtenues par fraude[104]. Par ailleurs, il faut que l'intéressé ait eu suffisamment de temps pour présenter ses observations, ce qui n'a pas été le cas s'il ne lui a été imparti qu'un délai de huit jours[105], alors que celui d'un mois a été jugé satisfaisant[106].

L'exigence d'une procédure contradictoire préalable implique une série d'obligations que l'administration doit respecter, en vue de permettre effectivement à l'intéressé de se défendre en pleine connaissance de cause, tout en disposant du temps nécessaire pour présenter ses raisons, tel que l'ont souligné les professeurs Auby et Drago[107].

**2. L'obligation d'une procédure contradictoire préalable en droit brésilien**

Depuis la moitié des années 1990, le droit brésilien accorde aux administrés un niveau d'exigence similaire à celui du droit français, en conditionnant la légalité du retrait au respect effectif d'une procédure contradictoire préalable.

Cette exigence a d'abord été fixée dans la jurisprudence. Ainsi, la Cour suprême a reconnu qu'il ressortait des nouveaux dispositifs de la Constitution du 5 octobre 1988 (art. 5, al. LXIV et LXV), qu'il appartenait à l'administration

---

*défavorables qui les concernent. À cet effet, doivent être motivées les décisions qui: [...] - retirent ou abrogent une décision créatrice de droit».*

103 Par exemple: CE, 12 juin 1995, *Min. Solidarité c/ Scremin*, Lebon, p. 627: relatif au retrait d'une décision préfectorale autorisant la création d'une officine pharmaceutique; CE, 23 avril 2003, *Sté Bouygues immobilier*, req. n° 249712: retrait d'un permis de construire; CE, 29 sept. 2004, M. *Hervé H.*, req. n° 249543: retrait de l'inscription d'un candidat sur la liste d'admissibilité d'un concours public.

104 CE, 5 juillet 1993, *Cousserans*, req. n° 81826.

105 CE, 12 juin 1995, *Min. Solidarité c/ Scremin*, Lebon, p. 627.

106 CE, 19 janvier 1990, *Société française des revues SFR et éditions de La Fortune*, Lebon, p. 553.

107 Auby (J.-M.) et Drago (R.), *Traité des recours en matière administrative*, Litec, 1992, p. 429-430: «*Trois sortes d'obligations pèsent sur l'administration: 1° Il faut que l'administration avise l'intéressé, sauf impossibilité de son intention de lui infliger une sanction [...]; 2° Il est nécessaire que l'intéressé ait eu connaissance de tous les griefs retenus contre lui. [...] En matière de retrait de la nationalité française, l'intéressé doit pouvoir s'expliquer sur tous les faits retenus contre lui (Cons. d'Etat, 2 déc. 1960, Rubin) [...]. 3° Enfin, il faut qu'au vu des griefs qui lui ont été communiqués le particulier qui fait l'objet de la sanction ait pu présenter utilement sa défense, c'est-à-dire de manière à pouvoir influer sur la décision à intervenir [...]. D'autre part, l'intéressé doit disposer d'un 'délai suffisant' lui permettant de prendre une connaissance complète du dossier et de faire parvenir à l'administration ses observations, afin que celle-ci en ait eu connaissance avant de prendre sa décision*».

d'accorder aux intéressés le droit d'exprimer leur défense avant les décisions de retrait des actes administratifs individuels[108].

La Constitution fédérale affirme en effet que nul ne peut être destitué de sa liberté ni de ses biens à défaut d'un procès équitable (art. 5, al. LIV), et que toute personne faisant l'objet d'une procédure juridictionnelle ou administrative, doit bénéficier d'une procédure contradictoire et des droits de la défense (art. 5, al. LV).

Un tel encadrement du pouvoir de retrait a été reconnu pour la première fois par la Cour de justice fédérale (*Superior Tribunal de Justiça*), qui a sans doute influencé la jurisprudence précitée de la Cour suprême. C'est en effet la Cour de justice qui, dans un arrêt de 1993, a stipulé que «*le pouvoir de l'administration d'annuler ses propres actes n'est pas absolu, dès lors qu'elle doit observer les garanties constitutionnelles des droits de la défense et du contradictoire*»[109].

La jurisprudence conjuguée de la Cour suprême et de la Cour de justice fédérale a contribué à redéfinir le régime du retrait en droit brésilien. Elle a permis de donner une nouvelle interprétation à l'ancienne *súmula* 473 qui, telle qu'expliquée, était très permissive à l'égard de l'administration et peu respectueuse des intérêts des administrés[110].

Cette tendance vers la limitation du pouvoir de retrait a été suivie par le législateur. Celui-ci est venu préciser que le retrait des actes administratifs individuels ayant des «effets favorables» doit être précédé d'une procédure contradictoire (loi n° 9.784 du 29 janvier 1999, art. 54). Cette garantie vaut notamment pour le retrait des décisions prétendument frauduleuses, comme l'a reconnu la jurisprudence[111].

## Conclusion

Au terme de la présente étude, il nous semble opportun d'affirmer que le retrait des actes administratifs individuels en France et au Brésil comporte certes d'importantes différences, comme l'aurait entendu René David, mais aussi quelques affinités. Au nombre des divergences, nous avons tenté d'identifier le

108 *Supremo Tribunal Federal*, 2^e^ *Turma*, RE n° 158543/ RS, *Ubirajara de Sá Gomes e outros c/ Estado do Rio Grando do Sul*, j. 30 août 1994, *DJ* 06 oct. 1995, p. 33135, *RTJ* n° 156-3, p. 1042: au sujet d'une pension de retraite que l'administration a annulée d'office sans procédure contradictoire préalable.

109 *Superior Tribunal de Justiça*, 2^e^ *Turma*, RMS n° 737/90 RJ, *Jorge Thiago da Costa c/ Estado do Rio de Janeiro*, j. 17 nov. 1993, proc. n° 1990/0012973-7, *DJ* 06 déc. 1993: retrait de la promotion d'un agent de police, fondée sur des certificats scolaires frauduleux.

110 L'arrêt précité de la Cour suprême du 30 août 1994, *Ubirajara de Sá Gomes e outros c/ Estado do Rio Grande do Sul*, est considéré depuis lors comme un arrêt de principe, pour avoir atténué la portée de la *Súmula* 473 (voir: *Superior Tribunal de Justiça*, 1^re^ *Seção*, MS n° 7841/ DF, *Bonfim Abrahão Tobias c/ Ministros do Planejamento, da Fazenda, da Agricultura*, j. 27 mai 2002, proc. n° 2001.0098055-5, *DJ* 23.09.2002, p. 218: retrait de la nomination d'un fonctionnaire sans consultation préalable et après la limite quinquennale instituée par la loi n° 9.784 du 29 janvier 1999).

111 *Superior Tribunal de Justiça*, 2^e^ *Turma*, RMS n° 737/90 RJ, *Jorge Thiago da Costa c/ Estado do Rio de Janeiro*, j. 17 nov. 1993, préc.

fait qu'en France, le pouvoir de retrait relève d'un fondement *unitaire,* qu'il fait l'objet d'une emprise croissante du droit communautaire et qu'il est encadré par des délais *brefs;* au Brésil, le pouvoir de relève d'un fondement *fédératif,* il est largement soumis au droit constitutionnel et il est encadré par des délais *étendus.* Quant aux affinités, le pouvoir de retrait est soumis de part et d'autre à un phénomène de *légalisation* croissant, et au respect d'une procédure contradictoire préalable qui tend à assurer les droits de la défense.

Ces quelques éléments de comparaison ne sont certes pas exhaustifs. Au contraire, ce ne sont que des pistes de réflexion, qui ne veulent qu'apporter un éclairage minimum. Ainsi, bien des questions restent ouvertes. Il serait intéressant de comprendre, notamment, de quelle manière le pouvoir de retrait est exercé dans la pratique. Est-il exercé avec fréquence ou seulement à titre exceptionnel ? L'administration dispose-t-elle des mêmes marges de manœuvre vis-à-vis des cas d'irrégularité ou peut-elle recourir à d'autres voies, comme la régularisation ? Les types d'irrégularité sont-ils les mêmes ? Quel parallèle existe-t-il entre les actes « créateurs de droits » en France et les actes ayant des « effets favorables » au Brésil ? *Quid* des régimes d'indemnisation en raison du retrait des actes illégaux ? Par ailleurs, il serait important de savoir jusqu'à quel point, le caractère « objectif » d'une partie du contentieux administratif en France, par opposition à celui dit « subjectif » au Brésil, a-t-il influencé la théorie du retrait dans les deux pays ?

Ces questions, à défaut de n'avoir pu être développées dans le présent travail, resteront en tout cas posées, pour des investigations ultérieures, que l'auteur appelle de ses vœux.

# LE RÔLE DES PRINCIPES DU DROIT FISCAL DANS LES DROITS FRANÇAIS ET BRÉSILIEN

**Tanisia MARTINI VILARIÑO***

La découverte d'un nouveau système fiscal demande, dans un premier temps, la lecture des ouvrages généraux, et ce afin d'y trouver les principes fondamentaux. Cela permet d'avoir une vision globale du système.

La majorité des livres concernant le droit fiscal français privilégie l'étude des différents régimes d'imposition tandis que les principes du droit fiscal, communs à toute la matière, sont abordés généralement dans les ouvrages de finances publiques.

Au contraire, les ouvrages brésiliens privilégient les principes du droit fiscal brésilien à tel point qu'il s'avère difficile de trouver des ouvrages généraux sur le droit fiscal qui abordent les différents régimes d'imposition détaillés au niveau de la loi.

L'étude comparée du droit fiscal brésilien et du droit fiscal français semble révéler une différence qui touche l'étendue du champ d'étude du droit fiscal. Cela nous amène à penser que les principes du droit fiscal ont une importance ou un rôle différent selon qu'ils se trouvent insérés dans le système juridique brésilien ou dans le système juridique français.

Or, le droit fiscal englobe l'ensemble des principes et des règles juridiques qui assurent les recettes fiscales d'un État dues aux prélèvements de nature fiscale.

Les principes de droit fiscal ont pour objectif de fournir une logique et une cohérence à l'ensemble des règles et des procédures du droit fiscal. Cette tâche n'est pas facile, car le droit fiscal est le résultat d'une adaptation constante des modifications prises selon l'environnement politique, économique et social du moment. Le droit fiscal est donc un «*patchwork*» de mesures prises au coup par coup, selon l'influence politique et l'idéologie de chaque gouvernement, et les principes viennent en quelque sorte les encadrer.

---

* *Haut fonctionnaire des Impôts à l'État du Rio Grande do Sul – Brésil, Doctorante en droit fiscal à l'université Paris I Panthéon-Sorbonne.*
Les opinions exprimées dans cet article n'engagent que son auteur.

Il s'agit des principes qui sont déduits des valeurs suprêmes d'un ordre juridique, c'est-à-dire issus uniquement de l'ordre juridique national dont la notion et la portée sont développées à un niveau national[1]. Ces principes se divisent en deux catégories: les principes de valeur constitutionnelle et les principes généraux de droit applicables en matière fiscale.

En France, les principes de valeur constitutionnelle en matière fiscale ressortent de la Constitution (article 34) et de la jurisprudence du Conseil Constitutionnel[2] et s'imposent au législateur, à l'ensemble des juridictions ainsi qu'à l'administration fiscale. Le droit fiscal français comporte, entre autres, trois grands principes de valeur constitutionnelle à savoir la légalité fiscale, l'égalité devant l'impôt et la nécessité de l'impôt.

Au Brésil, la Constitution est assez longue et détaillée. Les principes de valeur constitutionnelle en matière fiscale ressortent du texte de la Constitution de 1988, notamment du chapitre concernant le système fiscal brésilien[3] et de l'article 5 concernant les droits fondamentaux. Ces règles sont au sommet de l'ordonnancement juridique et s'imposent à tous. Le droit fiscal brésilien comporte plusieurs principes de valeur constitutionnelle à savoir le principe de légalité, le principe d'égalité devant l'impôt, le principe de non-rétroactivité de la loi fiscale, le principe d'imposition selon les facultés contributives du contribuable, le principe d'antériorité de la loi fiscale, le principe d'interdiction des impositions confiscatoires, le principe des immunités, etc.

En France, en ce qui concerne les principes généraux du droit applicables en matière fiscale, ils sont en majorité issus de la jurisprudence du Conseil d'État. Cela étant, ils ont un niveau hiérarchique infraconstitutionnel et ne s'imposent donc pas au législateur qui peut les modifier. En effet, ces principes n'ont qu'une portée législative, car ils ne s'imposent qu'à l'administration fiscale.

Au Brésil, ce qui est appelé en France « principes généraux de droit applicables en matière fiscale » pourrait être comparé, avec restriction, aux règles générales en matière fiscale inscrites dans le Code fiscal brésilien[4].

---

1 On ne dénie pas l'existence des principes fiscaux développés au niveau supranational. Toutefois, notre analyse se concentre sur les principes issus uniquement de l'ordre interne pour des raisons qui seront exposées ultérieurement.

2 Depuis la décision « *Liberté d'association* » du 16 juillet 1971, n° 71.44DC, le Conseil constitutionnel a donné pleine vigueur au préambule de la Constitution de 1958, intégrant à la constitution, parmi d'autres, les principes issus de la Déclaration des droits de l'homme et du citoyen de 1789 et du préambule de la Constitution de 1946, formant ainsi le Bloc de constitutionnalité.

3 Article 145 et suivants de la Constitution brésilienne de 1988.

4 Loi n° 5172 du 25 octobre 1966 nommée Code fiscal brésilien par l'Acte complémentaire n° 36, du 13 mars 1967 et reçue par la Constitution fédérale brésilienne de 1988 seulement en ce qui concerne les règles qui ne sont pas contraires à celles inscrites dans la nouvelle Constitution. Les normes générales de droit fiscal ont ainsi gardé toute leur vigueur. Il faut mettre en évidence que le concept de Code fiscal en France est différent de celui du Brésil: le code fiscal français est un répertoire de lois fiscales qui règlent les régimes d'imposition tandis que le Code fiscal brésilien est une loi spéciale qui établit les règles générales qui doivent être prises en compte d'une part, par les législateurs de l'État fédéral, des États fédérés et par les Communes lors de l'élaboration des lois

Le Code fiscal brésilien, dont la place dans la hiérarchie est supérieure à celle de la loi ordinaire, mais inférieure à celle de la Constitution, contient des « règles générales de droit fiscal » qui sont opposables au législateur ordinaire et aux administrations fiscales des trois niveaux de la fédération : l'État fédéral, les États fédérés et les Communes. Il n'est possible de déroger à ces règles que par la Constitution ou une autre *« loi complémentaire »*[5]. La plupart de ces « principes » se trouvent déjà dans le texte de la Constitution brésilienne de 1988 et ont donc une valeur constitutionnelle.

Nonobstant l'importance des principes du droit fiscal dans un ordre juridique, leur effectivité est liée à l'existence de procédures ou d'instruments juridiques efficaces et ouverts au justiciable pour faire valoir ces principes.

Nous pouvons donc nous demander si les contrôles de constitutionnalité, de légalité et de conventionalité peuvent avoir un rôle important dans l'efficacité de ces principes.

En effet, seul le contrôle de constitutionnalité joue un rôle important dans l'efficacité de ces principes, car il peut assurer le respect des principes de droit fiscal de valeur constitutionnelle, et ce dans les deux ordres juridiques.

Ce qui n'est pas le cas dans les contrôles de légalité et de conventionalité. Malgré leur place non négligeable dans le système juridique français, les contrôles de légalité et de conventionalité n'ont pas autant d'intérêt dans le système juridique brésilien. En effet, le contrôle de constitutionnalité brésilien finit par l'emporter sur le contrôle de légalité. Et l'insertion des traités internationaux dans l'ordre juridique brésilien au même niveau hiérarchique que les lois, réduit la portée d'un « contrôle de conventionalité » au Brésil.

En France, le contrôle de légalité finit par assurer l'efficacité des principes généraux du droit en matière fiscale, mais il n'assure pas l'efficacité des principes fiscaux de valeur constitutionnelle. À son tour, le contrôle de conventionalité n'assure pas non plus l'efficacité des principes nationaux, notamment les principes de valeur constitutionnelle ou des principes généraux du droit en matière fiscale. En effet, il faut trouver des principes équivalents dans les traités internationaux pour pouvoir les évoquer. Cela permettrait au contribuable d'arriver au même résultat, mais cela ne serait pas en raison des principes de valeur constitutionnelle français ou des principes généraux du droit français.

Or, est-ce que le rôle des principes de droit fiscal est fortement influencé par le type de contrôle de constitutionnalité adopté par le système juridique d'un pays ? Est-ce que cela reflète le niveau d'intervention ou de liberté accordé par l'État au contribuable en matière fiscale ?

Nous sommes d'avis que le rôle et l'importance des principes du droit fiscal sont directement liés à l'effectivité qu'ils peuvent avoir dans un ordonnancement juridique.

---

fiscales et, d'autre part, par les administrations fiscales des trois entités fédératives. Le code fiscal brésilien est comparable à une « loi organique » en France.

5 Cf. Article 69 de la Constitution fédérale de 1988. En effet, dans le système juridique brésilien, entre la loi et la Constitution il y a les « lois complémentaires » dont l'adoption demande la majorité absolue des voix au sein du Congès national.

À son tour, l'effectivité des principes fiscaux de valeur constitutionnelle est directement liée au type de contrôle de constitutionnalité au sein d'un système juridique. Or, selon le type de contrôle de constitutionnalité adopté par un pays, ces principes peuvent être invoqués par les avocats dans la défense du contribuable ce qui peut permettre de développer et d'exploiter l'interprétation de ces principes et de contribuer ainsi à sa plus grande utilisation dans le droit fiscal.

Pour démontrer cela, nous allons d'abord comparer le rôle des principes fiscaux déterminé par le contrôle de constitutionnalité au sein des Cours constitutionnelles chargées de veiller au respect des règles constitutionnelles (I), pour ensuite les comparer avec le contrôle au sein des juridictions ordinaires qui doivent assurer la conformité de la règle de droit avec les règles qui lui sont hiérarchiquement supérieures (II).

## I. Le rôle des principes fiscaux déterminé par le contrôle de constitutionnalité au sein des Cours constitutionnelles

Les Cours constitutionnelles, le Conseil constitutionnel en France et le «*Supremo Tribunal Federal*» au Brésil[6], ont des compétences différentes, car la cour brésilienne a la compétence générale de gardienne de la Constitution tandis que la cour française a toujours refusé cette compétence en faisant une interprétation stricte de la Constitution française[7].

La comparaison du système de contrôle de constitutionnalité adopté en France avec celui adopté au Brésil permet de vérifier que, selon le type de contrôle de constitutionnalité adopté, les principes fiscaux ont un rôle plus ou moins important dans le contentieux juridictionnel en matière fiscale et par conséquent dans le droit fiscal.

Même si les principes de droit fiscal de valeur constitutionnelle sont opposables au législateur et à l'administration fiscale, ce n'est qu'avec la possibilité de contrôle par le juge qu'il est possible d'assurer le respect effectif de ces principes. Ainsi, en comparant le système français et le système brésilien, on remarque que les principes de valeur constitutionnelle en matière fiscale ont un rôle limité en France en raison du contrôle de constitutionnalité restreint adopté par la France (A) tandis qu'au Brésil, ils ont un rôle plus important en raison du contrôle de constitutionnalité plus étendu adopté par le Brésil (B).

---

6 En effet, la cour brésilienne «*Supremo Tribunal Federal*» exerce à la fois les fonctions de Cour constitutionnelle et de Cour suprême. V. article 102 de la Constitution brésilienne de 1988.

7 Par exemple CC, *Regroupement national*, *GD* n° 8, 23 déc. 1960; CC., *Décision du 14 septembre 1961*, *GD* n° 12, 14 sep. 1961; CC, n° 62-20, *GD* n° 14, 6 nov. 1962.

### A. Un rôle limité en France : corollaire d'un contrôle de constitutionnalité restreint[8]

Le système juridique français issu de la Constitution de 1958 a adopté un contrôle de constitutionnalité de la loi *a priori*, abstrait, concentré et facultatif dont la compétence est attribuée au Conseil constitutionnel. Ce type de contrôle de constitutionnalité limite l'application des principes fiscaux de valeur constitutionnelle.

En effet, le contrôle de constitutionnalité français fait par le Conseil constitutionnel s'avère assez limité pour trois raisons :

- Il a lieu exclusivement avant la promulgation de la loi[9]. La décision de non-conformité de la loi ou d'une partie de la loi avec la Constitution fait obstacle à sa promulgation.
- Il est facultatif. Selon l'alinéa 2 de l'article 61 de la Constitution de 1958, les lois ordinaires, dont les lois fiscales, « *peuvent* être déférées au Conseil constitutionnel ». Ainsi, toutes les lois fiscales ne subiront pas nécessairement un contrôle de constitutionnalité avant sa promulgation, car cela dépend de la saisine de quelques autorités politiques. Le Conseil ne peut pas s'autosaisir, et le contribuable ou des associations de contribuables ne peuvent le saisir.
- La saisine du Conseil constitutionnel appartient exclusivement à des autorités politiques bien définies par la Constitution[10], à savoir le Président de la République, le Premier ministre, le président du Sénat, le président de l'Assemblée nationale et, depuis 1974, à l'initiative d'au moins soixante députés ou de soixante sénateurs. L'initiative des lois fiscales appartenant en pratique au gouvernement[11], il est parfaitement compréhensible que le Président de la République ainsi que le Premier ministre ne soulèveront que l'inconstitutionnalité des amendements à la loi apportés par les parlementaires[12]. C'est l'opposition à l'Assemblée ou au Sénat qui jouera le rôle le plus important en soulevant l'inconstitutionnalité des lois, des dispositions ou des amendements qu'elles n'ont pas réussis à écarter lors du débat parlementaire.

Pour illustrer, prenons l'exemple de la loi de finances rectificative pour 2006 qui n'a pas été soumise au contrôle de constitutionnalité. L'article 30 de cette loi établit trois mécanismes de lutte contre la fraude carrousel[13] qui peuvent

---

8 Lors de la présentation de ce travail à la Journée d'Études : *Le droit français et le droit brésilien d'aujourd'hui : éléments de comparaison*, la révision constitutionnelle du 23 juillet 2008 n'était qu'un projet de loi constitutionnelle en débat au Sénat. L'article est reproduit en l'état afin de préserver l'intérêt du débat qui s'en est suivi.

9 V. article 61 de la Constitution française de 1958.

10 V. article 61 al. 2 de la Constitution française de 1958.

11 En matière fiscale, la compétence partagée de l'article 39 de la Constitution française de 1958 est en réalité limitée par l'article 40 de cette même Constitution.

12 Sauf en période de cohabitation, où le Président peut avoir intérêt à saisir le Conseil constitutionnel des lois fiscales proposées par le gouvernement.

13 Les trois mécanismes de lutte contre la fraude englobent la mise en cause du droit de déduction ou de l'exonération de la TVA concernant les opérations intracommunautaires et l'établissement d'une responsabilité solidaire sur le paiement de la TVA sur tous les maillons de la chaîne dans le cas de fraude carrousel.

être utilisés par l'administration fiscale non seulement dans le cas où celle-ci démontre que le contribuable en question était au courant de la fraude, mais aussi, dans les cas où le contribuable « ne pouvait ignorer » la fraude. Autrement dit, si l'administration ne réussit pas à prouver que le contribuable « savait », c'est au contribuable de prouver qu'il ignorait. Comment faire la preuve négative ?

Ainsi, on se pose la question de savoir quelle aurait été la position du Conseil constitutionnel concernant la conciliation du principe de nécessité de l'impôt qui justifie l'adoption de moyens de lutte contre la fraude avec le principe d'égalité en ce qui concerne la cohérence et la proportionnalité de la mesure.

Il faut prendre en compte que le rapport sur la fraude réalisé par le Conseil des prélèvements obligatoires affirme que la France ne dispose pas d'une évaluation statistique fiable de la taille de la fraude et « *qu'une réponse adaptée ne peut être la même selon que la fraude est estimée à 1 % ou à 15 % du PIB* »[14]. Le rapport conclut par la question :

> *Faut-il alors se résoudre à ce que les pouvoirs publics mènent un combat "à l'aveugle" face à un phénomène dont ils ne connaissent ni l'ampleur, ni la répartition entre secteurs ou entre régions et sans être capables d'apprécier l'efficacité des stratégies qu'ils ont mises en œuvre ?*[15]

On remarque alors que le contrôle de constitutionnalité français ainsi encadré n'assure pas un contrôle de constitutionnalité de toutes les lois fiscales, autrement dit, il ne garantit pas que toutes les lois fiscales respecteront les principes fiscaux de valeur constitutionnelle.

De plus, le Conseil constitutionnel n'a compétence que pour contrôler la constitutionnalité des lois, des règlements des assemblées et des traités. Les décrets, les instructions administratives et toutes les règles infralégales en matière fiscale ne sont pas soumis à un contrôle de constitutionnalité préalable. En effet, le Conseil d'État, en tant qu'organe consultatif, émet systématiquement un avis sur la constitutionnalité des projets des normes légales et infralégales rédigés par le gouvernement, toutefois cet avis n'est pas contraignant, le gouvernement étant libre de le suivre ou pas.

Par ce biais, on vérifie que malgré l'existence de principes de valeur constitutionnelle, leur rôle est assez limité en France. Ils n'arrivent pas à encadrer de manière effective les règles de droit fiscal. Les principes ont plutôt un rôle d'« objectifs » à guider le législateur et l'administration lors de la formation des règles sans être effectivement coercitifs.

De ce fait, ces principes vont être plus utiles aux créateurs des projets ou propositions de lois qu'à ceux qui utilisent ces lois, comme les avocats et les fiscalistes, ce qui explique leur place privilégiée au sein des finances publiques plutôt qu'au droit fiscal.

---

14 La fraude aux prélèvements obligatoires et son contrôle, Rapport du Conseil de prélèvements obligatoires, mars 2007, reproduit par ALVAREZ (V.) et MARTINI-VILARINO (T.), « Lutte contre la fraude à la TVA et garanties du contribuable », *Les Annales de Droit*, n° 2, Publications des Universités de Rouen et du Havre, 2008, p. 9-21.

15 *Ibidem*, p. 18.

## B. Un rôle élargi au Brésil : corollaire d'un contrôle de constitutionnalité étendu

Le contrôle de constitutionnalité brésilien a subi une forte influence du constitutionnalisme américain depuis la Constitution brésilienne de 1891. Ainsi, contrairement à celui de la France, le système juridique brésilien issu de la Constitution de 1988 a adopté un contrôle de constitutionnalité très étendu de la loi et des actes publics[16].

Ce contrôle de constitutionnalité est *a posteriori*, abstrait ou concret, diffus ou concentré et facultatif et leur compétence est attribuée soit à la Cour suprême brésilienne soit à toutes les juridictions. Ce type de contrôle de constitutionnalité permet le contrôle de l'effectivité des principes fiscaux de valeur constitutionnelle.

La Cour suprême brésilienne, placée au sommet de la hiérarchie judiciaire, exerce le contrôle de constitutionnalité soit par voie d'action, dans un contrôle abstrait et concentré de la norme, soit par voie d'exception, dans un contrôle concret de la norme.

### 1. Le contrôle de constitutionnalité par voie d'action

Le contrôle abstrait et concentré de normes appartient exclusivement à la Cour suprême dans le cadre de deux recours à savoir l'Action directe en inconstitutionnalité (ADIN) et l'Action déclaratoire de constitutionnalité (ADC).

L'ADIN permet le contrôle de constitutionnalité des lois et des actes normatifs édictés soit par l'État fédéral, soit par les États fédérés, tandis que l'ADC ne concerne que les lois et actes normatifs de l'État fédéral.

L'objet de ces deux recours à la fois « alternatifs » et « exclusifs » est, respectivement, d'exclure de l'ordre juridique une norme qui n'est pas conforme à la Constitution ou d'affirmer la constitutionnalité de cette norme. En réalité ces décisions paralysent soit l'application de la norme jugée non-conforme à la Constitution, soit donnent un « cours forcé » à la norme jugée conforme à la Constitution. Ces décisions obligent les juridictions inférieures et l'administration fiscale à s'y conformer. On parle ainsi de l'effet « vinculante »[17] de ces décisions.

Étant donné le rôle si important de ces deux recours, la saisine, par voie d'action contre le texte de la norme, est réservée à quelques personnes prévues par la Constitution[18], à savoir le Président de la République, le Bureau du Sénat fédéral, le Bureau de la Chambre des députés, le Bureau du parlement de chacun des États fédérés, le Gouverneur de chacun des États fédérés, le Procureur général de la République, le Conseil fédéral du barreau brésilien, tout parti politique ayant

16 Le contrôle de constitutionnalité brésilien étant assez large, il ne sera traité qu'en ce qui concerne sa plus grande importance pour le droit fiscal. Ainsi le contrôle de constitutionnalité par omission ne sera pas abordé dans le présent travail.

17 V. le § 2 de l'article 102 de la Constitution brésilienne de 1988 dont la rédaction est issue de l'amendement n° 45 du 8 déc. 2004. La Cour suprême fixe ainsi l'interprétation constitutionnelle et ce droit constitutionnel s'impose. C'est l'équivalent de l'autorité de chose jugée en France.

18 V. art. 103 de la Constitution brésilienne de 1988.

une représentation au Congrès national, toute organisation syndicale ou des catégories des travailleurs ayant un caractère national.

Toutefois, malgré leur nomination par la Constitution, le nombre et la qualité des personnes qui peuvent saisir la Cour sont assez larges. Elles englobent non seulement des autorités politiques de l'État, mais aussi les organisations syndicales, les partis politiques et le barreau brésilien. Ce qui permet aussi que des organisations collectives puissent défendre le respect des principes de valeur constitutionnelle en matière fiscale, comme le font les pouvoirs exécutif et législatif.

La décision de la Cour suprême rendue dans l'ADIN n° 939 met en évidence l'importance du type de contrôle de constitutionnalité sur l'effectivité des principes de droit fiscal de valeur constitutionnelle.

En l'espèce, l'Action intentée par l'Organisation des travailleurs du commerce demandait la déclaration de l'inconstitutionnalité de la loi constitutionnelle n° 3 et de la loi complémentaire[19] n° 77/93. Ces lois ont institué l'Impôt provisoire sur les transferts des crédits et des droits financiers (IPMF) connu comme l'impôt du chèque.

Les moyens soulevés ont été la non-conformité avec les principes de l'antériorité et le principe des immunités : l'immunité des membres de la fédération, l'immunité religieuse, l'immunité des partis politiques, des syndicats, des établissements d'enseignement et les établissements d'assistance sociale sans but lucratif, l'immunité des livres, des journaux, des périodiques et du papier destiné à leur impression. La Cour a déclaré l'inconstitutionnalité partielle de ces lois en raison de leur non-conformité avec ces principes.

L'autre type de contrôle de constitutionnalité effectué par le « *Supremo Tribunal Federal* » est le contrôle de constitutionnalité par voie d'exception.

### 2. Le contrôle de constitutionnalité par voie d'exception

Le contrôle concret de constitutionnalité brésilien[20] est aussi « diffus » puisqu'il peut être exercé par n'importe quel juge brésilien, même le juge de première instance, comme nous le verrons ci-dessous. Toutefois, ces litiges peuvent être soumis à la Cour suprême en dernier ressort.

Le rôle de la Cour suprême dans ce genre de contrôle est de trancher de façon définitive la question de constitutionnalité existant dans un litige donné. Cette décision aura effet uniquement *inter partes*[21] et ne dépassera pas le cadre du litige.

Le contrôle porte sur la constitutionnalité de la décision prise par la Cour hiérarchiquement inférieure à la Cour suprême dans le recours « *extraordinário* ». Ce recours constitue un genre « d'appel » d'une décision rendue en dernier ressort,

19 La loi complémentaire a une position hiérarchique semblable à celle des lois organiques.

20 Le contrôle est dit concret lorsqu'il s'effectue à partir d'un cas concret ou d'un litige précis.

21 Cette décision ne produit des effets qu'entre les parties du litige. La norme jugée inconstitutionnelle dans le litige reste en vigueur et s'applique aux situations qu'elle réglemente.

mais la Cour suprême ne connaît que de la question de constitutionnalité qui s'attache au litige.

*A priori*, tous les litiges dans lesquels une question de constitutionnalité est soulevée peuvent finir par arriver à la Cour suprême par voie du recours « extraordinário ».

Ainsi, les contribuables eux-mêmes peuvent faire respecter les principes de valeur constitutionnelle en matière fiscale dans leur cas concret.

Toutefois, cette liberté est nuancée depuis 2004 pour deux raisons: d'une part, par l'institution de l'effet « vinculante » des décisions proférées par la Cour suprême lors du contrôle abstrait de constitutionnalité. En effet, avec la création de l'Action déclaratoire de constitutionnalité (ADC) en 1993, le gouvernement fédéral peut soumettre une loi fédérale au contrôle de constitutionnalité abstrait auprès de la Cour suprême. L'objectif de cette démarche serait d'interdire aux juridictions ordinaires de mettre en cause la constitutionnalité de la loi et de la faire respecter par les administrations en raison de l'effet « vinculante »; d'autre part, par l'institution d'un contrôle d'admissibilité du recours conditionné à l'existence de « repercussão geral »[22]. Autrement dit, la Cour suprême réalise seulement le contrôle concret de constitutionnalité si les questions constitutionnelles soulevées ont une importance sociale, économique, politique ou juridique qui dépasse l'intérêt subjectif du cas concret.

Malgré les restrictions actuelles, on remarque que la comparaison du contrôle de constitutionnalité menée par les Cours constitutionnelles dans les deux ordres juridiques démontre que les principes fiscaux de valeur constitutionnelle auront une plus grande application et ainsi un rôle plus important dans le système juridique brésilien, car ils peuvent être soulevés auprès de la Cour suprême par un plus grand nombre de personnes et même par le contribuable dans les cas concrets.

Cela prouve que les avocats ont davantage besoin de connaître la portée et l'étendue des principes de valeur constitutionnelle afin de les soulever comme moyen de défense du contribuable. Or, ces principes vont avoir un rôle plus important pour le droit fiscal.

De même, cela confirme le rapport du rôle des principes de droit fiscal de valeur constitutionnelle avec le type de contrôle de constitutionnalité adopté. En outre, on remarque que l'État brésilien accorde une plus grande liberté au contribuable tout en assurant l'accès au contrôle de constitutionnalité des normes et des actes en matière fiscale.

Néanmoins, non seulement les Cours constitutionnelles peuvent assurer l'effectivité des principes de valeur constitutionnelle en matière fiscale, mais les juridictions ordinaires peuvent également le faire.

22 Cf. article 102, § 3° de la Constitution brésilienne de 1988 avec rédaction de l'amendement n° 45, du 8 déc. 2004.

## II. Le rôle des principes fiscaux déterminé par le contrôle de constitutionnalité auprès des juridictions ordinaires

Quelle est l'influence du contrôle de constitutionnalité exercé auprès des juridictions ordinaires sur le rôle des principes fiscaux de valeur constitutionnelle ? D'une part, on constate l'incidence du refus des juridictions ordinaires françaises de faire un contrôle de constitutionnalité sur le rôle des principes fiscaux de valeur constitutionnelle (A). D'autre part, le phénomène inverse peut être constaté auprès des juridictions ordinaires brésiliennes (B).

### A. L'incidence du refus d'appréciation de l'inconstitutionnalité par les juridictions ordinaires en France sur le rôle des principes fiscaux

Les tribunaux administratifs et judiciaires français refusent d'examiner les moyens tirés du non-respect par une loi des normes constitutionnelles[23] et ce, peu importe que le recours se fasse par voie d'action ou par voie d'exception. Or, les principes fiscaux de valeur constitutionnelle étant des normes constitutionnelles, ils subissent le même sort.

En effet, l'ordre juridictionnel administratif considère irrecevable le moyen dans le recours pour excès de pouvoir dont l'objet est la contestation directe de la loi face à la Constitution. La jurisprudence du Conseil d'État affirme qu'« *il n'appartient pas au juge administratif de contrôler la conformité d'un texte ayant force de loi à la Constitution* »[24]. Cela s'applique aussi aux principes de valeur constitutionnelle, car le Conseil d'État ne se reconnaît pas compétent pour apprécier la conformité de la loi fiscale avec les principes de valeur constitutionnelle.

Toutefois, le juge administratif s'avère compétent en ce qui concerne la contestation directe des actes administratifs face à la Constitution. Cela est possible si l'acte administratif relève du pouvoir réglementaire autonome[25] ou s'il n'est pas un acte de stricte application de la loi. En effet, cette contestation n'est possible que si l'acte administratif n'est pas fondé sur une loi et donc la théorie de la loi-écran ne trouve pas à s'appliquer.

En ce qui concerne la voie d'exception, les juges ordinaires ont développé la théorie de la loi-écran pour autolimiter leur compétence car ils considèrent qu'il ne leur appartient pas d'apprécier, même indirectement, la constitutionnalité d'une loi[26].

---

23 Le système juridictionnel français a été conçu pour être centré sur la loi (légicentrisme). Ainsi, il est composé par l'ordre judiciaire et l'ordre administratif chacun ayant une juridiction suprême. Ce n'est qu'après la Constitution de 1958 que le droit constitutionnel français passe d'un code de procédure politique et parlementaire pour en devenir un droit qui apporte aussi des règles de fond s'imposant aux législateurs et aux juridictions. On peut donc penser que le système juridictionnel français est en pleine adaptation à ce nouveau cadre maintenant centré sur les normes constitutionnelles où la suprématie de la loi est remplacée par la suprématie de la norme constitutionnelle.

24 Cf. CE, 20 déc. 2004, n° 275076, *Germain GAIFFE.*, non publié au *Rec.*

25 Cf. Article 37 de la Constitution française de 1958.

26 CE Sect. 6 nov. 1936, Arrighi et Dame Coudert : *Rec.* p. 966 .

En effet, la jurisprudence du Conseil d'État affirme inopérant le moyen tiré de ce qu'une disposition législative serait contraire à un principe de droit fiscal de valeur constitutionnelle, car il n'appartient pas au juge administratif de juger la loi[27].

Selon la jurisprudence de la Cour de cassation

> *les tribunaux doivent appliquer la loi sans pouvoir en écarter certaines dispositions en raison de leur prétendue contrariété à des principes de caractère constitutionnel et en particulier aux dispositions de la Déclaration des droits de l'homme et du citoyen du 26 août 1789 auxquelles le préambule de la Constitution du 4 octobre 1958 s'est borné à renvoyer*[28].

Enfin, les juridictions administratives et judiciaires ne se jugent pas compétentes pour assurer la prééminence de la Constitution face à la loi et face aux actes administratifs, infractions et peines prises conformément à cette loi. Or, ni le Conseil constitutionnel ni les juridictions administratives ou judiciaires ne se considèrent gardiens de la Constitution, ce qui aboutit à une immunité juridictionnelle ou contentieuse à la loi une fois promulguée[29].

Cette immunité de la loi vient vider l'utilité et même nier l'efficacité des principes de valeur constitutionnelle en matière fiscale en ce qui concerne le contribuable. La Constitution reconnaît ces principes, les parlementaires peuvent les contester, toutefois pour les contribuables ces principes sont vides d'efficacité, ce qui démontre un fort interventionnisme de l'État en la matière.

Cela a une forte influence sur l'importance des principes fiscaux de valeur constitutionnelle dans la pratique de la fiscalité. En effet, les avocats ne peuvent pas utiliser ces principes pour défendre les contribuables contre les excès de la loi et de l'administration fiscale, si ceux-ci sont fondés sur la loi. En résumé, cela explique sans doute le faible intérêt des ouvrages de droit fiscal sur les principes fiscaux de valeur constitutionnelle.

### B. L'incidence de l'appréciation de l'inconstitutionnalité par les juges ordinaires au Brésil sur le rôle des principes fiscaux

Les juges ordinaires brésiliens effectuent le contrôle de constitutionnalité au cours de la procédure civile, pénale ou administrative si la question de la constitutionnalité s'y pose.

Ils ne déclarent pas l'inconstitutionnalité de la loi ou de l'acte normatif: ils écartent seulement leur application dans le cadre du litige qui leur est soumis. En cas d'appel, la loi et l'acte normatif peuvent uniquement voir leur application écartée par une décision de la majorité absolue des membres du tribunal.

Les décisions définitives des juridictions ordinaires peuvent être contestées par recours à la Cour suprême dans le cadre d'un « recours extraordinaire ». La

27 En matière fiscale: CE 2 juin 1989 n° 66604, 8e et 7e *sq.*, de Saint-Pern: *RJF* 8-9/89, n° 1019.

28 Cass. 1re civ., 1er oct. 1986, n° 84-17.090. Époux Guillot.

29 Cf. CE, 5 jan. 2005, *Deprez et Baillard*, cons. n° 6, *RFDA*, 2005, p. 56. Le Conseil d'État juge qu'« *il ressort des débats tant du Comité consultatif constitutionnel que du Conseil d'État lors de l'élaboration de la Constitution que les modalités ainsi adoptées excluent un contrôle de constitutionnalité de la loi au stade de son application* ».

décision du tribunal inférieur peut ainsi être modifiée. Toutefois, les conditions d'admissibilité de ce recours extraordinaire deviennent au fur et à mesure des années de plus en plus restrictives.

L'incidence de ce contrôle de constitutionnalité brésilien assez large sur les principes fiscaux de valeur constitutionnelle est très importante. Il permet au contribuable de contester la constitutionnalité des actes de l'administration tels que les impositions fiscales, le bien-fondé des redressements, les refus des agréments fiscaux, etc. Les moyens tirés de la non-conformité des actes avec les principes fiscaux de valeur constitutionnelle sont fréquemment invoqués par les requérants.

Toutefois, le contribuable ne peut contester les instructions administratives, les décrets, les lois et autres actes normatifs que s'ils lui sont appliqués dans un cas concret. Pour cela, il faut attendre que l'administration fiscale redresse le contribuable sur le fondement de cette instruction ou de la loi, par exemple, pour que le contribuable puisse soulever son inconstitutionnalité.

Ainsi l'État brésilien rend les principes de valeur constitutionnelle efficaces par le contrôle de constitutionnalité. Le contribuable est en mesure de faire respecter ces principes. Cela met en évidence un volet plus libéral de l'État brésilien en matière fiscale.

On constate alors que le rôle de ces principes est beaucoup plus important qu'en France, car les avocats peuvent les utiliser pour défendre les contribuables contre les excès de la loi et de l'administration fiscale. Cela explique sans doute le fort intérêt des ouvrages de droit fiscal brésilien sur les principes fiscaux de valeur constitutionnelle.

## Conclusion

La comparaison entre les deux systèmes de contrôle de constitutionnalité français et brésilien fait ressortir que le contribuable français n'a pas vraiment de moyens pour faire valoir les principes de droit fiscal de valeur constitutionnelle dans les rapports qu'il a avec l'administration fiscale ou dans les contentieux juridictionnels (administratif ou judiciaire). En effet, les rapports avec l'administration fiscale seront plus fructueux s'ils sont fondés sur l'interprétation de la loi, car le Conseil d'État ou la Cour de cassation seront en mesure de faire valoir leur interprétation.

Cela explique la place réduite des principes fiscaux dans le droit fiscal français. En effet, ils sont plus utiles au gouvernement, notamment à l'administration fiscale, et au législateur, car ils sont tenus lors des rédactions des projets de lois fiscales, d'amendements ou d'autres actes normatives, de respecter les principes du droit fiscal sous peine d'annulation par la Cour constitutionnelle pour ce qui est des lois ou d'invalidation des actes normatifs pris non conformes à la loi et à l'avis du Conseil d'État.

Cette utilité plutôt administrative ou publiciste des principes du droit fiscal justifie certainement la plus grande place qu'ils occupent dans le champ des « finances publiques » par rapport à celle qui leur revient dans celui du droit fiscal.

Toutefois, l'état du droit français a été modifié. L'article 61-1 de la Constitution, introduit par la loi constitutionnelle du 23 juillet 2008[30], institue un contrôle de constitutionnalité *a posteriori*. Les conditions d'application de la « Question prioritaire de constitutionnalité » sont établies par la loi organique n° 2009-1523 du 10 décembre 2009. La procédure concerne l'introduction d'une Question prioritaire de constitutionnalité auprès du Conseil constitutionnel par le Conseil d'État ou par la Cour de cassation. Ces juridictions ont un rôle de filtre, en faisant examiner par le Conseil constitutionnel seulement les questions qui posent une difficulté sérieuse.

Désormais en France l'amplitude d'applicabilité de ces principes sera définie par la jurisprudence. Toutefois, on remarque une tendance à une certaine réduction de l'interventionnisme de l'État en matière fiscale. Cela commence avec la réforme constitutionnelle de 1974 qui a reconnu la possibilité de saisine du Conseil constitutionnel à au moins soixante députés ou sénateurs et s'est poursuivi par trois projets de lois constitutionnelles (1990, 1993 et 2008) dont l'objet était la création d'un contrôle de constitutionnalité *a posteriori*.

Dans le sens inverse, on remarque au Brésil une tendance vers l'augmentation de l'interventionnisme de l'État en la matière, car les dernières réformes constitutionnelles ont augmenté la difficulté d'accès du contribuable à la Cour constitutionnelle. Ces restrictions ont été justifiées par des raisons d'engorgement de cette Cour.

Finalement, un bouleversement en la matière est attendu dans la fiscalité française en raison de l'adoption d'un contrôle de constitutionnalité *a posteriori*. Il sera ainsi tout à fait envisageable que les principes du droit fiscal de valeur constitutionnelle prennent une place plus importante dans la fiscalité française.

## Bibliographie

*La cour de cassation et la constitution de la république : Actes du colloque des 9 et 10 décembre 1994*, Presse universitaire d'Aix-Marseille, 1995, p. 69-76.

Barbosa Gomes (J.), *La Cour suprême dans le système politique brésilien*, LGDJ, 1994, 299 p.

Bonavides (P.), *Curso de direito constitucional*, 19e éd., São Paulo, Malleiros, 2006, 808 p.

Bouvier (M.), Esclassan (M. C.) et Lassale, (J. P.), *Finances publiques*, 8e éd., LGDJ, 2006, 881 p.

Collet (M.), *Droit fiscal*, Paris, Puf, 2007, 453 p.

David (C.), Fouquet (O.), Plagnet (B.) et Racine (P. F.), *Les grands arrêts de la jurisprudence fiscale*, 4e éd., Dalloz, 2003, 1085 p.

Favoreu (L.), Gaia (P.), Ghevontian (R), Mestre (J. L.), Pfersmann (O.), Roux (A.) et Scoffoni (G.), *Droit constitutionnel*, 10e éd, Paris, Dalloz, 2007, 988 p.

Mathieu (B.) et Verpeaux (M.) (dir.), *Les lois organiques et la mise en œuvre de la révision constitutionnelle*, Dalloz, 2009, 119 p.

30 Loi constitutionnelle n° 2008-724 du 23 juillet 2008 (*JO* du 24 juillet 2008, p. 11890).

MICHÉA (F.), « L'arrêt Arcelor du 8 février 2007 ou le Conseil d'État aux prises avec le contrôle de constitutionnalité des traités et des lois », *Revue de Recherche Juridique*, 2008, n° 1, p. 255-282.

PHILIP (L.), « Le contrôle de la constitutionnalité des lois fiscales en France », *Revue Française de Finances Publiques*, 1999, n° 68, p. 159.

SILVA (J. A.), *Curso de direito constitucional positivo*, 18e éd., São Paulo : Malleiros, 2000, 876 p.

## LES LIMITES À L'INTERVENTION DE L'ÉTAT DANS LE MARCHÉ
## La portée des décisions des tribunaux de l'Union européenne et du Mercosur en droit interne

**Paula WOJCIKIEWICZ ALMEIDA***

L'autonomie des États membres dans les marchés doit respecter les impératifs communautaires et mercosuriens. Aussi bien la France que le Brésil ne sont donc plus pleinement libres d'adopter leur politique interne, leurs décisions étant guidées, voire limitées par les dispositions découlant du système d'intégration envers lequel l'un et l'autre s'est engagé. Il convient de souligner que la marge de manœuvre étatique est directement liée à l'existence d'un système efficace de règlements des différends, capable de contrôler la bonne application du droit découlant des institutions communes d'une organisation qui vise à l'intégration régionale. En vue d'analyser comparativement les limites à l'intervention de l'État dans les marchés, nous analyserons deux affaires permettant d'évaluer la mise en conformité des États membres aux décisions rendues par les Tribunaux du système de règlement des différends du Mercosur et de l'Union européenne dont le Brésil et la France font distinctement partie.

Tout d'abord, il est important de préciser que cette étude prend appui sur une démarche comparative de l'expérience de l'Union européenne en matière de contrôle des manquements étatiques. L'intérêt de la démarche comparative ne reste plus à démontrer[1]. Il suffit de rappeler que l'utilisation de cette méthode, qui

* *Professeur et chercheur en droit international et communautaire de la Faculté de droit de la Fundação Getúlio Vargas, Rio de Janeiro – Brésil, Avocate aux Barreaux de São Paulo et Rio de Janeiro, et Doctorante de l'université Paris I – Panthéon-Sorbonne en droit international et européen.*

1 Selon DESCARTES, dans les *Règles pour la direction de l'esprit*, «*ce n'est que par comparaison que nous connaissons précisément la vérité*», car «*toute connaissance qui ne s'obtient pas par l'intuition simple et pure d'une chose isolée, s'obtient par la comparaison de deux ou plusieurs choses entre elles*». En effet, il affirme que «*presque tout le travail de la raison humaine consiste sans doute à rendre cette opération possible:*

«*ne se réduit pas à l'exacerbation systématique des différences*»[2], a été reconnue en droit communautaire par les juges de la Cour de Justice des Communautés européennes (CJCE)[3]. En effet, la méthode comparative est particulièrement utile pour toute recherche relative aux organisations internationales et doit prendre en compte l'environnement où les institutions se trouvent et prendre garde de ne comparer que ce qui est effectivement comparable[4]. Les éléments de comparaison entre les affaires présentées devant les systèmes de règlement des différends de l'Union européenne et du Mercosur seront évalués sous cette optique afin de faire progresser le nouvel organe mercosurien. Alors qu'une comparaison directe entre les deux systèmes est tout à fait impossible[5], l'essence du droit du Mercosur ne saurait être révélée sans avoir pour repère le droit communautaire[6].

Suivant une démarche que nous croyons plus constructive, nous essaierons de mettre en évidence les perspectives que le modèle européen ouvre pour le Mercosur. Il semble donc nécessaire d'analyser la procédure en manquement dans le cadre communautaire, dont l'affaire des «poissons sous taille» constitue une illustration, afin de situer l'évolution du droit du Mercosur et d'en entrevoir les adaptations futures. La procédure d'une action en manquement pourrait contribuer à encadrer l'autonomie étatique dans la mise en œuvre du droit mercosurien. Ce dernier avait fait le choix, à l'origine, d'un modèle peu contraignant, tout en respectant la souveraineté nationale, qui ne sert toujours pas à inciter les États membres à se conformer au droit émanant de ses organes décisionnels. Les conséquences qui en découlent ne sont pas sans incidence pour le contrôle de la bonne application du droit du Mercosur. L'insuffisance de cet élément de pression ne saurait faire en sorte que l'État membre en élimine les actions jugées incompatibles. Dans ce contexte, l'institution d'un système de règlement des différends prévoyant un mécanisme de sanction, par analogie

---

*car lorsqu'elle est facile et simple, on n'a besoin d'aucun recours artificiel, il suffit de la seule lumière naturelle pour voir par intuition la vérité qu'elle permet d'obtenir*», in *Règle XIV*, *Œuvres philosophiques*, tome I (1618-1637), Classiques Garnier, 1988, p. 168. V. également Zweigert (K.) et Kötz (H.), *An Introduction to Comparative Law*, volume I, Oxford: Clarendon Press, 1987, p. 2.

2 Mensbrugghe (F. R.) (dir.), *L'utilisation de la méthode comparative en droit européen*, travaux de la Faculté de Droit de Namur, 2003, préface, p. 3.

3 Selon Constantinesco (V.), «Brève note sur l'utilisation de la méthode comparative en droit européen», *in* Mensbrugghe (F. R.) (dir.), *L'utilisation de la méthode comparative en droit européen*, *op. cit.*, p. 183, le droit comparé a «*renforcé l'autorité du droit communautaire et s'est révélé un adjuvant efficace d'une politique jurisprudentielle menée certes en l'absence d'une révision des traités, mais conduite dans le souci de la protection juridique des droits des particuliers, véritable paradigme unificateur de la jurisprudence la Cour*».

4 Virally (M.), «Problématique pour la recherche universitaire sur l'avenir des organisations internationales», *in L'avenir des organisations internationales*, Economica, 1984, p. 178-185.

5 Selon Manin (P.), il est «*tout à fait artificiel de comparer des phénomènes qui se situent dans des contextes différents*», préface *in* Ventura (D.), *Les asymétries entre le Mercosur et l'Union Européenne*, L'Harmattan, 2003, p. 12.

6 Virally (M.), «Problématique pour la recherche universitaire sur l'avenir des organisations internationales», *op. cit*, p. 178-185.

avec le principe de la responsabilité des États membres pour violation du droit communautaire, revêt une importance fondamentale en vue d'assurer le contrôle de la bonne application du droit mercosurien.

C'est précisément cette perspective qui guidera notre analyse qui se concentrera sur deux affaires ayant trait aux systèmes de règlement des différends du Mercosur et de l'Union européenne. Il s'agit en l'espèce de l'affaire des «pneus rechapés», portée devant les tribunaux du Mercosur (I), ainsi que de celle des «poissons sous taille», portée devant la CJCE (II). Ces affaires seront traitées d'une manière successive, mais en ayant présent à l'esprit des points communs qu'elles présentent. D'une part, elles concernent le manquement d'un État membre aux obligations qui lui incombent en vertu du droit du Mercosur et du droit de l'Union européenne respectivement. D'autre part, elles réaffirment la nécessité des États membres de se soumettre au droit du Mercosur et au droit de l'Union européenne. Finalement, elles mettent en évidence la limitation de l'autonomie des États membres, qui doit se plier aux exigences du droit communautaire et mercosurien.

Ces affaires ont été choisies en fonction de leur originalité tant dans le cadre du Mercosur que dans celui de l'Union européenne. En effet, l'affaire des «pneus rechapés» sur laquelle reposera cette analyse, a engendré une activité permanente des Tribunaux arbitraux du Mercosur. Cette affaire concerne le manquement de l'État membre aux obligations qui lui incombent en vertu du droit de l'intégration et constitue la première fois qu'un État membre a été condamné par manquement au droit du Mercosur, s'étant imposé une mesure compensatoire dûment autorisée par le Tribunal Permanent de Révision du Mercosur (TPR)[7]. Ce Tribunal, qui a rendu à cette occasion son premier jugement, s'est prononcé pour la première fois sur la légalité des mesures compensatoires. En ce qui concerne l'affaire des «poissons sous taille» portée devant la CJCE, il convient de rappeler qu'elle a donné à la Cour l'opportunité de sanctionner le manquement au droit communautaire par le biais de l'accumulation des deux mécanismes de sanction prévus par le TCE. En effet, la France avait été condamnée en vertu d'un *manquement sur manquement* au droit communautaire et a dû payer à la fois une somme forfaitaire et une astreinte pour l'inexécution du premier arrêt en manquement, un tel cumul n'avait jamais été effectué auparavant.

## I. L'affaire des «pneus rechapés»: illustration de la faiblesse du système de règlement des différends du Mercosur

Le Traité de Maastricht a introduit les sanctions financières dans l'ordre juridique communautaire. Cela constitue une innovation par rapport à la procédure originelle admise en droit international classique où l'absence de sanction au manquement à l'arrêt de la CJCE est fondée sur «*la bonne volonté de l'État*». Vu le grand nombre d'arrêts en manquement non exécutés, la CJCE

7 Le Tribunal Permanent de Révision (TPR) du Mercosur a été institué par le Protocole d'Olivos sur le règlement des différends du Mercosur. Le Tribunal a vu le jour le 13 août 2004, ayant son siège à Asunción, Paraguay. Il est chargé notamment de contrôler l'interprétation, l'application et la mise en conformité des États membres au droit du Mercosur.

a interdit aux États membres de faire justice de manière unilatérale, par le biais des procédés propres à la justice privée[8]. Les États membres ne sont plus autorisés à prendre des mesures unilatérales correctives[9]; ils doivent donc s'en remettre à l'autorité juridictionnelle de la Communauté[10] par le biais de la procédure en manquement. Cette voie de droit, propre au droit communautaire, n'est pas prévue dans le droit du Mercosur. La non-exécution de la décision du Tribunal du Mercosur ne donne à l'État membre favorisé que la possibilité d'appliquer des mesures de rétorsion unilatérales envers l'État membre récalcitrant, conformément à la procédure décrite au Protocole d'Olivos qui régit le système de règlement des différends du Mercosur, à l'exemple de la procédure en vigueur au sein de l'organe de règlement des différends de l'OMC.

La solution communautaire pourrait constituer un élément de pression visant à inciter l'État membre à se conformer au droit du Mercosur, limitant donc ses actions au nom du respect du droit issu des institutions communes. Pour l'instant, ne sont autorisées que les mesures compensatoires, imposées pour la première fois avec l'autorisation du TPR lors du jugement des affaires dites des *pneus rechapés*, concernant l'interdiction d'importer des pneus rechapés provenant de l'Uruguay par les autorités douanières brésiliennes (A) et argentines (B), ce qui serait contraire au principe du libre commerce, consacré par le Traité d'Asunción de 1991, instrument fondateur du Mercosur.

### A. L'affaire opposant l'Uruguay au Brésil

L'Uruguay a demandé, le 17 septembre 2001, l'installation d'une procédure arbitrale dans le cadre du Mercosur devant un Tribunal *Ad Hoc* (TAHM)[11], en vue de juger si les pratiques commerciales brésiliennes qui affectaient le commerce des pneus rechapés dans la région étaient conformes au droit du Mercosur[12]. Lors de sa décision arbitrale émise en janvier 2002[13], le Tribunal a décidé, à l'unanimité, que l'arrêté n° 8/00 était incompatible avec le droit du Mercosur et a indiqué que le Brésil devait adapter sa législation en vue de se conformer à la décision arbitrale. L'on sait que les sentences arbitrales rendues par les tribunaux du Mercosur «*seront exécutées dans un délai de quinze (15) jours, à moins que le*

---

8 CJCE, 13 novembre 1963, *Commission/ Luxembourg et Belgique*, aff. 90/63 et 91/63, *Rec.* p. 1217, p. 1232.

9 CJCE, 25 septembre 1979, *Commission/France*, aff. 232/78, *Rec.* p. 2729, point 9.

10 Azoulai (L.), «Les formes de la sanction juridictionnelle», *in* Pingel (I.) et Rosenberg (D.) (dir.), *Les sanctions en droit communautaire*, Actes du colloque tenu à Paris le 8 avril 2005, Pedone, 2006, p. 19.

11 La phase arbitrale apparaît détaillée dans l'article 9, du PO.

12 Selon l'Uruguay, la question qui se pose est celle de savoir si l'arrêté brésilien n° 8, du 25 septembre 2000, du SECEX (Secrétariat du Commerce Extérieur au Brésil) limitant l'importation des pneus rechapés et usagés violait le droit primaire et dérivé du Mercosur. L'arrêté ci-dessus avait introduit une nouvelle prohibition au commerce des pneus au sein du Mercosur, de manière à empêcher l'importation des pneus rechapés uruguayens au Brésil.

13 TAHM, décision du 9 janvier 2002, «*Prohibición de importación de neumáticos remoldeados procedentes de Uruguay*», <http://www.mercosur.int/msweb>.

*Tribunal fixe un autre délai*»[14]. En l'espèce, le Tribunal arbitral a fixé le délai de soixante (60) jours à compter de la notification de la décision arbitrale pour que le Brésil adopte les mesures nécessaires. Les sentences arbitrales rendues sous l'égide du Protocole de Brasília étant insusceptibles de recours, le Brésil n'a pas pour autant présenté de demande de clarification ou d'interprétation de la sentence arbitrale du Tribunal *ad hoc*[15].

Le Brésil s'est donc conformé à la sentence arbitrale par le biais de la suppression de l'interdiction d'importer des pneus rechapés en provenance des autres États parties au Mercosur en adoptant l'arrêté SECEX n° 2, du 8 mars 2002[16], qui autorise l'importation des pneus rechapés en provenance des États membres du Mercosur. Le pays a donc permis le commerce intra Mercosur et s'est conformé au droit du Mercosur par le biais de l'adaptation de son droit interne. Au cas où le Brésil adopterait une réglementation contraire aux exigences du Mercosur, violant la détermination de la sentence arbitrale rendue en janvier 2002, l'Uruguay pourrait à nouveau saisir les Tribunaux du Mercosur, soit en constituant un tribunal arbitral ad hoc, soit en provoquant directement le Tribunal permanent de révision (TPR) afin de déclencher une nouvelle procédure arbitrale dans le cadre du Protocole d'Olivos, sur le fondement d'une violation du droit *mercosurien*. Dans cet ordre d'idées, l'Uruguay pourrait soutenir, au cas où le commerce intra Mercosur est perturbé de ce fait, que le Brésil a manqué à ses obligations en vertu du droit du Mercosur quand la Cour suprême brésilienne (STF) a déclaré d'une part, la constitutionnalité de la législation environnementale brésilienne empêchant l'importation des pneus usagés et, d'autre part, l'inconstitutionnalité

---

14 Article 21.2 du Protocole de Brasília sur le règlement des différends, signé le 17 décembre 1991, entré en vigueur le 22 avril 1993, <http://www.mercosur.int>. L'article 29 du Protocole d'Olivos, qui a dérogé au Protocole de Brasília, détermine que «*les sentences devront être exécutées dans les trente (30) jours à compter de la date de la notification*» (traduction de l'auteur). Le Protocole d'Olivos sur le règlement des différends au sein du Mercosur a été signé le 18 février 2002, entrant en vigueur le 10 février 2004, <http://www.mercosur.int>.

15 Selon l'article 22, «*tout État partie au différend pourra, dans un délai de quinze (15) jours à compter de la notification de la sentence, solliciter une clarification de la sentence ou une interprétation sur la forme que devra prendre son exécution*» (traduction de l'auteur). La possibilité de solliciter au Tribunal permanent de révision (TPR) la révision de la sentence du Tribunal *ad hoc* au TPR, institué par le Protocole d'Olivos, est prévue à l'article 17.1 de ce dernier, qui a dérogé au Protocole de Brasília: «*toute partie au différend pourra présenter un recours en révision au Tribunal permanent de révision à l'encontre de la sentence du Tribunal arbitral ad hoc dans un délai qui ne peut excéder quinze (15) jours à compter de la notification de celle-ci*» (traduction de l'auteur). Selon l'article 55 du Protocole d'Olivos, «*le présent protocole déroge, à partir de son entrée en vigueur, le Protocole de Brasília pour le règlement des différends, souscrit le 17 décembre 1991 et déroge au règlement du Protocole de Brasília, décision CMC n° 17/98*». Tant que le traitement des controverses déclenchées sous le régime du Protocole de Brasília ne sera pas totalement achevé, cet instrument continuera de s'appliquer pour ce qui relève de sa compétence.

16 Arrêté SECEX n° 2, du 8 mars 2002, publié au Journal officiel le 11/02/2002, <http://www.mdic.gov.br/arquivo/legislacao/portarias/secex/2002/secex2002-02.pdf>.

des décisions des juridictions nationales permettant cette importation[17]. Les agissements de la justice brésilienne pourraient donc mettre en cause le respect des obligations *mercosuriennes* par le Brésil. Cette situation pourrait inciter l'Uruguay à recourir à nouveau au système de différends du Mercosur afin d'engager une nouvelle procédure arbitrale contre le Brésil sous l'égide du Protocole d'Olivos. Ces répercussions ne sauraient toutefois épuiser le sujet relatif aux pneus usagés ou rechapés. En effet, le débat est loin d'être clos.

Le Brésil ayant respecté la décision du Tribunal arbitral *mercosurien* dans le délai qui lui était imparti (60 jours à compter de la décision du 9 janvier 2002), aucune mesure compensatoire temporaire n'a été prise à l'époque dans l'affaire qui l'opposait à l'Uruguay[18]. Quand bien même aucune de ces mesures n'était prise à l'encontre du Brésil, la présentation de cette affaire est motivée par un souci de clarté car à chaque fois que la doctrine mentionne le contentieux des *pneus rechapés* elle ne fait aucune distinction entre les affaires opposant l'Uruguay au Brésil et à l'Argentine. Or, l'affaire entre l'Uruguay et l'Argentine, débutée environ quatre ans après celle qui l'opposait au Brésil, constitue une innovation dans le système de règlement des différends du Mercosur. C'est uniquement dans le cadre de cette affaire, déclenchée sous l'égide du Protocole d'Olivos, que les

17 En effet, un recours a été introduit par le gouvernement brésilien devant le Supremo Tribunal Federal (STF) mettant en cause les décisions des juridictions nationales qui ont autorisé l'importation des pneus rechapés en violation des normes constitutionnelles de protection de l'environnement. L'objectif du gouvernement était l'unification de la jurisprudence sur le sujet, ainsi que la déclaration de constitutionnalité des normes visant à protéger l'environnement, empêchant l'importation des pneus. En mars 2009, le jugement du recours a été ajourné en fonction de la demande du Ministre Eros Grau. À cette occasion, la ministre rapporteur de l'affaire, Carmen Lucia Antunes Rocha, avait voté en faveur du recours afin de déclarer la constitutionnalité de la législation qui empêche l'importation des pneus usagés et, par conséquent, l'inconstitutionnalité des décisions de la justice brésilienne qui l'a méconnue. Selon la ministre, cette interdiction ne saurait s'appliquer à l'importation des pneus rechapés originaires des États parties du Mercosur, car le Brésil doit se conformer à la sentence arbitrale rendue en 2002 n'étant pas susceptible de recours. Le jugement de l'affaire a eu lieu le 24 juin 2009, dans lequel la Cour suprême a confirmé la constitutionnalité de la législation qui empêche l'importation des pneus usagés, qui a été violée maintes fois par plusieurs décisions contraires de la justice brésilienne. Pour plus de détails, consultez *Supremo Tribunal Federal, Ação de descumprimento de preceito fundamental* n° 101, juge rapporteur Cármen Lúcia Antunes Rocha, procédure en cours entamée par le Président de la République en 2006 (www.stf.jus.br).

18 Selon l'article 23 du Protocole de Brasília, «*si un des États parties n'exécutait pas la sentence du Tribunal arbitral dans le délai de trente (30) jours, les autres États parties au différend pourront adopter des mesures compensatoires temporaires telles que la suspension de concessions ou d'autres équivalentes tendant à obtenir son exécution*». La faculté de saisir les Tribunaux du Mercosur au sujet des divergences sur l'exécution de la sentence arbitrale est conférée par l'article 30 du Protocole d'Olivos. Son paragraphe premier affirme qu'«*au cas où l'État ayant obtenu gain de cause considère que les mesures adoptées ne permettent pas d'exécuter la sentence, il disposera d'un délai de trente (30) jours à compter de l'adoption de celles-ci, pour soumettre la situation à la considération du Tribunal arbitral ad hoc ou du Tribunal permanent de révision, le cas échéant*» (traduction de l'auteur).

mesures compensatoires ont été imposées pour la première fois entre les États membres mercosuriens.

Il est à noter enfin que la décision prise par la Cour suprême brésilienne le 24 juin 2009 peut constituer une nouvelle situation de manquement et engendrer un nouveau contentieux entre le Brésil et l'Uruguay.

### B. L'affaire opposant l'Uruguay à l'Argentine

Le Tribunal arbitral *Ad Hoc* n'a été installé pour juger l'affaire opposant l'Uruguay à l'Argentine qu'en juillet 2005. Selon l'Uruguay, la loi argentine nº 25.626, promulguée le 8 août 2002[19], interdisant l'importation des pneus rechapés était considérée comme une entrave à la libre circulation des marchandises, violant le droit originaire et dérivé du Mercosur. Le Tribunal devait décider si, dans le cas d'espèce, la protection de la santé, de la vie des personnes, des animaux et la préservation de l'environnement, soutenue par l'Argentine, pourraient prévaloir sur le principe du libre commerce, également prévu par le droit du Mercosur.

Le TAHM a soutenu, lors de son jugement du 25 octobre 2005, que l'affaire en cours n'était pas similaire à celle jugée en 2002, entre l'Uruguay et le Brésil. En effet, le fondement de la jurisprudence antérieure ne s'appliquait pas en l'espèce, car le Brésil ne s'était pas fondé sur la protection de l'environnement. Les arbitres ont finalement jugé que l'interdiction de l'importation des pneus rechapés par la loi argentine nº 25.626 était justifiée en raison de l'objectif de protection de l'environnement prévue dans les dispositions du droit originaire du Mercosur. La loi argentine n'allait donc pas à l'encontre du droit du Mercosur et était compatible avec celui-ci, ainsi qu'avec les normes du droit international applicables à la matière.

Saisi d'un recours deposé par l'Uruguay, le TPR a rendu son premier jugement arbitral[20]. Dans sa décision du 20 décembre 2005, le TPR a décidé, à la majorité, d'annuler le jugement arbitral du TAHM, prononcé le 25 octobre 2005, et de déclarer la loi argentine nº 25.626, du 8 août 2002, incompatible avec le droit du Mercosur, notamment avec le Traité d'Asunción. Ayant décidé de l'incompatibilité de la loi argentine avec le droit du Mercosur, le TPR a fixé un délai de 120 jours pour que l'Argentine se conforme aux obligations contractées dans le cadre du Mercosur, soit en dérogeant, soit en modifiant le contenu de ladite loi. Malgré la décision du TPR, l'Argentine n'a pas pris les mesures requises et a maintenu son interdiction pour l'importation des pneus.

Suite au manquement de l'Argentine, l'Uruguay a décidé d'imposer, par le moyen d'un décret[21], le prélèvement d'une taxe de 16 % sur certains types de pneus en provenance de ce pays à partir du 18 avril 2008. En effet, l'État membre bénéficiant de la sentence du Tribunal arbitral a la faculté de procéder

19 Le texte de la loi peut être consulté sur le site: http://infoleg.mecon.gov.ar/infolegInternet/anexos/75000-79999/76688/norma.htm

20 TPR, décision du 20 décembre 2005, «*Recours en révision présenté par la République Orientale de l'Uruguay contre la décision nº 1/05*», <http://www.mercosur.int/msweb>.

21 Décret n. 142/2007, publié au *JO* le 26 avril 2007.

à l'application de mesures compensatoires temporaires[22] à l'égard de l'État qui n'a pas respecté ladite sentence, en vue d'obtenir son exécution. Si d'une part, l'imposition de mesures compensatoires à l'égard de l'Argentine était autorisée par le Protocole d'Olivos, l'Argentine conservait, d'autre part, la faculté de les contester devant le TPR. En effet, l'Argentine a saisi le TPR en affirmant que les mesures compensatoires décidées par l'Uruguay étaient excessives et non proportionnelles aux buts poursuivis. Elle a demandé au TPR de déclarer l'incompatibilité de ces mesures et d'établir un montant proportionnel qui pourrait être appliqué par l'Uruguay.

Les arbitres du TPR devaient se prononcer sur la légalité des mesures compensatoires et évaluer leur proportionnalité à l'égard des conséquences découlant de l'inexécution de la sentence. Dans son jugement du 8 juin 2007[23], les arbitres ont estimé que le manquement de l'État à la décision du Tribunal Arbitral représente un risque grave à l'intégrité du Mercosur et «*constitue l'un des actes unilatéraux les plus délicats qu'un État partie peut adopter face aux institutions et au droit du Mercosur, eu égard aux conséquences que cela entraîne*»[24]. La finalité des mesures compensatoires est celle de rééquilibrer le secteur commercial affecté en raison d'une situation de manquement au droit de l'intégration. D'après le TPR, le manquement au droit du Mercosur n'affecte pas seulement l'État bénéficiant de la décision arbitrale, car il met en péril la stabilité et l'effectivité de ses institutions, provocant une perte de confiance de la société à l'égard du système d'intégration concerné. Le Tribunal a jugé que la mesure compensatoire appliquée par l'Uruguay était proportionnelle et non excessive par rapport aux conséquences du manquement constaté par la décision arbitrale rendue le 20 décembre 2005.

Le 20 décembre 2007, l'Argentine a finalement adopté la loi n° 26.329, modifiant la loi n° 25.626, sanctionnée par le système de règlement des différends du Mercosur, pour éviter le risque de devoir payer les mesures compensatoires jugées légitimes par le Tribunal. La nouvelle loi conditionne l'importation des pneus rechapés à l'exportation des pneus usagés d'origine argentine. D'après la loi, l'importation des pneus rechapés ne peut être effectuée qu'en quantités égales ou inférieures au nombre des pneus usagés du même genre exportés par l'Argentine vers le pays concerné[25]. Malgré son adoption sous le prétexte d'exécuter la décision arbitrale du Tribunal du Mercosur, l'Uruguay a considéré que la nouvelle loi argentine demeure discriminatoire à l'égard de l'importation des pneus rechapés et a saisi à nouveau le TPR[26] au sujet des divergences sur l'exécution de la sentence arbitrale n° 1/05.

---

22 Selon l'article 31, 1, du Protocole d'Ouro Preto, les mesures compensatoires consistent à «*la suspension de concessions ou d'autres obligations équivalentes*».

23 TPR, décision du 8 juillet 2007, «*Demande d'évaluation sur l'excès dans l'application des mesures compensatoires*», décision n° 1/07, <http://www.mercosur.int/msweb>.

24 TPR, décision du 8 juillet 2007, § 8.3.

25 Article 1er de la loi 26.329, du 20 décembre 2007, <http://infoleg.mecon.gov.ar/infolegInternet/anexos/75000-79999/76688/norma.htm>.

26 V. l'article 30, paragraphe premier du Protocole d'Olivos, concernant les divergences sur l'exécution de la sentence arbitrale, cité à la note 18.

Dans sa décision arbitrale rendue le 25 avril 2008[27], le TPR a conclu que la nouvelle loi argentine nº 26.239 constitue une nouvelle restriction au commerce en ce qu'elle limite l'importation des pneus rechapés à l'exportation des pneus usagés argentins et en ce qu'elle affecte uniquement les produits étrangers. Le TPR a considéré que la loi argentine n'était ni justifiée pour des raisons liées à la protection de l'environnement ni proportionnelle aux buts poursuivis. L'Argentine doit donc procéder à l'abrogation ou à la modification de ladite loi pour exécuter pleinement la décision arbitrale et mettre son droit conforme au droit du Mercosur, au risque de se voir appliquer de nouvelles mesures compensatoires de la part de l'Uruguay.

## II. L'affaire des « poissons sous taille » : illustration de la coercition du système de règlement des différends de l'Union européenne

La procédure instituée par le Traité de Maastricht concernant les infractions au droit communautaire ne dépend pas des seuls États membres, comme on l'a vérifié dans le cadre du système de règlement des différends du Mercosur. Le recours en constatation de manquement consiste dans une voie de droit originelle, qui reflète les caractéristiques de l'ordre juridique communautaire[28] (A), comme l'on verra dans le dossier relatif aux « poissons sous taille ». La possibilité d'imposer des sanctions financières à la charge de l'État membre défaillant a changé le cours de cette procédure qui devient de plus en plus contraignante. En effet, si la CJCE n'a pas de compétence ni pour annuler un acte étatique considéré illicite ni pour déterminer les futures actions à être adoptées par les États, il n'en demeure pas moins que le manquement de son arrêt produit un effet considérable dans les États membres, grâce au rôle proéminent de la Commission. L'article 171, TCE (devenu 228) consiste à une innovation du Traité de Maastricht, permettant à la Commission, en tant que gardienne des traités, de saisir la CJCE suite à la constatation d'un manquement, en vue de demander la condamnation d'un État membre au paiement d'une sanction pécuniaire pour inexécution d'un premier arrêt de manquement.

L'affaire en espèce dite des « poissons sous taille » a atteint l'imposition des sanctions financières en raison de l'inexécution de l'arrêt de la Cour constatant le manquement au droit communautaire (B). Il s'agit d'un arrêt fondamental dans la mesure où la France n'est que le troisième État membre à subir une condamnation pécuniaire en vertu d'un *manquement sur manquement* au droit communautaire, conformément à l'article 228, TCE[29]. Cet arrêt a soulevé également de nombreuses questions concernant l'application du droit communautaire et le pilotage des

27 TPR, décision du 25 avril 2008, « *Divergence sur l'exécution de la décision arbitrale nº 1/05, présentée par l'Uruguay (art. 30, Protocole d'Olivos)* », décision nº 1/08, TPR-1/05, <http://www.mercosur.int/msweb>.

28 BLUMANN (C.) et DUBOUIS (L.), *Droit institutionnel de l'Union européenne*, Litec, 2004, p. 419.

29 Les deux autres États sont la Grèce et l'Espagne, qui ont été condamnés en raison d'une non-conformité à la politique communautaire dans le domaine de l'environnement.

politiques publiques[30]. En effet, le dossier des poissons sous taille met en évidence la nécessité d'adapter la législation française aux prescriptions de la politique communautaire de conservation des ressources halieutiques et montre clairement les limites à l'intervention de l'État sur les marchés.

### A. La constatation du manquement

Il s'agit des règlements communautaires portant sur le contrôle des activités de pêche imposant des obligations aux États membres. Conformément aux termes du règlement (CEE) nº 2057/82, du 29 juin 1982, relatif à certaines mesures de contrôle à l'égard des activités de pêche exercées par les bateaux des États membres, chaque État membre est supposé procéder à l'inspection des bateaux de pêche battant son pavillon ou de celui de tout autre État membre, autant à l'intérieur des ports nationaux que dans les eaux maritimes relevant de sa souveraineté ou de sa juridiction. En cas d'infraction aux mesures techniques de conservation des ressources de pêche, les États membres doivent donc engager des poursuites pénales ou administratives contre le capitaine du bateau concerné.

Dans son arrêt du 11 juin 1991[31], la CJCE a constaté un manquement des autorités françaises pendant la période de 1984 à 1987 et a confirmé tous les griefs avancés par la Commission. La Cour a constaté que les autorités françaises ne contrôlaient ni la taille minimale des poissons ni la confiscation des prises excessives, c'est-à-dire des merlus n'ayant pas atteint la taille requise. Dans son arrêt, elle a prescrit que le gouvernement français n'avait pas assuré un contrôle garantissant le respect des mesures techniques de conservation, ayant également manqué à l'obligation de poursuivre les auteurs des infractions, conformément aux dispositions des règlements de contrôle. La France devait donc se conformer aux obligations communautaires dans les plus brefs délais. En effet, « *le principal objectif des procédures d'infraction est d'encourager les États membres à se conformer volontairement et le plus rapidement possible au droit communautaire* »[32].

Si l'on ne peut nier l'effet à l'égard de l'État récalcitrant[33] de l'arrêt prononcé en 2001 par la CJCE qui a constaté le manquement de la France aux obligations communautaires, notamment aux réglementations relevant du domaine de la pêche, il n'en demeure pas moins que son caractère est purement déclaratoire[34]. En cas de persistance du manquement, le nouvel article 228 TCE vient combler

---

30 La Haye (M. M.), *Le péché de la pêche française: le manquement dit des 'Poissons sous taille'*, Master en Administration Publique, École Nationale d'Administration, mai 2007, p. 5.

31 CJCE, 11 juin 1991, *Commission/France*, aff. C-64/88, *Rec.* CJCE, p. I-2727.

32 23e Rapport annuel de la Commission sur le Contrôle de l'application du droit communautaire (2005), p. 3.

33 Selon la CJCE, « *le recours en manquement au titre de l'article 226 du TCE a en effet également pour objet, parallèlement à la cessation de l'infraction concrète, d'obtenir de la part de l'État récalcitrant un changement de comportement et d'éviter les récidives* », CJCE, 9 novembre 1999, *Commission/Italie*, C-365/97, *Rec.* p. I-7773, point 55.

34 Sauron (J.-L.), *Droit et pratique du contentieux communautaire*, 3e éd., La documentation Française, 2004, p. 72. En effet, la Cour n'a pas de compétence pour condamner l'État défendeur à des dommages et intérêts, ni annuler ou déclarer invalide la mesure nationale contestée. V. CJCE, 16 décembre 1960, *Humblet*, aff. 6/60, *Rec.* p. 1125.

les lacunes de la procédure initialement prévue, même si la pratique montre que la plupart des arrêts en manquement finissent par être exécutés[35].

### B. Les conséquences de la persistance du manquement

La procédure de l'article 228 TCE, qui répond à la « *multiplication des manifestations de négligence ou de mauvais vouloir des États* »[36], autorise la Commission à saisir la Cour en sollicitant la condamnation d'un État membre au paiement d'une somme forfaitaire ou d'une astreinte pour l'inexécution du premier arrêt en manquement. En l'espèce, la Commission a demandé à la Cour, par sa requête du 27 août 2002, de constater que la France n'avait pas exécuté l'arrêt du 11 juin 1991, manquant de ce fait aux obligations lui incombant en vertu de l'article 228 et de la condamner à un paiement d'une astreinte d'un montant de 316 500 euros par jour de retard dans la mise en œuvre des mesures visées pour se conformer à l'arrêt précité[37]. Pour demander la condamnation française au paiement de l'astreinte ci-dessus, la Commission s'est basée sur deux des cinq griefs retenus par la Cour dans son arrêt précédent[38], n'ayant pas demandé de somme forfaitaire.

Dans son arrêt du 12 juillet 2005, la Cour a constaté la persistance du manquement des autorités françaises qui, pendant une période s'étendant sur plus de dix ans, n'avaient pas pris les mesures nécessaires pour exécuter l'arrêt du 11 juin 1991, ce qui « *a induit chez les opérateurs concernés des comportements qui ne pourront être corrigés qu'au terme d'une action soutenue dans le temps* ». D'après la Cour, en n'ayant pas assuré un contrôle des activités de pêche ni de la poursuite des infractions à la réglementation desdites activités, la France n'aurait pas « *mis en œuvre toutes les mesures que comporte l'exécution de l'arrêt* »[39] précédente, manquant à ses obligations communautaires.

En ce qui touche les sanctions pécuniaires, celles-ci visent à « *assurer l'application effective du droit communautaire* », que ce soit par le biais de l'application d'une somme forfaitaire ou par une astreinte, toutes les deux ayant été instituées dans le même objectif. L'application des deux types de sanctions à la fois, était possible au cas où le manquement aurait perduré sur une longue période, tendant également à persister[40]. Les constatations de la Cour « *échappent*

35 Seizième rapport annuel sur le contrôle de l'application du droit communautaire et Document COM (1999) 301 final du 9 juillet 1990. ISAAC, p. 325.

36 Blumann (C.) et Dubouis (L.), *op. cit.*, p. 424

37 CJCE, 12 juillet 2005, *Commission/France*, aff. C-304/02, § 1.

38 Il s'agit de *l'insuffisance du contrôle* effectué par les autorités françaises à l'égard des tailles minimales de capture et de *l'insuffisance des poursuites* engagées par les autorités françaises pour infraction aux dispositions communautaires en matière de taille minimale des poissons. V. § 27 au 74, CJCE, 12 juillet 2005, *Commission/France*.

39 CJCE, 12 juillet 2005, *Commission/France*, § 117.

40 Le raisonnement de la Cour s'est basé sur l'aptitude des deux sanctions prévues à l'article 228, paragraphe 2, TCE « *à remplir l'objectif poursuivi en fonction des circonstances de l'espèce* ». En vue d'inciter un État membre à mettre fin, dans les plus brefs délais, à un manquement qui tend à persister, l'imposition d'une astreinte semble bien adaptée. En revanche, l'imposition d'une somme forfaitaire « *repose davantage sur l'appréciation des conséquences du défaut d'exécution des obligations de l'État membre*

*donc à la sphère politique*»[41]. Conformément à la Cour, l'objectif de condamner l'État membre défaillant à une astreinte et/ou une somme forfaitaire repose plutôt sur la «*contrainte économique qui l'incite à mettre fin au manquement constaté*»[42], ne visant donc pas à compenser un quelconque dommage causé par son comportement illicite. Dans ce contexte et au vu de la gravité de l'infraction, la Cour a condamné les autorités françaises au paiement (a) d'une somme forfaitaire de 20 millions d'euros en raison de la persistance du manquement pendant une longue période depuis le prononcé de l'arrêt en 1991[43]; et (b) d'une astreinte de 57.761,250 millions d'euros pour chaque nouvelle période de six mois au terme de laquelle l'arrêt de 1991 n'aura pas été pleinement exécuté. Il s'agit de l'astreinte la plus lourde jamais infligée par la Cour. C'est également la première fois qu'une somme forfaitaire est infligée à un État membre.

Suite à l'adoption de l'arrêt, la France s'est déclarée étonnée par la décision de la Cour en ce qui concerne le cumul de l'astreinte et de la somme forfaitaire. D'après la France, la Cour s'est dotée d'un pouvoir discrétionnaire, s'éloignant des propositions émanant de la Commission. Bruxelles, de sa part, s'est félicité de l'arrêt, ce dernier étant «*un signal clair à l'intention des États membres qui seraient enclins à ignorer de manière persistante le droit communautaire, leur indiquant que le prix à payer dans de tels cas est élevé*»[44]. Malgré les protestations des autorités françaises, celles-ci ont versé, juste après le prononcé de l'arrêt, la somme forfaitaire de 20 millions d'euros sur le compte «*Ressources propres de la CE*»[45]. En ce qui concerne l'astreinte, imposée sur une base semestrielle, son application demeure toujours une hypothèse[46], car ce n'est qu'à l'expiration de la période

---

*concerné sur les intérêts privés et publics, notamment lorsque le manquement a persisté pendant une longue période depuis l'arrêt qui l'a initialement constaté.*» CJCE, 12 juillet 2005, *Commission/France*, § 81.

41 CJCE, 12 juillet 2005, *Commission/France*, § 90.

42 CJCE, 12 juillet 2005, *Commission/France*, § 91.

43 D'après la Cour, en l'espèce, «*eu égard au fait que le manquement a persisté pendant une longue période depuis l'arrêt qui l'a initialement constaté et eu égard aux intérêts publics et privés en cause, la condamnation au paiement d'une somme forfaitaire s'impose*». CJCE, 12 juillet 2005, *Commission/France*, § 114.

44 Communiqué de la Commission, IP/05/917, du 12 juillet 1995, <http://europa.eu/rapid/pressReleasesAction.do?reference=IP/05/917&format=HTML&aged=1&language=FR&guiLanguage=frhttp://europa.eu.int/rapid/pressReleasesAction.do?reference=IP/05/917&format=HTML&language=FR>.

45 La somme forfaitaire a été répartie entre cinq ministères comme suit: «10 millions d'euros à la charge du ministère de l'agriculture, de la pêche et des affaires rurales, principal concerné; 2,5 millions d'euros à la charge du ministère de la défense, responsable des actions de la gendarmerie maritime; 2,5 millions d'euros à la charge du ministère de l'économie, des finances et de l'industrie, au titre de la direction générale des douanes et des droits indirects et de la direction générale de la consommation et de la répression des fraudes; 2,5 millions d'euros à la charge du ministère des transports et de l'équipement; 2,5 millions d'euros à la charge du ministère de la justice, les sanctions ayant été trop peu dissuasives.» Keller (F.), «*Les enjeux budgétaires liés au droit communautaire de l'environnement*», Sénat, Commission des Finances, du contrôle budgétaire et des comptes économiques de la Nation, Rapport d'information n° 342, Session ordinaire de 2005-2006, <http://www.senat.fr/rap/r05-342/r05-3421.html>.

46 La Haye (M. M.), *op. cit.*, p. 36.

de six mois suite au prononcé de l'arrêt que l'inexécution à celui-ci pourrait être constatée. En effet, conformément aux inspections, la Commission européenne a décidé, le 1er mars 2006, d'infliger à la France le paiement de l'astreinte fixée par la Cour pour inexécution de l'arrêt du 12 juillet 2005. D'après la Commission, la France devait s'acquitter d'une astreinte au titre des six premiers mois suivant l'arrêt de la Cour, ce qu'elle a fait non sans contestation[47].

Le 23 novembre 2006, le Ministère de l'Agriculture et de la Pêche français s'est félicité de la décision qui venait d'être rendue par la Commission, levant l'astreinte prononcée par la Cour, tout en reconnaissant les efforts entrepris par les autorités françaises en vue de rendre efficace le dispositif de contrôle de pêches. Selon le Ministère, depuis le prononcé de l'arrêt de juillet 2005, «*les autorités françaises ont procédé à 27.173 opérations d'inspection à tous les stades de la filière*», moins de 4% des opérations permettant de constater une infraction relative à la taille minimale de capture des poissons[48].

Les dossiers litigieux dans le domaine de l'environnement représentent un coût potentiellement très élevé pour la France, qui est toujours «*en tête*» pour les contentieux[49]. Toutefois, l'on pourrait entrevoir une évolution favorable de la situation française, car de 2006 à 2007, le nombre de contentieux relatif à l'environnement engagés sur la base de l'article 228, TCE, est passé de dix à quatre[50]. Parmi les six affaires classées, deux concernaient des contentieux très avancés intéressant le réseau Natura 2000[51]. Le rapport du Sénat français considère que la clef du succès permettant leur classement consiste à une «*familiarisation progressive avec les modes de gouvernance européens*»[52]. Cependant, il convient de noter que trois affaires avancées, au titre de l'article 228 du TCE, laissent présager

---

47 Étant donné que la France estimait avoir pris toutes les mesures en vue de l'exécution de cet arrêt, elle a décidé de saisir le Tribunal de Première Instance des Communautés européennes (TPI, Recours introduit le 12 mai 2006, *France/Commission*, aff. T-139/06) pour demander l'annulation de la décision litigieuse de la Commission pour incompétence de cette dernière (Décision C (2006) 659 final, adoptée le 1er mars 2006). Il s'agit donc de la décision adressée à la France demandant le paiement des sanctions pécuniaires, rendue après les examens de l'état de la mise en œuvre de l'arrêt de juillet 2005. D'après les autorités françaises, la Commission ne serait pas autorisée à adopter une décision imposant à un État membre le recouvrement de l'astreinte infligée par la Cour dans le cadre de la procédure en manquement. L'arrêt est donc très attendu.

48 Ministère de l'Agriculture et de la pêche, *communiqué de presse*, Paris, 13 novembre 2006.

49 KELLER (F.), « Les enjeux budgétaires liés au droit communautaire de l'environnement », Sénat, Commission des Finances, du contrôle budgétaire et des comptes économiques de la Nation, Rapport d'information nº 342, Session ordinaire de 2005-2006, disponible sur le site: http://www.senat.fr/rap/r05-342/r05-3421.html

50 KELLER (F.), «Suivi des contentieux communautaires dans le domaine de l'environnement», Sénat, Commission des Finances, du contrôle budgétaire et des comptes économiques de la Nation, Rapport d'information nº 332, Session ordinaire de 2006-2007, <http://www.senat.fr/rap/r06-332/r06-332_mono.html>.

51 *Idem.*

52 *Idem.*

de lourdes sanctions financières à la charge de la France[53]. D'après l'annexe 2 du rapport d'information du Sénat publié en 2007, les procédures ouvertes au titre de l'article 228, TCE, au 26 mars 2007 serait au total de treize, dix d'entre elles étant encore susceptibles de déboucher sur un contentieux au titre de l'article ci-dessus cité[54].

D'après le Sénat français, le manquement de la France concernant le dossier dit des «poissons sous taille» est dû à la mauvaise appréhension des enjeux lors de l'élaboration de la législation, au retard de la transposition des directives communautaires et au pilotage insuffisant lors de l'application des mesures de transposition[55]. Dans ce contexte, le Sénat a dressé une liste contenant onze propositions pour remédier aux insuffisances actuelles[56]. Selon le rapport d'information du Sénat, la France reconnaît devoir payer le prix desdites insuffisances et est dorénavant disposée à changer en vue de restaurer sa crédibilité. En tout état de chose, il ne reste aucun doute que le manquement persistant des autorités françaises dans le cas d'espèce répond notamment à un manque de volonté politique[57].

En remontant dans le temps, on constate qu'en 1995 la Commission avait déjà fait état de 81 procédures d'infraction en cours à l'encontre des États membres qui ne mettaient pas en œuvre les règles relatives à la politique communautaire de la pêche, 61 concernant des cas de surpêche[58]. Selon la Commission, cela résulte de la mauvaise gestion des quotas alloués aux pêcheurs, ce qui démontre une absence d'uniformité dans la mise en œuvre des règles de la politique commune de la pêche au niveau de l'ensemble de l'Union européenne. L'arrêt dit des «poissons sous taille» est venu contribuer à une meilleure gestion dans ce domaine[59].

---

53 Il s'agit de la «*non-transposition partielle de la directive 2001/18, relative à la dissémination volontaire d'OGM dans l'environnement, et de manquements aux directives 75/440 sur la qualité des eaux superficielles destinées à la production d'eau alimentaire, affaire dite «Nitrates en Bretagne» et 92/271 relative au traitement des eaux résiduaires urbaines*».

54 *Idem.*

55 KELLER (F.), «Les enjeux budgétaires liés au droit communautaire de l'environnement», *préc.*

56 D'après le Sénat, ces mesures visent à la fois à «*sensibiliser les agents publics et développer l'évaluation*»; «*faire coïncider le temps national et les exigences communautaires*»; «*renforcer l'analyse politique des projets de législation, en resserrant les liens entre les institutions*»; et «*revoir l'organisation actuelle pour assurer une application effective et rapide du droit communautaire de l'environnement*»

57 Pour plus de détails, v. LA HAYE (M. M.), *op. cit.*, p. 42.

58 Communiqué du 12 juillet 1995.

59 Communiqué de la Commission, IP/05/917, du 12 juillet 1995, <http://europa.eu/rapid/pressReleasesAction.do?reference=IP/05/917&format=HTML&aged=1&language=FR&guiLanguage=frhttp://europa.eu.int/rapid/pressReleasesAction.do?reference=IP/05/917&format=HTML&language=FR>.

## Conclusion

Les décisions prises dans le système de règlement des différends du Mercosur et de celui de l'Union européenne révèlent donc toute leur portée, réalisant un contrôle minutieux du droit interne et faisant en sorte que les États le rendent conforme au droit découlant des institutions communes auxquelles ils font distinctement partie. L'exemple de l'affaire des « poissons sous taille » montre que la France s'est conformée, même tardivement, au droit communautaire. Si la CJCE a imposé des sanctions en vue de l'accomplissement d'une obligation communautaire dans l'affaire en l'espèce dite des « poissons sous taille », elle souligne que *« l'idée d'objectivité des sanctions s'oppose à une logique de châtiment »*[60]. Selon la Cour, son objectif est d'inciter un État membre défaillant à exécuter un arrêt en manquement, ainsi que d'assurer l'application effective du droit communautaire. Toutefois, la sanction pécuniaire comporte un élément de pression économique suffisante pour amener l'État à mettre fin au manquement dans les plus brefs délais[61]. Dans ce contexte, quelques États menacés de subir un tel sort se sont conformés à l'arrêt constatant leur manquement sans attendre l'imposition d'une astreinte par la Cour[62]. On pourrait dire que l'instrument de l'article 228 du traité CE constitue l'aiguillon déterminant de l'application des arrêts de la CJCE par les États membres[63].

Si dans le cadre communautaire les États membres sont interdits de faire justice de manière unilatérale par le biais des procédés de justice privée[64], une telle voie de droit, propre à l'ordre juridique communautaire, est absente dans la plupart des organisations internationales à l'instar du Mercosur. En l'absence d'un procédé semblable au sein du système de règlement des différends mercosurien, ses États membres bénéficiaires demeurent autorisés à adopter des mesures compensatoires à l'encontre de celui qui a manqué à ces obligations en vertu du droit de l'intégration. Malgré les faiblesses incontestables du système de mise en œuvre des décisions arbitrales, les États membres du Mercosur s'efforcent de les exécuter soit en raison des pressions politiques, soit en raison des pressions économiques qu'ils subissent dans le cadre régional. L'affaire des « pneus rechapés » en constitue la preuve. En effet, l'on doit admettre que l'Argentine et le Brésil ont suivi les déterminations des tribunaux du Mercosur, indépendamment de la diversité des mécanismes de sanctions prévus dans le cadre de son système de règlement des différends.

Cette constatation nous conduit à la conclusion suivante : autant les sanctions financières communautaires que les mesures compensatoires prises dans le

60 *Ibid*, p. 7.

61 CJCE, 12 juillet 2005, *Commission / France*, § 95.

62 Castillo (J.C.) et Mongin (B.), « Quelques réflexions sur la première décision de la Commission demandant à la Cour de justice de prononcer une sanction pécuniaire au sens de l'article 171 du traité », *R.M.U.E*, 1997/1, p. 9., cité par Isaac (G.) et Blanquet (M.), *Droit communautaire général*, 8e éd., A. Colin, 2001, p. 325.

63 Gervasoni (S.), « Les sanctions de la non-exécution des arrêts de la Cour de Justice », *in* Pingel (I.) et Rosenberg (D.) (dir.), *op. cit.*, p. 33.

64 CJCE, 13 novembre 1963, *Commission / Luxembourg et Belgique*, aff. 90/63 et 91/63, *Rec.* P. 1217, p. 1232.

cadre du Mercosur visent à inciter les États membres à se conformer au droit du système d'intégration auquel ils appartiennent. Toutefois, même si les mesures compensatoires ont produit l'effet souhaité, limitant donc l'intervention des États sur les marchés, elles demeurent un instrument non adéquat à la finalité du processus d'intégration, car elles constituent un nouvel obstacle au commerce. L'expérience européenne montre qu'il serait souhaitable d'envisager un approfondissement du système de règlement des différends du Mercosur afin d'éviter les risques d'excès dans l'application des mesures compensatoires. Cependant, tout mécanisme institué en vue de forcer un État membre à se conformer aux décisions prises par les Tribunaux arbitraux du Mercosur exigerait une réforme préalable de ses traités fondateurs. Quelques alternatives ont été proposées, comme celle de congeler les fonds du FOCEM[65] pour l'État qui ne se serait pas conformé à la décision arbitrale[66], ou encore l'application d'une sanction à l'exemple de celle prévue dans la Communauté andine (CAN) où l'État membre risque de perdre sa voix à la Commission jusqu'à ce qu'il paye les contributions au Secrétariat ou au Tribunal de Justice de la CAN[67].

Il serait souhaitable que le Mercosur emprunte une nouvelle voie vers l'approfondissement et le renforcement de son système de règlements des différends. Un Tribunal indépendant qui pourrait contrôler l'application de son droit demeure l'élément prioritaire de la réforme du système de règlement des différends mercosurien[68], les mesures compensatoires viendraient pallier cette

---

65 Le FOCEM (Fonds pour la convergence structurelle du Mercosur) a été créé en 2004 (Décisions CMC n° 45/04 et 18/05). Il consiste à financer des programmes en vue de promouvoir la compétitivité et la cohésion sociale des États membres ; réduire les asymétries ; accélérer la convergence structurelle du Mercosur ; et renforcer la structure institutionnelle du Mercosur. Il reçoit des contributions annuelles des États, effectuées à travers des quotas semestriels.

66 Selon Perotti (A. D.), cette option ne serait utile que pour le Paraguay et pour l'Uruguay, qui sont les États membres les plus petits en termes de territoire, bénéficiant, par conséquent, des montants les plus élevés du fond. En effet, le montant annuel de la contribution de chaque État membre est déterminé conformément à leur PIB de la façon suivante : Argentine 27 % ; Brésil 70 % ; Paraguay 1 % ; et Uruguay 2 %. En ce qui concerne la distribution des ressources, ils sont partagés entre les projets consacrés aux États membres. V. Almeida (P. W.), « O caso das papeleras », *Casoteca Latino-Americana de Direito e Política Pública*, Faculté de Droit de la Fondation Getúlio Vargas – Direito GV, São Paulo, 49 p., <http://www.gvdireito.com.br/casoteca>, note 146.

67 Perotti (A. D.), note 146 *in* Almeida (P. W.), *op. cit.*, 49 p.

68 La création d'une Cour de Justice pour le Mercosur est, en effet, à l'ordre du jour. Dès la VIe Rencontre des Cours Suprêmes du Mercosur, qui a lieu à Brasília en novembre 2008, l'on s'engageait déjà vers la création d'un tribunal pour le Mercosur, in « *Cortes Supremas debatem a criação do 'Tribunal do Mercosul'* », *VIe Rencontre des Cours Suprêmes du Mercosur*, le 21 novembre 2008, <http://www.stf.jus.br/encontro6/cms/verNoticiaDetalhe.asp?idConteudo=00568>. V. également Projet de norme (Protocole) n°…/09, Parlement du Mercosur, relatif au « *Protocole constitutif de la Cour de Justice du Mercosur* », présenté le 20 avril 2009, p. 3, <http://www.parlamentodelmercosur.org>. Lors de la XVe session plénière du Parlement du Mercosur, qui a eu lieu le 28 novembre 2008, les parlementaires ont émis la déclaration n° 23/2008 en soutenant les conclusions de la VIe Rencontre des Cours Suprêmes, *in*

défaillance. Cela nous conduit à affirmer que, pour l'instant, les États membres du Mercosur demeurent autorisés à faire justice eux-mêmes, ce qui a déjà été interdit dans le cadre du droit international avec le principe de l'interdiction du recours à la force et dans le cadre du droit communautaire avec la consécration de la procédure en manquement, complétée par les dispositions de l'article 288, TCE.

À l'instar des États membres de l'Union européenne, ceux du Mercosur doivent disposer d'une marge de manœuvre limitée, leur liberté d'action doit être de plus en plus encadrée par le droit découlant du système d'intégration auquel ils appartiennent. Les mots de l'avocat général Geelhoed s'avèrent parfaitement applicables en l'espèce. En effet, si l'ordre juridique communautaire dépend, dans la plupart des matières, des efforts des États membres[69], cela est encore plus évident dans le cadre du Mercosur, ses États membres possédant une liberté d'action qui mérite d'être réexaminée au nom des impératifs communs.

## Bibliographie

### Ouvrages et thèses

ALMEIDA (P. W.), « O caso das papeleras », *Casoteca Latino-Americana de Direito e Política Pública*, Faculté de Droit de la Fondation Getúlio Vargas – Direito GV, São Paulo, 49 p., <http://www.gvdireito.com.br/casoteca>.

KLOR (A. D.), PIMENTEL (L. O.), KEGEL (P. L.) et BARRAL (W.), *Solução de controvérsias OMC, União Européia e Mercosul*, Rio de Janeiro : Konrad-Adenauer, 2004, 240 p.

NADINE (S.), *Le système de règlement des différends au Mercosur*, Université de Paris-Nanterre, thèse, 2005, 864 p.

PEREIRA (A. C. P.), *Direito Institucional e Material do Mercosul*, 2ª ed., Rio de Janeiro : Lumen Juris, 2005, 242 p.

VENTURA (D.), *Les asymétries entre le Mercosur et l'Union européenne – Les enjeux d'une association interrégionale*, L'Harmattan, 2003, 501 p.

### Articles, études et contributions

AMARAL (V. A.), « Bens usados x Remanufaturados : as prováveis mudanças nos cenários comerciais internacional e brasileiro », *Pontes entre o comércio e o desenvolvimento sustentável*, vol. 4, n° 2, abril de 2008, <http://www.ictsd.org/monthly/pontes>.

BOTTINO (G.), « Podem os processo de solução de controvérsias suprirem a ausência de regulação ambiental ? O caso dos pneumáticos do Mercosul », *Pontes entre o comércio e o desenvolvimento sustentável*, vol. 2, n° 2, março-abril de 2006, <http://www.ictsd.org/monthly/pontes>.

CÁRDENAS (E. J.), « Un revés en el Mercosur », *La Nación*, 11 août 2007, <http://www.lanacion.com.ar/opinion/nota.asp?nota_id=933468>.

---

Déclaration du Parlement du Mercosur n° 23/2008, « Sur la VIe Rencontre des Cours Suprêmes du Mercosur », article 1er, disponible sur le site du Parlement du Mercosur : http://www.parlamentodelmercosur.org. La réponse à ces aspirations s'est concrétisée le 20 avril 2009, avec la soumission d'un projet de normes au Parlement, établissant le « *protocole constitutif de la Cour de Justice du Mercosur* ».

69 Premières conclusions de l'avocat général M.L.A. Geelhoed, 29 avril 2004, point 29, CJCE, *Commission/France*, aff. C-304/02.

Morosini (F.), « A guerra dos pneus », *Casoteca Latino-Americana de Direito e Política Pública*, 2006, 34 p., <http://www.gvdireito.com.br/casoteca/default.aspx?pagid=FSDHUMPJ&menuid=98>.

—, « O caso dos pneumáticos : preferências regionais e questões ambientais », *Pontes entre o comércio e o desenvolvimento sustentável*, vol. 1, n° 4, outubro-dezembro de 2006. <http://www.ictsd.org/monthly/pontes>.

Pereira (A. C. P.), « A dupla condenação do Brasil em virtude da proibição de importar pneus reformados : lições extraídas dos laudos proferidos no âmbito do Mercosul e da OMC », *in* Menezes (W.) (dir.), Estudos de Direito Internacional, Vol. IX, Anais do 5° Congresso Brasileiro de Direito Internacional, Curitiba : Juruá, 2007, p. 119-127.

Perotti (A. D.), « Los neumáticos ponen en evidencia el dilema », *La Nación*, 8 avril 2008, <http://www.lanacion.com.ar/edicionimpresa/suplementos/comercioexterior/nota.asp?nota_id=1001658>.

**Décisions des Tribunaux du Mercosur**

TAHM, 9 janvier 2002, « Prohibición de importación de neumáticos remoldeados procedentes de Uruguay ».

TAHM, 25 octobre 2005, « Prohibición de importación de neumáticos remoldeados », décision n° 01/05.

TPR, 20 décembre 2005, Recours en révision présenté par l'Uruguay contre la décision n° 1/05.

TPR, 8 juillet 2007, Demande d'évaluation sur l'excès dans l'application des mesures compensatoires, décision n° 1/07.

TPR, 25 avril 2008, Divergences sur l'exécution de la décision arbitrale n° 1/05, présentée par l'Uruguay (art. 30, Protocole d'Olivos), décision n° 1/08, TPR- 1/05.

## Table Ronde du 17 juin 2008
## *Le droit de l'État et de son intervention dans la société*
Débats de la première séance

### Présidence de Michel Fromont

**Michel Fromont**: Je remercie les quatre intervenants pour avoir affronté de redoutables sujets et j'invite les Professeurs Constantinesco, Wachsmann et Marchessou à rejoindre la tribune. Pour amorcer la discussion, je passe la parole à chacun des professeurs, qui vont successivement nous donner leurs premières réactions.

**Vlad Constantinesco** : Merci Monsieur le Président. Je voudrais m'associer à tous les remerciements et tous les compliments qui ont été déjà formulés à l'égard de cette initiative des doctorants brésiliens en France. Je trouve qu'il s'agit d'une initiative très réussie et très intéressante, qui prouve leur dynamisme, leur intérêt pour la culture juridique française, leur volonté pour comparer deux cultures juridiques distinctes. C'est donc une initiative très bienvenue et je m'associe à tout ce qui à été dit sur ce sujet. Pour avoir moi-même, avec mon collège et ami, Ulrich Hübner, tenté de présenter le droit français aux allemands, je n'ignore pas la difficulté d'un tel exercice, pas plus que mon voisin, le Professeur Fromont, auteur avec Alfred Rieg, et d'autres collèges, de ce monumental Traité d'Introduction au droit allemand. Il est toujours très difficile de faire comprendre à un autre public juridique quels sont les traits particuliers de son propre système juridique. J'attends donc avec beaucoup d'impatience le deuxième volet de vos travaux, c'est-à-dire la présentation du droit français pour un public de juristes brésiliens.

Ceci étant, il me semble que les exposés qui viennent d'être présentés devant nous sont chacun très intéressants parce qu'ils rejoignent bien le thème qui était imparti et mes quelques remarques et observations vont être là pour lancer peut-être quelques pistes de discussion et de dialogue. Je me suis surtout intéressé à l'exposé sur les systèmes politiques français et brésilien, et à cette idée qu'à partir de deux structures politico-constitutionnelles distinctes on arrive aujourd'hui à une sorte de rapprochement. Et je me suis également intéressé au dernier exposé sur le mécanisme sanctionnateur dans le cadre du Mercosur et dans le cadre de l'Union européenne. Alors, s'agissant du rapprochement entre le système brésilien et le système français, l'atténuation, la différence canonique entre système parlementaire et régime présidentiel est déjà un point qui a été constaté depuis un certain temps, notamment lorsqu'on a analysé le système britannique. Le système britannique a montré assez tôt que par l'élection et par le jeu des partis politiques, la séparation des pouvoirs était devenue illusoire et qu'on assistait, au contraire, à l'intérieur d'un régime parlementaire à une sorte de confusion des pouvoirs au profit du parti majoritaire gagnant les élections législatives, incarné dans la personne du premier ministre. L'hypothèse française est un peu différente, et ce qui est en cause est cette dyarchie au sein du pouvoir exécutif. Une dyarchie qui est hiérarchisée, s'il y a concordance des majorités parlementaire et présidentielle et une dyarchie qui devient plus égalitaire, en quelque sorte, et dont la hiérarchie s'inverse en cas de cohabitation, de discordance des majorités. Mais il me semble qu'en fait, dans le régime politique français, il y a toujours eu, même en période de concordance des majorités, des difficultés de cohabitation entre le Premier ministre et le Président de la République, parce qu'ils ne sont pas exactement au même point décisif dans l'architecture du pouvoir de l'État. Le Président de la République peut donner des instructions, peut s'adresser à son Premier ministre, peut fixer des feuilles de route, mais celui qui met tout en musique, celui qui a les commandes sur les départements ministériels est bien le Premier Ministre. Et cela reste vrai, même hors cohabitation. Le Premier ministre est donc un point de passage obligé. Même en période de concordance des majorités, il peut se faire que les rapports entre le Premier ministre et le Président ne soient pas toujours harmonieux et se caractérisent ici et là par des résistances, dont le changement de premier ministre atteste d'ailleurs au sein de cette dyarchie. L'analyse du régime politique français doit aussi tenir compte de cet élément. Sans doute, c'est aujourd'hui la dialectique majorité-opposition qui remplace la dialectique pouvoir législatif-pouvoir exécutif. Et dans ce cas, on peut voir dans cette nouvelle dialectique qui anime les pouvoirs publics une sorte de persistance de la doctrine libérale ou de la conception libérale du pouvoir qui a marqué la séparation des pouvoirs. Ce qui est intéressant dans les deux régimes c'est de mesurer la place qu'y occupent la démocratie et le libéralisme. On a toujours tendance à confondre ces deux doctrines. Il me semble qu'on a tout intérêt à les distinguer et à chercher dans les deux régimes à mesurer quelle est leur part dans les institutions, dans la légitimité des institutions et dans le fonctionnement des institutions. Pour cela, je proposerais une légère nuance à ce qui a été dit par Mlle Tupiassu. Je ne suis pas sûr qu'on puisse dire que le pouvoir du Président de la République en France augmente dans l'hypothèse de concordance de majorités. Les pouvoirs sont ceux que la Constitution lui donne. Les pouvoirs se trouvent énumérés dans la Constitution. Ce qui va changer, ce sont les conditions d'exercice de ces pouvoirs. Sans doute seront-ils différents en cohabitation par rapport au cas de concordance des majorités. Il semble donc qu'il faut faire un peu attention aux mots : ce ne sont pas les pouvoirs qui augmentent – ceux-là sont listés, si j'ose dire, par le texte constitutionnel – ce sont les conditions politiques d'exercice de ces pouvoirs. Il faut remarquer que les pouvoirs propres du Président de la République finalement, à part l'article 16, à part les pouvoirs d'exception, sont des pouvoirs qui permettent de donner la parole au Peuple et qui correspondent très bien à cette conception de l'arbitre, défendue dans l'article 5 de la Constitution, où le rôle du Président de la République en cas de difficulté, par la dissolution ou par l'initiative référendaire, est de laisser le Peuple s'exprimer, de laisser le souverain s'exprimer. Il faut donc relier ces pouvoirs propres à cette idée que le Président de la République, en dernière analyse, est celui qui va pouvoir ouvrir la voie de la démocratie directe en donnant la parole au peuple. Ce ne sont pas des pouvoirs qu'il faut considérer comme des pouvoirs à caractère exorbitant ; ce sont, au contraire, des pouvoirs assez logiques dans un système qui est fondé sur la démocratie. Je m'aperçois, Monsieur le Président, que je suis déjà trop long et c'est là toute la difficulté pour un professeur d'être enfermé dans une limite temporelle qu'il a tendance à dépasser !

Laissez-moi peut-être une dernière observation à l'égard de Mme Almeida. Il me semble que ce qu'elle a dit sur les règlements des différends, qui sont assez comparables dans les deux organisations, est très intéressant et que l'on voit bien dans le système du Mercosul le jeu de l'*exceptio non adimpleti contractus* – le jeu de l'exception de réciprocité – qui a été en quelque sorte chassée du recours en constatation de manquement par la Cour de Justice dans ses premières décisions. Elle a exclu l'exception de réciprocité au nom de cette idée qu'il n'appartient pas aux États dans un système organisé, comme le système communautaire, de se faire justice eux-mêmes. Et là, si vous me permettez d'interpréter ces décisions en termes de philosophie politique, nous sommes précisément dans ce qui sépare l'état de nature de l'état de société. Le droit de se faire justice soi-même, la compétence de juger, elle appartient, si on relit *Le Léviathan*, à chaque homme dans l'état de nature et c'est ce qui crée notamment cette insécurité de l'état de nature, tandis que dans un système où la compétence de juger est centralisée, dans un système où elle appartient au souverain, et la compétence de juger pourrait être une marque de souveraineté, pour enchainer ici ce que disait Bodin à ce que dit Hobbes, à ce moment là nous quittons l'état de nature pour un état de société, structuré et organisé. Il me semble que le droit communautaire est une tentative de quitter l'état de nature, ce qu'on appelle communément la « Société internationale », communément et improprement, car il ne s'agit ni d'une société ni d'une communauté, mais simplement d'une coexistence, plus ou moins pacifique ou plutôt non-pacifique d'États souverains. L'entreprise communautaire est intéressante ici, car elle vise à changer de dimension, et c'est ce que l'on constate bien dans le rapprochement que vous avez fait entre ces deux décisions juridictionnelles. Monsieur le Président, je vous rends la parole.

**Patrick Wachsmann** : Merci, Monsieur le Président. Je me garderai bien évidemment d'intervenir sur le terrain du droit communautaire ou du Mercosur et encore plus, sans doute, sur celui du droit fiscal, rassurez-vous. Comme tout professeur de droit public, je ne résiste cependant pas à ajouter quelques remarques à propos de l'excellent exposé de Mlle Tupiassu, sur la comparaison entre la France et le Brésil du point de vue des pouvoirs du Président, de ce présidentialisme dont on a tant parlé, et de manière si vague. Elle a fait allusion à un nouvel âge de la séparation des pouvoirs et a ensuite repris son expression, en disant qu'elle allait peut-être trop loin. Je n'en suis pas sûr. Je crains d'être d'ailleurs, à ce niveau, très pessimiste sur ce que serait ce nouvel âge de la séparation des pouvoirs. Il me paraît être celui de ce que Guy Debord a caractérisé comme la société du spectacle. C'est-à-dire être sous l'influence d'une machine prodigieusement efficace à lessiver, me semble-t-il, ce qui peut rester de symbolique dans les consciences et dans les sociétés, ce qui, par conséquent, entraîne une simplification vraiment assez dramatique, je trouve, du débat politique et *a fortiori* du débat institutionnel. Je suis frappé à cet égard par le point de départ de son exposé, qui me paraît très juste : le sentiment, pour l'opinion publique brésilienne, qu'au fond le Brésil et la France, c'est la même chose du point de vue de l'institution présidentielle. Il s'agit dans les deux cas d'élire un président au suffrage universel direct. Je crains que cet événement-là, l'élection d'un président au suffrage universel direct, autrement dit le fait pour chacune et chacun des citoyens de pouvoir choisir celui ou celle qui sera investi de la responsabilité présidentielle au terme de cette élection, n'ait un effet très simpliste et très simplificateur de la vie politique, et n'ait finalement pas apporté beaucoup de choses aux institutions, au-delà des apparences.

À cet égard, la révision constitutionnelle de 1962 a été évidemment l'événement majeur de la Cinquième République, dans la mesure où elle a marqué le point de départ de cette évolution-là, parce que, encore une fois, nous sommes ici en présence de quelque chose de pas sophistiqué du tout, au rebours des équilibres subtils que s'efforce de réaliser la séparation des pouvoirs. Le corps électoral choisit : autrefois c'était Pompidou ou Poher, Pompoher, disait le parti communiste ; aujourd'hui c'est devenu autre chose. En toute occurrence, au second tour, on a toujours le choix, nécessairement, entre deux personnes. Je crains que la simplification que cela induit n'ait contaminé les institutions. J'en vois une preuve dans cette réforme que je persiste à trouver très stupide, du quinquennat, inspirée, si l'on peut dire, par cette idée : on va supprimer la possibilité d'une cohabitation (cas de figure dont, par ailleurs, les Français disaient, lorsqu'ils étaient consultés par sondage, qu'il ne leur déplaisait nullement, qu'au contraire ils trouvaient cela plutôt intéressant). On a voulu éliminer, d'une manière d'ailleurs techniquement inappropriée, mais peu importe, la cohabitation, en raisonnant de la manière suivante : cinq ans pour les députés, cinq ans pour le président, l'élection présidentielle avant l'élection législative, donc les majorités coïncideront, et pour cinq ans. Il me semble que ce projet participe précisément de cet effet de simplification et d'aplatissement du débat public, ramené au fond à une espèce de choix primaire, sans que la spécificité de chaque institution ne soit véritablement prise en compte. Or, ces effets de simplification et de médiatisation (c'est souvent la même chose) prolifèrent. Qu'on me permette une remarque très personnelle : il me semble très nouveau, et pour dire ma pensée, très navrant, que des militants d'un parti de gauche, invités à choisir leur candidat lors de l'élection présidentielle, se soient à l'évidence déterminés pour celui des candidats qui avait *a priori* le moins d'idées, parmi les trois en présence, mais qui, en revanche, était doté par les sondages, les sacro-saints sondages, des meilleures chances de succès à ladite élection en raison de ses supposées qualités médiatiques : la société du spectacle dictait ses lois…

Il faut, je crois, plus que jamais relire Guy Debord et les propos très pessimistes, très amers qui étaient les siens sur la société du spectacle. Je crains qu'on ne soit en plein dedans et qu'on n'ait sans doute pas fini d'en épuiser le manque de charme. On est dans ces moments où, pour reprendre l'une de ses formules, « le vrai est un moment du faux ». Autrement dit, il peut arriver qu'apparaissent malgré tout et à travers tout cela, des effets de vérité quant à ce que souhaite profondément, par exemple, la société française, comme des réformes, etc. Mais ces moments de vérité sont pris dans une masse tellement importante d'éléments artificiels – le mot « bling-bling » ne fleurit pas actuellement par hasard – que tout cela, au fond, est destiné très rapidement à épuiser ses effets politiques possibles. Vous voudrez bien pardonner ce propos très pessimiste.

Quelques mots rapides sur l'exposé de Monsieur De Almeida sur le retrait ou l'annulation en droit comparé franco-brésilien. L'hésitation qu'il a éprouvée sur la terminologie est déjà significative. En France, évidemment, il ne saurait être question que de retrait. L'annulation d'office... le terme « d'office » me gêne un tout petit peu, dans la mesure où il peut s'agir (au Brésil comme en France, j'imagine) d'une initiative qui est prise après une demande de l'administré, donc pas totalement *proprio motu* par l'autorité administrative. Si on veut utiliser le terme « annulation » de l'acte unilatéral, cela pourrait convenir, mais je pense que parler d'« annulation non contentieuse » serait plus exact.

Ce qui est significatif, c'est qu'il y a, en cette matière, des divergences et des convergences que vous avez relevées. Sur les convergences, elles sont, en ce qui concerne la France, récentes, puisque ce n'est que très récemment que le retrait de l'acte individuel créateur de droits, celui en réalité dont vous avez principalement parlé, a été encadré par l'effet procédural des textes sur la motivation des actes administratifs et l'obligation d'un débat contradictoire avant l'édiction des actes soumis à l'exigence de motivation. On peut se féliciter qu'il y ait eu des textes qui ont permis la convergence que vous avez signalée au niveau des contraintes procédurales – le Conseil d'État s'était refusé à en prendre l'initiative.

Pour le reste, ce qui sépare radicalement le droit brésilien et le droit français, c'est évidemment le délai. Si on s'en tient au droit fédéral brésilien, un délai de cinq ans pour permettre à l'administration d'annuler ses propres actes ou de les retirer, dans la terminologie française, c'est évidemment considérable pour un juriste français ; c'est même très inquiétant du point de vue de la stabilité des situations juridiques, de la sécurité juridique à laquelle vous avez fait allusion. Pour la France, comme vous l'avez relevé, il s'agit généralement d'un délai qui varie, actuellement, entre deux et quatre mois. J'ajouterais peut-être une dernière chose à votre exposé, c'est que la matière était dominée, jusqu'à il y a peu de temps, par une logique implacable qui tenait dans la proposition suivante : l'administration peut retirer les actes qu'elle a pris aussi longtemps que ceux-ci sont susceptibles d'une annulation contentieuse. C'était la logique du fameux arrêt *dame Cachet* de 1922, qui a longtemps figuré parmi les grands arrêts les plus significatifs de notre droit administratif. L'arrêt *Ternon* a cassé cette logique au profit, si l'on peut dire (Yves Gaudemet a indiqué avec beaucoup de force tout le mal qu'il faut penser de cette jurisprudence *Ternon*) de quelque chose de beaucoup plus simple, beaucoup plus brutale (adaptée peut-être à la société du spectacle, si elle s'intéressait au droit administratif), à savoir : le délai de retrait est de quatre mois, et puis après, c'est fini, quelles que soient d'ailleurs les circonstances (même si, par exemple, un recours contentieux a été intenté dans les délais). Comme vous l'avez relevé, ce régime n'est applicable qu'au retrait de décisions individuelles explicites, créatrices des droits. Dès lors qu'on est dans d'autres hypothèses, celle des actes réglementaires, celle des décisions créatrices de droits, mais implicites, on a des solutions différentes, qui donnent naissance à un système que l'on n'ose dire sophistiqué, fait d'une juxtaposition de solutions légales et jurisprudentielles. Tout cela est devenu surtout d'une grande complexité, d'une inutile complexité, et a perdu totalement cette cohérence logique qui faisait le sens de la jurisprudence *Cachet*, à savoir cette liaison établie entre la possibilité d'une annulation contentieuse et la licéité de l'annulation non contentieuse ou précontentieuse, faut-il dire dans ce cas. Cette logique est perdue et à partir de là, le régime s'éparpille dans des détails très sinueux. Il n'est que de lire les commentaires aux *Grands arrêts de la jurisprudence administrative* pour s'en convaincre. Mais en réalité, l'arrêt *Ternon* est un faux grand arrêt, qui ne régit qu'une partie du retrait des actes unilatéraux. Pardonnez moi, Monsieur le Président, d'avoir, comme il était à craindre, dépassé le temps qui m'était imparti.

**Philippe Marchessou**: Quelques brèves observations apéritives pour dire combien j'ai été impressionné par la qualité des interventions et en ce qui concerne ma chapelle par l'intervention de Mlle Vilariño qui m'a ébloui et en même temps fortement provoqué. C'est exactement ce à quoi doivent servir les interventions notamment dans un Colloque. Je suis ébloui parce que avec une minutie de chirurgien et au scalpel elle nous explique, de manière claire et linéaire, pourquoi il existe une doctrine fiscale au Brésil et pourquoi la doctrine fiscale française est pauvre.

C'est un constat triste, c'est un constat de sous-développement en ce qui concerne la France, mais c'est un constat qu'il faut effectivement accepter. Ce qui m'amuse dans ce cadre-là, c'est que le tableau ainsi dressé peut être étendu à tous les États de l'Europe du Sud et aux États de l'Amérique Latine. Il y a là-bas une doctrine fiscale extrêmement foisonnante, extrêmement riche. Il y a des explications variables, on n'a pas le temps d'en parler, qui contribuent à ce phénomène. Et plus on remonte vers les civilisations du nord, plus on arrive à des considérations techniciennes de calcul, et c'est vrai que la France est de ce point de vue là dans une position de transition entre, on dirait presque, la doctrine comptable du Canada ou de la Scandinavie et ce foisonnement fabuleux de la doctrine fiscale des États plus méridionaux.

Alors ce qui est vraiment passionnant et qui m'a ouvert personnellement les yeux, c'est l'explication que Mademoiselle Vilariño donne de ce phénomène ; la doctrine fiscale est abondante dans les pays où les libertés, les grands principes du droit fiscal se trouvent inscrits dans la Constitution. Mademoiselle Vilariño prend une grande balance, dans le plateau gauche vous avez la France (en cherchant bien dans la Constitution française on trouve trois libertés, pas plus, avec une valeur fiscale), alors qu'au Brésil on a un paquet beaucoup plus substantiel.

1. Cela m'amène à des considérations plus réservées, je dirais de vieux sage. Le principe d'égalité, qu'on trouve dans les deux Constitutions d'ailleurs, égalité devant l'impôt, je ne sais pas très bien ce que cela veut dire, car on peut discuter longtemps sur la signification de ces variations sur le principe de l'égalité devant la loi fiscale, devant les charges publiques, devant l'impôt. Qu'est-ce que l'égalité pour le contribuable ? C'est d'être dans une situation qui n'est au minimum pas pire que celle de son voisin ? Et si possible, meilleure. Je pense que c'est une conception très individuelle du concept qui, dans un État néolibéral, caractérisé par une espèce d'orientation des comportements par le biais de la loi, fait que le principe d'égalité, comme disent les juridictions suprêmes de ce point de vue, ne s'apprécie que dans des situations extrêmement semblables, pour ne pas dire, de ce point de vue, identiques.

2. L'intervention de Mademoiselle Vilariño m'amène à réagir parce qu'elle lance ensuite le débat sur le contrôle de la constitutionalité en disant que le système français n'est pas suffisant. Et je peux dire que la qualité de ses études, notamment en France, fait d'elle de ce point de vue un observateur avisé, alors que le système brésilien ressemble, quand même, au grand frère du nord, c'est un contrôle de constitutionalité beaucoup plus performant sur le papier. De ce point de vue, on peut défendre le système français, c'est vrai que le système brésilien a une qualité supérieure parce qu'il intervient à n'importe quel moment et que n'importe quel juge du fond peut effectivement l'évoquer.

Sur le terrain de l'efficacité en prenant non seulement l'exemple du Supremo Tribunal Federal, mais aussi celui de la Cour Suprême Américaine, je ne suis pas si sûr qu'en termes d'efficacité, notamment de vitesse de décision et de sécurité juridique, cette supériorité soit vérifiée, parce que si l'on doit attendre longtemps une décision d'éventuelle inconstitutionnalité, on vit, quand même, dans une angoisse ravageuse. De ce point de vue, je ne suis pas sûr que ce système soit tellement supérieur... mais là aussi c'est sujet à débat, un débat tout à fait passionnant et bravo, Mademoiselle Vilariño, de l'avoir relancé.

Quelques observations pour défendre prudemment le système français, parce que je me sens très à l'aise, j'explique à mes étudiants que le système fiscal français est un système fiscal d'un État sous-développé et qu'on pourrait vraiment beaucoup mieux faire, donc, je n'ai pas de complexe ici.

Je vois, quand même, que les lois fiscales sont systématiquement soumises au contrôle de constitutionalité. Il y a des exceptions : loi de finances pour 2008 (du 26 déc. 2007), pour des raisons politiciennes qu'il vaut mieux ne pas connaître. Mais systématiquement, l'opposition soumet les lois fiscales au contrôle du Conseil Constitutionnel, donc il y a bien ce contrôle. Il est *a priori*, il est rapide : sous 15 jours on obtient la vérité. Par conséquent, la loi adoptée n'entrera en vigueur que dans la mesure où elle a été déclarée conforme à la Constitution.

Le système français contient une grande lacune : si l'inconstitutionnalité n'a pas été découverte, ou même n'existait pas, dans une certaine mesure, au moment du contrôle préalable, après il n'existe plus d'opportunité de saisir le juge constitutionnel (jusqu'à l'entrée en vigueur de la loi constitutionnelle du 23 juillet 2008).

Mais, le contribuable français est un contribuable européen, c'est un contribuable doté d'imagination, si ce n'est pas lui, ce sont ses conseils, et par conséquent ces derniers imaginent des solutions pour essayer de persuader le juge fiscal qu'à la fois il faut, sans en l'avoir l'air, effectuer, quand même, ce qui peut s'apparenter à un contrôle de constitutionalité. Alors, cela ne remonte peut être pas au niveau de la Constitution, encore que le Conseil d'État contrôle bien la conformité des règlements à la constitution, y compris en matière fiscale, même si ce ne sont que des règlements d'application. Et puis, il existe des situations où le contribuable va effectivement déployer une imagination importante, et il va se souvenir un jour que certes les impôts directs ne relèvent pas de matière communautaire, mais qu'au nom des grandes libertés contenues dans le Traité, la Cour de justice peut effectivement faire prévaloir cette liberté sur telle ou telle disposition hyper-technique que l'on trouve dans le droit fiscal positif. Et cela nous vaut depuis 10 ans, une jurisprudence en la matière, que je n'hésiterais pas à qualifier de fabuleuse, qui nous montre qu'il existe un contrôle qui va certes jusqu'à la conventionalité, mais la conventionalité de qualité supérieure, quand même, pour assurer de ce point de vue une certaine forme de sécurité juridique, tout en respectant le contrôle de constitutionnalité.

Et, le dernier élément ici, c'est une affaire de *Lasteyrie du Saillant* (11 mars 2004, aff. C-9/02) qui s'est passée il y a 4 ans, dans laquelle le Conseil constitutionnel avait refusé de juger de la conformité d'une loi française à la liberté du Traité CE. Le contribuable, bien conseillé, n'a pas hésité à lancer un recours en annulation devant le Conseil d'État contre le décret d'application, lequel n'ajoutait pas un gramme de valeur par rapport à la loi et le Conseil d'État a accepté de saisir la CJCE pour effectivement lui faire dire que ce texte était, sans doute, non conforme à une liberté, notamment la liberté d'établissement et, donc, par ce biais-là, on a l'impression que le contribuable a un peu le choix du juge. Et c'est un luxe assez extraordinaire. Et il peut arriver à une protection, de ce point de vue, d'une qualité certaine dans des délais qui vont être des délais assez rapides.

Le tout dernier point que je souhaite évoquer, en m'excusant d'être aussi long, c'est qu'il y a quand même, un apport du grand frère sur le droit brésilien et notamment c'est que j'ai découvert, grâce à Mademoiselle Vilariño, que les conventions fiscales internationales ont une valeur juridique égale à celle de la loi, et, par conséquent, si une loi nouvelle intervient, la loi nouvelle l'emporte sur la convention; autrement dit, il n'existe pas cette bonne vieille théorie dualiste de supériorité des conventions qui donne, quand même, une qualité juridique supérieure au profit du contribuable. En tout cas un grand merci pour avoir permis cette réflexion et cette vision rafraîchissement qui nous rend très modestes d'ailleurs lorsqu'on examine et compare des systèmes juridiques. Merci beaucoup.

**Michel Fromont** : Compte tenu du retard pris, de l'ordre d'un peu plus d'une demi-heure maintenant, je pense qu'il est préférable de faire la pause tout de suite et de reprendre les travaux dans un quart d'heure. Je voulais encore remercier le trio des professeurs strasbourgeois qui ont bien voulu réagir à des exposés comparant les droits français et brésilien.

# LES LICENCES AUTORITAIRES DE BREVET EN DROIT FRANÇAIS ET EN DROIT BRÉSILIEN

**Karlo FONSECA TINOCO***

La licence autoritaire de brevet, à l'instar de l'expropriation ou de la déchéance[1], est un instrument juridique qui permet l'utilisation d'un brevet sans le consentement du titulaire du droit à son exploitation.

Son origine remonte à une loi de 1784, promulguée en Caroline du Sud, qui consacrait une disposition permettant la concession d'une licence autoritaire dans le cas où l'inventeur ne brevèterait son invention qu'au seul but de la soustraire à la société[2]. Plus semblables à la licence autoritaire qu'on connaît aujourd'hui, les dispositions du Statut Américain de 1836, l'acte du Préfet de Police de Berlin de 1853 et le projet de loi français de 1858 imposaient un licenciement forcé au breveté en contrepartie d'une rémunération[3]. Dans un contexte international, la licence autoritaire de brevet a été consacrée dans la Convention de Paris du 20 mars 1883 lors de sa révision par une conférence diplomatique tenue à La Haye en 1925[4].

---

* *Avocat aux Barreaux de Porto Alegre et de São Paulo – Brésil, Doctorant en droit de la propriété intellectuelle à l'université de Strasbourg.*

1 Sur l'ensemble des questions suscitées lors des discussions sur le meilleur chemin à suivre, celui de la déchéance ou de la licence autoritaire, v. ROUBIER (P.), « La sanction de l'obligation d'exploiter les brevets d'invention : déchéance ou licence obligatoire, *JCP* G, 1143, 1954 ; CASALONGA (D.), « Sur l'obligation d'exploiter », *Ann.* 34.369 ; AKERMAN (C.), *L'obligation d'exploiter et la licence obligatoire en matière de brevets d'invention : étude de droit international et de droit comparé*, Sirey, 1936.

2 MACHLUP (F.), *An economic review of the patent system*, Study n° 15, Washington : United States Government Printing Office, 1958, p. 5 ; SALAMOLARD, (J.-M.), *La licence obligatoire en matière de brevets d'invention : étude de droit comparé*, Genève : Librairie Droz, 1978, p. 27.

3 À ce propos, v. CLAD (F.), *Die Zwangslizenz des § 11 des Patentgesetzes*, Diss., Leipzig, 1922, p. 19 ; PILENKO, *Das Recht des Erfinders*, Berlin : C. Heymann, 1907, p. 523 ; AKERMAN (C.), *L'obligation d'exploiter et la licence obligatoire en matière de brevets d'invention : étude de droit international et de droit comparé*, *op. cit.*, p. 344 *sq.*

4 À ce propos, AKERMAN (C.), *L'obligation d'exploiter et la licence obligatoire en matière de brevets d'invention : étude de droit international et de droit comparé*, *op. cit.*, p. 57 *sq.* ;

Cette révision a permis l'implantation du système de licences autoritaires en substitution à l'expression *travail obligatoire* qui imposait à l'inventeur l'obligation d'exploiter son invention brevetée[5]. Cette modification s'est justifiée par le besoin d'une disposition plus souple, capable de satisfaire les besoins des économies nationales sans pour autant démotiver le titulaire du brevet[6].

De nos jours, l'importance accrue des droits de la propriété intellectuelle dans le commerce international a été relevée lors des négociations du Traité instituant l'Organisation Mondiale du Commerce (OMC). Il en est résulté l'élaboration de l'Accord relatif aux droits de propriété intellectuelle touchant le commerce (ADPIC), annexé au Traité OMC. Cet Accord a aménagé des dispositions relatives au droit de brevet et, pour ce qui est de l'intérêt de cette communication, son utilisation sans le consentement du titulaire du brevet (articles 30 et 31)[7].

À l'heure actuelle, les diverses questions ayant trait à la propriété industrielle font l'objet de négociations au sein de l'OMC, notamment celles concernant l'instauration d'un nouveau système pour l'utilisation internationale des licences autoritaires touchant la santé publique[8].

---

Chatap (F.), *La licence obligatoire comme sanction du défaut d'exploitation des brevets d'invention dans les pays en développement*, Travaux et recherches de l'Université de Droit, d'Economie et de Sciences Sociales de Paris, PUF, 1986; Dimopoulos (R.), *The role of the international patent system in the transfer of technology*, Diss. University of Ottawa, Ottawa, 1990, p. 104-112; Ladas (P.), *La protection internationale de la propriété industrielle*, 1933, p. 397; Roubier (P.), «La sanction de l'obligation d'exploiter les brevets d'invention: déchéance ou licence obligatoire», *JCP* G, 1143, 1954, p. 5-6.

5 À ce propos, Winter (W.), «The limits of the exclusive rights Under patents of invention with special reference to compulsory working», *Mitteilungen der Schweizergruppe der internationalen Vereinigung für gewerblichen Rechtsschutz*, Serie IV, Heft 1, mai 1946.

6 Sur le plan historique de cette modification, v. Akerman (C.), *L'obligation d'exploiter et la licence obligatoire en matière de brevets d'invention: étude de droit international et de droit comparé, op. cit.*, p. 351 *sq.*; pour une étude sur les impactes des licences autoritaires sur innovation, v. Scherer (F. M.), *The economic effects of compulsory patent licensing*, New York: NYU, 1977.

7 Pour plus d'informations sur l'étendue des dispositions de l'ADPIC, v. Correa (C. M.), *Trade related aspects of intellectual property rights: a commentary on the TRIPS agreement*, Oxford University Press, 2007; Pires de Carvalho (N.), *The TRIPS regime of Patent rights*, 2nd ed., The Hague: Kluwer Law International, 2005, p. 315-372; Gervais (D.), *The TRIPS Agreement: drafting history and analysis*, 2nd ed., Sweet and Maxwell, 2003, p. 244-253.

8 À ce propos, v. Abbot (F.) et Reichman (J.), «Access to essential medicines: lessons learned since the Doha Declaration on the TRIPS Agreement and Public Health, and policy options for the European Union », *Journal of International Economic Law*, v. 10, issue 4, p. 921; Matthews (D.), «WTO decision on implementation of paragraph 6 of the Doha Declaration on the TRIPS Agreement and Public Health: a solution to the access to essential medicines problem?», *Journal of International Economic Law* 7 (1), p. 73-107; Paas (K.), «Compulsory licensing Under TRIPS Agreement – a cruel taunt for developing countries?», *EIPR*, 2009, p. 609-613.

Nonobstant la préexistence de la licence autoritaire au sein des divers ordres juridiques nationaux, notamment en droits français[9] et brésilien[10], des standards visant l'harmonisation des législations ont été établis par des conventions internationales en la matière[11]. Cependant, ces conventions ne fournissent que des paramètres minimaux nécessaires à l'équilibre du droit de brevet. À cet égard, les législateurs nationaux ont envisagé la possibilité d'assouplir le système en fonction de leurs politiques publiques. C'est la raison pour laquelle ils ont transposé les standards minimaux de sorte à prendre en compte l'intérêt public lors de leur interprétation.

La dichotomie intérêt public – intérêt privé[12], qui imprègne la question autour des licences non volontaires, est à la base de cette communication. Ceci exclut de notre analyse les licences octroyées en conséquence d'un acte anticoncurrentiel[13]. Dès lors, il est possible de catégoriser les licences autoritaires de brevet en fonction du niveau d'intervention de l'État. Si, dans un premier temps, l'État joue un rôle d'harmonisateur des intérêts privés (I), dans un second temps, il s'érige en gardien de l'intérêt général (II).

---

9 La licence autoritaire de brevet fut d'abord réglementée en France par le décret du 30 septembre 1953. Sur l'ensemble des questions autour du décret n° 53-970 du 30 septembre 1953, voir : ROUBIER (P.), « La sanction de l'obligation d'exploiter les brevets d'invention : déchéance ou licence obligatoire », *préc.*, p. 9-10.

10 Au Brésil, la licence autoritaire fut d'abord introduite par le décret-loi n° 7.903 du 27 août 1945, cependant. Cf. PONTES DE MIRANDA (F.C.), *Tratado de Direito Privado*, t. XVI, § 1.955, p. 360-1.

11 Pour plus d'informations sur les conventions internationales en la matière, v. BEIER (F.-K.), « One hundred years of international cooperation – the role of the Paris Convention in the past, present and future », *IIC*, v. 15, 1984, p. 3 ; PLASSERAUD (Y.) et SAVIGNON (F.), *Paris 1883 : genèse du droit unioniste des brevets*, Litec, 1983 ; RICKETSON (S.), « The future of the traditional intellectual property conventions in the brave new world of Trade-Related Intellectual Property Rights », IIC, v. 26, 1995, p. 872-899 ; BARBOSA, (A. L. F.), « Importação trabalho obrigatório, caducidade e licença compulsória », *RABPI*, n° 25, 1994, p. 27-38.

12 Selon J. AZEMA et J.-C. GALLOUX, *Droit de la Propriété Industrielle*, 6e éd., Dalloz, 2006, p. 319, « Le droit de brevet repose sur un équilibre délicat entre deux nécessités contradictoires : d'une part, le besoin de la société d'accéder au libre usage des inventions et d'autre part le besoin de promouvoir le progrès technique en donnant à l'inventeur le moyen de tirer une juste rémunération de sa création ». Voir également LUNGE (E.), *Compulsory working and revocation of patents*, London : Stevens and Sons Law Publishers, 1910, p. 25 *sq.* ; SCHMIDT-SZALEWSKI (J.), *Droit de la Propriété Industrielle*, 4e éd., LITEC, 2007, p. 1.

13 À ce propos, v. PIRES DE CARVALHO (N.), *The TRIPS Regime of antitrust and disclosed information*, The Hague : Kluwer Law International, 2008, p. 139-141 ; ADELMAN (M. J.), « Property Rights Theory and Patent Antitrust : The role of compulsory licensing », 52 *NYUL Rev.* 977, p. 991-992 ; AZEMA (J.) et GALLOUX (J.-C.) *Droit de la Propriété Industrielle*, *op. cit.*, p. 360-361 ; HEINEMANN (A.), « Compulsory licenses and product integration in European Competition Law – Assessment of the European Commission's Microsoft Decision », *IIC*, 2005, n° 1, p. 63 ; FERRAZ Jr. (T. S.), « Propriedade industrial e defesa da concorrência », *RABPI*, n° 8, 1993, p. 10-12 ; VAZ E DIAS (J. C.), « Licença compulsória de patentes e direito antitruste », *RABPI*, n° 54, 2001, 3-8.

## I. La concession d'une licence autoritaire sur le fondement de l'intérêt des particuliers

Les licences autoritaires de brevet sont dérivées en premier chef de l'intérêt général. Toutefois, on peut constater que l'objectif de certaines licences est la recherche d'un équilibre entre l'intérêt de la collectivité et les intérêts des particuliers soit en sanctionnant le défaut injustifié d'exploitation du brevet (A), soit en sanctionnant le refus d'une licence de dépendance (B).

### A. La licence par défaut d'exploitation du brevet

La licence autoritaire par défaut d'exploitation vise à empêcher que le titulaire du brevet utilise son titre en tant qu'instrument visant à en bloquer l'accès aux concurrents[14]. La non-exploitation du brevet représente en soi la négation même du système de brevet, devant en cela être sanctionnée[15].

Pour inciter l'exploitation effective du brevet, le législateur français, ainsi que le législateur brésilien, a mis en place une licence autoritaire[16] qui, une fois les conditions remplies (1), autorise le demandeur à exploiter le brevet (2).

#### 1. Les conditions du défaut d'exploitation

Le défaut d'exploitation se caractérise non seulement par la non-exploitation du brevet par le breveté, mais aussi par son exploitation de manière insuffisante. La question qui se pose est de savoir quels sont les critères permettant le constat de ce défaut d'exploitation.

La loi française et la loi brésilienne posent des conditions pour la concession d'une telle licence. Les conditions peuvent être divisées en trois catégories, celles qui tiennent à la personne du breveté, celles qui tiennent à la personne du demandeur et celles de forme, ces dernières ne faisant pas l'objet de notre communication[17].

---

14 La non-exploitation des brevets était depuis longtemps une réalité dans les pays en développement. Une partie considérable des titulaires de brevets n'exploitait son brevet que par la voie d'importation, tandis que d'autres titulaires n'exploitaient pas du tout leurs brevets, ayant ces brevets avec le seul objectif de ne pas les rendre au domaine public. À ce propos, v. FOYER (J.), préface de l'ouvrage CHATAP (F.), *La licence obligatoire comme sanction du défaut d'exploitation des brevets d'invention dans les pays en développement, préc.*; GREIF (S.), « Compulsory working of patents in developing countries », in Law and State, v. 23, p. 52; KATZ (J.), « Patents, the Paris Convention and developed countries », *Yale University Economic Growth Centre,* Discussion Paper 190, november 1973, p. 67. Contre l'utilisation des licences autoritaires en tant qu'outil de pression pour l'utilisation effective du brevet, v. BEIER (F.-K.), « Does compulsory use of patents promote technology transfer to developing countries ? », *EIPR*, n° 12, 1995, p. 363-365; AHLERT (I. B.), « Patentes : Falta de uso e abuso – hora de repensar », *RABPI*, n° 5, 1992, p. 23-24.

15 MOUSSERON (J.-M.), « Les charges du breveté », *J.-Cl. Brevet*, fasc. 380, n° 106 *sq.*

16 En ce même sens, ROUBIER (P.), « La sanction de l'obligation d'exploiter les brevets d'invention : déchéance ou licence obligatoire », *JCP* G, 1143, 1954, p. 1-2.

17 Les conditions procédurales sont réglementées par les dispositions des articles R. 613-4 à R. 613-9 du CPI français, et articles 68 à 73 du CPI brésilien.

En ce qui concerne le titulaire du brevet, il faut prouver la non-exploitation de son titre de façon effective et sérieuse[18] pendant une période de trois ans à compter de la délivrance du brevet. Cette condition est requise aussi bien en droit français qu'en droit brésilien[19]. Cependant, la législation française confère la possibilité de demander la licence après un délai de quatre ans à compter de la date de demande du brevet[20].

La commercialisation insuffisante capable de caractériser le défaut d'exploitation a été appréhendée différemment par les législateurs français et brésiliens. En droit français, la commercialisation insuffisante apparaît comme l'une des conditions de la caractérisation du défaut d'exploitation. Différemment, la législation brésilienne établit que la seule commercialisation insuffisante d'un produit breveté caractérise le défaut d'exploitation[21].

La nécessité d'un refus à l'obtention d'une licence volontaire constitue également un point d'asymétrie entre les deux législations. De son côté, la législation française conditionne l'obtention d'une telle licence à la preuve de l'échec des négociations d'une licence volontaire[22], ce qui ne paraît pas être le cas en droit brésilien, puisque cette condition n'apparaît pas au regard des conditions prévues par le Código de Propriedade Industrial brésilien[23].

---

18 L'exploitation sera considérée comme effective et sérieuse dans la mesure où le titulaire du brevet produit réellement l'objet breveté, n'étant cette production juste une manière d'échapper aux sanctions dérivées de la non exploitation du brevet. En ce sens, ROUBIER (P.), *Le droit de la propriété industrielle*, t. II, 1954, p. 306 ; MANKIEWICZ (H.), « La licence obligatoire en matière de brevets d'invention », *RTDC*, n° 1, 1955, p. 8 ; MATHÉLY (P.), *Le nouveau droit français des brevets d'invention*, Editions du JNA, 1991, p. 346-348.

19 En droit brésilien voir l'article 68, § 5° du Código de Propriedade Industrial (loi n° 9.279 de 1996) et en droit français voir l'article L. 613-11 du Code de la Propriété Intellectuelle.

20 Art. L. 613-11 du Code de la Propriété Intellectuelle.

21 Art. 68, § 1°, I, du Código de Propriedade Industrial. Ce dispositif était l'objet d'une dispute devant l'OMC entre le Brésil et les États-Unis, dans lequel ces derniers contestaient l'adéquation de ce dispositif avec l'accord ADPIC. Cette procédure a été abandonnée avant qu'une décision puisse être rendue. À ce propos, v. BRUNNER (A. G.), « As patentes farmacêuticas e a licença compulsória : o fim de uma Batalha entre os Estados Unidos e o Brasil », *RABPI*, n° 55, 2001, p. 26-30.

22 Art. L. 613-12 du Code de la Propriété Intellectuelle. Cette condition ne sera pas satisfaite en cas d'échec naturel des pourparlers : TGI Toulouse, 13 septembre 1976 : *JCP* 1977, II, 18718, Sabatier ; Nancy, 4 mars 1997 : *PIBD* 1997, 649, III, 125. Cependant, cette condition sera remplie dans le cas où le titulaire du brevet impose des conditions exorbitantes pour la licence du brevet : CAParis 3 avril 1965, *Ann. Propr. Ind.* 1967.122, note Combeau (Ph.).

23 Le CPI brésilien, en désaccord avec l'article 31 (b) de l'accord ADPIC, ne fait pas référence à l'obligation du demandeur d'une licence autoritaire par défaut d'exploitation de négocier une licence volontaire avant l'instauration de la procédure d'obtention d'une licence autoritaire. Cependant, cela n'est pas le cas quand la licence autoritaire se fonde sur une dépendance, situation dans laquelle le législateur a bien précisé la nécessité d'un échec des négociations préalables (art. 70 du CPI brésilien). En ce même sens, la doctrine brésilienne affirme que la licence de dépendance est le seul cas où le refus d'une licence volontaire se présente comme condition à l'octroi d'une

Les deux législations prévoient que le demandeur de la licence doit justifier des conditions nécessaires à l'exploitation effective et sérieuse du brevet objet de la licence autoritaire au moment de sa demande[24].

Sur la possibilité du titulaire du brevet d'échapper à la licence autoritaire, les législations française et brésilienne sont d'accord pour paralyser l'octroi de la licence dans le cas où le breveté justifie d'une excuse légitime. Cette excuse doit constituer un obstacle suffisamment grave à l'exploitation du brevet[25]. Le titulaire peut également échapper à la licence autoritaire s'il justifie des préparatifs effectifs et sérieux pour exploiter l'invention.

L'importation de produits brevetés fabriqués dans un État membre de l'OMC constitue également une façon d'exploitation du brevet en France et au Brésil. Cependant, dans ce cas, la législation brésilienne a donné la possibilité à des tiers de réaliser des importations parallèles (hypothèse unique d'importation parallèle admise par la législation brésilienne)[26].

À notre connaissance la licence autoritaire par défaut d'exploitation n'a été utilisée qu'une seule fois au Brésil, dans l'affaire Nortox/ Monsanto. Dans cette affaire, l'entreprise brésilienne Nortox a obtenu une licence par défaut d'exploitation dans la mesure où l'entreprise américaine Monsanto n'exploitait pas le brevet du défensif agricole « Round Up »[27].

L'autorité compétente pour l'appréciation de la demande de licence autoritaire, le Tribunal de Grande Instance (TGI) en France et l'Instituto Nacional da Propriedade Industrial (INPI) au Brésil, devra fixer les modalités de la licence, telles que la portée, la durée et le montant des redevances dues.

Qu'en est-il des effets en droit brésilien et en droit français ?

### 2. Les effets de l'octroi de la licence autoritaire par défaut d'exploitation

Au visa de l'internalisation de l'article 31, (f), de l'ADPIC, la licence doit être octroyée à caractère non exclusif; en outre, la licence sera utilisée à titre personnel, n'admettant pas une sous-licence ou cession[28]. Une exception a été néanmoins créée, c'est le cas où la licence est cédée avec le fonds de commerce, l'entreprise ou

licence non volontaire de brevet. Néanmoins, la doctrine affirme que cette interdiction à l'exploitation par la voie d'importation n'est pas contraire aux dispositions de l'accord ADPIC. À ce propos, v. Barbosa (D. B.), *Uma introdução à Propriedade Intelectual*, 2ª ed., Rio de Janeiro : Lumen Juris, 2003, p. 548.

24 Au Brésil, cette condition est prévue à l'article 68, § 2, du Código de Propriedade Industrial et en France à l'article L. 613-12 du Code de la Propriété Intellectuelle.

25 À ce propos, voir CA Paris, 2 mai 1963 : *Ann. Propr. Ind.* 1963, p. 295, note Combeau.

26 Art. 68, § 4°, du Código de Propriedade Industrial. Voir aussi Ahlert (I. B.), « Importação paralela e licença compulsória », *RABPI* n° 27, 1997 ; Ahlert (I. B.), « A patente dependente na nova legislação », *RABPI*, n° 9, 1993, p. 48-49.

27 Ash (P.), « Notes on Compulsory Licensing of Patents in Brazil : The Nortox v. Monsanto Case », *préc.*

28 Au Brésil, art. 72 du Código de Propriedade Industrial ; en France, art. L-613-13 du Code de la Propriété Intellectuelle.

la partie de l'entreprise auquel elle est attachée. Cette disposition est consacrée en droit français[29] ainsi qu'en droit brésilien[30].

En ce qui concerne l'épuisement du droit du breveté, la mise sur le marché d'un produit objet d'une licence autoritaire ne doit pas avoir le pouvoir d'entraîner tel effet. Cette solution, qui a été consacrée par le juge communautaire en Europe[31], paraît être transposable au plan interne, tant en France qu'au Brésil.

La licence autoritaire par défaut d'exploitation, toute comme pour les autres licences autoritaires de brevet, prend son effet à partir de la date du jugement qui l'octroie, et ne rétroagit pas à la date de la demande. Ceci entraîne la qualification de tous les actes d'exploitation antérieurs au jugement de contrefaçon[32], sans pour autant empêcher l'octroi de la licence autoritaire[33]. La décision qui octroie la licence autoritaire peut être révisée dans le cas où le détenteur de la licence ne respecte pas les conditions retenues pour la concession de la licence. La demande de révision peut être faite par le titulaire du brevet ou par les autres licenciés auprès du TGI qui l'a octroyée[34]. Au Brésil, la révision d'une telle décision peut être faite seulement par voie d'une action en justice intentée auprès de la juridiction fédérale.

Le législateur français, d'une manière plus judicieuse, a mieux précisé que le législateur brésilien les effets découlant d'une licence autoritaire. Quoi qu'il en soit, dans la pratique les effets juridiques de ce genre de licence sont les mêmes au sein des deux ordres juridiques.

### B. La licence de dépendance de brevets

La licence autoritaire de dépendance se caractérise par la possibilité offerte à un tiers d'écarter le droit conféré au titulaire du brevet lorsque ce tiers détient une invention dont l'exploitation requiert l'utilisation de la technique du brevet. L'existence d'une telle licence est fondée surtout sur l'idée de progrès technique, en envisageant de régler les éventuels conflits entre deux brevetés[35]. Le législateur français, ainsi que le législateur brésilien, a transposé les licences de dépendance

---

29 Cette disposition a été apportée en droit français par l'avènement du CPI de 1996 (art. L. 613-13).

30 Art. 74, § 3°, du Código de Propriedade Industrial.

31 Pharmon c/. Hoechst, CJCE, 9 juillet 1985, aff. 19/84, *Recueil* CJCE 1985, I, p. 2281. Ce sujet n'a pas encore été consacré par les discussions au sein du Mercosur.

32 CA Paris, 30 octobre 1996 : PIBD 1997, 626, III, 79.

33 Cass. com. 11 janvier 2000, *D.* 2000, act. Jurispr. p. 156, Poisson.

34 Art. L. 613-14 du Code de la Propriété Intellectuelle.

35 Cette modalité de licence autoritaire fait l'objet de controverses depuis longtemps, car elle permettrait une exploitation du travail d'autrui. À ce propos, voir Chaptal, (J. A.), *De l'industrie française*, Antoine-Augustin Renouard, p. 376. Selon certains auteurs, l'absence d'application pratique de cette espèce de licence autoritaire se justifie par le fait que les conflits entre les titulaires des brevets dominants et des brevets dépendant se règlent à l'amiable. En ce même sens, Schmidt-Szalewski (J.), *op. cit.*, p. 120 ; Stauder (D.) et Kolle (G.), « Record of proceedings at the open session held with AIPLA on 18 october 1989 », *IIC*, v. 21, 1990, point III, p. 553-554. Cette approche nous paraît tout à fait convenable car une réciprocité de licences entre les brevetés constitue des avantages aux deux parties.

telles qu'établies par l'article 31 (l) de l'accord ADPIC[36]. Cette transposition n'a modifié que très peu les standards concernant les conditions d'octroi de la licence (1).

Une espèce de dépendance, autre que la dépendance classique, a été envisagée par le législateur communautaire et transposée en droit français dans le domaine de la biotechnologie (2).

### 1. Les conditions à l'octroi de la licence de dépendance

Un brevet est considéré comme dépendant, quand son exploitation suppose la reproduction totale ou partielle d'un brevet déjà existant. La transposition adoptée par la France des standards de l'ADPIC a donné tout d'abord la possibilité de n'adopter une telle licence qu'en matière de perfectionnements d'une invention antérieurement brevetée. Le régime de la licence de dépendance a été modifié par la loi du 6 août 2004 qui a élargi son champ d'application en permettant de l'accorder à tout brevet dépendant d'un brevet dominant, sans qu'il s'agisse nécessairement d'un perfectionnement. Cette loi a aussi écarté l'exigence d'intérêt public pour la concession de la licence. Il en est de même de l'exigence de non-exploitation pendant une durée de 3 ans.

La loi brésilienne a adopté, tout comme la loi française, les standards de l'ADPIC concernant l'obtention d'une licence de dépendance, cependant les deux législations ne sont pas tout à fait identiques.

La situation de dépendance entre les inventions doit rester caractérisée et la licence sera octroyée seulement pour la partie du brevet dominant nécessaire à l'exploitation du brevet dépendant.

Pour qu'une telle licence soit octroyée en France ou au Brésil l'objet du brevet dépendant doit constituer un progrès technique substantiel par rapport au brevet antérieur. En France, le choix a été pour l'adoption de la stipulation de l'ADPIC concernant l'apport économique du brevet dépendant. L'article L. 613-15 du CPI français impose, comme condition à l'octroi de la licence, la présence d'un intérêt économique considérable. Au Brésil, on constate que l'exigence d'un apport économique du brevet dépendant par rapport au brevet antérieur n'est pas essentielle pour que la licence soit octroyée[37].

La réciprocité de la licence peut être demandée par le titulaire du brevet dominant qui présentera sa demande auprès du TGI, en France, ou auprès de l'INPI, au Brésil.

L'application subsidiaire des stipulations de la licence autoritaire par défaut d'exploitation entraîne en droit français une contradiction à propos de la transmission de la licence de dépendance. Alors qu'en droit français l'article L. 613-15 du CPI ne permet que la transmission conjointe de la licence et du brevet postérieur, l'article L. 613-13 du CPI n'autorise que la transmission conjointe de la licence et du fonds de commerce de l'entreprise ou la partie de l'entreprise à

---

36 Sur les dispositions de l'Accord ADPIC et ses commentaires, v. Gervais (D.), *The TRIPS Agreement: drafting history and analysis*, 2nd ed., Sweet and Maxwell, 2003, p. 253.

37 Sur l'ensemble des questions autour de la licence de dépendance au Brésil, v. Ahlert (I.), « Importação Paralela e Licença Compulsória », *op. cit.*, p. 39-42.

laquelle la licence est attachée[38]. Cette contradiction se présente en droit brésilien par la collision des dispositions des articles 70 et 74 du CPI brésilien.

Enfin, il demeure toujours nécessaire, tant en droit français que brésilien, la démonstration de la part du demandeur qu'il n'a pas pu obtenir une licence volontaire auprès du titulaire du brevet dominant.

### 2. La dépendance dans le domaine de la biotechnologie

Une nouvelle licence de dépendance concernant la biotechnologie a été mise en place par la directive communautaire n° 98/44, transposée en droit français par les lois du 6 août 2004 et du 8 décembre 2004.

Une telle licence vise la coopération entre les inventeurs titulaires de brevets comportant des modifications génétiques d'une plante et les titulaires de titres d'obtention végétale, variétés végétales nouvelles développées à partir des plantes modifiées[39].

Cette nouvelle licence autoritaire associe le droit de brevet à celui des certificats d'obtention de variétés végétales permettant au demandeur, lorsqu'il y a une relation de dépendance entre une nouvelle obtention de variétés végétales et un brevet antérieur, d'obtenir une licence autoritaire pour son exploitation. Ainsi, si le titulaire d'un brevet n'arrive pas à l'exploiter sans porter atteinte à un certificat d'obtention de variétés végétales, il pourra demander une telle licence[40], qui sera toujours réciproque.

En outre, l'exigence d'un apport de progrès technique important et d'un intérêt économique considérable subsiste toujours, de même que les autres conditions à l'octroi d'une licence de dépendance[41]. Nonobstant ceci, une limitation indirecte peut être trouvée à l'article L. 613-2-1 du CPI français. Cette disposition impose que les revendications d'un premier inventeur sur une séquence génétique ne puissent faire, en aucun cas, obstacle à une revendication ultérieure portant sur la même séquence si cette dernière est également utile et nécessaire à une application technique, concrètement exposée, différente de la première. Cette disposition fait que le second brevet soit totalement indépendant du premier, n'étant pas susceptible à une licence autoritaire de dépendance[42].

À son tour, le législateur brésilien a envisagé la possibilité des licences autoritaires dans le domaine des obtentions végétales[43], n'écartant pas la possibilité d'une licence autoritaire entre un brevet et un certificat d'obtention végétale.

---

38 En ce même sens : Schmidt-Szalewski (J.), *op. cit.*, p. 119-120.

39 Galloux (J.-C.), *Droit de la propriété industrielle*, *op. cit.*, p. 324.

40 Une telle approche peut être une nouvelle solution pour résoudre toutes situations dont plusieurs droits de propriété intellectuelle coexistent sur un même objet. Galloux (J.-C.), « Des possibles cumuls de protection par les droits de propriété intellectuelle », in *La contrefaçon : l'entreprise face à la contrefaçon de droits de propriété intellectuelle*, Litec, 2003, p. 81.

41 Bozard (M), « Licence de dépendance entre brevet et certificat d'obtention végétale : point d'équilibre ? » *Propriété Industrielle*, 11 novembre 2005, étude n° 24.

42 Sur l'ensemble des questions, v. Galloux (J.-C.), *Droit de la propriété industrielle*, *op. cit.*, p. 129.

43 En ce qui concerne les licences autoritaires, la loi sur les obtentions végétales, loi n° 9.456 du 25 avril 1997, renvoie aux dispositions générales du Código de Propriedade Industrial.

## II. L'identification d'un intérêt justifiant l'intervention de l'État

L'intérêt public sera toujours le motif d'un licenciement autoritaire. Cependant, il y a des situations dans lesquelles l'intérêt public justifie l'intervention étatique. L'accord sur les ADPIC a offert aux États contractants la possibilité de définir les cas dans lesquels cet intérêt public pourra justifier une telle intervention.

La transposition de ces dispositions de l'ADPIC a été faite différemment en France et au Brésil. Le législateur français a décidé de légiférer en édictant les seules hypothèses où une licence autoritaire pourra être accordée (A). Le législateur brésilien, au contraire, essaye de faciliter les politiques publiques d'un État en voie de développement. Il privilégiera donc un système plus ouvert et flexible afin de garantir les acquis de l'intérêt public (B).

### A. La protection de l'intérêt général en France : un système de *numerus clausus*

L'intérêt public permet de limiter l'utilisation des licences autoritaires[44]. Les seules licences autoritaires connues en France touchant directement à l'intérêt général sont celles énumérées par le CPI que nous analyserons ci-après.

Le modèle français connaît trois licences autoritaires : la licence autoritaire dans l'intérêt de la santé publique (1), la licence autoritaire dans l'intérêt du développement économique (2) et la licence autoritaire dans l'intérêt de la défense nationale (3). Ces licences autoritaires n'ont jamais été utilisées en France[45].

#### 1. La licence autoritaire dans l'intérêt de la santé publique

La licence autoritaire dans l'intérêt de la santé publique est règlementée par l'article L. 613-16 du CPI français[46]. Selon cet article, lorsqu'il existe un besoin lié à la santé publique, le ministre chargé de la propriété industrielle peut, à la demande du ministre chargé de la santé publique, octroyer une licence d'office sur un brevet. Cependant, le ministre chargé de la propriété industrielle doit chercher, au préalable, un accord à l'amiable avant d'octroyer une telle licence.

Le contenu du brevet objet de la licence pourra être un médicament, un dispositif médical[47], un dispositif médical de diagnostic *in vitro*, un produit

---

44 Il est important de remarquer que l'intérêt public sera présent en toute licence autoritaire de brevet, ceci étant le fondement ultime du système de brevet. En ce sens : MANKIEWICZ (H.), « La licence obligatoire en matière de brevets d'invention », *op. cit.*, p. 9-11.

45 SCHMIDT-SZALEWSKI (J.), *op. cit.*, p. 121 ; FOYER (J.), « Le droit de la propriété industrielle à la fin du XXe siècle », *Mélanges Jean Derrupé*, Joly éditions, 1991, p. 379.

46 Cette licence autoritaire a son origine en droit français dans le décret-loi n° 53-791 du 30 septembre 1953. Ce texte règlementait pour la première fois en droit français une licence autoritaire relative aux brevets pharmaceutiques. Sur la question, v. ROUBIER (P.), « La sanction de l'obligation d'exploiter les brevets d'invention : déchéance ou licence obligatoire », *préc.*, p. 10.

47 L'article L 5211-1 du Code de la Santé Publique (CSP) définit les dispositifs médicaux comme tout instrument, appareil, équipement, matière, produit, à l'exception des produits d'origine humaine, ou autre article utilisé seul ou en association, y compris les accessoires et logiciels intervenant dans son fonctionnement, destiné par le fabricant

thérapeutique annexe[48] ou une méthode de diagnostic *in vitro*, de même pour leur procédé d'obtention, un produit nécessaire à leur obtention ou un procédé de fabrication d'un tel produit. La loi du 6 août 2004 a élargi le champ d'application de cette licence[49]. Avant ladite loi, il n'était possible d'octroyer une telle licence que pour les médicaments. Heureusement, le législateur a pris en compte la situation actuelle de la technologie médicale et les besoins de la santé de la société civile en élargissant le domaine d'application de cette licence.

Les seules situations dans lesquelles une licence autoritaire dans l'intérêt de la santé publique peut être octroyée sont la mise à la disposition du public en quantité ou qualité insuffisante du médicament, l'existence d'un abus par rapport au prix de ces produits, dans le cas où l'exploitation du brevet se fait de manière contraire à l'intérêt de la santé publique[50] ou de manière à constituer des pratiques déclarées anticoncurrentielles et en cas d'urgence et dans les cas couverts par le règlement communautaire sur la licence autoritaire d'exportation[51].

Il est possible qu'une licence couvrant le domaine vétérinaire, dénommée licence d'office dans l'intérêt de l'élevage, soit liée à la licence dans l'intérêt de la santé publique. Cette licence a été instituée par l'article L. 5141-13 du Code de la Santé Publique qui ne prévoit la possibilité d'octroi d'une licence autoritaire que dans les cas où l'économie d'élevage l'exige. Étant donné que la disposition de l'article ne précise pas les modalités d'application de cette licence, il est raisonnable de s'inspirer de celles prévues dans l'intérêt de la santé publique[52].

Toute personne qualifiée peut demander une licence d'exploitation au ministre chargé de la propriété industrielle dès la publication de l'arrêté qui octroie une licence autoritaire dans l'intérêt de la santé publique. Le ministre l'accordera sous certaines conditions déterminées par lui-même, sauf sur les redevances, qui doivent être fixées par les parties intéressées et approuvées par le ministre ou par le présidant du TGI.

---

à être utilisé chez l'homme à des fins médicales et dont l'action principale voulue n'est pas obtenue par des moyens pharmacologiques ou immunologiques ni par métabolisme, mais dont la fonction peut être assistée par de tels moyens.

48 Les produits thérapeutiques annexes sont définis par l'article L. 1261-1 du CSP comme « *tout produit, à l'exception des dispositifs médicaux mentionnés à l'article L. 5211-1, entrant en contact avec des organes, tissus, cellules ou produits issus du corps humain ou d'origine animale au cours de leur conservation, de leur préparation, de leur transformation, de leur conditionnement ou de leur transport avant leur utilisation thérapeutique chez l'homme, ainsi que tout produit entrant en contact avec des embryons dans le cadre d'une activité d'assistance médicale à la procréation* ».

49 Schmidt-Szalewski (J.), *Droit de la Propriété Industrielle, op. cit.*, p. 121.

50 Pour un approfondissement sur le débat à propos de la licence dans l'intérêt de la santé publique, v. Sabatier (M.), *L'exploitation des brevets d'invention et l'intérêt général d'ordre économique*, Collection du CEIPI, Litec, 1976, p. 217-219.

51 Règlement n° 816/2006/CE, 17 mai 2006, *JOUE* n° L. 157, 9 juin 2006 ; Chrétien (F.), « Accès aux médicaments : la Commission de l'Union Européenne propose un règlement pour autoriser l'exportation de médicaments vers les pays pauvres », *Propriété Industrielle*, décembre 2004, n° 12, p. 4.

52 En ce sens, Azema (J.) et Galloux (J.-C.), *op. cit.*, p. 328.

### 2. La licence autoritaire dans l'intérêt du développement économique

Une autre licence prévue par le système français est la licence octroyée dans l'intérêt du développement économique traitée par le CPI français dans son article L. 613-18. Cet article dispose que le ministre chargé de la propriété industrielle peut mettre en demeure le titulaire d'un brevet qui ne l'exploite pas de façon à satisfaire aux besoins de l'économie nationale. Toutes les catégories de brevet pourront faire l'objet de ladite licence, mises à part celles qui sont dans le champ d'application de la licence autoritaire octroyée dans l'intérêt de la santé publique.

L'octroi de la licence doit être précédé d'une alerte adressée au titulaire du brevet pour qu'il commence à exploiter son droit. De cette manière, il pourra fournir le marché sans porter atteinte à l'économie nationale. Si après l'expiration d'un délai d'un an l'exploitation par le titulaire reste inexistante ou insuffisante, en qualité ou quantité, et que cette situation porte un grave préjudice au développement économique et à l'intérêt public, une licence autoritaire pourra être octroyée par la voie ministérielle.

Cette hypothèse de licence autoritaire est depuis longtemps critiquée par la doctrine en raison du caractère subjectif de son appréciation[53] ; l'autorité bénéficiant d'une trop large marge d'appréciation, ce qui peut encourager les inventeurs à maintenir leurs inventions secrètes[54]. Cependant, il paraît y avoir une ressemblance entre cette licence et la licence par défaut d'exploitation. L'expérience acquise par l'utilisation d'une telle licence peut servir de base à la définition de non-exploitation ou d'exploitation insuffisante du brevet, ce qui constitue un frein au développement économique.

### 3. La licence autoritaire dans l'intérêt de la défense nationale

Il reste encore à analyser la licence octroyée dans l'intérêt de la défense nationale qui est prévue par l'article L. 613-19 du CPI français. Cette licence permet à l'État de tirer profit d'une invention qui pourrait être utilisée pour assurer la protection du pays ou développer le pouvoir belliciste de ses forces armées.

Cette variante de licence autoritaire fonctionne de manière similaire aux précédentes, l'État devant négocier préalablement une licence volontaire avant d'octroyer une telle licence. Ainsi, l'État peut obtenir une telle licence à tout moment à travers une requête du ministre chargé de la défense. Le ministre chargé de la propriété industrielle, fixera, par arrêté ministériel, les conditions de la licence, à l'exception des redevances qui seront déterminées par le TGI. L'État pourra fabriquer l'objet de la licence lui-même ou confier sa fabrication à des tiers agissant pour son compte.

Cette manière de protection de l'intérêt général paraît adéquate pour les pays développés, comme c'est le cas de la France. Quelle serait la manière dont les pays en voie de développement protègent leurs intérêts ?

---

53 Chavanne (A.), « La loi du 2 janvier 1968 tendant à valoriser l'activité inventive et à modifier le régime des brevets d'invention », *JCP* 1968, Doctrine 2186, n° 34.

54 Dans le même sens, Azema (J.) et Galloux (J.-C.), *op. cit.*, p. 326.

### B. La protection de l'intérêt général au Brésil : un système ouvert

Pour faciliter la mise en place des politiques publiques, le législateur brésilien a adopté un système moins rigide que le modèle français. L'intérêt public apparaît dans le système brésilien telle que la motivation de la licence autoritaire. Mais la question se pose de savoir quel est l'intérêt public passible d'entraîner une licence autoritaire de brevet (1).

L'utilisation d'un système moins rigide peut donner lieu à de mauvaises utilisations de la licence autoritaire de brevet. Ainsi, il peut être intéressant d'analyser la manière dont le système brésilien a été utilisé pour assurer la continuation d'un programme de santé publique (2).

#### 1. La caractérisation d'un intérêt public susceptible d'entraîner une licence autoritaire de brevet

Le système brésilien se présente comme un système basé sur une clause générale[55]. L'article 71 du CPI brésilien ouvre la possibilité d'octroyer une licence fondée sur l'intérêt public[56]. Selon cet article, dans les cas d'urgence nationale ou d'intérêt public une licence autoritaire pourra être octroyée *ex officio*, la déclaration de cette urgence ou intérêt public relevant de la compétence de l'exécutif fédéral. Cependant, la loi ne précise pas quelles sont les hypothèses dans lesquelles il y a un intérêt public susceptible de justifier une telle intervention de l'État.

Il faudrait donc édicter une réglementation portant interprétation des notions d'urgence nationale et d'intérêt public. La réglementation de l'article 71 du CPI brésilien, faite par le Décret n° 3201 de 6 octobre 1999, ne clarifie point la notion d'intérêt public[57]. Le Décret-loi n° 3365 de 21 juin 1941 relatif aux dépossessions fondées sur l'utilité publique restait plus précis en la matière. Désirant fournir plus d'éléments objectifs quant à la licence autoritaire fondée sur l'intérêt public, le Président de la République a promulgué le Décret n° 4830 du 4 septembre 2003, dont l'article 2, § 2° apporte une notion trop vague d'intérêt public[58]. D'après ce texte, la notion comprendrait la santé publique, la nutrition, la

55 Cette clause générale se fonde sur le principe constitutionnel de la fonction sociale de la propriété, prévu à l'article 5, XIII, de la Constitution brésilienne de 1988. Sur ce sujet, v. Monteiro (R. P. C.), « A função social da propriedade na constituição da república de 1988 e a propriedade industrial », *RABPI*, n° 69, 2004, p. 23-30 ; Moraes (J. D.) *A função social da propriedade e a Constituição Federal de 1988*, São Paulo : Malheiros, 1999 ; Zaitz (D.) et Arruda (G. F.), « A função social da propriedade intelectual – Patentes e know-how », *RABPI*, n° 96, p. 36-43.

56 La procédure pour l'octroi d'une licence autoritaire de brevet fondée sur l'intérêt public consiste dans la détermination de la nécessité ou l'urgence, bien comme le refus ou l'impossibilité du titulaire du brevet de le satisfaire. Puis, il en est nécessaire que le pouvoir exécutif déclare l'intérêt public ou l'urgence ; dans un troisième moment l'octroi de la licence à travers un décret présidentiel ; et, finalement, la fixation des redevances par l'INPI.

57 Barbosa (D. B.), *Uma introdução à Propriedade Intelectual, op. cit.*, p. 546 ; Instituto Dannemann Siemsen de Estudos de Propriedade Intelectual, *Comentários à lei da propriedade industrial*, Rio de Janeiro : Renovar, 2005, p. 146.

58 Barbosa (D. B.), « A nova regulamentação da licença compulsória por interesse publico », *RABPI*, n° 67, p. 10-27.

protection de l'environnement, ainsi que les faits d'importance primordiale pour le développement technologique et socio-économique du Brésil.

Nonobstant l'effort de la part du pouvoir exécutif de remédier aux lacunes, la doctrine brésilienne s'inspire toujours de l'article 5 du Décret-loi n° 3365 de 1941 pour donner une définition plus précise de l'intérêt public susceptible d'entraîner l'octroi d'une licence autoritaire[59], le Décret de 2003 se contentant de donner une liste d'exemples à leur avis.

En d'autres termes, cet acte émanant du pouvoir exécutif fédéral apparaît comme trop descriptif. De plus, il confère un pouvoir trop grand à l'État qui pourra déclarer n'importe quel brevet comme étant d'intérêt public[60]. Ainsi, la doctrine élargit à tort l'étendue d'application de cette licence fondée sur l'intérêt public, étendant son application même dans les cas de non-exploitation ou exploitation insuffisante du brevet[61] – cette logique n'est pas seulement contraire aux dispositions des accords dont le Brésil est signataire, mais dangereuse pour les politiques économiques nationales, car l'intérêt public justifierait n'importe quelle décision du gouvernement à propos des licences autoritaires de brevet.

En outre, afin de limiter le pouvoir de l'État, le législateur a conditionné l'octroi d'une telle licence à l'échec de la part du breveté de répondre aux besoins de l'intérêt public en cause. Cette condition n'est pas très respectée, comme on peut l'observer à travers l'analyse de l'expérience d'utilisation de cette licence en mai 2007.

#### 2. Le décret du 4 mai 2007 sur la licence autoritaire des brevets portant sur deux médicaments antirétroviraux et ses conséquences

Il est important de préciser que l'instrument de la licence autoritaire fondée sur l'intérêt public restait jusqu'en mai 2007 sans application par le gouvernement brésilien. Nonobstant, la menace du recours à celle-ci fut utilisée comme un outil de pression dans les négociations entre le gouvernement brésilien et l'industrie des médicaments contre le SIDA[62], notamment en 2001 et 2005.

Cependant, en 2005, le gouvernement brésilien est allé plus loin en entamant le procès d'octroi de la licence autoritaire par l'édiction d'une *Portaria*[63] qui donnait le statut d'intérêt public aux médicaments pour le traitement du SIDA. Par une autre *Portaria*, du 28 avril 2007, les brevets du médicament contre le SIDA nommé « Enfavirenz », de l'entreprise Merk, ont été qualifiés comme d'intérêt public. Une semaine après, le Président brésilien signait, le 4 mai 2007, le décret octroyant une licence autoritaire des deux brevets portant sur le médicament qui permet le combat contre le SIDA. Ce Décret est entré en vigueur le 7 mai 2007, date de sa publication au Journal officiel.

---

59 Barbosa (D.B.), *Uma introdução à Propriedade Intelectual, op. cit.*, p. 534-535.

60 Instituto Dannemann Siemsen de Estudos de Propriedade Intelectual, Comentários à lei da propriedade industrial, *préc.*, p. 146.

61 Scudeler (M.A.), « Licença compulsória pela ausência de exploração local promovida pelo poder público », *RABPI*, n° 96, 2008, p. 9-10.

62 À ce propos, v. Barcelos, (M.L.L.), « Licença compulsória : balanceamento de interesses, motivação e controle dos atos administrativos », *RABPI*, n° 79, 2005, p. 60-62.

63 La Portaria est un acte normatif dérivé de l'administration publique équivalent à l'Arrêté en droit français.

En analysant la *Portaria* qui qualifie les brevets comme étant d'intérêt public et le décret qui octroie la licence autoritaire, il est possible de tirer quelques conclusions. Le fondement de la qualification des brevets présentés comme d'intérêt public par le gouvernement dans ladite *Portaria* est le suivant :

> *[...] (i) l'Enfavirenz est indispensable au traitement du SIDA et les prix actuellement pratiqués par le titulaire du brevet compromettent la viabilité du Programme Anti-SIDA du Ministère de la Santé ; (ii) il n'a pas été possible de s'accorder avec le titulaire du brevet sur un prix raisonnable ; (iii) l'État doit garantir l'accès universel et gratuit aux services de santé publique [...].*

Ainsi il faut analyser, ne serait-ce que brièvement, si les conditions imposées par le CPI brésilien et par l'accord ADPIC ont été respectées.

Tout d'abord, quel intérêt a donné lieu à la licence ?
Il est possible d'affirmer, en faisant recours à la *Portaria* du Ministère de la Santé, que la continuation du programme de combat contre le SIDA du Ministère de la Santé serait l'intérêt public en cause, étant donné que le décret ne fait aucune référence à la *Portaria* ou à l'intérêt public justificatif de la licence. Conséquemment, il est possible d'affirmer que le gouvernement n'a pas suffisamment précisé, par l'acte qui octroie la licence autoritaire, l'intérêt public en cause, ceci étant une condition de l'octroi de celle-ci.

Deuxièmement, quelle justification d'une telle licence ?
La licence autoritaire fondée sur l'intérêt public est-elle la plus appropriée ? La justification donnée par la *Portaria* était que les prix pratiqués par le titulaire du brevet rendaient non viable la continuation du programme de combat contre le SIDA. Cependant, de manière clairement contraire au devoir de motivation des actes émanant du pouvoir public, les éléments nécessaires à l'appréciation d'une telle situation n'ont pas été fournis par l'autorité gouvernementale. De surcroît, semble être incohérente l'affirmation que les prix pratiqués par le titulaire des brevets en question auraient été trop élevés, car les prix des médicaments sont contrôlés au Brésil par un comité placé sous l'autorité dépendant du Ministère de la Santé[64], lequel impose depuis 2003 les prix de tous les médicaments et leurs augmentations. En outre, il semble que l'espèce de licence autoritaire plus adéquate à la situation (prix trop élevés) serait celle tenant compte d'un abus de pouvoir économique, prévu en droit brésilien par l'article 68 du CPI brésilien et réglementé par l'article 21 et 24 de la loi de défense de la concurrence. Or, la licence autoritaire fondée sur l'abus de pouvoir économique est l'instrument capable de résoudre la situation à laquelle le gouvernement était confronté. Cependant, sa procédure d'obtention est plus compliquée que la procédure d'obtention de la licence fondée sur l'intérêt public et requiert une analyse économique par l'autorité de concurrence, le Conselho Administrativo de Defesa Econômica – CADE. Ainsi, le gouvernement a choisi la voie la plus facile et rapide afin d'échapper au contrôle préalable de sa décision.

Troisièmement, quelle est la durée de la licence ?

64 Loi instituant la Câmara de Regulação do Mercado de Medicamentos, loi n° 10.742 du 6 octobre 2003.

Le décret, par son article 1, § 1°, fixe la durée de la licence autoritaire pour 5 ans, renouvelables pour une période équivalente, ou dans le cas de disparition des circonstances qui ont donné cause à la licence. Deux considérations doivent être faites : En premier lieu, il convient de prendre en compte la durée de protection desdits brevets. La protection conférée par le brevet expirant en 2012, la licence autoritaire y attachée prendra fin la même année. Par ailleurs, il convient également de s'interroger sur la date à laquelle la licence autoritaire prendra fin dans le cadre de la disparition des causes pour lesquelles elle a été conférée.

Quatrièmement, la rémunération de la licence est-elle raisonnable ?
La rémunération est fixée par l'article 2 du décret dans la proportion de 1,5 % sur le prix de fabrication du produit par le gouvernement ou 1,5 % sur le prix d'achat du produit. Il semble que cette rémunération ne couvre pas le coût de l'investissement réalisé par le titulaire des brevets sur la recherche des nouveaux médicaments. Or, il serait plus raisonnable d'employer les critères utilisés par l'INPI sur l'analyse des contrats de licence de brevets[65], fixant ainsi la rémunération à 5% sur le prix de fabrication du médicament. Cependant, l'entreprise titulaire des brevets n'a pas eu recours à la justice pour mettre fin à cette situation, soit parce qu'elle l'a considérée comme juste, soit pour une question liée à la protection de l'image de l'entreprise.

Cinquièmement, l'article 5 du décret confère la possibilité au gouvernement d'importer les brevets licenciés dans les cas où la fabrication dans le pays serait impossible. Il semble que le gouvernement a profité de la situation pour permettre l'utilisation d'une sorte de licence autoritaire d'exportation semblable à celle instaurée au sein de l'OMC post-Doha[66].

Enfin, dans le discours suivant la publication de ce décret, le président brésilien annonça qu'il envisageait d'utiliser la licence autoritaire pour résoudre d'autres problèmes du pays. Ainsi, le 10 avril 2008, le ministre de la santé a signé une autre *Portaria*, qualifiant cette fois-ci l'antirétroviraux « Tenofovir » comme étant d'intérêt public.

On a pu constater que le gouvernement brésilien n'a pas pris en compte les conditions nécessaires à l'application de la licence autoritaire fondée sur l'intérêt public, allant à l'encontre de plusieurs dispositions de l'accord ADPIC et du CPI brésilien. Cela peut entraîner des conséquences non seulement dans le marché interne, tel que l'insécurité juridique, mais aussi dans un contexte international, soit dans le cadre de l'OMC, soit dans le cadre de relations bilatérales.

La licence autoritaire est un instrument nécessaire à l'équilibre du système moderne des brevets. Cependant, il est tout aussi important que cet instrument soit bien utilisé, sous peine d'entraîner des conséquences inverses à l'objectif de ce système. Ainsi, il est souhaitable que cet instrument ne soit pas utilisé à d'autres fins que la quête de l'intérêt général.

---

65 A ce propos, v. Urey (S.), « Observations on negotiations » in *Brazil, Les Nouvelles*, n° 25, 1990, p. 119-121 ; Di Blasi (G.), *A Propriedade Industrial*, 2ª ed., Rio de Janeiro : Editora Forense, 2005, p. 414.

66 Abbot (F.) et Reichman (J.), *op. cit.* ; Matthews (D.), *op. cit.*, p. 73-107 ; Paas (K.), *op. cit.*, p. 609-613.

# LA RESPONSABILITÉ PÉNALE DES PERSONNES MORALES EN DROIT FRANÇAIS ET EN DROIT BRÉSILIEN

Gisela BARBOSA DOS REIS*

La responsabilité pénale, au long de son histoire, a connu des tendances collectivistes et des tendances individualistes. On constate que, jusqu'au Moyen Âge, une tendance à la responsabilité collective prévalait. Néanmoins, après la Révolution française de 1789 et sous l'influence des idées des Lumières, la responsabilité individuelle a fini par être largement défendue au nom des libertés de la personne.

Le fondement de cette transition se trouve dans son contexte historique. À une époque où l'ordre politique européenne était basé sur l'absolutisme, il était nécessaire de contenir le pouvoir d'une corporation quelle qu'elle soit. Une fois dépassée la période absolutiste, la responsabilité individuelle a été adoptée.

Aujourd'hui, on continue de bien différencier ces deux tendances, tout en constatant un affermissement de la théorie de la responsabilité pénale des personnes morales.

Dans les systèmes romano-germaniques, le principe selon lequel *societas delinquere non potest* est largement appliqué et cela permet aux personnes morales d'être passibles d'une sanction de nature uniquement administrative et civile. C'est le système qui prévaut dans certains pays de l'Europe continentale et d'Amérique Latine. En revanche, dans des pays de la *common law*, la responsabilité pénale des personnes morales est largement admise. Curieusement, cette orientation se répand actuellement, même dans les pays qui relèvent d'un système romano-germanique, ce qui est le cas de la France et du Brésil.

Dans le contexte européen, le protocole 2 de la Commission de protection des intérêts financiers[1] et les recommandations des ministres du Conseil de

---

* *Juriste d'entreprise.*

1 Cf. in www.europa.eu.int/ Le protocole dispose sur la responsabilité des personnes morales sans établir la nature de celle-ci. Il laisserait aux États le choix entre la responsabilité pénale ou administrative.

l'Europe[2] incitent les États à attribuer la responsabilité et les sanctions pénales aux entreprises, lorsque la nature de l'infraction, la gravité de la faute, les conséquences pour la société et la nécessité de prévenir d'autres infractions l'exigent.

En revenant au contexte national, on constate que le législateur français a introduit la responsabilité pénale des personnes morales aux termes de l'article 121-2 du Code de 1994[3]. Au Brésil, c'est la Constitution de la République de 1988 qui a innové, avec l'article 225, § 3[4], dont l'interprétation littérale sous-entend l'institution de la responsabilité pénale de la personne morale pour des crimes contre l'environnement. La disposition constitutionnelle a été réglementée dix ans après par la loi nº 9.605/98, qui traite des sanctions pénales et administratives applicables en cas d'agissements et d'activités préjudiciables à l'environnement. La doctrine brésilienne affirme que le modèle adopté par la loi de 1998 a été inspiré du modèle français.

En effet, on retrouve plusieurs similitudes entre l'un et l'autre modèle. Lors de l'introduction de ces textes législatifs, on a beaucoup discuté de la viabilité de cette responsabilité, de ses fondements et de sa compatibilité avec les concepts liés à la responsabilité pénale. La consécration de la responsabilité pénale des personnes morales dans le droit positif de ces deux pays n'a pas effacé certains doutes au sein de la doctrine et de la jurisprudence, notamment en ce qui concerne la validité de l'option faite par le législateur, ses implications et son fondement.

À cet effet, on rappelle qu'au Brésil, la première condamnation d'une personne morale n'a eu lieu qu'en août 2003 et ceci à contre-gré de la doctrine. En France, 14 ans après l'entrée en vigueur du Code de 1994, l'actualité du sujet s'est une autre fois imposée avec la loi du 9 mars 2004 (Loi Perben II), qui a supprimé le principe de la spécificité pour la responsabilité pénale des personnes morales. Aujourd'hui, le débat s'installe de nouveau avec un mouvement connu par la doctrine[5] comme la simplification de la responsabilité pénale des personnes morales traduite par certaines décisions de la Cour de cassation.

L'actualité de la question et le rapport entre ces deux systèmes juridiques sont une bonne occasion de les repenser d'une façon comparative, sans avoir la prétention de trancher le débat. Le but est de mettre en lumière certains points

---

2 Nº R (81) 12 sur la criminalité des affaires et nº R (88) 18 sur la responsabilité des entreprises dans le cas d'infractions.

3 « *Les personnes morales, à l'exclusion de l'État, sont responsables pénalement, selon les distinctions des articles 121-4 à 121-7 et dans les cas prévus par la loi ou le règlement, des infractions commises, pour leur compte, par leurs organes ou représentants. Toutefois, les collectivités territoriales et leurs groupements ne sont responsables pénalement que des infractions commises dans l'exercice d'activités susceptibles de faire l'objet de conventions de délégation de service public. La responsabilité pénale des personnes morales n'exclut pas celle des personnes physiques auteurs ou complices des mêmes faits, sous réserve des dispositions du quatrième alinéa de l'article 121-3* ».

4 Les agissements et les activités considérées comme préjudiciables à l'environnement soumettront les auteurs d'infractions, personnes physiques ou morales, à des sanctions criminelles et administratives, indépendamment de l'obligation de réparer les dommages. (Traduction libre)

5 DREYER (E.), « Homicide involontaire nécessairement commis par les organes ou les représentants de la société », *La semaine juridique*, édition générale, nº 49, 6 décembre 2006.II.10199.

et de remettre en cause quelques questions qui ont été abandonnées au fil du temps.

Pour cela, on propose une analyse des régimes de la responsabilité pénale des personnes morales en droit brésilien et en droit français (I) avant de s'interroger sur le support théorique permettant aux législateurs français et brésiliens d'attribuer une responsabilité pénale aux personnes morales (II).

## I. Le régime de la responsabilité pénale en France et au Brésil

Les régimes brésilien et français de la responsabilité pénale des personnes morales connaissent des conditions spécifiques pour leur mise en œuvre (B). Dans la mesure où cette responsabilité se fonde sur des concepts liés à la responsabilité pénale des personnes physiques, le rappel de certaines notions s'impose (A).

### A. La responsabilité pénale des personnes physiques en France et au Brésil : leur caractère subjectif

La responsabilité se traduit par l'aptitude à répondre pour des faits. Dans le droit pénal, la responsabilité signifie, plus particulièrement, l'aptitude à recevoir des sanctions. Cette aptitude est caractérisée par un ensemble de conditions psychologiques et par conséquent, par une responsabilité de caractère subjectif[6], fondée sur des concepts comme l'imputabilité et la culpabilité.

En d'autres termes, la responsabilité pénale peut être définie comme «*l'obligation pour une personne impliquée dans une infraction d'en assumer les conséquences pénales, c'est-à-dire de subir la sanction attachée à cette infraction, cette sanction étant punitive et préventive*»[7].

Même si les concepts d'imputabilité et de culpabilité sont différents en France et au Brésil, ils gardent en commun leur caractère subjectif, tel que les conditions de la faute (en droit français, mesurée par degré ou fixée en modalités ; en droit brésilien, l'objet de distinctions conceptuelles formulées par la doctrine).

En France, la doctrine cherche à établir les éléments de l'infraction. Toutefois, malgré de nombreux efforts, elle n'est pas encore arrivée à un vrai consensus. En effet, on distingue l'élément matériel de l'élément moral de l'infraction. Le premier est considéré comme un comportement, un lien de causalité et parfois un résultat. L'élément moral, à son tour, ne connaît pas une définition unique. Néanmoins, les concepts d'imputabilité et de culpabilité sont fréquemment liés à cet élément. La doctrine brésilienne, à son tour, se fonde, sauf quelques exceptions, sur le classement tripartite du crime. Elle établit le concept analytique du crime en le définissant comme un comportement «*típico*» (qualification), illicite et coupable.

On comprend que le droit français prévoit, comme le droit brésilien, l'existence d'un élément extérieur à l'élément matériel de l'infraction. Il s'agit de l'aspect subjectif de la responsabilité.

L'imputabilité, en France, peut être définie comme «*la possibilité de mettre l'infraction au compte de la personne qui l'a commise et par la suite de la déclarer*

6 LEIRA (A.), *Fundamentos da responsabilidade penal*, p. 232.

7 PRADEL (J.), *Droit pénal général*, Cujas, 2005. p. 367.

*pénalement responsable*»[8]. Selon la Cour de cassation, l'imputabilité est vérifiée quand l'individu a agi en toute intelligence et volonté[9]. En conséquence, l'imputabilité suppose le discernement ou la lucidité, la liberté d'agir et la connaissance de la réalité factuelle ou juridique.

Au Brésil, la notion d'imputabilité repose également sur la volonté libre et consciente de l'auteur de l'infraction. Ce qui distingue les deux systèmes juridiques à cet égard, c'est le fait que le droit brésilien considère l'imputabilité comme faisant partie du concept de culpabilité.

Pour ce qui est de la culpabilité, on pourrait la définir comme une mesure de la gravité des infractions. Elle est donc étudiée en fonction des différentes modalités de la faute : la faute intentionnelle (dol) et la faute non intentionnelle. Ce qui est traduit par l'hostilité (intention) ou par l'indifférence (non-intention) à l'égard des valeurs sociales protégées[10]. En France, c'est l'article 121-3 du Code pénal qui prévoit les types de fautes, sans pour autant définir la culpabilité.

Après une hésitation entre les différentes conceptions de la culpabilité, le droit français a, semble-t-il, trouvé un compromis avec le Code pénal en rejetant certains excès des conceptions finalistes et normativistes[11]. C'est ici qu'on retrouve également un autre point qui permet de distinguer les deux systèmes étudiés, dans la mesure où le droit brésilien adopte clairement la théorie normative pure de la culpabilité[12].

Au Brésil, le concept de culpabilité, en tant que jugement de réprobation, va au-delà de la faute *lato sensu*. La faute fait partie de la qualification de l'infraction et dans le concept de culpabilité ne restent que les circonstances qui conditionnent le caractère répréhensible du comportement contraire au droit[13]. Par conséquent, les éléments de la culpabilité sont : la connaissance potentielle de l'illicite, l'exigibilité d'un comportement différent et l'imputabilité du fait à l'auteur. En d'autres mots, l'agent doit connaître le caractère illicite du fait perpétré. On exige aussi que l'auteur, dans une situation précise, puisse se comporter d'une manière différente. Finalement, le fait doit lui être imputable : l'auteur doit remplir des conditions personnelles et psychologiques pour qu'il soit puni. De tels éléments démontrent que la peine ne sera appliquée que si la volonté et la prévisibilité sont présentes[14].

---

8 Cartier (M.-E.), « La responsabilité pénale des personnes morales : évolution ou révolution », *JCP* E, 1994, n.° 50, p. 36.

9 Pradel (J.), *Droit pénal général*, p. 462.

10 Mayaud (Y.), « De l'article 121-3 du Code pénal à la théorie de la culpabilité en matière criminelle et délictuelle », *Recueil Dalloz*, 1997. p. 38.

11 Cartier (M.-E.), « La responsabilité pénale des personnes morales : évolution ou révolution », p. 35.

12 La conception normative pure de la culpabilité trouve son origine dans le Finalisme. Celui-ci a permis l'extraction de tous les éléments subjectifs de la culpabilité. Le dol et la faute *stricto sensu* font désormais partie de l'action et non plus de la culpabilité. Par conséquence, il a permis la classification des infractions en infractions intentionnelles et non intentionnelles. Bitencourt (C.), *Tratado de direito penal*, v. 1, São Paulo : Saraiva, 2003, p. 295-300.

13 Puig (M.), *Derecho Penal : Parte general*, Barcelona : PPU, 1985, p. 470 ; Bitencourt (C.). *op. cit.*, p. 295.

14 Leira (A.), *Fundamentos da responsabilidade penal*, p. 236.

Malgré la différence entre les concepts français et brésilien de culpabilité, le principe de la culpabilité, selon lequel *nullum crimen, nulla poena sine culpa*, est adopté par les deux systèmes. Cette orientation apporte, aussi bien en France qu'au Brésil, une notion complexe, riche d'un contenu psychique[15], traditionnellement attachée aux personnes physiques et non pas forcément aux personnes morales.

L'étude de la responsabilité pénale conduit à une conclusion essentielle: tant au Brésil qu'en France, ce sont des critères subjectifs qui définissent qui est responsable pénalement et qui ne l'est pas. Il s'agit d'un refus de la responsabilité dite objective, où il suffit de constater les dommages et de déterminer l'auteur des faits afin de le rendre responsable.

Le caractère personnel de la responsabilité pénale en droit brésilien et en droit français rapproche ces systèmes. En fait, selon l'article 121-1 du Code pénal français, «*nul n'est responsable pénalement que de son propre fait*». La même idée peut être aperçue dans l'article 29 du Code pénal brésilien qui prévoit: «*Quem, de qualquer modo, concorre para o crime, incide nas penas a este cominadas, na medida de sua culpabilidade*»[16].

Dans ces deux dispositions légales, on retrouve l'idée selon laquelle, seules les personnes qui ont participé à la perpétration de l'infraction peuvent se faire reconnaître responsables, avec toutes les conséquences juridiques que cela implique[17]. Il ne s'agit pas d'une règle absolue, car il existe des situations où on rencontre, exceptionnellement, la responsabilité par le fait d'autrui.

## B. La responsabilité pénale des personnes morales

La responsabilité pénale des personnes morales est sans doute fondée sur la théorie de la responsabilité pénale classique de la personne physique, mais les législateurs brésilien et français ont, toutefois, établi des conditions propres qui permettent de déclencher cette responsabilité tout à fait particulière.

### 1. Les conditions de mise en œuvre

À cet égard, on retrouve plusieurs ressemblances entre les systèmes français et brésilien plus particulièrement deux conditions élémentaires: (i) l'infraction doit être commise par décision du représentant de la personne morale ou de ses organes et (ii) dans l'intérêt ou au bénéfice de la personne morale ou pour son compte (art. 3 de la loi nº 9.605/98 et art. 121-1 du Code pénal français).

Ainsi, la violation de la norme (l'infraction) doit résulter d'une décision émanant de la personne morale, de ce qui possède légitimité pour délibérer, avec des pouvoirs délivrés par un mandat légal. Cela n'exige pas forcément que l'infraction soit le résultat du dol, il est possible qu'une activité comportant des risques puisse produire un dommage non-intentionnel.

15 Merle (M.-R.), *Annales de la Faculté de Droit de Toulouse*, Tome XXIV, p. 279 in Cartier (M.-E.), *op. cit.* p. 34.

16 «Celui qui, d'une façon quelconque, participe à un crime subit les peines prévues dans la mesure de sa culpabilité». (Traduction libre).

17 Lassale (J.-Y.), «Réflexions à propos de l'article 121-1 du futur code pénal consacrant le principe de la personnalité de la responsabilité pénale», *La semaine juridique*, 1993, Ed. G, n.º 31, p. 340.

Le besoin d'une délibération qui émane d'une personne physique, représentant de la personne morale, ou de ses organes démontre l'attachement entre personne morale et personne physique et par conséquent rapproche la responsabilité pénale des personnes morales à la personne physique qui délibère pour le compte de la personne morale. Au Brésil, la responsabilité de la personne morale sera reconnue seulement à l'intérieur de la réalisation des pouvoirs accordés par le mandat, les excès ne suffisant pas à la responsabilisation de l'entité morale[18].

La doctrine française a, toutefois, précisé: «*la responsabilité pénale de la personne morale ne peut être exclue lorsque l'organe ou le représentant a agi en dehors des limites de ses attributions*», car cela créerait un grand espace d'irresponsabilité[19]. L'action de la personne physique doit donc être attachée à la délibération de l'être collectif. Deuxièmement, le comportement de la personne physique doit être réalisé dans l'intérêt ou au bénéfice de la personne morale. Il n'est pas exigé que le bénéfice soit étalonné, mais les agissements doivent l'objectiver. En outre, les textes brésiliens et français ont remis en cause d'autres questions comme la responsabilité des personnes morales de droit public et ainsi le domaine de la responsabilité pénale des personnes morales.

### 2. Les personnes morales concernées

Dans la mesure où la personne morale de droit public a le devoir de fournir le bien public, elle ne pourrait pas en principe être tenue responsable d'actes illicites pénaux.

En France, ce principe est toutefois nuancé. L'art. 121-1 du Code pénal français précise que les personnes morales de droit public sont elles aussi responsables pénalement, à l'exclusion de l'État et de certaines collectivités territoriales dans certains cas[20]. On retrouve dans cette disposition un souci d'égalité, un désir de protection des institutions républicaines et une tendance à responsabiliser les personnes morales publiques ayant une activité économique et commerciale.

La question du champ d'application de la responsabilité pénale concerne également les personnes de droit privé. En effet, y sont inclus toutes les sociétés civiles ou commerciales, les coopératives, les sociétés unipersonnelles, les associations, les syndicats, les groupements d'intérêt économique, les fondations classiques et les fondations d'entreprise.

On se demande si les personnes morales de fait doivent faire l'objet de la responsabilité pénale. D'une part, on avance l'argument d'égalité pour admettre telle responsabilité aux personnes morales de fait. D'autre part, on s'y oppose en raison du principe de l'interprétation stricte de la loi, étant donné que ces personnes n'ont pas la personnalité morale reconnue par la loi[21]. En outre, est-ce que l'on peut considérer toutes les autres personnes morales comme relevant de

---

18 Rocha (F.), *Responsabilidade penal da pessoa jurídica*, p. 99.

19 Guerin (D.), «L'introduction en droit français de la responsabilité pénale des personnes morales», *Les Petites Affiches*, 1996, n° 149, numéro spécial, p. 6.

20 Cf. sur les conditions concernant la responsabilité pénale des collectivités territoriales: Giudicelli-Delage (G.), «Chronique: infractions relevant du droit social», *Revue de Sciences Criminelles et Droit Comparé*. 2002, p. 838.

21 Guyon (Y.), «Quelles sont les personnes morales de droit privé susceptibles d'encourir une responsabilité pénale?», *Revue des sociétés*, 1993, p. 238.

la responsabilité pénale ? Même les personnes morales étrangères ? Ces questions relèvent des notions concernant la personne morale qui ne sont pas universelles[22]. La question du droit applicable contribue à la complexité du sujet.

À ce stade, on attire l'attention vers d'autres similitudes qui existent entre les systèmes français et brésilien. La première concerne le cumul possible entre la responsabilité des personnes physiques et celle des personnes morales. La formule est la même pour les deux pays[23]. Différentes interprétations peuvent être faites à ce sujet : seule la personne morale ou seule la personne physique est responsable, les deux sont auteurs des faits ou bien l'une est l'auteur et l'autre complice. Néanmoins, il serait difficile d'imaginer comment la personne physique pourrait être complice d'une infraction commise par elle-même. Il y aurait de l'incohérence par rapport au concept de complicité.

Dans un premier temps, compte tenu de l'incapacité de la personne morale de perpétrer une action, il est impossible de considérer sa responsabilité indépendamment de celle de la personne physique, sauf si l'on considère que la personne physique a agi sous une cause d'irresponsabilité. Par ailleurs, une partie de la doctrine française entend que les causes d'irresponsabilité doivent être étendues aux personnes morales malgré la difficulté que la pratique révèle[24]. Ce qui n'est pas le cas au Brésil.

L'entrée en vigueur de la loi française n° 2000-647 du 10 juillet 2000, sur la culpabilité non intentionnelle, a attiré de nouveau l'attention sur la question du cumul de responsabilités. Cette loi a apporté une dépénalisation de la faute non intentionnelle simple, faute d'imprudence ou simple violation d'une obligation particulière de sécurité ou de prudence causant indirectement le dommage.

Ainsi, quand la personne physique qui commet une infraction agit comme organe ou représentant de la personne morale et pour le compte de celle-ci, dans les cas exonérés par la loi du 10 juillet 2000, la responsabilité de la personne physique ne sera pas retenue. En revanche, celle de la personne morale le sera. La Cour de cassation dans un arrêt du 24 octobre 2000 a ajouté :

> *Les personnes morales sont responsables de toute faute non intentionnelle de leurs organes ou représentants constitutive de blessures involontaires alors même qu'en l'absence de faute délibérée ou caractérisée au sens de l'article 121-3, alinéa 4 la responsabilité de la personne physique ne pourrait être recherchée. C'est-à-dire que la condamnation de la personne physique n'est pas une condition de la responsabilité pénale des personnes morales, il suffit, donc, que la responsabilité de la personne physique soit certaine*[25].

---

22 Delmas-Marty (M.), « Les conditions de fond de mise en jeu de la responsabilité pénale des personnes morales », *Revue des sociétés*, 1993, p. 303.

23 Code pénal français : La responsabilité pénale des personnes morales n'exclut pas celle des personnes physiques auteurs ou complices des mêmes faits, sous réserve des dispositions du quatrième alinéa de l'article 121-3.
Code pénal brésilien : La responsabilité pénale des personnes morales n'exclut pas celle des personnes physiques auteurs ou complices des mêmes faits (traduction libre).

24 Cartier (M.-E.), « La responsabilité pénale des personnes morales : évolution ou révolution », *op. cit.*, n° 50. p. 36-37.

25 Fortis (E.), « Les conséquences de la loi du 10 juillet 2000 en droit pénal », *Revue de Sciences Criminelles et droit comparé*, 2001, p. 747.

L'étude des systèmes permet de comprendre que la doctrine française a beaucoup plus réfléchi à propos de la responsabilité pénale des personnes morales que la doctrine brésilienne. Cela est encore plus marquant au niveau de la procédure pénale applicable.

### 3. La procédure applicable

C'est la loi française du 16 décembre 1992, dite loi d'adaptation, qui a fixé les règles concernant la procédure applicable aux personnes morales : la poursuite, l'instruction et le jugement. La procédure pour la personne physique est la base de la procédure spéciale appliquée aux personnes morales. Cette loi n'a mis en place que quelques particularités – un certain nombre de dérogations, telles que la représentation de la personne morale, les citations, les mesures de contrainte et les règles de compétence. Une loi du 10 juillet 2000 a réalisé une petite réforme de cette procédure. Parmi les nouvelles mesures, cette loi a aboli le caractère obligatoire de la désignation, par le juge du Tribunal de Grande Instance, d'un mandataire dans le cas de poursuites simultanées d'une personne morale et de son dirigeant[26].

Au Brésil, certaines questions à l'égard de la procédure n'ont pas encore été tranchées. Le droit brésilien n'a pas eu un souci d'adaptation et la procédure pénale appliquée à la personne morale est la même qui est appliquée aux personnes physiques dans la mesure où elle est compatible. La représentation de la personne morale, le régime de la preuve ainsi que la compétence restent cependant des points toujours sans une réponse adéquate de la part du législateur.

Il est par ailleurs important de délimiter le domaine d'application de la responsabilité pénale des personnes morales.

### 4. Le domaine de la responsabilité pénale des personnes morales

Au Brésil, l'article 173, § 5 de la Constitution prévoit que la loi, sans préjudice de la responsabilité pénale individuelle des dirigeants de la personne morale, établira la responsabilité de celle-ci, la soumettant aux peines compatibles avec sa nature pour les actes pratiqués contre l'ordre économique et financier et contre l'économie populaire. À son tour, l'article 225, § 3 de la Constitution, dispose que les agissements et les activités considérés comme nuisibles à l'environnement soumettront les auteurs des infractions, personnes physiques ou morales, à des sanctions pénales et administratives, indépendamment de l'obligation de réparation des dommages.

Les deux dispositions constitutionnelles définissent le champ d'application possible de la responsabilité pénale des personnes morales, à savoir : l'ordre économique et financier, l'économie populaire et l'environnement. Jusqu'à présent seul l'environnement fait l'objet de protection par la loi n° 9.605/98. Pour les autres domaines, le législateur n'a pas encore légiféré. En conséquence, la responsabilité pénale des personnes morales au Brésil se limite, à ce jour, aux infractions contre l'environnement.

---

26 Marino (G.), « Le développement de la responsabilité pénale des personnes morales », *Revue Pénitentiaire et droit pénal*, n° 1. mars 2004, p. 30.

En France, en revanche, le domaine de la responsabilité pénale des personnes morales est beaucoup plus large. En 1994, le principe de la spécialité établissait que les personnes morales ne seraient responsables pénalement que dans les cas « prévus par la loi ou le règlement ». Ce principe a suscité plusieurs critiques. Il pourrait paraître un inconvénient dans les cas d'absence totale de responsabilité pénale de l'être moral, soit dans les domaines pour lesquels le législateur n'a pas eu l'occasion de légiférer, soit dans les cas où il n'a pas souhaité incriminer ces personnes morales[27]. En effet, le principe de la spécialité peut être considéré comme une atteinte au principe d'égalité, l'un des fondements de l'introduction de la responsabilité pénale des personnes morales en droit français.

Suite aux critiques, un mouvement en faveur d'une généralisation de la responsabilité pénale des personnes morales, au nom de la cohérence du droit pénal et de sa simplification a pris une grosse ampleur[28]. Ce mouvement était marqué, d'un côté, par les lois postérieures, qui ont élargi le domaine de cette responsabilité, telles que la loi du 12 juin 2001 (sur les atteintes volontaires à la vie), et celle du 18 mars 2003 (sur la traite d'êtres humains) et par certaines décisions de la Cour de Cassation[29].

La formalisation de cet élargissement a été réalisée par la loi du 9 mars 2004 (Loi Perben II) qui a mis fin au principe de la spécialité. Depuis le 31 décembre 2005, les personnes morales peuvent être imputées de tout crime prévu dans la législation française, sauf disposition dans le sens contraire.

Enfin, en ce qui concerne les sanctions applicables aux personnes morales, un certain rapprochement entre les systèmes est assez clair.

### 5. Les sanctions applicables

Sans doute, les sanctions civiles et administratives sont largement applicables à l'égard de la personne morale. Néanmoins, les partisans de la responsabilité pénale des personnes morales croient que ces mesures sont inefficaces dans le combat contre la criminalité et sont insuffisantes pour assurer le maintien de l'ordre et de la sécurité publique.

Au Brésil, le § 5, de l'article 173, de la Constitution fédérale, établit que les sanctions applicables à la personne morale doivent être compatibles avec la nature de celle-ci. Le texte constate l'impossibilité matérielle de priver la personne morale de liberté. Par conséquent, la Loi nº 9.605/98, établit en son article 21 que les sanctions pénales applicables à la personne morale peuvent être de nature restrictive de droits (la suspension partielle ou totale des activités, l'interdiction temporaire d'établissement ou de l'activité et l'interdiction de passer des contrats avec le pouvoir public, ainsi que d'obtenir des subventions ou des donations) ou de prestations de service à la communauté (exécutées sous forme de dépenses consacrées aux programmes et projets environnementaux; de travaux de remise

27 Planque (J. C.), « Élargissement jurisprudentiel du domaine d'application de la responsabilité pénale des personnes morales », *Recueil Dalloz*, 2003, p. 2856.

28 Stolowy (N.), « La disparition du principe de spécialité dans la mise en cause pénale des personnes morales », *La semaine juridique*, nº 23, 2 juin 2004, p. 996.

29 Matsopoulou (H.), « La généralisation de la responsabilité pénale des personnes morales », *Revue des sociétés*, 2004, p. 286.

en état de secteurs dégradés, d'entretien d'espaces publics et de contributions au fonctionnement d'entités environnementales ou culturelles publiques).

C'est alors le calcul de la peine d'amende appliquée à la personne morale qui devient un sujet de controverse dans la doctrine brésilienne. Lors d'individualisation de la peine, les dispositifs du Code pénal brésilien considèrent des aspects subjectifs et d'ordre économique pour mesurer la valeur de l'amende à appliquer. Ces aspects ne sont pas toujours applicables de manière pertinente à la personne morale.

En France, la peine d'amende applicable aux personnes morales équivaut à cinq fois l'amende fixée pour les personnes physiques. La situation économique de l'accusé doit être prise en compte pour la fixer : le jour de facturation sert de repère pour l'être collectif[30].

La sanction la plus grave pour la personne morale au Brésil est la liquidation forcée, appliquée quand la personne morale est constituée ou utilisée dans le but prépondérant de permettre, de faciliter ou d'occulter la pratique d'un crime défini par la loi sur l'environnement. En fait, la liquidation forcée constitue une sanction qui équivaut à la peine de mort pour la personne physique, bien que pour celle-ci, elle n'existe plus ni au Brésil, ni en France.

La liquidation forcée est également prévue par la législation française. Comme il s'agit de la peine la plus grave, le droit français a établi des conditions plus contraignantes à son application : la personne morale doit être créée avec le but spécial de commettre l'infraction. On remarque que toutes les personnes morales ne sont pas passibles des mêmes sanctions. Celles qui sont investies d'une partie de la puissance publique ou dont l'existence est indispensable à la vie politique ou à la vie sociale ne peuvent pas être frappées de certaines peines.

L'éventail des peines prévues par la législation française est le suivant : l'amende, la confiscation, la dissolution, le placement sous surveillance judiciaire, l'interdiction de faire appel public à l'épargne, l'interdiction d'exercer directement une ou plusieurs activités professionnelles ou sociales à titre définitif ou pour une durée déterminée, la fermeture définitive ou temporaire de l'établissement, l'interdiction d'émettre des chèques et enfin, l'exclusion des marchés publics à titre définitif ou temporaire. Ces sanctions sont plus adaptées que novatrices. Elles démontrent la volonté de donner un traitement juridique unique tant aux personnes physiques qu'aux personnes morales[31].

Une différence apparaît, néanmoins, entre les deux systèmes : alors qu'en France l'inscription de la personne morale au casier judiciaire est prévue par la loi, elle est inexistante en droit brésilien.

On s'interroge cependant sur l'efficacité et sur le fondement de ces peines. Leur mesure se trouve déterminée par la nature même de la personne morale. Il n'y a pas de dispositif légal adapté à l'individualisation de la peine de la personne morale. Les dispositifs brésilien et français concernent les personnes physiques et ne pourraient pas être utilisés par ce qu'ils considèrent des conditions personnelles, d'empreinte subjective, liées à la culpabilité, qui ne sont pas évidentes chez les

30 Shecaira (S.), *Responsabilidade penal da pessoa jurídica*, p. 109.
31 Giudicelli (G.), « Était-ce la peine ? La responsabilité pénale des personnes morales », *Revue Juridique Ile de France*, 1994, p. 65.

personnes morales. Une partie de la doctrine brésilienne[32] croit, par ailleurs, que l'extension des dommages causés pourrait être utilisée comme critère, néanmoins la procédure pour la fixation de la sanction n'a pas encore été établie.

Après l'analyse de ces deux systèmes et compte tenu de certaines de leurs faiblesses, il reste à traiter de la question des garanties de la personne morale poursuivie. Cela implique la recherche des fondements de cette façon novatrice d'envisager la responsabilité pénale. Dans quel but les législateurs français et brésilien ont-ils fait l'option pour la mise en place de cette responsabilité ?

## II. Les fondements d'une telle option d'interventionnisme

Dans un premier temps, la responsabilité pénale des personnes morales a été fortement réfutée. Plusieurs arguments ont été mis en exergue pour faire obstacle à son adoption. Parmi eux, on attire l'attention sur les plus remarquables.

Le premier argument concerne le caractère fictif de la personne morale, dépourvue de ce fait d'une volonté personnelle, ce qui est la condition de la responsabilité pénale. Un second argument contraire à la reconnaissance de cette responsabilité pénale découle de la nature, de la finalité, de la personnalité et de l'individualisation des peines, qui en principe étaient incompatibles avec la personne morale. En définitive, la responsabilité pénale des personnes morales porterait atteinte au principe du *non bis in idem* et au caractère d'*ultima ratio* du droit pénal.

Toutefois, la responsabilité pénale des personnes morales a fini par rompre avec plusieurs axiomes de la doctrine pénale classique de la responsabilité pénale individuelle, subjective et personnelle. Compte tenu du rôle pris par les personnes morales au sein de la société, il est devenu difficile de soutenir le principe selon lequel *societas delinquere non potest*. De plus, si les êtres collectifs peuvent figurer comme victimes des infractions, en tant que sujets de droit, pourquoi ne le pourraient-ils pas en tant que délinquants[33] ? Les juristes convaincus de l'existence et de la nécessité de cette responsabilité, sensibles au changement de paradigme apporté par celle-ci et orientés par une politique criminelle en ce sens, ont trouvé de forts arguments sur lesquels une telle responsabilité pourrait se fonder.

### A. Arguments dégagés de la pratique

Tout d'abord, ceux qui défendent la responsabilisation pénale de la personne morale considèrent que l'application de sanctions de nature civile ou administrative aux êtres collectifs n'est pas suffisante pour marquer la réprobation du comportement criminel. C'est l'application de la sanction pénale qui prend en compte les intérêts de la défense de la personne morale, car ce n'est que dans la procédure pénale que l'application de la peine a lieu, suite au plein exercice du contradictoire et à la décision condamnatoire.

32 SIRVINSKAS (L. P.), « Questões polêmicas sobre a responsabilidade penal da pessoa jurídica nos crimes ambientas », *Boletim IBCcrim* nº 65 – Edição Especial – Abril, 1998.

33 BOULOC (B.), *Colloque à Limoges* – Faculté de droit Limoges, 11 mai 1993. Actes du colloque, *Les Petites Affiches*, nº 120, 06 octobre 1993, p.11.

En outre, la sanction pénale peut créer des difficultés dans les affaires de la personne morale, ce qui, en conséquence, intervient dans les intérêts économiques de la société. De surcroit, les registres criminels rendent difficile la réinsertion dans le marché. Les sanctions civiles se limitent à la compensation des préjudices et les sanctions administratives n'ont pas de fonction préventive, ni de rétribution. La publicité de la sanction pénale, à son tour, lui donne un caractère plus coercitif.

Certains auteurs[34] croient que la responsabilité pénale trouve sa justification dans la nécessité de dépasser un « équipement pénal obsolète ». Le principe de la responsabilité individuelle serait anachronique et devrait évoluer pour rendre possible un combat efficace de la criminalité moderne.

En France, on a beaucoup discuté sur la question de l'égalité et sur la fin de la présomption de responsabilité pénale du chef d'entreprise. L'idée d'égalité était simple. Les personnes morales qui agissent dans les mêmes domaines que les personnes physiques doivent subir les mêmes contraintes juridiques que celles-ci. En outre, ce choix semblait légitime dans une société démocratique où la liberté rend chacun pleinement responsable de ses actes[35]. Ces considérations ont aussi un autre intérêt : faire tomber les écrans sociaux. La responsabilité de toutes les personnes implique la soumission aux mêmes conditions et contraintes juridiques. Tout privilège et toute immunité sont refusés. Il serait nécessaire d'accorder un traitement unique à tout type de personne.

La finalité de la responsabilité pénale des personnes morales n'était pas d'augmenter la répression, mais uniquement de la rendre plus efficace et de la cibler au mieux. Ce sont là des raisons pratiques liées aussi à la puissance économique des êtres moraux. Il s'agissait de punir le vrai responsable et d'écarter la responsabilité du fait d'autrui[36], en excluant ainsi la présomption de responsabilité des dirigeants.

L'exposé des motifs du Code pénal français parle de raisons utilitaires : l'immunité pénale de sujets de droit dotés de puissants moyens de malfaire. En effet, il s'agit d'une innovation inspirée plus par des considérations pragmatiques que par des considérations théoriques[37]. En outre, cette responsabilité facilite la réparation due à la victime.

La création de cette modalité de la responsabilité serait la réponse de la politique criminelle à un idéal juridique, né de la modification de l'environnement historique et social. Les concepts classiques liés à la responsabilité pénale ne sont pas immuables. Donc, face à l'option retenue par le législateur, les opérateurs du droit doivent la rendre efficacement applicable[38].

---

34 SHECAIRA (S.), *Responsabilidade penal pessoa jurídica*, p. 97.

35 MEHAIGNERIE (P.), *op.cit.*, p. 3.

36 COUVRAT (P.), « La responsabilité pénale des personnes morales : un principe nouveau », *La responsabilité pénale des personnes morales* : CREJ-PME – Faculté de droit Limoges, 11 mai 1993. Actes du colloque. *Les Petites Affiches*, nº 120, 6 octobre 1993, p. 14.

37 LOMBOIS (C.), « Rapport de synthèse ». *La responsabilité pénale des personnes morales* : CREJ-PME – Faculté de droit Limoges 11 mai 1993. Actes du colloque. *Les Petites Affiches*, nº 120, 6 octobre 1993, p. 48.

38 ROCHA (F.), *op. cit.*, p. 25.

Pour cette position doctrinale, la théorie du droit pénal qui s'appuie sur des concepts d'action et de culpabilité ne constitue pas un obstacle infranchissable. Cette responsabilité serait liée à un positionnement du droit pénal moderne qui rompt avec le principe classique : *societas delinquere non potest*[39]. Le changement du paradigme de la société contemporaine et les nouvelles formes d'atteinte au système pénal exigent une réponse de l'État aux crimes commis dans le cadre et par le biais des êtres moraux.

On pourrait dire également que selon le principe de la spécialité de normes, la norme pénale qui établit la responsabilité pénale de la personne morale déroge la règle générale de la responsabilité pénale individuelle et subjective. Finalement, le fondement de la responsabilité pénale de la personne morale serait la responsabilité sociale. Le concept de culpabilité est interprété dans le sens de la responsabilité sociale : on répond criminellement parce qu'on vit en société[40].

## B. Arguments dégagés de la théorie

Au Brésil, la responsabilisation pénale des personnes morales fait appel à quatre formulations théoriques. En France, la doctrine se partage entre ceux qui croient à la thèse de la responsabilité par ricochet, qui se rapproche de la responsabilité par le fait d'autrui, et ceux qui défendent la responsabilité pénale des personnes morales au titre d'une responsabilité par faute personnelle.

### 1. Les quatre formulations théoriques brésiliennes

La première formulation théorique admet la responsabilité sur la base de la notion traditionnelle de la responsabilité pénale, ce qui est largement combattu, compte tenu du concept classique de responsabilité pénale fondé sur la théorie de la responsabilité individuelle. Une deuxième formulation insiste sur la création d'une nouvelle théorie du crime, compatible avec la nature de la personne morale. La troisième formulation considère que la responsabilité pénale des personnes morales doit s'établir à partir de la responsabilité par le fait d'autrui, conformément aux aspects théoriques dégagés en droit civil. Il ne serait pas possible d'instituer la responsabilité pénale des personnes morales sans avoir comme base la responsabilité civile. Finalement, la responsabilité pénale des personnes morales trouverait son fondement dans la responsabilité sociale. Le concept de culpabilité est interprété dans le sens de la responsabilité sociale : on répond criminellement parce qu'on vit en société[41]. C'est la théorie adoptée récemment par le *Superior Tribunal de Justiça* dans une décision du 12 juin 2006[42]. Cette même décision a écarté les deux premiers fondements théoriques

39 Sirvinskas (L.P.), *A tutela penal do meio ambiente : breves considerações atinentes à Lei 9.605, de 12.12.1998*, São Paulo : Saraiva, 1998.

40 Araújo Jr (J.) « Societas delinquere non potest », *in* Gomes (L. F.), *Responsabilidade penal da pessoa jurídica e medidas provisórias e direito penal*, p. 81 ; Ribeiro (L.), *Da responsabilidade penal da pessoa jurídica*, p. 413.

41 *Ibid.*

42 RHC 2006004426901 in www.stj.gov.br.

## 2. Les formulations théoriques en France

Dans le silence de la loi, la jurisprudence et la doctrine françaises cherchent à trouver un fondement valide au choix de l'État français qui bascule entre une responsabilité par ricochet (a) et une responsabilité personnelle (b).

### *a. La responsabilité par ricochet*

La responsabilité pénale indirecte pourrait être durement critiquée pour porter atteinte aux garanties du droit pénal. Afin de combattre ces critiques, on trouve un support sur d'autres formules de droit pénal qui reconnaissent aussi la responsabilité par le fait d'une tierce personne. Il ne s'agira pas de l'auteur d'une infraction, mais d'un responsable.

L'idée de considérer la responsabilité pénale des personnes morales comme une responsabilité par ricochet est fondée surtout sur les dispositions légales qui laissent supposer que cette responsabilité sera engagée par les faits ou décisions prises par les organes ou les représentants de la personne morale et pour leur compte ou bénéfice / intérêt (cf. l'article 121-2 du Code pénal français et l'article 3 de la Loi brésilienne n° 9.605/98). Cette responsabilité exige donc un *substratum* humain[43]. Il s'agirait de la reconnaissance de l'incapacité d'agir de la personne morale, qui n'existe que par le biais de ses organes ou de ses représentants.

Il y a l'exigence d'un comportement coupable perpétré par une personne physique qui prête sa culpabilité à la personne morale. L'infraction est commise par des personnes physiques. C'est donc dans la personne des individus que doit être appréciée l'intention ou la faute. La personne morale n'aurait aucune réalité[44]. Il s'agit donc d'une responsabilité par reflet ou ricochet ou même par le fait d'autrui qui n'a pas agi dans son propre intérêt.

Les juridictions françaises ont déjà rendu des arrêts en consacrant la théorie de la responsabilité par reflet ou ricochet. À cet égard, on cite tout d'abord les premières condamnations des personnes morales par les décisions du Tribunal correctionnel de Lyon du 18 novembre 1994 et du Tribunal correctionnel de Verdun du 12 juillet 1995[45]. Ensuite, la Cour de cassation, dans un arrêt du 2 décembre 1997[46], reprend l'article 121-2 du Code pénal français. Elle indique que la Cour d'appel n'a pas recherché si le directeur de la société avait eu personnellement connaissance de l'inexactitude des faits relatés dans les attestations et en conséquence, a annulé la décision attaquée. C'était la démonstration du fait que la responsabilité pénale des personnes morales ne pourrait être engagée que si son dirigeant (représentant ou organe) portait « l'élément intentionnel du délit »[47].

---

43 Donndieu de Varbres (H.), « Les limites de la responsabilité pénale des personnes morales », *Revue Internationale de Droit Pénal*, 1950, p. 340.

44 Pradel (J.), « La responsabilité pénale des personnes morales en droit français. Quelques questions », *Revue Pénitentiaire et de Droit Pénal*, 1998, p. 155-156.

45 Pradel (J.), « A responsabilidade penal das pessoas jurídicas no direito francês : ensaio de resposta a algumas questones chave », *Revista brasileira de ciencias criminais* : São Paulo, n° 24, out./dez.1998, p. 52.

46 *Bulletin criminel* 1997 n° 408, p. 1350.

47 Pradel (J.), « La responsabilité pénale des personnes morales en droit français. Quelques questions », p. 158.

En d'autres termes, tous les éléments constitutifs de l'infraction (tant matériels que moraux) doivent être réunis chez l'organe ou le représentant. La faute de la personne physique est indispensable pour mettre en œuvre la responsabilité pénale de la personne morale qui n'est alors que le reflet de celle de la personne physique[48].

En revanche, on rencontre plusieurs arguments rendant l'acceptation de cette modalité de responsabilité difficile. Premièrement, l'entrée en vigueur de loi française du 10 juillet 2000 qui *a contrario sensu* prévoit l'irresponsabilité des personnes physiques dans les cas de faute simple, d'imprudence, de simple violation d'une obligation particulière de sécurité ou de prudence causant indirectement un dommage. Dans ces cas, la personne physique ne peut pas être condamnée, tandis que la responsabilité pénale de la personne morale pourrait toujours être engagée[49] même sans la base de la responsabilité de la personne physique[50].

Cette loi aurait ainsi mis en cause le fondement de la responsabilité pénale des personnes morales par ricochet. Son texte parle des cas de responsabilité. On en conclut que, hors les hypothèses légales, il y a l'irresponsabilité. Il est alors judicieux de se demander si, dans ce cas-là, l'irresponsabilité de la personne physique ne se communique pas à la personne morale. Par ailleurs, la responsabilité pénale de la personne physique est-elle certaine ? Est-ce que le *substratum* humain figure ici ?

En effet, « *la condamnation de la personne physique n'a jamais été une condition de la responsabilité pénale de la personne morale : il suffit que la responsabilité de la personne physique soit certaine*[51] ».

Revenons à la décision de la Cour de cassation du 24 octobre 2000 qui reconnaît une certaine autonomie de la responsabilité pénale des personnes morales vis-à-vis de celle de la personne physique :

> *Les personnes morales sont responsables de toute faute non intentionnelle, de leurs organes ou représentants, constitutive de blessures involontaires alors même qu'en l'absence de faute délibérée ou caractérisée au sens de l'article 121-3 alinéa 4 la responsabilité de la personne physique ne pourrait être recherchée. C'est-à-dire que la condamnation de la personne physique n'est pas une condition de la responsabilité pénale des personnes morales, il suffit, donc, que la responsabilité de la personne physique soit certaine*[52].

Il y aurait le comportement humain, mais pas forcément la responsabilité de la personne physique. En outre, la faute commise par la personne physique peut engendrer sa propre responsabilité et également la responsabilité de la personne morale, car l'une n'empêche pas l'autre. Ainsi, on peut affirmer que, dans certaines hypothèses, la responsabilité des deux personnes sera fondée sur la même faute. Il n'existerait pas de faute propre de la personne morale.

---

48 Fortis (E.) « Les conséquences de la loi du 10 juillet 2000 en droit pénal », *op. cit.*, p. 746.

49 Fortis (E.), *op. cit.*, p. 744.

50 Planque (J.C.), « Élargissement jurisprudentiel du domaine d'application de la responsabilité pénale des personnes morales », *op. cit.*, p. 2859.

51 Fortis (E.) « Les conséquences de la loi du 10 juillet 2000 en droit pénal », *op. cit.*, p. 746.

52 *Ibid.*, p. 747.

Une autre formule adoptée par le droit français et le droit brésilien met en question la thèse du ricochet. Il s'agit de la règle du cumul de responsabilités, selon laquelle la responsabilité de la personne morale n'exclut pas celle des personnes physiques auteurs ou complices des mêmes faits. Cette règle peut amener à plusieurs interprétations, dont une qui soutient que la responsabilité de la personne morale est indépendante de la responsabilité de la personne physique. L'exégèse littérale de la règle laisse penser que le cumul de responsabilités n'est donc pas obligatoire. On se demande comment appuyer la responsabilité par ricochet si dans ce cas, la responsabilité des personnes physiques ne sera pas attribuée pour lui donner un support. Faut-il alors reconnaître une faute personnelle de la personne morale ?

En définitive, la difficulté la plus frappante réside dans l'incompatibilité de la responsabilité pénale de la personne morale par ricochet avec le principe de la responsabilité personnelle. Selon ce principe, la responsabilité pénale ne doit toucher que les personnes qui ont accompli le comportement criminel. Comme l'énonce la version française du principe, également adopté au Brésil : « nul n'est responsable que par son propre fait ». Ce principe interdit la reconnaissance de la responsabilité pénale des personnes qui n'ont pas réalisé le comportement criminel, ni comme auteur, ni comme complice.

Mais, dans la thèse de la responsabilité pénale des personnes morales par ricochet, c'est justement une responsabilité par le fait d'autrui que l'on envisage : celle qui peut être considérée, d'un certain point de vue, comme une responsabilité indirecte, objective et sans faute personnelle.

Si l'élément matériel et l'élément immatériel doivent être réunis dans l'acte réalisé par le représentant de la personne morale ou par l'un des organes de celle-ci, la personne morale va assumer la responsabilité pénale par le fait d'une personne qui n'est pas elle-même. Exception faite si l'on imagine que les représentants et les organes de la personne morale sont en réalité la personne morale elle-même (théorie de la réalité) et qu'ils représentent sa volonté. La question sera alors de savoir si la responsabilité ne serait pas une responsabilité par faute personnelle.

*b. La responsabilité personnelle*

Dans la mesure où la formule adoptée par les deux systèmes permet le non-cumul de responsabilités, on peut se demander si la faute de la personne morale n'est pas une faute distincte de celle de la personne physique, autrement dit, si une faute propre, personnelle est possible vis-à-vis des personnes morales. Ce raisonnement fait comprendre que les organes et les représentants sont en réalité la personne morale et que donc, quand ils agissent, c'est la personne morale qui agit.

Il faut reprendre les idées de la théorie de la réalité, pour ce qui concerne la nature des personnes collectives. Cette théorie apporte aux personnes morales la « réalité » nécessaire pour qu'elles soient en état de commettre une faute. Elle donne, par le biais d'une réalité technique juridique (et non ontologique), la volonté des personnes morales et, par conséquent, l'élément psychologique : fondement de la responsabilité pénale.

On tient à préciser que les modèles de responsabilité pénale des personnes morales étudiés semblent inscrits dans cette théorie. Ce qui peut se révéler contradictoire, car des nouvelles théories, développées à la fin du XX^e^ siècle, se montrent plus pragmatiques et proposent une conception pratique et utilitariste de la personnalité morale[53].

M. Cartier affirme que *« la personne physique doit être considérée au moment de l'infraction comme l'émanation, l'incarnation de la personne morale »*[54]. Il faut donc que la personne physique, au moment de l'infraction, représente la personne morale, en traduisant la volonté de celle-ci. C'est la position adoptée par la Cour de cassation dans une décision du 20 juin 2000, où elle reconnaît que l'infraction commise pour le compte de la personne morale, par ses organes ou ses représentants, relève d'un fait personnel de l'être collectif.

Il apparaît l'idée selon laquelle la responsabilité pénale doit être pensée en termes d'imputation et non d'imputabilité[55], et la différence entre l'auteur et l'acteur.

L'idée d'une faute propre de la personne morale trouve son support dans la règle du cumul de responsabilités adoptée par le droit français et par le droit brésilien, selon laquelle la responsabilité pénale des personnes morales n'exclut pas celle des personnes physiques.

On peut comprendre cette formule comme le souhait que chaque responsabilité soit propre, fondée sur une faute propre, dans la mesure où la responsabilité pénale de la personne morale n'est pas obligatoirement liée à celle de la personne physique. Le cumul n'est pas nécessaire. Donc, la responsabilité pénale des personnes morales pourrait n'être pas fondée sur celle des personnes physiques car elles seraient indépendantes. Comment alors rechercher la faute au sein de la personne morale elle-même ?

D'autres interprétations sont toutefois possibles à propos du cumul de responsabilités. La règle peut-elle démontrer l'existence d'une faute propre de la personne morale ? Si oui, comment peut-on vérifier la faute d'une personne chez qui l'on ne trouve pas le subjectivisme exigé par la responsabilité pénale ? Le subjectivisme de la personne morale se trouve dans les personnes physiques – organes et représentants. Ainsi, on revient à l'idée de la faute commise par la personne physique. En outre, doit-on reconnaître la réalité de la personne morale ? Mais, s'il s'agit d'une réalité technique, il faut admettre que la réalité est celle des personnes physiques et dans ce cas-là, la responsabilité pénale des personnes morales serait une responsabilité par ricochet. Or, la responsabilité pénale par ricochet ne peut pas être admise à l'égard surtout du principe de la responsabilité personnelle. Il faut encore prendre en compte le fait que, dans les cas de responsabilité par la faute des organes, il s'agira d'une responsabilité collective et non individuelle. Donc, un nouvel obstacle apparaît.

À ce stade de la discussion, on peut se demander quelle est la nature de la responsabilité pénale des personnes morales. On reprend la décision de la Cour

53 CARTIER (M.-E.), « Les conséquences de la loi du 10 juillet 2000 en droit pénal », p. 38

54 CARTIER (M.-E.), « Nature et fondement de la responsabilité pénale des personnes morales dans le nouveau Code pénal français », *Les Petites Affiches*, 1996, n° 149. p. 20.

55 CONTE (P.) « La responsabilité pénale des personnes morales », in Robert (J.-H.) (dir.) « La personne morale dans la philosophie du droit pénal », *Actes du colloque du 18 décembre 2001*, Ed. Panthéon Assas, LGDJ, 2002. p. 113.

de cassation du 2 décembre 1997[56] qui affirme que tous les éléments nécessaires à l'imputation de la responsabilité pénale (tant matériels que moraux), devraient être réunis dans l'organe ou dans le représentant de l'être moral. Cela peut apparaître comme une façon de reconnaître l'impossibilité de chercher la faute personnelle de la personne morale. Cependant, la politique de l'entreprise peut être considérée comme la faute personnelle de celle-ci, quand il s'agit d'une politique répréhensible[57].

Autrement dit, pour qu'il y ait engagement de la responsabilité pénale des personnes morales

> *il faut encore établir un comportement fautif, distinct imputable à la personne morale, ayant permis ou favorisé la commission de l'infraction par le dirigeant»*, même si on «*ne voit pas très bien en quoi pourrait consister cette faute, qui serait en tout état de cause différente de celle exigée par le texte de répression*[58].

Les décisions de la Cour de cassation démontrent néanmoins le revirement de la jurisprudence française à propos de ce sujet. Tout d'abord dans un arrêt rendu le 26 juin 2001, par lequel elle avait énoncé que

> *la faute pénale de l'organe ou du représentant suffit à engager la responsabilité pénale de la personne morale, lorsqu'elle est commise pour le compte de celle-ci, sans que doive être établie une faute distincte à la charge de ladite personne morale*[59].

Après, dans un arrêt du 5 février 2003[60], elle a posé les charges susceptibles de faire exploser la théorie de la responsabilité pénale par ricochet en créant une responsabilité parallèle des personnes morales, détachée de toute référence à l'article 121-2 du Code pénal français. Puisqu'il ne peut y avoir d'infraction commise par les organes ou les représentants, ces derniers ne possédant pas la qualité ou le titre exigé par le texte d'incrimination.

Plus récemment la Cour de cassation est allée encore plus loin. Dans un arrêt du 20 juin 2006, elle énonce que :

> *la demanderesse ne saurait se faire un grief de ce que les juges du fond l'ont déclarée coupable du délit d'homicide involontaire sans préciser l'identité de l'auteur des manquements constitutifs du délit dès lors que cette infraction n'a pu être commise, pour le compte de la société, que par ses organes ou représentants*[61].

Une sorte de présomption est désormais établie, une simplification probatoire, dont les effets ne sont pas encore prévisibles.

---

56 *Bulletin criminel* 1997, n° 408, p. 1350.

57 MARON (A.) et ROBERT (J.-H.), «Cent personnes morales pénalement condamnées». *Droit Pénal*, décembre 1998, p. 5.

58 DESPORTES (F.), «Responsabilité pénale de personnes morales», *La semaine juridique*, n° 8-9, 18 février 1998.II.10023, p. 332.

59 MATSOPOULOU (H.), «La généralisation de la responsabilité pénale des personnes morales», p. 296.

60 *Bulletin criminel* 2003, n° 24, p. 97

61 DREYER (E.), «Homicide involontaire nécessairement commis par les organes ou les représentants de la société», *préc.*

Le *Superior Tribunal de Justiça* brésilien a établi, à plusieurs reprises, que la responsabilité pénale de la personne morale sera reconnue dès lors qu'il y a l'*imputation* simultanée de l'acte à celle-ci et à la personne physique[62].

La nature de cette responsabilité se montre une question formelle. On voit qu'elle est porteuse d'un sens différent du sens donné au mot *auteur*. C'est la différence entre le sujet de l'imputation et l'auteur de l'action. Paradoxalement, dans le droit pénal, la responsabilité pénale d'une personne autre que l'auteur du fait pour les dommages qui en résulteront est admise. La structure de l'infraction reste maintenue, mais le champ de la responsabilité est élargi. L'État brésilien et l'État français ont fait leur choix.

Toutefois, après ces années de pratique et les raisonnements apportés par la jurisprudence, la question qu'on se pose est celle de savoir quel est le fondement valide permettant l'imputation d'une telle responsabilité ? Plus particulièrement, après ce mouvement de simplification observé en France et au Brésil, quelle est la limite pour cette modalité de responsabilité pénale ?

Pour y répondre, on emprunta à Bouloc le constat selon lequel : *« pour les personnes morales on assiste au retour ou à la réhabilitation de la sanction pure et dure »*[63].

---

62 ROMS 200501439685, ROMS 200301136144, RHC 20060042690, disponible sur : www.stj.gov.br.

63 Bouloc (B.), « Généralités sur les sanctions applicables aux personnes morales », *Revue des sociétés*, 1993, p. 328.

## Table Ronde du 17 juin 2008
### *Le droit de l'État et de son intervention dans la société*
### Débats de la seconde séance

**Présidence de Michel FROMONT**

**Joanna SCHMIDT**: La licence autoritaire de brevet en droit comparé franco-brésilien peut vous paraître un sujet pour les spécialistes, un sujet dont l'intérêt est limité. Si vous le pensez vous retardez de 120 ans, à peu près. C'était vrai au XXe siècle. Mais, aujourd'hui, la licence autoritaire de brevet est un sujet d'intérêt mondial. Les brevets d'invention, comme vous le savez, sont des droits exclusifs sur des inventions technologiques. Je souligne, droit exclusif et non pas monopole, comme on le dit souvent et à tort. En effet, le brevet ne donne pas à son titulaire un monopole sur le marché: le breveté n'est pas forcement le seul à fabriquer et à vendre ces produits, il a des concurrents qui fabriquent des objets différents, mais comparables et qui ne sont pas nécessairement contrefaisants. Mais il a un droit exclusif, d'une durée limitée à 20 ans. Dès la première convention internationale sur la protection des droits de propriété industrielle, la Convention de Paris de 1883, les rédacteurs de cet instrument se sont préoccupés de la limitation des abus que le breveté pouvait commettre dans l'exploitation de son droit exclusif.

Mais l'abus dont on se préoccupait à l'époque, consistait dans la non-exploitation du brevet. Or, on ne voulait pas que les brevets soient des barrages stériles face à la concurrence. Il fallait que ces droits exclusifs soient exploités précisément pour favoriser le progrès technique. Il s'agissait de savoir comment sanctionner ces abus et on avait le choix entre deux types de sanction: soit la déchéance du droit, privant le breveté de son droit totalement s'il n'exploitait pas, ou une sanction plus bénigne sous forme de licence obligatoire. La convention de Paris de 1883, pas dans son texte initial d'ailleurs, mais dans l'une de ses révisions, a prévu la première licence obligatoire, qui sanctionne la non-exploitation du brevet pendant un certain temps. Toute personne intéressée par l'exploitation et qui n'a pas pu obtenir du breveté une licence contractuelle, peut demander au tribunal de lui accorder une licence autoritaire.

La liste des cas dans lesquels l'autorité publique pouvait accorder une licence autoritaire, c'est-à-dire une licence sans le consentement du breveté, n'a fait que s'allonger avec le temps. Et cette liste a été encore augmentée, et en tout cas elle a accédé a un rang international supérieur avec la conclusion de l'Accord sur l'Organisation Mondiale du Commerce en 1994, puisque parmi les conventions qui forment le Traité sur l'Organisation Mondiale du Commerce, figure l'ADPIC, acronyme d'Accord sur les droits de propriété intellectuelle touchant le commerce.

Désormais, la propriété intellectuelle est intégrée dans le système de l'OMC, y compris dans son système de règlement des différends. L'inexécution de l'accord ADPIC par un État membre peut être objet de sanction prononcée par l'organe de règlement des différends de l'OMC. Celui-ci peut sanctionner les États qui ne respecteraient pas leurs obligations de protection minimale des droits de propriété intellectuelle qui est prévue par l'ADPIC.

Dans le cadre de l'ADPIC, les licences obligatoires sont envisagées. Mais le système de licences obligatoires n'est pas paru suffisant pour traiter tous les problèmes que l'exploitation des brevets pouvait poser en cas de crise grave, notamment en cas de crise de santé publique. Les États africains, essentiellement, ou en tout cas un certain nombre des pays en développement, ont fait valoir, à juste titre, que les licences obligatoires ne pouvaient résoudre leur problème, parce que tout simplement ces pays ne disposaient pas d'une infrastructure industrielle suffisante pour fabriquer les médicaments sur place.

Dès lors, il serait inutile de donner une licence obligatoire à une entreprise locale, puisque celle-ci n'est généralement pas capable de fabriquer le médicament breveté dans le pays considéré. En effet, les licences obligatoires sont, jusqu'à présent, accordées pour approvisionner le marché local. Par exemple, si vous avez un brevet en France et que votre brevet est soumis à une licence obligatoire, ce sera pour vendre ce produit sur le marché français. On a donc imaginé un système au plan international, pour résoudre ce problème particulier de la santé publique dans les pays en développement. La Déclaration de Doha sur l'ADPIC et la santé publique a proposé d'amender l'accord ADPIC, pour y introduire un nouveau système de licences qui permettraient l'exportation des produits sous licence et non plus seulement l'approvisionnement du marché local. Ces licences ne porteraient que sur les brevets de médicaments, en cas de crise de santé publique grave dans certains pays. Cette proposition de Doha n'a pas encore été traduite dans le texte de l'ADPIC, parce que cela implique une modification des traités de l'OMC. Or vous savez qu'il est extrêmement délicat de réviser les traités de l'OMC. Toutefois, sans attendre la modification de l'accord ADPIC, la Communauté Européenne a d'ores et déjà adopté un Règlement en 2006 sur les licences obligatoires de médicaments à destination de pays en situation de crise de santé publique. Ce règlement est en vigueur et se base sur le système qui est proposé par la Déclaration de Doha, mais qui n'est pas encore en application dans le système de l'OMC. Il anticipe en quelque sorte la révision du traité de l'OMC.

Selon ce système, il y aura deux catégories d'États : les États importateurs de médicaments sous licence et les États exportateurs de ces médicaments. Les États se déclarent soit dans le premier groupe soit dans le second groupe (ou dans aucun groupe). Les États importateurs sont ceux dans lesquels sévit une crise de santé publique qu'ils n'arrivent pas à résoudre grâce à leurs moyens locaux. Ils adressent une déclaration à la Commission Européenne, où ils font part de la crise sanitaire et de leurs besoins de tel type de médicament. Ils déclarent vouloir utiliser le système de licences obligatoires d'exportation de médicaments. Le second groupe est celui des États exportateurs, qui acceptent d'accorder des licences de brevets en vigueur dans leurs pays, mais non pas pour approvisionner leur marché local, mais pour l'exportation sur les marchés des États qui se sont déclarés comme importateurs. Le Brésil pourrait être intéressé, puisqu'il est, avec l'Inde, l'un des deux grands États producteurs de médicaments, en dehors de l'Europe et de l'Amérique du Nord. Le Brésil sera peut-être parmi les États exportateurs; il y aurait donc des licences sur les brevets brésiliens, et les médicaments fabriqués au Brésil sous ces licences seraient exportés dans les États qui en font la demande.

Le système n'est pas forcement gratuit, un prix sera négocié entre l'État exportateur et l'État importateur. La préoccupation majeure consiste à empêcher le retour de ces médicaments sur le marché des pays producteurs, ou d'autres pays. Toute une série de mesures de sauvegarde est prévue. Ces médicaments doivent être identifiés par des numéros, par des labels, la douane disposant de moyens de contrôle particuliers pour en empêcher le retour. On ne sait pas si tout cela sera efficace, mais telle est actuellement la direction dans laquelle s'oriente le système de licences obligatoires. Vous voyez que le problème des licences obligatoires n'est plus uniquement d'intérêt pour les spécialistes, mais peut intéresser chacun d'entre nous.

**Nicolas Rontchevsky**: Je remercie vivement les organisateurs de cette journée de m'avoir invité à participer à cette table ronde. Il est vrai que j'entretiens de longue date des relations amicales avec des juristes brésiliens. J'ai ainsi eu le plaisir de travailler pendant plusieurs années avec le professeur Luiz Olavo Baptista qui est juge à l'Organisation mondiale du commerce et d'abord professeur à l'université de São Paulo, après avoir fait sa thèse à l'université Paris II. Il est aussi l'un des grands arbitres du commerce international. Plus près de nous ici à Strasbourg, j'ai eu le plaisir de travailler avec Madame Roberta Ribeiro Oertel et aussi Monsieur Luiz Fernando Kuyven, dont j'ai pu apprécier les compétences. Et je dois aussi rendre hommage à l'exposé très complet de Madame Gisela dos Reis qui est une nouvelle illustration de la qualité des travaux des juristes brésiliens, puisque, chère Madame, vous avez parfaitement mis en exergue les questions essentielles de la responsabilité pénale des personnes morales en droit brésilien et en droit français.

Je tiens à dire que je ne connaissais pas du tout ces questions en droit brésilien. Mais vous avez exposé que le droit brésilien s'est inspiré, si j'ai bien compris, du droit français, dans une très large mesure, la loi brésilienne de 1998 faisant en quelque sorte écho au nouveau Code pénal français de 1994 (on dirait aujourd'hui tout simplement le Code pénal). Vous avez aussi souligné que, si j'ai bien compris, au Brésil, nous en sommes encore aux balbutiements de la responsabilité pénale des personnes morales. Elle est prévue par le droit brésilien, mais pour l'instant de manière assez timide, car vous avez expliqué qu'elle ne s'applique pour l'essentiel qu'en matière de droit de l'environnement.

Elle a certes vocation à s'appliquer aussi à d'autres domaines, mais pour l'instant il semble que ce soit le seul dans lequel il y ait eu des condamnations, qui sont du reste rares, alors qu'en France il y a depuis bien longtemps que l'on a passé le cap des 100 premières décisions. Je me souviens que j'avais eu l'honneur de présenter en février 1999, en présence de Madame Joanna Schmidt, un rapport, dans le cadre des Travaux de l'Association Henri Capitant, sur la responsabilité pénale des personnes morales et l'on analysait déjà, en 1998, les 100 premières décisions concernant la responsabilité pénale des personnes morales (il y avait une synthèse remarquable de ces décisions par le professeur Jacques-Henri Robert). Aujourd'hui, on ne compte plus les décisions dans ce domaine.

Et j'aurais tendance à dire qu'en soit, c'est une bonne chose : la responsabilité pénale des personnes morales me paraît être une bonne innovation. C'est une bonne chose pour les victimes, c'est une bonne chose pour des personnes physiques qui auraient sans doute été en quelque sorte elles aussi des victimes expiatoires, pour les victimes dans certaines situations dramatiques. Je pense d'ailleurs à Strasbourg qui a du reste été à plusieurs égards une ville importante pour la responsabilité pénale des personnes morales : une des premières grandes décisions en la matière était un jugement du tribunal correctionnel de Strasbourg, du 9 février 1996, et certains ici savent qu'il n'y a pas si longtemps, la ville de Strasbourg a été condamnée pénalement en raison de la catastrophe du Parc de Pourtalès. À cet égard, on peut comprendre que, pour les victimes, un procès pénal est sans doute quelque chose d'important, mais il faut aussi admettre que pour des affaires de ce type, il est sans doute opportun de poursuivre une entité, la personne morale plutôt que des personnes physiques, car les responsabilités sont assez diffuses et il me paraît souvent injuste de faire supporter la responsabilité pénale et le poids d'un procès pénal à des personnes physiques qui, au fond sont très souvent elles-mêmes des victimes d'une mauvaise organisation de la personne morale. Certes, la personne morale n'agit pas toute seule, il y a des personnes physiques qui agissent pour son compte, mais il y a parfois une mauvaise organisation au sein de la personne morale qui explique les fautes que peuvent commettre des personnes physiques.

Une autre question que vous avez abordée, et sur laquelle je reviens quelques instants est celle des peines qui peuvent être très sévères, très lourdes : en droit français comme en droit brésilien, la sanction peut aller jusqu'à la peine de mort, a-t-on pu dire, pour la personne morale. Certes, la liquidation de la personne morale, sera sans doute rarissime. Il n'y a pas encore eu, si j'ai bien compris, d'application de cette sanction pour l'instant au Brésil. Plus généralement, je voudrais souligner, et la remarque a encore plus d'importance depuis la loi Perben II du 9 mars 2004, que les amendes encourues par les personnes morales sont aussi redoutables, puisque la peine d'amende pour les personnes morales est le quintuple de celle encourue par les personnes physiques, ce qui peut conduire à des records. Je prends un exemple que je connais bien : en matière d'infraction boursière, l'amende peut atteindre le décuple du profit réalisé ; faisons donc le calcul : $5 \times 10 = 50$ fois le montant du profit réalisé par la personne morale. Cela a un effet dissuasif. Lorsque les dirigeants d'une société se demandent si celle-ci a la qualité d'initié ou peut réaliser une opération, ils hésitent encore davantage lorsqu'ils savent que si l'infraction était retenue, l'amende pourrait atteindre 50 fois le montant du profit réalisé. Montant théorique en l'état, mais qui fait réfléchir.

Les sanctions peuvent donc être très lourdes et la responsabilité pénale des personnes morales peut ainsi avoir des effets pervers, surtout depuis la généralisation de la responsabilité pénale des personnes morales réalisée par la Loi Perben II du 9 mars 2004, qui est entrée en vigueur le 31 décembre 2005. Désormais, toute infraction, sauf exclusion expresse, peut être reprochée à une personne morale et peut donc exposer la personne à un risque de poursuite, à des sanctions et en particulier à une amende très lourdes, ce qui peut constituer un « repoussoir » pour certains investisseurs. C'est ce que disent certains au sujet des décisions d'investissement en France... Certains disent: « nous n'allons pas prendre le contrôle d'une société française qui est exposée à de si lourdes sanctions».

Cela peut également poser problème, je le signale très rapidement, dans le cadre des négociations pour les rachats d'entreprises et les cessions de contrôle, car, dans le cadre des garanties d'actifs et de passifs, il faut aussi envisager l'éventuel passif pénal.

En outre, la Cour de cassation a amplifié, à mon sens, la responsabilité pénale des personnes morales en assouplissant, sensiblement, vous y avez fait allusion il y a quelques instants en citant l'important arrêt *Sollac* du 20 juin 2006, les conditions de mise en jeu de la responsabilité pénale des personnes morales. J'ajoute encore que sur le terrain des règles de procédure, vous avez un autre arrêt de la chambre criminelle du 23 mai 2006 qui facilite aussi les poursuites contre la personne morale. La Cour de cassation permet donc de poursuivre assez aisément les personnes morales, mais fort heureusement jusqu'à présent les juridictions du fond françaises ont été à mon avis plutôt raisonnables quant aux peines prononcées à l'encontre des personnes morales, et je crois que ce constat ne peut qu'aller que dans le sens d'une approbation de la responsabilité pénale des personnes morales. Ce constat laisse à penser que le Brésil a sans doute eu raison d'instaurer aussi la responsabilité pénale des personnes morales, en souhaitant que les juridictions brésiliennes sauront aussi faire preuve de sagesse et de modération dans son application.

**Julien SEITZ**: J'aurais aimé demander à Monsieur Fonseca Tinoco s'il avait des exemples de licences autoritaires d'intérêt général du côté français, puisqu'il a cité des exemples du côté brésilien.

**Karlo FONSECA TINOCO**: Non. Au fait, la licence autoritaire dans l'intérêt de la santé publique et du développement économique et de la défense nationale n'a jamais été utilisée en France.

**Iacyr AGUILAR VIEIRA**: J'aurais aimé savoir si la licence autoritaire peut être concédée à toute personne, indépendamment de sa nationalité, ou s'il y a des limitations à la concession de cette licence aux étrangers.

**Karlo FONSECA TINOCO**: Au fait, les licences délivrées dans l'intérêt des particuliers, selon la classification qu'on a utilisée, peuvent être demandées par des étrangers sous la base des dispositions conventionnelles, notamment la Convention de Paris, qui, par la règle du traitement national, donnent les mêmes droits aux étrangers qu'aux nationaux.

# L'AUTONOMIE DES PERSONNES ET LE DROIT DE L'ÉTAT INTERVENTIONNISTE

## LE DROIT BRÉSILIEN DES CONTRATS
## Quelques différences par rapport au droit français

**Francisco Augusto PIGNATTA***

Le droit brésilien des contrats a été récemment modifié à l'occasion de l'entrée en vigueur du nouveau Code civil brésilien (NCCB) en 2003[1]. Ces modifications traduisent une conception plus sociale du droit privé, signe d'un interventionnisme étatique plus présent dans le domaine de l'autonomie de la volonté.

Bien que les droits brésilien et français fassent partie de la famille des droits romano-germaniques, il existe des différences entre ces deux systèmes juridiques. Pour bien les comprendre, il faut d'abord considérer que le NCCB a une structure différente de celle du Code civil français. Le NCCB s'articule autour d'une Partie Générale[2] qui fixe les lignes directrices du système et en affirme les principes éthiques et juridiques[3] et d'une Partie Spéciale[4], plus casuistique, qui réglemente les cas concrets et leur donne des solutions[5]. Les articles de la Partie Générale sont dénommés des *clauses générales.* Celles-ci sont des énoncés ayant une

* *Docteur en droit, Avocat au Brésil et au Portugal, Intervenant à Paris, Membre de la Chambre de commerce du Brésil en France.*

1 Le Code civil de 2002 (Loi n° 10.406 du 10 janvier 2002 - *DOU* du 11 janvier 2002) qui n'entra en vigueur qu'un an après, le 12 janvier 2003 (suivant la prévision de l'article 2.044 du Code de 2002), s'est substitué à l'ancien, datant de 1916.

2 Livre I (les personnes), Livre II (les biens) et Livre III (les faits juridiques).

3 Selon les rédacteurs, les deux principes essentiels du Code sont la sociabilité du droit et l'opérationnalité.

4 Livre I (le droit des obligations), Livre II (le droit de l'entreprise), Livre III (le droit des choses), Livre IV (le droit de la famille) et Livre V (les successions).

5 Pour un court résumé du contenu du nouveau Code civil brésilien, v. PIGNATTA (F. A.), *La phase précontractuelle sous l'empire de la Convention de Vienne et des droits français et brésilien,* thèse Strasbourg, 2008, p. 29-38. Pour la traduction complète du Code civil brésilien, v. *Code civil brésilien,* édition bilingue français-brésilien, Société de Législation Comparée, 2009.

portée générale et abstraite et dont la valeur doit être mise en œuvre par le juge[6]. Leur fonction est de rendre le Code civil plus flexible et de modérer les règles trop rigides[7]. Cependant, elles ne sont ni des principes de droit ni des règles d'interprétation, mais bien des normes juridiques, sources créatrices de droits et d'obligations[8]. Ainsi, les clauses générales, dans le NCCB, sont des normes d'ordre public[9] et doivent être appliquées *ex officio* par le juge.

Ces différences structurelles mises à part, le NCCB a adopté une conception plus restreinte de l'autonomie privée. Cela a un rapport étroit avec l'époque où le projet du Code a été élaboré. L'idée de faire un nouveau Code civil date des années 1970 et la version définitive du projet fut présentée en 1975[10]. Il y a, partant, un déphasage entre le contenu du Code et l'époque de son entrée en vigueur en 2003. En effet, dans les années 1970 et 1980, les régimes d'exception étaient nombreux en Amérique latine et le Mur de Berlin existait encore. Animé par ces influences, le NCCB adopte comme ligne directrice le principe de sociabilité et de la « concrétion » (*concreção*). Il donne une préférence au collectif, qui doit primer sur l'individuel, et confère aux relations sociales une dimension morale et éthique. Il institue la fonction sociale de la norme et accorde la priorité à la bonne foi[11]. Il s'agissait, pour les rédacteurs du nouveau Code, de protéger, avant tout, le plus faible et de faire du NCCB un instrument de paix sociale[12]. Cette ambition généreuse a donné en réalité une conception assez étroite des contrats civils[13].

---

6 Sur l'interprétation des clauses générales, v. Menke (F.), « A interpretação das cláusulas gerais : a subsunção e a concreção dos conceitos », *Revista do Direito do Consumidor*, n° 50, p. 9-35.

7 Canaris (C.-W.), *Systemdenken und Systembegriff der Jurisprudenz*, Berlin : Duncker & Humblot, 2e éd., 1983 cité par Nery Junior (N.) et Andrade Nery (R-M), *Código Civil Comentado*, São Paulo : RT, 5e ed., 2007, p. 142.

8 Martins-Costa (J.), « O direito privado como um 'sistema em construção' – As cláusulas gerais no projeto de Código Civil Brasileiro », *RT*, n° 753, 1998, p. 24.

9 L'article 2.035 (NCCB) fait référence à certaines clauses générales et les déclare d'ordre public, mais la doctrine élargit cette interprétation en considérant que toutes les clauses générales sont d'ordre public.

10 Une commission de révision du Code de 1916 a été formée en 1969. À cette occasion, l'alternative suivante est proposée : soit une révision partielle, soit une révision totale. Ce sera, finalement, la seconde option qui sera retenue, et, après six années de travail, le projet est présenté, le 16 janvier 1975. Après avoir fait des « aller-retour » entre le Sénat et la Chambre des députés et s'être parfois 'bien reposé au fond d'un tiroir' (« *Le projet resta presque trente ans enfermé dans les archives du ministère de la Justice. De temps en temps, on suscitait le débat à propos du besoin de doter le pays d'une loi civile plus en accord avec les caractéristiques de la société brésilienne actuelle* », Fradera (V. M.), « La partie générale du Code Civil Brésilien » dans Wald (A.) et Spinosi (C. J.), *Le droit brésilien hier, aujourd'hui et demain*, Société de Législation Comparée, 2005, p. 207) le projet de 1975 est devenu loi en janvier 2002.

11 Stocco (R.), *Tratado de responsabilidade civil*, São Paulo : RT, 2004, p. 109.

12 Sur les motivations des rédacteurs du projet du Code, v. Nery Junior (N.) et Andrade Nery (R-M), *Código Civil Comentado*, 5e ed., São Paulo : RT, 2007, notes à l'art. 1.

13 Ce rétrécissement de l'autonomie individuelle par une intervention de l'État se traduit de diverses formes. Dans certaines situations, le législateur oblige la conclusion du contrat comme dans les cas de fourniture de biens et de services (art. 39, II et IX du Code de protection du consommateur). D'autres fois, il exige la présence, dans

Il existe deux autres influences liées à cette conception assez limitative de l'autonomie privée dans le NCCB qu'il faut signaler. La première est celle attachée à la structure de l'ordre juridique brésilien avec ce qu'on peut nommer la « constitutionnalisation » du droit privé[14]. Cela vient du fait que les États de l'Amérique latine ont repris une pratique constitutionnelle de l'Amérique du Nord, à savoir le principe du contrôle juridictionnel de la constitutionnalité des lois :

> [...] *les Constitutions des États de l'Amérique latine, souvent, proclament divers droits et libertés fondamentales de l'homme, et les principes impérieux ainsi proclamés ont une grande importance, tant théorique que pratique, dans la mise en œuvre des codes et lois civiles de ces États : tel principe affirmé par la Constitution peut interférer avec l'application d'une loi, dans le domaine du droit civil, du droit commercial, de la procédure ou du droit du travail, un peu de la même manière, mais dans des cas plus fréquents, que la notion de l'ordre public peut intervenir dans [le] droit français*[15].

Cette tendance a comme conséquence que la direction donnée par une Constitution va influencer de manière effective tous les domaines du droit, qu'il soit public ou privé. Ainsi, une Constitution libérale, par exemple, fait que les règles de droit suivent cette même tendance. Cependant, une Constitution comme celle du Brésil qui contient, à côté des dispositions de caractère libéral, une charge interventionniste assez remarquable, a des conséquences dans le domaine du droit privé[16]. Au Brésil, l'autonomie individuelle subit, alors, un rétrécissement au nom de l'égalité qu'il doit y avoir entre les contractants et qui ne peut pas être exclue au gré des parties. L'idée même de contrat comme un accord de volontés privées est aujourd'hui une idée aux contours plus complexes et devient une chose d'intérêt public et social[17].

Le dernier facteur qui mérite d'être signalé est l'influence très remarquable que le Code de protection du consommateur brésilien (1990)[18] a exercée sur le régime des contrats civils et commerciaux. Après son entrée en vigueur et encore sous l'empire du Code civil de 1916, le juge brésilien, s'inspirant des nouveaux principes

---

le contrat, de clauses coercitives en termes irremplaçables sous peine de nullité, par exemple dans les contrats de travail (art. 9 de la *Consolidação das Leis do Trabalho*) et dans les contrats de vente de terrain à paiement échelonné (Loi n. 6766 du 19/12/1973), dans lequel il est interdit de faire figurer une clause de rescision *pleno iure* du contrat. D'autres fois, encore, il y a une augmentation de l'extension des normes d'ordre public et le contrôle de certaines activités commerciales, la régulation de moyens de production et de distribution et la proclamation de la prééminence des intérêts collectifs sur ceux d'ordre privé. Ainsi : SILVA PEREIRA (C.M.), *Instituições de Direito Civil, Contratos*, volume III, édition digitale, Rio de Janeiro, 2003, p. 29.

14 LÔBO (P.L.), « Constitucionalização do Direito Civil », site Internet *Jus Navigandi*, http ://jus2.uol.com.br/doutrina/texto.asp?id=507.

15 DAVID (R.), *Traité élémentaire de droit civil comparé*, LGDJ, 1950, p. 263

16 Comme la notion de fonction sociale de la propriété qui se trouve d'abord dans la Constitution brésilienne et qui a ensuite servi d'inspiration pour la transposition au domaine contractuel par les rédacteurs du NCCB. Voir REALE (M.) et MARTINS-COSTAS (J.), *História do Novo Código Civil*, São Paulo : RT, 2005.

17 L'article 421 du Code civil brésilien restreint la liberté de contracter du fait qu'elle doit accomplir une fonction sociale.

18 Loi n° 8.078 du 11 septembre 1990 – *Journal Officiel de l'Union* – le 12 septembre 1990.

du Code de protection du consommateur, les appliquait même en des situations où le contrat était régi par le Code civil ou par le Code commercial alors en vigueur[19].

Ainsi, ces trois aspects réunis – conception plus restreinte de l'autonomie privée dans le NCCB, la « constitutionnalisation » du droit privé et influence remarquable du Code de protection du consommateur dans le domaine civil et commercial – nous donnent la dynamique d'une limitation de l'autonomie privée en droit brésilien.

En droit français, on trouve aussi certaines limites à l'autonomie privée. Mais, curieusement, le chemin pris par le droit français est à l'inverse de celui pris par le droit brésilien. Ce qu'en droit français est de source doctrinale est, en droit brésilien, de source législative et vice-versa. Ainsi, dans une approche comparatiste franco-brésilienne, la première des limites à l'autonomie privée est l'approche dite du « solidarisme contractuel » (I), qui est prévue dans le NCCB et qui est soutenue par une partie de la doctrine en France. La seconde limite à l'autonomie de la volonté est l'exigence de la « cause » (II), qui est prévue expressément dans le Code civil français et qui est soutenue par la doctrine brésilienne avec des échos en jurisprudence.

## I. Le solidarisme contractuel : une prévision légale dans le droit brésilien et une construction doctrinale en France

Deux des aspects les plus importants du droit brésilien de ce que l'on a convenu d'appeler le « solidarisme contractuel » sont la consécration de la théorie de l'imprévision (A) et l'exigence de la fonction sociale du contrat (B). Sur ces points-là, la doctrine française est abondante[20], sans pour autant trouver chez le législateur un écho important.

### A. La théorie de l'imprévision

Au Brésil, la théorie de l'imprévision a été consacrée dans le NCCB sous le couvert de l'onérosité excessive[21]. Ainsi, l'application de la théorie de l'imprévision est toujours liée au constat d'une disproportion effective qui rompt l'équilibre

19 Les exemples sont nombreux : TJ-RS (Tribunal de Justiça do Estado do Rio Grande do Sul), 19 août 1998, Ap. Civ. 598209179, rela. Desa. Helena Ruppenthal Cunha ; TJ-SC (Tribunal de Justiça do Estado de Santa Catarina), 18 mai 1999, Ap. Civ. 980045304, rel. Des. Trindade dos Santos ; TJ-RS (Tribunal de Justiça do Estado do Rio Grande do Sul), 20 décembre 2000, Ap. Civ. 599418266, rela. Desa. Matilde Chabar Maia ; TJ-BA (Tribunal de Justiça do Estado da Bahia), 25 septembre 2002, Ap. Civ. 13477-1/02, rela. Desa. Sílvia Zarif ; TJ-RJ (Tribunal de Justiça do Estado do Rio de Janeiro), 29 octobre 2002, Ap. Civ. 2002.001.18860, rel. Des. Humberto de Mendonça Manes.

20 Courdier-Cuisinier (A.-S.), *Le solidarisme contractuel*, Litec, 2006 ; Cédras (J.), « Le solidarisme contractuel en doctrine et devant la Cour de cassation » dans http://www.courdecassation.fr – rapport annuel 2003 ; Jamin (Ch.), « Plaidoyer pour le solidarisme contractuel », *Mélanges Jacques Ghestin*, LGDJ, p. 441 ; Mazeaud (D.), « Loyauté, solidarité, fraternité, la nouvelle devise contractuelle ? », *Mélanges François Terré*, Dalloz, p. 603.

21 Ce sont les articles 478 à 480 du NCCB qui s'occupent de la résolution du contrat pour onérosité excessive. L'article 317 du NCCB prévoit, aussi, dans les cas de disproportion manifeste entre la valeur de la prestation initiale et la valeur de la prestation au

initial des prestations. L'article 478 prévoit que *« si la prestation de l'une des parties devient trop onéreuse* [...] *en raison d'événements extraordinaires et imprévisibles, le débiteur pourra demander la résolution du contrat*[22] ». La solution trouvée par le législateur brésilien pour rééquilibrer la situation entre les parties aurait été radicale - la résolution du contrat – s'il n'avait pas inclus dans l'article suivant la possibilité de maintenir le contrat : *« la résolution peut être évitée si le défendeur propose de modifier de façon équitable les conditions du contrat*[23] ».

Cependant, la jurisprudence brésilienne est assez exigeante lorsqu'il s'agit de considérer certains événements comme extraordinaires et imprévisibles. Dans la grande majorité des cas, le juge a écarté l'imprévision[24], mais dans d'autres cas il l'a acceptée[25]. Le juge a aussi appliqué la théorie de l'imprévision dans des relations contractuelles de consommation[26] avec des spécificités relatives au contrat conclu par un consommateur. En effet, le Code de protection du consommateur prévoit la révision du contrat ou l'annulation de clauses excessivement onéreuses indépendamment du changement de circonstances[27]. Cependant, l'application la plus fréquente se réfère aux contrats administratifs[28]. À son tour, la Cour Supérieure de Justice (STJ) refuse, dans plusieurs cas, d'analyser les situations

moment du payement, que le juge peut, à la demande de l'une des parties, équilibrer les prestations afin d'assurer leur valeur réelle. V. FONSECA PUGLIESE (A. C.), « Teoria da imprevisão e o novo Código Civil », *Révue RT*, n° 830, 2004, p. 11 ; AZEVEDO (A. V.), « O novo Código Civil Brasileiro : tramitação ; função social do contrato ; boa-fé objetiva ; teoria da imprevisão e, em especial, onerosidade excessiva (laesio enormis) » dans ALVIM (A.), CERQUEIRA CÉSAR (J. P.) et ROSAS (R.), *Aspectos Controvertidos do novo Código Civil*, São Paulo : RT, 2003, p. 31.

22 Traduction libre.

23 Article 479 (notre traduction).

24 Cas d'inflation (STJ – Superior Tribunal de Justiça, REsp – Recurso Especial, 744.446, 2005/0066286-7, 17/04/2008, rel. Min. Humberto Martins, *Diário de Justiça*, 05/05/2008, p. 1) ; contrat de vente future (STJ, REsp 809.464, 2006/0004779-3, 10/06/2008, rel. Min. Fernando Gonçalves, *DJe* 23/06/2008 ; REsp 722.130, 2005/0017809-0, 15/12/2005, rel. Min. Ari Pargendler, *Diário de Justiça*, 20/02/2006, p. 338 ; STJ, REsp 803.674, 2005/0206766-1, 07/12/2006, rel. Min. Ari Pargendler, *Diário de Justiça*, 19/03/2007, p. 337 ; STJ, REsp 783.520, 2005/0158142-1, 07/05/2007, rel. Min. Humberto Gomes de Barros, *Diário de Justiça*, 28/05/2007, p. 328).

25 Contrat d'exploitation des mines de pierres précieuses (STJ, REsp 46.532, 1994/0009884-7, 05/05/2005, rel. Min. Aldir Passarinho Junior, *Diário de Justiça*, 20/06/2005, p 288).

26 STJ, REsp 437.660, 2002/0056040-9, 08/04/2003, rel. Min. Sálvio de Figueiredo Teixeira, *Diário de Justiça*, 05/05/2003, p. 306 ; REsp 473.140, 2002/0134887-9, 12/02/2003, rel. Min. Carlos Alberto Menezes Direito, *Diário de Justiça*, 04/08/2003, p. 217.

27 Art. 6, V du Code de protection du consommateur (CDC). Bien que le CDC n'exige pas l'existence d'un fait imprévisible, seulement la disproportion des prestations étant passible de révision contractuelle, les juges utilisent l'expression « théorie de l'imprévision ».

28 STJ, RMS 15154, 2002/0089807-4, 19/11/2002, rel. Min. Luiz Fux, *Diário de Justiça*, 02/12/2002, p. 222. Il faut mentionner qu'au Brésil n'existe pas un Conseil d'État ni une juridiction spéciale pour le droit administratif. De ce fait, les conditions pour l'application de la théorie de l'imprévision sont les mêmes pour les contrats civils que pour les contrats administratifs.

d'application de cette théorie pour considérer que cela impliquerait un réexamen des faits[29].

En France, à part certaines « lois de circonstances »[30] et « lois ponctuelles »[31], la théorie de l'imprévision n'a pas été consacrée de manière générale par aucun texte législatif. La jurisprudence civile, suivant l'approche doctrinale[32], l'a fait jouer rarement et sous le couvert de la lésion[33]. Différente est la position en matière administrative dans laquelle le Conseil d'État l'a consacrée[34]. Mais, en dehors de ces situations, la théorie de l'imprévision en matière civile continue à être une solution plutôt doctrinale.

Ce même phénomène se produit en relation à l'exigence de la fonction sociale du contrat.

## B. La fonction sociale du contrat

Le nouveau Code civil brésilien a innové en ce qui concerne les relations entre les parties, en exigeant « *que la liberté de contracter sera exercée en raison et dans les limites de la fonction sociale du contrat*[35] ». Ainsi, outre les exigences extrinsèques au contrat – les parties doivent garder la loyauté et la bonne foi pendant la phase de formation et d'exécution du contrat[36] – il y a une exigence intrinsèque que le contrat doit comporter, à savoir : une fonction sociale. Avec cette disposition, le législateur reconnaît que les partenaires sont libres de poursuivre leurs propres intérêts au moment de conclure un contrat, mais que cette liberté est limitée par la fonction que le contrat doit accomplir dans la société. Ainsi, le contrat devient un facteur social, il n'est pas seulement la « chose des parties ».

L'attribution d'une fonction sociale au contrat, représenterait une certaine mainmise de l'État sur l'autonomie privée pour faire disparaître une éventuelle inégalité qui serait apparue dans la situation respective des parties[37]. Il faut, selon certains, que la liberté de contracter soit au service d'une égalité substantielle. Cette égalité réelle donnerait le ton de la fonction sociale du contrat et révélerait l'idée d'une égale dignité sociale que l'accord entre les parties devrait envisager de

---

29 STJ, REsp 46.532, 1994/0009884-7, 05/05/2005, rel. Min. Aldir Passarinho Junior, *Diário de Justiça*, 20/06/2005, p. 288.

30 À la suite des deux guerres mondiales.

31 Dans certains cas limités à un domaine étroit (droit de successions et des libéralités : L. 3 juillet 1971 ; révision des ventes viagères : L. 25 mars 1949, des baux commerciaux : Décr. 30 sept. 1953, etc.)

32 Lécuyer (H.), « Le contrat, acte de prévision », *Mélanges François Terré*, p. 643 ; Jamin (Ch.), « Révision et intangibilité ou la double philosophie de l'art. 1134 du Code civil », *Droit et Patrimoine*, 1998, n° 58, p. 46 ; Delvolvé (J-L.), « L'imprévision dans les contrats internationaux », *TCFDIP*, 1988-1990, p. 147.

33 En cas de promesse unilatérale de vente, v. Terré (F.), Simler (Ph.) et Lequette (Y.), *Les obligations*, 9e édition, Dalloz, p. 471.

34 Arrêt *Gaz de Bordeaux*, CE, 30 mars 1916, *DP*, 16.3.25 ; S. 16.3.17, note M. Hauriou.

35 Article 421 (notre traduction).

36 Art. 422 du NCCB.

37 Bueno de Godoy (C-L.), *Função social do contrato*, São Paulo : Saraiva, 2004, p. 6.

telle sorte que, selon certains auteurs, la diminution de l'inégalité aurait comme conséquence l'augmentation de la réelle liberté des contractants[38].

Pour que cette approche soit réalisable, une large partie de la doctrine brésilienne soutient qu'il faut nécessairement réinterpréter les principes généraux du contrat et les convertir en un instrument de transformation sociale !

Les principes généraux du contrat sont, *grosso modo*, la liberté des parties, la force obligatoire du contrat, l'effet relatif du contrat et le consensualisme[39]. La fonction sociale du contrat veut intervenir directement sur ces principes et modifier l'approche traditionnelle faite jusqu'à présent par la doctrine et par la jurisprudence. C'est, ainsi, avec une transformation de la pensée traditionnelle que l'efficacité de la fonction sociale pourrait être visible.

D'abord, c'est la liberté des parties qui doit subir un rétrécissement. Accusé d'être un fidèle exemple de la pensée libérale de la fin du XIX<sup>e</sup> siècle, l'ancien Code civil brésilien privilégiait le principe de la liberté qui devait régner dans toutes les relations privées. Selon ses critiques, une exacerbation de ce principe produit un droit individualiste et égoïste qui n'a plus de place aujourd'hui, quand les relations entre les parties doivent être régies par des principes plus soucieux de la participation du citoyen dans un contexte social. C'est dans l'esprit de cette critique que les rédacteurs du NCCB ont rajouté la particularité que les relations contractuelles doivent obéir à une fonction sociale. La liberté de contracter et de ne pas contracter n'est plus comprise de façon absolue. Il existerait des situations qui limiteraient l'action des parties. Ce qui guidera les parties pendant leurs négociations, c'est l'effet que le contrat aura dans la société en général ou, pour être plus précis, il faut voir si le contrat exerce des fonctions qui visent plus le bien-être de la société que des avantages personnels ! La volonté ne joue plus seule ; elle doit compter avec les contraintes externes d'un ensemble de facteurs d'une portée plus large que la simple relation vendeur-acheteur.

Cet élargissement des facteurs à prendre en considération dans la formation du contrat fait que l'autonomie des parties perd sa place unique et que sa portée devient plus restreinte. C'est une règle physique : quand la loi est plus interventionniste dans les relations particulières, la liberté des parties est moins intense. Et ce résultat a été voulu par les rédacteurs du nouveau Code civil. Ainsi, l'autonomie privée en tant que pouvoir d'autodétermination ne trouverait plus une justification en soi-même. En revanche, seul serait protégé l'acte qui correspond à une fonction considérée comme socialement utile[40]. Cependant, le rétrécissement de l'autonomie des parties n'est pas suffisant pour que le contrat remplisse sa fonction sociale. Celle-ci touche aussi le principe de la force obligatoire du contrat.

Dans toutes les hypothèses où l'application du principe de la force obligatoire du contrat aboutirait à une situation d'inégalité réelle, il faudrait privilégier, selon une partie de la doctrine, l'application de la fonction sociale. La force qui lie les parties et qui fait du contrat leur loi, traduite par l'adage latin *pacta sunt servanda,*

---

38 Popp (C.), *Responsabilidade civil pré-negocial: rompimento das tratativas,* Curitiba : Juruá, 2001, p. 68.

39 Gomes (O.), *Contratos,* 16<sup>e</sup> ed., Rio de Janeiro : Forense, 1995, p. 22 *sq.*

40 Bueno de Godoy (C-L.), *op. cit.*, p. 101.

doit être relativisée dans la mesure où une situation nouvelle vient à déséquilibrer le rapport entre elles. Ainsi, la théorie de l'imprévision devrait être utilisée par le juge plus fréquemment et d'une façon plus effective. La conséquence est que le contrat, irrétractable par principe, ne l'est plus de façon absolue et le juge qui avait déjà le pouvoir restreint de déclarer la fin du contrat voit son pouvoir augmenter à un degré non négligeable. Une inégalité manifeste, une clause abusive ou une négociation déséquilibrée sont, par exemple, des situations dans lesquelles le juge pourra annuler un contrat au motif qu'il n'accomplit pas sa fonction sociale. Les liens qui unissent les parties perdent le caractère contraignant qu'ils avaient auparavant.

L'autre principe du droit des contrats qui devrait connaître une nouvelle approche concerne la relativité des effets des conventions. Le contrat serait désormais compris dans un contexte social et ne serait plus un acte isolé des parties. Si aujourd'hui ce principe prévoit qu'on ne peut pas étendre les effets du contrat à des personnes autres que les parties contractuelles, sauf quelques exceptions[41], la fonction sociale ferait que le contrat aurait une portée plus large et que ses effets pourraient produire des conséquences sur un ensemble d'individus. Avec cette conception, l'ensemble d'individus réunis dans une société et qui n'a participé ni à la formation, ni à la conclusion du contrat pourrait néanmoins en subir les effets, ce qui pourrait justifier une annulation de l'acte par le juge[42].

Le consensualisme, enfin, basé sur l'idée que les parties doivent exprimer leurs volontés librement et qu'elles doivent être convergentes sur les points principaux constitutifs du contrat, doit être tempéré par la fonction sociale. La liberté de manifester sa volonté deviendrait plus restreinte, non pas parce que les parties deviennent moins libres, mais parce que le résultat des deux manifestations de volontés doit être conforme à la dignité de la personne humaine, à l'esprit de solidarité, à l'équilibre économique du contrat et à la justice contractuelle.

En plus de cette nouvelle approche des principes contractuels proposée par certains, il faut noter que, selon la lettre de l'article 2.035, paragraphe unique du NCCB, l'exigence que le contrat doit remplir une fonction sociale est érigée par le législateur brésilien en norme d'ordre public et d'intérêt social[43], constituant ainsi une clause limitative de l'autonomie privée. Le juge devrait donc l'appliquer

41 Contrats au détriment de tiers, contrats sur patrimoine de tiers, contrats en faveur de tiers, contrats à la charge de tiers et contrats touchant la situation de tiers (Messineo (F.), *Dottrina Generale del Contratto,* Milano, 1952, p. 401). Cette classification est trop vaste, selon O. Gomes (*op. cit.*, p. 165), qui considère la stipulation en faveur de tiers comme l'unique exception au fait que le contrat soit *res inter alios acta.*

42 *« Les contrats aujourd'hui interfèrent chaque fois plus dans le domaine des tiers, ils étendent leurs effets à la communauté et c'est la raison pour laquelle il faut protéger des personnes non parties au contrat, en admettant aussi l'intervention dans les affaires quand le contrat ne présente pas une fonction sociale, parce que le contrat n'est plus limité aux parties ; il les transcende et remplit une fonction sociale à l'égard de toute la société »* (G. E. Nanni, « A evolução do direito civil obrigacional : a concepção do direito civil constitucional e a transição da autonomia da vontade para a autonomia privada », dans Lotufo (R.), *Cadernos de direito civil constitucional,* Curitiba : Juruá, 2001, v. 2, p. 186 – notre traduction)

43 Art. 2035, paragraphe unique du NCCB.

d'office à n'importe quelle phase du procès et il n'y aurait pas besoin d'une initiative des parties pour le mettre en œuvre.

Cependant, tout n'est pas « bleu-ciel » dans ce panorama[44]. À part d'être une construction doctrinale basée sur des postulats utopiques, le NCCB n'a pas de normes expresses traduisant la façon dont le juge doit vérifier si le contrat accomplit ou non une fonction sociale et sa mise en œuvre est, alors, à l'entière discrétion du juge. Le pouvoir très grand donné au juge et l'imprécision du NCCB grèvent son application de nombreuses incertitudes[45].

À son tour, la jurisprudence n'a encore tranché dans aucun arrêt de principe cette question. La seule fois où la Cour Supérieure de Justice s'est manifestée, elle a écarté l'application de la fonction sociale dans une affaire concernant le contrat de choses futures et a tranché dans un sens beaucoup moins « révolutionnaire » que celui de la majorité de la doctrine : *« la fonction sociale exigée du contrat ne peut pas compromettre son rôle primaire et naturel qui est économique*[46] ». Si la fonction sociale ne peut pas être contraire à la nature économique du contrat, à savoir, la circulation de richesses, les principes contractuels de la force obligatoire, de la liberté de contracter, de sa relativité et du consensualisme doivent, évidemment, garder leur place principale dans l'interprétation du contrat. C'est avec cette approche plus restrictive qu'il faut interpréter l'article 421 du NCCB[47].

Si on songe au droit français, une conception sociale du droit a été soutenue par Josserand – inspirée de la théorie socialiste des droits fondée par Léon Duguit[48] – en s'appuyant sur la théorie de l'abus des droits[49]. Selon sa conception, l'abus d'un droit est l'acte contraire au but en vue duquel il a été institué, à son esprit et à sa finalité. On voit déjà l'idée que le droit doit obéir à des buts prédéfinis et que ce droit, comme expression de la volonté de tous, doit nécessairement prendre en considération certains impératifs sociaux. Détourner cette fonction sociale du droit serait caractéristique de l'abus des droits[50]. Cependant, cette conception a eu un faible écho dans la jurisprudence française. Malgré quelques arrêts concernant

---

44 Pour une critique de l'idée de fonction sociale du contrat, v. Pignatta (F. A.), *op. cit.*, p. 80-98.

45 Wald (A.), « A evolução do contrato no terceiro milênio e o novo Código Civil », *Estudos em homenagem ao Min. Moreira Alves*, RT, p. 59 ; Arruda Alvim Walbier (T.), « Uma reflexão sobre as 'cláusulas gerais' do Código Civil de 2002, A função social do contrato », *RT*, n° 831, 2005, p. 59-79.

46 STJ, REsp 803.481, 2005/0205857-0, 28/06/2007, rel. Min. Nancy Andrighi, *Diário de Justiça*, 01/08/2007, p. 462.

47 Selon R. R. Aguiar Júnior, « O Poder Judiciário e a concretização das cláusulas gerais : limites e responsabilidade », *Revista da Faculdade de Direito da UFRGS*, n° 8, p. 221 cité par Menke (F.), *op. cit.*, p. 9-35 : *« pour être une clause générale, l'article 421 du NCCB doit recevoir une attention spéciale du juge qui doit fonder sa décision de façon plus claire, en explicitant aux parties et à la communauté juridique les raisons de sa décision »*.

48 Jaluzot (B.), *La bonne foi dans les contrats*, Dalloz, 2001, p. 418.

49 Josserand (L.), *De l'esprit des droits et de leur relativité, Théorie dite de l'Abus des Droits*, Dalloz, 1927.

50 V. aussi Soufron (J.-B.), *Emmanuel Gounot, du catholicisme social au personnalisme juridique*, Mémoire DEA Droit des contrats, 2004, Université Lille 2, p. 60 *sq*.

le droit de propriété[51], spécialement le droit des servitudes[52] et le droit des sociétés[53], où on peut avoir l'impression que la jurisprudence donnait raison à Josserand, à l'échelle de la Cour de cassation, ces théories ont très peu pénétré[54].

Maintenant il nous reste à traiter notre seconde question : l'exigence de la cause.

## II. La cause : une source légale en droit français et une position doctrinale brésilienne

À la différence du Code civil français, le NCCB ne mentionne pas de manière expresse la cause ou le motif comme élément essentiel à la validité du contrat. Le NCCB prévoit, cependant, que le faux motif, s'il a été exprimé comme raison déterminante, peut invalider l'acte juridique (art. 166).

Bien que le nouveau Code brésilien ne contienne pas une prévision expresse de la cause comme condition de la validité du contrat, la doctrine brésilienne considère que cette absence de prévision légale ne signifie pas que le législateur brésilien l'ait exclue. Au contraire, la doctrine considère que la cause fait partie de la justification pour la naissance de tout contrat[55].

La jurisprudence a suivi l'approche de la doctrine et dans diverses occasions a déclaré l'invalidité de l'acte juridique au motif que le contrat ne contenait pas une justification capable de produire des effets soit parce qu'il était contraire aux bonnes mœurs[56], soit parce qu'il y avait une disproportion entre les obligations des parties. En réalité, comme le droit brésilien ne possède pas une prévision légale de la cause comme élément de la validité du contrat, le juge n'utilise pas expressément ce mot, bien que sa justification s'attache à l'idée de cause du droit français. Cette approche jurisprudentielle est assez nette dans une série d'arrêts de la Cour Supérieure brésilienne sur des affaires de crédit-bail[57]. Les juges ont

---

51 CA Riom, 9 mars 1964, *D.*, 1965, p. 67 ; Cass. 3e civ., 22 février 1968, *Labaune c/ Ménard, D.*, 1968, p. 607, note Ph. M. ; *JCP* 1969, II, 15735, obs. R.D. ; *RTD civ.* 1968, p. 735, note G. Cornu ; CA Paris, 28 octobre 1941, *Gaz. Palais*, 1941, 2, 490 ; CA Paris, 31 octobre 1963, *D.*, 1964, 286, note Julliot de la Morandière ; Cass. 1er civ., 20 janvier 1964, *JCP*, 1965, II, 14035, note Oppetit ; *D.*, 1964, 518 ; *RTD civ.* 1965, p. 117, obs. Rodière.

52 CA Pau, 17 décembre 1968, *Cantt c/ époux Callague, JCP* 1969, II, 15878, note M.B.

53 CA Paris, 22 mai 1965, *D.*, 1968, p. 147, et Chronique, p. 45 notes Contin ; *JCP* 1965, II, 14274 bis, concl. Nepveu ; CA Paris, 15 mars 1968, *JCP* 1969, II, 15814, note Bernard ; CA Rennes, 23 février 1968, *JCP* 1969, II, 16122 et *JCP* 1969, I, 2287, obs. Paillusseau et Contin ; *JCP* 1970, I, 2366, note Bermond de Vaulx ; *JCP* 1970, I, 2361, note Oppetit.

54 Pirovano (A.), « La fonction sociale des droits : Réflexions sur le destin des théories de Josserand », *D.*, 1972, chronique XIII, p. 17.

55 Rodrigues (S.), *Direito Civil, Parte Geral das Obrigações,* vol. 2, São Paulo : Saraiva, 1994, p. 165 ; Diniz (M-H.) dans Fiúza (R.), *Novo Código Civil Comentado,* São Paulo : Saraiva, 2003, p. 143 ; Gomes (O.), *Contratos,* 26e ed., Rio de Janeiro : Forense, 1994, p. 63.

56 Tribunal de Justiça do Estado do Rio Grande do Sul (TJ-RS), Apelação civel (Ap. Civ.) 70011148467, 28/12/2005, *Diário de Justiça*, 11/04/2006 ; TJ-RS, Ap. Civ. 70015729015, 25/08/2006, *Diário de Justiça*, 17/10/2006.

57 STJ, REsp 181.095, 1998/0049543-6, 18/03/1999, rel. Min. Ruy Rosado de Aguiar, *Diário de Justiça*, 09/08/1999, p. 172 ; REsp 172.432, 1998/0030501-7, 16/11/1999, rel. Min.

considéré que si le bailleur avait demandé au preneur, de façon anticipée, le paiement de la valeur résiduelle, la cause du contrat de crédit-bail avait disparu et ce contrat était devenu un contrat de vente avec l'acquisition du bien au moment du dernier payement.

En France, la cause, prévue par les articles 1108 et 1131 à 1133 du Code civil, est à l'origine d'importantes discussions doctrinales. Trois récents projets de réforme du droit des contrats en France ont manié la « cause » de façons diverses : soit elle est exclue, soit elle est maintenue, soit elle a reçu un nouvel habillage. En premier lieu, l'avant-projet de réforme du droit des obligations et de la prescription (l'avant-projet Catala)[58] suivant la tradition juridique française, considère que *« l'obligation naît de la seule volonté de l'obligé à la condition de posséder une cause qui l'explique et la justifie*[59] ». Ainsi, une cause *réelle* et *licite* reste une condition de validité du contrat. Pour éviter les dénominations controversées de la cause de l'obligation (dite objective et abstraite) opposée à la cause du contrat (dite subjective et concrète), dans l'avant-projet Catala c'est la cause de l'engagement qui est prise en considération. Parce que le contrat est conçu comme une manifestation de volonté, l'engagement semble être le point cardinal pour considérer l'existence ou non de la cause. En absence de cause[60], la nullité de la convention est relative. Lorsqu'il s'agit d'une cause illicite[61], la nullité est absolue (art. 1124-1). Ce sont au total 10 articles qui traitent de la cause dans l'avant-projet Catala (les articles 1124 à 1126.1), en reprenant la position de la doctrine et aussi l'état actuel de la jurisprudence en confirmant ainsi la jurisprudence « Chronopost »[62].

---

César Asfor Rocha, *Diário de Justiça*, 08/03/2000, p. 119 ; REsp 207.634, 1999/0022071-4, 18/05/2000, rel. Min. César Asfor Rocha, *Diário de Justiça*, 14/08/2000, p. 176 ; REsp 185.287, 1998/0059263-6, 14/11/2000, rel. Min. Waldemar Zveiter, *Diário de Justiça*, 05/02/2001, p. 99.

58 Mazeaud (D.), « Observations conclusives » dans *Colloque de la Revue des contrats du 25 octobre 2005 : avant projet de réforme du droit des obligations*, http://www.henricapitant.org/article.php3?id_article=50. Il contient des propositions de changement de la partie du Code civil concernant le droit des obligations – articles 1101 à 1386 – et du droit de la prescription – articles 2234 à 2281. Sur l'ensemble du projet, v. http://www.henricapitant.org/article.php3?id_article=47.

59 Ghestin (J.), « Validité-Cause (art. 1124 à 1126-1) », http://www.henricapitant.org/spip.php?article47.

60 L'article 1125 du projet Catala prévoit qu'une cause n'est pas réelle « lorsque dès l'origine, la contrepartie convenue est illusoire ou dérisoire ». Si une clause contractuelle est inconciliable avec la réalité de la cause, selon le même article 1125, celle-là est réputée non écrite. L'article 1125-3 considère que les contrats aléatoires sont « dépourvus de cause réelle lorsque, dès l'origine, l'absence d'aléa rend illusoire ou dérisoire pour l'un des contractants la contrepartie convenue ». Dans les cas de libéralités, il n'existerait cause réelle en « absence de motif sans lequel leur auteur n'aurait pas disposé » (art. 1125-4).

61 Selon l'article 1126, l'engagement est sans justification lorsqu'il est contracté, au moins par une des parties, dans un but contraire à l'ordre public, aux bonnes mœurs ou à une règle impérative.

62 Cass. com., 22 octobre 1996, *Bull. civ. IV*, n° 261, p. 223 ; *D.*, 1997, 121, note Sériaux, Somm. Com. 175, obs. Delebecque, Chr., Larroumet, p. 145, *D. Aff.* 1997, Chr Delebecque, p. 235 ; *JCP*, 1997.II.22881, note Cohen, I.4002, n° 1, obs. Fabre-Magnan,

En ce qui concerne le projet de réforme du droit des contrats proposé par la Chancellerie[63], le terme « cause » est substitué à celui d'« intérêt » sans pour autant abandonner l'idée du « *cur debetur* » (pourquoi l'on s'oblige). La notion demeure, mais sous un autre habillage, celui de l'intérêt. Ce changement, purement rhétorique, n'aura pas l'effet d'exclure la notion de « cause » comme une des conditions de la validité du contrat. La lecture des articles 85 à 87 du projet de la Chancellerie confirme cette approche[64].

Plus récemment, le « Projet Terré »[65] prend une autre direction en supprimant carrément la « cause » de ses prévisions légales. Dans la section relative au « Contenu du contrat », l'objet de l'obligation a été conservé, mais l'objet du contrat a été supprimé. Les notions de « moralité » et de « l'illicéité » sont remplacées par celles de « but » et de « contenu ». Ainsi, l'article 59 du projet « Terré » prévoit que « *le contenu du contrat ne peut déroger à l'ordre public ou aux bonnes mœurs, ni par son contenu ni par son but, que ce dernier ait été connu, ou, non par toutes les parties. Il ne peut, pareillement, porter atteinte aux libertés et droits fondamentaux que dans la mesure indispensable à la protection d'un intérêt sérieux et légitime* ».

Le résultat de chaque projet de réforme montre bien que l'unanimité est loin d'être acquise au sein de la doctrine française. Cependant, dans l'état actuel, la notion de « cause » continue à figurer dans les dispositions du Code civil. Il ne sera pas facile, même avec une réforme du droit des contrats, de faire disparaître cette notion dans le raisonnement des juristes français, qu'ils soient praticiens, académiciens ou magistrats.

*
* *

En guise de conclusion, dans les systèmes juridiques français et brésilien, on remarque plus souvent une tendance interventionniste sur l'autonomie contractuelle, avec des degrés néanmoins différents.

En ce qui concerne le droit brésilien, on peut se demander si le législateur brésilien, conscient ou non, n'a pas introduit, par voie détournée, la cause comme élément de la validité du contrat au travers de l'exigence de la fonction sociale du contrat ? Un contrat sans cause serait un contrat qui n'accomplit pas sa propre fonction « sociale » !

---

4025, n° 177, obs. Viney; *Contrats, conc. consom.* 1997, n° 24, obs. Leveneur; *Defrénois* 1997.333, obs. Mazeaud; *RTD civ.* 1997.418, obs. Mestre; Capitant (H.), Terré (F.), Lequette (Y.), *Les grands arrêts de la jurisprudence civile*, t. 2, 11e édition, Dalloz, n° 156, p. 72.

63 http://www.lexinter.net/ACTUALITE/projet_de_reforme_du_droit_des_contrats.htm

64 « Art. 85 : Chaque partie doit avoir un intérêt au contrat qui justifie son engagement. Art. 86 : Un contrat à titre onéreux est nul faute d'intérêt lorsque dès l'origine la contrepartie convenue au profit de celui qui s'engage est illusoire ou dérisoire. Art. 87 : La clause vidant le contrat de son intérêt est réputée non écrite. »

65 *Pour une réforme du droit des contrats*, sous la direction de François Terré, Dalloz, 2008. Ce texte, remis officiellement à la Chancellerie en 2008, vise à constituer un élément de réflexion dans la perspective d'une réforme du droit des contrats.

# LES CLAUSES D'EXCLUSIVITÉ DANS LE CONTRAT DE CONCESSION COMMERCIALE EN DROIT FRANÇAIS ET EN DROIT BRÉSILIEN

**Roberta RIBEIRO OERTEL***

La distribution se présente en droit français et en droit brésilien de façon multiforme. Dans la mesure où il n'y a pas de définition légale des différents contrats usités dans le commerce interne et international, on observe une certaine fluidité des concepts et il n'est pas toujours aisé de distinguer les différents types de contrats de distribution, ce qui traduit la liberté contractuelle en cette matière.

Des appellations nées de la pratique plus nombreuses encore en France qu'au Brésil, les contrats de distribution recouvrent un contenu variable et n'entraînent pas des conséquences juridiques précises. On y retrouve en général les questions tenant à la réglementation de l'exclusivité dans les contrats de distribution et la présence d'une clause d'exclusivité sert de critère de qualification à la convention[1].

L'exclusivité signifie sous l'angle juridique une

> *modalité affectant une obligation contractuelle, en vertu de laquelle le débiteur réserve à son créancier, à l'exclusion de tout autre bénéficiaire, un genre de prestations mises à sa charge par le contrat (approvisionnement, fourniture, mandat, licence*[2].

D'un point de vue strictement commercial, l'exclusivité est une incitation majeure pour le distributeur lorsqu'il doit commercialiser un produit qui ne lui appartient pas et qui a une faible notoriété. En effet, tout produit requiert un délai entre le moment de sa mise sur le marché et son succès commercial et l'exclusivité devient une contrepartie en faveur du distributeur, compte tenu de l'utilisation des

---

* *Avocate au Barreau de São Paulo, Porto et Strasbourg, Responsable pédagogique de la délégation de formation continue de l'ERAGE, Doctorante en droit à l'université de Strasbourg et à l'Universidade de São Paulo - Brésil.*

1 SAYAG (A.), *Le contrat-cadre, 2 - La distribution*, Litec, 1996, p. 15; FERRIER (D.), *Droit de la distribution*, 5e éd., Litec, 2008.

2 CORNU (G.), *Vocabulaire juridique*, 8e éd., PUF, 2007, p. 383.

ressources financières nécessaires au développement, à la réputation et à la mise sur le marché du produit. Certes, les clauses d'exclusivité n'ont pas une vocation pernicieuse, bien au contraire, leur rôle dans la convention est d'organiser une meilleure distribution des produits afin de permettre plus d'efficacité et au moindre coût pour le consommateur final[3].

Toutefois, les clauses d'exclusivité peuvent avoir un effet très peu souhaitable lorsqu'elles empêchent la libre concurrence, même si elles sont «*indispensables pour préserver l'identité et la réputation du réseau de distribution*»[4]. L'exclusivité pourra ainsi restreindre la liberté de contracter dans le commerce, puisqu'elle établit une obligation entre le fabricant et les distributeurs d'approvisionnement exclusif ou d'exclusivité de vente sur un territoire qui sera opposable aux tiers. Par conséquent, cette relation d'exclusivité exclura d'autres commerçants qui souhaitent s'approvisionner auprès du même fabricant ou de vendre sur un secteur géographique déterminé.

On peut remarquer que les clauses d'exclusivité engendrent des difficultés importantes, puisqu'elles doivent servir à l'économie générale du contrat de distribution et à l'intérêt des cocontractants, ainsi qu'à l'intérêt général du marché, qui préconise la libre concurrence, alors que la mise en place de telles clauses peut perturber sensiblement le fonctionnement de ce marché. Il paraît ainsi que l'exclusivité est un mal nécessaire dans certains contrats de distribution et devra donc être limitée. Ceci implique une limitation de l'autonomie de la volonté des parties qui devront respecter toutes les règles concernant la libre concurrence dans le marché.

Enfin, il est indispensable de préciser que souvent le contrat de concession commerciale est employé pour désigner tout type de contrat de distribution, à l'exception de la franchise et de l'agence commerciale, nonobstant la variété d'appellations concernant le *nomen iuris* du contrat de distribution en droit français et en droit brésilien. Il reste que l'élément essentiel qui différencie ces deux formules contractuelles est la présence d'une clause d'exclusivité à la charge de l'un des cocontractants[5].

Dans le cadre de cette communication, le contrat de concession est le contrat paradigme pour l'analyse de la clause d'exclusivité en droit brésilien et il nous paraît plus judicieux d'utiliser cette terminologie, dont la teneur sera étudiée dans la première partie (I). Ensuite, nous analyserons les cas de limitations de l'autonomie de la volonté des parties relatives à l'utilisation de la clause d'exclusivité dans la concession qui peuvent être mises en place par le législateur pour les empêcher de verrouiller le marché (II).

---

3 REQUIÃO (R.), *Aspectos modernos no direito comercial*, São Paulo : Saraiva, 1977, p. 133 ; du même auteur : « O contrato de concessão de venda com exclusividade (concessão comercial) », *RDM*, n° 7, p. 17-45 ; SIQUEIRA (T.), « A cláusula de exclusividade nos contratos empresariais », *Revista dos Tribunais*, v. 804, out. 2002, p. 60-71.

4 DEKEUWER-DEFOSSEZ (F.) et BLARY (E.), *Droit commercial*, 9e éd., Montchrestien, p. 223. V. également LEBRETON (S.), *L'exclusivité contractuelle et les comportements opportunistes*, Litec, 2002.

5 MOUSSERON (J.-P) et *alli*, *Droit de la distribution*, Litec, 1975, p. 8 *sq*. Dans le même sens, BEAUCHARD (J.), *Droit de la distribution*, PUF, 1996, p. 21 ; BÉHAR-TOUCHAIS (M.) et VIRASSAMY (G.), *Les contrats de la distribution*, LGDI, 1999.

# I. La teneur de la clause d'exclusivité

Le concessionnaire a l'exclusivité de vente des produits du concédant sur un secteur géographique dans lequel il s'interdit contractuellement de distribuer son produit par un autre moyen. Cette exclusivité est normalement réciproque dans le contrat de concession exclusive en France et au Brésil, de sorte que l'on peut se rallier à l'idée que l'exclusivité d'achat (B) est la contrepartie normale de l'exclusivité territoriale (A).

## A. L'exclusivité territoriale de vente

Le travail de commercialisation effectué avant qu'un produit ne devienne rentable constitue un investissement de taille. C'est la raison par laquelle un distributeur qui investit ainsi ses ressources doit s'assurer qu'il profitera des retombées futures. Sans garantie d'exclusivité sur un territoire défini, le risque lié à la mise sur le marché du produit peut être trop important pour le distributeur et ce dernier pourrait refuser de s'investir.

De ce fait, il est important de vérifier le contenu de la clause d'exclusivité vis-à-vis du contrat de concession dans lequel elle est insérée. Il conviendra donc d'aborder les contrats de concession exclusive en général (1) et, ensuite les contrats de concession spécifique en matière automobile (2).

### 1. Les contrats de concession exclusive

L'exclusivité territoriale de vente est la clause essentielle des contrats de concession[6]. Le fabricant concède à un seul distributeur la revente de ses produits dans une zone géographique déterminée caractérisant une relation de concession exclusive[7]. La délimitation de ces zones par le concédant et leur attribution à des distributeurs / concessionnaires permet la formation des accords de distribution auxquels plusieurs revendeurs participent, puisque la sélection des distributeurs demeure quantitative[8].

Cette notion de concession exclusive du droit français peut trouver son corollaire dans le droit brésilien. Ces conventions sont nées de la pratique commerciale et même sans disposition légale imposant au concédant de stipuler en faveur du concessionnaire une exclusivité de vente et/ou de territoire, cette obligation est intrinsèque au contrat de concession exclusive et le concédant ne saurait être en mesure de consentir la même exclusivité à un autre concessionnaire

---

6 Cass. com., 9 février 1996 : *JCP* G 1977, II, 18598, note J. Hemard – 11 février 1987.

7 Le contrat de concession exclusive est celui par lequel « *le concessionnaire met son entreprise de distribution au service d'un commerçant ou industriel appelé concédant pour assurer exclusivement, sur un territoire déterminé, pendant une période limitée et sous la surveillance du concédant, la distribution de produits dont le monopole de revente lui est concédé* », selon la classique définition de C. Champaud, « La concession commerciale », *RTD com.* 1963, p. 451, n° 24 et, reprise par R. Requião au Brésil, « O contrato de concessão de venda com exclusividade (concessão comercial) », *Revista de direito mercantil*, n° 7, p. 17-45.

8 Ferrier (D.), *op. cit.*, p. 285.

sans payer une indemnisation[9]. D'autre part, les cocontractants peuvent déterminer dans le contrat de concession que la zone de chalandise consentie au concessionnaire pourra également faire objet de la vente directe par le concédant, sans que ce dernier soit obligé de verser une commission au distributeur. Pour cela, le concédant doit respecter le délai de préavis prévu dans le contrat[10]. En outre, le territoire initialement convenu ne saurait être unilatéralement modifié par le concédant[11], sauf clause d'adaptation.

En ce qui concerne la forme de la clause d'exclusivité en droit français, la Cour de cassation a admis que l'exclusivité territoriale liée à l'exécution du contrat pourra être déduite des circonstances[12], si les parties n'ont pas expressément prévu une clause à cet effet. Cette position est identique à celle du *Superior Tribunal de Justiça* au Brésil qui a reproché au concédant dans un arrêt de ne pas avoir respecté l'exclusivité territoriale consentie au concessionnaire par le biais d'une convention verbale[13].

### 2. Les contrats de concession exclusive de véhicules automobiles

L'exclusivité territoriale a considérablement perdu de son importance au fil des années en matière de concession automobile en France, en raison du règlement communautaire n° 1475/95 qui a été remplacé par le règlement n° 1400/2002 de la Commission du 31 juillet 2002, actuellement en vigueur jusqu'au 31 mai 2010. Ce règlement détermine sous quelles conditions les contrats de concession exclusive sont considérés comme licites au regard du droit communautaire. En effet, la Commission a adopté une politique plus libérale puisque le règlement n'impose aucun modèle de distribution au constructeur. Il a le choix d'utiliser la distribution sélective[14] ou exclusive selon son propre besoin. Mais nous allons revenir sur l'application de ce règlement lorsque nous aborderons les limitations de la clause d'exclusivité dans la seconde partie de cette étude.

Au Brésil, la Loi n° 6.729 du 28 novembre 1979, dénommée « Loi Ferrari » et modifiée postérieurement par Loi n° 8.132 de 1990, réglemente la concession commerciale entre les producteurs et les distributeurs de véhicules automobiles

---

9 Gomes (O.), *Contratos*, 26e éd., São Paulo : Forense, 2007, p. 467. En ce sens, voir l'arrêt du Superior Tribunal de Justiça, 3a Turma, Recurso Especial n° 592.841 – PR (2003/0172853-3).

10 Tribunal de Justiça do Rio Grande do Sul, 5a Câmara cível, Apelação cível n° 70006422034, 5 de maio de 2004.

11 Cass. com., 9 mars 1970, *Bull. civ.* IV, p. 84, n° 89.

12 Cass. com., 3 juillet 2001, *RJDA* 2002, n° 34 et n° 35.

13 Superior Tribunal de Justiça, 3a Turma, Recurso Especial n° 592.841 – PR (2003/0172853-3).

14 Distribution sélective est définie en droit communautaire par le règlement n° 2790/99 (art. 1-d) sur les restrictions verticales de concurrence ainsi que par le règlement n° 1400/02 (art. 1-f) sur la distribution automobile comme « *un système de distribution dans lequel le fournisseur s'engage à vendre le biens et les services contractuels, directement ou indirectement, uniquement à des distributeurs sélectionnés sur la base de critères définis et dans lequel ces distributeurs s'engagent à ne pas vendre ces biens ou ces services à des distributeurs non agréés* ». Cf. Ferrier (D.), *Droit de la distribution*, *op. cit.*, p. 265.

terrestres[15]. Cette loi est la seule réglementation en matière de contrat de concession au Brésil, spécialement édictée pour régler les relations contractuelles entre producteur et distributeur, ce dernier étant considéré comme la partie plus faible dans ce rapport contractuel[16].

Le droit brésilien attribue des effets différents de ceux prévus en droit français à la clause d'exclusivité territoriale; elle constitue l'obligation principale à la charge du concédant dans la concession automobile au Brésil. À cet égard, la loi dite Loi Ferrari dispose dans l'article 20 que le contrat de « *concession commerciale entre producteurs et distributeurs doit être écrit et spécifique pour chaque marque, en déterminant la zone de chalandise, la distance minimale entre elles, ainsi qu'une clause de quota minimum...* ». Cet article impose ainsi que la clause d'exclusivité territoriale soit indiquée par écrit dans le contrat.

Ensuite, le nouvel article 5, § 2 modifié postérieurement par la loi de 1990, détermine que dans le contrat de concession exclusive la clause d'exclusivité territoriale doit indiquer la « *zone opérationnelle* » au lieu de dire « *zone démarquée* ». Cette différence de terminologie est très importante du point de vue des conséquences au sein des accords de concession automobile, notamment au niveau des relations entre les concessionnaires de la même marque. Un auteur affirme que dans la notion de zone démarquée, il existe également une idée de « zone inviolable »[17]. Cela veut dire que le concessionnaire exerce un droit exclusif de commercialiser avec les consommateurs domiciliés dans sa zone de vente exclusive.

Nonobstant le terme « zone démarquée », la loi maintien dans le même article 5, l'expression « zone opérationnelle ». Les conséquences de cette modification législative sont immédiates dans les contrats de concession. Selon l'ancien article 5, § 2, de la Loi Ferrari, le concessionnaire qui vendait des véhicules à des consommateurs domiciliés dans la zone d'un autre concessionnaire de la marque, étaient obligés de verser une commission à celui qui se trouve dans la zone du domicile du consommateur. Le nouveau dispositif exempte désormais le concessionnaire passif à verser une telle commission dès lors que la démarche d'acheter dans une autre zone est une initiative du consommateur. C'est d'ailleurs la position prédominante de la jurisprudence au Brésil[18].

15 Pour en savoir plus sur le contexte historique de la « Loi Ferrari », v. notamment Reale (M.), « Estrutura normativa da Lei n° 6.729 sobre concessões comerciais entre produtores e distribuidores de veículos automotivos terrestres », *Rev. Faculdade de Direito da USP*, vol. 91, p. 63-102.

16 Gomes (O.), *op. cit.*, p. 465; v. également M. A. V. Azevedo, *Contrato de Concessão*, [thèse], Universidade São Paulo, 2005, p. 24.

17 Barros Leães (L. G.), « O conceito de área demarcada na concessão comercial de veículos », *RDM*, n° 110, abril/junho 1998, XXXVI, p. 16-21.

18 Supremo Tribunal de Justiça, Recurso Especial n° 3.836, de 18 de dezembro 1990, *Revista dos tribunais* 668/174. V. également l'arrêt plus récent de la même cour, Recurso Especial, n° 86.571, du 19 novembre 1998. Contra, Tribunal de Justiça do Estado de São Paulo, Recurso de Apelação n° 273.509-1 du 6 février 1997.

### B. L'exclusivité d'approvisionnement

L'exclusivité d'approvisionnement constitue en droit français et en droit brésilien une interdiction à un distributeur d'acheter ailleurs qu'auprès de son cocontractant.

En droit brésilien, ce type de clause est couramment inséré dans les contrats de concession, car il est la contrepartie de l'exclusivité territoriale de vente attribuée par le fabricant au distributeur. Ainsi, la clause d'exclusivité crée des liens entre les deux cocontractants sur une base de forte dépendance économique, notamment du distributeur dans sa relation avec le fabricant de produits puisqu'il se voit obligé de s'approvisionner auprès d'un seul contractant.

En principe, cette relation de dépendance créée par la clause d'exclusivité d'approvisionnement n'est pas illicite selon le droit brésilien. Cependant, une telle clause pourra devenir une source de litige entre les parties dès lors qu'un des cocontractants souhaite mettre fin à la relation contractuelle. Dans ce cas, le tribunal éventuellement saisi d'une affaire de ce genre sera amené à arbitrer les conséquences engendrées par l'exclusivité d'achat imposée au distributeur et la rupture du contrat.

En droit français, lorsque les concessionnaires sont liés par une clause d'exclusivité d'approvisionnement, la durée du contrat ne pourra pas dépasser dix ans selon l'article L. 330-1 du Code de commerce[19] et tout engagement qui dépasse cette durée est automatiquement réduit à dix ans[20]. En plus, cette règle a vocation à s'appliquer à toute exclusivité d'achat, combinée ou non avec une exclusivité de vente[21].

La contrepartie de l'exclusivité de vente est pourtant l'exclusivité d'achat imposée au concessionnaire, puisque la concession entraîne, en quelque sorte, pour le concédant une limitation de sa liberté de contracter.

L'appréciation de la validité de la clause d'achat exclusive en France, ou encore la «*prohibition du refus de vente*»[22] fut l'objet de la circulaire Fontanet du 31 mars 1960 qui exigeait une exclusivité réciproque. Cependant, la question est mise en évidence en droit français sous l'influence du droit communautaire qui, depuis quelques années, a édicté des textes afin d'atténuer la rigidité de l'exclusivité d'achat[23].

---

19 L'article L. 330-1 du Code de commerce est issu de la Loi du 14 octobre 1943. Sur ce point, v. particulièrement BLOUD-REY (C.), «Regards sur le Titre III du Livre III du Code de commerce: "Des clauses d'exclusivité"», *Quel Code de Commerce pour demain? Bicentenaire du Code de commerce 1807 – 2007*, Litec, 2007.

20 Cass. com., 1er décembre 1981, *Bull. civ.* IV, n° 423, p. 337.

21 Cass. com., 7 avril 1992, *aff. Pepsi-Cola*, *Bull. civ.*, IV, n° 154; *Cont., conc., cons.*, 92, n° 177, n. L. Leveneur, cassant CA Paris, 20 octobre 1990, *D.*, 91.165, n. Ph. Malaurie.

22 SAYAG (A.), *op. cit.*, p. 20.

23 La concession exclusive n'est pas, par la seule nature, incompatible avec le jeu de la livre concurrence et, ainsi qu'avec le Traité de Rome, article 81. Elle est susceptible de l'être si la clause d'exclusivité a un effet restrictif. Le droit européen a d'abord édicté le règlement n° 1983/83 de la Commission du 22 juin 1983, puis remplacé par le règlement n° 2790/99 de la Commission, du 22 décembre 1999, concernant l'application de l'article 81, § 3, du Traité de Rome à des catégories d'accords verticaux et des pratiques concertées qui est entré en vigueur le 1er janvier 2000 et dont l'expiration est prévue

La présence d'une clause d'approvisionnement exclusif dans le contrat de concession emporte des conséquences importantes sur le régime juridique applicable au contrat. Ainsi, l'article L. 330-3 du Code de commerce a instauré une obligation précontractuelle d'information applicable aux contrats supposant un «*engagement d'exclusivité ou de quasi-exclusivité*»[24]. Cette disposition met alors à la charge du concédant de mettre en évidence les informations relatives à la portée des exclusivités convenues entre les cocontractants et affecte en conséquence les contrats de concession exclusive dits «*réciproques*». Par ailleurs, ce texte peut également s'appliquer aux contrats de distribution en général dont l'exclusivité est imposée au cocontractant.

## II. Les limitations à l'utilisation de la clause d'exclusivité

Les limitations à l'utilisation de la clause d'exclusivité sont normalement d'ordre temporel, afin d'empêcher les enchaînements contractuels excessifs et de protéger les concessionnaires dans leurs relations avec leurs concédants.

Il se peut que l'autonomie de la volonté des parties relatives à l'étendue de la clause d'exclusivité soit limitée en raison des règles de source du droit interne français et brésilien (A). Des limitations peuvent également résulter de l'application de la théorie générale des contrats (B).

### A. Les limitations résultant de la loi

Les limites d'ordre légal sont imposées en droit brésilien et en droit français par application des textes qui restreignent la clause d'exclusivité dans le temps (1), ainsi que par d'autres textes en droit de la concurrence (2).

#### 1. Les limitations d'ordre temporel

Le droit français exerce un contrôle de la durée de la clause d'exclusivité d'achat dans les articles L330-1 et L. 330-2 du Code de commerce, qui limite à un maximum de dix ans sa validité. Ainsi, si la durée d'une clause de distribution est excessive, celle-ci ne sera pas nulle, mais réduite à dix ans[25]. Ultérieurement, la jurisprudence a estimé que les cocontractants sont admis à invoquer une nullité absolue fondée sur le caractère d'ordre public de l'article L. 330-1 du Code de commerce[26]. Indépendamment de la sanction, il est admis qu'elle puisse être demandée par toute personne y ayant intérêt et donc même du fournisseur à l'initiative de la stipulation[27].

Le droit brésilien, quant à lui, ne limite pas de façon expresse la durée de la clause d'exclusivité comme en droit français. Le législateur brésilien par la Loi n° 6.729 du28 novembre 1979 (Loi Ferrari) sur la concession automobile a

---

le 31 mai 2010: *JOCE* n° L148, 15 juin 1999. Sur cette question, v. ANDRÉ (M.E.), DESTOURS (S.), RAYNARD (J.) et VERTU (J. M.), *Trente ans de Droit de la distribution à travers la Lettre de la Distribution*, LexisNexis, 2007, p. 288 *sq.*

24 BLOUD-REY (C.), *op. cit.*, spéc. p. 192 et 193.

25 Cass. com., 1er décembre 1981, *Bull. civ.* IV, n° 106.

26 Cass. com., 7 avril 1992, *Bull. civ.* IV, n° 154.

27 Cass. com., 7 avril 1992, préc.

introduit le principe de la durée indéterminée de la concession (article 21), en précisant, toutefois, les hypothèses de cessation du contrat (article 22).

De ce fait, le *Superior Tribunal de Justiça*[28] s'est prononcé sur le sujet en appliquant l'article 22, § 2 de la Loi Ferrari[29] et en déclarant que « *c'est un principe fondamental du droit des contrats que les parties ne soient pas obligées d'être liées indéfiniment* ». Cette interprétation jurisprudentielle consacre la liberté contractuelle des parties en leur ouvrant la possibilité de mettre fin au contrat qui stipule une clause d'exclusivité à n'importe quel moment, dès lors que le délai de préavis est respecté.

### 2. Les limitations d'ordre matériel

La protection de la libre concurrence dans le marché est l'un des objectifs majeurs de l'État français et brésilien. Par conséquent, les États interviennent dans les rapports contractuels afin d'empêcher les pratiques restrictives de la concurrence qui peuvent affecter le commerce.

Le droit français condamne les pratiques anticoncurrentielles qui permettent d'accroître la vulnérabilité du distributeur dans sa relation avec le fournisseur en position dominante sur le marché sous l'égide de l'article L. 442-2 du Code de commerce[30]. Toutefois, le concessionnaire exclusif ne peut prétendre être en état de dépendance économique au sens de ce texte, dès lors qu'il existe d'autres réseaux auxquels il peut chercher à s'agréger[31].

En France, l'influence des règles européennes en matière de droit de concurrence concernant les contrats de concession commerciale est beaucoup plus rigide et technique, car la Commission européenne a toujours estimé que l'exclusivité peut affecter le commerce entre les États membres.

Ainsi, le règlement CE n° 2790/1999 de la Commission, du 22 décembre 1999, concernant l'application de l'article 81, § 3, du Traité CE à des catégories d'accords verticaux et des pratiques concertées, prévoit en son article 4 que l'exclusivité excessive conduisant à une exclusivité territoriale absolue constitue une restriction de la concurrence qui fait obstacle à l'exemption de l'accord, ainsi que l'engagement d'exclusivité conclu pour une durée indéterminée ou excédant cinq ans, sauf mise à disposition, par le concédant, de locaux pour une durée supérieure selon l'article 5[32].

---

28 Superior Tribunal de Justiça, Recurso Especial n° 534105-MT (2003/0068612-3), de 16 de setembro de 2003.

29 Article 22, § 2 de la Loi Ferrari dispose que « *Les parties pourrons renoncer au contrat et le préavis ne sera pas inférieur à cent vingt jours à compter de la date de la renonciation* ».

30 Cons. conc., 17 déc. 1991, Interflora: BOCC 9 janv. prononçant des mesures conservatoires contre la société Interflora, considérée en position dominante, qui demandait aux membres de son réseau de souscrire une exclusivité d'intervention pour les seules commandes émanant des distributeurs Interflora ; v. égal., Cass. com., 12 févr. 2002, *Contrats conc. consom.* 2002, n° 109, obs. M. Malaurie-Vignal.

31 CA Paris, 4 mai 2004, CNPA : BOCC 8 nov. 2004.

32 La réglementation européenne applicable aux accords de distribution relative à la durée de l'exclusivité est indubitablement plus stricte que celle du droit français prévue à l'article L. 330-1 du Code commerce. On peut en déduire qu'une confrontation entre

Un autre exemple de restriction imposée par le droit communautaire est le règlement CE n° 1400/2002 du 31 juillet 2002 concernant l'application de l'article 81, § 3, du Traité CE à des catégories d'accords verticaux et de pratiques concertées dans le secteur automobile, dont le but est de renforcer la concurrence intramarque, en favorisant la vente hors de la zone de chalandise. Ainsi, l'article 3 du règlement dispose que dans les accords verticaux contenant des obligations de fourniture exclusive, le seuil d'exclusivité d'achat se situe à 30 %.

Des accords d'exclusivité d'achat qui entravent le jeu de la libre concurrence au plan européen sont nuls de plein droit en application de l'article 81, § 2 du Traité CE; s'ils affectent la concurrence au plan national, ils sont nuls en application de l'article L. 420-3 du Code de commerce. L'annulation doit être constatée et appliquée par les juridictions nationales[33] également compétentes pour accorder réparation à la victime de l'entente[34].

On peut observer que les limitations imposées aux clauses d'exclusivité en droit français de la concurrence sont des sources internes et européennes. En revanche, en droit brésilien les limitations d'ordre concurrentiel sont édictées par la constitution fédérale sous forme de principes qui seront interprétés et appliqués par le juge brésilien au cas par cas.

Ainsi, en matière de concurrence, les tribunaux brésiliens doivent observer les dispositions de la Constitution Fédérale de 1988. L'article 170, IV, énonce le principe de la libre concurrence et de la concurrence loyale[35]. À cela s'ajoute l'article 173, § 4, du même dispositif légal qui détermine que: «*La loi punira l'abus de position dominante qui vise à dominer les marchés, à éliminer la concurrence et l'augmentation arbitraire de la vente à perte*». Ces articles constituent les piliers fondamentaux qui limitent, au nom de la libre concurrence, l'autonomie de la volonté des parties en matière de clauses d'exclusivité.

Le juge brésilien doit vérifier, au cas par cas, si la clause d'exclusivité est contraire au jeu de la concurrence permettant ainsi de sanctionner éventuellement les cocontractants ou des tiers (*free riders*) qui essayent d'échapper au respect de ces principes. Il est souvent remarqué que les tribunaux brésiliens cherchent à concilier les intérêts de cocontractants qui stipulent une clause d'exclusivité territoriale ou d'approvisionnement exclusif afin de permettre notamment aux concessionnaires d'amortir leurs investissements[36]. L'exclusivité, de ce fait,

---

les deux textes est inévitable à l'avenir, même si à l'origine chaque texte avait pour but de protéger des intérêts divers et variés.

33 Berlin (D.), «L'application du droit communautaire de la concurrence par les autorités françaises», *RTDE* 1991, p. 7.

34 CJCE, 21 sept. 2001, aff. C. 453/99: *JCP E* 2002, *Cah. dr. entr.* n° 2, obs. L. Idot en matière d'achat exclusif de bière; CJCE, 5 mars 1996, Brasserie du pêcheur, *Rec. CJCE*, I, 1029.

35 L'article 170, IV de la Constitution Fédérale du Brésil établit que «*L'ordre économique fondé sur la valorisation du travail humain et sur la libre initiative a pour but d'assurer à tous une existence digne, selon les règles de justice sociale, en observant les principes suivants: (…); IV – les principes généraux de l'activité économique*».

36 Superior Tribunal de Justiça, Recurso Especial n° 3.836, de 18 de dezembro de 1990, préc.

pourra être justifiée au détriment d'un certain verrouillage du marché selon les dispositions de la loi n° 6.729 de 1979 pour la concession automobile.

Il résulte que les limitations à la clause d'exclusivité en droit de la concurrence ont un poids plus fort en droit français qu'en droit brésilien. Néanmoins, le droit brésilien restreint également la liberté des parties quant à l'exclusivité dans les contrats de concession à travers les principes généraux des contrats.

## B. Les limitations résultant des principes généraux des contrats

Un «*esprit de solidarité*»[37] est recherché, en matière contractuelle, tant en droit français qu'en droit brésilien. Le rapport contractuel doit être cohérent entre les parties et respectueux du droit des tiers, afin de protéger les intérêts individuels et collectifs dans la société[38].

Il existe en droit français et en droit brésilien des principes essentiels qui orientent les parties pendant la formation, l'exécution et la fin du contrat afin de garantir un équilibre entre les cocontractants. L'un de ces principes est celui de la bonne foi tant en droit français (article 1134, al. 3, du Code civil) qu'en droit brésilien (1).

Un second principe est plus particulier à l'ordre juridique brésilien. En effet, après l'événement du Code civil de 2002, le droit brésilien a introduit un nouveau principe général en matière des contrats à savoir «la fonction sociale du contrat». Il s'agit d'un principe qui peut affecter la liberté des cocontractants dès lors que des intérêts sociaux sont en jeu, notamment la libre concurrence (2).

On peut ainsi s'interroger dans quelle mesure la clause d'exclusivité dans les contrats de concession sera limitée et encadrée par ces principes qui affectent l'autonomie de la volonté des parties.

### 1. Le principe de la bonne foi

Le contrat de distribution ou concession commerciale reste toujours un contrat innommé en droit brésilien même après la promulgation du nouveau Code civil de 2002. Ce contrat est régi par les principes généraux des contrats au nombre desquels celui de la bonne foi (article 422 du Code civil brésilien)[39]. Ce

---

37 Catala (P.), *Présentation générale de l'avant-projet de réforme du droit des obligations (articles 1101-1386 du Code civil) et du droit de la prescription (articles 2234-2281)*, Rapport à Monsieur Pascal Clément, Garde de Sceaux, Ministre de la justice, 22 septembre 2005, p. 15.

38 Vieira da Costa Cerqueira (G.), «Garantias e cláusulas de exclusão da responsabilidade no novo direito brasileiro da compra e venda», in S. Grundmann et M. dos Santos (dir.), *Direito Contratual entre Liberdade e Protecção dos Interesses e Outros Artigos Alemães-Lusitanos / Vertragsrecht zwischen Freiheit und Schutzinteressen und anderen Deutsch-Lisitanische Vorträge*, Coimbra: Almedina, 2008, p. 89-153.

39 Pour une présentation du principe de la bonne foi objective, v. Martins-Costa (J.), «A boa fé objetiva e o adimplemento das obrigações», *Jurisprudência Brasileira*, n° 200, p. 9-39; Rubinstein (F.), «A *bona fides* como origem da boa fé objetiva do direito brasileiro», *Rev. da Faculdade de Direito da USP*, v. 99, p. 573-658. Pour un aperçu du principe de la bonne foi en droit comparé, v. notamment Les actes du colloque de l'Association Henri Capitant, «La bonne foi», Journées louisianaises, tome XLIII, Litec, 1992.

principe doit rester présent à l'esprit des cocontractants pendant la formation et l'exécution du contrat en les obligeant à se comporter réciproquement avec probité, loyauté et honnêteté[40].

Il en est de même en droit français où l'on recherche également un équilibre contractuel, et à vouloir donner un «plus grand rayonnement»[41] à la bonne foi, prévue à l'art. 1134, al. 3 du Code civil, à toutes les étapes de la relation contractuelle. En ce sens, les tribunaux français sanctionnent le cocontractant qui ne respecte pas la bonne foi lors de la rupture du contrat de concession exclusive[42].

La bonne foi objective dans le nouveau Code civil brésilien établit ainsi de nouvelles obligations entre les cocontractants et impose des limitations à l'autonomie de la volonté. De ce principe, nous pouvons déduire, par exemple, que l'investissement effectué par le distributeur afin de permettre de commercialiser avec efficacité les produits du concédant doit être pris en considération dans le calcul de la durée du contrat et, par conséquent, de la clause d'exclusivité. Le principe de bonne foi incite les cocontractants à agir avec proportionnalité, dans un esprit de coopération, tout en permettant de prévoir une durée de contrat raisonnable afin de permettre au concessionnaire d'avoir une véritable opportunité d'amortir ses investissements dans les opérations de distribution.

En ce sens, l'article 473, § 1er du nouveau Code civil brésilien renforce ce concept, dans la mesure où il dispose qu'un cas de résiliation unilatérale du contrat pour lequel une des parties a considérablement investi, la dénonciation produira seulement ses effets après l'expiration d'un délai raisonnable compatible avec la nature et le montant de l'investissement réalisé.

La lecture conjointe de l'article 422 et 473 du nouveau Code civil brésilien est sans doute importante dans l'appréciation du contrôle de la clause d'exclusivité par les juges nationaux. En effet, on peut se demander si une rupture anticipée d'un contrat de concession à durée déterminée ou indéterminée qui stipulait une exclusivité de vente au concessionnaire pourra mettre en péril l'investissement réalisé. Sous le prisme de ces deux textes, le juge doit vérifier si le concessionnaire a pu revoir son investissement, au cas échéant, la résiliation ne pourra pas produire ses effets.

---

40 AZEVEDO (M. A. V.), *op. cit.*, p. 20.

41 CATALA (P.), *Présentation générale de l'avant-projet de réforme du droit des obligations (Articles 1101 à 1386 du Code civil) et du droit de la prescription (Articles 2234 à 2281)*, *op. cit.*, p. 20. Le projet portant réforme du droit des contrats a été élaboré par la Chancellerie sur la base des nombreux travaux académiques disponibles et notamment de l'avant-projet rédigé par le groupe de travail animé par le professeur Pierre Catala ainsi que des observations émises par les différents acteurs économiques et judiciaires ou encore des travaux menés par le Professeur F. Terré qui a constitué un groupe de travail sous l'égide de l'Académie des Sciences morales et politiques. Irrigué par les principes fondateurs de la tradition civiliste, il s'inspire aussi des projets d'harmonisation du droit européen et international des contrats (les principes de droit européen des contrats, les travaux du réseau de chercheurs sur le Cadre Commun de Référence, les principes UNIDROIT, le Code Gandolfi) et du droit comparé.

42 Le manquement au respect au principe de la bonne foi lors de la rupture du contrat est sanctionné, v. CA Reims, Ch. civ. 1, du 19 juin 2006 et CA Lyon, Ch. civ. 3, du 10 novembre 2005.

À l'inverse, l'articulation de ces textes pourra également démontrer qu'une concession avec clause d'exclusivité par exemple en faveur du concédant qui oblige le concessionnaire à s'approvisionner pour une durée indéterminée accroît la dépendance économique de ce dernier au même temps qu'il renforce la position dominante du concédant.

On peut dire que le principe de bonne foi pourra servir de frein à l'excès des parties fondé sur la liberté contractuelle et conforte la recherche d'un équilibre dans le rapport contractuel. L'obéissance aux impératifs de bonne foi et aux obligations qui en découlent est très importante en matière de contrat de concession exclusive, en raison des tensions provoquées par la dépendance économique qui marque la plupart des rapports entre concédant et concessionnaire.

### 2. La fonction sociale du contrat

Dans le domaine contractuel, le législateur de 2002 a édicté plusieurs clauses générales dans le Code civil dont la fonction sociale du contrat (article 421)[43]. En réalité, ce principe, a un vaste champ d'application, car il impose non seulement des limitations à l'autonomie de volonté des parties, mais induit l'idée que le contrat vise des objectifs qui dépassent la sphère individuelle[44], en englobant la sphère sociale dont les intérêts sont d'ordre collectif[45].

Dans la nouvelle codification de 2002, le principe de la fonction sociale du contrat est un facteur régulateur dans le processus contractuel par adhésion. L'article 423 du nouveau Code civil prévoit une interprétation en faveur de l'adhérent dès lors que les clauses du contrat sont ambiguës ou contradictoires et, de surcroît, l'article 424 prévoit une règle qui implique la nullité des clauses de renonciation préalable aux droits résultant de l'objet du contrat[46]. Ce dernier dispositif est tout à fait transposable aux contrats de concession selon la décision rendue par la Cour d'appel de Santa Catarina[47]. En l'espèce, il résulte que la clause d'exclusivité d'approvisionnement insérée dans le contrat de distribution de carburants est nulle, car elle implique la renonciation préalable au droit constitutionnel de libre concurrence, dans la mesure où l'adhérant ne peut discuter ni les clauses ni le prix du carburant acheté en vue de sa commercialisation.

43 L'article 421 du nouveau Code civil brésilien dispose que « *La liberté de contracter sera exercée en raison et dans les limites de la fonction sociale du contrat* ».

44 Le principe de la fonction sociale du contrat est une clause générale des contrats qui suppose une interprétation moins individualiste et volontariste de la relation contractuelle. Ce principe impose des limites à la liberté contractuelle des parties, puisque des intérêts dits « sociaux » comme celui des consommateurs, de la libre concurrence, de l'environnement, par exemple, peuvent être liés à la relation contractuelle de forme indirecte. V. dans ce sens Tepedino (G.), « Crise de fontes normativas e técnica legislativa na Parte Geral do Código Civil de 2002 », *Revista Forense*, n° 364, p. 113-123, spéc. p. 122.

45 Gomes (O.), *op. cit.*, p. 48-49.

46 Sur la portée et l'application de cet article, cf. Vieira da Costa Cerqueira (G.), « Garantias e cláusulas de exclusão da responsabilidade no novo direito brasileiro da compra e venda », *préc.*, p. 136-139.

47 Tribunal de Justiça de Santa Catarina, Agravo de Instrumento n° 20006.016479-7/0000-00, de 25 de setembro de 2006, *DJCS* 26.05.06.

Cet arrêt réaffirme en outre, la position de la doctrine brésilienne majoritaire qui qualifie le contrat de concession commerciale comme un contrat d'adhésion[48]. Du fait, que dans le nouveau Code civil il n'existe aucune définition permettant de définir le caractère abusif d'une clause, le juge dispose du pouvoir souverain de l'apprécier et, en conséquence, de pouvoir la déclarer nulle par application de l'article 424.

Une autre conséquence de cette jurisprudence atténue le caractère absolu de la clause d'exclusivité qu'obligerait l'adhérent à renoncer au droit constitutionnel de libre concurrence. Ce droit relève d'un «*intérêt institutionnel*», car il dépasse l'intérêt privé des parties dans la relation contractuelle[49], ce qui justifie la limitation de l'autonomie de leur volonté en considération de la fonction sociale du contrat[50].

Il faut souligner que la notion de fonction sociale du contrat n'est pas consacrée en tant que telle en droit français, mais l'idée du solidarisme contractuel[51] pourrait permettre d'envisager l'émergence de cette notion. Si on veut secourir la partie la plus faible dans les rapports contractuels, comme par exemple, en matière de contrats de distribution, il faudrait adopter un raisonnement similaire à celui dégagé par la jurisprudence brésilienne au sujet de la clause d'exclusivité. La notion de la fonction sociale du contrat pourra permettre un nouveau regard sur la question concernant la validité de la clause d'exclusivité vis-à-vis de la protection des valeurs sociales et des intérêts collectifs de la société.

Nous observons finalement qu'il est indéniable que tant le principe de la bonne foi, que celui de la fonction sociale du contrat restreignent l'autonomie de la volonté des parties, mais cette limitation est alors justifiée dans l'intérêt supérieur de promouvoir une justice contractuelle plus cohérente.

*

* *

Pour conclure, on peut constater qu'en droit français et en droit brésilien, les législateurs respectifs adoptent un comportement plus ou moins interventionniste en matière d'exclusivité dans les contrats de concession. La technicité des règlements européens en matière de concurrence peut se justifier au nom de la

48 Dans ce sens voir DUCLERC VERÇOSA (H.), «Os contratos inominados e novo código civil», *RDM*, n° 126, p. 31 *sq.*; VASCONCELOS (P.), *Contratos atípicos*, Coimbra: Almedina, 1995, p. 214.

49 SALOMÃO FILHO (C.), «Função social do contrato: primeiras anotações», *Revista dos Tribunais*, v. 823, maio de 2004, p. 67-86.

50 V. MARTINS-COSTA (J.), «Reflexões sobre o princípio da função social dos contratos», *Revista Direito GV*, v. 1, n° 1, p. 41-66, spéc. p. 56. L'auteur explique que la fonction sociale peut justifier l'interdépendance fonctionnelle de certains types contractuels comme celui des chaînes contractuelles. V. également WALD (A.), «A função social e ética do contrato como instrumento jurídico de parcerias e o novo Código Civil de 2002», *Revista Forense*, n° 364, p. 21-30.

51 MAZEAUD (D.), «Loyauté, solidarité, fraternité: la nouvelle devise contractuelle?», *Mélanges en hommage à François Terré*, Dalloz, 1999, p. 603-634; v. encore JAMIN (C.), «Plaidoyer pour le solidarisme contractuel», *Études offertes à Jacques Guestin – Le contrat au début du XXI^e^ siècle*, LGDJ, 2001, p. 441-472.

sécurité juridique et le souhait d'harmoniser au maximum l'application des textes et des décisions qu'en résultent dans tous les pays membres de l'Union européenne. Cependant, nous constatons que le droit brésilien est plus flexible en cette matière, même si le principe de la libre concurrence est protégé constitutionnellement. Les juges brésiliens ont donc un rôle important dans ce cas, puisqu'ils ont une marge de manœuvre au niveau de l'interprétation de la constitution fédérale et d'autres textes qui nous semble beaucoup plus étendue que celle dont disposent les juges français.

# L'INTERDICTION DES CLAUSES ABUSIVES DANS LES CONTRATS DE CONSOMMATION EN FRANCE ET AU BRÉSIL

**Bibiana GRAEFF CHAGAS PINTO***

La recherche d'un équilibre contractuel à l'égard des instruments conclus par des parties qui ne sont pas sur un pied d'égalité est l'une des raisons d'être du droit de la consommation. L'interdiction et l'élimination des *clauses abusives* constituent l'une des conditions et l'un des procédés indispensables à cette fin. En ce sens, la doctrine française évoque souvent l'expression de «*lutte contre les clauses abusives*», la doctrine brésilienne employant pour sa part le terme proche de «combat». Tant au Brésil qu'en France, cette «lutte» se manifeste à travers l'adoption d'une législation spécifique, propre au domaine de la consommation, marqué par les «contrats d'adhésion», dont les clauses sont prédéterminées par le fournisseur, sans que le consommateur puisse en négocier le contenu.

Tandis qu'en Europe, en vue de la protection du consommateur, cette lutte fut systématiquement organisée à partir des années 1970, elle n'a formellement été consolidée au Brésil qu'à partir de l'approbation du Code de protection du consommateur par la loi du 11 septembre 1990[1], première loi fédérale brésilienne intégrant, à notre connaissance, la formulation de «clause abusive». Ce Code consacre par ailleurs la protection à l'égard des clauses abusives en tant que droit de base des consommateurs (art. 6-IV). Il convient de rappeler l'origine constitutionnelle de ce dispositif. La Constitution fédérale (CF) de 1988, dite «Constitution citoyenne», avait consacré la *protection du consommateur* à la fois en tant que droit fondamental[2] et *principe de l'ordre économique national*[3], tout en prévoyant l'approbation d'un Code, un micro-système spécifique, en vue de

---

* *Professora substituta de l'Universidade Federal do Rio Grande do Sul; Professeur du Programme de 3e Cycle de l'Universidade do Vale dos Sinos – Brésil.*

1 Loi n° 8.089 du 11 septembre 1990, disposant sur la protection du consommateur. *DOU* du 12 sept. 1990, rect. au *DOU* de 10 janv. 2007.

2 CF, art. 5-XXXII.

3 CF, art. 170-V.

mettre en œuvre cette protection, ce qui s'est produit en 1990[4]. En France, la loi du 10 janvier 1978[5] consacra un chapitre aux clauses abusives. Le système fut complété par la loi du 5 janvier 1988 instituant l'action en suppression des clauses abusives et intégré au Code de la consommation en 1993[6]. Ces dispositions ont fait l'objet de certaines modifications, suite à l'approbation de la directive du 5 avril 1993, concernant les clauses abusives dans les contrats conclus avec les consommateurs, transposée par la loi du 1er février 1995. Par ailleurs, il convient d'emblée de soulever une première différence majeure du régime français à l'égard du brésilien : l'influence importante de l'Union européenne, tandis que celle exercée par le Mercosur demeure relativement faible.

Il convient également de souligner que la dernière réforme importante intervenue en matière de clauses abusives date de 2008, introduite par la loi de modernisation de l'économie (LME)[7], qui renforce la protection du consommateur, en déterminant l'adoption d'une « liste noire » de clauses abusives et d'une « liste grise » de clauses présumées abusives, dont le caractère non abusif doit le cas échéant être prouvé par le fournisseur. Sur cet aspect de la preuve, le droit brésilien demeure plus protecteur, avec une consécration plus large du principe d'inversion de la charge de la preuve au bénéfice du consommateur.

Cette étude comparée tentera de mettre en relief les principaux points communs et de divergences du droit français en matière de clauses abusives dans les contrats de consommation à l'égard du droit brésilien. Dans un premier temps, il apparaît indispensable d'étudier la notion de *contrat de consommation* au Brésil et en France, qui n'est pas sans présenter quelques différences (I). Dans un deuxième temps, il semble nécessaire d'analyser la détermination des *clauses abusives* dans les deux pays (II). Enfin, il conviendra de comparer les méthodes et les effets de l'exclusion des clauses abusives (III).

## I. L'identification des contrats de consommation

L'identification des contrats de consommation suppose l'analyse de la notion de professionnel et de celle de consommateur. Si la première est identique en droit français et en droit brésilien[8], il en va autrement concernant seconde. L'étude comparée de la notion de consommateur (A) précédera la présentation de la nature des contrats concernés (B).

---

4 CF/ADCT, art. 48.

5 Loi n° 78-23 du 10 janvier 1978.

6 Art. L. 132-1 à L. 135-1 et art. L. 421-6.

7 Loi n° 2008-776 du 4 août 2008 de modernisation de l'économie.

8 Selon l'article 3 du CDC, le professionnel (*fornecedor*) est « *toute personne physique ou morale, publique ou privée, nationale ou étrangère, ainsi que toute entité sans personnalité, qui exerce une activité de production, montage, création, construction, transformation, importation, exportation, distribution ou commercialisation de produits ou prestation de services* » (traduction officielle).

### A. La notion de consommateur

Le Code de protection du consommateur brésilien (CDC) définit la notion de consommateur, contrairement au Code de la consommation français. En matière de clauses abusives, une définition de consommateur réservant cette qualification aux seules personnes physiques avait été fournie par la directive du 5 avril 1993[9]. Mais le Code français étend l'application de ses dispositions sur les clauses abusives à l'égard du « non-professionnel »[10], notion qui, semble-t-il, se distingue de celle de consommateur[11]. Dans la mesure où l'expression de « non-professionnel » demeure elle-même indéfinie et incertaine, des controverses subsistent notamment sur la possibilité pour certaines personnes morales de bénéficier de la protection contre les clauses abusives prévue par le Code de la consommation. Le droit brésilien, le droit français ainsi que le droit de l'Union européenne s'accordent néanmoins sur un aspect : il n'existe aucun doute quant au statut de consommateur de la personne physique acquérant un produit ou un service en vue d'un usage personnel ou familial.

La loi brésilienne définit le consommateur comme « *toute personne physique ou morale qui acquiert ou utilise un produit ou un service en tant que destinataire final* » (CDC, art. 2, traduction officielle). Au Brésil, une personne morale peut donc en principe être qualifiée de consommateur, notamment si elle présente une vulnérabilité12. Dans un arrêt récent, le Tribunal Supérieur de Justice (STJ) est allé jusqu'à affirmer l'existence d'une présomption de vulnérabilité du consommateur, ceci incluant notamment les personnes morales lorsqu'elles agissent en tant que consommateur. En l'espèce, il s'agissait d'une société d'équipements chirurgicaux

9 Aux termes de l'art. 2, sous b), de la directive n° 93/13/CEE du Conseil du 5 avril 1993, le consommateur est entendu comme « *toute personne physique qui [...] agit à des fins qui n'entrent pas dans le cadre de son activité professionnelle* ». *JO* L 95, p. 29.

10 Les dispositions du Code de la consommation en matière de clauses abusives se destinent en effet aux « *contrats conclus entre professionnels et non-professionnels ou consommateurs* » (art. L. 132-2).

11 Cf. Calais-Auloy (J.) et Steinmetz (F.), *Droit de la consommation*, 7e éd., Dalloz, 2006, p. 207. Sur la distinction de la notion de consommateur et celle de non-professionnel, voir l'excellent article de G. Paisant, « Le retour de la notion de non-professionnel », in Henry (X.) (dir.), *Des contrats civils et commerciaux aux contrats de consommation, Mélanges en l'honneur du Doyen Bernard Gross*, Nancy, Presses Universitaires de Nancy, 2009, p. 231. Un facteur qui semble indiquer que la mention aux expressions de « non-professionnels » et de « consommateurs » par l'article L. 132-2 du Code de la consommation ne constitue ni un élargissement ni une simple redondance demeure l'inclusion récente de la notion de « non-professionnel » aux côtés de celle de consommateur dans d'autres domaines, celui de la reconduction des contrats (C. consom. art. L. 136-1) et celui des contrats de services de communications électroniques (C. consom. art. L. 121-85).

12 A. Pasqualotto estime que l'analyse de l'application du concept de consommateur aux personnes morales doit apprécier leur *vulnérabilité*, in « Os serviços públicos no Código de Defesa do Consumidor », *Revista Direito do Consumidor* n° 1, mars 1992, p. 146. C. Lima Marques observe en ce sens qu'il convient d'apprécier leurs *connaissances techniques ou professionnelles spécifiques* vis-à-vis du service, in « Novas regras sobre a proteção do consumidor nas relações contratuais », *Revista Direito do Consumidor* n° 1, mars 1992, p. 34.

à qui la qualité de consommateur avait été reconnue, dans le cadre d'une procédure de prêt engagée avec une banque. La décision mettait en relief la nécessité, pour le fournisseur, de prouver la «non-vulnérabilité de la personne morale consommatrice» et mentionnait qu'une personne morale pouvait, dans certains cas, être vulnérable et donc être considérée comme consommateur[13].

Le principal élément caractérisant le consommateur au Brésil reste la *destination finale*, critère objectif, mais dont l'application n'est pas toujours aisée. Selon Adalberto Pasqualotto, «*si le produit ou le service est utilisé selon la fin ultime pour laquelle il a été conçu, on est face à une relation de consommation*»[14]. Mais quelle serait la *fin ultime* d'un service public d'énergie électrique, par exemple? Claudia Lima Marques estime que la destination finale suppose que le bien acquis ou usé soit «retiré du marché»[15]: il s'agit d'un point de vue davantage restrictif, selon lequel la destination finale représente non seulement la consommation «de fait» du produit ou du service, mais également la fin du cycle économique. Cette définition écarte ainsi l'application de la notion de « consommateur» aux relations *intermédiaires* ou *professionnelles*. Selon ce raisonnement, il semblerait qu'une industrie desservie en eau et utilisant cette ressource dans le processus de production ne serait, par exemple, pas considérée comme un consommateur[16]. Mais un doute pourrait subsister concernant la situation d'un petit commerce ou d'un professionnel particulier abonné à un tel service. Ces dernières années, le Tribunal supérieur de justice tend en effet à évaluer la *vulnérabilité* du professionnel, nuançant ainsi quelque peu le critère objectif de la «destination finale»[17]. L'analyse doit être faite au cas par cas. Quoi qu'il en soit, il n'existe aucun doute quant à la possibilité pour des personnes morales de revêtir le caractère d'un consommateur.

Enfin, il convient de noter que le consommateur en droit brésilien est considéré tant dans sa dimension individuelle que collective. Ainsi, par exemple, le CDC joint à la catégorie des consommateurs la «collectivité de personnes, même si elle est indéterminée, qui intervient dans les relations de consommation» (art. 2, *parágrafo único*, traduction officielle). Le dispositif accommode également dans cette catégorie les *victimes des dommages du fait du produit ou du service*, ainsi que les *personnes, déterminables ou non*, exposées aux pratiques commerciales telles que l'offre et la publicité (art. 29).

---

13 STJ, arrêt du 20 août 2009, *in* DJ du 20 septembre 2009.

14 Pasqualotto (A.), «Os serviços públicos no Código de Defesa do Consumidor», *préc.*, p. 134.

15 «Novas regras sobre a proteção do consumidor nas relações contratuais», *préc.*, p. 33.

16 De même, une usine desservie en électricité ne pourrait être considérée comme un consommateur vis-à-vis de ce service. Cf. Pasqualotto (A.), «Os serviços públicos no Código de Defesa do Consumidor», *préc.*, p. 147.

17 C. Lima Marques observe par ailleurs que le critère de vulnérabilité est aujourd'hui employé dans l'analyse des personnes associées à la catégorie des consommateurs, selon l'article 29 du CDC. Le professeur précise qu'il existe quatre types de vulnérabilité: technique, juridique, factuelle et informationnelle. In: «Campo de aplicação do CDC», dans Benjamin (A.), Lima Marques (C.) et Bessa (L.), *Manual de direito do consumidor*, São Paulo: RT, 2007, p. 71 *sq*.

En France, la définition de consommateur a été initialement forgée par la doctrine. L'un des points de divergence était la possibilité d'extension de cette qualification aux personnes morales. Actuellement, on peut toutefois y constater une certaine tendance à réserver la notion aux seules personnes physiques, au diapason des orientations de Bruxelles[18]. Selon Jacques Ghestin, le consommateur *stricto sensu* «*peut être défini comme la personne qui, pour ses besoins personnels, non professionnels, devient partie à un contrat de fournitures de biens ou de services*»[19]. Jean Calais-Auloy et Frank Steinmetz le définissent quant à eux telle «*une personne physique qui se procure ou qui utilise un bien ou un service pour un usage non-professionnel*»[20]. Ces auteurs estimaient que certaines personnes morales en situation de vulnérabilité – notamment les associations créées sous l'empire de la loi de 1901 – pouvaient être assimilées à des consommateurs[21], mais dans la dernière édition de leur manuel ils ont changé d'avis, soutenant qu'il est préférable de réserver la notion de consommateur aux seules personnes physiques, afin de préserver la sécurité juridique et un niveau de protection plus élevé[22]. Yves Picod et Hélène Davo semblent quant à eux admettre l'extension de la protection du consommateur aux associations et syndicats de copropriétaires[23]. Gilles Paisant est partisan à son tour de l'intégration des associations et d'autres personnes morales sans activités économiques ou professionnelles dans la définition de consommateur.

Les uns et les autres critiquent néanmoins le critère du *rapport direct avec l'activité professionnelle*, adopté par la Première Chambre de Cassation, pour définir les situations où les professionnels ne seraient pas protégés par le droit de la consommation[24]. Ce critère reste en effet aussi relatif et ambigu que

---

18 Cf. la proposition de directive du 8 octobre 2008 relative aux droits des consommateurs, Com (2008) 614/4, art, 2. Par ailleurs, la CJCE s'était déjà prononcée sur l'impossibilité pour le droit français d'éteindre la notion de consommateur introduite par la directive sur les clauses abusives de 1993 aux personnes morales. Cf. «Domaine d'application du Droit de la consommation. Une personne morale est-elle un consommateur?», note sous: CJCE, 22 nov. 2001, *Sté Cape Snc et Idealservice Srl*, aff. C-541/99 et CJCE, 22 nov. 2001, *Idealservice MN RE Sas et OMAI Srl.*, aff. C-542/99, *Contrats, Conc., Consom. Editions du Juris-Classeur* n° 1, janvier 2002, p. 32. En l'espèce, le gouvernement français avait soutenu que la définition de consommateur fournie par la directive sur les clauses abusives n'excluait pas la possibilité pour les droits nationaux des États membres, lors de la transposition de celle-ci, de considérer une société comme un consommateur, moyen n'ayant pas été accueilli.

19 *Traité du droit civil, La formation du contrat*, 3e éd., LGDJ, 1993, n° 77.

20 *Droit de la consommation*, *op. cit.*, p. 7.

21 En ce sens: J. Calais-Auloy et F. Steinmetz, *Droit de la consommation*, 5e éd., Dalloz, 2000, n°3 et n° 8.

22 *Droit de la consommation*, 7e éd., Dalloz, 2006, p. 17 et n° 13.

23 *Droit de la consommation*, Armand Colin, 2005, p. 21. La jurisprudence de la Cour de cassation reste hésitante. Un arrêt avait refusé l'application du droit de la consommation au bénéfice d'une association, non pas en raison de sa personnalité morale, mais en raison de son *activité* professionnelle (Cass. 1re civ., 6 janv. 1993: *Contrats, conc., consom.*, 1999, comm. 166, obs. G. Raymond).

24 Cf. G. Paisant, «À la recherche du consommateur: pour en finir avec l'actuelle confusion née de l'application du critère du rapport direct», à propos de Cass. 1re civ.,

celui de « destination finale » du droit brésilien, lorsqu'il s'agit d'analyser si un professionnel ayant acquis un bien ou usé un service pourrait bénéficier de la protection réservée au consommateur. Quoi qu'il en soit, la notion de « non-professionnel » a pu ouvrir le domaine d'application de la protection contre les clauses abusives prévue par le Code de la consommation à d'autres personnes que les consommateurs au sens strict du droit de l'Union européenne, ouverture qui « *s'est d'abord faite en direction des contractants professionnels avant d'atteindre aujourd'hui les personnes morales* »[25].

Considérant enfin les tendances européennes d'harmonisation totale et de restriction de la notion de consommateur aux seules personnes physiques, la notion de « contrat de consommation » semble aujourd'hui plus large en droit brésilien qu'en droit français. En l'état actuel du droit, les contrats conclus entre un fournisseur et une personne morale semblent pouvoir en effet être plus facilement qualifiés de « contrat de consommation » au Brésil qu'en France. Cela ne signifie pas pour autant qu'en France certaines personnes morales et certains professionnels (n'agissant pas dans le cadre de leurs compétences) ne bénéficieraient pas de la protection contre les clauses abusives prévue par le Code de la consommation, car si le droit français, selon le droit européen, ne peut élargir la notion de consommateur, il semblerait que rien ne l'empêche d'étendre cette protection aux situations qui échapperaient à l'encadrement de l'Union, élargissement fait à travers la notion de non-professionnel.

### B. La nature des contrats concernés

En France, il s'agit de *tout contrat* conclu entre un professionnel et un consommateur, qu'il s'agisse d'un contrat d'adhésion ou d'un contrat de gré à gré[26]. Ce peut être par exemple un contrat de vente, de louage, de prêt ou même d'assurance. Comme le précisent Jean Calais-Auloy et Frank Steimetz,

> *[...] l'existence de règles particulières applicables à certains contrats (par exemple aux contrats de crédit ou d'assurance) n'exclut pas l'application des règles du Code de la consommation concernant les clauses abusives*[27].

Les contrats de prestation des services publics sont également concernés, notamment certains services administratifs tels que les hôpitaux et les universités[28]. Lorsque la clause abusive est de nature réglementaire, le juge compétent sera le

---

22 mai 2002, *Semaine juridique*, Ed. générale, n° 13, 26 mars 2003, Étude, I, 121, p. 549-554.

Entre 1987 et 1993, le critère employé par la première chambre civile de la Cour de cassation était celui de la *compétence professionnelle*. En matière de clauses abusives, une agence immobilière ayant acquis un système d'alarme contre le vol avait ainsi été considérée comme un consommateur. Cf. PICOD (Y.) et DAVO (H.), *op. cit.*, p. 22.

25 PAISANT (G.), « Retour sur la notion de non-professionnel », préc., p. 237. Cf. aussi l'arrêt de la Cour de Cassation du 15 mars 2005. *JCP G* 2005. II. 10114, note G. Paisant.

26 C. consom. art. L. 132-1, disposition reconnaissant que les dispositions relatives aux clauses abusives s'appliquent « quels que soient la forme ou le support du contrat » (« bons de commande, factures, bons de garantie, bordereaux ou bons de livraison, billets ou tickets » [...]).

27 *Op. cit.*, p. 209.

28 *Idem.*

juge administratif, qui n'hésite pas, par ailleurs, à appliquer les règles du Code de la consommation[29]. Il s'agit ici d'une particularité française à l'égard du droit brésilien qui ne connaît pas de dualité de juridiction[30].

Au Brésil, comme en France, s'il existe certaines hésitations quant à l'application des règles de protection du consommateur aux services publics administratifs[31], il ne subsiste aucun doute quant à l'application de ces règles concernant les services industriels et commerciaux, dits *uti singuli* (au Brésil), en dehors de quelques objections doctrinales minoritaires[32]. Comme le précise Claudia Lima Marques,

---

29 CE, Section, 11 juillet 2001, n° 221458, *Société des eaux du Nord*, *Rec.* p. 348, *BJCP* n° 19, p. 519, note C. Bergeal. Pour la première fois, le juge administratif suprême déclarait abusive une clause réglementaire d'un service public, en l'espèce un service public de distribution d'eau potable.

30 Comme le rappelle Arnaldo Wald, la juridiction administrative, dont le juge suprême était un « Conseil d'État », n'a existé au Brésil que sous le régime impérial (1822-1889) ; depuis la proclamation de la République, le Brésil adopte le système de l'*una lex una juridictio*, fondé sur le principe constitutionnel selon lequel « *La loi ne pourra soustraire à l'appréciation du pouvoir judiciaire aucune atteinte portée à un droit individuel* ». *Wald (A.), « Le droit comparé au Brésil », Revue internationale de droit comparé*, n° 4, 1999, p. 822.

31 Au Brésil, le doute existe en raison de l'art. 3-II du CDC, déterminant que le professionnel est celui qui accomplit des prestations en contrepartie d'une *rémunération*. Or, les services *uti universi*, ou administratifs, sont en principe financés par les impôts généraux ou par des aides publiques. L'article 22 du même Code détermine à son tour que l'administration ou ses délégataires sont tenus de fournir des services « adéquats, efficients, sûrs et, quant aux services essentiels, continus ». Antonio Herman Benjamin soutient une interprétation extensive de cette disposition, l'étendant aux services *uti universi*, in : Oliveira (J.), *Comentários ao Código de Proteção do Consumidor*, São Paulo : Saraiva, 1991, p. 110. D'autres juristes, tels que R.-H. Costa, soutiennent que le rapport de consommation suppose une rémunération spécifique, taxe ou redevance (dans le respect de l'art. 3-II du CDC), ce qui exclurait les services gratuits ou financés par les impôts. *In*: « A tributação e o consumidor », *Revista de Direito do Consumidor*, n° 21, p. 103. Voir également en ce sens : R. Macedo Junior, « A proteção dos usuários de serviços públicos – a perspectiva do direito do consumidor », *Revista Direito do Consumidor*, n° 37, p. 83. Finalement, il existe une position restrictive, adoptée par J.-G. Filomeno, excluant les usagers des services rémunérés par taxe de la protection accordée au consommateur. In : *Curso Fundamental de Direito do Consumidor*, São Paulo : Atlas, 2007, 218 p. Malgré ce conflit doctrinal, la jurisprudence applique les principes établis par l'article 22 du CDC tant aux services publics administratifs, qu'aux services publics *uti singuli*, dont la rémunération reste à priori assurée par les usagers, en contrepartie du service rendu.
En France cette application est soutenue par : J. Amar, « Plaidoyer en faveur de la soumission des services publics administratifs au droit de la consommation », *Contrats, Concurrence, Consommation, Editions du Juris-Classeur* n° 1, janv. 2002, p. 13.

32 Cf. Calais-Auloy (J.) et Steinmetz (F.), *Droit de la consommation*, *op. cit.*, p. 5 et p. 6. Lima Marques (C.), Benjamin (A.) et Miragem (B.), *Comentários ao Código de Defesa do Consumidor*, São Paulo : RT, 2004, p. 330. Au Brésil, Cláudio Bonatto et Paulo Valério Dal Pai Moraes estiment que les services publics *uti singuli* rémunérés par taxe n'obéissent pas aux dispositions du Code de protection du consommateur (CDC), cette position demeurant néanmoins minoritaire. In : *Questões controversidas no Código de Defesa do Consumidor : principiologia, conceitos, contratos atuais*, Porto

le champ d'application du CDC est subjectif (consommateur et professionnel), dans la mesure où il s'applique en principe à tous les rapports contractuels et extra-contractuels[33].

Un autre point commun entre le droit brésilien et le droit français réside en ce que le contrôle des clauses abusives dans les contrats de consommation s'applique tant pour les contrats d'adhésion que pour les contrats de gré à gré. Concernant les contrats d'adhésion conclus entre parties civiles, il convient de noter qu'au Brésil une majorité doctrinale ainsi que la jurisprudence estiment que le louage d'immeubles échappe aux règles du CDC[34]; dès lors, les clauses de ce type de contrat, y compris lorsqu'il s'agit d'un contrat d'adhésion, seront régies par les articles 421 et s. du Code civil de 2002. Selon Claudia Lima Marques, dans cette hypothèse, le juge pourrait considérer que le locataire est en position de *vulnérabilité* et employer, par analogie, la définition de contrat d'adhésion fournie par l'article 54 du CDC, afin d'interpréter l'article 424 du Code civil. Par ailleurs, l'auteur estime que lorsqu'il y a un tiers « organisateur » du contrat d'adhésion, telle qu'une agence immobilière, le contrat relève du Code de protection du consommateur[35]. En ce qui concerne les services bancaires, le Tribunal fédéral suprême brésilien a tranché en faveur de leur soumission aux règles de protection du consommateur, et donc aux règles en matière de contrôle des clauses abusives[36].

Enfin, la notion de contrat de consommation au Brésil et en France dépend essentiellement du critère subjectif d'identification des contractants : le fournisseur et le consommateur. Même si la notion de consommateur semble plus restrictive en France qu'au Brésil, le champ d'application des règles du Code de la consommation français en matière de clauses abusives s'élargit à travers la notion de « non-professionnel », ce qui rapproche au demeurant les deux systèmes.

---

Alegre : Livraria do Advogado, 2000, 3e éd., p. 99 *sq.* Les auteurs estiment que les services rémunérés par taxe constituent des services obligatoires pour l'usager, ne pouvant ainsi être considéré comme un consommateur, dans la mesure où il n'a pas le choix de consommer ou non. Dans la présentation à ce même ouvrage, le Professeur Claudia Lima Marques présente une autre vision sur le sujet, selon laquelle la condition de « liberté formelle de choix » n'est pas une condition de définition du consommateur *stricto sensu*, et ce notamment parce ce qu'à l'heure actuelle, même dans le cadre des activités économiques au sens strict, le consommateur retrouve souvent sa liberté de choix fortement limitée, voire exclue, sans pour autant perdre sa qualité de consommateur. *Idem*, p. 15 *sq.*

33 « Campo de aplicação do CDC », dans Benjamin (A.), Marques (C.) et Bessa (L.), *Manual de direito do consumidor*, *op. cit.*, p. 65.

34 La décision du Supérieur Tribunal de Justice (STJ) AgRg no Ag 1015213/ RJ, du 29 mai 2008, rappelle la position jurisprudentielle selon laquelle les règles du droit de la consommation ne s'appliquent pas aux contrats de louage d'habitation.

35 « Diálogo entre o Código de Defesa do Consumidor e o novo Código Civil : do 'diálogo das fontes' no combate às cláusulas abusivas », *Revista de Direito do Consumidor* n° 45, janv-mars 2002, p. 94.

36 STF, ADI 2591/DF, 7 juin 2006, DJ, 29 septembre 2006, p. 31.

## II. La détermination des clauses abusives

Les rédacteurs du Code de protection du consommateur brésilien se sont largement inspirés du projet de *Code de la consommation*, rédigé sous la direction du professeur Jean Calais-Auloy[37]. Si toutefois une liste des clauses pouvant être déclarées abusives n'a été introduite dans le Code français qu'en 1995 par la loi de transposition de la directive sur les clauses abusives de 1993, le Code brésilien de 1990 présentait quant à lui dès sa naissance une liste non exhaustive de clauses abusives, par ailleurs assez proche de celle établie par la directive européenne.

Les doctrines française et brésilienne s'accordent sur la définition générale de la notion de clause abusive en matière de consommation : il s'agit d'une clause créant un *déséquilibre considérable* au détriment du consommateur[38]. Un autre point commun consiste en ce que le Code de la consommation de chaque pays énumère certaines clauses considérées abusives (A). Les deux régimes comprennent en outre un mécanisme de *soft law*, selon lequel un organisme est habilité à indiquer de nouvelles clauses abusives (B).

### A. La détermination par la loi : clauses abusives ou présumées abusives

La loi de modernisation de l'économie (LME) du 4 août 2008 a renforcé la protection des consommateurs et simplifié le travail des juges d'une part, en prévoyant l'adoption d'une « liste noire » de clauses devant en toutes circonstances être considérées comme abusives, d'autre part, en chargeant le professionnel d'apporter la preuve le cas échéant du caractère non abusif de la clause litigieuse, pour les clauses de la « liste grise ». L'article L. 132-1 s'en retrouve ainsi modifié, ces listes ayant été introduites aux articles R. 132-1 et R. 132-2[39]. Certaines exceptions sont pourtant reconnues par le législateur à l'égard de certains contrats (C. consom., art. R. 132-2-1).

Avant cette réforme, la loi de 1995 avait inclus dans le Code une annexe présentant une liste « indicative et non-exhaustive » des clauses *pouvant* être regardées comme abusives, dont certaines figurent aujourd'hui parmi la « liste noire ». Des décrets pris en Conseil d'État, après avis de la commission des clauses abusives, pouvaient identifier certaines clauses *devant* être considérées comme abusives. Le mécanisme d'adoption de ces décrets avait été prévu par la loi de 1978. Toutefois, seuls deux décrets avaient pu voir le jour : celui du 24 mars 1989

37 GRINOVER (A.) *et al.*, *Código Brasileiro de Defesa do Consumidor Comentado pelos autores do Anteprojeto*, 8e ed, Rio de Janeiro : Forense Universitária, 2005, p. 10.

38 En France, l'article L. 132-1 du Code de la consommation évoque la notion de « déséquilibre significatif », d'origine communautaire (dir. du 5 avr. 1993, transposée par la loi du 1er févr. 1995). Au Brésil, cf. par exemple : A. GRINOVER *et al.*, *Código Brasileiro de Defesa do Consumidor Comentado pelos autores do Anteprojeto*, *op. cit.* p. 573.

39 Ces listes ont été introduites par un décret pris en Conseil d'État, après l'avis de la commission des clauses abusives : décret n° 2009-302 du 18 mars 2009 portant application de l'article L. 132-1 du Code de la consommation. Pour une analyse détaillée des nouvelles listes, voir : PAISANT (A.), « Le décret portant listes noire et grise de clauses abusives », *La semaine juridique*, éd. générale, n° 28, juillet 2009.

établissant trois clauses abusives, dont une supprimée par le Conseil d'État[40], et celui du 25 novembre 2005 relatif à la commercialisation à distance de services financiers, qui avait introduit une clause abusive (ancien art. R. 132-2-1 du Code de la consommation[41]). Concernant le premier décret, les deux clauses subsistantes figuraient aux articles R. 132-1 et R. 132-2 du Code. Le premier interdisait la clause ayant pour objet ou pour effet, au sein des *contrats de vente*, « *de supprimer ou de réduire le droit à réparation du non-professionnel ou consommateur en cas de manquement par le professionnel à l'une quelconque de ses obligations* ». Le second interdisait la clause ayant pour objet ou pour effet, dans tout contrat conclu entre professionnels et non-professionnels ou consommateurs, « *de réserver au professionnel le droit de modifier unilatéralement les caractéristiques du bien à livrer ou du service à rendre* ». Ces deux types de clauses, qui ont été modifiées dans l'intérêt du consommateur, figurent aujourd'hui parmi la « liste noire » de l'article R. 132-1. La première interdiction, qui était réservée aux seuls contrats de vente, a été étendue à tout contrat de consommation ; la seconde, qui ne concernait que les modifications relatives aux caractéristiques du bien ou du service, comprend désormais aussi les modifications relatives aux prix et à la durée du contrat. Le droit français s'approche ainsi du droit brésilien, qui reconnaît également ces interdictions (CDC, art. 51, I et XIII)[42].

Au Brésil, certaines dispositions des quinze clauses abusives établies par l'article 51 du CDC[43] se recoupaient avec certains paragraphes relatifs aux

40 CE, 3 déc. 1980 ; *D.* 1981.J.228, note Larroumet.

41 Il s'agissait de l'interdiction de la clause ayant pour objet ou pour effet de prévoir, dans le cadre de ces contrats, qu'incombe au consommateur la charge de la preuve du respect par le fournisseur de tout ou partie de certaines obligations prévues par le Code de la consommation et par d'autres codes.

42 L'ancienne liste annexe à l'article L. 132-1 du Code de la consommation prévoyait à son tour la possibilité de reconnaissance du caractère abusif d'une clause accordant au professionnel le pouvoir de modifier unilatéralement le contrat (alinéa « j »), mais il s'agissait d'une protection plus nuancée que celle prévue par le Code brésilien, puisqu'elle ne s'appliquait que si le professionnel effectuait la modification « sans raison valable et spécifiée dans le contrat ».

43 Les clauses interdites sont celles qui : empêchent, posent des difficultés ou exonèrent le professionnel de sa responsabilité en cas de dommages (« I ») ; soustraient à l'égard du consommateur l'option de remboursement des parcelles payées (« II ») ; transfèrent des responsabilités à un tiers (« III ») ; portent atteinte au principe de bonne foi ou à l'équilibre économique du contrat (« IV ») ; établissent une inversion de la charge de la preuve au détriment du consommateur (« VI ») ; déterminent le recours obligatoire à l'arbitrage (« VII ») ; imposent la détermination d'un représentant pour agir au nom du consommateur (« VIII ») ; prévoyant un engagement ferme du consommateur, alors que l'option de conclure ou non le contrat reste au gré du professionnel (« IX ») ; autorisent la modification unilatérale du prix (« X ») ; autorisant le professionnel à résilier le contrat de façon discrétionnaire si la même faculté n'est pas reconnue au consommateur (« XI ») ; obligent le consommateur à rembourser les charges relatives à l'exécution de son obligation, si la même obligation n'est pas établie à l'égard du professionnel (« XII ») ; autorisent le professionnel à modifier unilatéralement le contrat (« XIII ») ; vont à l'encontre des normes environnementales (« XIV ») ; ne soient pas compatibles avec le système de protection au consommateur (« XV ») ; autorisent le renoncement du droit à la réparation des charges dues aux améliorations réalisées (« XVI »).

dix-sept clauses de l'ancienne annexe prévues à l'article L. 132-1 du Code de la consommation ; toutefois, des différences importantes subsistaient même si ces listes étaient non-exhaustives. Après la récente réforme française, malgré la reformulation de certaines clauses et la conservation par le juge du pouvoir de déclarer abusive une clause non prévue par aucune des deux listes[44], certaines disparités entre les clauses expressément reconnues au Brésil, et celles en France persistent. Une particularité brésilienne consiste par exemple en la classification, au sein de la catégorie des clauses abusives, de toute clause allant à l'encontre des *normes environnementales* (art. 51-XIV). Une autre différence importante entre les deux systèmes concerne la charge de la preuve, même si cette disparité a été nuancée depuis la réforme française. Avant la loi de modernisation de l'économie, l'article L. 132-1 précisait qu'en cas de litige, le demandeur n'était pas dispensé d'apporter la preuve du caractère abusif de la clause, tandis qu'en droit brésilien, le principe d'inversion de la charge de la preuve au bénéfice du consommateur prévaut (CDC, art. 6, VIII et art. 38). Désormais, la loi française se rapproche du droit brésilien puisqu'elle détermine qu'il appartient au professionnel d'apporter la preuve du caractère non abusif d'une clause litigieuse présumée abusive (« liste grise »). Mais pour les clauses litigieuses qui n'intègrent pas cette liste ni la liste noire, la preuve du caractère abusif demeure à la charge du consommateur.

### B. La détermination par un organisme spécialisé

Il convient enfin de présenter les procédés de recommandation de suppression de clauses abusives selon certains organismes : la *Commission des clauses abusives*, en France, et le Secrétariat de droit économique rattaché au Ministère de la justice (*Secretaria de Direito Econômico do Ministério da Justiça*), au Brésil. Celui-ci est chargé d'établir, par le biais d'arrêtés, des listes de clauses abusives, afin d'orienter

---

44 Les règles du Code s'appliquent à toute clause abusive *écrite*, le support important peu (bons de commande, factures, panneaux, tickets etc.). Les clauses abusives ne sont pas applicables ni à la définition de l'objet ni au montant du prix, « pour autant que les clauses soient rédigées de façon claire et objective » (C. consom. art. L. 132-1, al. 7). Il existe ici une différence à l'égard d'une opinion doctrinale brésilienne selon laquelle les clauses établissant des prestations disproportionnées, telles que celles relatives au prix, constituent des *clauses abusives* pouvant faire l'objet d'une révision par le juge. Cf. Bessa (L.), « Proteção contratual », in : Benjamin (A.), Marques (C.) et Bessa (L.), *Manual de direito do consumidor*, *op. cit.*, p. 295. Sur l'interprétation du caractère abusif d'une clause, il s'apprécie en France à l'égard des circonstances entourant la conclusion du contrat ainsi que d'autres clauses du contrat et notamment celles de l'éventuelle convention qui lui serait liée (p. ex., un prêt lié à une vente). Au Brésil, l'identification d'une clause abusive ne dépend pas d'une analyse *subjective* de la conduite du professionnel (intention d'obtenir un avantage indu ou disproportionné, mauvaise foi, dol). Telle est la tendance d'interprétation soutenue par la majorité doctrinale brésilienne, à l'instar de Claudia Lima Marques, Gustavo Tepedino et Antônio Herman Benjamin : les clauses sont considérées abusives moins du fait de l'intention du fournisseur que du fait du *résultat* et des *effets observés* ; c'est l'application du *principe de bonne foi objective*. Le caractère abusif résulte d'une non-conformité concrète entre l'exercice de la situation juridique et les principes protégés par la Constitution fédérale et par le Code de protection du consommateur.

les membres du Système national de protection du consommateur, et notamment en ce qui concerne l'application des sanctions administratives[45]. Ces arrêtés, au nombre de quatre et approuvés depuis 1998, ne sont pas contraignants, mais constituent d'importantes sources d'orientation pour l'interprète et le juge.

Le poids de cet organe dans le système de lutte contre les clauses abusives au Brésil demeure cependant faible comparé à celui de la Commission des clauses abusives en France[46]. Instituée par la loi du 10 janvier 1978, cette commission, placée auprès du ministre chargé de la consommation, est actuellement régie par les articles L. 132-2 à L. 132-5 et par les articles R. 132-3 à R. 132-6 du Code de la consommation. L'une de ses particularités réside dans sa composition, intégrant de façon paritaire des représentants des consommateurs et des représentants des professionnels[47], atout d'une légitimité renforcée. Elle peut être saisie par le ministre chargé de la consommation, par les associations agréées de défense des consommateurs ou encore par les professionnels intéressés. Elle peut également se saisir d'office.

À travers l'analyse des modèles de contrats habituellement proposés aux consommateurs, la commission propose la suppression ou la modification des clauses qu'elle estime abusives. La Commission a une productivité intense (une soixantaine de recommandations entre 1978 et 2006[48], sans compter les rapports annuels d'activité, riches en information et disponibles au public). Si les recommandations ne sont pas contraignantes, leur forte influence sur les professionnels, le juge[49] et le législateur[50], est indéniable et demeure l'une des principales spécificités du système français vis-à-vis du système brésilien de lutte contre les clauses abusives.

---

45 Décret 2.181/97 établissant des normes générales sur l'application des sanctions administratives du CDC, art. 56.

46 Cf. www.clauses-abusives.fr, page consultée le 10 février 2010.

47 Intègrent également cette commission : un magistrat de l'ordre judiciaire (président), deux magistrats de l'ordre judiciaire ou administratif ou membres du Conseil d'État (l'un d'eux étant le vice-président), deux personnalités qualifiées en matière de droit et de technique.

48 Calais-Auloy (J.) et Steinmetz (F.), *Droit de la consommation*, *op. cit.*, p. 218.

49 Cass. 1re civ., 10 févr. 1998, *D.* 1998.J.539, note D. Mazeaud. En l'espèce, le juge avait fait référence à une recommandation pour apprécier le caractère abusif d'une clause.

50 Cette influence a été constatée par exemple en matière d'agences matrimoniales (loi du 23 juin 1989), de louage d'habitation (loi du 6 juillet 1989) ou de délais de livraison (loi du 18 juin 1992, C. consom., art. L. 114-1). Cf. Calais-Auloy (J.) et Steinmetz (F.), *Droit de la consommation*, *op. cit.*, p. 219.

## III. Méthodes et effets de l'éxclusion des clauses abusives

Les méthodes et les effets de l'exclusion des clauses abusives varient, selon qu'il s'agisse d'un *contrat déjà conclu* (A) ou d'un *modèle de contrat à conclure* (B).

### A. Au sein des contrats déjà conclus

En France, concernant les contrats de consommation déjà conclus, la validité de la clause sera remise en question à l'occasion d'une action en justice exercée par l'un des *contractants* à l'égard de *l'autre*. La nullité de la clause peut soit être invoquée par le consommateur, soit être *relevée d'office* par le juge. Au Brésil, si le Tribunal supérieur de justice avait dans un premier temps, admis la déclaration d'office par le juge d'une clause abusive, des décisions récentes de ce même Tribunal vont pourtant dans le sens opposé[51]. Cette position demeure susceptible d'évoluer, une majorité doctrinale soutenant la reconnaissance de ce pouvoir au juge dans la mesure où les normes de protection du consommateur sont d'ordre public (CDC, art. 1$^{er}$)[52]. En France, la reconnaissance jurisprudentielle de la possibilité pour le juge de relever d'office la nullité d'une clause abusive résulte d'une évolution poussée par le droit européen[53]. Par ailleurs, selon un arrêt de la CJCE du 4 juin 2009[54], il ne s'agit plus d'une faculté, mais d'une obligation pour le juge national de relever d'office le caractère abusif d'une clause dans les contrats conclus entre un consommateur et un professionnel.

L'analyse du caractère abusif d'une clause d'un contrat déjà conclu se fait *in concreto*, tenant compte de la situation des contractants. En France, la *clause abusive* est réputée *non écrite*, tandis qu'au Brésil l'effet de « certaines clauses abusives »[55] est la « nullité de plein droit » (*nulidade de pleno direito*, aux termes du

---

51 STJ, AgRg REsp 1008837/RS, rapp. Min. Sidnei Beneti, 14 avril 2008, *DJ* 7 mai 2001 ; STJ AgRg no REsp 976237/RS, rapp. Min. Nancy Andrighi, 6 mars 2008, *DJ* 17 mars 2003 ; STJ, EREsp 702.542, Min. rapp. Humberto Gomes de Barros, 8 mars 2006, *DJ* 9 oct. 2006 ; STJ, REsp 612.470, rapp. Min. Nancy Andrighi, 9 mars 2006, *DJ* 30 juin 2006.

52 En faveur de la déclaration d'office par le juge des clauses abusives, cf. par exemple : L. Bessa, *préc.*, in Benjamin (A.), Marques (C.), Bessa (L.), *Manual de direito do consumidor*, *op. cit.*, p. 294. En ce sens également : C. Lima Marques, « Diálogo entre o Código de Defesa do Consumidor e o novo Código Civil [...] », *préc.* p. 95 ; du même auteur : *Contratos no Código de Defesa do Consumidor*, São Paulo : RT, 2002, 4$^{e}$ éd., p. 774 *sq.*

53 La Cour de Cassation avait decidé, à plusieurs reprises, que la méconnaissance des dispositions du Code de la consommation, même d'ordre public, ne pouvait être soulevée d'office par le juge (CC, arrêt « Grine » du 15 février 2000; *La Semaine juridique*, 2001, n° 7/8, p. 379, note O. Gout; CC, arrêt « Société Codifis » du 16 mars 2004; CC, arrêt « Société Cofica » du 16 mars 2004. Mais dans un arrêt du 22 janvier 2009, la Cour de cassation décide que la méconnaissance des dispositions d'ordre public du Code de la consommation, à l'instar de celles de l'article L. 132-1, peuvent être relevées d'office par le juge (*D.* 2009 p. 908, obs. Piedelièvre), au diapason des arrêts « Océano » et « Codifis », de la CJCE.

54 *JCP* du 12 octobre 2009, p. 33, n° 336.

55 Lima Marques (C.), « Diálogo entre o Código de Defesa do Consumidor e o novo Código Civil [...] », *préc.*, p. 95. Cf. articles 51 et 53 du CDC.

Code de protection du consommateur), c'est-à-dire, la «nullité absolue» (selon l'expression de l'art. 166-VI du Code civil de 2002). Dans les deux pays, le contrat reste valable s'il peut subsister sans la clause déclarée abusive[56].

Le juge brésilien a également le pouvoir de réviser certaines clauses abusives[57], notamment les *clauses pénales*[58], mais aussi les clauses établissant le prix et la forme d'ajustement[59]. En France, il existait une certaine dissidence doctrinale quant à l'application de l'article L. 1152, al. 2 du Code civil, permettant au juge de *réviser* les clauses pénales, à l'égard des contrats de consommation[60]. Aujourd'hui il semble toutefois admis que le consommateur a le choix de l'action qu'il estime être la plus convenable pour lui: soit faire déclarer la clause abusive et réputée non écrite, au sens de l'article L. 132-1 du Code de la consommation, soit en demander la réduction sur le fondement du Code civil. Cette dernière alternative est importante dans la mesure où, dans certains cas, la nullité d'une telle clause peut entraîner un déséquilibre considérable, conduisant à l'annulation du contrat, allant ainsi à l'encontre de l'intérêt du consommateur. Il convient enfin de souligner qu'au Brésil, l'identification d'une clause abusive peut donner lieu à l'application d'une sanction administrative, telle qu'une amende (CDC, art. 56, XII).

En ce qui concerne les méthodes d'exclusion des clauses abusives des contrats déjà conclus, la principale différence entre le droit français et le droit brésilien consiste en ce que le premier ne connaît pas d'action de groupe, à l'opposé du droit brésilien[61]. Il convient en ce sens de présenter l'*ação civil pública*, qui ne se destine pas exclusivement à la protection des droits des consommateurs, mais à celle de tout droit collectif *lato sensu*[62]. Si cette action est encadrée par un dispositif spécifique[63], elle a également fait l'objet de certains articles du Code de protection du consommateur, introduisant certaines nouveautés en élargissant par exemple

---

56 C. consom., art. L. 132-1, alinéa 8; CDC, art. 51, § 2.

57 Le Code de protection du consommateur inclut parmi les droits du consommateur celui de la « *modification des clauses contractuelles établissant des prestations disproportionnées ou à leur révision en raison de faits survenant leur rendant excessivement onéreuses* » (art. 6-V).

58 Ces clauses sont celles pour lesquelles les parties «évaluent forfaitairement et d'avance l'indemnité à laquelle donnera lieu l'inexécution de l'obligation contractée», CALAIS-AULOY (J.) et STEINMETZ (F.), *Droit de la consommation*, *op. cit.*, p. 228.

59 Cf. L. BESSA, préc, p. 295.

60 J. CALAIS-AULOY et F. STEIMETZ (*op. cit.*, p. 229) estiment que cette disposition pourrait théoriquement être étendue aux contrats de consommation. Contra: G. PAISANT, «Clauses pénales et clauses abusives après la loi du 1er février 1995», *D.* 1995, chron. 223.

61 Selon l'article 81 du CDC, «la protection des intérêts et des droits des consommateurs et des victimes peut être portée devant le juge individuellement ou à titre collectif».

62 Cf. MORAIS DA COSTA (Th.), «Le droit constitutionnel: la protection des droits fondamentaux», dans Almeida (D.), *Introduction au droit brésilien*, L'Harmattan, 2006, notamment p. 51-53 et 71-74.
Notons que le Congrès national brésilien analyse à l'heure actuelle un avant-projet de Code des procédures collectives, le projet de loi n° 5139 introduit par le Ministère de la Justice.

63 L. 7.347/85.

le champ d'application de cette action. Inspiré des *class actions for damages* du droit nord-américain, le Code consacre une action collective protectrice des dommages individuels (droits individuels homogènes, art. 81, *parágrafo único*, III combiné avec les articles 110 et 117).

Le Code établit en effet une distinction entre trois catégories de droits collectifs *lato sensu* dont la protection peut faire l'objet d'une *ação civil pública*: les *droits diffus*, les *droits collectifs* (*stricto sensu*) et les *droits individuels homogènes*[64]. Les premiers sont de nature indivisible, s'agissant des droits communs à une *catégorie* de personnes *non identifiables*, regroupées en raison d'une situation de fait (par exemple la protection de l'intérêt collectif en matière de publicité mensongère). La protection des consommateurs contre les clauses abusives au sein de contrats déjà conclus n'entre donc pas dans cette hypothèse. Cette protection relève en effet des actions collectives visant la protection des droits *collectifs stricto sensu* et/ou la protection des *droits individuels homogènes*. Les droits collectifs *stricto sensu*, de nature indivisible, appartiennent à un *groupe identifiable* de personnes liées entre elles ou chacune individuellement avec l'autre partie au litige, en raison d'un *rapport juridique*. Les effets de l'action ont une incidence sur tous ceux qui se trouvent dans la catégorie déterminée, soit, concernant les clauses abusives, tous les consommateurs ayant conclu le contrat. Enfin, les *droits individuels homogènes* sont ceux « découlant d'une origine commune » (de fait ou de droit) et dont la reconnaissance entraîne un devoir de réparation. L'action collective visant la protection de ces droits comporte deux étapes: dans un premier temps, on cherche à établir la responsabilité du professionnel puis, dans un second temps, on cherche à identifier et à habiliter les victimes ainsi qu'à exécuter la réparation. Cela signifie que le jugement relatif à la condamnation du professionnel doit être générique, reconnaissant sa responsabilité sans toutefois déterminer le montant de la réparation (CDC, art. 95). Chaque victime (ou ses héritiers) doit ensuite être habilitée individuellement afin de prouver le dommage subi, d'établir le montant de la réparation et de procéder à la liquidation ainsi qu'à l'exécution de la décision (CDC, art. 97). Enfin, il est fondamental d'observer que la protection de ces différentes catégories de droits collectifs peut être recherchée par le biais d'une seule action collective. Ainsi, une action collective efficace contre les clauses abusives, au sein des contrats d'adhésion, devrait protéger à la fois l'intérêt diffus (contrats à conclure), l'intérêt collectif (contrats déjà conclus) et l'intérêt individuel homogène (réparation individuelle des dommages subis par les contractants)[65].

Au regard des entités légitimées à présenter une action collective en matière d'élimination des clauses abusives, il s'agit notamment du Ministère public, des entités fédérées, des entités et des organes de l'administration spécifiquement destinés à la protection du consommateur ainsi que des associations de protection du consommateur ayant au moins un an d'activité (CDC, art. 82[66]). Il convient

64 CDC, art. 81.

65 Bessa (L.), « XIV – Ação coletiva », dans Benjamin (A.), Marques (C.), Bessa (L.), *Manual de direito do consumidor*, *op. cit.*, p. 391.

66 Cet article doit être analysé conjointement avec l'article 5 de la loi n° 7.347/85, dont la rédaction a été modifiée récemment par la loi n° 11.448/2007; cet article mentionne d'autres personnes habilitées à présenter une action collective en matière

cependant de noter que la doctrine et la jurisprudence reconnaissent certaines limites à la *legitimatio ad causam*, à l'égard de certaines entités habilitées[67], limites fondées par exemple sur la dimension du dommage, les aspects territoriaux ou les conditions permettant de mener à bien la protection des intérêts collectifs.

En somme, la lutte envers les clauses abusives des contrats de consommation déjà conclus demeure ponctuelle en droit français, les effets de la nullité n'affectant que le consommateur partie au litige, là où au Brésil les effets d'une action fondée sur des contrats déjà conclus peuvent s'étendre au delà des parties. Le droit français évolue pour sa part vers l'intégration d'une action de groupe, plusieurs projets de loi en ce sens ayant été déposés devant l'Assemblée nationale[68], sans toutefois être adoptés.

### B. Au sein des modèles de contrats à conclure

En ce qui concerne l'élimination des clauses abusives dans les *modèles de contrats*, le droit français connaît un mécanisme de *soft law* conduisant à la modification par certaines entreprises, de leurs conditions générales: les *recommandations de la commission des clauses abusives*. Il s'agit d'un particularisme à l'égard du droit brésilien.

Toutefois, en France, le principal procédé exercé à l'encontre des clauses abusives des modèles de contrats à conclure est l'*action en suppression de clauses abusives*, introduite par la loi du 5 janvier 1988 (C. cons., art. L. 421-6). Le juge peut à ce titre, «*ordonner, le cas échéant sous astreinte, la suppression d'une clause illicite ou abusive dans tout contrat ou type de contrat proposé ou destiné au consommateur*» (C. cons., art. L. 421-6, al. 2[69]). Il peut en outre ordonner la diffusion publique du jugement aux frais de la partie qui succombe[70]. Les associations peuvent également demander des dommages et intérêts en réparation du préjudice, à l'égard de l'intérêt collectif des consommateurs[71]. Cette action peut être intentée par les associations françaises agréées ainsi que par les organismes habilités par les autres États membres à exercer des actions en cessation dans l'intérêt des consommateurs[72]. Contrairement à l'appréciation du caractère abusif de certaines clauses de contrats déjà conclus, il s'agit ici d'une analyse *in abstracto*. Aux termes de l'article L. 421-6 précité, cette action se destine exclusivement à

---

de consommation: la *Defensoria Pública*, les entreprises publiques et les fondations. La liste issue de ces deux dispositions indique de manière exhaustive les personnes habilitées à présenter une action collective.

67 Ces limites ne s'appliquent pas au Ministère public, dont l'intérêt d'agir est présumé.

68 Pour n'en citer que quelques exemples: PL n° 3729, 6 mars 2007; PL n° 424, 21 nov. 2007; PL n° 324, 30 oct. 2007.

69 Alinéa inséré par l'ordonnance du 23 août 2001, qui élargissait également la portée de l'article L. 421-6 du Code de la consommation, par l'intégration d'autres actions de cessation, en dehors de celle existante à l'égard des clauses abusives. Cette modification tenait compte de la directive 98/27 du 19 mai 1998 sur les actions en cessation.

70 C. consom., art. L. 421-9.

71 Cass. 1re civ., 5 oct. 1999 (*D. aff.* 2000.J.110, note Paisant); Cass. 1re civ., 1er févr. 2005 (*JCP*, 2005, II, 10057, note Paisant; *D. aff.* 2005, AJ. 487, obs. Rondey; *Contrats conc. consom.* 2005, n° 96, note Raynard.

72 Cf. dir. 98/27 du 19 mai 1998.

la protection des *consommateurs*, à l'exclusion donc des professionnels agissant en dehors de leur spécialité, ainsi que des personnes morales en situation de faiblesse[73]. La suppression de la clause finit néanmoins par bénéficier à toute catégorie censée conclure les contrats-types concernés, et non seulement, les consommateurs au sens strict. Le jugement ne produit ses effets que pour les parties au litige, c'est la raison pour laquelle les associations tentent d'assigner un maximum de professionnels concernés. L'action en suppression peut également être dirigée à l'égard des rédacteurs des clauses abusives qui ne sont pour autant pas contractants (par exemple, les franchiseurs[74]), à condition que de telles clauses se destinent à des contrats conclus entre professionnels et consommateurs.

Concernant le droit brésilien, l'*ação civil pública* peut également avoir pour finalité la suppression des clauses abusives des contrats-types (protection de l'intérêt collectif diffus). Avant la proposition de l'action, le requérant, s'il s'agit d'un organe public, peut proposer au professionnel la signature d'un *termo de ajustamentdo de conduta*[75] (« terme d'ajustement de conduite » - TAC) par lequel ce dernier s'engage à retirer la clause abusive des conditions générales proposées au consommateur. Il s'agit d'un mécanisme de résolution extrajudiciaire propre au droit brésilien et qui apparaît comme une alternative intéressante d'élimination des clauses abusives des contrats-types, en vue d'échapper aux vicissitudes de l'action collective, telles que la lenteur des procédures.

La particularité du traitement constitutionnel réservé à la protection du consommateur a constitué une avancée importante et nécessaire dans un pays tel que le Brésil. L'habilitation du Ministère public et des associations de protection des consommateurs à saisir le juge, au nom de la protection de l'intérêt collectif des usagers, a été à cette fin essentielle. Si l'action de groupe est finalement introduite en droit français de la consommation, les différences entre ce dernier et le droit brésilien devraient s'atténuer. Les particularismes institutionnels devront certes être préservés, mais il serait souhaitable que le Brésil puisse s'inspirer de la Commission des clauses abusives, permettant de mettre en œuvre une régulation plus légitime. En ce qui concerne le champ d'application, si le droit français évolue vers une exclusion absolue des personnes morales de la notion de consommateur (selon l'orientation de l'Union européenne), cette évolution représente un point de divergence considérable à l'égard du droit brésilien. Enfin, la réforme récente introduite en droit français par la loi de modernisation de l'économie de 2008 a rapproché le droit français du droit brésilien en ce qui concerne la charge de la preuve et l'interdiction de certaines clauses, une avancée importante à l'égard des consommateurs français.

73 CALAIS-AULOY (J.) et STEINMETZ (F.), *Droit de la consommation, op. cit.*, p. 233.

74 CJCE, 24 janv. 2002; *D. aff.* 2002. AJ.1065, obs. Chevrier.

75 L. 7.347/85, art. 5-§6. Le TAC est un compromis ayant une portée de titre exécutoire extrajudiciaire et pouvant prévoir des pénalités pécuniaires en cas d'inobservation.

# LEVER LE VOILE SOCIAL. REGARDS CROISÉS EN DROIT DES SOCIÉTÉS FRANÇAIS ET BRÉSILIEN

**Gustavo VIEIRA DA COSTA CERQUEIRA***

La métaphore du *voile social* exprime l'opacité de la personnalité morale et délimite l'autonomie de la personne morale et celle des personnes agissant sous son couvert. En raison de cette autonomie et de la limitation de la responsabilité attachée aux formes de sociétés les plus répandues, il n'est alors pas facile de faire endosser aux associés et aux dirigeants les dettes engagées au nom de leur société. Parmi les solutions qui n'admettent pas l'opposition de la personnalité morale, on relève la levée du voile social propre à la *disregard doctrine* anglo-américaine[1].

Lever le voile social d'une société consiste à ignorer l'autonomie juridique et patrimoniale de la personne morale chaque fois qu'elle est utilisée pour perpétrer une fraude ou à des fins autres que celles pour lesquelles elle a été constituée[2]. En d'autres termes, il s'agit de «*faire abstraction de la personnalité morale ou*

---

* *Avocat aux Barreaux de Porto Alegre et Vitória - Brésil, et Doctorant à l'université de Strasbourg et à l'Universidade de São Paulo - Brésil.*

1 Bien que les premières manifestations jurisprudentielles qui ont conduit à la formulation théorique de la *disregard légale entity* aient été observées dans les systèmes de *Common Law*, c'est en Allemagne que la théorie a été premièrement systématisée par Rolf Serick dans son ouvrage intitulé *Rechtsform und Realität juristischer Personen (Beiträge zum ausländischen und internationalen Privatrecht)*, paru en 1955 à Berlin (Walter De Gruyter & Co). Auparavant, I. Maurice Wormser dans deux travaux importants: «Piercing the veil of corporate entity», *Columbia Law Review*, 1912; et *Disregard of the Corporate Fiction and Allied Corporation Problems*, New York, 1927, a fixé le point de départ pour des analyses postérieures, en établissant les prémisses de la théorie, ainsi que sa conceptualisation. Après Serick, on compte l'important travail élaboré en Italie par P. Verrucoli, *Il superamento della personalità giuridica delle società di capitali nelle Common Law et nella Civile Law*, Milano: Guiffrè, 1964.

2 SERICK (R.), *op. cit.*, p. 203.

*de certains de ses attributs dans des hypothèses déterminées, en écartant son autonomie juridique* »[3].

La mesure se présente comme un moyen d'engagement d'une responsabilité dite *sociétaire*[4], fondée sur une *activité dommageable*[5]. Le fait reprochable ne se caractérise pas en tant que fait imputable à la personne morale, mais à celui qui en bénéficie. Le débiteur est alors le bénéficiaire de cette activité, qui ne se confond pas nécessairement avec celui qui l'exécute, encore moins avec la personne morale instrumentalisée[6]. La mise à l'écart de la personnalité morale n'est pertinente qu'à condition que la loi n'ait pas établi au préalable et directement la responsabilité des associés, des administrateurs ou des dirigeants pour les actes accomplis au nom de la société[7]. En dehors de la participation de l'« organisation sociétaire », on applique d'autres institutions, à l'instar de la théorie de l'apparence[8]. La levée du voile social n'entraîne en aucun cas la disparition de la personnalité morale.

Essentiellement *casuistique*, la méthode de la levée du voile social connaît certaines *spécificités*. D'une part, elle nie la dualité d'obligations : la personne concernée par la mesure est responsable à titre principal, l'exercice de l'action récursoire contre la société n'étant pas concevable[9]. D'autre part, le procédé assure l'absence de modification dans les sphères des personnes concernées : la personnalité morale, ainsi que la validité des actes pratiqués sont conservées, ce qui permet de préserver les droits et les intérêts légitimes des tiers. De surcroît, les associés et dirigeants de bonne foi ne sauraient être atteints par la mesure. Enfin, la méthode ne vise pas l'investigation des faits, mais leur sanction[10], bien qu'un auteur l'ait présentée comme une mesure permettant de vérifier la légalité ou de rechercher les véritables acteurs économiques, afin d'engager leur responsabilité en cas d'abus de la personnalité morale ou de crise de l'entreprise[11].

Tout comme le droit français, le droit brésilien connaît la théorie de la levée du voile social. Néanmoins, la manière dont chacun de ces ordres juridiques

---

3 SIMONART (V.), *La personnalité morale en droit privé comparé : l'unité du concept et ses applications pratiques – Allemagne, Angleterre, Belgique, Etats-Unis, France, Italie, Pays-Bas et Suisse*, Bruxelles : Bruylant, 1995, n° 524.

4 Expression empruntée à SALOMÃO FILHO (C.), « A teoria da desconsideração da personalidade jurídica », in *O novo direito societário*, 2ª ed., São Paulo : Malheiros, 2002, p. 233-237.

5 Selon C. SALOMÃO FILHO (*ibidem*), la nature dommageable d'une activité peut être caractérisée dans un seul fait de nature sociétaire (« fait dommageable »). Cette idée était également présente dans l'esprit de CHAUVEAU (P.), « L'abus de la notion de personnalité morale des sociétés », *Rev. Gén. dr. com.*, 1938, 1, p. 397 *sq.*

6 ULHOA COELHO (F.), *Lineamentos da teoria da desconsideração da pessoa jurídica, Revista do Advogado*, 1992, v. 36, p. 43.

7 CORRÊA DE OLIVEIRA (J.L.), *A dupla crise da pessoa jurídica*, São Paulo : Saraiva, 1979, p. 610.

8 En ce sens, CHAUVEAU (P.), *op. cit.*, p. 26.

9 SALOMÃO FILHO (C.), *op. cit.*, p. 236.

10 Ainsi, le Tribunal Supérieur de Justice (STJ) : STJ, 3ª T., 12.09.2000, REsp 252.759/SP, *DJ* 27.11.2000, p. 157 ; STJ, 4ª T., 15.08.1995, REsp 62746/RS, *DJ* 27.11.1995, p. 40894.

11 FREYRIA (Ch.), « La personnalité morale à la dérive », *Mélanges Breton-Derrida*, 1991, p. 121-130, notamment p. 124.

comprend et intègre cette théorie diffère remarquablement. Il convient de présenter tout d'abord la réception de la théorie en droits positifs français et brésilien (I), puis de s'intéresser à certains aspects de sa mise en œuvre au sein de ces deux ordres juridiques (II).

# I. Manifestations de la théorie de la levée du voile social en droit positif

Nous nous intéresserons à la manière dont la théorie de la levée du voile social se manifeste en droit commun de la personnalité morale (A), avant de mettre en évidence son expression dans des domaines spéciaux (B).

## A. La théorie de la levée du voile social en droit commun

En droit brésilien, la théorie de la levée du voile social[12] a été explicitement consacrée dans le nouveau Code civil de 2002 (1), tandis qu'en droit français elle connaît des contours moins nets (2).

### 1. Réception de la théorie en droit positif brésilien

Initialement accueillie par la jurisprudence et par des lois spéciales (a), la théorie de la levée du voile social s'est affirmée au sein du Code civil de 2002 (b).

#### *a. Les premières réceptions de la théorie*

Depuis 1970, la jurisprudence délimitait la réception de la théorie en suivant des approches différentes[13]. Sous l'impulsion des travaux de Rubens Requião, elle a accueilli l'approche subjective, caractérisée par un abus fonctionnel de la personne morale[14]. Cette approche exigeait cumulativement la preuve d'un dommage subi par un tiers et la démonstration d'un abus, marqué par un détournement de la finalité de la personne morale moyennant un acte volontairement frauduleux[15]. Quelques années plus tard, on voyait s'affirmer la théorie objective, basée essentiellement sur la séparation patrimoniale[16]. Selon cette approche, le voile social devrait être levé indépendamment de la subjectivité

12 La théorie de la levée du voile social est connue dans la littérature lusophone sous les termes « *teoria da desconsideração da personalidade jurídica* ».

13 Pour un éventail d'approches théoriques sur la levée du voile social en droit brésilien : Corrêa de Oliveira (J.L.), *op. cit.*, p. 294-555 ; Guimarães (M.S.), « Aspectos Modernos da Teoria da Desconsideração da Personalidade Jurídica », *Revista da EMERJ*, n° 25, 2004, p. 229-243 ; en droit comparé : *La personnalité morale et ses limites – Études de droit comparé et de droit international public*, Coll. Travaux et recherches de l'Institut de droit comparé de l'université de Paris, v. XVII, Paris : LGDJ, 1960.

14 Cf. les arrêts du 1° TACivSP, du 14 août 1973, *RT* 456/151, et du 29 août 1973, *RT* 457/141.

15 Requião (R.), « Abuso de direito e fraude através da personalidade jurídica – *disregard doctrine* », *RT* (*Revista dos Tribunais*), v. 410 (dez. 1969), p. 12 *sq.*

16 Cf. l'arrêt du 1° TACivSP du 3 mars 1982, *RT* 560/109.

de l'acte, la seule confusion patrimoniale suffisant pour justifier la mesure[17]. Depuis l'entrée en vigueur de plusieurs textes de lois consacrant la théorie, la jurisprudence des tribunaux supérieurs oscille entre l'une et l'autre approche selon les circonstances de l'affaire et les intérêts à protéger[18]. D'une manière générale, l'approche subjective est la plus répandue, sans pour autant évincer l'approche objective[19].

Dans un effort de classification de décisions en fonction des fondements invoqués pour la mise à l'écart de la personnalité morale, la doctrine a constaté qu'elles envisageaient soit d'empêcher la fraude contractuelle ; soit de sanctionner la fraude à la loi ; soit de rendre possible certains effets de la procédure (civile ou pénale) ; soit d'étendre aux associés les effets de la faillite[20]. Nombre de décisions n'invoquaient pas la théorie, mais en parvenaient aux mêmes résultats[21].

À partir de 1990, le législateur brésilien a entamé une série de réformes du droit privé. C'est à cette occasion que les premières réceptions législatives de la théorie de la levée du voile social ont eu lieu. Actuellement, quatre textes spéciaux permettent au juge d'écarter l'autonomie de la personne morale. Il s'agit notamment de la Consolidation des Lois du Travail de 1943, du Code brésilien de protection du consommateur de 1990, de la Loi relative aux crimes contre l'environnement du 12 février 1998 et de la Loi Antitrust du 11 juin 1994, nous y reviendrons. Le couronnement de la théorie en droit positif a eu lieu au sein du nouveau Code civil de 2002.

*b. La généralisation de la théorie par le nouveau Code civil*

En la plaçant à l'intérieur du Livre I de la Partie générale du nouveau Code civil (CC), le législateur a généralisé la théorie de la levée du voile social. Cette théorie est devenue une règle de droit commun, applicable aux différents types de société. En relevant ses principales caractéristiques, l'art. 50 CC établit qu'en cas d'abus de la personnalité juridique, caractérisé par le détournement de finalité ou par la confusion patrimoniale, le juge peut décider, à la demande de l'une des parties ou du Ministère Public, que les effets de certains rapports d'obligations

---

17 Approche mise en valeur au Brésil par Comparato (F. K.), *O poder de controle na sociedade anônima*, 3ª edição. Rio de Janeiro : Forense : 1983.

18 Quelque peu avant l'entrée en vigueur du nouveau Code civil de 2002, le STJ a étendu la faillite d'une société aux autres sociétés appartenant au même groupe en raison de la seule confusion patrimoniale existante entre elles (STJ, 3ª T, 30.04.2002, RMS 14168/SP, *DJ* 05.08.2002, p. 323). Dans une décision du 4 déc. 2003, le STJ a privilégié la théorie objective, non sous le volet le plus traditionnel de la confusion patrimoniale, mais sous celui de la simple insolvabilité de la personne morale débitrice s'agissant de la protection des consommateurs et de l'environnement (STJ, 3ª T., 04.12.2003, REsp 279.273/SP, *DJ* 29.03.2004, p. 230). Cette décision a bouleversé la tendance d'application de la théorie subjective, suite à la tragédie du Shopping Centrer d'Osasco, à São Paulo, dont l'incendie a fait de nombreuses victimes.

19 Plus récemment, STJ, 4ª T., 20.5.2008, REsp 744.107-SP, *Informativo STJ* n° 356, 23.05.2008, p. 4.

20 Corrêa de Oliveira (J. L.), *op. cit.*, p. 521 *sq.*

21 Sur cette jurisprudence, v. Casillo (J.), « Desconsideração da pessoa jurídica », *RT* 528 (out. 1979), p. 24-40, p. 37-39.

soient élargis aux biens particuliers des administrateurs ou des membres de la personne juridique.

L'art. 50 CC constitue bien une *clause générale*, technique employée par le législateur de 2002 comme moyen d'expression par excellence des valeurs éthiques dont est inspiré le nouveau Code civil[22]. En raison des concepts et des expressions flous qu'elle porte, comme l'abus de la personnalité juridique, cette clause générale doit être concrétisée lors de son application, ce qui permet d'étendre le champ d'application de la mesure.

Par ailleurs, l'avènement du nouveau Code civil n'a pas eu pour effet de déroger aux dispositions spéciales régissant la levée du voile social. Cette abondance des textes réglementant la matière en droit brésilien contraste avec le traitement donné à la *disregard doctrine* en France.

### 2. La théorie en droit positif français

La théorie de la levée du voile social n'a pas été accueillie en France de la même manière qu'elle l'a été au Brésil, du moins dans ses contours les plus typiques (a). Par conséquent, la place de cette théorie en droit commun français n'est pas clairement définie, le débat ayant lieu en particulier autour de la fictivité de la personne morale (b). Des solutions existant au niveau du droit commun et qui permettent la protection des créanciers doivent être briévement rappelées (c).

#### *a. L'absence de contours précis en droit commun*

Le Code civil français (*Civ*) ne prévoit aucune règle similaire à celle de l'art. 50 du Code civil brésilien. En droit français, la levée du voile social apparaît moins comme un problème d'application d'une règle juridique à un destinataire différent de celui à qui la règle est spécifiquement destinée, que comme une mesure liée à un dysfonctionnement de la personnalité morale. D'où l'idée assez répandue de la relativisation du caractère absolu de la personnalité morale afin de protéger les créanciers. En ce sens, la jurisprudence, très attachée à la personnalité morale, n'admet qu'exceptionnellement la percée du voile social[23].

Étant donné qu'elle écarte certains des effets de la personnalité morale, la levée du voile social s'apparente à la transparence, d'aucuns la considérant comme l'une de ses manifestations[24]. D'autres contestent cette assimilation, dans la mesure où la mise à l'écart de la personnalité morale ne relève pas de l'institution de la personnalité morale, mais plutôt d'une remise en cause de ce concept[25]. D'autres affirment encore que la percée du voile social est considérée principalement

---

22 Outre l'*eticidade* (les valeurs éthiques), le nouveau Code civil est doté de deux autres principes fondamentaux: la *sociabilidade* (sociabilité) et l'*operacionalidade* (opérationnalité).

23 Dammann (G.) et Podeur (G.), « Les groupes des sociétés face aux procédures d'insolvabilité », *Revue Lamy Droit des Affaires*, n° 16, 2007, p. 65-69, p. 65-66.

24 Hannoun (Ch.), *Le droit et les groupes de sociétés*, LGDJ 1991, n° 185.

25 Simonart (V.), *op. cit.*, p. 459.

comme un problème inhérent au droit des procédures collectives, au sein duquel la jurisprudence joue un rôle très important[26].

Il est difficile de connaître les raisons pour lesquelles la théorie de la levée du voile social n'a pas fait l'objet d'une mesure législative spécifique. On peut cependant relever que l'attachement au principe de l'autonomie de la personne morale, principe rappelé constamment par la jurisprudence[27], ainsi que l'absence d'un règlement spécifique sur les groupes de sociétés[28] et le recours à certains fondements juridiques pouvant aboutir à des résultats similaires constituent autant d'indices pour comprendre le silence du législateur. Par ailleurs, d'aucuns jugent le recours à cette mesure inadéquat pour la protection des intérêts en présence[29]. Pour M. Paillusseau, il serait plus judicieux *« d'organiser la personne morale elle-même de telle manière que tous les intérêts qu'elle met en jeux soient protégés convenablement, qu'il s'agisse de l'intérêt de tiers ou de ceux de ses membres »*[30].

*De lege ferenda*, l'avant-projet *Catala* de réforme du droit des obligations était sensible à la question et a prévu dans le cadre de la responsabilité extra-contractuelle une responsabilité du fait d'autrui fondée sur l'encadrement et l'organisation de l'activité d'autrui par une personne qui profite de cette activité (art. 1355). Plus précisément, l'art. 1360, al. 2, dispose qu'en absence de lien de préposition est responsable celui qui contrôle l'activité économique ou patrimoniale d'un professionnel en situation de dépendance, bien qu'agissant pour son propre compte, lorsque la victime établit que le fait dommageable est en relation avec l'exercice du contrôle. Il en est ainsi notamment des sociétés mères pour les dommages causés par leurs filiales ou des concédants pour les dommages causés par leurs concessionnaires. Ce cas de responsabilité de plein droit serait

---

26 Vandekerckhove (K.), « Piercing the Corporate Veil », *ECL* (2007) 4, p. 191-200, p. 192 ; Cohn (E. J.) et Simits (C.), « "Lifting the veil" in the company laws of European continent », *The International and Comparative Law Quarterly*, v. 12, n° 1 (Jan. 1963), p. 187-225, p. 205 *sq.*

27 A l'instar de Cass. com., 2 nov. 2005, n° 02-15.895, *Rev. soc.* 2006, p. 398, note Poracchia D. ; *Bull. Joly Sociétés* 2006, p. 469, note Lucas F. X.

28 Ce qui pour J. Hamel, « La personnalité morale et ses limites », *D.* 1949, Chronique XXXIV, p. 141, constitue l'une des insuffisances, en France, de la théorie de la personnalité morale qui tendait à regarder chaque société comme une entité pleinement indépendante.

29 Paillusseau (J.), « Le droit moderne de la personnalité morale », *RTD civ.* 1993, p. 705 *sq.*; Simonart (V.), *op. cit.*, n ° 527 *sq.*

30 Paillusseau (J.), *op. cit.*, p. 727. À ce titre, on relève que la loi n° 2001-420 du 15 mai 2001 relative aux nouvelles régulations économiques a apporté une remarquable extension aux droits des actionnaires minoritaires au sein des sociétés du groupe. Désormais, un actionnaire minoritaire peut poser des questions sur une ou plusieurs opérations d'une filiale directement au président du conseil d'administration ou au directoire, même si l'opération n'a pas été passée avec la société mère. Non satisfait par la réponse, le minoritaire pourra demander une expertise de gestion au sein d'une société dont il n'est pas directement actionnaire mais qui est contrôlée par la société dont il est actionnaire (art. L. 225-231 *Co*).

tout à fait nouveau[31] et, bien que général, aurait vocation à fonder surtout la responsabilité des sociétés mères par le fait de leurs filiales en cas de catastrophe écologique.

L'absence d'un texte spécifique en la matière ne saurait toutefois empêcher des réponses juridiques à l'engagement de la responsabilité « sociétaire », eu égard à l'art. 4 *Civ*. Il s'est néanmoins avéré que la casuistique inhérente à cette problématique gravite essentiellement, mais pas exclusivement, autour de la notion de fictivité de la société[32].

*b. La fictivité de la société : une notion contre l'abus et la fraude*

La notion de fictivité permet au juge de percer le voile social pour atteindre la réalité masquée et rendre responsables les bénéficiaires des manœuvres considérées comme contraires au droit. Cette notion connaît toutefois des variations qui influencent la mise en jeu de la responsabilité (sociétaire).

Traditionnellement, la notion de société fictive est limitée aux cas de fictivité d'un ou de plusieurs éléments du contrat des sociétés régi par l'art. 1832 *Civ*[33]. Mais le droit français a connu une extension de cette notion qui s'étend de l'absence d'un élément du contrat des sociétés au non-respect de l'autonomie de la personne morale[34]. La première forme de fictivité apparaît lors de la constitution de la société, alors que la seconde est visualisée au cours de la vie sociale ; on parle d'abus de la personne morale[35].

En s'attachant aux seules conditions de validité du contrat des sociétés, la première forme de fictivité a été qualifiée par un auteur de *fictivité juridique*[36]. Dans un tel cas, la société peut être frappée de nullité (art. 1844-15 *Civ* ; art. L. 235-1 *Co*), ou être considérée comme inexistante[37]. La jurisprudence

31 Le projet portant réforme du droit des contrats qui a été présenté par la Chancellerie en juillet 2008 ne porte pas sur le droit des responsabilités, auquel on entend destiner une réforme à part et *a posteriori*.

32 En ce sens, Cohn (E. J.) et Simits (C.), *op. cit.*, p. 209-210.

33 La société est fictive par manquement d'*affectio societatis* (nonobstant le silence de l'art. 1832 *Civ*) ou en cas d'absence de pluralité d'associés (à l'exception de sociétés unipersonnelles), d'apports, de partage de bénéfices ou de réalisation d'une économie et de contribution aux pertes.

34 V. les arrêts concernant l'affaire Metaleurop : CA Douai, 2 octobre 2003 (*Rev. proc. Coll.* 2004, p. 313, Rolland (B.), « Considérations sur la fictivité d'une filiale dans le cadre d'une action en extension de procédure de redressement judiciaire »), et CA Douai, 16 décembre 2004 et Cass. com., 19 avril 2005, *JCP* E 2005, n° 20, 721, note Rolland.

35 Daigre (J.-J.), « Société fictive », *Répertoire Dalloz*, Sociétés, VI, p. 2 ; Foyer (J.), « Sens et portée de la personnalité morale des sociétés en droit français », *in La personnalité morale et ses limites, op. cit.*, p. 114.

36 Daigre (J.-J.), « Société fictive », *op. cit.*, p. 2.

37 Cass. 3e civ., 22 juin 1976, *D.* 1977.619, note P. Diener.

dominante s'est toutefois nettement orientée vers la nullité de la société[38], alors même que le moyen judiciaire pour la déclarer est celui de l'action en déclaration de simulation, qui a pour objet de rétablir la réalité[39]. La nullité, s'opère sans effet rétroactif et engendre une dissolution judiciaire (art. 1844-15 *Civ*; art. L. 235-10 *Co*). En raison de ces sanctions, il semble difficile d'y voir une hypothèse typique de levée du voile social, car outre le maintien de la personnalité morale, cette mesure ne vise pas la société, mais le maître de l'affaire. De surcroît, celui-ci n'est pas censé répondre de manière illimitée de *toutes* les dettes de la société en cas de mise à l'écart de la personnalité morale, mais seulement de celles résultant de l'activité dommageable ayant produit des préjudices à des tiers. Ainsi, le régime juridique semblerait être tout autre. Comme tout constat, celui-ci mérite certes d'être nuancé, car aujourd'hui il faut tenir compte du besoin de mettre le droit français des sociétés en conformité avec le droit européen qui, depuis la Directive 68/151 CEE, du 9 mars 1968, restreint les causes de nullité, parmi lesquelles ne figure pas la fictivité (art. 11)[40]. Cette mise en conformité pourrait donner lieu, en cas de fictivité, à d'autres mesures compatibles avec l'engagement de certaines responsabilités (v. *infra*, II, B, n° 3, *a*).

On a constaté que le repli sur le contrat avait pour inconvénient l'impossibilité d'utilisation de la fictivité en tant qu'« instrument de moralisation juridique » pour sanctionner tous les abus de la personne morale postérieurs à sa naissance. C'est pourquoi, selon un auteur, la majorité des applications jurisprudentielles ne correspond plus à la définition étroite de la fictivité juridique, mais à une forme plus élargie, plus économique qui met l'abus de la personnalité morale au cœur du problème d'engagement de la responsabilité[41].

En effet, par la notion d'abus de la personnalité morale, la jurisprudence française sanctionne toutes les hypothèses échappant à la notion de *fictivé juridique* et suggère l'utilisation de la personne morale en fonction des intérêts autres que les siens, voire son utilisation comme un écran pour cacher une activité purement personnelle[42]. Les contours exacts de la notion d'abus de la personnalité morale sont toutefois difficiles à dégager. Cette difficulté est due, d'une part au degré de licéité que comporte la personne morale en tant que fiction

38 Cass. com. 22 juin 1999, *Dalloz affaires* 1999.1336, obs. M. B., *Rev. Soc.* 1999.824, note A. Constantin, *Bull. Joly* 1999.978, note A. Couret, *LPA* 22 juillet 1999, p. 7, note P. M., *RTD com.* 1999.875, obs. C. Champaud et D. Danet et 903, obs. Y. Reinhard; cf. également Cass. com, 16 juin 1992, *Bull. civ. IV*, n° 243, p. 169, *Bull Jolly* 1992, p. 960.

39 Fadel-Raad (N.), *op. cit.*, n° 236, p. 227-228.

40 CJCE, 13 novembre 1990, *Marleasing*: *Bull. Joly*, 1991, p. 190, § 59, avec la note en Doct. de B. Saintourens, « Les causes de nullité des sociétés : l'impact de la 1re directive CEE de 1968 sur les sociétés, interprétée par la CJCE » : *Bull. Joly*, 1991, p. 123, § 41 ; *JCP*, éd. G, 1991, II, n° 21658, note P. Level; *Rev. Soc.*, 1991, p. 532, note Y. Chaput.

41 C'est le constat fait par J.-J. Daigre, *op. cit.*, p. 2.

42 Daigre (J.-J.), *op. cit.*, p. 3. L'essor de cette fictivité est dû, selon Ch. Cutajar-Rivière (*op. cit.*, n° 310, p. 280 *sq.*), d'une part à l'attribution par la loi de 1966 (art. L. 210-6 Co) de la personnalité morale dès l'immatriculation de la société et, d'autre part, à la reconnaissance de l'entreprise unipersonnelle à responsabilité limitée (EURL) par la loi n° 85-697 du 11 juillet 1985 ou de la société par actions simplifiées (SAS) par la loi n° 99-587 du 12 juillet 1999.

légale[43], à l'instar des sociétés unipersonnelles et, d'autre part, à la difficulté, voire l'impossibilité, de définir *a priori* la frontière entre la simple habilité juridique et l'abus en droit des sociétés[44].

La doctrine parle d'abus de la personnalité morale lorsque *la fiction de celle-ci arrête le cours normal et le jeu régulier d'une disposition législative*[45], ou lorsqu'il y a un *mauvais usage de la personnalité morale par rapport au but que la technique postule intellectuellement*[46], une *méconnaissance de la finalité de la personnalité morale* et *son utilisation dans l'intérêt personnel des dirigeants*[47] ou *détournée*[48]. L'abus de la personnalité morale ne peut alors être entendu que comme une notion fonctionnelle permettant de regrouper les hypothèses d'utilisation de la personne morale en dehors du cadre fixé par le droit[49]. Il devient une catégorie réceptacle, qui englobe des comportements présentant certaines similitudes et qui fait de la personne morale autant l'objet[50] que le moyen d'une fraude[51]. La présence de la fraude faisant échec à toutes les règles, elle rend inefficaces celles qui sont inhérentes aux attributs de la personnalité morale[52] – *fraus omnia corrumpit.*

En ce qui concerne la méthode, Jean Foyer avait déjà mis en lumière en 1960 que la formule *l'abus de la personnalité morale* désignait une construction juridique permettant

> *d'imputer à une personne qui n'a pas ostensiblement la qualité d'associé, des actes accomplis au nom d'une société, afin de leur en imposer les conséquences juridiques. L'associé est déclaré personnellement débiteur d'obligations contractées au nom et pour le compte de la société. […] Ces personnes supporteront des obligations et encourront des responsabilités qui seraient demeurées autrement à la charge exclusive de l'être social*[53].

---

43 Cet aspect de *fiction* de la personnalité morale « cohabite » en droit français avec celui de la *réalité*. Le droit moderne de la personnalité morale en France est marqué, d'une part par une jurisprudence traditionnelle et constante de la Cour de cassation, fidèle à la théorie de la réalité de la personnalité juridique, et, d'autre part, par une évolution récente et très profonde dans le cadre législatif. Si pour d'aucuns il y a une opposition (J. PAILLUSSEAU, *op. cit.*, p. 705), pour d'autres il y a une concurrence normative de la loi et de la jurisprudence en ce sens que, « *sous réserve de ne pas contredire une loi qui aurait manifestement reconnu ou nié la personnalité du groupement, les juges apprécient par eux-mêmes la présence des conditions nécessaires à son existence spécifique* » (J.-P. GRIDEL, « La personne morale en droit français », *RIDC* 2-1990, p. 495-512, p. 497).

44 DAIGRE (J.-J.), *op. cit.*, p. 4.

45 CHAUVEAU (P.), *op. cit.*, 397 *sq.*

46 FADEL-RAAD (N.), *op. cit.*, n° 7.

47 RIPERT (G.) et ROBLOT (R.), *Traité de droit commercial*, t. 1, v. 2, par GERMAIN (M.), *op.cit.*, n° 1141, p. 106.

48 LEGEAIS (D.), *Droit commercial et des affaires*. 17· éd., Sirey, 2007, n° 281, p. 148.

49 Ainsi, CUTAJAR-RIVIÈRE (Ch.), *op. cit.*, n° 310, p. 280 *sq.*

50 Cass. com., 15 mai 2007, *Bulletin Joly Sociétés*, 01 oct. 2007 n° 10, p. 1093, note Mathey N.

51 CUTAJAR-RIVIÈRE (Ch.), *op. cit.*, n° 286 *sq.*

52 GRIDEL (J.-P.), *op. cit.*, p. 509.

53 En ce sens, FOYER (J.), *op. cit.*, p. 114.

Cette perception à l'époque même où la théorie de la levée du voile social venait de connaître ses premières systématisations en Europe[54] converge avec la formulation faite par la doctrine brésilienne[55]. Elle ne va toutefois pas jusqu'au point d'affirmer expressément que la société cesse d'être redevable en cas de mise à l'écart de la personnalité morale.

En tant que moyen d'engagement de la responsabilité, l'abus de la personnalité morale soulève de nombreuses questions, d'où la difficulté pour la jurisprudence de déterminer les limites de l'utilisation des attributs de la personne morale. L'absence de contours précis de l'institution en droit commun a pour conséquence que d'autres fondements juridiques s'associent à la quête de responsabilisation de personnes ayant abusé de l'autonomie de la personne morale.

*c. Vocation d'autres institutions à l'engagement de la responsabilité*

La jurisprudence française recourt à d'autres institutions de droit commun pour sanctionner les actes frauduleux propres à justifier la mise à l'écart de la personnalité morale. Ces institutions ont vocation à régler la majorité des situations comportant le besoin d'engagement de la « responsabilité sociétaire ». Il s'agit de la responsabilité civile[56], de la théorie de l'apparence[57], des règles relatives à l'interprétation de la volonté des parties[58], ainsi que de l'action paulienne. Le champ d'application de la théorie de la levée du voile social se réduirait ainsi à quelques situations relatives à la fraude à la loi et à l'extension des procédures collectives[59]. Ces solutions semblent préférables pour ceux qui voient la levée du voile social comme une institution discordante, superflue et marginale[60].

---

54 Voir note 1, *supra*.

55 Il faut souligner que, pour Jean Foyer, les décisions mettant à l'écart la personnalité morale, qu'elles soient fondées sur la fictivité, qu'elles soient fondées sur l'abus de la personnalité morale, ne règlent que partiellement le problème de la responsabilité. Pour cet auteur, le problème de la levée du voile social doit être envisagé surtout dans les rapports des associés avec la société et dans les rapports des associés entre eux, afin de bien établir les responsabilités. Il s'agit en effet d'établir la responsabilité découlant de la mise à l'écart de la personnalité morale en fonction des rapports patrimoniaux entre l'associé et la société (*idem*, p. 114 *sq.*)

56 Cass. com., 5 février 1991, *D.* 1992, p. 27, note Chartier Y., en cas de confusion des patrimoines ; CA Versailles, 27 oct. 1998, *JCP E* 1999, n° 18, obs. Viandier et Caussin, en cas de dérobade à ses obligations (responsabilité de la société mère engagée pour avoir incité sa filiale à propos du contrat qui la lie à un tiers).

57 Cass. com., 5 fév. 1991, *D.* 1992, p. 28, note Chartier, en cas de confusion des patrimoines ; Civ., 1<sup>er</sup> déc. 1967, *Rev. Soc.* 1968, p. 152, *D.* 1968, 338 ; CA Amiens, 3 fév. 1976, *D.* 1976, I.R., p. 283.

58 Cass. com., 20 nov. 1990, *Bull. Joly*, 1991, p. 69, comportement de la société mère en véritable partie au contrat conclu par sa filiale. La présomption de l'intention des parties justifie l'extension des effets d'une clause d'arbitrage signée par une société du groupe à toutes les sociétés du groupe. À ce propos, v. Hanotiau (B.), « L'arbitrage et les groupes de sociétés », *GP* 19 décembre 2002, n° 353, p. 6 ; De Boisseson (M.), *Le droit français de l'arbitrage interne et internationale*, GLN Joly Editions, 1990, n° 603 *sq.*

59 Simonart (V.), *op. cit.*, n° 646.

60 *Ibidem*, n° 643-646.

On peut toutefois se demander comment appliquer la théorie de l'apparence à celui qui, à la place d'avoir créé une situation ostensible à laquelle les tiers ont pu légitimement se fier, cache plutôt ses intentions frauduleuses derrière l'écran social ?

## B. La théorie de la levée du voile social en droit spécial

Au sein de deux ordres juridiques, on trouve des manifestations de la théorie dans le cadre des lois spéciales concernant aussi bien les domaines destinés à la protection des parties faibles (1) que ceux que l'on pourrait ranger sous la notion de droit économique (2), la procédure collective étant à cet égard un terrain particulier (3).

### 1. La théorie dans les domaines destinés à la protection des parties faibles

En droit du travail, la solution de principe en droit français se rapproche du droit brésilien (a), tandis qu'en droit de la consommation, l'absence de règles spécifiques en droit français contraste avec leur abondance en droit brésilien (b).

#### *a. La théorie en droit du travail*

Au Brésil, la *Consolidation des Lois du Travail* de 1943 (CLT) prévoit une règle particulière de responsabilité intragroupe. Selon le § 2 de l'art. 2 CLT, chaque fois qu'une ou plusieurs sociétés, dont il s'avère que chacune d'elles est dotée de la personnalité morale, se trouvent sous la direction, le contrôle ou l'administration d'une autre, en constituant un groupe industriel, commercial ou de toute autre activité économique, la responsabilité solidaire de la société principale et de chacune de ses « subordonnées » sera engagée pour les besoins de la relation d'emploi.

Cette disposition n'a cependant pas consacré la méthode de la levée du voile social, du moins d'un point de vue technique[61]. Le législateur brésilien a établi la responsabilité de la société mère pour les dettes découlant d'un contrat de travail entre la filiale et l'employé, en considérant pour cela le groupe comme une unité administrative. Dans une telle hypothèse, il n'est point nécessaire de prouver une fraude ou un abus de la personnalité morale, le seul état d'insolvabilité ou d'inexécution de l'obligation étant suffisant pour engendrer la responsabilité intragroupe. Cette solution s'est d'ailleurs répandue très largement à d'autres litiges en matière prud'homale, de telle sorte que le Tribunal Supérieur du Travail (TST) n'hésite pas à condamner les associés, les ex-associés et les dirigeants d'une société à responsabilité limitée n'intégrant pas un groupe de sociétés pour les dettes de la société envers ses employés[62].

Comme en droit brésilien, le droit du travail en France appréhende avec un certain laxisme le principe d'autonomie des personnes morales au sein d'un groupe[63]. En dehors de tout licenciement collectif, vis-à-vis duquel il y a une incidence de l'obligation (de moyen) de reclassement (l'actuel art. L. 1322-4

---

61 De l'avis contraire, J. Casillo, « Desconsideração da pessoa jurídica », p. 35 *sq.*

62 À l'instar de l'arrêt du TST, 2ª T, 26.03.2008, AIRR – 236/2005-001-22-40, *DJ* 25.04.2008.

63 Dammann (R.) et Podeur (G.), *op. cit.*, p. 66-67.

(ancien L. 321-1 C. *trav*), la tendance de la jurisprudence est de faire assumer directement par la société mère le coût des licenciements des salariés de la filiale insolvable[64]. Cette solution, qualifiée de radicale par certains auteurs[65], résulte de l'application de l'art. L. 1322-4 C. *trav* (ancien l'art. L. 321-1, alinéa 3), selon lequel le licenciement économique d'un salarié ne peut intervenir qu'à condition que le reclassement de l'intéressé ne puisse être réalisé ni dans la société concernée ni dans les sociétés du même groupe[66]. Les principales critiques à cette solution sont : le risque d'ébranlement de l'équilibre entre le principe d'autonomie des personnes morales et la nécessité de préserver les créanciers contre les abus commis au sein d'un groupe d'une part, et la mise à mal du principe d'égalité des créanciers d'autre part[67].

En jurisprudence, la mise à l'écart de la personnalité morale s'est également opérée dans le cadre de la mission d'un expert-comptable à la demande du comité d'entreprise sur le fondement de l'ancien art. L. 434-6 C. *trav* (actuels articles L. 2325-41 et art. L. 2325-36 C. *trav*). Par un arrêt du 21 septembre 1999, la Cour d'appel de Caen a étendu au groupe le périmètre d'investigation de l'expert mandaté, afin qu'il puisse avoir accès à tous les éléments d'ordre économique, financier ou social nécessaires à l'effective compréhension des comptes et à la réelle appréciation de la situation de l'entreprise « expertisée »[68].

*b. La théorie en droit de la consommation*

Le Code brésilien de protection du consommateur de 1990 (CDC) prévoit dans l'énoncé de l'art. 28, que le juge *peut* lever le voile social lorsque, au détriment du consommateur, il y a « *abus de droit, infraction à la loi, fait ou acte illicite ou violation des statuts ou du contrat social* ». La mesure aura également lieu en cas de « *faillite, d'insolvabilité, de fermeture ou d'inactivité de la personne morale provoquée par mauvaise administration* ». Dans son deuxième paragraphe, l'art. 28 CDC envisage la responsabilité, cette fois-ci subsidiaire, des sociétés intégrant un groupe de sociétés. La subsidiarité résultant de cette règle concerne aussi bien la responsabilité de la société mère à l'égard des dettes de la société contrôlée[69] envers le consommateur que l'inverse. Puis, dans son quatrième paragraphe, l'art. 28 CDC envisage une responsabilité basée sur la faute des sociétés dites *coligadas*[70]. Enfin, dans son cinquième paragraphe, l'art. 28 CDC prévoit que le

64 *Ibidem*, p. 66-67.

65 *Ibidem*.

66 Solution d'origine prétorienne : *Soc.* 25 juin 1992, *Dr. soc.* 1992, p. 826, concl. Kessous.

67 Dammann (R.) et Podeur (G.), *op. cit.*, p. 66-67, sous la base de la bibliographie citée par l'auteur.

68 Sur la portée de cette décision, v. Q. Urban, « Piercing the veil », note sur CA Caen, 21 septembre 1999, *Droit social*, n° 4, avril 2000, p. 385-391. Rapp. : Soc., 27 mai 2008, n° 07-12582, non publié au bulletin.

69 Société dont la participation au capital assure à une autre société la majorité dans les délibérations au sein des organes de la société contrôlée ainsi que le pouvoir d'élire la majorité des administrateurs ; il en va de même quand le contrôle d'une société est assurée par d'autres sociétés dont la société-mère a également le contrôle (art. 1098 CC).

70 Société dont au moins 10 % du capital appartient à une autre société qui cependant ne la contrôle pas (art. 1099 CC).

voile social pourra être levé chaque fois que la personnalité morale devient un *obstacle* au dédommagement des préjudices subis par le consommateur.

Cette réglementation a été censurée en raison d'impropriétés techniques. D'une part, on a reproché l'énumération d'hypothèses ne pouvant justifier la théorie de la levée du voile social. L'infraction à la loi, le fait ou acte illicite et la violation des statuts ou du contrat des sociétés sont pertinents au régime de responsabilisation de l'associé ou de l'administrateur pour acte propre; tandis que la faillite, l'état d'insolvabilité, la cessation ou l'inactivité de la personne morale, provoqués par faute de gestion, sont des hypothèses de responsabilité imputables directement par la loi[71]. D'autre part, l'absence de la *fraude à la loi* étonne, d'autant plus qu'il s'agit de la protection du consommateur. De surcroît, le fait de ranger les § 2 et § 4 à l'intérieur de l'art. 28 CDC, alors qu'ils ne concernent que la responsabilité solidaire et subsidiaire des sociétés appartenant à un groupe, ne paraît pas une bonne technique législative et contribue à la confusion entre les différentes institutions figurant dans ce dispositif.

Enfin, une partie de la doctrine évoque trois raisons pour la non-application du § 5 de l'art. 28 CDC au sens littéral[72]. La première consiste à soutenir que cette disposition va à l'encontre des fondements théoriques justifiant la mise à l'écart de la personnalité morale, la simple insatisfaction du consommateur ne pouvant point suffire elle-même à justifier la mesure; ensuite, son application laisse l'énoncé de l'art. 28 CDC dépourvu de tout sens, ce qui n'est pas en conformité avec les méthodes d'herméneutique juridique; enfin, son application ferait de l'exception la règle, rendant inutile l'attribution de la personnalité morale et sans effet l'autonomie qui en résulte[73]. Si tel avait été le souhait du législateur, il n'aurait pas eu besoin de la théorie de la levée du voile social pour y parvenir. Par conséquent, on suggère l'application du § 5 de l'art. 28 CDC en tant que moyen de sanction pour toute infraction de caractère non pécuniaire[74]. Nonobstant les critiques, le Tribunal Supérieur de Justice (STJ) n'hésite pas l'appliquer en combinaison avec le § 2 de l'art. 28 CDC[75]. En principe, la responsabilité résultant de l'application de ces dispositions est imputable aux seuls dirigeants et administrateurs de la personne morale[76].

Contrairement au droit brésilien, la place accordée à la théorie du voile social en matière de protection du consommateur semble être inexistante ou quasi

71 Ulhoa Coelho (F.), «Comentário aos artigos 28 a 45, in de Oliveira (J.) (dir.), *Comentários ao Código de Defesa do Consumidor*, São Paulo: Saraiva, 1991, p. 142.

72 Ulhoa Coelho (F.), «Comentário aos artigos 28 a 45», *op. cit.*, p 146.

73 Par ailleurs, son existence est due à une erreur de rémission, car les raisons du veto à cette disposition émis par la Président de la république ont été considérées par le Sénat comme concernant le § 1 de l'article 28, alors rayé par erreur du projet de loi approuvé. Cf. Alvim (A.), Alvim (T.), Arruda Alvim (E.) et Marins (J.). *Código do Consumidor Comentado*, 2ª ed., São Paulo : Revista dos Tribunais, 1995, p. 185, note 5.

74 Ulhoa Coelho (F.), *Curso de direito comercial*, II vol., 5ª edição, São Paulo: Saraiva, 2002, p. 52.

75 STJ, 1ª T., 18.10.2005, REsp 746555/RJ, *DJ* 19.12.05 p. 257; STJ, 3ª T., 04.12.2003, REsp 279.273/SP, *DJ* 29.03.04, p. 230.

76 Regina Frigeri (M.). *A responsabilidade dos sócios e administradores, e a desconsideração da pessoa jurídica*, *RT*, v. 739 (maio 1997), p. 53-69, p. 67.

inexistante en droit français. Le grand arsenal législatif destiné à protéger le consommateur, à établir des responsabilités directes des acteurs économiques en réglementant la consommation d'une part, et la vocation d'autres institutions à servir de fondement pour l'engagement de la responsabilité là où une règle précise ferait défaut d'autre part, semblent être des indices pour comprendre le silence du législateur, de la jurisprudence et de la doctrine à cet égard.

### 2. Aperçu de la théorie dans les domaines du droit économique

En droit de l'environnement, on constate un certain écartement entre les deux systèmes juridiques (a). De même en droit de la concurrence, où l'absence de règles spécifiques en droit français contraste avec leur richesse en droit brésilien (b).

#### *a. La théorie en droit de l'environnement*

La Loi brésilienne n° 9.605, du 12 février 1998, relative aux crimes contre l'environnement, autorise le juge à écarter la personnalité morale chaque fois que celle-ci devient un obstacle au dédommagement des préjudices portant sur la qualité de l'environnement (art. 4). Cette règle n'a cependant vocation à s'appliquer qu'en cas de défaillance du système très élargi de responsabilité des dirigeants, des administrateurs, des gérants, des commissaires aux comptes, des préposés et des mandataires de la personne morale du chef des fautes qu'ils commettent (articles 2 et 3). Les critiques formulées à l'encontre de l'art. 28, § 5 CDC valent aussi pour l'art. 4 de la Loi du 12 février 1998, car il n'en constitue qu'une mauvaise adaptation.

En France, lors de travaux préparatoires de la Loi n° 2008-757 du 1er août 2008 relative à la responsabilité environnementale et à diverses dispositions d'adaptation au droit européen dans le domaine de l'environnement[77], il a été question de consacrer la notion de contrôle de l'activité, présente dans la directive CE n° 2004/35, du 21 avril sur la responsabilité environnementale[78]. Selon un auteur, cette notion «*pouvait permettre un accroc dans le voile de la personnalité morale qui, par le jeu de filialisations d'activités polluantes, pouvait permettre d'envisager une mise en cause des sociétés mères*»[79]. Quoiqu'abordée, la question a été néanmoins écartée, car il n'était pas question de créer des distorsions entre États membres sur ce point, toute démarche sur le sujet devant être nécessairement entreprise au niveau européen, comme le prévoit l'avant-projet

77 Sousse (M.), «De la responsabilité environnementale», *Revue de l'environnement,* nov. 2008, p. 9-16.

78 La directive européenne institue l'obligation de prévenir et de réparer certains dommages graves causés à l'environnement par une activité économique et pose le principe de réparation du dommage écologique «pur», indépendamment de toute atteinte à des biens ou des personnes.

79 Trébulle (F.-G.), «La loi du 1er août 2008 relative à la responsabilité environnementale et le droit privé», *BDEI*, nov. 2008, n° 18, p. 37-45, p. 40. C'est notamment dans le domaine du commerce maritime où la responsabilité fondée sur la gestion de fait peut fortement jouer, comme il ressort de l'affaire Erika.

de loi du programme relatif à la mise en œuvre des conclusions du *Grenelle de l'environnement*[80].

Ainsi, contrairement au droit brésilien, aucune solution en droit positif français ne semble prévoir aujourd'hui la levée du voile social afin d'établir une responsabilité environnementale. Toutefois, un auteur a souligné que la formule retenue par l'art. L. 160-1 C. *envir.*, issue de la Loi du 1er août 2008, n'aurait pas radicalement évincé toute interrogation. Dans la mesure où *« l'exploitant s'entend de toute personne physique ou morale, publique ou privée, qui exerce ou contrôle effectivement, à titre professionnel, une activité économique lucrative ou non lucrative »*, les règles dégagées à propos de la fictivité ou de la confusion de patrimoine conserveraient toute leur pertinence, la gestion de fait pouvant par ailleurs être également de nature à caractériser un « contrôle effectif »[81].

*De lege ferenda*, outre l'avant-projet *Catala* de réforme du droit des obligations (art. 1355 *sq.*, sur la responsabilité extra-contractuelle du fait d'autrui), le Rapport de la mission *Lepage* sur la gouvernance écologique du 1er février 2008 pourrait apporter un changement à l'état actuel du droit positif en ce qui concerne la responsabilité des sociétés mères pour le fait de leurs filiales[82]. En effet, avec l'objectif d'adapter le droit commun de la responsabilité aux spécificités des dommages sanitaires et environnementaux et d'en faire un régime complémentaire par rapport au régime spécial découlant de la directive 2004/35/CE du 21 avril 2004 (transposée en droit français par la Loi du 1er août 2008), le Rapport *Lepage* propose un principe général de responsabilité des sociétés mères du fait de leurs filiales ou des sociétés qu'elles contrôlent, en cas de défaillance de celle-ci (proposition n° 68)[83]. Cette responsabilité se présente plus restreinte que celle prévue par l'avant-projet *Catala*. D'une part, la responsabilité des sociétés mères resterait subordonnée à la preuve d'une faute commise par leurs filiales ou par les sociétés qu'elles contrôlent au sens de l'art. L. 233-3 *Co.* D'autre part, la responsabilité des sociétés mères pourrait être écartée si elles prouvent qu'elles n'ont pas pu empêcher le fait donnant lieu à cette responsabilité. Deux approches *de lege ferenda* se confrontent alors en la matière : l'une de nature objective (celle de l'avant-projet *Catala*) et, l'autre, essentiellement subjective (celle du Rapport *Lepage*)[84]. En cas d'insertion dans le Code civil d'un art. 1384-1 (relatif notamment à la responsabilité par le fait d'autrui) portant le contenu de la proposition n° 68

---

80 Cf. Rapport de M. Jean Bizet, au nom de la commission des affaires économiques, n° 348 (2007-2008).

81 Trébulle (F.-G.), « La loi du 1er août 2008 relative à la responsabilité environnementale et le droit privé », *op. cit.*, p. 40-41.

82 Si la responsabilité des sociétés mères reste problématique, celle des dirigeants en matière environnementale est bien présente en jurisprudence. Cf. Trébulle (F.-G.) « Entreprise et développement durable (1e partie) », *Environnement*, n° 4, avril 2008, Chronique 3, p. 15-25, p. 16 *sq.*

83 L'engagement de la responsabilité ne serait pourtant point subordonné à la liquidation judiciaire de la filiale, une simple défaillance pouvant suffire à engager la responsabilité de la société mère.

84 Voir Boutonnet (M.) et Neyret (L.), « Commentaire des propositions du rapport Lepage relatives à la responsabilité civile : Vers une adaptation du droit commun au domaine environnemental », *Environnement*, 4, 2008, p. 27-31.

du Rapport *Lepage*, il nous paraîtra clair que la solution en droit français de l'environnement sera plus proche du système de l'art. 50 du Code civil brésilien que de celui de l'art. 4 de la Loi brésilienne du 12 février 1998, relative aux crimes contre l'environnement.

*b. La théorie en droit de la concurrence*

Au Brésil, la Loi n° 8.884, du 11 juin 1994, relative à la prévention et à la répression des infractions commises contre l'ordre économique (dite Loi Antitrust), autorise, dans son art. 18, la mise à l'écart de la personnalité morale lorsque l'une des infractions prévues à l'art. 20 est commise[85]. Les hypothèses autorisant la mesure sont les mêmes que celles prévues par l'art. 28 CDC[86], raison pour laquelle les critiques formulées à leur encontre valent également pour l'art. 18 de la Loi Antitrust. Mais du fait que l'art. 16 de cette dernière établit une responsabilité solidaire des dirigeants et des administrateurs pour les agissements de la société, l'art. 18 ne serait pertinent que vis-à-vis des associés[87].

En droit français de la concurrence, il n'existe pas une règle semblable à celle de l'art. 18 de la Loi Antitrust brésilienne. Il n'empêche que des manifestations de la théorie sont vérifiées, notamment en cas de « dérobade » des obligations contractuelles. L'exemple le plus fréquent est celui d'une personne (physique ou morale) qui a contracté une obligation de non-concurrence et crée ou utilise une personne morale dont elle détient ou acquiert le contrôle en droit ou en fait pour accomplir l'acte interdit ou se livrer à l'activité défendue. Dans une telle hypothèse, les tribunaux invoquent la prééminence des réalités économiques pour mettre à l'écart la personnalité[88].

Certains arrêts de la Cour de cassation ont imposé la responsabilité solidaire de la société pour les agissements de l'un des associés visant à tourner une clause de non-concurrence ou de non-rétablissement contractée avant l'entrée de l'associé dans la société. En principe, l'acquéreur d'un fonds, dont l'aliénation est assortie d'une obligation de non-concurrence de la part du vendeur, n'a pas droit d'action contre la société, puisque celle-ci n'est pas concernée par la cession. Dans un effort de ne pas laisser impunie cette tentative de détournement de la personne morale sociétaire pour obtenir indûment le droit de prospecter la clientèle cédée, la Cour de cassation a régulièrement approuvé les juges du fond d'avoir considéré que la mise en vente d'un produit similaire à celui du fonds vendu « *constituait un*

85 À savoir, les actes qui, indépendamment de faute, visent à limiter, à fausser ou à porter atteinte à la libre initiative ; à dominer le marché (important) des biens ou des services ; à augmenter arbitrairement les bénéfices ; à exercer de manière abusive une position dominante.

86 À savoir : abus de droit, infraction à la loi, fait ou acte illicite ou violation des statuts ou du contrat social, faillite, insolvabilité, fermeture ou inactivité de la personne morale provoquée par mauvaise administration.

87 Il n'est pas de notre connaissance une décision de justice ayant appliqué l'art. 18 de la Loi Antitrust.

88 Simonart (V.), *La personnalité morale en droit privé comparé*, *op. cit.*, n° 578, p. 506 voir également R. David, « Rapport Général », in : *La personnalité morale et ses limites*, *op. cit.*, p. 13.

*acte de commerce illicite engageant la responsabilité du vendeur et celle de la société qui s'est rendue complice des agissements de celui-ci»*[89].

Il est à noter que, dans le contexte européen, les sociétés faisant partie d'un groupe peuvent être tenues responsables des infractions commises par une de ces sociétés aux règles européennes de la concurrence en raison de l'unité économique qui caractérise la notion d'entreprise au sens du droit européen. C'est particulièrement les cas où une société mère détient 100% du capital de sa filiale ayant commis de telles infractions[90].

### 3. La théorie en droit des procédures collectives

À la différence du législateur brésilien (b), le législateur français, suivant en cela la jurisprudence, a choisi le terrain de l'insolvabilité pour traiter de la problématique de la levée du voile social (a).

#### *a. Diversité des moyens de responsabilisation patrimoniale en droit français*

Outre l'hypothèse d'extension des procédures collectives en cas de fictivité ou de confusion des patrimoines (i), le droit français de la procédure collective prévoit un moyen de responsabilisation patrimoniale en cas de faute de gestion ayant contribué à la cessation de paiement (ii). En dehors de la participation des associés et des dirigeants, la loi permet exceptionnellement l'engagement de la responsabilité des créanciers en cas de soutien abusif (iii). Ces mesures sont applicables, pour le moins et dans leur ensemble, dans des hypothèses propres à justifier la mise à l'écart de la personnalité juridique.

##### i. L'extension des procédures en cas de fictivité ou de confusion des patrimoines

L'évolution de la notion juridique de société fictive vers une fictivité économique a trouvé dans la procédure collective les conditions les plus favorables à son développement, en raison du double intérêt que cette notion présentait. D'une part, elle étend les cas d'extension de la procédure collective et en rend la preuve plus facile et, d'autre part, elle soumet les responsables à la procédure collective en ne mettant pas seulement en jeu leur responsabilité civile[91]. La fictivité n'est pourtant pas la seule cause d'extension, la confusion des patrimoines en est également une.

Solution d'origine prétorienne[92], elle est actuellement consacrée à l'art. L. 621-2, al. 2 *Co*. Avec pour finalité de rétablir le gage des créanciers[93], cet article permet

---

89 Cass. com. 1972, n° 71-12.948, *Bull. civ. IV*, n° 269, p. 255, rapprocher Cass. com. 19 juillet 1971, n° 70-13.1990, *Bull. civ. IV*, n° 216, p. 200; Cass. com., 13 févr. 1990, n° 88-13.828, *Bull. civ. IV*, n° 38, p. 26.

90 En dernière lieu, v. CJCE, 10 sept. 2009, aff. n° C-97/08, Akzo Nobel NV, *Bull. Joly Sociétés*, janv. 2010, p. 29, note Catherine Prieto.

91 Ainsi, Daigre (J.-J.), *op. cit.*, p. 2.

92 Cf. Barbieri (J.-F.), «Confusion patrimoniale et fictivité des sociétés», *LPA*, 25 oct. 1996, n° 129, p. 9 *sq*.

93 Roussel Galle (Ph.), *Réforme du droit des entreprises en difficulté*, 2e éd., Litec, n° 307, p. 161. Dans le sens d'une sanction, sauf pour la confusion de patrimoines, Lucas (F.-X.); Lécuyer (H.), *La réforme des procédures collectives*, LGDJ, 2006, commentaire à l'art. 621-2, p. 69.

l'extension de la procédure [de sauvegarde] à une ou plusieurs personnes en cas de fictivité de la personne morale et de confusion de patrimoines[94]. Il s'agit de *« l'abus de relations interpatrimoniales pour l'un, l'abus des facilités offertes par la personnification juridique, pour l'autre »*[95].

Faute de critères permettant de les définir, on s'est demandé, à l'appui des espèces soumises à la Cour de cassation, si ces deux notions étaient véritablement distinctes[96], le défaut d'autonomie patrimoniale étant souvent invoqué comme aspect objectif de la fictivité[97]. Ces notions ne s'assimilent cependant pas, la Cour de cassation ayant déjà rejeté les critères de la confusion des patrimoines pour fonder la fictivité[98]. En outre, en consacrant cette construction prétorienne, la loi de 2005 a implicitement reconnu qu'il y avait deux notions, puisqu'elle a consacré la confusion et la fictivité alors que certains auteurs estimaient que la confusion suffisait.

Puisqu'une société apparaît fictive *« lorsqu'elle est dépourvue de toute autonomie décisionnelle et, notamment, de la faculté de décider dans le cadre des dispositions légales et réglementaires, de sa liquidation ou de sa survie, cette faculté appartenant au maître de l'affaire »*[99], ou lorsqu'elle est constituée pour *«porter atteinte aux droits de ses créanciers »*[100], il est à croire que la fictivité ne se restreint plus aux seuls éléments du contrat, le manque d'autonomie décisionnelle pouvant intervenir après la constitution de la personne morale et présenter, par ailleurs, un caractère intermittent. Pour la doctrine, en matière de procédures collectives, il n'y a pas vraiment à distinguer selon que la société est fictive dès sa naissance ou que la personne morale, existant initialement disparaît ultérieurement du fait de la confusion progressive des patrimoines ou des structures administratives[101]. De surcroît, la nullité de la société n'est plus une conséquence naturelle de

---

94 Cet article est applicable en matière de redressement comme de liquidation judiciaire (art. L. 631-7 et L. 641-1, I *Co*).

95 Barbieri (J.-F.), « Confusion patrimoniale et fictivité des sociétés », *op. cit.*, p. 9.

96 Soinne (B.), « Unité ou diversité des notions de fictivité et de confusion des patrimoines », *LPA* 12 juin 1998, p. 22 et « Identité ou diversité des notions de fictivité et de confusion des patrimoines », *LPA* 6 déc. 2005, p. 12.

97 Merle (Ph.), *Droit commercial - Sociétés commerciales*, 11e éd., Dalloz, 2007, n° 43 et 46.

98 Cass. com., 8 juillet 2001, n° 98-18.438, inédit titré, *Act. proc. coll.* 2001/17, n° 218, obs. J. Vallansan; Cass. com., 8 juillet 2003, n° 01-15.676, inédit.

99 CA Douai, ch. 2, sect. 1, 2 oct. 2003, *D.* 2003, AJ p. 2571, obs. A. Lienhard; *Act. proc. coll.* 2003/17, n° 218; *Rev. proc. coll.* 2004, p. 313, note B. Rolland, Cet arrêt a été cependant cassé.

100 CA Douai, ch. 2, sect. 1, 16 déc. 2004, *Theetten, ès qual. c/ SA Metaleurop et a.* : *Juris-Data* n° 2004-263541. Cet arrêt intervient après une décision de la Cour de cassation, dans laquelle il ne semble pas que l'intention frauduleuse soit exigée comme élément constitutif de la fictivité dans le cadre d'une action en extension de la procédure collective (Cass. com. 8 juill. 2003, n° 01-15676), alors même que dans un arrêt antérieur l'élément volitif a été pris en compte: Cass. com. 6 juill. 1999, pourvoi n° 96-21677.

101 Ripert (G.) et Roblot (R.), *Traité de droit commercial*, t. 2, 17e éd., LGDJ, 2004, par Germain (M.) et Delebecque (Ph.), n° 2862-1, p. 872-873.

la fictivité[102], ce qui conforte l'élargissement de cette notion. Il n'en reste pas moins que la jurisprudence s'attache à la notion classique de fictivité, analysée à l'aune du droit des sociétés et dont les indices relevant une absence de vie sociale sont normalement ceux liés aux éléments du contrat constitutif, faute de quoi l'extension de la procédure sera rejetée[103].

Fondamentalement, l'extension des procédures collectives constituerait l'abattement du voile social[104]. Elle n'est pas subordonnée à la constatation de l'état de cessation de paiement de la personne à laquelle la procédure est étendue[105] et peut concerner des personnes ayant la qualité ou non de commerçant; elle peut affecter les relations entre deux personnes morales comme les relations entre une personne morale et une personne physique, ainsi que s'appliquer à deux personnes physiques[106]. Par ailleurs, rien ne semble empêcher son utilisation pour atteindre des objectifs dérivés, comme soumettre les anciens dirigeants des sociétés liquidées ou radiées du registre du commerce et des sociétés aux sanctions patrimoniales propres au droit des procédures[107].

ii. La sanction patrimoniale en cas d'insuffisance d'actif: des hypothèses propres à la levée du voile social?

À la différence du droit brésilien, dans le cadre d'une procédure collective et en dehors du cadre de son extension, le droit français prévoit une « sanction » de nature patrimoniale à l'encontre de dirigeants sociaux en cas de faute de gestion ayant contribué à l'insuffisance d'actif. Cette sanction s'exerce sur le fondement de l'action en responsabilité régie par l'art. L. 651-2 *Co*, par laquelle le tribunal décide que le montant de l'insuffisance d'actif sera supporté, en tout ou en partie, par tous les dirigeants de droit ou de fait, ou par certains d'entre eux, ayant contribué à la faute de gestion. En cas de pluralité de dirigeants, le tribunal peut, par décision motivée, les déclarer solidairement responsables.

Cette sanction patrimoniale, aujourd'hui exclusive, était jusqu'à la réforme du droit des entreprises en difficulté opérée par l'Ordonnance n° 2008-1345 du

102 Cass. com. 19 févr. 2002, *Arrêt Franck*, *JCP* E 2002, 1510, note J.-P. Legros. Par cet arrêt, la Cour de cassation distingue extension de la procédure sur le fondement de la fictivité et action en nullité de la société. Par ailleurs, l'ouverture d'une procédure collective à l'égard d'une société n'a pas pour effet d'interdire à un tiers d'en faire établir le caractère fictif ou frauduleux par une action en annulation, une telle action n'étant pas exercée dans l'intérêt de la collectivité des créanciers de ladite société [et n'étant pas ainsi] réservée au liquidateur de cette société: Cass. com., 3 juin 2008, pourvoi n° 07-11.697 [Arrêt n° 639 F-D].

103 CA Paris, 3e ch. B, 1er juillet 2005, RG n° 2005/05274.

104 Legeais (R.), « L'extension de la faillite sociale. Une mesure contre l'abus de la personnalité morale des sociétés », *RTD com.*, 1957, p. 290, n° 1.

105 Cass. com., 3 avril 2001, n° 719, *RJDA* 8-9/01 n° 874.

106 Cass. com., 10 juillet 2001 n° 1355, *RJDA* 100/01, n° 989; Cass. com. 3-12-2003, n° 1741 D, *Lesbarrès c/ Juan ès qual.*; Cass. com., 15 mars 2005, n° 405 F-D, *Giraudeau c/ Grossetti ès qual.*, citées par Ph. Delmotte, « Les critères de la confusion des patrimoines dans la jurisprudence de la chambre commerciale de la Cour de cassation », *RJDA* 6/2006, p. 539.

107 En ce sens, C. Souweine, *Droit des entreprises en difficulté*, 2e éd., PUG, p. 65.

18 décembre 2008[108], « concurrente » à la condamnation d'un dirigeant social aux dettes sociales en application de l'art. L. 652-1 *Co*[109]. L'obligation aux dettes sociales était fondée sur des hypothèses pouvant justifier, à notre sens, la mise à l'écart de la personnalité morale en dehors de toute procédure collective dès lors qu'aucune règle n'impose directement la responsabilité, à savoir : (i) la disposition des biens de la personne morale comme des biens propres ; (ii) la réalisation, sous le couvert de la personne morale masquant des actes de commerce dans un intérêt personnel ; (iii) l'usage des biens ou du crédit de la personne morale de manière contraire à l'intérêt de celle-ci à des fins personnelles ou pour favoriser une autre personne morale ou entreprise dans laquelle le dirigeant est intéressé directement ou indirectement ; (iv) la poursuite abusive, dans un intérêt personnel, d'une exploitation déficitaire qui ne pouvait conduire qu'à la cessation des paiements de la personne morale ; (v) le détournement ou la dissimulation de tout ou partie de l'actif ou l'augmentation frauduleuse du passif de la personne morale. Il s'agit dans leur ensemble des « situations abusives légales de la personnalité morale »[110].

En présence de ces deux « sanctions » patrimoniales, la faute de gestion ayant contribué à l'insuffisance d'actif prévue à l'art. L. 651-2 *Co* n'était pas à elle seule assimilable à l'une des hypothèses typiques justifiant la levée du voile social. Celles-ci exigent l'élément frauduleux, qui n'est pas nécessairement présent lors d'une faute de gestion au sens plus général. La doctrine confortait cette observation en ne voyant dans la faute de gestion justifiant l'action en responsabilité pour insuffisance d'actif qu'un manque de bon sens, caractérisé soit par une *faute d'action*, soit par une *faute d'omission*[111]. Par ailleurs, aux cas visés à l'ancien art. L. 652-1 *Co*, il ne pouvait pas être fait application des dispositions de l'art. L. 651-2 *Co*, dont l'action, n'est qu'une variété d'actions en responsabilité civile[112].

Toutefois avec la suppression de l'obligation aux dettes sociales par l'Ordonnance du 18 décembre 2008, il nous paraît que l'interdiction de fonder la responsabilité pour insuffisance d'actif sur les hypothèses visées auparavant par l'ancien art. L. 652-1 *Co* ne se justifie plus. Désormais, le juge est libre d'admettre une demande en comblement du passif intentée à l'encontre des dirigeants sociaux ayant commis l'une des fautes de gestion visées aujourd'hui à l'art. 653-4 *Co*[113], car il s'agit de dispositions imposant des sanctions de nature distinctes : l'une,

108 *JO* n° 0295 du 19 déc. 2008 p. 19462. Sur cette réforme, v. Texier (A.-S.) et Russo (E.), « Le nouveau droit des entreprises en difficulté après l'ordonnance du 18 déc. 2008 et son décret d'application du 12 février 2009 », *LPA*, 02 mars 2009 n° 43, p. 3.

109 L'art. 133 de l'Ordonnance du 18 décembre 2008 abroge le chapitre II du titre V du livre VI du Code de commerce et, par conséquent, supprime l'obligation aux dettes sociales.

110 Fadel-Raad (N.), *Abus de la personnalité morale en droit privé*, *op. cit.*, n° 7, p. 5-6.

111 Cozian (M.), Viandier (A.) et Deboissy (F.), *Droit des sociétés*, 18e éd., Litec, 2006, n° 277, p. 131.

112 Roussel Galle (Ph.), *Réforme du droit des entreprises en difficulté*, *op. cit.*, p. 257.

113 En effet, les fautes de gestion prévues à l'ancien art. L. 652-1 *Co* ont été transposées à l'art. L. 653-4 *Co* qui autorise le tribunal à prononcer la faillite personnelle (art. 135 de l'Ordonnance du 18 déc. 2008). Cela ne constitue pas une innovation, mais une codification *à droit constant*, puisque dans sa rédaction antérieure à l'Ordonnance de 2008, l'art. L. 653-4 *Co* faisait un renvoi exprès aux hypothèses visées à l'art. 652-1 *Co*.

patrimoniale, l'autre, de déchéance de droits civiques et professionnels[114]. Il n'est pourtant point question d'un *bis in idem*, d'ailleurs bien critiqué à l'égard des anciens articles L. 651-2 et 652-3 *Co.* La raison avancée pour la suppression de l'obligation aux dettes sociales était que la pratique avait démontré depuis 2006 qu'elle faisait double emploi avec la responsabilité pour insuffisance d'actif[115], ce qui ne serait définitivement pas le cas avec le prononcé de la faillite personnelle ou de l'interdiction de gérer.

Après la réforme du 18 décembre 2008, il nous semble donc que la sanction patrimoniale en cas d'issufisance d'actif peut bien être fondée en tant que conséquence de la levée du voile social, sur les hypothèses visées aujourd'hui à l'art. 653-4 *Co.*

iii. La responsabilité des créanciers pour soutien abusif

L'art L. 650-1 *Co* établit que les créanciers de la personne morale ne peuvent être tenus pour responsables des préjudices subis du fait des concours consentis lorsqu'une procédure de sauvegarde, de redressement judiciaire ou de liquidation judiciaire est ouverte[116]. En revanche, lorsqu'un concours financier prolongé ou démesuré contribue à maintenir de manière artificielle l'activité déficitaire de l'entreprise, lui causant un préjudice, ainsi qu'aux tiers, la responsabilité de celui qui prête son concours pourra être engagée dans le cadre d'une procédure collective. Pour cela, il faut démontrer que le créancier (fût-il une société mère) a commis une *fraude*, il s'est *immiscé de façon caractérisée dans la gestion du débiteur* ou il a *obtenu des garanties disproportionnées en contrepartie de ses concours.* Ce sont les trois exceptions apportées par l'art L. 650-1 *Co*, qui autorisent fort bien la mise à l'écart de la personalité morale. Une fois la responsabilité du créancier établie, les garanties prises en contrepartie de ses concours peuvent être annulées ou réduites par le juge[117]. De surcroît, le créancier responsable sera condamné à

114 Ripert (G.) et Roblot (R.), *Traité de droit commercial*, t. 2, *op. cit.*, n° 3302 *sq.*, p. 1277 *sq.*

115 Rapport au Président de la République relatif à l'ordonnance n° 2008-1345 du 18 déc. 2008, *JO* n° 0295 du 19 déc. 2008 p. 19457.

116 Cette disposition, issue de la loi de sauvegardes du 26 juillet 2005, est venue mieux encadrer les conditions d'engagement de la responsabilité dans le cadre d'opérations de soutien financier assez fréquent au sein d'un groupe de sociétés. Sous le régime antérieur à la loi du 26 juillet 2005, la responsabilité délictuelle de la société mère, au titre de soutien abusif de la filiale, résultait d'un crédit accordé à sa filiale, alors même qu'elle ne pouvait ignorer la situation irrémédiablement compromise de celle-ci (Cass. com., 25 mars 2003, n° 01-01.690, *Bull. civ.* IV, n° 50, *JCP* G 2004, II, n° 10164, note Croze H.).

117 Ce sont des atténuations de sanctions applicables aux créanciers ayant commis l'une des fautes mentionnées à l'art. L. 650-1 *Co* apportées par l'art. 129 de l'Ordonnance n° 2008-1345 du 18 déc. 2008. En effet, au lieu d'une annulation obligatoire des garanties prises en contrepartie de ces concours, il est désormais prévu une nullité facultative de celles-ci ou encore la possibilité pour le juge d'en décider la simple réduction (Cf. Rapport au Président de la République relatif à l'ordonnance n° 2008-1345 du 18 décembre 2008, *JO* n° 0295 du 19 déc. 2008 p. 19457).

verser des dommages et intérêts d'un montant correspondant à l'aggravation du passif résultant de sa faute[118].

*b. L'absence de dispositions spécifiques en droit brésilien*

Dans le cadre d'une procédure collective, la Loi n° 11.101 du 9 février 2005 relative au redressement et à la faillite des entreprises prévoit deux dispositions concernant la responsabilité des associés. Aucune ne comporte l'engagement de la responsabilité fondée sur la levée du voile social.

D'une part, l'art. 81 détermine l'extension de la faillite aux associés répondant indéfiniment et solidairement du passif social et établit quelques dispositions d'ordre procédural relatives à cette extension. D'autre part, l'art. 82 prévoit que la responsabilité des associés ayant une responsabilité limitée, des contrôleurs et des administrateurs de la société en faillite, doit être établie indépendamment de la réalisation de l'actif et de la preuve de son insuffisance pour couvrir le passif. Ces responsabilités sont celles découlant d'autres textes de loi, à l'instar des règles régissant les différents types de sociétés au sein du Code civil (*e. g.*, art. 1017, sur l'abus de biens sociaux, pour les sociétés à responsabilité limitée) ou de la loi sur les sociétés par actions (*e. g.*, art. 158, de la Loi n° 6404, du 15 décembre 1976). Pour le reste, l'art. 182 ne concerne que certains aspects procéduraux relatifs à la responsabilité résultant des dispositions auxquelles il opère un renvoi général.

Indépendamment de la manière dont elle a été réceptionnée, l'accueil de la théorie de la levée du voile en droit français et en droit brésilien démontre bien la volonté de l'État d'intervenir dans le domaine de l'autonomie privée quand il s'agit de sanctionner les abus que la technique de la personnalité morale peut engendrer. Nonobstant cette communion d'intérêts, les quelques aspects concernant la mise en œuvre de la mesure révèlent la complexité et les difficultés inhérentes à cette méthode d'engagement de la responsabilité. Ils révèlent surtout des écarts significatifs existant en la matière entre les deux ordres juridiques.

## II. Certains aspects tenant à la mise en œuvre de la levée du voile social

Nous nous intéresserons à la caractérisation des conditions communes autorisant l'application de la méthode de la levée du voile social en droit brésilien et en droit français (A), avant de relever quelques aspects particuliers à chacun des deux droits (B).

### A. Les conditions communes autorisant la levée du voile social

Deux hypothèses paradigmatiques permettant d'écarter la personnalité morale sont communes au droit français et au droit brésilien. Il s'agit, d'une part du *détournement de la finalité de la personnalité morale* (1) et, d'autre part, de la *confusion de patrimoines* (2).

118 Bricard (A.), Lacroix-Philips (E.), Legrain (T.), Lorin (M.), Chevillon (C.) et Varochier (J.), *Accompagner le chef d'entreprise en difficulté – de la prévention au rebond*, Litec, 2006, p. 211 *sq*.

### 1. Le détournement de finalité

Le détournement de la finalité de la personne morale est un concept à préciser aussi bien en droit français qu'en droit brésilien. Étant donné que la personnalité morale ne constitue pas une fin en soi[119], mais un moyen au service d'un but[120], la vérification du détournement suppose la prise en compte d'autres éléments concernant son existence.

En droit français, le détournement est généralement caractérisé par l'utilisation de la personnalité morale dans l'intérêt personnel des dirigeants. C'est bien le cas lors de la condamnation d'un dirigeant pour une faute détachable de l'exercice des fonctions, dont les illustrations jurisprudentielles sont nombreuses et présentées par la doctrine comme des cas de responsabilité civile des dirigeants envers les tiers, lorsque la société est *in bonis*[121]. La Cour de cassation sanctionne les décisions prises par les organes de la société ou par l'un de ses membres en fonction de leur propre intérêt et sans égard pour l'intérêt social[122].

On doit relever, d'une part que le contenu même de l'intérêt social n'est pas encore défini en droit positif (il s'agit d'un « concept à contenu variable »[123]) et, d'autre part, qu'au sein d'un groupe, il se peut que l'intérêt social d'une filiale s'oppose à l'intérêt du groupe[124], sans que celui-ci soit pour autant condamnable. Face à ces conflits d'appréciation[125], il faut alors s'en remettre au juge, comme l'a souligné un auteur, au risque de l'immixtion judiciaire dans la gestion[126].

Au Brésil, une partie de la doctrine suggère la concrétisation de la notion par le biais de la clause générale de l'art. 187 portant sur l'abus de droit[127], selon laquelle

---

119 Postulat partout admis, selon R. David, « Rapport général », in: *La personnalité morale et ses limites, op. cit.*, p. 8-9.

120 Grossen (J.-M.), « La personnalité morale et ses limites en droit suisse », *La personnalité morale et ses limites, op. cit.*, 143-156, p. 155;

121 Cozian (M.), Viandier (A.) et Deboissy (F.), *op. cit.*, n° 272 *sq.*

122 Cass. com., 21 nov. 1995, *JCP* E, 1996.II.852, note J.-J. Daigre.

123 Cozian (M.),. Viandier (A) et Deboissy (F.) , *op. cit.*, n° 346.

124 Notion reconnue d'abord par la jurisprudence, la chambre criminelle ayant reconnu en 1985 l'intérêt de groupe comme fait justificatif en matière de délit d'abus de biens sociaux (Cass. crim., 4 févr. 1985, *Rozenblum*, *Rev. des sociétés* 1985, p. 648; *J.C.P.* 1985. II. 14164, note W. Jeandidier), tout en refusant d'admettre le même effet en cas de délit de banqueroute (Cass. crim., 27 avril 2000 *PA*, 9 avril 2001, n° 70, p. 13). L'intérêt du groupe a accédé à la reconnaissance légale par la loi NRE de 2001, à propos de l'expertise de gestion (énoncé de l'art. L. 225-231 *Co*).

125 Ainsi, au nom d'un intérêt social de groupe, la Cour de cassation peut atténuer la rigueur d'une règle prohibitive (abus de biens sociaux) et dans ce cas les dirigeants qui ont puisé dans la trésorerie d'une filiale dans l'intérêt du groupe échapperont à l'incrimination pénale. Tout au contraire, elle peut étendre le champ d'application d'une règle d'exception (administration provisoire de groupe) au détriment de la société mère (Ainsi, M.B. de La Crochais. « Les conventions intragroupes et l'équilibre des intérêts », 2007, p. 23; disponible sur: http://blogs.univ-paris5.fr/briot/weblog/2024.html.

126 La Crochais (M. B.), *op. cit.*, p. 19.

127 En ce sens, N. Nery Júnior et R. M. de Andrade Nery, *Código Civil Comentado*, 3e ed., São Paulo: RT, 2005, p. 195; R. Requião, *Curso de direito comercial*, v. I, 25a ed., São Paulo: Saraiva, p. 379.

*« le titulaire d'un droit qui, en l'exerçant, excède manifestement les limites imposées par sa fin économique ou sociale, par la bonne foi ou par les bonnes mœurs, commet ainsi un acte illicite ».* Cette approche est sans doute due à l'emploi de l'expression « abus de droit » par les textes spéciaux, tout comme par la jurisprudence du STJ[128], notamment celle antérieure à l'entrée en vigueur du nouveau Code civil, afin de justifier la mise à l'écart de la personnalité morale en cas de fraude à la loi ou aux droits des tiers[129].

À notre avis, la prise en compte de l'art. 187 CC ne doit pas conduire à une assimilation de l'abus de la personnalité morale à la manifestation de l'abus de droit, car la personnalité morale n'est pas un droit *stricto sensu*, mais une notion permettant de conférer une autonomie juridique à l'entité qui en est attributaire[130]. Cette remarque semble d'autant plus pertinente qu'on observe le contraste entre le caractère objectif attribué à la responsabilité civile résultant de l'art. 187[131] et le caractère éminemment subjectif de la responsabilité découlant de l'art. 50 CC[132]. En outre, dans le cadre de la législation spéciale, l'abus de droit est une cause autonome permettant la levée du voile social, et non un critère d'évaluation du détournement de la finalité de la personnalité morale.

Dans la pratique, ce détournement a lieu lorsque l'activité dommageable ne rentre pas dans l'objet social, ou lorsqu'elle est utilisée dans le seul intérêt personnel de l'associé[133] ou des dirigeants[134], ou lorsqu'elle est destinée à porter atteinte au droit de tiers, à frauder la loi ou le contrat[135]. Le détournement de finalité a été également sanctionné afin d'étendre les effets d'une sanction administrative à une société présentant le même objet social, les mêmes associés et le même siège social qu'une société déclarée interdite de répondre à un appel d'offre dans le cadre des marchés publics[136]. En revanche, la cessation irrégulière

---

128 STJ, 2ª T., j. 22.05.2007, REsp 647493/SC, *DJ* 22.10.2007, p. 233.

129 STJ, 4ª T., 22.09.1998, affaire *Bâteau Mouche*, Resp 158.051/RJ, *DJ* 12.04.1999, p. 159 ; STJ, 4ª T., 21.05.1996, REsp 86.502/SP, *DJ* 26.08.1996, p. 29693 ; STJ, 4ª T., 22.09.1998, affaire *Bateau Mouche*, REsp 158.051/RJ, *DJ* 12.04.1999.

130 Cutajar-Rivière (Ch.), *op. cit.*, n 310, p. 280 *sq.* Selon J. Hamel (*op. cit.*), « la notion de personne morale est essentiellement une notion du droit des biens et des obligations ».

131 *Énoncé n° 37 CEJ/CFJ : « La responsabilité civile résultant de l'abus de droit est indépendante de la faute et se fond sur le Seul critère objectif finaliste ».* Sur les énoncés CEJ/CJF, v. *infra*, note 151.

132 STJ, 4ª T., 20.05.2008, REsp 744.107/SP, *DJ* 12.08.2008, *préc.*

133 STJ, 3ª T., 12.09.2000, REsp 252.759/SP, *DJ* 27.11.2000, p. 157 (associés participant directement à la réalisation de l'acte).

134 *RT* 673/160.

135 STJ, 3ª T., 09.08.2007, REsp 876.974/SP *DJ* 27.08.2007, p. 236 ; STJ, 2ª T, 22.05.2007, REsp 647.493/SC, *DJ* 22.10.2007, p. 233.

136 STJ, 2ª T., 07.08.2003, RMS 15.166/BA, *DJ* 08.09.2003, p. 262. Dans cette affaire, il a également été décidé que l'administration publique peut, au vu des principes de la moralité administrative et de l'indisponibilité des intérêts publics protégés, ne pas prendre en considération la personnalité juridique de la société constituée avec abus de la forme sociale et fraude à la loi.

des activités de la personne morale ne suffit pas à elle seule pour caractériser un abus de la personnalité morale[137].

Enfin, que ce soit en France ou au Brésil, il est clairement apparu que l'organisation volontaire de l'insolvabilité ou de la quasi-insolvabilité de l'exploitation économique constituait une frontière à ne pas franchir. Selon un auteur, dans la quasi-totalité des cas de détournement de la finalité caractérisés par la jurisprudence, l'utilisation de la technique sociétaire est détournée parce qu'elle n'a pas d'autre but que de priver les tiers, notamment les créanciers, de leur droit de gage général[138].

### 2. La confusion des patrimoines

La confusion des patrimoines peut être un facteur objectif révélateur d'un détournement de finalité ou plus généralement d'un abus de la personnalité morale. Elle est le résultat d'une méconnaissance du principe de la séparation patrimoniale, qui induit des doutes généralisés quant à l'identité de la personne qui intervient dans un acte juridique.

En droit brésilien, la confusion des patrimoines est une cause légale, prévue en droit commun, permettant la percée du voile social. Elle est caractérisée quand les associés ou les administrateurs traitent le patrimoine de la société comme étant les leurs et vice-versa. L'art. 50 CC ne définit cependant pas la confusion patrimoniale, ni n'indique les critères permettant de la caractériser. Pour la constater, les juges empruntent la technique du faisceau d'indices, à l'instar de: *la tenue irrégulière de la comptabilité au mépris de l'autonomie patrimoniale de la société*; *la confusion de comptes en banque*; *l'absence de mention qu'il s'agit d'une société distincte sur papier à en-tête ou dans les rapports avec les tiers*; *la prise en charge par la société de dettes du maître de l'affaire et vice-versa* (confusion des passifs); *la titularisation incertaine des contrats*; *le fonctionnement défectueux des organes sociaux*; *la domination exercée sur la société*; *la localisation du siège de la société au domicile du maître de l'affaire, l'utilisation des mêmes lignes téléphoniques, l'emploi du même personnel*; *l'utilisation non rémunérée*, voire le *détournement de biens sociaux par le maître de l'affaire à des fins personnelles* (confusion des actifs). Ces indices doivent être appréciés dans leur ensemble, aucun d'entre eux n'étant déterminant à lui seul. Confusion de patrimoines et confusion des sphères s'amalgament pour la caractérisation de la première. En outre, l'art. 50 CC requiert la démonstration de l'intention frauduleuse pour que le voile social puisse être percé sur le fondement de la confusion patrimoniale.

En matière de groupe, il y a confusion quand la personne morale, soumise au même contrôle et appartenant à une structure purement formelle – caractérisée par l'existence de personnes juridiques distinctes exerçant leurs activités sous unité de gestion, de personnel et de patrimoine –, est l'instrument d'une gestion

---

137 STJ, 3ª T., 09.08.2007, REsp 876.974/SP, *DJ* 27.08.2007, p. 236. Cf. *énoncé* n° *282* CEJ/CFJ, v. *infra*, note 151 ; Contra : 1° Tribunal de Alçada Civil de S. Paulo, *RT* 748/279, Tribunal de Justiça de São Paulo, *RT* 747/269.

138 Voir en France, les décisions citées par : DAIGRE (J.-J.), « Société fictive », *op. cit.*, p. 2 *sq.* Pour le Brésil, v. STJ, 4ª T., 19.06.2007, REsp 418385/SP, *DJ* 03.09.2007, p. 178, et les arrêts précédents cités par le juge rapporteur.

frauduleuse[139]. Fraude et confusion patrimoniale s'associent pour justifier la levée du voile social.

Comme en droit brésilien, la confusion des patrimoines peut être révélatrice d'un abus de la personnalité morale en droit français. Mais, alors qu'au Brésil elle peut fonder la mise à l'écart de la personnalité morale en dehors de toute procédure collective, en France, elle est d'application vraisemblablement limitée au seul cas d'extension des procédures collectives, notamment lorsqu'il s'agit des sociétés membres d'un groupe[140]. C'est, en effet, lorsque la société est en difficulté que la confusion des patrimoines joue un rôle particulier. À cet égard, la jurisprudence a dégagé deux critères permettant de la constater. D'après la Cour de cassation, la confusion des patrimoines se caractérise soit par une *confusion de comptes*, caractérisée par une « *imbrication des éléments d'actifs et de passifs* »[141] ou par un « *désordre généralisé des comptes* », provocant un enchevêtrement des masses actives et passives, ou encore par un « *imbroglio de comptes* », dû à l'absence de respect des règles comptables[142], soit par des « *relations financières anormales* »[143] ou des «*mouvements financiers anormaux* »[144]. Par ce dernier critère, la jurisprudence entend élargir l'ancienne notion de « *flux financiers anormaux* »[145] pour

> *appréhender des situations de fait dans lesquelles, sans qu'il y ait de véritables transferts d'un patrimoine dans l'autre, une personne juridique abandonne certaines prérogatives, renonce sans contrepartie ou sans motif légitime à percevoir certaines créances au bénéfice d'une autre ou lui concède des avantages injustifiés*[146].

Pour apprécier la confusion des patrimoines, les juges français, à la manière de leurs collègues brésiliens, empruntent la technique du faisceau d'indices, dans les cas de figure suivants : identité d'associés, de dirigeants, de siège social, cessions de parts en blanc, transfert de fonds sans aucune justification réelle[147], mise en disponibilité des locaux à une autre société sans aucune contrepartie, tout en

---

139 STJ, 3ª T., 30.04.2002, REsp n° 332.763/SP, *DJU* 24.06.2002, p. 297.

140 Cass. com., 28 mai 1991, *Rev. Soc.* 1991, p. 764; Cass. com., 12 février 1980 : *Bull. Civ.* IV, n° 73, p. 57. Sur cette notion au sein de la jurisprudence actuelle, cf. DELMOTTE (Ph.), « Les critères de la confusion des patrimoines dans la jurisprudence de la chambre commerciale de la Cour de cassation », *RJDA* 6/2006, p. 539 *sq.*

141 Cass. com., 3 avr. 2001, n° 681 F-D, *SCEA Pisciculture de l'Aune P. Chevance et fils c. Robert ès qual.* ; Cass. com., 4 juil. 2000 n° 1482, *RJDA* 1/01 n° 36.

142 Cass. com., 16 fév. 1999, n° 404, D, *Sté Le Point du Jour c/ Mandin ès qual.*

143 Cass. com., 5 mars 2002, n° 99-13302, FD, *SCI la Fredière c/ Procureur Général près la CA Dijon*; Cass. com. 3 avr. 2002, n° 99-12008, *RJDA* 6/02 n° 654; Cass. com. 7 janv. 2003, n° 00-13192 : *Bull. civ.* IV, n° 3. Avant, la Cour de cassation parlait de « flux financiers anormaux » : Cass. com., 11 mai 1993, *Bull. civ.* IV, n° 187, p. 133 ou encore un arrêt postérieur à 2002 : Cass. com. 15 fev. 2005, n° 215, *RJDA* 6/05 n° 726.

144 Cass. com., 13 nov. 2002, n° 1862, *RJDA*, 2/03 n° 151.

145 Avant 2002, la Cour de cassation parlait de « flux financiers anormaux » : Cass. com., 11 mai 1993, *Bull. civ.* IV, n° 187, p. 133 ou encore un arrêt postérieur à 2002 : Cass. com. 15 fev. 2005, n° 215, *RJDA* 6/05 n° 726. Ces flux anormaux intervenaient sans contrepartie au détriment d'une personne juridique au profit d'une autre personne juridique

146 DELMOTTE (Ph.), « Les critères de la confusion des patrimoines dans la jurisprudence de la chambre commerciale de la Cour de cassation », *RJDA* 6/2006, p. 540.

147 Cass. com., 27 oct. 1998, n° 95-16.429, *SCI les bordes c/ Belhassen ès qual.*

assurant l'intégralité des loyers et charges afférents à ces locaux[148], liens familiaux, disproportion des apports, existence d'une clause de rachat des titres sociaux[149]. Dans de nombreux cas, les juges ont estimé qu'il n'existait pas un faisceau d'indices suffisant pour caractériser l'abus de personnalité morale[150].

## B. Aspects particuliers à chaque ordre juridique

Certains aspects particuliers tenant à la levée du voile social en droit commun brésilien doivent être analysés (1), avant de mettre en relief des solutions biens distinctes pour chacun des deux systèmes juridiques en droit des procédures collectives (2) et en matière de fictivité juridique (3).

### 1. Aspects tenant au régime juridique de l'art. 50 du Code civil brésilien

Au Brésil, les lois spéciales ont posé des conditions particulières pour la mise à l'écart de la personnalité morale, qui varient en fonction de la spécificité des intérêts qu'elles visent à protéger. Le Code civil de 2002 a posé une règle générale avec des contours certes plus précis, mais sans un régime juridique légal l'accompagnant (a). De surcroît, l'avènement du nouveau Code civil soulève la question de l'articulation de l'art. 50 CC avec les dispositions contenues dans les lois spéciales (b).

#### *a. La détermination du régime juridique de l'art. 50 CC*

Faute de pouvoir disposer d'un régime juridique légal guidant l'application de l'art. 50 CC, les juristes brésiliens s'efforcent de trouver des positions communes et des techniques qui relèvent tant des aspects matériels que des aspects procéduraux. Contribuent à cela les *énoncés* approuvés dans le cadre des Journées de droit civil réalisées régulièrement sous les auspices du Centre d'études judiciaires du Conseil de la Justice Fédérale (CEJ/CJF)[151].

Quant aux aspects matériels, l'une des principales questions liées à l'application de l'art. 50 CC est la délimitation conceptuelle des termes qu'il emploie et de son champ d'application. Lors de la Troisième Journée de droit civil (décembre 2004), il a été approuvé que, dans les rapports civils, les paramètres de mise à l'écart de la personnalité juridique prévus à l'art. 50 CC s'interprètent restrictivement (*énoncé n° 146)*[152]. Cet *énoncé* n'a pas vocation à mettre en cause l'*énoncé n° 7*, approuvé lors de la Première Journée de droit civil (septembre 2002), selon lequel cette mise

148 Cass. com., 15 fév. 2005, n° 215, *RJDA* 6/05 n° 726.

149 Cass. com., 28 nov. 1989, *Bull. Joly* 1990.179, *Rev. Soc.* 1990.240, chron. Guyon; CA Paris, 19 mars 1990, *D.* 1990, IR93.

150 Cass. com., 6 mars 1990, *Dr. sociétés* 1990, n° 190; CA Aix-en-Provence, 18 nov. 1993, *Bull. Joly* 1994.645, note Kessedjian, *BRDA* 1994, n° 11, p. 3; Cass. com. 19 mars 1996, *Bull. civ.* IV, n° 89, *D.* 1996, IR103, *Rev. Soc.* 1996, p. 267, note P. Le Cannu.

151 Ces *énoncés* constituent la synthèse de la pensée de magistrats, professeurs, avocats, notaires et d'autres acteurs de la vie juridique brésilienne, réunis au sein de divers comités thématiques ayant la tâche d'étudier les différents livres du nouveau Code civil. L'ensemble de ces *énoncés* a fait récemment l'objet d'une compilation: R. R. de Aguiar Junior (org.), *Jornada de Direito Civil*, Brasília: CJF, 2007. À ce propos, v. notre contribution dans la première partie de cet ouvrage.

152 R. R. de Aguiar Junior (org.), *Jornada de Direito Civil*, *op. cit.*, p. 43.

à l'écart de la personnalité morale n'a lieu qu'en raison de la pratique d'un « acte irrégulier » et ne concerne, à cet égard, que les administrateurs et les membres l'ayant réalisé[153].

La jurisprudence du STJ va dans le sens de ces deux *énoncés*, sans pour autant voir dans les hypothèses de l'art. 50 CC un caractère de *numerus clausus*. Ainsi, par un arrêt du 20 mai 2005, la responsabilité des contrôleurs d'une société appartenant à un groupe a été fondée sur l'art. 50 CC en raison des actes frauduleux à l'égard des tiers[154]. L'intérêt de cette décision est triple. D'abord, elle reconnaît le comportement frauduleux comme étant au cœur du dispositif légal et de la théorie qui le fonde. Ensuite, elle exerce un véritable contrôle sur l'application de l'art. 50 CC : elle infléchit l'arrêt de la Cour d'appel de São Paulo, qui a écarté la personnalité morale sans avoir fondé la décision sur l'une des hypothèses de l'art. 50 CC, dont la fraude, et sans preuve de l'occurrence de l'une de ces hypothèses. Finalement, elle impose des limites à l'application de l'art. 50 CC en écartant de son champ d'application des situations où la société contrôlée (débitrice) fonctionne comme simple *longa manus* de la société qui exerce le contrôle, sans que pour autant l'on soit en présence de l'une des hypothèses prévues à l'art. 50 CC.

Quant aux personnes concernées par la mesure, l'art. 50 CC s'applique, d'une part, aux différents types de sociétés personnifiées (art. 997 s. CC), aux associations et aux fondations (art. 44 CC), comportant soit des éléments de droit privé, soit de droit public[155]. La Quatrième Journée de droit civil a préconisé l'exclusion des personnes morales de droit privé sans but lucratif ou sans finalité économique du champ d'application du concept d'abus de la personnalité morale (*énoncé n° 284*)[156]. D'autre part, la mise à l'écart de la personnalité morale peut engager la responsabilité soit de l'associé, soit de l'administrateur, soit des dirigeants, soit des sociétés intégrantes du groupe auquel appartient la personne morale dont le voile social a été percé, selon la jurisprudence du STJ[157].

153 R. R. de Aguiar Junior (org.), *Jornada de Direito Civil*, *op. cit.*, p. 17.

154 STJ, 4ª T., 20.05.2008, REsp 744.107/SP, *DJ* 12.08.2008.

155 Pour un exemple de condamnation de l'administration publique en application de l'art. 28, § 2 et § 5 CDC : STJ, 18.10.2005, REsp 746555/RJ, *DJ* 19.12.2005 p. 257. En faveur de l'extension de la mesure contre l'administration publique en toutes les matières : J.M. Gontijo, « Responsabilização no direito societário de terceiro por obrigação da sociedade », *RT*, v. 854, dez. 2006, p. 38-51, p. 46.

156 Ce qui ne semble pas être le cas en droit français, car la Cour de cassation a admis l'extension de la procédure collective fondée sur la confusion des patrimoines dans le cadre des relations entre des associations (Cass. com., 5 juill. 2005, n° 1020 : ci-dessous Décisions n° 665, *D.* 2005 AJ p. 2219 note A. Lienhard, *Dr. Sociétés* 2005 comm. n° 172, note F.-X. Lucas ; Cass. com., 11 juin 2002, n° 99-13.544, *Lestrade c/ Lebreton ès qual* ; Cass. com., 1 oct. 2002, n° 01-10.957, *Thouvenin c/ Assoc. des amis de Tofda*).

157 STJ, 3ª T., j. 16.02.2001, REsp n° 211.619-SP, *DJ* 23.04.2001, p. 169 ; STJ 4ª T., j. 22.09.1998, REsp n° 158.051-RJ, *DJ* 12.04.1999, p. 159 ; STJ, 3ª T., j. 12.09.2000, REsp. n° 252.759-SP, *DJ* 27.11.2000, p. 157 ; STJ, 3ª T., 30.04.2002, REsp n° 332.763/SP, *DJ* 24.06.2002, p. 297, 3ª T., j. 24.06.2002, RMS n° 12.872, *DJ* 16.12.2002, p. 306 ; 3ª T., j. 09.12.2003, REsp n° 228.357/SP, *DJ* 02.02.2004, p. 332.

Quant aux responsabilités, l'art. 50 CC borne l'incidence de la mesure à «*certains rapports d'obligations*». Il s'agit là autant des obligations résultant d'un contrat que d'un acte illicite. Les effets sont essentiellement patrimoniaux et toujours relatifs à des obligations bien déterminées. Enfin, l'art. 50 est applicable en dehors de toute procédure collective.

Faute d'un régime procédural bien défini, la principale règle posée par la jurisprudence consiste à admettre la mise à l'écart de la personnalité juridique en cours et au sein même de la procédure principale, qu'il s'agisse d'une procédure civile[158] ou d'une voie d'exécution[159]. Cette solution découle, par ailleurs, des propres termes de l'art. 50 CC. La seconde règle concerne le respect du contradictoire[160], ce qui rend la levée du voile social ordonnée en référé, encore que de manière implicite, passible d'annulation[161]. Enfin, la levée du voile social ne s'opère pas de manière tacite, le juge devant manifestement fonder sa décision, selon le précepte constitutionnel inscrit à l'art. 93, IX, CF[162].

Une déduction logique de la théorie conduirait à conclure que la partie intéressée pourrait exercer son droit directement contre celui qui utilise la personne morale pour réaliser l'acte frauduleux, en laissant la société hors du litige. Néanmoins, le STJ entend que la présence de la société dans la procédure est indispensable, attendu que la mise à l'écart de la personnalité morale est le résultat de l'action initiallement menée contre elle[163]. L'associé ou le dirigeant atteint par la percée du voile social devient par conséquent partie à la procédure[164].

D'autres aspects procéduraux méritent d'être soulignés. D'abord, la décision qui met à l'écart la personnalité morale ne concerne que la question ayant été suscitée par la fraude. Comme l'a fait remarquer un auteur[165], l'autorité de la chose jugée de la décision ne saurait aller au-delà du cas d'espèce de sorte à laisser les associés et les administrateurs à la merci de *toutes* les responsabilités dès lors inscrites dans le passif de la société. Ensuite, malgré leur rareté, on trouve des décisions niant la mesure pour sanctionner des faits produits avant l'entrée en vigueur du nouveau Code civil en 2002, sur le fondement de la non-rétroactivité des lois[166]. En outre, bien que de caractère essentiellement judiciaire, le STJ a pu admettre la levée du voile social par l'autorité administrative, pourvu que le

158 STJ, 3ª T., 12.09.2000, REsp 252.759/SP, *DJ* 27.11.2000, p. 157.

159 STJ, 3ª T., j. 27.05.2008, REsp 920.602/DF, *DJ* 23.06.2008; STJ, 4ª T., j. 24.10.2006, REsp 331478/RJ, *DJ* 20.11.2006, p. 310; STJ, 3ª T., j. 19.08.2003, RMS nº 16.274/SP, *DJ* 02.08.2004, p. 359; STJ, 5ª T., j. 06.06.2006, AgRg REsp nº 798.095/SP, *DJ* 01.08.2006, p. 533; STJ, 1ª T., j. 16.08.2005, REsp nº 767.021/RJ, *DJ* 12.09.2005, p. 258; STJ, 3ª T., j. 30.04.2002, RMS 141.68/SP, *DJ* 05.08.2002, p. 323.

160 STJ, 4ª T., 19.06.2007, REsp 418.385/SP, *DJ* 03.09.2007, p. 178.

161 STJ, 1ª T., 20.06.2002, AgRg REsp 422.583/PR, *DJ* 09.09.2002, p. 175.

162 TJPR, 6ª Câm., 29.09.2004, Ap. 143.707-0, *RT* 832/329.

163 STJ, 3ª T., 18.04.2002, REsp. 282.266/RJ, *DJ* 05.08.2002, p. 328.

164 STJ, 3ª T., 29.11.2006, REsp 258.812/MG, *DJ* 18.12.2006, p. 358.

165 GUIMARÃES (M. S.), *op. cit.*, p. 234.

166 À l'instar de 2º TACivSP, 23.03.2005, AgIn 879131-0/7, *RT* 836/211.

principe du contradictoire soit observé[167]. Enfin, la règle du Code de Procédure Civile (CPC)[168], selon laquelle le patrimoine du membre de la personne morale ne répond pour les dettes de la société que dans les cas expressément prévus par la loi et, le cas échéant, de manière subsidiaire (art. 596, CPC), n'est pas applicable en présence de la levée du voile social, du moins lorsque celle-ci est appliquée au visa de l'art. 50 du CC. En effet, lorsque le juge décide d'écarter la personnalité morale, la société n'est plus concernée par l'obligation désormais imputée à autrui qui, à ce titre, ne dispose pas d'une action de remboursement ou d'autres actions récursoires contre l'entité morale.

*b. Le besoin d'articulation de l'art. 50 CC avec les lois spéciales*

Le nouveau Code civil est appelé à jouer un rôle central au sein du droit privé brésilien[169], notamment en raison de l'unification des obligations civiles et commerciales et de la réglementation nouvelle qu'il pose en matière de droit de l'entreprise[170]. Par conséquent, lorsqu'il s'agit de lever le voile social, une articulation entre les divers textes régissant l'engagement de la responsabilité est nécessaire, car l'avènement du nouveau Code civil n'a pas provoqué la dérogation des dispositions spéciales.

À ce propos, l'*énoncé n° 51* approuvé au sein de la Première Journée de droit civil suggère que la consécration de la *disregard doctrine* dans le Code civil ne met pas en cause les paramètres de la mise à l'écart de la personnalité morale fixés dans les « microsystèmes légaux », ni ceux résultant de « la construction juridique sur le sujet ». En ce sens, l'*énoncé n° 146* suggère l'application de l'art. 50 CC aux seuls rapports tombant dans le champ d'application de la loi civile. Pour les rapports tombant dans le champ d'application des lois spéciales, on applique la mesure selon les conditions établies par ces lois.

Dans la perspective d'un « dialogue » entre le Code civil et le Code de protection des consommateurs, Claudia Lima Marques a suggéré trois articulations, notamment en matière des obligations et des contrats. Transposées au cadre plus général d'articulation entre le Code civil et les lois spéciales dans le domaine de la levée du voile social, ces articulations peuvent mener à des résultats non-souhaitables, ni par le législateur ni par les destinataires de ces lois spéciales.

La première articulation possible est l'*articulation systématique de cohérence*, par laquelle le Code civil peut servir de base conceptuelle pour les lois spéciales,

167 STJ, 2ª T., 07.08.2003, RMS 15.166/BA, *DJ* 08.09.2003, p. 262, *préc.* La question fait, d'ailleurs, actuellement l'objet d'un projet de loi destiné à établir une procédure pour la mise à l'écart administrative de la personnalité morale lorsqu'il s'agit de reconnaître une relation d'emploi et rendre certaines personnes redevables d'impôts et de charges sociales (Projet de Loi n° 888/2007).

168 Loi n° 5.869 du 11 janvier 1973.

169 LIMA MARQUES (C.), « Das neue brasilianische Zivilgesetzbuch vom 2002: Bemerkung zum neuen Unternehmensrecht und der Quellendialog mit dem Verbraucherschutzbuch von 1990 », in: JAYME (E.) et SCHINDLER (Ch.) (Hrsg.), *Portugiesisch – Weltsprache des Rechts*, Aachen, Shaker, 2004, p. 127-153, p. 138.

170 Cf. AGUILAR VIEIRA (I.) et VIEIRA DA COSTA CERQUEIRA (G.), « L'influence du Code de commerce français au Brésil. (Quelques remarques sur la commémoration du bicentenaire du Code français de 1807) », *RIDC*, I-2007, p. 27-77, p. 57*sq.*

apportant, si nécessaire, des définitions légales[171]. Appliqué à notre hypothèse, l'art. 50 créerait le risque de rendre inapplicables les dispositions spéciales, en ce qu'elles sont contraires au droit commun. Le résultat serait un redimensionnement du contenu de ces dispositions par leur ralliement à l'art. 50 CC. Ensuite, une *articulation de complémentarité* et *de subsidiarité* pourrait avoir lieu, car les règles spéciales s'appliquent en premier[172]. Dans ces cas, l'art. 50 CC ne fournirait à l'appui de dispositions spéciales que l'élément *fraude*, d'ailleurs assez peu indispensable au vu de l'éventail des causes permettant la levée du voile social prévu dans les dispositions spéciales, les créanciers se passant bien du besoin de la prouver. Ceci ne contribue pas non plus à une articulation de complémentarité. Enfin, une *articulation de coordination* ou *d'adaptation systématique* est proposée, car les influences ont un double sens[173]. Les influences en double sens provoqueraient deux types de résultat en la matière: en partant des lois spéciales vers le Code civil, les influences seraient peu concrètes, en raison du nombre réduit d'interprétation et de concrétisation dont les dispositions spéciales ont fait l'objet; dans le sens inverse, il surgit une indéfinition, car les délimitations résultant de l'application de l'art. 50 CC pourraient contribuer à une réduction considérable du champ d'application des lois spéciales, aujourd'hui très élargi.

Des telles difficultés renforcent la nécessité d'articulation de l'art. 50 CC avec les lois spéciales et révèlent la valeur des différents dialogues proposés par Claudia Lima Marques qui, associés aux autres techniques d'herméneutique, devront conduire à une solution appropriée de composition entre les différents textes régissant la même institution. Une solution appropriée serait l'utilisation d'un *dialogue d'application simultanée* dans le cadre d'une *articulation de coordination ou d'adaptation systématique* pour distinguer les champs respectifs d'application des dispositions civiles et spéciales[174]. Dans ce cas, comme le suggère C. Lima Marques, les différentes dispositions sur la levée du voile social seraient utilisées comme argument pour révéler qu'il s'agit d'un cas d'espèce différent, pour être alors ensuite écartées au bénéfice d'une seule règle[175]. Cette articulation a pour effet de réserver pour une même institution un régime juridique pluriel.

Une solution qui s'ajusterait également à la coordination des différentes dispositions qui régissent la matière et qui valoriserait les articulations suggérées par la doctrine serait l'exigence de l'élément fraude comme élément indispensable à la mise à l'écart de la personnalité morale. En ce sens, la jurisprudence du STJ a

171 Lima Marques (C.), « Das neue brasilianische Zivilgesetzbuch vom 2002: Bemerkung zum neuen Unternehmensrecht und der Quellendialog mit dem Verbraucherschutzbuch von 1990 », *préc.*, p. 152.

172 *Ibidem.*

173 *Ibidem.*

174 Lima Marques (C.), « Três diálogos entre o Código de Defesa do Consumidor e o Código Civil de 2002 : superação das antinimias pelo 'diálogo das fontes' », in Pfeiffer (R. A. C.) et Pasqualotto (A) (org.), *Código de Defesa do Consumidor e o Código Civil de 2002*, São Paulo : RT, 2005, p. 11-82., p. 48.

175 Pour un exemple en jurisprudence d'application de cette articulation, voir l'*affaire* "T." v. "A." (STF, Pleno, SEC 5.847-1, j. 01.12.1999, in *Revista do direito do Consumidor*, v. 34 (2000), p. 253-263).

déjà affirmé que la fraude est indispensable pour l'application de l'art. 50 CC[176], et s'est déjà manifestée pour son exigence comme condition d'application de l'art. 4 de la Loi nº 9.605, du 12 février de 1998[177]. En matière de protection du consommateur, le STJ a suggéré que la fraude pourrait être exigée pour la mise à l'écart de la personnalité juridique[178]. Si cette orientation se confirme dans l'avenir, les conditions d'application du § 5, art. 28 CDC seront substantiellement réduites. Ces décisions confortent une partie de la doctrine qui suggère l'application de l'art. 28, § 5 CDC et de l'art. 4 de la Loi nº 9.605, du 12 février 1998, seulement quand l'obstacle à la compensation de préjudices causés au consommateur ou à la qualité de l'environnement a été créé de manière frauduleuse[179].

Bien évidemment, le droit ne peut privilégier la technique et la méthode en préjudice de la justice. Une solution d'équité s'impose pour tempérer la solution néanmoins proposée (exigeance de la fraude) et permettre d'écarter la personnalité juridique dans des situations où elle serait, en principe, inadmissible, à l'exemple de la décision du STJ qui a jugé les responsabilités pour la tragédie du Shopping Center d'Osasco, à São Paulo[180]. D'après les termes de cette décision, le risque de l'entreprise propre aux activités économiques ne peut pas être supporté par un tiers qui a contracté avec la personne juridique, mais par les associés et/ou les administrateurs de celle-ci, malgré leur conduite administrative honnête, c'est-à-dire alors même qu'il n'existe pas de preuve de nature à identifier une conduite fautive ou frauduleuse de la part des associés et/ ou des administrateurs de la personne juridique. Bien que le STJ ait motivé son jugement en application du § 5, art. 28 CDC, il s'agit là, à notre avis, d'une solution qui est propre à l'équité et qui doit, de ce fait, conserver son caractère exceptionnel et s'appliquer seulement quand l'intérêt général l'exige.

L'élément fraude comme fondement pour la levée du voile social ne semble pas mettre en cause les champs d'application respectifs des dispositions qui régissent la matière, ni dénaturer les causes énumérées par chaque loi. À cela s'ajoute le fait que, dans la pratique, la jurisprudence récente du STJ prend en compte la différence de critères autorisant la mise à l'écart de la personnalité morale entre ces diverses lois pour rappeler leur champ d'application respectif[181]. Cette solution a pour effet de garantir pour une même institution un régime juridique plus uniforme.

Une articulation bien élaborée par la jurisprudence contribuera à éliminer les antinomies créées autour d'une institution, dont les principes convergent, mais dont les régimes juridiques diffèrent en raison de la divergence des champs d'application *ratione materiae* et *ratione personae* fixés par les différentes lois qui la consacrent. Voyons, par exemple, la question de l'office du juge. Vue la faculté établie par l'énoncé de l'art. 28 CDC, il n'est toujours pas certain que le juge doive lever le voile social d'office ou non. À notre connaissance, aucune décision de

176 STJ, 4ª T., 20.05.2008, REsp 744.107/SP, *DJ* 12/08/2008, préc.
177 STJ, 2ª T., 22.05.2007, REsp 647493/SC, *DJ* 22.10.2007, p. 233.
178 STJ, 3ª T., 12.09.2000, REsp 252.759/SP, *DJ* 27.11.2000, p. 157.
179 À l'instar de F. Ulhoa Coelho, *Curso de direito comercial, op. cit.*, p. 53.
180 STJ, 3ª T., 04.12.2003, REsp 279.273/SP, *DJ* 29.03.2004 p. 230, *préc.*
181 STJ, 4ª T., 20.5.2008, REsp 744.107-SP, *Informativo de jurisprudência STJ n° 356*, 19 a 23.05.2008, p. 4.

justice ne tranche la question. La doctrine semble être majoritairement en faveur de l'application d'office de la mesure. Dans la pratique, les juges ont tendance à inviter la partie silencieuse à se manifester sur l'intérêt de la levée du voile social. Cette pratique est en convergence avec le régime de l'art. 50 CC qui laisse aux parties et au Ministère public l'initiative de demander la mise à l'écart de la personnalité morale.

On regrette toutefois que le législateur brésilien continue de créer des incertitudes autour de la levée du voile social. En effet, par le biais de projets de lois portant sur des aspects procéduraux de la mesure[182], des modifications du contenu des textes spéciaux sont à prévoir du fait que certaines de leurs dispositions établissent des règles de droit matériel sans toutefois préciser leurs champs d'application respectifs. Si, d'une part, un ralliement souhaitable des dispositions spéciales à l'art. 50 CC se profile, *de lege ferenda*, par la procéduralisation de la mesure, d'autre part, certains bouleversements non-souhaitables dans la méthode sont également à prévoir[183].

### 2. Aspects tenant à la procédure collective

Au système ouvert qui caractérise le droit brésilien des procédures collectives (b), s'oppose le système bien encadré du droit français (a).

#### *a. Le système bien encadré du droit français*

L'encadrement de la question de la percée du voile de la personnalité morale en droit français des procédures collectives est dénoté par le caractère exceptionnel de l'extension de la procédure (i) et par les particularités des régimes relatifs aux sanctions patrimoniales (ii).

##### i. Le caractère exceptionnel de l'extension des procédures collectives

Alors que la confusion des patrimoines et la fictivité deviennent aujourd'hui les deux seuls fondements légaux pour l'extension des procédures, l'importance de la notion de confusion des patrimoines semble avoir fait perdre de son intérêt à l'application en droit des procédures collectives de la théorie de la fictivité[184].

---

182 On relève l'existence de trois projets de loi disciplinant les aspects procéduraux de la déclaration judiciaire de la levée du voile social. Il s'agit de projets de lois n° 3.401/2008, dont les principales règles sont similaires à celles déjà dégagées par la jurisprudence, tout en y apportant des précisions; le projet de n° 888/2007, relatif à la levée du voile social prononcée par l'autorité administrative et le projet de n° 5140/2005, qui modifie la CLT en disposant sur l'exécution d'une dette résultant d'un contrat de travail et sur l'application de la théorie de la levée du voile social.

183 Pour plus de détails, v. Vieira da Costa Cerqueira (G.), « A desconsideração da personalidade jurídica no direito brasileiro: recepção e aplicação de uma teoria também a favor da pessoa jurídica », in Malheiros (M.), Baldus (Ch.), Grundmann (S.) et Lima Marques (C.), *Rechtssystem und Rechtsperson : 17. und 18. Jahrestagung der Deutsch-lusitanischen Juristenvereinigung in Lissabon und Heidelberg*, Coimbra : Almedina (à paraître).

184 Vallansan (J.), *Difficultés des entreprises*, 4. éd., Litec, 2006, n° 56, p. 46. Par ailleurs, le grand nombre de commentaires portant essentiellement sur le critère de la confusion des patrimoines en est révélateur.

Mais dans l'un comme dans l'autre cas, les juridictions du fond éprouvent des difficultés pour caractériser les circonstances dans lesquelles l'extension des procédures peut être prononcée, notamment en matière de groupes. De surcroît, la Cour de cassation réalise un véritable contrôle sur les motivations des décisions des juges du fond[185].

Entre fictivité et confusion des patrimoines[186], l'affaire *Metaleurop* a révélé la difficulté d'établir la fictivité sur la base des indices de «*la fraude à l'égard des créanciers*»[187] et de «*l'absence d'autonomie patrimoniale et décisionnelle*», car «la réalité de la personne morale doit être appréciée *in concreto*, en tenant compte notamment des spécificités de l'activité et de l'objet social réel et en identifiant les fonctions de l'entité qui apparaissent à cet égard essentielles». Cette analyse approfondie de la situation de la société s'avère difficile et demande une expertise, dont le résultat peut être de nature même à changer le fondement de la condamnation, comme c'était le cas dans cette affaire: en s'appuyant sur les conclusions de l'expert commis, la Cour d'appel de Douai a rejeté la demande fondée sur la fictivité de la filiale, mais a prononcé l'extension de la procédure de liquidation judiciaire en raison de la confusion des patrimoines.

Il faut donc démontrer l'existence d'une fictivité[188], la seule apparence de fictivité ne suffisant pas à rendre responsables des sociétés apparentées, dès lors que les liens structurels, financiers, humains, commerciaux, entre elles n'ont pas un caractère anormal[189]. Vu le caractère exceptionnel de la mesure ainsi que les difficultés tenant à la caractérisation de la fictivité, il s'avère difficile de trouver une décision ayant admis l'extension de procédure sur le seul fondement de la fictivité[190].

De même pour l'extension de la procédure collective fondée sur la confusion des patrimoines. Si certaines juridictions du fond ont vu dans l'interdépendance des sociétés une cause d'extension de la procédure[191], la Cour de cassation s'y

---

185 Selon le conseiller Ph. Delmotte (*op. cit.*, p. 541), ce contrôle strict est de nature à casser les décisions se bornant «à retenir des motifs d'ordre général ou des affirmations péremptoires sur la nature des relations entre deux personnes juridiques pour en tirer la conséquence que leurs patrimoines sont confondus».

186 Rolland (B.), comm. CA Douai, 16 déc. 2004 et Cass. com. 19 avr. 2005, *Rev. proc. coll.*, n° 2, 2 juin 2005, p. 117.

187 CA Douai, ch. 2, sect. 1, 16 déc. 2004, *Theetten, ès qual. c/ SA Metaleurop et al.*: *Juris-Data* n° 2004-263541. Par cet arrêt, la Cour d'appel de Douai ne reprend pas l'existence d'un «maître d'affaire», caché derrière la filiale, comme élément de nature à caractériser la fictivité.

188 Pour un exemple, v. Cass. com., 24 janv. 2006, n° 228, FD, *Plessis c/ Louroz ès qual.*: «Attendu qu'en statuant ainsi, sans avoir constaté ni la fictivité de la société ni la confusion des patrimoines de la personne morale et de M. X…, la cour d'appel a violé les textes susvisés»

189 Cass. com., 11 mai 1993, *Bull. Joly* 1993.1050, note Ph. Pétel; Cass. com., 20 oct. 1992, *Rev. Soc.* 1993, p. 449, chron. Guyon; Cass. com., 19 oct. 1993, *Bull. Joly* 1993.1239, note J.-J. Daigre

190 Ainsi, Vallansan (J.), *op. cit.*, n° 56, p. 46.

191 CA Versailles, 16 déc. 1987, *D.* 1988, Som., p.383, obs. A. Honorat; CA Poitiers, 9 déc. 1987, *Rev. Proc. Coll.* 1988, n° 4, p. 346, obs. P. Didier; CA Paris, 20 mars 1986, *Rev. Soc.* 1987, p. 98, obs. Guyon.

est opposée, l'interdépendance des sociétés ou l'unité économique du groupe ne pouvant être considérée comme une véritable cause d'extension[192], encore moins la simple appartenance à un groupe[193].

De célèbres arrêts illustrent le contrôle strict exercé par la Cour de cassation en la matière, dont les affaires *Metaleurop*[194] *et AOM Air Liberté*[195]. Selon l'arrêt *Metaleurop* du 19 avril 2005, le critère d'anormalité des relations doit être apprécié très restrictivement dans le cadre d'un groupe de sociétés, une société mère pouvant venir en aide à sa filiale en cas de difficultés, par le biais notamment de conventions de gestion de trésorerie et de change, d'échanges de personnels ou d'avances de fonds, de même qu'une filiale peut inversement être tenue de renflouer la trésorerie du groupe. Faisant écho à cette décision[196], l'arrêt *AOM Air Liberté* rendu le 10 janvier 2006 conclut que ne révèlent pas des relations financières anormales constitutives d'une confusion des patrimoines : l'abandon de créances assorti d'une clause de retour à meilleure fortune, l'absence de facturation de prestation par la société mère à sa filiale, la circonstance que cette dernière a supporté la totalité des frais liés à l'intervention de la banque, quand l'avenant passé à la convention de prestations de services prévoyait un partage de ces frais, et celle que la filiale a supporté seule le coût du transport des passagers titulaires de billets émis non utilisés à la date de signature du protocole des 31 juillet et 1er août 2001. Plus récemment, la Cour de cassation a partiellement cassé un arrêt d'une Cour d'appel qui s'est déterminée par des motifs impropres à caractériser en quoi l'absence d'autonomie commerciale, l'imbrication des comptes résultant pour les personnes morales du contrat de participation, l'exploitation en commun du même fonds de commerce et l'existence d'une société de fait entre les propriétaires des infrastructures d'une résidence hôtelière, révélaient des relations financières anormales constitutives d'une confusion des patrimoines[197].

Ces arrêts illustrent comment le concept « original et dérogatoire » de la confusion des patrimoines se révèle difficile à manier en matière de groupe de sociétés, notamment lorsqu'il s'agit d'examiner la nature des relations entre une société mère et une société fille[198], d'autant plus que, au-delà des

---

192 Cass. com., 6 janv. 1998 n° 95-10665, SCI Ader c/ Gognet ès qual ; Cass. com., 11 mai 1993, *le Quotidien juridique* n° 62 du 5 août 1993, p. 2. Dans un autre arrêt, la Cour de cassation a décidé que quand bien même sa gestion et sa trésorerie seraient très centralisées, et quand bien même toutes les sociétés seraient dirigées par les mêmes mandataires, le groupe demeure composé de personnes morales indépendantes devant, en cas de redressement judiciaire, faire l'objet de procédures séparées (Cass. com., 5 avril 1994, *Rev. Soc.* 1995, obs. Y. Guyon).

193 Cass. com., 4 janv. 2000, n° 28, D, Sarl Sagim c/ Hidoux ès qual.

194 Cass. com., 19 avr. 2005, n° 05-10.094, *Metaleurop*, *Bull. civ.* IV, n° 92, *D.* 2005, p. 1225, obs. A. Lienhard ; *Bull. Joly* 2005, p. 690, § 155, note C. Saint-Alary-Houin.

195 Cass. com., 10 janv. 2006, n° 04-18.917, n° 38 FS-D, *AOM Air Liberté*, *Rev. Soc.* 2006/3, p. 629, note Ph. Roussel Galle, *Gaz. Proc. Coll.* 2006/2, p. 21, n° 1, obs. Ch. Lebel.

196 Delmotte (Ph.), *op. cit.*, n° 14, p. 544.

197 Cass. com., 14 mai 2008, n° 06-20631-20833, *Sté la Côte sous le vent Malendure*, non publié au bulletin.

198 Sur ces difficultés, v. Delmotte (Ph.), *op. cit.*, n° 13 *sq.*, p. 543-544.

rapports financiers ou commerciaux normaux entre les sociétés d'un même groupe, il existe « le devoir de la société mère de venir au secours de sa filiale en difficulté[199] ». Même si les arrêts n'offrent pas de critères permettant avec certitude de déterminer le caractère anormal des relations financières, qui peut résulter, involontairement, d'un grave désordre comptable, ou être systématique et frauduleux[200], ils confirment que l'extension des procédures doit demeurer une mesure exceptionnelle[201].

Les praticiens appellent également à la prudence lors de l'application de la mesure de l'art. L. 621-2, al. 2 *Co* en matière de groupes, car l'extension de procédure conduit les créanciers des deux entités à être en concours sur un gage commun constitué par les actifs des deux sociétés. Pour eux,

> *du jour au lendemain, le créancier d'une entité parfaitement solvable peut ainsi se voir imposer le statut peu envieux de créancier chirographaire d'une société en liquidation judiciaire. Les effets seront encore plus désastreux si une entité in bonis employant de nombreux salariés se voit étendre la procédure de liquidation judiciaire de sa filiale, puisque, sauf plan de cession, ces derniers risquent d'être licenciés*[202].

Enfin, il faut souligner que la fraude, en tant que telle, ne justifie pas l'extension de la procédure[203]. Autrement dit, si la confusion des patrimoines ou la fictivité peut révéler une fraude, la fraude « en tant que telle » ne suffit pas à caractériser la confusion des patrimoines ou la fictivité[204]. Cette nuance vient s'ajouter aux difficultés inhérentes à la mesure d'extension de la procédure collective[205], car si elle a bien pour effet de réunir au sein d'une procédure unique les biens et les dettes de personnes morales distinctes, l'abattement du voile social fictif ne laisse

---

199 SAINT-ALARY-HOUIN (C.), obs. sous Cass. com. 19 avril 2005, *Bull. Joly* 2005, p. 690, § 155.

200 LE CORRE (P.-M.), *Droit et pratique de procédures collectives* (2008-2009), Dalloz, 2008, n° 231.21, p. 252.

201 Ansi, DELMOTTE (Ph.), *op. cit.*, n° 8, p. 541. Cette exceptionnalité, marquée par un contrôle strict de la Cour de cassation concerne également les actions fondées sur l'art. L. 650-1 *Co* relatif à la responsabilité des créanciers pour soutien abusif. Pour un exemple récent, v. Cass. com. 30 sept. 2008, n° 07-17384, S*ouchon ès-qualités c. Société BNP Paribas*, *GP* n° 337, 2 déc. 2008, p. 22; *Revue des sociétés* 2009 p. 422, note R. Routier.

202 DAMMANN (R.) et PODEUR (G.), *op. cit.*, p. 67-68.

203 Cass. com., 10 janv. 2006, *AOM Air Liberté*. Par ailleurs, l'appropriation frauduleuse d'une indemnité d'assurance, si elle caractérise un détournement d'actif, ne constitue pas un critère de la confusion patrimoniale: Cass. com., 9 janv. 1996, n° 92-20.178.

204 Ce qui n'empêche pas d'autres voies d'action, à l'instar de l'action en responsabilité pour insuffisance d'actif: Roussel Galle (Ph.), note sous Cass. com., 10 janv. 2006, *préc.*, p. 633.

205 MATOUSEKOVA (M.), « Les réponses du droit international privé à la faillite des groupes internationaux de sociétés : analyse comparative des jurisprudences française et anglaise », *RDAI*, n° 2, 2008, p. 141-163, p. 144-145.

en réalité subsister qu'une unique entité juridique, alors même que la personnalité morale de chaque entité subsiste[206].

ii. Sanction patrimoniale des dirigeants: fusion d'actions ? Quid des associés ?

Avant la réforme opérée par l'Ordonnance du 18 décembre 2008, lorsqu'il s'agissait d'établir la responsabilité patrimoniale des dirigeants, il fallait s'assurer qu'aucun des cinq cas visés par l'art. L. 652-1 *Co* (abrogé) ne pouvait fonder une demande de condamnation à combler le passif sur la base de l'art. L. 651-2 *Co*[207]. Il n'était cependant pas interdit de délivrer une assignation à titre principal en obligation aux dettes sociales et à titre subsidiaire en responsabilité pour insuffisance d'actif, dès lors que les fautes de gestion visées par cette dernière n'étaient pas des cas d'obligation aux dettes sociales. L'action en responsabilité pour insuffisance d'actif obligeait à rapporter la preuve de la *faute de gestion* ayant contribué à cette insuffisance, tandis que l'action en paiement de dettes sociales ne présupposait pas l'insuffisance d'actif, mais le fait que l'une des fautes énumérées à l'art. L. 652-1 *Co* a contribué à la cessation de paiement[208]. Au vue des ressemblances de certaines fautes commises par les dirigeants, un auteur a proposé la fusion de ces actions[209], pour laquelle la voie semble définitivement ouverte depuis la suppression du régime spécifique d'obligation aux dettes sociales par l'Ordonnance du 18 décembre 2008[210].

En principe, la sanction patrimoniale n'est destinée qu'aux dirigeants de la société. Or, du fait qu'elle concerne aussi bien le dirigeant de droit que celui de fait, il n'en est pas moins certain qu'elle s'applique aux associés, dès lors que ceux-ci agissent en tant que dirigeants de fait. Appliqué dans le contexte des groupes des sociétés, l'art. L.651-2 *Co* peut mener à responsabiliser la société mère une fois vérifiée l'existence d'un lien de subordination entre les membres

206 C'est du moins ce que l'on peut déduire de l'arrêt de la Chambre commerciale du 4 janvier 2000 (*Bull. n°* 3), qui fixe les limites dans lesquelles une procédure collective peut être étendue sur le fondement de la confusion des patrimoines ou de la fictivité à une autre personne, elle-même, soumise à une procédure collective. En effet, dans les hypothèses où une telle extension est admise, rien ne semble faire obstacle à ce qu'elle concerne une société participant à l'autre procédure du fait même d'une extension dans le cadre de celle-ci. L'application de la solution de la Chambre commerciale ne semble alors envisageable que dans la mesure où, nonobstant la réunion au sein d'une procédure unique les biens et les dettes de personnes morales distinctes, la personnalité morale de chaque entité subsiste.

207 Fortis (E.), « Entreprises en difficulté (responsabilité et sanctions) », *Répertoire Dalloz*, Sociétés, III, p. 4.

208 Le Corre (P.-M.), *La différence de nature juridique de l'action en responsabilité pour insuffisance d'actif et de l'action en obligation aux dettes sociales et ses conséquences pratiques*, disponible sous : http://www.courdecassation.fr/IMG/File/23_06_06_le_corre-2-2.pdf.

209 Pérochon (F.) et Bonhomme (R.), *Entreprises en difficultés. Instruments de crédit et de paiement*, 7e éd., LGDJ, 2006, n° 560-1.

210 V. Roussel Galle (Ph.), « Le dirigeant de société et le nouveau droit des entreprises en difficulté issu de la réforme du 18 décembre 2008 », *Revue des sociétés* 2009, p. 249 *sq*.

du groupe[211]. L'unité de gestion pourrait alors créer la situation d'une direction de fait apte à fonder l'une des actions visées par ces dispositions[212]. Encore faut-il que la société mère ait commis une faute de gestion. Par un arrêt du 2 novembre 2005[213], la Cour de cassation a confirmé la décision d'une Cour d'appel qui, dans le cadre d'une procédure collective ouverte à l'encontre d'une société et de ses quatre filiales, a reconnu comme dirigeant de fait des filiales une SA qui les gérait par l'intermédiaire de la société mère. Dans cette affaire, la SA a commis diverses fautes de gestion en raison de la politique commerciale et financière désastreuse imposée ou consentie à la société mère justifiant de ce fait sa condamnation au paiement des dettes sociales.

L'action peut désormais être engagée uniquement en cas de liquidation judiciaire et non plus à la suite de la résolution d'un plan de sauvegarde ou de redressement et est prescrite au bout de trois ans à compter du jugement qui prononce la liquidation judiciaire. Par ailleurs, les fautes qui permettaient le prononcé de la condamnation en obligation aux dettes sociales peuvent sans difficulté fonder le prononcé d'une condamnation pour insuffisance d'actif[214]. La portée de la sanction est la condamnation du dirigeant de droit ou de fait au paiement de tout ou partie de l'insuffisance d'actif avec ou sans solidarité. Les sommes versées par les dirigeants entrent dans le patrimoine du débiteur et sont réparties au marc-le-franc entre tous les créanciers. Les dirigeants ne peuvent pas participer aux répartitions à concurrence des sommes au versement desquelles ils ont été condamnés (art. L. 651-2 *Co*). Nonobstant l'aspect moral de cette règle, qui vise à éviter que le dirigeant récupère «*une partie des sommes au versement desquelles il avait été condamné*», elle n'en a pas moins été critiquée du fait de résultats illogiques auxquels son application peut conduire[215].

*b. Le système ouvert du droit brésilien*

À la différence du législateur français, le législateur brésilien n'a pas inscrit dans la Loi du 9 février 2005, relative au redressement et à la faillite des entreprises des dispositions semblables à celles des articles L. 621-2, al. 2, L. 650-1- 651-2 et de l'ancien art. L. 652-1 *Co*. En dehors des cas d'application de l'art. 82 de la Loi du 9 février 2005[216], le législateur brésilien a adopté une démarche plus ouverte, en laissant aux tribunaux une large marge d'appréciation pour évaluer chaque cas d'espèce à partir de principes directeurs précis. Les tribunaux brésiliens n'hésitent pas à étendre la procédure collective et les effets de la faillite aux associés répondant de manière limitée lorsque la personnalité morale sert de

---

211 Dobson (J. M.), *op. cit.*, p. 851.

212 Cass. com., 27 juin 2006, n° 04-15.831, *Banque Worms, Bull. civ.* IV, n° 151, *D.* 2006, p. 2354, note Dammann R. et Paszkudzki J.; Cass. com., 15 mars 2005, n° 03-19.577.

213 Cass. com., 2 nov. 2005, n° 1351, *Sté Nord-Est c/ Villa ès qual.*, *RJDA* 5/06, n° 535.

214 Roussel Galle (Ph.), «Le dirigeant de société et le nouveau droit des entreprises en difficulté issu de la réforme du 18 décembre 2008», *op. cit.*, p. 251.

215 V. Roussel Galle (Ph.), «Le dirigeant de société et le nouveau droit des entreprises en difficulté issu de la réforme du 18 décembre 2008», *op. cit.*, n° 41.

216 Selon lequel, la responsabilité des associés, des contrôleurs et des administrateurs de la société en faillite doit être établie indépendamment de la réalisation de l'actif et de la preuve de l'insuffisance d'actif.

moyen pour frauder à la loi ou aux droits des créanciers, alors que de la lecture combinée des articles 81 et 82 de la Loi brésilienne du 9 février 2005, il ressort que ces mesures (automatiques) ne sont prévues que pour les associés répondant indéfiniment solidairement du passif social[217]. Les juges fondent leurs jugements sur les dispositions contenues dans des lois spéciales[218], la doctrine de la *disregard* ayant à elle seule servi, *à tort ou à raison*, de fondement à de nombreux arrêts en la matière avant[219] et après l'adoption[220] du nouveau Code civil de 2002.

Une situation récurrente doit susciter la levée du voile social afin de protéger l'intérêt d'autrui. Il s'agit de l'hypothèse dans laquelle les crédits préférentiels des associées contre la société sont inscrits dans un *ranking* inférieur en cas de faillite. La doctrine explique que la nécessité de cette règle tient à ce que, lorsque la société est financée au moyen de prêts consentis par les associés assortis d'une garantie réelle, on expose ses créanciers au risque de ne pas satisfaire ou de satisfaire partiellement leurs crédits dans une situation de concurrence créancière[221].

Au sein d'une procédure collective, la mise à l'écart de la personnalité morale peut être demandée par l'administrateur judiciaire, afin que les effets de la faillite soient étendus aux sociétés appartenant au même groupe en cas de confusion des patrimoines ou d'abus de droit visant la fraude à la loi ou le préjudice des tiers[222]. La mesure peut également être demandée par le parquet quand il est appelé à intervenir dans la procédure. Subsiste la question de savoir si les règles des procédures prévues à l'art. 82 de la Loi sur le redressement et à la faillite des entreprises[223] sont appliquées en cas de levée du voile social, du fait que les dispositions qui l'admettent, spécialement l'art. 50 CC, pourraient être considérées comme des règles spécifiques de vérification de la responsabilité auxquelles l'art. 82 renvoie.

La méthode de la levée du voile social appliquée à l'insolvabilité requiert, néanmoins, attention. Dans de nombreux cas, l'associé ayant une responsabilité limitée est assimilé à l'associé répondant indéfiniment et solidairement du passif

---

217 Mesure qui a disparu du droit français de la procédure depuis la loi du 26 juillet 2005. Seule est prévue l'application des pouvoirs d'investigation du président du tribunal et des mesures conservatoires destinées à obtenir des informations sur leur situation patrimoniale et à prévenir une éventuelle organisation d'insolvabilité (art. L. 651-4, dernier alinéa, *Co*).

218 À l'instar de : STJ, 3ª T., 04.12.2003, REsp 279.273/SP, *DJ* 29.03.2004 p. 230.

219 À l'instar de : STJ, 4ª T., REsp n° 63.652/SP, *DJU* 21.08.2000; STJ, 3ª T., REsp n° 332.763 - SP, *DJU* 24.06.2002; TJSP, 2ª Câm. Direito Privado, 17.02.1998, Apelação Cível nº 63.398.4/0-00.

220 STJ, 3ª T., 09.12.2003, REsp 228357/SP, *DJ* 02.02.2004, p. 332.

221 Drobnig (U.), « Nature et limites de la personnalité morale en droit allemand », *in* : *La personnalité morale et ses limites*, *op. cit.*, p. 48. Ulhoa Coelho (F.), *Manual de direito comercial*, *op. cit.*, p. 127.

222 STJ, 3ª T., 19.08.2003, RMS 16.105/GO, *DJ* 22.09.2003 p. 314.

223 Outre la concentration de l'action en responsabilité au juge saisi pour la procédure collective, l'art. 82 établit le délai de prescription de deux ans pour intenter ladite action, courant à compter de la décision ayant autorité de la chose jugée (§ 1), et le pouvoir du juge du fond d'ordonner, d'office ou à la demande des parties intéressées, l'indisponibilité de biens des défendeurs suffisant à garantir les dommages provoqués ; cette indisponibilité dure jusqu'au jugement de l'action de responsabilité (§ 2).

social. On remarque cependant que le droit brésilien attribue la personnalité juridique à des sociétés qui ne sont pas des sociétés de capital, en justifiant de cette manière la mise à l'écart de la personnalité juridique des sociétés à responsabilité illimitée, car la séparation juridique et patrimoniale entre les personnes existe tout de même. En cas d'abus de la personnalité juridique, le créancier peut choisir de se tourner seulement vers le responsable et épargner la personne morale, vu que celle-ci ne répond pas solidairement et indéfiniment des dettes de ses associés[224].

Ainsi, l'équivalence de l'associé de la société à responsabilité limitée à l'associé d'une société à responsabilité illimitée n'est pas conforme à la méthode de la levée du voile social. D'une part, cette méthode requiert l'exonération de la société ; d'autre part, elle est destinée à permettre justement la continuation de l'activité sociale[225], comme résultat de la conservation des sphères et de l'indépendance des responsabilités. C. Salomão Filho a souligné que la levée du voile social et la faillite sont des concepts antinomiques, raison pour laquelle on doit se garder d'attacher l'une à l'autre, nonobstant les liens nécessaires entre elles, comme le démontrent, d'ailleurs, les lois spéciales, les décisions et les hypothèses ci-dessus mentionnées. Ces rapports nécessaires entre la méthode de la levée du voile social et la faillite renforcent, par ailleurs, le besoin d'articulation des divers textes afin de permettre une application adéquate de la mesure[226].

### 3. Aspects tenant à la fictivité juridique

Spécificité française, la question de la « fictivité juridique » ne semble pas comporter de liens avec la méthode en droit brésilien (b), alors qu'en droit français des liens pourraient être envisageables (a).

#### *a. La levée du voile social : un substitut à la nullité en droit français ?*

Nous avons suggéré que la sanction de fictivité découlant du manque d'éléments constitutifs du contrat de société ne saurait être équivalente à la méthode de la levée du voile social. En revanche, en supposant que la jurisprudence de la Cour de cassation suive le raisonnement de la Cour d'appel de Paris[227] et cesse de prononcer la nullité des sociétés juridiquement fictives rentrant dans le champ d'application de la Première Directive (l'art. 11 ne compte pas la fictivité parmi les causes de nullité), la levée du voile social pourrait théoriquement servir de méthode d'engagement de la responsabilité sociétaire. De surcroît, la mesure pourrait se présenter comme un outil juridique apte à surmonter d'éventuelles

---

224 Vieira da Costa Cerqueira (G.), « A desconsideração da personalidade jurídica no direito brasileiro... », *préc.*

225 En ce sens, Salomão Filho (C.), *op. cit.*, p. 216.

226 Vieira da Costa Cerqueira (G.), « A desconsideração da personalidade jurídica no direito brasileiro... », *préc.*

227 CA Paris, 3e ch., sect. C, 21 septembre 2001, *Escudié c/ SA 3001 Informatic*, n° 1999/00244, *Bull. Joly Sociétés*, 1er mai 2002, n° 5, p. 626, note Menjucq.

réticences de la Cour de cassation[228] à l'abandon de la nullité de la société comme sanction de sa fictivité[229].

Toutefois, le recours à cette mesure en cas de fictivité suppose que le législateur n'ait prévu aucune règle spécifique de responsabilisation de ceux qui en bénéficient. De plus, la méthode veut que la responsabilité soit établie sur le fondement d'une « activité dommageable » et non d'un acte déterminé, en l'occurrence le contrat social fictif, sauf si l'acte est la source du dommage. Elle pourrait être une mesure adaptée lorsque la fictivité est liée à une société qui, existant initialement, « disparaît » ultérieurement du fait de la confusion progressive des patrimoines. Dans ce dernier cas, la mise à l'écart de la personnalité juridique peut jouer un rôle de responsabilisation en dehors du cadre de la procédure collective. Si, en droit de la procédure collective, il n'y a plus à distinguer selon que la société est fictive juridiquement ou économiquement, un dépassement de cette distinction en dehors du cadre de l'insolvabilité aurait pour avantage la mise en conformité avec le droit européen et l'utilisation de la méthode de la levée du voile social pour les sociétés fictives dès leur naissance. La mesure conserverait la séparation des personnes, tout en permettant une extension de la responsabilité[230].

*b. L'absence de problématique en droit brésilien*

À la différence du droit français, le droit brésilien n'est pas confronté au besoin de mise en conformité de son droit des sociétés avec le droit du *Mercosur* pratiquement inéxistant en la matière. En outre, la dissolution (« dépersonnalisation ») de la société résultant de la nullité de l'acte l'instituant ne se confond pas avec la méthode de la levée du voile social[231]. En effet, dans le cadre d'une *action en dépersonnalisation* sur la base de la nullité de la société (art. 1304, I, CC; art. 206, II « a », Loi n° 6.404 de 1976 sur les sociétés anonymes), il n'est pas question d'engager la responsabilité au même titre de la levée du voile social, car celle-ci ne vise pas à attribuer à un tiers une responsabilité qui revient

---

228 V.M. Menjucq, note sous Paris, 3e ch., sect. C, 21 sept. 2001, *Escudié c/ SA 3001 Informatic, préc.*, qui prévoit un bouleversement des solutions nationales résultant de la mise en conformité du droit français avec le droit européen.

229 Postérieurement à la décision *Marleasing* (*préc.*) et contrairement aux dispositions de l'article 11 de la Directive 68/151 CEE, la Cour de cassation a affirmé, d'une part qu'une société fictive est nulle (Cass. com., 16 juin 1992, *Lumal*: *Bull. Joly*, 1992.960, § 313), et, d'autre part, admis que l'annulation pour fraude d'une société est possible si tous les associés ont concouru à la fraude (Cass. com., 28 janvier 1992, Demuth: *Bull. Joly*, 1992.419, § 133, note P. Le Cannu; *Dr. sociétés*, 1992, comm. n° 75, obs. T. Bonneau; *JCP* E, 1992.II.378, note A. Tisserand; *D.*, 1993, jur. p. 23, note J. Pagès). Par ailleurs, en matière de procédure collective, la Cour de Cassation ne tient plus compte de la nullité en cas de fictivité d'une société en liquidation judiciaire: Cass. com., 19 févr. 2002, *Arrêt Franck*, *JCP* E 2002, 1510, note J.-P. Legros. Cet arrêt précise que la demande en extension de procédure pour fictivité ne se confond pas avec une demande en nullité, faisant échapper le droit de la procédure au champ d'application de la directive du 9 mars 1968 relative à la nullité des sociétés. Cf. art. L. 621-2, al. 2 Co.

230 Ainsi, J.M. Dobson, *"Lifting the Veil" in Four Countries: The Law of Argentina, England, France and the United States, op. cit.*, p. 839-863, p. 862.

231 STJ, 3a, 18.04.2002, REsp 282.266-RJ, *DJU* 5.8.2008, p. 328.

en principe à la société. Une fois dissoute par nullité, la société cesse d'exister et, tout naturellement, elle n'a plus une existence distincte de celle de ses membres et de ses administrateurs. La responsabilité pour toutes les dettes sociales tombe alors sur ces derniers à titre principal et direct, comme en droit français.

## Conclusion

Destinée à redistribuer les risques résultant de la limitation de la responsabilité, la levée du voile de la personnalité morale constitue effectivement un moyen d'intervention de l'État par l'entremise judiciaire dans la sphère de l'autonomie privée. Elle se présente comme *« une règle générale de répression au comportement de celui qui veut jouir des avantages mais pas des coûts de la responsabilité limitée »*[232].

L'une des difficultés liées à l'étude de la matière tient à ce que toutes les hypothèses couvertes normalement par la théorie de la levée du voile social[233] peuvent être garanties par des règles du droit des sociétés, du droit des obligations et des contrats, du droit du travail, du droit des procédures collectives, du droit fiscal, etc. Ces différentes branches du droit peuvent prévoir des règles concernant la levée du voile social, mais également des règles spécifiques établissant la responsabilité directe des associés, des administrateurs et des dirigeants des personnes morales. La prise en compte de ces dernières semble justifier, en grande partie, le fait que des études sur la levée du voile social ne soient pas limitées aux seuls aspects les plus typiques de la théorie. D'une part, cette prise en compte s'avère même incontournable lorsque l'ordre juridique analysé n'a pas consacré expressément la mesure dans la loi, comme c'est le cas du droit français D'autre part, elle peut permettre la différenciation entre les deux types de règles, ce qui est essentiel à la bonne compréhension et application de la théorie[234].

En consacrant la théorie de la levée du voile social en droit positif, le législateur brésilien a réfuté la neutralité du droit à l'égard des situations économiques inégales. Par l'entremise judiciaire, l'équilibre tend à être rétabli là où une règle spécifique de responsabilité fait défaut. Cette perspective interventionniste de l'État législateur n'est pas moins dépourvue d'une volonté affirmée d'imprimer des valeurs éthiques aux divers rapports régis par le nouveau Code civil de 2002.

Le juge français, à l'instar du législateur brésilien, intervient pour redistribuer les risques résultant de la responsabilité limitée de certains types de sociétés. Le droit français est à cet égard essentiellement jurisprudentiel et d'une riche casuistique, dont la systématisation théorique s'avère une tâche difficile. Faute d'une prévision de portée générale, la doctrine et la jurisprudence axent l'abus

---

232 SALOMÃO FILHO (C.), *op. cit.* , p. 243.

233 La doctrine s'est efforcée de dresser un inventaire des hypothèses théoriquement couvertes par cette théorie. Elles ont été regroupées au sein de neuf catégories: *la confusion des patrimoines; la domination d'une société; la sous-capitalisation; la fraude; le caractère fictif de la personne morale; la conclusion des contrats entre une personne et « sa » société; l'imputation des comportements subjectifs de ses organes à la personne morale; sociétés ennemies et étrangères et appartenance raciale des personnes morales.* Cf. SIMONART (V.), *op. cit.*, p. 477-525, n° 477-600.

234 VANDEKERCKHOVE (K.), *op. cit.*, p. 191-192.

de la personnalité morale sur l'idée de *fictivité*. Cette même idée s'est associée au phénomène de la *confusion des patrimoines* pour devenir, depuis 2006, les seules causes légales d'extension des procédures collectives, qui ne constituent qu'une percée dans le voile social. Hormis les autres règles spécifiques aux sociétés en cessation de paiements, il n'existe rien de tel qui puisse nous mener à une perception claire et systématisée du traitement dogmatique de la question de la percée du voile de la personnalité juridique en droit français. On constate néanmoins des effets patrimoniaux comparables à ceux résultant de l'application de la *disregard doctrine*.

D'une manière générale, les jurisprudences brésilienne et française accordent une valeur paradigmatique à la personne morale. De ce fait, la séparation patrimoniale est fréquemment réaffirmée et la levée du voile social n'est admise qu'en présence d'une prévision légale expresse ou de comportements considérés comme étant frauduleux, avec cette précision qu'aussi bien en droit français qu'en droit brésilien la confusion des patrimoines n'est pas forcément frauduleuse. La tendance est donc celle d'appliquer un raisonnement basé sur le binôme *règle/exception*. Mais contrairement à la jurisprudence française, les décisions des tribunaux brésiliens ne sont pas classées selon le type d'activités dommageables propres à justifier la levée du voile social, mais selon le fondement juridique invoqué pour fonder une telle mesure[235].

En ce qui concerne l'aspect essentiel de la méthode, aussi bien en droit brésilien qu'en droit français[236], l'utilisation abusive de la personnalité morale ne fait pas disparaître la personne morale. En outre, les responsabilités résultantes des diverses décisions en la matière ne semblent pas offrir au responsable une action récursoire contre la société en raison notamment de l'intérêt personnel commandant les agissements censurés[237]. En revanche, si la mise à l'écart de la personnalité morale produit des effets patrimoniaux comparables à ceux ayant abusé de la forme sociétale, il nous paraît difficile de pouvoir affirmer de même à l'égard de la responsabilité de la personne morale : tandis qu'au Brésil celle-ci n'est pas censée répondre de faits imputés aux dirigeants et/ou associés en raison de la percée du voile social, en France il semble qu'une responsabilité subsidiaire, voire solidaire peut en résulter.

Finalement, en raison de règles spécifiques en droit des procédures collectives visant la responsabilité des dirigeants en droit français, le recours à la méthode de la levée du voile social est rendu moins nécessaire[238]. Mais en dehors du cadre d'une procédure collective, et là où d'autres règles spécifiques font défaut,

---

235 Salomão Filho (C.), *op. cit.*, p. 231-232.

236 Ripert (G.) et Roblot (R.), *Traité de droit commercial*, t. 1, v. 2, par Germain (M.), *op. cit.*, n° 1141, p. 106.

237 À cet égard, certains arrêts de la Cour de cassation sont intéressants, dans la mesure où ils imposent la responsabilité solidaire de la société pour les agissements de l'un des associés visant à tourner une clause de non-concurrence ou de non-rétablissement contractée avant l'entrée de l'associé dans la société (Cass. com. 1972, n° 71-12.948, *Bull. civ. IV*, n° 269, p. 255, rapprocher Cass. com. 19 juillet 1971, n° 70-13.1990, *Bull. civ. IV*, n° 216, p. 200 ; Cass. com., 13 févr. 1990, n° 88-13.828, *Bull. civ. IV*, n° 38, p. 26, *précités*).

238 En ce sens, Vandekerckhove (K.), « Piercing the Corporate Veil », *op. cit.*, p. 194.

la percée du voile social s'avère une mesure apte à combattre et à sanctionner l'abus de la personnalité morale. Elle peut même servir d'antidote à l'ouverture d'une procédure collective visant la liquidation de la société, en préservant ainsi l'entreprise[239]. Il paraît que cette solution s'accorde mieux avec la fonction sociale de l'entreprise.

239 Ainsi, C. SALOMÃO FILHO, *op. cit.*, p. 238, en s'appuyant sur la théorie antiunitaire élaborée par le juriste allemand Müller-Freinfels.

## Table Ronde du 17 juin 2008
## *L'autonomie des personnes et le droit de l'État interventionniste*
Débats de la première séance

### Présidence de Claude Witz

**Claude Witz** : Mesdames et Messieurs, je suis ravi de présider la première séance de cet après-midi. Cette fonction me donne l'occasion de revoir de nombreux amis brésiliens et européens, à ma droite, d'anciens thésards, Iacyr Vieira et Jochen Bauerreis, et, à ma gauche, M. Pignatta, qui soutiendra bientôt sa thèse. Je tiens à saluer le dynamisme de nos amis brésiliens, qui non seulement préparent activement leur thèse, mais aussi organisent des manifestations scientifiques pour mieux nous faire connaître leur droit si riche, si composite, un vrai trésor pour les comparatistes. Le programme de cet après-midi est particulièrement dense.

Cette séance nous a permis d'écouter quatre rapports. Deux rapports de portée plutôt générale, ceux de M. Francisco Pignatta et de Mlle Bibiana Graeff, chacun des rapports ayant été suivi de communications plus ciblées, celles de Mlle Roberta Oertel et de M. Gustavo Cerqueira. Le premier rapport de portée générale, présenté par M. Pignatta, a traité du nouveau droit brésilien des contrats et a fait ressortir les différences entre le droit brésilien et le droit français des contrats. Le rapporteur nous a présenté un panorama « bleu ciel » du droit brésilien des contrats, parsemé tout de même de gros nuages menaçants, provenant de la fonction sociale du contrat. Je suis sûr que cet aspect de son exposé, comme les autres, suscitera des questions de l'auditoire. Le rapport plus ciblé, plus technique, de Mlle Roberta Oertel sur les clauses d'exclusivité dans les contrats de distribution en droits français et brésilien, a été très clair, très synthétique, sur un sujet complexe et très important pour les praticiens, notamment ceux qui sont dans la salle et qui ont suivi ce rapport avec beaucoup d'attention. La Loi Ferrari, que Mlle Oertel a évoquée, est certainement une loi incontournable pour les exportateurs français qui veulent distribuer leurs produits au Brésil. Mlle Oertel a aussi éclairé cette fonction sociale du contrat par un exemple extrêmement intéressant.

Après ce rapport spécifique, qui illustre des aspects du droit commun des contrats, nous sommes revenus partiellement au droit commun, avec l'examen des clauses abusives dans les contrats de consommation en droits français et brésilien, grâce au bel exposé de Mlle Graeff. Nous avons les mêmes concepts dans les deux droits, les mêmes mots – clauses abusives, consommateurs – et on peut constater que, dans ce domaine comme ailleurs, les mêmes mots cachent souvent des réalités bien différentes. Bravo, Mlle Graeff, d'avoir osé un plan en trois parties et tout cela en vingt minutes.

Je ne suis pas étonné que M. Gustavo Cerqueira ait choisi un intitulé assez mystérieux, la levée du voile social en droit français et brésilien, ce qui lui a permis de jouer un peu le rôle de magicien en maniant ainsi ce voile social dans les deux droits. Cher Gustavo, je vous remercie d'avoir si finement levé le voile sur la levée du voile social en droit brésilien et en droit français.

Le moment est maintenant de débattre des différents thèmes qui ont été présentés excellemment cet après-midi.

**Jean-Jacques Forrer**: Dans la mesure où le voile social peut être assez facilement levé en droit brésilien, au moins avec plus de facilité qu'en droit français, est-ce que le droit brésilien ne connaît pas le patrimoine d'affectation ?

**Gustavo Vieira da Costa Cerqueira**: Pas comme en droit français. Le droit brésilien ne connait qu'un cas de société unipersonnelle, à savoir celui d'une société subsidiaire intégrale d'une société anonyme. Dans ce contexte, la levée du voile social s'opère tel qu'en droit des groupes. Je précise que si d'une part on vérifie une tendance à demander l'application de cette mesure chaque fois que le patrimoine de la société n'est pas en mesure de satisfaire les droits des créanciers, d'autre part, on constate, d'après certains arrêts, un degré satisfaisant de discernement du caractère exceptionnel de la mesure de la part du juge du fond et des tribunaux supérieurs, à l'exception du TST, ce qui en évite toute utilisation abusive. Il est vrai que les conditions sont plus élargies en matière de protection du consommateur et en matière de protection de l'environnement parce que l'article 28 du Code de protection du consommateur et l'article 18 du Code de protection de l'environnement autorisent la levée du voile social chaque fois que la personnalité juridique constitue un obstacle au dédommagement. Par ces dispositions, le législateur a créé le risque d'anéantissement des principes de base du droit des personnes morales qui sont ceux de l'autonomie et de l'indépendance et de toutes les conséquences qui en découlent. En revanche et heureusement, ces dispositions n'ont tendance à être appliquées qu'en cas de fraude. La jurisprudence se comporte alors de manière à bien cantonner l'application de la levée du voile social, en affirmant le caractère exceptionnel de la mesure. Cette facilité ne me semble donc qu'apparente.

**Claude Witz**: Et bien, y-a-t-il d'autres questions, d'autres observations ?

**Michel Feuerbach** : J'ai été particulièrement troublé par la notion de fonction sociale dans les contrats. Je me pose une question qui témoigne sans doute un tout petit peu du fait que je n'ai pas capté l'ensemble du champ d'application de cette notion, tout simplement parce qu'elle m'est inconnue. Eu égard aux explications qui nous ont été données, est-ce que l'on peut envisager, et je citerai deux hypothèses : une augmentation du champ d'action des auteurs des recours en justice au sujet des contrats dans lesquels ils ne sont pas engagés et est-ce que l'on peut envisager que les associations de protection des consommateurs puissent eux-mêmes agir, en droit brésilien, sur le fondement de la fonction sociale, puisque cet élément semble présider ou réguler à la fois la formation du contrat, mais aussi son exécution, voire carrément provoquer sa réfaction judiciaire, voire même son extinction ?

**Claude Witz** : Qui souhaite répondre, puisque la fonction sociale du contrat a été abordée par pratiquement tous les intervenants ?

**Bibiana Graeff** : En ce qui concerne les associations de consommation, il me semble qu'oui. Il est possible qu'elles agissent au nom de l'intérêt collectif *lato sensu* des consommateurs et qu'elles s'appuient entre autres sur le fondement de la fonction sociale, comme le démontre la jurisprudence brésilienne, dans la mesure où le droit de la consommation est un microsystème du droit civil et que les notions générales du droit civil peuvent fonder les recours des consommateurs, elles ne sont pas exclues. Mais, en même temps, je me demande si cette notion apporte concrètement quelque chose de nouveau, puisque le droit de la consommation brésilien était déjà assez fort et constituait en maints aspects contractuels une expression du principe de la fonction sociale du contrat avant que celui-ci ne soit expressément consacré dans le nouveau Code civil de 2002.

**Francisco A. Pignatta** : À vrai dire, la doctrine brésilienne est abondante sur ce sujet. Cela s'est montré un champ merveilleux pour elle et tout le monde a parlé sur la fonction sociale du contrat. Le problème est que le Code civil ne spécifie pas la signification de ce postulat. Pourquoi ? Parce que les rédacteurs du nouveau Code ont pris cette idée d'une norme constitutionnelle portant sur la fonction sociale de la propriété. Mais la fonction sociale de la propriété est une notion qui, dans la Constitution brésilienne, est explicitée d'une manière satisfaisante. Au moment de transposer cette idée dans le Code civil, le législateur n'a pas précisé son contenu. Ainsi, dans la doctrine on peut trouver de tout. On trouve des juristes qui soutiennent l'effacement des principes traditionnels du droit des contrats. D'autres ont soutenu que rien n'a changé, parce qu'il y a d'autres dispositions qui protègent aussi les contractants faibles et il faut les appliquer au lieu d'utiliser la notion de fonction sociale. La jurisprudence est devant ce doute et elle n'arrive pas à trancher d'une façon plus précise sur la signification de la notion de fonction sociale du contrat. Alors, il y a beaucoup d'affaires dans lesquelles les parties demandent l'application de cette notion, mais la jurisprudence utilise d'autres dispositions du Code civil pour rétablir, par exemple, l'équilibre contractuel. C'est pour cette raison qu'après l'entrée en vigueur du nouveau Code civil il n'existe aucune décision de principe, dans la Haute juridiction, à propos de ce sujet. J'ai l'habitude d'utiliser une image biblique, celle du peuple juif qui partait avec Moïse à la recherche de la terre promise et, pendant son errance, il tombait du ciel une « Manne », une nourriture miraculeuse dont le goût s'adaptait au désir de chacun. Alors, la fonction sociale du contrat c'est un peu cela, chacun souhaite qu'elle ait un goût spécial et veut la faire appliquer d'une façon qui s'adapte le mieux à ses propres intérêts. La résolution de cette question est dans les mains de la jurisprudence. Mais, même la jurisprudence est très hésitante.

**Claude Witz** : Il faudrait qu'on se retrouve dans dix ans pour faire le point, pour voir comment la jurisprudence brésilienne s'est prononcée sur cette notion un peu inquiétante pour nous, à savoir la fonction sociale du contrat. Mais l'heure tourne.

Je passe à présent la parole à ma chère collège Iacyr, qui voudra bien nous faire part de ses réflexions à propos des thèmes qui ont été abordés cet-après-midi.

**Iacyr de Aguilar Vieira** : Je prends le relais à partir de la question formulée par Maître Feuerbach, dont les éléments constituent une partie de mes propos. Au fait, moi-même et une partie de la doctrine envisageons la fonction sociale du contrat comme une intervention de l'État pour obliger, d'une certaine façon, les particuliers à suivre leurs objectifs économiques et sociaux, à suivre la politique formulée pour l'Etat en général. Et là nous avons deux sortes de commandements : on peut envisager la fonction sociale comme un instrument mis à la portée des particuliers, bien sûr, ou alors comme un instrument mis au service de l'Etat. Le principe de la fonction sociale du contrat est consacré par l'article 421 du Code civil brésilien de 2002, selon lequel, «*la liberté de contracter doit être exercée en raison et dans les limites de la fonction sociale du contrat*». Aujourd'hui, si on commence à donner des cours de droit des obligations au Brésil, on sent tout de suite qu'on peut donner des cours basés sur des principes. Et ces principes sont presque tous inscrits dans la Constitution fédérale, où on trouve également beaucoup de règles ou de normes programmatiques, c'est-à-dire qui établissent des programmes pour le futur. Il y a des normes programmatiques de direction et de protection. Le Code brésilien de protection des consommateurs est une norme d'ordre public qui s'insère dans ce contexte. La fonction sociale du contrat va aussi dans le sens d'obliger les particuliers à suivre une politique établie en grandes lignes par l'Etat. Je reprends ici les mots des auteurs français qui disaient : «*l'interventionnisme de l'Etat sur l'autonomie des personnes révèle une contrainte imposée par le législateur, tandis que le solidarisme est une contrainte imposée par le juge*» ; dans le cas brésilien l'interventionnisme est, certes, une contrainte imposée par le législateur, mais le solidarisme est également imposé par le législateur sous un fondement constitutionnel. L'article 3, alinéa 3, de la Constitution fédérale, prône la solidarité sociale et, à partir de là, en combinaison avec l'article 1er de la Constitution, on peut établir un rapport direct entre la fonction sociale du contrat et le principe de la liberté d'initiative économique préconisée par l'article 170, de la Constitution.

M. Pignatta a bien établi le lien entre la fonction sociale et les limites à l'autonomie de la volonté. Mais, je crois qu'on doit aussi analyser l'autre volet, parce qu'il y a, à côté de ces limites que j'appelle, avec d'autres professeurs de droit civil «*des limites aux droit subjectifs des particuliers de contracter, d'établir des rapports créateurs d'obligations*», qui découlent d'une liberté qui vient de l'autonomie privé, une autre sorte de limites concernant les effets du contrat sur la société. Cette deuxième limite est une limite qui va dans le sens de la question de M. Feuerbach. L'influence du droit constitutionnel sur le droit civil, à mon avis passera vite : le moment où on arrivera à établir un ordre économique, politique et social plus convenable au Brésil, la Constitution changera, parce que elle est très détaillée, elle est très spécifique pour une période qui vient à la suite d'une dictature de 24 ans. La consécration du principe de la fonction sociale de la propriété et du principe de la fonction sociale du contrat par le Code civil de 2002 va permettre le développement de ces principes hors du cadre constitutionnel. Nous avons ainsi des limites qui vont exercer un rôle sur le principe de l'effet relatif des conventions. Je peux contracter, oui. J'ai des limites, oui. Tous les contrats ont normalement dans leur base, dans leur essence, une raison sociale. Il n'existe pas de contrats hors de la société. C'est de l'essence même du contrat cette fonction sociale. Mais à côté, il y a cet effet nuisible que le contrat peut exercer sur les tiers. Nous aurons, toutefois, un peu de difficultés en droit de la procédure civile, car la loi, hors les effets de la sentence *erga omnes* conférés dans le cadre du droit de la consommation et du droit de l'environnement, n'a pas encore mis en place des dispositifs permettant aux tiers l'exercice d'un droit sur le fondement de la fonction sociale une fois qu'ils ne sont pas liés par le contrat. Mais cela ne tardera pas. Pour une partie de la doctrine, le principal de la fonction sociale n'est pas exactement d'encadrer la liberté de contracter dans le sens subjectif, mais c'est surtout dans le sens objectif, c'est-à-dire quels sont les effets de ce contrat sur la société ? Va-t-il nuire à une collectivité, un quartier, par exemple ? Quels sont les effets des contrats sur les tiers ? Là, nous avons vraiment un courant dans le droit positif qui soutient cette idée d'anéantissement du principe de l'effet relatif du contrat. Mais, en droit de la procédure, cela va prendre un peu de temps pour bien établir la légitimité d'action en justice aux tiers pour exercer un droit sur le fondement de la fonction sociale du contrat.

Je reviens encore sur la présentation de M. Francisco Pignatta, parce que j'ai un peu de difficultés par rapport à la cause en droit brésilien. Normalement, on dit que le Code civil n'a pas établi la notion de cause comme l'un des éléments essentiels de validité du contrat ; nous avons trois éléments essentiels au contrat et la cause n'y est pas ... mais la cause, elle existe toujours dans les contrats qui sont réglementés par la loi ; à ce propos, nous avons un courant qui défend l'idée qu'il n'y a pas de contrats nommés, de contrats réglementés par la loi, de contrats typifiés par la loi, sans cause ; la cause est toujours là : dans les contrats de vente, la cause est le transfert de la propriété ; dans les contrats de donation, la cause est la libéralité.

Nous avons une difficulté pour établir la notion de cause et la contribution de M. Pignatta est très importante, parce que lorsque l'on pense aux contrats qui ne sont pas typifiés par loi, ce sont des contrats qui trouvent leur source dans l'autonomie de la volonté, les parties peuvent créer des nouveaux types qui ne sont pas encore réglementés par la loi. Dans ces cas, la notion de cause en droit brésilien est vraiment importante. Dans une conception objective du contrat, on ne confond pas la cause avec le mobile. C'est la cause du contrat et pas l'intention, les motifs, ou les raisons qui ont amené les contractantes à créer des nouveaux types qui doit être recherchée lors de l'interprétation du contrat. Nous avons là une influence italienne, pour voir, dans les contrats qui ne sont pas typifiés, où est la cause. C'est une sorte de garantie de sécurité juridique du contrat.

Pour conclure, je voudrais poser une question à Gustavo. Je voudrais savoir si l'arbitre a le pouvoir d'écarter une personnalité juridique octroyée par l'Etat, s'il peut lever le voile social ? Merci, Monsieur le président.

**Gustavo Vieira da Costa Cerqueira**: La question est très intéressante, spécialement en ce qui concerne la portée des engagements au sein d'un groupe des sociétés. Dans l'arbitrage international et en droit français de l'arbitrage, nombre de décisions a « étendu » la clause d'arbitrage à des parties non signataires, notamment quand il y a une fraude ou une confusion, pas celle du patrimoine, mais celle résultant de la négociation et de l'exécution des divers contrats. En appliquant parfois la théorie de l'apparence, les arbitres justifient l'extension de la clause d'arbitrage et de la procédure d'arbitrage à celui qui n'est pas signataire du contrat ou de l'un des contrats qui prévoit la clause; par ailleurs, certains disent que c'est la levée du voile qui est mise en œuvre. J'ai lu un auteur qui critiquait la référence à la théorie de la levée du voile social lorsqu'il s'agit de soumettre aussi bien une société mère que sa filiale à une même procédure arbitrale. Il est vrai que de la technique de la percée du voile ne résulte nullement une sorte de responsabilité solidaire ou subsidiaire. La technique de la levée du voile social, surtout dans le camp de la responsabilité patrimoniale, ne permet d'appliquer les mesures qui en découlent qu'à celui qui bénéficie directement des actes réalisés et des engagements pris par la société. L'extension de la clause d'arbitrage par le biais de cette méthode devrait, en principe, se faire accompagner d'une exclusion de la première défenderesse de la procédure. Au Brésil, on a une loi d'arbitrage assez libérale et je pense qu'en tant que règle générale, l'article 50 du Code civil peut fonder la décision de l'arbitre en cas de fraude ou de confusion patrimoniale, d'éteindre une procédure arbitrale, surtout dans le cadre de groupe de sociétés.

**Claude Witz** : Merci beaucoup. Il est extrêmement rare que dans une table ronde de juristes une maman pose des questions à son fils et que nous assistions ainsi à un dialogue entre une mère et son fils. C'est formidable. Jochen Bauerreis voudrait intervenir sur certains aspects du colloque.

**Jochen Bauerreis** : Je vous remercie, Monsieur le président. Je souhaiterais, à la fin de cette table ronde, essayer de faire une sorte d'analyse transversale. Dans les quatre interventions, on décèle deux principes aux antipodes: d'une part, la liberté contractuelle et, d'autre part, la fonction sociale du contrat.

M. Pignatta nous a parlé de la théorie de l'imprévision, de la cause et de sa disparition. Mais il y a un terme juridique qui va encore beaucoup plus loin et que l'on retrouve dans les arrêts récents de la Cour de cassation: c'est l'« économie générale du contrat ». En effet, à défaut de pouvoir se prévaloir, par exemple, de la notion de clauses abusives lorsque nous sommes en présence d'un contrat conclu entre deux professionnels, la Cour de cassation fait appel au concept d'« économie générale du contrat » pour rétablir l'équilibre perdu. Les solutions qui en découlent sont pourtant radicalement contraires à ce que les parties, en usant de leur liberté contractuelle, avaient prévu. Je pense qu'il s'agit là aussi d'une sorte de mise en œuvre de la « fonction sociale du contrat ».

Dans ce contexte, je songe spécialement aux aménagements contractuels concernant la responsabilité. Les clauses exonératoires et limitatives de responsabilité provoquent, tant en jurisprudence qu'en doctrine, un éternel débat, parce que les parties contractantes et leurs conseils ne savent jamais jusqu'où ils peuvent aller. Les parties contractantes ayant toutes les deux la qualité de professionnel ne devraient-elles pas être habilitées à créer leur propre système de responsabilité dans lequel une exclusion et/ou limitation de responsabilité serait compensée par d'autres mécanismes (par exemple calcul d'un prix particulièrement concurrentiel) ? Un tel système devrait fonctionner à condition que les parties au contrat respectent la fonction sociale de celui-ci, condition qui devrait s'apprécier par le juge non pas *in abstracto,* mais sur la base d'une conception concrète et individuelle du contrat.

Afin que la notion de fonction sociale ne soit pas génératrice d'insécurité juridique, il faut bien sûr la « maîtriser ». Aussi suis-je relativement persuadé que la fonction sociale doit être différente selon deux hypothèses fondamentales, axées essentiellement sur la qualité des parties. Lorsqu'il s'agit de la protection des parties traditionnellement considérées comme faibles, la fonction sociale serait directement définie par le législateur (ou à défaut par la jurisprudence), à l'instar des règles concernant par exemple les clauses abusives. En revanche, lorsqu'il s'agit de contrats entre professionnels, la fonction sociale du contrat devrait, me semble-t-il, être définie et assurée non pas par le législateur, mais par les parties elles-mêmes, de sorte que le juge veillerait simplement à ce que la fonction sociale dans son intégralité et généralité soit respectée sans pour autant en dicter le contenu exact. Dans cette seconde hypothèse, les rédacteurs d'actes devraient sensibiliser les parties pour que celles-ci déterminent le degré de fonction sociale qu'elles voudront bien apporter à leur contrat. On instaurerait ainsi un système de « compensation » : si une partie peut imposer une clause très favorable pour elle, il faudra bien prendre la peine de prévoir en faveur de l'autre partie des mécanismes compensatoires. Ce système de mécanismes permettrait aux parties de regagner un peu de cette liberté qu'elles ont perdue suite à une intervention trop radicale de la part du législateur. En effet, la seule obligation du législateur (comme c'est apparemment le cas en droit brésilien) serait de vérifier que les parties contractantes en jouissant au maximum de leur liberté contractuelle, ne suppriment pas complètement la fonction sociale de leur contrat.

Personnellement, je serais ravi si nous pouvions régulièrement (pourquoi pas au moins tous les deux ans) faire le point sur l'avancement de cette fonction sociale du contrat tant en France qu'au Brésil. Je vous remercie, Monsieur le président.

**Claude Witz** : Merci beaucoup cher Jochen. Vous avez peut-être pu vous rendre compte que figure dans le programme, parmi les personnes chargées d'animer le débat, une troisième personne, votre serviteur. Mais, en même temps, je suis maître de cérémonie et je dois veiller au bon déroulement du colloque, et notamment à l'horaire. Cela veut dire que j'aurais bien aimé développer tel ou tel aspect des thèmes de cet après-midi, et montrer notamment comment le nouveau Code civil brésilien peut être source d'inspiration pour une codification européenne, par la consécration d'une partie générale, un peu sur le modèle du BGB, où sont présentées les notions et institutions fondamentales du droit privé, et par la renonciation à la théorie de la cause. Personnellement, je suis plutôt hostile à la cause. Je suis anti-causaliste. Je suis persuadé qu'on pourrait fort bien se passer de la cause. À propos de la cause illicite ou la cause immorale, il suffit d'appliquer purement et simplement l'article 6 du Code civil, selon lequel on ne peut déroger par conventions particulières aux lois qui intéressent l'ordre public et les bonnes mœurs. Il conviendrait d'appliquer directement cette norme, comme sous l'empire du BGB. Le Code civil allemand ne recourt pas à la cause. Selon le § 134, l'acte juridique qui heurte une prohibition légale est nul. Il en va de même, selon le § 138, des actes juridiques contraires aux bonnes mœurs. On peut donc parfaitement se passer de la cause pour atteindre des résultats comparables. En ce qui concerne l'absence de cause, qui permet de protéger la personne qui n'obtient pas de contrepartie, je plaiderais pour une solution, consacrée par plusieurs instruments d'uniformisation du droit des contrats, tels les Principes d'Unidroit, les Principes du droit européen du contrat ou encore le projet académique de Cadre commun de référence. La solution consiste à accueillir la lésion qualifiée pour tout acte juridique, sur le modèle du § 138, al. 2 BGB. L'absence de cause n'est autre qu'une lésion de 100%. Par ailleurs, je plaiderais en faveur d'un contrôle de clauses abusives, non limité aux relations B to C (*business to consumer*), mais applicable également dans les relations entre professionnels, comme le prévoient déjà les Principes du droit européen du contrat ou le projet académique de cadre commun de référence. L'idée d'un contrôle élargi des clauses abusives me semble séduisante et nous pourrions parfaitement renoncer à la cause, en suivant l'exemple du Code civil brésilien. Il ne me reste plus qu'à remercier les différents intervenants.

**Iacyr de Aguilar Vieira** : De ce point de vue, je me réjouis du fait que le Code civil brésilien ait consacré la lésion.

**Claude Witz** : Il a consacré la lésion de manière élargie, ce qui permet de renoncer à la cause, lorsqu'il s'agit de protéger le contractant appelé à ne recevoir aucune contrepartie. Le prochain colloque a été annoncé à diverses reprises. Le professeur Jochen Bauerreis préconise un colloque dans deux ans. Je vous donne donc rendez-vous dans deux ans.

# LES LIMITES CONTRACTUELLES DANS LES RELATIONS HORS MARIAGE EN DROIT FRANÇAIS ET EN DROIT BRÉSILIEN

**Adriana JACOBI MICHEL***

Les évolutions sociales contemporaines ont conduit, tant en France qu'au Brésil, à la multiplication des couples non mariés, mais également à leur diversification. Les législateurs français et brésilien n'ont pu ignorer ces phénomènes et se sont trouvés contraints de légiférer, soit pour la France, à la demande d'une partie des citoyens concernés, soit pour le Brésil, en considération des dégâts sociaux engendrés par la situation de vide juridique.

Si le législateur français a jusqu'alors refusé de réglementer le concubinage, il a néanmoins conféré aux couples homosexuels ou hétérosexuels qui le souhaitent la possibilité d'organiser leur union et de prétendre à certains des avantages, notamment fiscaux, octroyés aux couples mariés, en instaurant le pacte civil de solidarité par une loi du 15 novembre 1999. Conformément à l'objectif poursuivi, le pacte civil de solidarité se définit comme un contrat spécial reposant sur le consentement exprimé par les deux partenaires.

Le législateur brésilien a envisagé la problématique des couples non mariés sous un angle différent, en cherchant à remédier à la situation de détresse matérielle dans laquelle nombre de femmes, ayant vécu de longues années en concubinage en se consacrant au foyer, se trouvent placées au décès ou au départ de leur compagnon. Il a conçu à cette fin l'institution dite de « l'union stable », à laquelle il a conféré un caractère impératif.

L'élaboration de ces statuts légaux a conduit les autorités législatives française et brésilienne à s'interroger sur la place accordée à l'autonomie de la volonté des partenaires. Elles ont opté pour des solutions radicalement différentes s'agissant de la liberté des partenaires d'adhérer à ces statuts particuliers. En revanche, elles

---

* *Juriste spécialisée en droit de la famille.*

La forme orale de cette intervention a été conservée.

ont opté pour des règles proches s'agissant de la place conférée à l'autonomie de la volonté dans le contenu et le fonctionnement de ces statuts.

Il sera donc proposé d'étudier successivement l'autonomie de la volonté selon qu'elle s'applique à l'apparition du statut (I) ou à son contenu et son fonctionnement (II).

## I. L'autonomie de la volonté et la naissance des statuts des relations hors mariage

À la différence du pacte civil de solidarité (A), dont la formation dépend entièrement de la volonté des parties, l'union stable brésilienne (B) constitue un statut impératif dont la mise en œuvre est soumise à la réunion de conditions de fait plutôt qu'à l'autonomie de la volonté des concubins, qui y joue un rôle moins important.

### A. Le Pacte Civil de Solidarité français

Le pacte civil de solidarité est un contrat. L'article 515-1 du Code civil le définit en effet comme étant le contrat par lequel deux personnes physiques majeures, de sexe différent ou de même sexe, organisent leur vie commune. Il est expressément ouvert aux couples homosexuels. Comme tout contrat, sa naissance relève de l'autonomie de la volonté des parties.

La simple rencontre des volontés ne suffit cependant pas à sa formation. Elle doit s'accompagner d'une publicité suffisante, dès lors que le pacte civil de solidarité aura pour effet de modifier les règles applicables à la gestion pécuniaire du ménage ainsi éventuellement qu'à la composition et la gestion du patrimoine de chacun des partenaires.

L'article 515-3 du Code civil dispose en conséquence que l'apparition d'un pacte civil de solidarité est provoquée par une déclaration conjointe au greffe du tribunal d'instance, à charge pour le greffier en chef de faire procéder aux mesures de publicité prévues par la Loi[1].

L'autonomie de la volonté se trouve par ailleurs limitée par les dispositions de l'article 515-2 du Code civil, qui prévoient qu'il ne peut y avoir de pacte civil de solidarité entre ascendants et descendants en ligne directe, entre alliés en ligne directe et entre collatéraux jusqu'au troisième degré inclus, non plus qu'entre deux personnes dont l'une serait mariée ou déjà liée par un pacte civil de solidarité.

Sous cette double réserve tirée des règles de publicité et de protection de l'ordre public, la naissance d'un pacte civil de solidarité relève des règles usuelles de l'autonomie de la volonté en matière contractuelle s'agissant du consentement et de la capacité. Les conditions habituelles de validité du consentement prévues aux articles 1109 et suivants du Code civil sont par conséquent applicables et

1 Ces mesures sont fixées par l'article 515-3-1 du Code civil, lequel dispose qu'il est fait mention de la déclaration du pacte civil de solidarité en marge de l'acte de naissance de chacun des époux ou sur un registre tenu au greffe du tribunal de grande instance de Paris pour les personnes nées à l'étranger.

l'erreur sur la substance du contrat ou la personne du cocontractant[2], la violence, la surprise ou le dol vicient le consentement des partenaires et ouvrent droit à l'annulation du pacte.

De même, les articles 506-1, 515-1, 1123 et 1234 du Code civil prévoient que les incapables, mineurs ou majeurs sous tutelle, ne peuvent conclure de pacte civil de solidarité.

La rupture du pacte civil de solidarité relève également de la volonté des parties au contrat, qui peuvent la provoquer conjointement par déclaration au greffe. Elle déroge toutefois à la théorie classique de l'immutabilité des contrats[3] en ce sens qu'une partie peut également la provoquer unilatéralement, sans que l'intéressé ait à fournir de motif légitime[4]. La loi offrant à chacun des partenaires la libre possibilité de mettre fin au pacte civil de solidarité, le simple exercice de ce droit ne peut donner lieu à dommages et intérêts sur le fondement de la responsabilité contractuelle[5].

Il peut cependant y avoir lieu à dommages et intérêts sur le fondement de la responsabilité quasi-délictuelle de droit commun prévue à l'article 1382 du Code civil, en cas de rupture fautive et dommageable. Les partenaires ne peuvent écarter conventionnellement le droit à réparation[6].

## B. L'*union stable* brésilienne

L'*union stable* constitue un statut d'ordre public, mentionné par la Constitution fédérale brésilienne. Issue des lois 8971/94 et 9278/96, elle est actuellement organisée par les articles 1723 à 1727 du nouveau Code civil brésilien de 2002[7].

L'apparition de l'union stable ne relève nullement de l'autonomie de la volonté des parties, mais des circonstances de fait. Selon Hugo Viana, auteur brésilien, l'union stable se définit comme étant «*la vie en commun entre un homme et une femme, fondée sur la volonté de ces compagnons, de caractère notoire et stable, visant la constitution d'une famille*». Il y a lieu de préciser que la volonté de constituer une famille n'implique pas nécessairement celle de procréer[8], de sorte que le désir exprimé d'enfant ne constitue pas une condition nécessaire à la mise en œuvre du statut.

Dès lors que des concubins vivent dans des conditions caractérisant la stabilité de leur union, celle-ci se trouvera régie par le statut défini aux articles 1723 à 1727

---

2 En matière de pacte civil de solidarité, la personne du partenaire doit être considérée comme la cause principale de la convention au sens de l'article 1110 du Code civil, de sorte qu'une erreur sur ses qualités substantielles sera cause de nullité du contrat.

3 Généralement rattachée à la théorie plus vaste d'autonomie de la volonté.

4 Si l'article 515-7 ne conditionne ni expressément ni implicitement la rupture unilatérale du pacte à l'existence de motifs légitimes, il subordonne sa prise d'effet à l'information du partenaire par voie de signification ainsi qu'à l'accomplissement des mesures de publicité, afin de la rendre opposable aux tiers.

5 La question de savoir si une clause pénale peut être stipulée dans la convention organisant le pacte civil de solidarité demeure toutefois débattue en doctrine.

6 Conseil Constitutionnel 9 novembre 1999, n°99-419 DC.

7 La Constitution et le Code civil ne définissent pas expressément ce qu'est l'union stable, de sorte que cette définition incombe à la doctrine et la jurisprudence.

8 Solution prétorienne.

du nouveau Code civil brésilien, en l'absence même de toute manifestation de volonté des partenaires. Il suffira que l'un d'eux demande, par voie d'action, que soit constatée la réalité de l'union stable pour que celle-ci produise ses effets.

Le caractère impératif du statut empêche les partenaires de renoncer par avance à son bénéfice par voie de stipulation contractuelle. Les contrats de *namoro*[9], souvent conclus en début de relation afin d'écarter les règles du statut, sont dépourvus de toute portée à cet égard. La jurisprudence a rappelé en effet que de telles conventions ne sauraient priver un concubin de la possibilité d'invoquer les dispositions du statut si les conditions de l'union stable sont réunies.

Il convient enfin de relever que des tiers à la relation peuvent invoquer en justice, par voie d'action ou d'exception, l'existence d'une union stable pour bénéficier des règles applicables, et notamment de la solidarité ménagère des concubins.

On peut ainsi affirmer qu'à la différence des règles régissant l'apparition d'un pacte civil de solidarité, la place conférée à l'autonomie de la volonté pour ce qui concerne la mise en œuvre des règles de l'union stable est quasiment inexistante.

L'application du statut hors manifestation de volonté des compagnons, voire contre leur volonté exprimée, est de nature à choquer les juristes de droit latin classique. Elle est cependant conforme à l'objectif poursuivi par le législateur brésilien, qui est celui d'assurer un seuil minimum de protection à la partie économiquement la plus faible dans le concubinage[10].

Il est enfin précisé qu'en considération de motifs culturels et religieux les couples homosexuels sont expressément exclus du bénéfice du statut, de par les dispositions constitutionnelles applicables.

## II. L'autonomie de la volonté dans le contenu et le fonctionnement des statuts des relations hors mariage

Tant le pacte civil de solidarité que l'union stable contiennent un ensemble de règles impératives (A) venant limiter la liberté des concubins pour ce qui touche à leurs devoirs respectifs et à leurs droits parentaux (B). Chacun des statuts renvoie, en revanche, à l'autonomie de la volonté pour ce qui a trait aux rapports patrimoniaux (C).

### A. Les limites à l'autonomie de la volonté tirées de l'application d'un régime primaire

Tant le pacte civil de solidarité français que le statut d'union stable brésilien soumttent les partenaires à un corpus de règles impératives auxquelles il ne peut être dérogé par contrat. Ces règles constituent une forme de régime primaire, par analogie au mariage. Leur portée est allégée pour ce qui concerne le pacte civil

9 Littéralement : contrats entre « petits amis ».

10 Cette atteinte considérable portée à l'autonomie de la volonté ne constitue au fond qu'une illustration particulière en droit de la famille du mouvement général de recul de la liberté contractuelle au nom de la protection de la partie réputée la plus faible, particulièrement flagrant en matière de consommation et de baux d'habitation.

de solidarité (1). Elles s'approchent au contraire des dispositions applicables aux époux pour ce qui concerne l'union stable (2).

### 1. Le PACS

Le Code civil prévoit en son article 515-4 que les partenaires du pacte civil de solidarité s'engagent à une communauté de vie ainsi qu'à une aide matérielle et une assistance réciproques[11]. Seul le principe de l'aide matérielle est impératif. Ses modalités peuvent en conséquence être définies par contrat, à la condition que celui-ci préserve leur efficience et ne vienne faire échec au principe sous couvert de liberté contractuelle[12]. Il n'y a pas de contrôle juridictionnel *a priori* de l'effectivité des dispositions contractuelles adoptées, mais une assistance matérielle contractuelle insignifiante devra être censurée par la juridiction saisie par voie d'action, qui lui substituera alors des modalités *ad hoc*, comme en matière de devoir de secours.

L'article 515-4 du Code civil prévoit également l'instauration d'une solidarité ménagère, sous une forme inspirée de celle applicable au mariage[13].

Ce régime impératif peut être, sans risque excessif, qualifié de minimal, d'autant qu'il cesse à l'expiration du pacte civil de solidarité. Le devoir d'assistance matérielle disparaît donc en même temps que le contrat. Ce domaine restreint réservé aux normes impératives est cependant conforme aux objectifs poursuivis par le législateur français, qui recherchait davantage la possibilité d'attribuer des avantages patrimoniaux et fiscaux ainsi qu'un statut symbolique à deux personnes désireuses d'en bénéficier que la réglementation approfondie du concubinage.

### 2. L'union stable

En matière d'union stable, le régime primaire est sensiblement plus étendu. Il constitue en effet la raison d'être de ce statut législatif. Les partenaires en union stable sont tout d'abord soumis aux devoirs de loyauté et de respect. Du devoir de loyauté résulte bien évidement un devoir de fidélité. Le manquement à ces obligations n'est cependant sanctionné que par l'allocation de dommages et intérêts au compagnon bafoué.

Le devoir d'assistance est également prévu, mais à la différence des règles applicables au pacte civil de solidarité, il ne disparaît pas avec la fin de l'union stable. Subsiste notamment le devoir de secours qui pourra donner lieu, à la demande de l'un des ex-compagnons, à pension alimentaire en cas de dissolution

---

11 L'article 515-4 alinéa premier dispose *in fine* «*Si les partenaires n'en disposent autrement, l'aide matérielle est proportionnelle à leurs facultés respectives*», ce qui la rapproche de la contribution aux charges du mariage prévue à l'article 214 du Code civil «*Si les conventions matrimoniales ne règlent pas la contribution des époux aux charges du mariage, ils y contribuent à proportion de leurs facultés respectives*» plutôt que de l'obligation alimentaire prévue à l'article 208 du même Code «*Les aliments ne sont accordés que dans la mesure du besoin de celui qui les réclame, et de la fortune de celui qui les doit*».

12 Conseil Constitutionnel 9 novembre 1999, n° 99-419 DC.

13 Il est remarquable cependant que son domaine soit plus vaste, puisque n'excluant pas les emprunts et les achats à tempérament.

de l'union par la séparation des partenaires[14]. Cette pension obéira aux règles habituelles applicables à la détermination des obligations alimentaires

La solidarité ménagère est également applicable aux dettes contractées pour les besoins du ménage pendant la durée de l'union stable[15].

Surtout, la loi 8971/94 confère aux compagnons d'une union stable une vocation héréditaire limitée en cas de dissolution du statut par le décès de l'un de ses membres[16]. Cette vocation ne porte que sur les biens acquis à titre onéreux par l'un ou l'autre des compagnons pendant la durée de l'union stable.

L'article 1790 du Code civil brésilien prévoit ainsi que le compagnon en concours avec des enfants issus de l'union stable bénéficiera dans la succession du *de cujus* et sur les biens susmentionnés d'une part égale à celle des enfants communs. Il aura droit à une demi part s'il est en concours avec des enfants nés d'une autre union du *de cujus*. Il recueillera un tiers de la succession s'il est en concours avec tout autre type d'héritier et bénéficiera de l'universalité de la succession en leur absence[17].

### B. Les limites à l'autonomie de la volonté tirées de l'indisponibilité des devoirs et des droits parentaux

Les devoirs et droits parentaux constituant l'autorité parentale sont traditionnellement considérés comme étant indisponibles, ce qui implique une restriction de l'autonomie de la volonté et de la liberté contractuelle.

En France, la convention portant sur les modalités d'exercice de l'autorité parentale et la contribution des parents à l'éducation et l'entretien des enfants n'est cependant pas prohibée. Elle est même expressément prévue à l'article 373-2-7 du Code civil. Les dispositions résultant de l'autonomie de la volonté des parents sont toutefois soumises au contrôle judiciaire, dès lors qu'elles doivent être homologuées par le juge aux affaires familiales pour recevoir force exécutoire[18]. Elles demeurent en outre susceptibles de modifications ultérieures, à l'initiative unilatérale de l'un des parents, selon ce qui commande l'intérêt de l'enfant, si un fait nouveau le justifie[19].

Au Brésil, les règles applicables sont similaires et les conventions parentales passées en matière d'autorité parentale et de contribution des parents à l'entretien des enfants sont également susceptibles d'exécution forcée après homologation judiciaire.

---

14 Il s'agit là d'une différence fondamentale d'avec le pacte civil de solidarité.

15 Les articles 1723 à 1727 du Code civil brésilien faisant référence aux régimes matrimoniaux applicables aux époux, les partenaires en union stable se trouvent également soumis aux obligations du régime primaire brésilien, en particulier à la solidarité ménagère.

16 Il s'agit là d'une seconde différence notoire d'avec le pacte civil de solidarité.

17 Le recueil de l'universalité de la succession ne se limite pas, par exception, aux seuls biens acquis à titre onéreux pendant la durée de l'union.

18 Ce qui constitue une limitation à l'autonomie de la volonté, laquelle implique classiquement la liberté de forme et l'absence de contrôle a *priori*.

19 Il est donc également dérogé au principe de l'immutabilité des conventions.

### C. L'autonomie de la volonté en matière de gestion patrimoniale

C'est en matière de gestion patrimoniale que l'autonomie de la volonté s'applique le plus largement, tant en France qu'au Brésil.

La loi française prévoit que les partenaires d'un pacte civil de solidarité peuvent choisir par contrat de soumettre au régime de l'indivision les biens qu'ils acquièrent seuls ou séparément pendant la durée du pacte[20]. S'ils n'exercent pas cette faculté, ils conserveront deux patrimoines strictement distincts, mais une présomption d'indivision s'appliquera aux biens dont la propriété ne peut être déterminée[21].

Qu'ils aient ou non opté pour une indivision conventionnelle, les partenaires sont également libres de fixer par contrat les règles applicables à l'administration, la jouissance et la disposition des biens personnels ou indivis[22].

Il y a lieu de rappeler ici que les partenaires d'un pacte civil de solidarité peuvent également fixer par contrat les modalités de leur obligation réciproque d'aide matérielle, c'est-à-dire de contribution aux charges du ménage[23].

Les partenaires d'un pacte civil de solidarité sont enfin libres de faire perdurer leur indivision conventionnelle à la dissolution du pacte[24] ou de liquider celle-ci amiablement. Ils peuvent en outre régler conventionnellement, pendant la durée du pacte ou à sa dissolution, les règles applicables à l'évaluation des créances qu'ils détiennent l'un sur l'autre[25], ainsi que les modalités de liquidation de leur indivision.

La seule limitation substantielle à l'autonomie de la volonté en matière de gestion patrimoniale tient à ce que certains biens, notamment les gains et salaires économisés, demeurent nécessairement personnels à chacun des partenaires, par application de l'article 515-5-2 du Code civil[26].

La loi brésilienne confère également une place prépondérante à l'autonomie de la volonté en matière de gestion patrimoniale. Les compagnons en union stable peuvent en conséquence choisir de soumettre les biens acquis pendant la durée de celle-ci à l'indivision, de séparer pleinement leurs patrimoines, voire d'appliquer un régime communautaire. Ils peuvent également déterminer les règles applicables à la gestion de leurs patrimoines.

À défaut de convention expresse, le régime applicable est celui de la communauté partielle de biens[27], soit un véritable régime matrimonial communautaire, proche de la communauté réduite aux acquêts française, mais dans lequel les gains et salaires et les fruits des propres ne tombent pas en communauté. Le patrimoine sera liquidé à la dissolution de l'union, comme un régime communautaire.

20 Article 515-5-1 du Code civil.

21 Article 515-5 alinéa 2.

22 Article 515-5 et 515-5-3 du Code civil. Il est remarquable que la liberté contractuelle s'étende en la matière aux biens personnels de l'un des partenaires.

23 Article 515-4 du Code civil.

24 Article 515-5-3 du Code civil.

25 Article 515-7 du Code civil.

26 Sauf à ce que cette disposition soit considérée comme présentant un caractère supplétif.

27 Article 1725 du Code civil brésilien.

Les concubins sont également libres d'aménager par contrat leur contribution aux charges du ménage[28].

En guise de conclusion, on observe que les législateurs français et brésilien ont, pour l'essentiel, défini la place conférée à l'autonomie de la volonté des partenaires dans le fonctionnement du pacte civil de solidarité et de l'union stable par référence aux règles applicables au mariage.

La mise à l'écart pur et simple du consentement des partenaires opérée par les autorités brésiliennes relativement à l'opportunité de mettre en œuvre le statut d'union stable constitue en revanche une rupture fondamentale d'avec la liberté de se lier jusqu'alors appliquée en France et au Brésil. Elle participe du mouvement général de recul de l'autonomie de la volonté dans les rapports entre personnes, fondé sur l'impératif de protection des parties réputées les plus faibles.

28 Par analogie aux régimes matrimoniaux applicables aux époux, auxquels l'article 1725 renvoie.

## LE RÉGIME DE DÉTERMINATION DE LA LOI APPLICABLE AUX CONTRATS CONCLUS PAR LES CONSOMMATEURS EN DROIT FRANÇAIS ET EN DROIT BRÉSILIEN

**Fernanda Vieira da Costa Cerqueira***

Dans une relation contractuelle, l'idée communément admise des nos jours est qu'il convient de protéger les parties réputées faibles du point de vue économique et social. Dans cette perspective, les États sont appelés à intervenir en édictant, dans leur droit interne, des règles matérielles spécifiques visant la protection de cette catégorie de sujets. De même au niveau international, les États élaborent de plus en plus de règles de conflit de lois spéciales pour régir les contrats conclus par cette catégorie d'individus.

Les consommateurs sont considérés comme parties faibles à un contrat, car ils se trouvent le plus souvent dans une position d'« inégalité supposée »[1] vis-à-vis des professionnels. En effet, la plupart des contrats de consommation sont des contrats d'adhésion. Ces derniers sont généralement élaborés et rédigés de façon unilatérale par les fournisseurs de la prestation caractéristique – la partie forte – et sont ensuite imposés aux consommateurs selon la méthode du « à prendre ou à laisser »[2]. Par l'évincement de tout pouvoir de négociation, la relation entre professionnels et consommateurs devient naturellement déséquilibrée.

Face à un contrat de consommation international, l'une des principales questions qui se posent est de savoir quelle est la loi applicable au contrat, vu les nombreuses lois ayant vocation à s'appliquer. Dans la terminologie des

* *Docteur en droit international de l'université de Strasbourg et de l'Universidade Federal do Rio Grande do Sul à Porto Alegre – Brésil. Diplômée de la Faculté de droit de Strasbourg: DEA de droit international et Maîtrise en droit privé. Diplômée de la Faculté internationale de droit comparé de Strasbourg (1er et 2e cycles).*

Nous remercions vivement Sophie Huguenet pour son apport dans la révision du français.

1 Expression empruntée à Vidal (T.), *Droit international privé*, Armand Colin, 2005, p. 235.

2 *Restatement of the law Second*, p. 562-563.

internationalistes, on parle alors de « conflit de lois ». Il conviendra donc de déterminer laquelle de ces lois a vocation à s'appliquer.

Le régime français de détermination de la loi applicable aux contrats conclus par les consommateurs relève depuis le 17 décembre 2009 des dispositions du Règlement (CE) n° 593/2008 sur la loi applicable aux obligations contractuelles (« Rome I »)[3]. Ce Règlement se substitue à la Convention de Rome du 19 juin 1980 sur la loi applicable aux obligations contractuelles[4] pour les contrats conclus à compter du 17 décembre 2009[5]. Il s'applique à l'ensemble des États membres de l'Union européenne, à l'exclusion du Danemark. Dans les relations entre cet État et les autres États membres, la Convention de Rome continue à s'appliquer, par exception ; la Convention de Rome reste donc en vigueur. De même, les dispositions de la Convention de Rome continuent à s'appliquer aux contrats conclus entre le 1er avril 1991 et le 16 décembre 2009, raison pour laquelle il conviendra d'analyser dans le cadre de cet exposé, les dispositions apportées par cette dernière.

À la différence du droit français, il n'existe pas, à l'heure actuelle, de règles de conflit de lois spéciales pour régir les contrats conclus par les consommateurs dans le droit brésilien. Face à ce vide juridique, une partie de la doctrine brésilienne[6]

3 Ci-après dénommé : Règlement « Rome I ». Le 15 décembre 2005, la Commission européenne a présenté une Proposition de Règlement du Parlement européen et du Conseil sur la loi applicable aux obligations contractuelles (Rome I), visant à transformer la Convention de Rome en règlement communautaire (COM (2005) 650 final, 205/0261 (COD). Après presque trois ans de négociations, le Parlement européen et le Conseil européen ont adopté, le 17 juin 2008, le Règlement « Rome I ».

4 Ci-après dénommée « Convention de Rome » ou « Convention de Rome de 1980 ». Cette Convention est applicable à tous les contrats conclus postérieurement à l'entrée en vigueur (1er avril 1991). Cette Convention est venue unifier les règles de conflit de lois en matière contractuelle entre les États membres de la Communauté européenne, en se substituant aux droits nationaux préexistants dans ces États. Les règles de conflit uniformes édictées par ce texte du droit communautaire s'imposaient à tous les juges de la Communauté européenne qui devaient l'appliquer aux contrats conclus après son entrée en vigueur, même si le contrat intéressait des ressortissants non communautaires ou était exécuté hors du territoire de la Communauté, et même si la loi désignée était celle d'un État non contractant, à condition que la question litigieuse se pose dans un État contractant, que la situation comporte un conflit de lois et qu'elle ne concerne pas l'une des matières exclues de son domaine d'application par l'article 1er. Sur cette Convention, v. Giulliano (M.) et Lagarde (P.), « Rapport concernant la Convention sur la loi applicable aux obligations contractuelles », *JOCE*, n° C 282, 31 octobre 1980, ainsi que Lagarde (P.), « Le nouveau droit international privé des contrats après l'entrée en vigueur de la Convention de Rome du 19 juin 1980 », *RCDIP* 1991, p. 287.

5 En effet, selon les articles 28 et 29 du Règlement « Rome I », celui-ci sera en vigueur 18 mois après son adoption et sera applicable aux contrats conclus après cette même date.

6 Lima Marques (C.), « A proteção do consumidor : aspectos de direito privado regional e geral », *in Cursos de derecho internacional / Comite Jurídico Interamericano* ; prep. por la Subsecretaria de Asuntos Jurídicos, Departamento de Derecho Internacional de la Secretaria General de la Organización de los Estados Americanos ; vol. 1, afl. 2, 2002, p. 1520-1521 ; « La protection insuffisante du consommateur dans les normes du Droit international privé rend nécessaire une Convention Interaméricaine (CIDIP) sur la loi

estime que pour déterminer la loi applicable à ce type de contrat au Brésil, on doit faire appel aux règles de conflit de lois destinées à régir les obligations contractuelles en général, qui sont établies à l'article 9 de la Loi d'Introduction au Code civil de 1942 (LICC/42)[7].

Dans le cadre de cette étude, nous allons présenter en premier lieu le mécanisme de détermination de la loi applicable aux contrats conclus par les consommateurs en droit français et en droit brésilien (I). Ensuite, nous examinerons les limites à l'application de la loi normalement compétente dans les deux systèmes analysés (II).

## I. La détermination de la loi applicable aux contrats conclus par les consommateurs

L'une des questions les plus importantes au moment de la détermination de la loi applicable aux contrats conclus par les consommateurs est de savoir si les parties peuvent choisir la loi applicable à leur contrat, conformément au principe de l'autonomie de la volonté.

Dans cette partie, nous allons tout d'abord vérifier dans quelle mesure les systèmes juridiques français et brésilien reconnaissent aux parties à un contrat de consommation international la liberté de choisir la loi applicable à leur contrat (A). Ensuite, nous examinerons les règles de détermination de la loi applicable au contrat en cas d'absence de choix ou lorsque le choix des parties n'est pas valable (B).

### A. La liberté de choix de la loi applicable au contrat

Les contrats conclus par les consommateurs mettent en présence deux parties étant en principe de forces inégales, ce qui pose la question de savoir si le principe d'autonomie des parties pour le choix de la loi applicable au contrat doit avoir une portée illimitée ou si, au contraire, elle doit être limitée. Nous vérifierons donc quelle est la portée de l'autonomie de la volonté des parties en droit français (1), puis en droit brésilien (2).

#### 1. La portée de cette liberté de choix en droit français

Aussi bien la Convention de Rome de 1980 que le nouveau Règlement « Rome I » ont expressément accueilli le principe de l'autonomie de la volonté (article 3 de ces deux textes).

---

applicable à certains contrats et relations de consommation », consultable sur le site Internet : http ://scm.oas.org/doc_public/FRENCH/HIST_05/CP13719F10.DOC.

7 Décret-loi n. 4.657, du 4 septembre 1942. La Loi d'Introduction au Code civil de 1942 est venue remplacer l'« Introduction au Code civil des États-Unis du Brésil » de 1916. Elle contient des dispositions sur l'application des normes juridiques en général dans le temps et dans l'espace. Bien qu'annexée au Code civil, elle comporte des dispositions qui s'étendent à toutes les lois brésiliennes, soit de droit public, soit de droit privé. La promulgation du nouveau Code civil brésilien en 2002 (Lei n° 10.406, du 10 janvier 2002, en vigueur depuis le 11 janvier 2003), n'a pas conduit à l'abrogation de Loi d'Introduction au Code civil de 1942.

En ce qui concerne les contrats conclus par les consommateurs, les rédacteurs de la Convention de Rome ont jugé nécessaire d'étendre le principe général posé par l'article 3 de la Conventionà cette catégorie de contrats. Par conséquent, l'article 5-2 de cette Convention offre la possibilité aux parties à un contrat de consommation international de choisir la loi applicable en renvoyant à l'article 3 régissant les contrats en général. Les négociateurs du nouveau Règlement «Rome I» ont décidé de maintenir cette solution (cf. l'article 6-2), et ce malgré le fait que la Proposition de Règlement «Rome I» de la Commission européenne avait envisagé d'écarter toute possibilité d'élection de la loi applicable lorsque le consommateur résiderait habituellement sur le territoire d'un État membre de l'Union européenne.

Par conséquent, aussi bien la Convention de Rome de 1980 que le nouveau Règlement «Rome I», offrent la possibilité aux parties à un contrat de consommation international de choisir la loi applicable (cf. l'article 5-2 de la Convention de Rome et l'art. 6-2 du Règlement «Rome I»). Ces deux instruments renvoient à leur article 3 pour les modalités du choix.

Ni la Convention de Rome ni le nouveau Règlement «Rome I» n'exigent que la loi choisie par les parties présente un lien quelconque avec le contrat lui-même ou avec les parties. Ainsi, celles-ci peuvent choisir une loi neutre. Nonobstant, le choix «*doit être exprès ou résulter de façon certaine des dispositions du contrat ou des circonstances de la cause*» (art. 3-1 de ces deux instruments).

Les parties peuvent choisir la loi applicable à n'importe quel moment. Elles peuvent également modifier leur accord et opter pour une loi différente de celle qui avait été originellement convenue et ce, pour une partie ou pour la totalité du contrat. La modification de la loi applicable ne peut toutefois pas porter atteinte aux droits des tiers ni remettre en cause la validité formelle du contrat au sens de l'article 10 de la Convention de Rome ou de l'article 11 du nouveau Règlement «Rome I» (cf. l'article 3-2 de ces deux instruments). Toutefois, aussi bien l'article 5-2 de la Convention de Rome que l'article 6-2 du nouveau Règlement «Rome I», apportent des restrictions importantes à l'application du principe de l'autonomie de la volonté aux contrats conclus par les consommateurs.

Selon l'article 5-2 de la Convention de Rome, la liberté de choix ne peut avoir pour résultat de priver le consommateur de la protection que lui assurent les dispositions impératives de la loi du pays dans lequel il a sa résidence habituelle. Lors de la transformation de cette Convention en Règlement, le législateur européen a jugé opportun de remplacer la formule «dispositions impératives», qui avait fait l'objet de nombreuses discussions doctrinales[8] sous l'empire de la

8 La *Convention de Rome* a expressément défini le concept de «*dispositions impératives*» *dans son article 3, en indiquant qu'il s'agit des «dispositions auxquelles la loi [...] ne permet pas de déroger par contrat»*. Cependant, il est important de noter que les doctrines française et européenne ont beaucoup discuté sur ce qu'il fallait entendre par le terme «dispositions impératives» dans le contexte de l'article 5 de la Convention de Rome. Deux interprétations ont été avancées par la doctrine française. Comme l'explique J. Foyer, «*cette disposition peut signifier que la loi choisie est écartée systématiquement par les lois de police du pays de la résidence du consommateur, mais la liberté de choix de la loi du contrat ne serait plus qu'un leurre puisqu'elle ne jouerait que pour les consommateurs dont la loi de leur résidence ne prévoit aucune protection. Dans une interprétation plus*

Convention de Rome, par la phrase «*les dispositions auxquelles il ne peut être dérogé par contrat en vertu de la loi qui aurait été applicable en l'absence de choix* [...]» (art. 6-2 du nouveau Règlement «Rome I»).

Pour pouvoir bénéficier de ces dérogations, il faut que le contrat de consommation rentre dans le domaine d'application des textes spécifiques visant la protection du consommateur.

En premier lieu, il faut que le contrat en question ait été conclu par un «consommateur»[9]. Aussi bien la Convention de Rome que le Règlement «Rome I» définissent le «consommateur» comme étant celui qui contracte «*pour un usage pouvant être considéré comme étranger à son activité professionnelle*» (art. 5-1 de la Convention de Rome et art. 6-1 du Règlement «Rome I»). Bien que le texte de la Convention de Rome ne le spécifie pas, la doctrine française estime que le consommateur doit être, soit une personne physique[10], soit un professionnel «à condition qu'il agisse dans un domaine échappant à sa compétence professionnelle: cela doit suffire pour que l'usage soit considéré comme étranger à son activité professionnelle»[11]. En revanche, les rédacteurs du nouveau Règlement «Rome I» ont jugé utile de définir clairement la personne du consommateur. Celui-ci doit être une personne physique (art. 6-1 du Règlement «Rome I»). Ainsi, un professionnel qui contracte pour un usage pouvant être

---

*raisonnable, elle doit s'interpréter comme créant une compétence alternative de la loi choisie par les parties ou de règles protectrices de la résidence du consommateur, la loi appliquée étant la plus protectrice*» (J. Foyer, «Entrée en vigueur de la Convention de Rome de 19 juin 1980 sur la loi applicable aux obligations contractuelles», *JDI*, vol. 118, 1991, p. 601-631, spéc., p. 612). Cette deuxième interprétation a les faveurs de la doctrine française, puisqu'elle correspond plus à l'objectif poursuivi par cet article qui est la protection de la partie faible. En effet, l'application de la première interprétation conduirait à appliquer systématiquement toutes les règles impératives du pays de la résidence du consommateur. Or, il pourrait y avoir des situations où le consommateur est moins protégé par la loi de sa résidence habituelle que par celle choisie par les parties. De ce fait, cette interprétation va à l'encontre du but poursuivi par cet article. Ainsi, si la loi choisie par les parties est celle d'un État autre que celui où réside le consommateur, ce dernier peut se prévaloir cumulativement de la protection que lui offrent les deux lois. J.-M. Jacquet explique que «*la loi désignée par les parties se verra amputée de ses dispositions moins favorables au bénéfice des dispositions plus favorables de la loi de la résidence habituelle du consommateur si de telles dispositions existent.*» (J.-M. Jacquet, «Contrats», *Répertoire de Droit International*, 1998, n° 165-179). Par conséquent, il faudra appliquer conjointement les deux lois, celle choisie par les parties et celle de la résidence habituelle du consommateur quand cette dernière a des dispositions qui sont plus favorables au consommateur. Finalement, le paragraphe 2 de l'article 6 du nouveau Règlement «Rome I» n'a pas repris la même formulation du paragraphe 2 de l'article 5 de la Convention de Rome. Le législateur européen a trouvé préférable d'utiliser l'expression «les dispositions auxquelles il ne peut être dérogé par contrat» au lieu de l'expression «dispositions impératives» afin d'éviter les problèmes liés à l'interprétation de ce texte de droit communautaire.

9 Sur cette notion en droit français et en droit brésilien, v. la contribution de Bibiana G. C. Pinto dans cet ouvrage.

10 En ce sens, v. notamment: Lagarde (P.), «Le nouveau droit international privé des contrats...», *préc.*, p. 315, n° 37.

11 Jacquet (J.-M.), «Contrats», *préc.*, n° 171.

considéré comme étranger à son activité professionnelle, ne pourra jamais être considéré comme un consommateur dans le cadre du nouveau Règlement « Rome I ».

En ce qui concerne le cocontractant du consommateur, la Convention de Rome est restée silencieuse à ce sujet. Il est toutefois permis de supposer que celui-ci ne doit *a priori* « être un consommateur lui-même »[12]. Par opposition, les rédacteurs du Règlement « Rome I » ont trouvé utile de préciser que le cocontractant du consommateur doit être un professionnel « *agissant dans l'exercice de son activité professionnelle* » (art. 6-1 du Règlement).

En second lieu, il est indispensable que le contrat de consommation ait été conclu dans le cadre des circonstances énoncées à l'article 5-2 de la Convention de Rome ou à l'article 6-2 du Règlement « Rome I ». Ainsi, la dérogation prévue à l'article 5-2 de la Convention de Rome jouera dès lors que l'on se trouve dans l'un des trois cas de figure prévus à l'article 5-2. Le premier est celui où la conclusion du contrat a été précédée dans ce pays, soit d'une proposition, soit d'une publicité spécialement faite au consommateur et à condition que celui-ci ait accompli dans cet État les actes nécessaires à la conclusion du contrat. Le deuxième cas concerne l'hypothèse où le professionnel ou son représentant a reçu la commande dans l'État de la résidence habituelle du consommateur. Le dernier cas est celui où le consommateur a été incité par le vendeur de marchandises à se rendre dans un État étranger aux fins d'effectuer sa commande dans cet État, à la condition que le voyage ait été organisé par le vendeur dans le but d'inciter le consommateur à conclure l'achat.

Dans ces trois hypothèses, il y a un lien particulièrement étroit entre la conclusion du contrat et le pays de la résidence habituelle du consommateur. L'idée directrice est que le régime protecteur s'applique lorsque le professionnel ne s'est pas contenté de rester dans son propre pays pour contracter avec un consommateur qui s'est déplacé vers lui, mais que ce professionnel s'est déplacé, au moins virtuellement, dans le pays de son client.

De nombreux auteurs ont souligné le caractère restreint du champ d'application de la règle de conflit de lois spéciale prévue à l'article 5 de la Convention de Rome, puisque seuls les cas où le professionnel a pris l'initiative dans le pays de résidence du consommateur bénéficient de la protection établie à l'article 5. Ainsi, l'article 6 du nouveau Règlement « Rome I » réforme partiellement les dispositions de l'article 5 de la Convention de Rome en lui apportant des simplifications notables, notamment en ce qui concerne les conditions dans lesquelles le contrat de consommation a été conclu.

En effet, le nouveau règlement abandonne pour l'essentiel l'énoncé des trois circonstances dans lesquelles le consommateur passif était protégé par la règle spéciale protectrice des consommateurs. La nouvelle règle ne pose que deux conditions. La première concerne le contrat conclu avec un professionnel qui « *exerce son activité professionnelle dans le pays dans lequel le consommateur a sa résidence habituelle* » (article 6-1, *a*). La seconde condition concerne le contrat conclu avec un professionnel qui « *d'une quelconque manière, dirige cette activité*

12 *Ibidem.*

*vers ce pays ou vers plusieurs pays, dont celui-ci, et où le contrat rentre dans le cadre de cette activité*» (article 6-1, *b*).

Finalement, on peut ici se demander ce qu'il faut entendre par «activité dirigée». Il faut noter que ce critère figure déjà à l'article 15 *c)* du Règlement (CE) n° 44/2001 du Conseil, du 22 décembre 2000, concernant la compétence judiciaire, la reconnaissance et l'exécution des décisions en matière civile et commerciale (ci-après Règlement «Bruxelles I»)[13]. Il est utile de souligner que cette notion a été introduite par le nouveau Règlement «Rome I» pour le mettre en conformité avec le Règlement «Bruxelles I». Il s'agit en outre d'harmoniser les notions au sein de l'Union européenne.

Pour interpréter cette notion, on doit se rapporter au point 24 du préambule du Règlement «Rome I» dans lequel on peut lire qu'«*il ne suffit pas qu'une entreprise dirige ses activités vers l'État membre du domicile du consommateur, ou vers plusieurs États dont cet État membre, il faut également qu'un contrat ait été conclu dans le cadre de ces activités*». Il est également précisé que «*le simple fait qu'un site Internet soit accessible ne suffit pas pour rendre applicable l'article 15, encore faut-il que ce site Internet invite à la conclusion de contrats à distance et qu'un contrat ait effectivement été conclu à distance, par tout moyen. À cet égard, la langue ou la monnaie utilisée par un site Internet ne constitue pas un élément pertinent*».

Désormais, par ces mesures le nouveau Règlement «Rome I» tient particulièrement compte des contrats conclus par voie électronique[14]. Une des questions soulevées par la doctrine est de savoir s'il faut un lien de causalité entre l'activité du professionnel dirigée vers le pays où le consommateur a sa résidence habituelle et les circonstances de la conclusion du contrat pour que la règle protectrice du consommateur puisse trouver son application[15].

Il est vrai que la formule utilisée dans la version française de l'article 6 du nouveau Règlement est imprécise, car elle exige seulement que le contrat entre «dans le cadre»[16] de l'activité exercée dans le pays du consommateur ou dirigée vers ce pays. Comme l'ont souligné P. Lagarde et A. Tenenbaum dans «*une interprétation minimaliste visant à favoriser le consommateur*», la formule pourrait signifier que «l'activité dans l'exercice de laquelle le contrat a été conclu

---

13 Cet article conditionne le bénéfice des règles de compétence protectrices du consommateur à l'activité dirigée par le professionnel vers l'État membre du consommateur. Sur cette question, v. notamment: GAUDEMET-TALLON (H.), «Quel juge? Quelle loi? (Compétence juridictionnelle et loi applicable)», *Droit et patrimoine*, 2002, n° 108, p. 71 *sq*.

14 En effet, ces nouvelles dispositions du nouveau Règlement «Rome I» s'alignent sur les solutions offertes par l'article 15, § 1, lettre *d)* du Règlement «Bruxelles I».

15 Cette difficulté est commune au Règlement «Bruxelles I». Selon une partie de la doctrine, un tel lien n'est pas exigé dans le cadre de l'application de cette dernière en raison des difficultés de preuve de ce lien de causalité pour le consommateur. Toutefois, un récent arrêt de la CA allemande exige un tel lien. OLG Karlsruhe, 24 août 2007, *IPRax*, 2008, p. 348; pour les détails de cet arrêt, v. LAGARDE (P) et TENENBAUM (A.), «De la convention de Rome au règlement Rome I», *RCDIP*, 2008, p. 727- 780, spéc. 744.

16 Cette même formule a été utilisée dans le point 25 du préambule de version française.

soit de la même nature que celle que le professionnel exerce dans le pays du consommateur, sans que le contrat ait été nécessairement conclu dans l'exercice de l'activité exercée localement par le professionnel». Toutefois, la formule utilisée par l'article 6 des versions allemandes et anglaises ne permet pas d'avoir une interprétation aussi favorable au consommateur. Par exemple, la version anglaise précise que «*the contract falls within the scope of such activities*». En employant une terminologie différente, le point 25 du préambule de la version anglaise exige que «*the contract is concluded as a result of such activities*», ce qui signifie que la conclusion du contrat soit due à de telles activités. Nous partageons l'avis de certains auteurs qui considèrent que «*cette rédaction très claire n'est pas en contradiction formelle avec la rédaction plus floue du texte français et paraît bien correspondre aux intentions des auteurs du règlement*»[17]. Par conséquent, il faut un lien de causalité entre l'activité du professionnel exercée ou dirigée vers l'État de la résidence habituelle du consommateur pour que l'article 6 puisse être appliqué. Toutefois, cela ne signifie pas pour autant que le contrat ait été conclu dans le pays de résidence habituelle du consommateur ni que les actes nécessaires à la conclusion du contrat y avaient été accomplis, selon la formule de la Convention Rome de 1980[18].

Il est utile de souligner aussi que les trois circonstances visées dans l'article 5-2 de la Convention de Rome rentrent dans le domaine d'application des nouvelles règles établies par l'article 6 du nouveau Règlement «Rome I»; notamment la troisième circonstance, celle où le consommateur a été incité par un professionnel à se rendre dans le pays du fournisseur pour conclure des contrats de consommation, puisqu'à notre avis, un *voyage transfrontalier* dans le but d'inciter les consommateurs à acheter ses produits, peut être considéré comme une activité «dirigée» vers le pays de résidence du consommateur.

En troisième lieu, il importe de relever qu'aussi bien l'art. 5-4 de la Convention de Rome que l'art. 6-4 du Règlement «Rome I» excluent certaines catégories de contrats de leur domaine d'application[19]. De même, le point 32 du préambule

---

17 En ce sens: LAGARDE (P.) et TENENBAUM (A.), «De la convention de Rome au règlement Rome I», *préc.*, p. 746.

18 *Ibidem.*

19 L'article 5-4 de la Convention de Rome exclut deux catégories de contrats de son domaine d'application: le contrat de transport (sauf lorsqu'il s'agit d'un contrat «offrant pour un prix global des prestations combinées de transport et de logement», conformément au tiré 5 du même article) et les contrats de fourniture de services «lorsque les services dus au consommateur doivent être fournis exclusivement dans un pays autre que celui dans lequel il a sa résidence habituelle». L'article 6-4 du Règlement «Rome I» énumère, quant à lui, cinq catégories de contrats qui sont expressément exclus du domaine d'application des dispositions de l'article 6. Il s'agit du contrat de fourniture de services lorsque les services dus au consommateur doivent être fournis exclusivement dans un pays autre que celui dans lequel il a sa résidence habituelle (lettre *a*), du contrat au contrat de transport autre qu'un contrat portant sur un voyage à forfait (lettre *b*), du contrat au contrat ayant pour objet un droit réel immobilier ou un bail d'immeuble autre qu'un contrat ayant pour objet un droit d'utilisation à temps partiel de biens immobiliers (lettre *c*); des droits et obligations qui constituent des instruments financiers, et des droits et obligations qui constituent les modalités et conditions qui régissent l'émission ou l'offre au public et les offres

du Règlement précise que les dispositions de l'art. 6 ne devraient pas s'appliquer aux contrats de transport et d'assurance, puisque ces derniers font l'objet de dispositions spécifiques dans le Règlement.

Enfin, il est indispensable de préciser que les contrats conclus par les consommateurs, en dehors des circonstances énumérées plus haut, relèvent des règles du droit commun établies par la Convention de Rome et par le Règlement « Rome I ». Ainsi, les parties pourront, dans le respect des limites imposées par les deux instruments communautaires, choisir la loi qui leur convient le mieux pour régir leur rapport contractuel. Les deux instruments communautaires imposent des limites classiques que sont la possibilité d'évincer la loi normalement désignée par le recours à l'exception d'ordre public et la possibilité reconnue au juge du for d'appliquer les lois de police nationales et même étrangères. En revanche, le nouveau Règlement ajoute une limite supplémentaire :

> *Lorsque tous les autres éléments de la situation sont localisés, au moment de ce choix, dans un ou plusieurs États membres, le choix par les parties d'une autre loi applicable que celle d'un État membre ne porte pas atteinte, le cas échéant, à l'application des dispositions du droit communautaire auxquelles il n'est pas permis de déroger par accord, et telles que mises en œuvre par l'État membre du for* (art.3-4 du Règlement « Rome I »).

À la lumière des remarques qui précèdent, il est aisé de conclure que, aussi bien dans la Convention de Rome de 1980 que dans le nouveau Règlement « Rome I », la liberté de choix de la loi applicable accordée aux parties est restreinte dès lors que le contrat est conclu dans le cadre des circonstances énoncées ci-dessus, en raison du fait que les consommateurs ont été sollicités dans leur pays de résidence habituelle, se trouvant par conséquent dans une position de faiblesse. La loi de la résidence habituelle du consommateur est « *le seuil minimum de protection* », selon l'expression de P. Lagarde[20]. Ces deux instruments ont donc adopté une position intermédiaire, en choisissant de limiter le champ de l'autonomie de la volonté sans pour autant l'exclure complètement.

À présent, nous allons examiner la portée de cette liberté de choix en droit brésilien.

**2. La portée de cette liberté de choix en droit brésilien**

Le principe de l'autonomie de la volonté n'est pas expressément consacré par les dispositions de la LICC/42 qui régissent les obligations contractuelles internationales, ce qui suscite des incertitudes quant à la place accordée à ce principe dans le droit international privé brésilien (a).

Toutefois, on peut s'attendre à quelques bouleversements en la matière. En effet, deux projets de lois visant la réforme de la LICC/42 sont actuellement en cours d'examen auprès du Congrès National brésilien. De même, il est important

---

publiques d'achat de valeurs mobilières, et la souscription et le remboursement de parts d'organismes de placement collectif, dans la mesure où ces activités ne constituent pas la fourniture d'un service financier (lettre *d*) et enfin, du contrat conclu dans le cadre d'un système multilatéral (lettre *e*).

20 Lagarde (P.), « Heurs et malheurs de la protection internationale du consommateur dans l'Union européenne », *Études offertes à Jacques Ghestin – Le contrat au début du XXI^e^ siècle*, 2001, LGDJ, p. 511-525, spéc., p. 514.

de souligner que l'Organisation des États Américains[21], dont le Brésil fait partie, a entrepris, par le biais de la *Conférence Interaméricaine de Droit International Privé*[22], l'élaboration d'une *Convention Interaméricaine sur la loi applicable aux contrats conclus par les consommateurs.* Depuis, plusieurs propositions visant l'adoption, soit d'une convention interaméricaine, soit d'une loi type en la matière ont été entre-temps avancées. L'analyse de ces différents projets et propositions s'impose, puisque ceux-ci illustrent les différents débats doctrinaux qui animent cette région en la matière (b).

*a. De lege lata : les incertitudes suscitées par le droit brésilien à l'égard de la reconnaissance de l'autonomie de la volonté.*

Dans le droit brésilien, il subsiste des controverses doctrinales à l'égard de la reconnaissance du principe de l'autonomie de la volonté, puisque ce principe n'est pas consacré expressément par la LICC/42 (i). Afin d'avoir plus de précisions sur la place du principe de l'autonomie de la volonté dans le système juridique brésilien, il est nécessaire d'analyser la position de la jurisprudence à l'égard de ce principe (ii). Néanmoins, l'examen du droit brésilien ne serait pas complet sans l'analyse de la Loi sur l'arbitrage de 1996 (iii). Cette loi constitue, comme nous allons le voir, un pas très important vers l'acceptation de ce principe.

i. L'absence de consécration expresse du principe de l'autonomie de la volonté dans la Loi d'Introduction au Code civil de 1942

L'absence de consécration expresse de ce principe par la LICC/42 a donné lieu à d'amples discussions doctrinales au sein de la doctrine brésilienne entre les opposants et partisans de ce principe[23]. À l'heure actuelle, ce débat semble être dépassé car la majorité de la doctrine brésilienne est en faveur de l'adoption de ce principe le droit international privé brésilien. À cet égard, il est important de souligner que plusieurs tentatives d'introduction de ce principe dans la législation brésilienne ont eu lieu.

Enfin, certains auteurs cherchent à trouver un remplaçant à l'autonomie de la volonté, moyennant le choix indirect de la loi applicable, c'est-à-dire en établissant dans le contrat un lieu de conclusion fictif (qui serait celui de la loi que l'on veut désigner) différent du lieu de la conclusion réelle du contrat[24]. En effet,

21 L'Organisation des États Américains (OEA) est une organisation intergouvernementale régionale. À l'heure actuelle, elle compte parmi ses membres 35 États américains. Ses objectifs sont nombreux et, parmi eux, on trouve le rôle normatif : harmoniser et unifier les normes juridiques au sein de ses États membres.

22 Les Conférences spécialisées sont des réunions intergouvernementales appelées à traiter des questions techniques spéciales ou à développer des aspects déterminés de la coopération interaméricaine. Il est important de noter que l'article 53 de la Charte de l'OEA inclut la *Conférence Spécialisée Interaméricaine de Droit International Privé* parmi un des Organes de cette Organisation.

23 A cet égard, v. notamment Vieira da Costa Cerqueira (F.), *Proposition d'un système dualiste de détermination de la loi applicable aux contrats internationaux dans l'espace juridique du Mercosur*, Thèse Strasbourg, 2010.

24 En ce sens : Barros Leaes (P.), « Arbitragem comecial internacional », *Revista Forense*, vol. 221 (1968), p. 421 *sq* ; Baptista (L. O.), *Dos contratos internacionais ; uma visão téorica e prática*, São Paulo : Saraiva, 1994, p. 49.

l'article 9 de la LICC/42 n'impose pas de règles spéciales de détermination de la loi du lieu de conclusion du contrat, laissant ainsi les parties libres de désigner le lieu de conclusion de leur contrat.

ii. La position des tribunaux brésiliens

En examinant la jurisprudence de la Haute Juridiction brésilienne (le *Suprême Tribunal Fédéral)* postérieure à l'adoption de la LICC/42, nous n'avons rencontré qu'un seul arrêt ayant trait, de façon indirecte[25], à la validité des clauses de choix de la loi applicable par les parties à un contrat international. Il s'agit de l'affaire *Banco do Brasil c. Champalimaud*[26]. En l'espèce, un contrat avait été conclu au Portugal, pour être exécuté au Brésil et le juge de première instance avait décidé d'appliquer la loi portugaise, loi du lieu de conclusion du contrat, sous le visa de l'article 9 de la LICC/42. Cette décision du juge de première instance fut confirmée en appel par le *Tribunal de Justice de Minas Gerais*, puis par le *Suprême Tribunal Fédéral* du Brésil dans un arrêt rendu le 17 décembre 1981. La question de l'autonomie de la volonté des parties ne fut discutée qu'incidemment en appel par le *Tribunal de Justice de Minas Gerais* qui, sous la base de la pensée du juriste brésilien Amilcar de Castro, a décidé que « l'autonomie de la volonté est interdite par la législation brésilienne ». Le *Suprême Tribunal Fédéral* a rejeté indirectement l'application du principe de l'autonomie de la volonté en confirmant la règle énoncée dans la LICC/42.

À l'heure actuelle, cette position est en train d'être renversée. Quelques décisions récentes des tribunaux de 1re et 2e instance commencent à accueillir le principe de l'autonomie de la volonté des parties. Parmi ces décisions, on peut citer l'affaire *Dexbrasil Ltda c. Navisys Incorporated* de la *30ª Vara Cível de São Paulo* datant du 7 juin 2002. Dans cette affaire, le tribunal a estimé que les parties n'ont nullement porté atteinte aux droits privés, ni à la souveraineté brésilienne en désignant une législation autre que la législation brésilienne. On peut citer également un arrêt rendu le 27 mars 2007 par la *15ª Camara Civil do Tribunal de Justiça do Estado do Rio de Janeiro*, dans lequel le tribunal a directement admis le principe de l'autonomie de la volonté[27]. Plus récemment, le 18 octobre 2007, le *Tribunal de Justiça do Estado de São Paulo* a également affirmé son attachement au principe de la liberté des parties de désigner la loi applicable à leur contrat dans une affaire concernant la détermination de la loi applicable à un contrat international de représentation commerciale[28].

---

25 D'après notre connaissance, aucun arrêt du *Suprême Tribunal Fédéral* n'a abordé directement cette question.

26 STF : RE 93.131/ MG, RTJ 101/1.149. Aff. « *Champalimand c. Banco do Brasil J.A. e outros* », du 17 décembre 1981, *Revista Trimestral de Jurisprudencia*, 1982, vol. 101, p. 1149 *sq*.

27 *Tribunal de Justiça do Estado do Rio de Janeiro*, 15ª Câmara Civil, Agravo de Instrumento n°. 2007.002.02431.

28 *Tribunal de Justiça do Estado de São Paulo*, 18 oct. 2007, Apelação N° 7.030.387-6. Disponible sous : http://cjo.tj.sp.gov.br/juris. Il est important de souligner également que le *Tribunal de Alçada do Estado de São Paulo*, avant son extinction par *l'Emenda Constitucional n° 45*, a examiné quelques affaires concernant la détermination de la loi applicable aux contrats internationaux. Faisant écho à la doctrine majoritaire,

Toutefois, en matière de contrats conclus par les consommateurs, nous n'avons rencontré aucune décision émanant des tribunaux brésiliens accueillant le principe de l'autonomie de la volonté des parties.

iii. L'admission du principe de l'autonomie de la volonté par la Loi sur l'arbitrage de 1996 : un pas important vers l'acceptation de ce principe en droit international privé brésilien

La loi brésilienne sur l'arbitrage (Loi n° 9.307 de 1996), est venue donner un cadre juridique à l'arbitrage commercial au Brésil[29]. Le principe de l'autonomie de la volonté a été expressément reconnu par l'article 2-1 et l'article 11 de cette loi. L'article 2-1 de cette loi établit que : « *Les parties pourront librement choisir les règles de droit qui seront appliquées dans l'arbitrage* ». Et l'article 11 dispose que la « convention d'arbitrage doit contenir : [...] IV. L'indication de la loi nationale ou des règles corporatives applicables à l'arbitrage lorsque les parties les ont ainsi convenues ». L'admission de ce principe par la loi d'arbitrage a ouvert le débat sur la portée générale de cette disposition et sur son extension au mécanisme conflictuel établi par la LICC/42.

À ce propos, J. Dolinger[30] observe que « *le débat autour de l'admission par le législateur brésilien du droit des parties de choisir la loi applicable au contrat international devait avoir cessé à partir de l'approbation de la loi d'arbitrage qui a expressément autorisé les contractants à choisir la loi applicable à la procédure* ». À son tour, N. de Araujo affirme qu'une telle admission de l'autonomie de la volonté est restreinte aux contrats soumis à l'arbitrage et qu'il peut s'agir de contrats internationaux comme de contrats internes[31].

Le Professeur Dolinger se demande quelle serait la raison, le sens logique, au fait que les parties peuvent fixer la loi qui sera applicable aux contrats soumis à l'arbitrage, alors qu'elles ne peuvent pas le faire dans l'hypothèse où le litige est soumis à l'appréciation de la juridiction étatique[32]. L'auteur estime que « *l'interprétation téléologique de l'article 9 de la LICC/42 ne pourrait plus se manifester depuis que le législateur a montré son respect entier au principe de la* lex voluntatis »[33].

---

ce *Tribunal* a admis à trois reprises l'application du principe de l'autonomie. Il faut souligner néanmoins qu'il s'agit de décisions non définitives. Il s'agit des décisions suivantes : *1° Tribunal de Alçadas de São Paulo* 7e Chambre civile, 24 sept. 2002, *Total Energie do Brasil, S.N.C. e outras c. Thorey Invest Negócios Ltda,* registre 00.551794-0 ; *Tribunal de Alçadas de São Paulo*, 11e Chambre civile, 29 août 2002, Agravo de Instrumento n° 46.457 ; et *Tribunal de Alçada do Estado de São Paulo*, 12e Chambre civile, 18 déc. 2003, AG 1.247.070, *R S Components Ltda c. R S do Brasil Com. Imp. Exp. Cons. Repr. Ltda.*

29 Sur les aspects généraux du régime de l'arbitrage au Brésil, v. Aguilar Vieira (I.), « L'arbitrage au Brésil », *Bulletin CEDIDAC*, n. 52, Déc. 2009, p. 2 ; J. Bosco Lee, « Le nouveau régime de l'arbitrage au Brésil », *Revue de l'arbitrage* (1997), issue 2, p. 199-228.

30 Dolinger (J.), *Contratos e Obrigações no Direito Internacional Privado,* 1a ed., Rio de Janeiro : Renovar, 2007, p. 472.

31 Araujo (N.), *Contratos internacionais : Autonomia da vontade, Mercosul e Convenções Internacionais,* Rio de Janeiro : Renovar, 1997, p. 105.

32 Dolinger (J.), *Contratos e Obrigações no Direito Internacional Privado, op.cit.*, p. 472.

33 *Ibidem.*

Une autre question que l'on peut se poser est de savoir si la Loi sur l'arbitrage s'applique aux contrats conclus par les consommateurs. Il n'existe aucune disposition légale dans le Code de protection du consommateur[34] (Código de Defesa do Consumidor – CDC) brésilien qui empêche le recours à l'arbitrage librement négocié en matière de contrats conclus par les consommateurs. Au contraire, l'article 4, V du CDC encourage expressément l'utilisation de mécanismes alternatifs de solution de différends dans les litiges concernant les rapports de consommation.

En revanche, l'article 51, VII, du CDC, rend nulle une clause d'un contrat d'adhésion ou de consommation qui détermine « l'utilisation obligatoire de l'arbitrage ». Cette clause est alors dite abusive. Le CDC interdit ainsi les clauses d'arbitrage élaborées unilatéralement et imposées aux consommateurs, mais ne semble pas les interdire lorsqu'elles sont librement accordées entre les parties.

Reste à savoir si la Loi sur l'arbitrage de 1996 a abrogé l'article 51, V, du CDC. En effet, l'article 4, §2 de la Loi sur l'arbitrage de 1996 apporte une disposition spéciale pour les contrats d'adhésion. Ce dernier établit que l'initiative de l'arbitrage, pour ce type de contrat, doit partir de l'adhérant, autrement dit le consommateur, et ne pas lui être imposé.

De même, certaines formalités doivent être respectées : la clause doit être en « caractères gras », accompagnée d'un visa spécial ou alors être présentée en document séparé du contrat, signé par l'adhérent. Ces conditions spéciales ont pour but de protéger les consommateurs et d'éviter les abus. Elles permettent de prouver que cette clause a été dûment portée à la connaissance du consommateur et, si tel n'est pas le cas, la clause est frappée de nullité et inopposable au consommateur.

En examinant la jurisprudence brésilienne, nous avons trouvé un arrêt rendu par le *Tribunal de Justiça do Estado do Rio de Janeiro* le 27 novembre 2001 au sujet de l'applicabilité de la loi sur l'arbitrage aux litiges en matière du droit de la consommation[35]. En l'espèce, il s'agissait de vérifier la validité d'une clause compromissoire insérée dans un contrat de financement d'immeuble. Dans cette affaire, le Tribunal a confirmé « l'arbitrabilité des litiges opposant consommateurs et professionnels, tout en niant, en l'espèce, l'existence de la clause compromissoire en raison de l'absence de manifestation claire de volonté du consommateur »[36].

---

34 Loi n° 8.078, du 11 septembre 1990. Il s'agit d'une loi fédérale qui s'applique donc à tout le territoire brésilien. Cette loi est le principal instrument pour la protection et la défense du consommateur au Brésil. L'adoption de cette loi par le gouvernement brésilien constitue un grand pas en avant en ce qui concerne la recherche d'un équilibre dans les relations entre les fournisseurs et les consommateurs brésiliens. À ce sujet, v. Tepedino (G.), « Les contrats de consommation au Brésil », *in* Wald (A.) et Jauffret-Spinosi (C.) (dir.), *Le droit brésilien hier, aujourd'hui et demain*, Société de législation comparée, 2005, p. 433-443.

35 *Tribunal de Justiça do Estado do Rio de Janeiro, Brasil*, AI n° 2001.002.09325, 2ª Câmara Civil. Décision citée et commentée par Aguilar Vieira (I.), « L'arbitrage au Brésil », *préc.*, p. 2.

36 Cf. Aguilar Vieira (I.), « L'arbitrage au Brésil », *préc.*, p. 2.

*b. De lege ferenda*

Nous verrons tout d'abord quelle est la place accordée au principe de l'autonomie de la volonté dans les projets de lois visant à réformer la LICC/42 (i). Ensuite, nous analyserons la place octroyée à ce principe dans le cadre de différentes propositions en vue de l'adoption d'une Convention Interaméricaine sur la loi applicable aux contrats conclus par les consommateurs (ii).

i. Les projets de réforme de la Loi d'Introduction au Code civil de 1942

À l'heure actuelle, deux projets visant à se substituer à la LICC/42 et à mettre ces dispositions en conformité avec le Nouveau Code civil, sont actuellement en cours d'examen auprès du pouvoir législatif brésilien. Le premier projet, le « Projet de Loi d'Introduction au Code Civil » du Sénat de 2002[37], n'apporte aucune modification substantielle en matière contractuelle à la LICC/42 en vigueur. Il ne consacre pas le principe de l'autonomie de la volonté. De son côté, le second projet, le « Projet de Loi sur l'Application de Normes Juridiques » du Sénat de 2004[38], propose des modifications importantes en la matière. Il apporte des solutions modernes et plus adaptées à la réalité contemporaine et au progrès présenté par la société brésilienne. Ce Projet consacre expressément le principe de l'autonomie de la volonté dans son article 12. D'après cet article : « Les obligations contractuelles sont régies par la loi choisie par les parties. Ce choix sera exprès ou tacite, pouvant être modifié à tout moment, sous réserve de droits de tiers ».

Il est important de souligner qu'aucun des deux projets de loi visant à réformer la LICC/42 actuellement en cours de lecture auprès du pouvoir législatif brésilien, n'apporte des règles particulières protectrices des consommateurs. De plus, ils adoptent des positions antagonistes en ce qui concerne la reconnaissance expresse du principe de l'autonomie de la volonté. Ainsi, il est difficile de connaître quelle est la position dominante dans le droit brésilien.

ii. Les solutions apportées par les diverses propositions de Convention interaméricaine sur quelques contrats et transactions avec les consommateurs

Dans le cadre de la Septième Conférence Interaméricaine de Droit International Privé (CIDIP-VII), quatre propositions pour l'élaboration d'un instrument en matière de contrats de consommation ont été présentées et font l'objet de discussion à l'heure actuelle. La liberté des parties de choisir la loi applicable à un contrat de consommation international occupe une place privilégiée dans cette discussion.

En premier lieu, il est important de souligner que trois des quatre propositions présentées contiennent des règles concernant la détermination de la loi applicable

37 *Projeto de Lei do Senado,* Projet n. 243, 05/11/2002, publié au *Diário do Senado Federal* le 6 novembre 2002. Disponible à l'adresse : http://www.senado.gov.br/sf/atividade/Materia/detalhes.asp?p_cod_mate=52987.

38 *Projeto de Lei do Senado,* Projet N° 269, 16/09/2004. Disponible à l'adresse : <http://www.senado.gov.br/sf/atividade/Materia/getHTML.asp?t=6268>.

à cette catégorie de contrats : les propositions faites par le Canada[39], le Brésil[40] et l'Uruguay[41]. Parmi ces trois propositions, seules les propositions brésilienne et canadienne offrent aux parties la liberté de choix de la loi applicable à leur contrat. Toutefois, cette liberté n'est pas sans limites. Aussi bien la proposition brésilienne que la proposition canadienne apportent des limites à l'autonomie de la volonté des parties à un contrat de consommation international.

En ce qui concerne la version finale de la Proposition de Convention Interaméricaine sur la loi applicable aux contrats conclus par les consommateurs, faite par le Brésil[42], il est important de noter que l'article 6 est l'article principal de la proposition[43] car il vise la protection des consommateurs dans les contrats en général. Cet article offre aux parties la liberté de choisir la loi applicable à leur contrat. Toutefois, cette proposition apporte des limites au libre jeu de la volonté des parties, afin de protéger les consommateurs, en établissant une liste de choix de lois possibles.

---

39 Proposition initiale du Canada : *Proposition du Canada sur une loi modèle sur la juridiction et les normes applicables uniformes en matière de contrats avec les consommateurs* (OEA/Ser.GCP/CAJP-2094/03 add. 5-a 10 Diciembre 2004 Original : Inglés. Version espagnole publiée *in : Cadernos do Programa de Pós-Graduação em Direito - PPGDir./UFRGS*, n° V, Março 2006, p. 30-31. Version espagnole consultable en ligne à l'adresse : http ://www.oas.org/DIL/esp/CIDIPVII_home_temas_cidipvii_proteccionalconsumidor_jurisdiccion_canada_10diciembre2004.htm
Cf. aussi la « Proposition de dispositions uniformes concernant le choix de la loi applicable aux contrats de consommation » faite par le Canada en novembre 2006. La version française est disponible à l'adresse : http ://www.oas.org/dil/esp/regles_concernant_le_choix_de_la_loi_applicable_aux_contrats_de_consommation_novembre_2006.pdf

40 *Proposition de Convention Interaméricaine de Droit International Privé (CIDIP VII) sur la loi applicable à certaines relations de consommation*, présentée par le Brésil (CP/CAJP - 2094/03 add. 3-a) et élaborée par le Professeur brésilien, Claudia Lima Marques. Versions anglaise, espagnole et française publiées *in : Cadernos do Programa de Pós-Graduação em Direito - PPGDir./UFRGS*, n° V, Março 2006, p. 68-70 (Version anglaise), p. 25-27 (version espagnole) et p. 70-73 (version française) ; consultable également sur le site : <http ://www.oas.org/DIL/esp/CIDIPVII_home_temas_cidip-vii_proteccionalconsumidor_leyaplicable_propuestabrasil_port.htm>
Et aussi : La « *Deuxième Proposition du Brésil d'une Convention interaméricaine de droit international privé sur quelques contrats et transactions avec les consommateurs* », versions espagnole et portugaise publiées dans : *Cadernos do Programa de Pós-Graduação em Direito - PPGDir./UFRGS*, n° V, Março 2006, p. 88-106.
Enfin : La version finale de la *Proposition d'une Convention interaméricaine de droit international privé sur quelques contrats et transactions avec les consommateurs* faite par le Brésil ; disponible sous : <http ://www.oas.org/dil/esp/CP-CAJP_2652-08_add2_esp.pdf>.

41 Aproximación a una Convención Interamericana sobre Protección Internacional del Consumidor - Ley Aplicable y Jurisdicción Competente. Elaboré par le Professeur uruguayen Eduardo Tellechea Bergman. Disponible à l'adresse : http ://www.oas.org/DIL/esp/CIDIPVII_home_temas_cidip-vii_proteccionalconsumidor_jurisdiccion_uruguay_18abril2006.htm

42 Disponible à l'adresse Internet : <http ://www.oas.org/dil/esp/CP-CAJP_2652-08_add2_esp.pdf >.

43 Cet article est intitulé « Protection contractuelle générale ».

Cette proposition distingue la protection du consommateur passif de la protection du consommateur actif.

En ce qui concerne les contrats conclus par les consommateurs passifs[44], l'art. 6-1 permet aux parties de choisir la loi applicable à leur contrat parmi les lois suivantes : la loi du domicile du consommateur[45], la loi du lieu de conclusion du contrat, la loi du lieu d'exécution du contrat ou la loi de l'établissement du fournisseur de produits ou de services. La dernière phrase de cet alinéa dispose que « cette loi sera applicable lorsqu'elle sera plus favorable au consommateur ».

L'art. 6-2 de la version finale de la Proposition brésilienne propose des critères précis pour déterminer la loi la plus favorable au consommateur. Ainsi, cette dernière sera déterminée, selon l'un des critères énumérés dans l'ordre ci-après : a) la loi du domicile du consommateur ; b) la loi de la résidence commune du consommateur et l'un des établissements du fournisseur de produits et de services ; c) la loi du lieu de conclusion du contrat, lorsque ce lieu coïnciderait avec le lieu du domicile, de l'établissement principal ou du siège du fournisseur des produits ou des services, qui est intervenu dans le contrat dans une qualité autre que celle de simple distributeur ; d) la loi du lieu de la prestation de services ou de livraison du produit, si ce lieu a, en même temps, un lien raisonnable et significatif avec les parties et l'opération. De même, la note explicative de la version finale de la proposition brésilienne indique qu'il faut procéder à une « comparaison formelle et de droit international privé des lois en présence » et non à une « comparaison matérielle des lois », jugée complexe et difficile[46].

S'agissant des contrats conclus par les consommateurs actifs[47], l'alinéa 4 de l'article 6 prévoit l'application de la loi choisie par les parties, parmi les lois suivantes : la loi du lieu de conclusion ou d'exécution du contrat, ou la loi du domicile du consommateur, sans préjudice de ce qui est prévu aux art. 9 et 10 concernant les lois de police et la clause d'exception, respectivement. Selon Lima Marques, l'auteur de cette proposition, il s'agit d'un rattachement ouvert qui permet une forme limitée d'autonomie de la volonté et qui offre une liste de rattachements de choix éventuels. L'auteur explique qu'il est important de « *maintenir l'autonomie de la volonté (prévisibilité minimale préalable), mais aussi*

---

44 Selon l'alinéa 1 de l'article 6 de cette Proposition, le consommateur passif est celui qui conclut des contrats en restant dans son pays de domicile.

45 Selon l'alinéa 1 de l'article 4 de la version finale de la Proposition brésilienne, le domicile du consommateur sera déterminé selon l'un des critères énumérés dans l'ordre ci-après : a. le lieu de la résidence habituelle, au moment de la conclusion du contrat par les parties ; b. à défaut de ces éléments, le lieu de la simple résidence ou le lieu où se trouve la personne ; c. pour les personnes incapables ce sera le domicile de leurs représentants légaux, sauf dans le cas d'abandon.

46 À cet égard, cf. *Nota Explicativa de la Propuesta Final Brasileña – Propuesta Brasileña de Convención Interamericana sobre el derecho aplicable a algunos contratos y transacciones internacionales de consumo* – Préparée par Ricardo Morishita Wada (DPDC-MJ) et Cláudia Lima Marques (UFRGS), Délégation du Brésil à la CIDIP VII. Disponible à l'adresse Internet : <http://www.oas.org/dil/esp/CP-CAJP_2652-08_add2_esp.pdf>, p. 18.

47 Selon l'alinéa 4 de l'article 6 de cette Proposition, le consommateur actif est celui qui conclut des contrats en étant en dehors de son pays de domicile.

*d'éviter l'abus (sécurité juridique)*». L'auteur ajoute que «*la liste de rattachements objectifs évite l'abus (...)*».

En ce qui concerne la proposition de loi uniforme présentée par le Canada, les parties peuvent choisir la loi applicable à leur contrat, conformément à l'article 7-1[48], mais à certaines conditions établies à l'article 7-2. Selon cet article, un contrat sera nul lorsqu'il prive un consommateur de la protection à laquelle il a droit en application de la loi de l'État de sa résidence habituelle, s'il a été conclu dans l'une des circonstances énumérées aux lettres *a), b), c),* de l'article 7-2 de cette proposition[49].

Comme nous avons pu le constater, aussi bien la proposition brésilienne que la proposition canadienne apportent des limites au libre jeu de la volonté des parties afin de protéger les consommateurs, réputés en position de faiblesse dans les rapports contractuels.

Mais, lorsque les parties n'ont pas choisi la loi applicable ou lorsque le choix effectué par les parties n'est pas valable, il est nécessaire de déterminer la loi applicable au contrat par le biais de règles subsidiaires.

## B. La loi applicable au contrat en absence de choix de loi

Lorsque les parties n'ont pas choisi la loi applicable à leur contrat ou lorsque le choix n'est pas valable, le juge doit déterminer la loi qui sera applicable à ce contrat. Ici encore, les deux régimes divergent. Nous verrons tout d'abord la solution du droit français (1), puis celle du droit brésilien (2).

### 1. La solution du droit français

Aussi bien la Convention de Rome de 1980 que le Règlement «Rome I» de 2008 prévoient, dans leurs articles 5 et 6 respectivement, que les contrats conclus dans les conditions précédemment analysées sont régis, à défaut de choix, par la loi du pays dans lequel le consommateur a sa résidence habituelle, sans que le juge puisse faire jouer une clause d'exception.

L'application de ce critère de rattachement présente plusieurs avantages. Le principal est qu'il permet d'appliquer la loi avec laquelle le contrat présente les liens les plus étroits, puisque, lorsque l'offre a été dirigée vers le pays où

48 Cf. 7.(1) de la *Proposition des dispositions uniformes faite par le Canada*: «Sous réserve du sous-paragraphe (2), un consommateur qui réside habituellement dans [nom de l'État] et un vendeur qui réside habituellement dans une juridiction autre que [nom de l'État] peuvent consentir par écrit à ce que la loi d'une juridiction particulière régisse leur contrat de consommation».

49 Cf. 7.(2) de la *Proposition des dispositions uniformes faite par le Canada*: «Un contrat est nul, au sens du sous-paragraphe (1), dans la mesure où il prive un consommateur qui est un résident habituel de [nom de l'État] de la protection à laquelle il a droit en application des lois de [nom de l'État] si: (a) le contrat de consommation a été conclu à la suite d'une sollicitation commerciale faite au [nom de l'État] par le vendeur, et le consommateur et le vendeur n'étaient pas en présence l'un de l'autre dans la juridiction du vendeur au moment de la conclusion du contrat; (b) le vendeur a reçu la commande du consommateur au [nom de l'État]; (c) ou le vendeur a incité le consommateur à se déplacer dans une juridiction autre que [nom de l'État] dans le but de conclure un contrat de consommation et le vendeur a participé au voyage du consommateur».

réside le consommateur, c'est la loi de ce pays qui présente les liens les plus étroits avec le contrat. La règle de conflit fondée sur le critère de rattachement «lieu de résidence du consommateur» doit être adoptée non en fonction de la protection qu'elle offre au consommateur, mais en raison de l'étroitesse des liens que le contrat de consommation présente avec elle. La règle de conflit n'exprime donc pas directement un objectif de protection, d'autant que la loi du lieu de la résidence habituelle du consommateur pourrait être moins protectrice que celle du professionnel. Mais, la mesure de la protection réside dans les attentes du consommateur, elles-mêmes dérivées de son milieu de vie.[50]

Le rattachement à la loi du pays de la résidence habituelle du consommateur permet également de respecter les attentes légitimes des parties. En effet, si le professionnel décide d'exercer ou de diriger ses activités vers le pays où réside habituellement le consommateur, il doit s'attendre à voir la loi de ce pays appliquée en cas de litige, il doit en assumer le «risque». De même, si le consommateur contracte avec un professionnel qui exerce ou dirige ses activités vers le pays où il réside habituellement, il est légitime que le consommateur s'attende à se voir appliquer la loi qui lui est la plus proche, même si elle n'est pas nécessairement la plus favorable[51]. On ne peut imaginer le cas d'un consommateur qui soit confronté à une loi dont il ignore l'existence.

L'adoption d'un tel critère de rattachement présente également l'avantage d'apporter une solution cohérente aux contrats conclus entre un professionnel et un consommateur par voie électronique. En effet, si un professionnel a ciblé particulièrement les consommateurs d'un pays ou d'un autre, il est alors raisonnable d'admettre la compétence de la loi de ce pays pour les consommateurs résidant sur son territoire.

Il convient également de relever que l'application de ce critère de rattachement joue en faveur du consommateur dans la mesure où on applique la loi du pays dans lequel il réside, qu'il est censé connaître ou dont il peut facilement prendre connaissance[52]. Notons que, si la majorité de la doctrine partage cette vision, de rares auteurs, soutiennent cependant que cet argument n'est pas pertinent. Ainsi, F. Pocar estime que le consommateur ignore nécessairement le contenu de sa propre loi et qu'il est donc toujours dans une position de faiblesse vis-à-vis des professionnels et que de ce fait, ce critère n'est pas adapté pour régir cette catégorie de contrats[53]. Nous ne partageons pas cet avis, car à supposer que le consommateur ignore les détails du contenu de la loi de son pays, il peut en revanche très facilement en prendre connaissance auprès d'associations nationales de défense des droits des consommateurs.

---

50 Bureau (D.) et Muir-watt (H.), *Droit international privé*, t. II, PUF, 2007, n° 934, p. 338.

51 En ce sens, Bureau (D.) et Muir-watt (H.), *op. cit.* n° 934, p. 338-339.

52 En ce sens, tormen (J.), *La loi applicable aux contrats conclus par les consommateurs dans la Convention de Rome du 19 juin 1980*, Mémoire soutenu dans le cadre du DEA de Droit International, sous la direction de D. Alexandre, Université Robert Schuman de Strasbourg, Année Universitaire 2003/2004, p. 7.

53 Pocar (F.), «La protection de la partie faible en droit international privé», *RCADI*, t. 188 (1984-V), p. 339-418, spéc., p. 394.

Enfin, le choix d'un tel critère de rattachement présente l'avantage d'être conforme à la tendance moderne du droit international privé. Estimant qu'il s'agit d'un acquis incontestable permettant d'assurer une prévisibilité pour le professionnel du droit applicable, la majorité des doctrines européenne et sud-américaine[54] est en faveur de cette solution. En effet, la plupart de projets de réforme du droit international privé au sein du Mercosur contenant des règles spéciales pour régir les contrats conclus par les consommateurs passifs prévoit l'application de la loi de la résidence habituelle du consommateur.

Une dernière remarque s'impose : les contrats conclus par les consommateurs en dehors des circonstances énoncées plus haut seront soumis aux règles établies pour les contrats internationaux en général. Ainsi, ces contrats seront *a priori* régis par la loi du lieu de résidence habituelle du débiteur de la prestation caractéristique du contrat, conformément à l'art. 4 des deux instruments européens.

### 2. La solution du droit brésilien

#### *a. De lege lata : l'imperfection des règles de conflit de lois existantes en vue de la protection des consommateurs*

Comme nous l'avons mentionné auparavant, le droit brésilien ne dispose pas d'une règle de conflit de lois spéciale pour régir les contrats conclus par les consommateurs. On applique, en principe, à cette catégorie de contrat, la règle de conflit de lois régissant les obligations contractuelles en général inscrite à l'article 9 de la LICC/42.

En ce qui concerne les contrats internationaux conclus en présence des parties, l'article 9 de cette loi prévoit l'application du lieu de la conclusion du contrat. Par conséquent, tous les contrats conclus par les consommateurs au Brésil, soit par les nationaux, soit par les étrangers (résidents ou touristes) sont régis en principe par la loi brésilienne. Et tous les contrats conclus par des brésiliens en présence des parties à l'étranger sont en principe soumis à la loi étrangère du lieu de conclusion du contrat.

En s'agissant des contrats conclus à distance par les consommateurs, ils sont régis en principe par la loi du lieu de résidence du pollicitant, conformément au paragraphe 2 de l'article 9 de la LICC/42. Cette règle s'applique aussi aux contrats conclus par l'échange des messages électroniques – contrats électroniques. Dans le cas des contrats conclus par les consommateurs par voie électronique entre un consommateur résidant au Brésil et un fournisseur établi à l'étranger (qui n'a pas de siège physique au Brésil), on appliquera la loi du lieu de résidence du pollicitant conformément au 2e paragraphe de l'article 9. Ainsi, le plus souvent, dans les contrats conclus par les consommateurs par la voie électronique, on appliquera la loi du lieu de résidence du fournisseur.

---

54 Martins Castro (L. F.), « Compétence no comércio e no ato ilícito eletrônico », *in* De Lucca (N.) *et alli* (dir.), *Direito et Internet*, São Paulo : Edipro, 2000, p. 351-370 et p. 354-355. Cf. Lima Marques (C.), « Some recent developments in Private International Law in Brazil », *in Kokusai Shihou Nennpou – Japanese Yearbook of Private International Law*, Vol. 4, 2002, p. 13-51, p. 22 ; Santos Lucon (P. H.), « Competência no comércio e no ato ilícito eletrônico », *Direito e Internet*, *préc.*, p. 354-355, spéc. 354.

Il est important de souligner qu'une partie de la doctrine brésilienne estime qu'on doit appliquer la loi du lieu du domicile ou de la résidence du consommateur dans le cas où l'offre a été faite au Brésil[55]. Les partisans de cette théorie estiment que si le contrat a été précédé d'une invitation ou d'une publicité spécifiquement adressée au consommateur et que celui-ci a accompli dans son pays tous les actes nécessaires à la conclusion du contrat, la loi du lieu du domicile ou de la résidence du consommateur présentant les liens les plus étroits avec le contrat doit ainsi trouver son application. De plus, ils estiment que les risques doivent être pris par le fournisseur qui dirige ses activités vers le pays et qui utilise de nouvelles technologies pour faire du marketing à distance[56].

*b. De lege ferenda : vers l'application de la loi du lieu de la résidence habituelle du consommateur*

Une partie de la doctrine brésilienne soutient l'application de *lege ferenda* du critère de rattachement du « lieu de résidence habituelle » des consommateurs, lorsque l'offre a été faite au Brésil[57].

Notons également que ce critère recueille les faveurs de la doctrine sud-américaine. En effet, aussi bien la version finale de la *Proposition de Convention Interaméricaine sur la loi applicable aux contrats conclus par les consommateurs* faite par le Brésil que la *Proposition d'une Loi type sur les règles de conflit de lois en matière de contrats de consommation* présentée par le Canada envisagent l'application de la loi du pays dans lequel le consommateur a sa résidence habituelle en cas d'absence de choix par les parties de la loi applicable[58].

Une fois examinés les modes de détermination de la loi applicable aux contrats conclus par les consommateurs, il est important de connaître les limites à l'application de la loi normalement compétente dans les deux systèmes analysés.

## II. Les limites à l'application de la loi normalement compétente

Aussi bien en droit français qu'en droit brésilien, il existe des limites à l'application de la loi normalement compétente (celle désignée par la règle de conflit), soit lorsqu'elle est manifestement incompatible avec l'ordre public du for (A), soit lorsqu'il existe des règles impératives, les lois de police, qui se veulent applicables à cette catégorie de contrats (B).

55 V. LIMA MARQUES (C.), « Some recent developments in Private International Law in Brazil », *préc.*, spéc. 22 ; SANTOS LUCON (P. H.), « Competência no comércio e no ato ilícito eletrônico », *préc.*, spéc. 354.

56 V. Les conclusions du 5e Congrès brésilien du droit du consommateur, *Revista do Direito do Consumidor*, vol. 33, p. 265.

57 MARTINS CASTRO (L.F.), « Compétence no comércio e no ato ilícito eletrônico », *préc.*, p. 354-355.

58 Dans la *Proposition d'une Convention interaméricaine de droit international privé sur quelques contrats et transactions avec les consommateurs* faite par le Brésil, c'est l'article 6-3 qui soumet les contrats conclus par les consommateurs passifs à la loi du lieu de la résidence habituelle du consommateur. Dans la proposition de loi uniforme présentée par le Canada, cette règle s'applique « si l'une des situations décrites aux sous-paragraphes (2)(a) à (c) existe [...] » (cf. l'art. 7-4).

### A. L'exception de l'ordre public

Aussi bien le droit français que le droit brésilien permettent au juge saisi d'écarter la loi désignée par la règle de conflit lorsque l'application de cette loi est manifestement incompatible avec l'ordre public du for.

En droit français, tant l'article 21 du nouveau Règlement « Rome I » que l'article 16 de la Convention de Rome de 1980 établissent expressément que « l'application d'une disposition de la loi désignée [par le présent règlement ou par la présente convention] ne peut être écartée que si cette application est manifestement incompatible avec l'ordre public du for ».

Au Brésil, c'est l'article 17 de la LICC/42 qui établit formellement que « *les lois, les actes et jugements d'un autre pays, ainsi que toute déclaration de volonté, n'auront pas d'efficacité au Brésil lorsqu'ils porteront atteinte à la souveraineté nationale, à l'ordre public et aux bonnes mœurs* ». Dans cette présentation, nous n'allons pas approfondir l'analyse de cette question vu que l'exception de l'ordre public n'intervient pas au stade de la détermination de la loi applicable[59].

### B. L'interférence des lois de police

Il existe des hypothèses dans lesquelles le juge ou une autorité publique fait application à des situations internationales des dispositions internes sans passer par la médiation de la règle de conflit bilatéral : il fait ainsi application de « lois de police »[60], expression qui figure dans l'article 3-1 du Code civil français[61].

Aussi bien la Convention de Rome que le nouveau Règlement « Rome I » offrent expressément la possibilité d'application des lois de police du for (cf. art. 7-2 de la Convention de Rome et art. 9-1 du nouveau Règlement « Rome I »). De plus, le nouveau Règlement donne une définition des lois de police, inspirée de la définition bien connue proposée par Ph. Francescakis[62] et reprise par l'arrêt *Arblade*[63] de la CJCE, selon laquelle la loi de police « *est une disposition impérative dont le respect est jugé crucial par un pays pour la sauvegarde de son organisation politique, sociale et économique, au point d'en exiger l'application à toute situation entrant dans son champ d'application, quelle que soit par ailleurs la loi applicable au contrat d'après le présent règlement* ». Notons qu'une définition plus fonctionnelle a été donnée par P. Mayer. D'après lui « les lois de police sont les règles impératives qui, selon le droit du pays dont elles émanent, sont applicables

---

59 Nous invitons le lecteur à consulter la contribution de Luiz Fernando Kuyven dans cet ouvrage.

60 Aussi nommées « dispositions impératives », « lois d'application immédiate », « normes autolimitées », et « normes d'application nécessaire », conforme une terminologie variable utilisée dans divers États et de manière différente pour les auteurs.

61 L'article 3-1 du Code civil français établit que « *les lois de police et de sûreté obligent tous ceux qui habitent le territoire* ».

62 Selon la définition donnée par Ph. Francescakis les lois de police sont des « *lois dont l'observation est nécessaire pour la sauvegarde de l'organisation politique, sociale ou économique du pays* » (« *Quelques précisions sur les* « *lois d'application immédiate* » et leurs rapports avec les règles de conflits de lois », *RCDIP*, 1966, p. 1).

63 CJCE, 23 novembre 1999, *Arblade*, aff. C-369/96, *Rec. CJCE*, p. 8453.

quelle que soit la loi désignée par la règle de conflit de ce pays »[64]. De cette façon, le juge est obligé d'appliquer ces lois de police du for quelle que soit la loi applicable au contrat. Comme l'a indiqué H. Gaudemet-Tallon, « *c'est à la philosophie même de la loi de police de s'appliquer impérativement en dehors de toute intervention de la règle de conflit* »[65].

En droit brésilien, malgré le fait que la LICC/42 n'apporte pas une disposition spéciale relative aux lois de police, celles-ci seront appliquées par le juge dès lors qu'il se trouve face à des dispositions impératives du for[66]. C'est au juge saisi que revient la tâche d'identifier les lois de police ainsi que leurs champs d'application dans l'espace, au vu de son propre système juridique.

L'une des premières conditions pour qu'une règle puisse être considérée comme une « loi de police » est le caractère impératif de celle-ci. Toutefois, il est important de distinguer le caractère impératif interne d'une loi et le caractère impératif qu'elle pourrait avoir au niveau international. On peut alors s'interroger sur le fait de savoir si certaines règles protectrices des consommateurs peuvent être qualifiées de lois de police. Cette question a donné lieu à d'amples débats doctrinaux aussi bien en droit français qu'en droit brésilien. En droit français, le débat tourne autour de la question de savoir si l'article 7 de la Convention de Rome visant les lois de police peut être invoqué lorsqu'on est en présence d'un contrat de consommation que ne rentre pas dans le domaine d'application de l'article 5 de la Convention.

Pour être qualifiées de « lois de police », il est nécessaire de connaître l'objectif que visent à atteindre ces lois. Il faut donc rechercher quel est le but poursuivi par les lois protectrices des consommateurs.

Une partie de la doctrine française estime que les règles de protection des consommateurs ne sauraient *a priori* revêtir le qualificatif de lois de police. En effet, d'après les partisans de cet avis, les lois de police poursuivent la protection d'un intérêt général et non la protection d'intérêts privés. La question est donc de savoir si les lois protectrices des consommateurs sont édictées dans le but de sauvegarder l'intérêt général ? D'après A-M. de Mattos, « *les textes adoptés pour protéger le consommateur tendent à restaurer l'équilibre contractuel et visent donc essentiellement la sauvegarde d'intérêts par nature privés* »[67]. Par conséquent, les règles de protection des consommateurs ne peuvent pas être qualifiées de lois de police.

En revanche, une grande partie de la doctrine française considère que certaines règles protectrices des consommateurs peuvent être qualifiées de lois de police. Selon les partisans de cette approche, les règles protectrices des consommateurs ont comme objectif premier la protection de ces derniers. Nonobstant, elles

---

64 MAYER (P.), « Lois de police », *Rép. Internat. Dalloz*, 1998, p. 2.

65 GAUDEMET-TALLON (H.), « Convention de Rome de 19 Juin 1980 », *Juris-Classeur-Europe.* 1996, fasc. 3201, p. 14.

66 De même, il est important de souligner que la doctrine brésilienne fait la distinction entre les règles d'ordre public et les lois de police. V. à cet égard, ARAÚJO (N.), *Direito internacional privado: teoria e prática brasileira*, 3ª ed., atualizada e ampliada [de acordo com Emenda Constitucional 45/2004], Rio de Janeiro : Renovar, 2006.

67 MATOS (A.-M.), *Les contrats transfrontaliers conclus par les consommateurs au sein de l'Union Européenne*, PUAM, 2001, p. 100.

ont indirectement comme but la sauvegarde de l'intérêt général en assurant le fonctionnement du marché. Comme l'a bien précisé J-B. Racine, « *les lois de protection des consommateurs contribuent à sauvegarder l'organisation économique du pays. L'un des objectifs du droit de la consommation est de mettre en confiance le consommateur pour l'inciter à consommer. À la protection du consommateur, objectif immédiat, s'ajoute donc la nécessité d'assurer le bon fonctionnement et la pérennité du marché* »[68].

Il est vrai que l'État s'investit davantage dans le domaine de la protection des consommateurs. Comme l'a bien souligné J. Tormen, « *ceci révèle de la part de l'État, la volonté de mener une politique législative fondée sur des objectifs économiques et sociaux fondamentaux, de sorte que l'État voudra imposer cette politique législative, dès lors que la situation présentera des liens avec son territoire, sous peine d'incohérences* »[69].

Il est par ailleurs important de noter que la 1re chambre civile de la Cour de cassation a jugé, dans un arrêt du 19 octobre 1999, l'arrêt *Dame Moquin*, que « *la loi française sur le crédit à la consommation du 10 janvier 1978 était d'application impérative pour le juge français* »[70]. En l'espèce, la Convention de Rome n'était pas en cause, puisqu'elle n'était pas encore entrée en vigueur. Toutefois, cet arrêt présente une importance fondamentale en la matière, car pour la première fois la Cour de cassation a reconnu le caractère de loi de police à une loi française protectrice des consommateurs.

Au Brésil, on retrouve donc les mêmes discussions doctrinales menées en France. Une partie de la doctrine brésilienne considère que les dispositions établies dans le CDC sont d'ordre public et d'application immédiate (lois de police).

Le professeur brésilien, C. Lima Marques, soutient que les normes établies dans le CDC doivent être appliquées à tous les contrats conclus par les consommateurs ayant un lien suffisant avec le Brésil, puisque ces normes sont des « lois d'application immédiate »[71]. D'après l'auteur, « *le Code du consommateur brésilien devrait fournir le standard minimum de protection au consommateur passif dans tous les contrats à distance, contrats négociés au Brésil pour personnes locales ou étrangères, ou bien lorsque le marketing ou l'offre ont été faits au Brésil* »[72]. Le Projet de loi brésilien pour le Commerce électronique et ventes à distance (projet OAB) prévoit également l'application de la loi brésilienne.

Plusieurs raisons poussent une partie de la doctrine brésilienne à considérer que le CDC est une loi d'*ordre public* et *d'application immédiate.* La première raison avancée par la doctrine résulte du fait qu'au Brésil, la protection des consommateurs possède le statut de norme constitutionnelle. Dans la Constitution brésilienne de 1988, la protection du consommateur a été élevée au rang de garantie fondamentale de l'individu (art. 5, par. XXXII). C'est en réponse à un commandement constitutionnel que le CDC a vu le jour. La deuxième raison

---

68 Racine (J.-B.), note à l'arrêt *Dame Moquin*, *JDI*, n° 2, 2000, p. 333.

69 Tormen (J.), *La loi applicable aux contrats conclus par les consommateurs dans la Convention de Rome du 19 juin 1980*, *op. cit.*, p. 24.

70 Cass. 1re civ., du 19 octobre 1999, *Dame Moquin*, *JDI*, n° 2, 2000, p. 328-329.

71 Cf. Lima Marques (C.), « Some recent developments in Private International Law in Brazil », *op. cit.*, p. 23.

72 *Idem.*

est que le CDC prévoit dans son article 1er que les normes établies par ce Code sont d'ordre public et d'intérêt social[73].

Nous ne partageons cependant pas cet avis, car le caractère d'ordre public interne d'une loi ne va pas pour autant faire de cette loi une «loi de police» au niveau international. Lorsque l'article 1 du CDC prévoit que «*le présent Code établissant les normes de protection du consommateur est d'ordre public et d'intérêt social, aux termes des articles 5, XXXII et 170, V, de la Constitution Fédérale et l'article 48 de ses dispositions transitoires*», c'est le caractère d'ordre public interne qui est mis en évidence. Cela ne veut pas dire qu'il s'agit d'une loi de police au niveau international.

En ce qui concerne la position de la jurisprudence brésilienne à ce sujet, on peut constater que les tribunaux brésiliens ont souvent directement appliqué les règles du CDC aux affaires concernant les contrats internationaux conclus par les consommateurs et présentant un lien avec le Brésil. En effet, les juges brésiliens ne cherchent pas à déterminer quelle est la loi applicable au contrat, ils appliquent directement le CDC. Il y a une utilisation abusive par la jurisprudence brésilienne du mécanisme des lois de police comme moyen de protection du consommateur.

Dans le cas où le consommateur est passif, nous avons, à titre d'exemple, deux décisions de tribunaux brésiliens de 2e instance concernant des consommateurs passifs résidant au Brésil et des fournisseurs étrangers ayant des sociétés, des maisons ou de filiales des entreprises d'importation au Brésil. Dans une décision rendue par le *Tribunal de Justice du Paraná* le 23 août 1995[74], concernant des défauts de fabrication d'une voiture importée « Lada » (une voiture russe), le juge a considéré que le délai de 30 jours pour réparer les défauts de fabrication prévu par l'article 18 du CDC devait être appliqué avec une certaine flexibilité, étant donné les difficultés d'importation. En revanche, dans une autre affaire, le *Tribunal de Justice de Rio de Janeiro*[75] a jugé trop long le délai de 55 jours pour importer un nouveau moteur des États-Unis à la General Motors' au Brésil, puisque le CDC établit dans son article 32 que «*le fabricant et l'importateur devraient avoir les pièces pour réparer le produit dans un délai raisonnable après l'importation ou la production conclue*».

S'agissant des services internationaux à distance exécutés au Brésil où les consommateurs étaient passifs, les tribunaux brésiliens ont aussi souvent appliqué le CDC. À titre d'exemple, dans une affaire concernant les « services téléphoniques de telesexe », le *Tribunal de Justice de São Paulo*[76] a appliqué le droit brésilien de la

73 Conformément à la version original en portugais: «*Art. 1º – O presente Código estabelece normas de proteção e defesa do consumidor, de ordem pública e interesse social, nos termos dos artigos 5º, inciso XXXII, 170, inciso V, da Constituição Federal e artigo 48 de suas Disposições Transitórias*».

74 *Tribunal de Justiça do Paraná*, Ap. Civ. 40. 534-4, 23-08-1995, Juiz Troiano Netto; Publié in: *Direito do Consumidor – Jurisprudencia Brasileira*, vol. 181, Ed. Juruá, 1998, p. 135, *apud* LIMA MARQUES (C.), « Some recent developments in Private International Law in Brazil », *op. cit.*, p. 25.

75 *Tribunal de Justiça do Estado do Rio de Janeiro*, Ap. Cív 001.08656, Des. Semy Glanz, Julgamento 17/03/1998, 4° Camara Cível.

76 1°TACivSP, 24/11/1998, Juge Antônio de Pádua Ferraz, *RT* 765, p. 231-234.

consommation pour régir le litige dans lequel le fournisseur de services, implanté en Norvège, offrait « des services sexuels » par téléphone sur le marché brésilien par le biais d'un fournisseur national de téléphones (Telebras). Les coûts des services internationaux étaient payés par les factures normales. Le Tribunal a considéré que les entreprises étrangères fournissant des services au Brésil étaient soumises à la loi brésilienne, notamment au CDC.

Au Brésil, il est donc commun d'appliquer directement le droit brésilien de la consommation aux contrats internationaux conclus par les consommateurs passifs. Dans les affaires présentées devant la justice brésilienne où le consommateur est actif, les tribunaux ont également souvent fait appel au droit brésilien de la consommation pour régler le litige, en écartant même les normes d'origine internationale adoptées par le Brésil. À titre d'exemple, dans une affaire concernant le transport aérien international, le *Tribunal Supérieur de Justice* a considéré que, s'agissant de relations de consommation, le CDC prévaut sur toute autre norme de caractère international comme la Convention de Varsovie. En l'espèce, il était question de la réparation de dommages. On a dérogé aux préceptes de la Convention de Varsovie qui établit des limites à la responsabilité des compagnies de transport aérien[77].

Dans une autre affaire soumise au *Tribunal Supérieur de Justice*, il s'agissait de l'achat d'une caméra vidéo Panasonic par un touriste brésilien en vacances à Miami. Après avoir constaté un défaut de la marchandise, le consommateur a demandé à la société Panasonic Brésil (Panasonic do Brasil S.A.) la réparation de la caméra mais la société a refusé pour les raisons suivantes : 1. le produit a été importé par le consommateur ; 2. il a été produit par une autre société ; 3. la société brésilienne ne produisait pas encore ce genre de produit ; et 4. la société Panasonic Brésil n'avait pas la technique nécessaire pour réparer ce produit. Le consommateur a donc intenté une action de demande en réparation du préjudice devant le juge brésilien. La Haute Juridiction Fédérale brésilienne a décidé en outre que si les entreprises nationales (telles que la Société Panasonic Brésil) bénéficient de la même marque déposée que celles mondialement connues, elles doivent aussi répondre des défauts des produits qu'elles annoncent et commercialisent. Il n'est en effet pas raisonnable de laisser au consommateur les conséquences négatives des affaires ayant trait à des objets défectueux. De même, la Cour a estimé que les consommateurs avaient acheté les marchandises de la Société Panasonic dans l'espoir que celle-ci soit une compagnie mondiale et qu'elle puisse réparer les petits problèmes ou défauts, ou échanger les produits avec les autres compagnies appartenant à cette chaîne mondiale.

La tendance de la jurisprudence brésilienne est donc de considérer les règles nationales protectrices des consommateurs comme des lois d'application immédiate (lois de police).

Il est regrettable que le Brésil ait recours au procédé de lois de police avec l'objectif de protéger les consommateurs, car en imposant l'application de leur

---

77 *Recurso Especial* 2000/0043572-4 ; Resp 258132-SP, Rel. Min. Barros Monteiro, Quarta Turma, 28 de novembro de 2000, *DJ* 19.03.2001, p. 116. Cette décision fut confirmée par le *Supérieur Tribunal de Justice* le 12 décembre 2005 par la décision en *Recurso Especial* 2003/0109312-3.

propre loi nationale, on se prive de toute ouverture vers l'application des lois étrangères qui peuvent, par ailleurs, mieux les protéger.

# LES LIMITATIONS À L'AUTONOMIE DE LA VOLONTÉ CONTRACTUELLE EN DROIT INTERNATIONAL PRIVÉ COMPARÉ FRANCO-BRÉSILIEN

**Luiz Fernando Martins Kuyven***

C'est en mettant ainsi la volonté de l'être humain au cœur de la création et de la soumission à la loi que Kant exprimait sa conception éthique de l'autonomie : « *Une personne ne peut être soumise à d'autres lois que celles qu'elle se donne à elle-même* »[1]. Il mettait en exergue la doctrine du volontarisme juridique qui servira plus tard de rampe de lancement à la naissance de ce que l'on a appelé la doctrine de l'autonomie de la volonté. Juridiquement, celle-ci s'entend de l'opportunité circonscrite dont dispose tout contractant de choisir, par une volonté créatrice de droit, les dispositions qui régiront ses rapports dans le cadre de l'acte contractuel. Selon cette théorie, les sujets de droit ont une aptitude à faire naître des droits subjectifs grâce à l'autonomie de leur volonté[2]. Cette faculté constitue le ressort fondamental grâce auquel les personnes tissent les relations qu'elles nouent avec les autres sujets, individuels ou collectifs. La figure du contrat est l'instrument technique que l'on mobilise à cette fin.

En raison de l'importance primordiale du droit international privé pour le développement du commerce et des relations entre les personnes privées sur le plan international, l'autonomie de la volonté des parties est devenue l'un des principes de base du droit international privé. Elle est consacrée comme une liberté individuelle par plusieurs législations nationales et conventions internationales, et apparaît comme une extension de l'autonomie des parties de disposer de leurs droits, telle qu'elle est admise pour les situations purement internes.

Il ne faut pas, cependant, confondre l'autonomie de la volonté dans les plans interne et international. La première consiste dans la liberté contractuelle, très

---

* *Avocat au Barreau de São Paulo et Porto Alegre – Brésil, Docteur en droit des affaires de l'université de Strasbourg.*

1 Kant (E.), *Critique de la raison pratique*, traduction de J. Barni, Ladrange, 1848, p. 33 *sq.*

2 Gounot (E.), *Le principe de l'autonomie de la volonté en droit privé*, Rousseau, 1912, p. 36.

étendue, de choisir les termes de son contrat, selon les dispositions matérielles de la loi applicable; tandis que la seconde consiste dans la liberté de choisir la loi nationale qui régira un éventuel litige relatif à ce contrat.

L'autonomie de la volonté est donc une liberté donnée à une ou des parties de désigner le droit auquel sera soumis leur rapport juridique. Elle n'a donc pas la faculté de combler les lacunes du droit interne ou d'y déroger grâce à des normes tirées d'un droit étranger, mais celle d'évincer le droit interne normalement applicable en lui substituant un autre droit du choix des parties.

Dans l'évolution du droit international privé, Savigny énonce « *que la fonction essentielle du droit est de délimiter et de faire respecter le champ de libre domination de la volonté individuelle. Le rapport de droit définit cet espace réservé à la libre volonté de l'individu* »[3]. L'autonomie de la volonté est ainsi une règle de conflit subjective et se justifie par différentes considérations notamment le fait qu'une relation juridique doit être soumise par les parties à la loi du lieu dont elle est proche et ce principe répond au besoin de prévisibilité des décisions et, par là, à la sécurité juridique.

On observe actuellement une nouvelle tendance au dirigisme législatif dans le domaine contractuel qui était marqué auparavant par une plus large autonomie de la volonté des parties. Cette tendance se caractérise par les fluctuations des politiques gouvernementales, ce qui rend difficile d'énumérer les règles impératives dans le domaine contractuel en raison de la variabilité de ces notions dans le temps et dans l'espace.

L'objectif de ce travail est de présenter, sous une optique comparatiste, les applications (I) et les limites (II) du principe de l'autonomie de la volonté en droit brésilien à la lumière du droit français.

## I. Les applications du principe de l'autonomie de la volonté en droit international privé

Contrairement à la plupart des systèmes juridiques, notamment le français qui a élevé l'autonomie de la volonté au statut de principe depuis 1910[4] et ne cesse de le réaffirmer, le droit brésilien a fait un pas en arrière en excluant l'autonomie de la volonté de son droit international privé en 1942 (A). Néanmoins, nous verrons que dans certaines hypothèses l'autonomie de la volonté peut encore trouver une application limitée dans l'ordre juridique brésilien (B).

### A. Deux conceptions différentes du rôle de l'autonomie de la volonté en droit international privé

En France, les articles 3 de la Convention de Rome du 19 juin 1980 et du règlement CE 593/2008 du 17 juin 2008, dit « Rome II », font une application assez libérale du principe de l'autonomie de la volonté dans le choix par les parties de la loi applicable au contrat.

3 Cité par Bucher (A.) et Bonomi (A.), *Droit international privé*, Genève: Helbing & Lichtenhahn, 2001, p. 89.

4 Cass. civ., 5 décembre 1910, *American Trading*, *Rev. dr. int.*, 1911, p. 395, S. 1911, vol. 1, p. 129.

L'article 3 du nouveau règlement Rome I reprend presque à l'identique le contenu de l'article 3 de la Convention de Rome, prévoyant explicitement le principe de l'autonomie de la volonté qui est admis dans les divers États de l'Union européenne. Par conséquent, les parties ont le pouvoir de choisir le droit applicable à leur contrat, sans aucune limite spatiale ou temporelle.

Le choix peut être exprès ou résulter de façon certaine des dispositions du contrat ou des circonstances de la cause. Il n'est même pas exigé que la loi choisie par les parties présente un lien quelconque avec le contrat lui-même ou avec les parties. En outre, le dépeçage est admis à l'article 3, § 1, reconnaissant aux parties la faculté de désigner la loi applicable à une partie seulement du contrat et donc de faire coexister pour un même contrat plusieurs lois applicables. Dans cette prévision assez étendue de l'autonomie de la volonté, le considérant 13 prévoit que le règlement Rome I « *n'interdit pas aux parties d'intégrer par référence dans leur contrat un droit non étatique ou une convention internationale* ». Ainsi, les parties peuvent décider d'adopter par incorporation dans leur contrat un droit non étatique, comme, par exemple, une convention internationale.

En revanche, le droit international privé brésilien ne possède pas un critère de rattachement fondé sur l'autonomie de la volonté en matière contractuelle. L'article 9 de la Loi d'introduction au Code civil de 1942 a exclu de son texte la possibilité de choix de la loi applicable qui existait dans la Loi d'introduction au Code civil de 1917.

La jurisprudence du Tribunal Suprême Fédéral, postérieure à l'adoption de la Loi d'introduction de 1942, a rejeté indirectement l'application du principe de l'autonomie de la volonté et a confirmé l'interprétation qui suit à la lettre l'article 9[5]. Cette position a été suivie par les tribunaux des instances inférieures. Même si quelques décisions récentes des tribunaux d'instances inférieures commencent à accueillir le principe de l'autonomie de la volonté des parties[6], on ne peut pas affirmer l'existence de ce principe en droit international privé brésilien, l'article 9 de la Loi d'introduction déterminant expressément le rattachement à la *lex loci contractus*.

Cette résistance à l'autonomie de la volonté se manifeste encore dans le fait que le Brésil n'ait jamais ratifié la Convention interaméricaine sur le droit applicable aux contrats internationaux, signée à Mexico en 1994 – CIDIP V – qui prévoit une règle de conflits fondée sur l'autonomie de la volonté. Cette Convention a été rédigée sur le modèle de la Convention de Rome et malgré l'importance de ce texte pour l'intégration régionale, les pays américains, à l'exception du Mexique et du Venezuela, ne se sont pas encore montrés intéressés par sa ratification.

De ce fait, les cocontractants doivent donc être très attentifs quand ils rédigent une telle clause dans leur contrat, puisqu'en principe les tribunaux brésiliens ne vont pas la prendre en considération. Seulement si un jour la Loi d'introduction au Code civil brésilien soient modifiée ou la Convention Interaméricaine de

5 STF, 17 décembre 1981, RE 93.131/MG, *Champalimand c. Banco do Brasil, Revista Trimestral de Jurisprudência*, 1982, vol. 101, p. 1149.

6 Notamment l'arrêt *Dexbrasil Ltda c. Navisys Incorporated* rendu par la 30ª Vara Cível de São Paulo le 7 juin 2002; voir aussi, 15ª Câmara Civil do Tribunal de Justiça do Estado do Rio de Janeiro, AI n° 2007.002.02431, rendu le 27 mars 2007; et Tribunal de Justiça do Estado de São Paulo, rendu le 18 octobre 2007, Appel n° 7.030.387-6.

Mexico 1994 est ratifiée, on pourra admettre librement l'autonomie de la volonté en droit international privé brésilien.

En plus, du fait que le droit international privé brésilien n'admet pas le renvoi, les juges brésiliens ne prendront pas en considération les règles de conflits étrangères fondées sur l'autonomie de la volonté qui soient en relation avec le litige.

### B. Les hypothèses d'application du principe de l'autonomie de la volonté en droit brésilien

Malgré l'absence de prévision légale de l'autonomie de la volonté en droit brésilien, d'autres mécanismes permettent aux cocontractants de déterminer la loi applicable à leur litige. En effet, les parties peuvent d'une part, choisir indirectement la loi applicable à leur contrat, par le choix du lieu de conclusion du contrat (1) et par l'élection du for (2) et, d'autre part, choisir directement la loi applicable si elles choisissent la voie arbitrale pour le règlement de leurs différends (3).

#### 1. Choix du lieu de conclusion du contrat

L'article 9 de la Loi d'introduction au Code civil prévoit l'application de la loi du lieu où le contrat, entre présents, a été conclu. Dans le cas d'un contrats entre absents, on présume que le contrat a été conclu au lieu de résidence de l'offrant.

De cette manière, s'ouvre aux parties, par une voie transversale, une opportunité d'établir la loi qui s'appliquera à leurs litiges. Il suffit qu'elles optent pour conclure le contrat dans le pays de la loi qu'ils veulent voir appliquer ou dans un pays dont le droit international privé accepte l'autonomie de la volonté. En ce qui concerne le contrat entre absents, il est important que les parties spécifient clairement, dans leur contrat, lequel des cocontractants est l'offrant, la loi de sa résidence sera alors appliquée.

#### 2. Élection du for

L'élection du for est toujours autorisée au Brésil[7], sauf si elle viole la compétence exclusive en matière d'immeubles situés au Brésil, prévue à l'article 89 du Code de procédure civile brésilien[8]. Ainsi, les cocontractants peuvent voir appliquer la loi qu'ils ont choisie s'ils saisissent le juge d'un pays dont le droit international privé accepte l'autonomie de la volonté. En outre, l'énoncé n° 335 du Suprême Tribunal Fédéral consacre indirectement l'autonomie de la volonté lorsqu'il reconnaît la validité de la clause d'élection du for relative aux litiges concernant un contrat.

Il faut prendre en compte aussi la manifestation de l'autonomie de la volonté en matière d'élection du for prévue à l'article 4 du Protocole de Buenos Aires sur la juridiction internationale en matière contractuelle du 5 août 1994, qui admet l'élection du for pour certains contrats conclus entre personnes physiques et morales domiciliées sur le territoire d'un État membre du Mercosur.

7 STF, 9 juin 2004, SEC n° 7178.

8 Cintra e Nascimento (C.) et Bueno (E.), « A competência geral internacional do Brasil : competência legislativa e competência judiciária no direito brasileiro », *Revista de Processo* 73/74, p. 88.

### 3. Arbitrage

Les parties peuvent encore choisir directement la loi applicable si elles optent pour l'arbitrage. L'article 2, § 1 de la loi brésilienne sur l'arbitrage[9], a consacré largement l'autonomie de la volonté. Les parties à un contrat international sont même autorisées à choisir l'application de principes et usages du commerce international. Ce choix doit naturellement respecter les bonnes mœurs, l'ordre public et les exigences de la convention de New York du 10 juin 1958 sur la reconnaissance et l'exécution de sentences arbitrales, ratifiée par le Brésil.

De même, le Brésil a renforcé sa détermination d'assurer le respect de l'autonomie de la volonté en matière arbitrale en ratifiant l'accord sur l'arbitrage au sein du Mercosur[10], tout en se réservant l'application du dispositif flou de l'article 10, sur la détermination de la loi applicable, visant ainsi à assurer l'application de l'autonomie de la volonté sans les incertitudes de l'article 10.

## II. Limites au principe de l'autonomie de la volonté en droit international privé

L'autonomie de la volonté peut entraîner de profonds dysfonctionnements dans le droit du for et produire un conflit entre la fiction de cette liberté et les contraintes sociales qui limitent son exercice. Le droit du for se doit alors de restaurer l'équilibre et la justice lorsque la réalité est telle que l'autonomie de la volonté s'exerce dans des conditions inacceptables.

Aussi bien en France qu'au Brésil, dans certaines des hypothèses où l'autonomie de la volonté est admise, des obstacles vont s'interposer soit à l'application de la loi choisie par les parties, notamment par le biais de l'exception d'ordre public international (A), soit à la prise en compte du choix de loi par le droit international privé en raison de l'application des lois de police (B).

### A. L'exception d'ordre public international

Les juges français et brésilien vont, dans certaines hypothèses, évincer la loi étrangère normalement applicable en faveur de la loi du for, au moment de l'application de la loi choisie par les parties, limitant donc le rôle de l'autonomie de la volonté.

Souvent ce contrôle de conformité de la loi choisie par rapport à l'ordre juridique du for se réalise au cours des demandes de reconnaissance et d'exécution de décisions judiciaires et arbitrales entre le Brésil et la France. À ces demandes seront appliquées les règles de la Convention de coopération judiciaire en matière civile, commerciale, sociale et administrative entre le Brésil et la France, signée à Paris le 30 janvier 1981[11].

L'article 18 de ce texte prévoit les conditions nécessaires pour que les décisions étrangères soient déclarées exécutoires sur le territoire de l'autre État,

---

9 Loi 9.307/96.

10 Mercosur – Décret 4/98.

11 En France, introduite par le décret n° 85-394, du 28 mars 1985 (*JO* 03.04.1985, p. 3883-3887) et entrée en vigueur le 2 avril 1985. Au Brésil, cette Convention a été internalisée par le décret 91.207, du 29 avril 1985 (*DOU* 30 avril 1985).

et l'article 19 prévoit que la procédure de reconnaissance et d'exécution de la décision est régie par le droit de l'État requis. L'autorité judiciaire requise n'a pas faculté de procéder à aucun examen au fond de la décision. Il convient de remarquer que la litispendance au sein de cette Convention est aussi considérée comme un motif de non-reconnaissance[12], au contraire des règles communes de reconnaissance au Brésil. De même, la force de chose jugée est nécessaire[13], ce qui n'est pas toujours le cas en France, où l'annulation de la sentence dans son pays d'origine n'est pas une cause de refus de reconnaissance et d'exécution de la sentence rendue à l'étranger[14].

Les raisons pour que le juge évince la loi étrangère désignée par les parties, que ce soit pendant l'application de la loi applicable ou dans une demande d'exécution ou de reconnaissance de décisions étrangères, sont soit la constatation de fraude à la loi, soit, principalement, la contrariété à l'ordre public international.

La fraude constitue l'hypothèse où les parties ont volontairement modifié le rapport de droit dans le seul but de le soustraire à la loi normalement compétente. La loi d'autonomie s'expose de deux façons à la fraude. Elle peut s'introduire aussi bien dans l'exigence préalable d'éléments d'extranéité, que dans l'exercice proprement dit de la faculté de choix. La Convention de coopération judiciaire entre le Brésil et la France prévoit à l'article 18, alinéa « b », que la loi appliquée au litige doit être celle qui a été désignée par les règles de conflits de lois admises sur le territoire de l'État requis. Exception faite à l'hypothèse d'équivalence, où l'application d'une autre loi conduit au même résultat.

En France, la Convention de Rome et le Règlement Rome I limitent la fraude par le recours aux lois de police du for. Ils ne réservent pas le cas de fraude dans le choix de la loi étrangère. Ils n'imposent même pas qu'il existe un lien quelconque entre la loi choisie par les parties et les différents éléments de rattachement géographique du contrat. Toutefois, ces textes ne privent pas l'exception de fraude de toute son utilité, puisqu'ils ne couvrent pas l'hypothèse d'internationalisation artificielle du contrat.

La notion de lois de police étant moins utilisée par la doctrine et la jurisprudence brésiliennes, les cas de fraude sont plus nombreux. Selon la doctrine, les juges brésiliens peuvent contrôler les cas de fraude à la loi brésilienne[15], mais ils ne contrôlent pas les cas de fraude à la loi étrangère[16]. En droit brésilien, la fraude est prévue à l'article 6 de la Convention interaméricaine sur les règles générales de droit international privé, conclue le 6 mai 1979 à Montevideo – CIDIP II. La jurisprudence sanctionne la fraude lorsque les éléments d'extranéité du contrat semblent trop fragiles ou artificiels pour établir le caractère international du contrat. En ce qui concerne la fraude dans le choix de la loi, en absence d'une

12 Article 18, alinéa f.

13 Article 18, alinéa c.

14 Cass. civ. 1re, 29 juin 2007, arrêt *Putrabali.*

15 Dolinger (J.), *Direito Internacional Privado (Parte Especial): Contratos e Obrigações no Direito Internacional Privado*, vol. II, Rio de Janeiro : Renovar, 2007, p. 54-57 ; voir, par exemple l'arrêt STF, 06.09.1967, SE n° 1926, Mexico, *RTJ* 43/505.

16 Valladão (H.), *Direito internacional privado*, 4e éd, Rio de Janeiro : Freitas Bastos, p. 156.

position jurisprudentielle, la doctrine majoritaire considère que ce choix n'est pas limité par l'exigence d'un lien quelconque entre la loi choisie et le contrat.

En ce qui concerne l'exception d'ordre public international, les deux systèmes juridiques appliquent ce mécanisme pour marquer une réaction du for à l'encontre du résultat de l'application de la loi étrangère. Cette loi sera écartée lorsqu'elle est manifestement incompatible avec l'ordre public du for. M. Dolinger[17] affirme que la substitution de la loi étrangère par l'application de la *lex fori* peut avoir des effets positifs ou négatifs. L'effet positif se vérifie dans les situations où la loi étrangère interdit un acte qui est autorisé par la *lex fori*, celle-ci va ainsi permettre l'exercice d'un droit ou d'une liberté interdits ou inconnus de la loi étrangère. L'effet négatif se réalise dans les hypothèses où la *lex fori* interdit un acte qui est autorisé par la loi étrangère, évinçant l'application de la loi étrangère plus permissive.

La Convention de coopération judiciaire entre le Brésil et la France prévoit à l'article 18, alinéa « e », que la décision étrangère sera exécutée ou reconnue dans l'autre pays uniquement si elle ne contient « rien de contraire à l'ordre public de l'État requis ».

Il faut constater que le contenu de l'ordre public est variable dans le temps et dans l'espace. Si les droits brésiliens et français partagent les intérêts généraux protégés par l'ordre public international, on peut constater d'importantes différences dans le contenu et dans la mise en œuvre de ce mécanisme.

En France, il faut relever également le phénomène d'européanisation de l'exception d'ordre public[18], puisque la méconnaissance d'une règle de droit communautaire, comme les droits de l'homme et le droit de la concurrence, peut porter atteinte à la conception française d'ordre public international. L'ordre public peut donc avoir son origine dans les différentes sources juridiques qui composent le droit positif français.

L'ordre public peut désigner, d'abord, des règles internes qui ne peuvent être évincées par une autre loi choisie par les parties. Selon Bartin, les règles d'ordre public étaient impératives, mais il y avait quelques règles qui étaient « encore plus impératives », étant applicables aussi aux étrangers, indépendamment de leurs lois nationales, puisqu'elles touchent aux « fondements de la société civile ». Il s'agit des dispositions d'ordre public international ou absolument d'ordre public[19].

Cette impérativité joue en faveur de l'État dans lequel tous les éléments du contrat sont localisés quand l'internationalité est seulement formelle, selon l'article 3 de la Convention de Rome et l'article 3, § 3 du règlement Rome I; ou de l'État de la loi objectivement applicable en matière de contrat de travail et de contrat conclu par un consommateur, selon les articles 5 et 6 de la Convention de Rome et articles 6 et 8 du règlement Rome I.

L'ordre public désigne également les règles européennes auxquelles on ne peut déroger, conformément à l'article 3 § 4, du règlement Rome I, qui écarte le choix d'une loi d'un État tiers dès lors qu'il porte atteinte aux dispositions de droit

---

17 DOLINGER (J.), *Direito Internacional Privado (Parte Especial), op. cit.*, p. 402.

18 BASEDOW (J.), « Recherches sur la formation de l'ordre public européen dans la jurisprudence », in *Le droit international privé, esprit et méthodes*, Mélanges en l'honneur de Paul Lagarde, Dalloz, 2005, p. 55 *sq.*

19 BARTIN (E.), *Principes de droit international privé selon la loi et la jurisprudence française*, Domat-Montchrestien, 1930, p. 243.

communautaire auxquelles on ne peut déroger par accord quand tous les autres éléments du contrat sont localisés dans des États membres. On peut voir dans cette disposition l'idée que le contrat intracommunautaire est considéré comme un contrat interne au regard du droit matériel communautaire et également un moyen efficace de lutte contre le contournement du système des règles impératives communautaires. Cet ordre émerge également des arrêts *Arblade* et *Ingmar* rendus par la Cour de justice des Communautés européennes[20]. Il est complété par les droits fondamentaux reconnus par la Convention Européenne des droits de l'homme. La Cour Européenne de droits de l'homme a pu ainsi rappeler qu'elle est gardienne de l'interprétation des clauses contractuelles qui sont en contradiction avec les principes sous-jacents de cette Convention[21].

En outre, un ordre public des droits fondamentaux semble émerger[22], pouvant être aussi qualifié d'ordre public transnational. Dans ce sens, en témoigne la jurisprudence de la Cour de cassation française sur le contrôle des clauses de non-concurrence au regard du principe fondamental de libre exercice d'une activité professionnelle[23].

La distinction entre ordre public de protection et ordre public de direction contribue à définir le régime des sanctions de l'ordre public et permet d'établir deux niveaux d'impérativité. Prenons, par exemple, une directive protectrice du consommateur. Elle participe assurément d'un ordre public de protection, en même temps que, il est vrai, elle peut contribuer à une unification du marché européen, ce qui, de fait, constitue un impératif de direction d'intérêt général. En même temps, on voit bien que l'impératif de direction pèse essentiellement sur le choix de la nature de la directive et qu'il justifie d'en faire un texte d'harmonisation totale. Lorsqu'il s'agira de faire concrètement application de son texte, la directive sera saisie dans sa dimension protectrice, abstraction faite des considérations d'intérêt général ayant présidé à son élaboration.

En matière d'arbitrage, la Convention de New York, du 10 juin 1958, pour la reconnaissance et l'exécution de sentences arbitrales étrangères, ratifiée tant par la France que par le Brésil, prévoit à l'article 5, 2, « b », la contrariété à l'ordre public comme une raison de refus de reconnaissance et d'exécution de la sentence étrangère[24]. Un récent arrêt, rendu par la Cour de cassation le 4 juin 2008[25], portant sur l'exequatur d'une sentence arbitrale en matière de contrat, rappelle que le contrôle du respect de l'ordre public international se limite au caractère

20 CJCE, 23 novembre 1999, aff. C-376/96, *RCDIP*, 2000, p. 710, note J.-M. Jacquet et 9 novembre 2000, aff. n° C-381/98, *RCDIP*, 2001, p. 107, note P. Lagarde.

21 CEDH, 13 juillet 2004, Pla et Puncernau c/ Andorre, *RTD civ.* 2004, p. 804, obs. J.-P. Marguénaud; et Cass. civ. 3e, 6 mars 1996, *D.* 1997, p. 167, note B. de Lamy et *RTD civ.* 1996, p. 897, obs. J. Mestre et 1024, obs. J.-P. Marguénaud.

22 Fenouillet (D.), « Les bonnes mœurs sont mortes ! Vive l'ordre public philanthropique », in *Le droit privé français à la fin du XXe siècle*, Études offertes à Pierre Catala, Litec, 2001, p. 507.

23 Cass. soc., 10 juillet 2002, *D.* 2002, p. 2491, note Y. Serra.

24 Dans le même sens, l'article 5, 2b, de la Convention Interaméricaine du Panama sur l'arbitrage commerciale internationale, du 30 janvier 1975.

25 Cass. civ.1re, 4 juin 2008, inédit.

flagrant, effectif et concret de la violation alléguée[26], et ne peut revoir au fond la sentence arbitrale. Il précise aussi que la méconnaissance par l'arbitre d'une règle de droit communautaire porte atteinte à la conception française de l'ordre public international. Dans un autre arrêt du 7 janvier 1992[27], la Cour de cassation a décidé que le principe d'égalité des parties dans la désignation des arbitres est d'ordre public. L'arrêt *Dutco* pose le principe selon lequel les parties peuvent renoncer au principe d'égalité après la naissance du litige; il ne s'agit pas, par conséquent, d'un principe d'ordre public de direction, mais d'ordre public de protection[28]. Le consentement librement donné prévaut donc sur la protection.

En comparaison avec le droit brésilien, la conception française de l'ordre public international est plus restrictive et son application est, le plus souvent, limitée à la sphère des droits fondamentaux de la personne et des questions procédurales. En matière de contrats internationaux[29], sauf quelques exceptions[30], le recours à la notion d'ordre public international pour tenter d'écarter la loi étrangère est le plus souvent voué à l'échec en France.

Au Brésil[31], l'article 17 de la Loi d'introduction au Code civil dispose que « *les lois, actes et jugements d'autres pays, comme toutes déclarations de volontés, n'auront pas d'efficacité au Brésil quand ils offenseront la souveraineté nationale, l'ordre public et les bonnes mœurs* »[32]. Selon la doctrine et la jurisprudence, ces trois notions s'incorporent aujourd'hui dans la notion d'ordre public international au sens plus large[33]. Contrairement au droit français, le droit brésilien ne distingue pas encore les niveaux communautaire et transnational de l'ordre public.

À première vue, l'ordre public est une expression qui n'a pas le même sens dans les ordres juridiques français et brésilien. Alors qu'en droit français, l'ordre public et des bonnes mœurs sont associés pour permettre d'exercer un contrôle

26 Article 1502-5 du Code de procédure civile.

27 Cass. civ. 1re, *Bull.* civ. I, n° 2; *Rev. arb.* 1992, p. 470, note Bellet.

28 *JDI* 1992, p. 707, note Ch. Jarrosson; *RTD com.* 1992, p. 796, obs. J.-Cl. Dubarry et E. Loquin, articles 1304 à 1314, fasc. 30.

29 En droit français, c'est l'article 16 de la Convention de Rome et l'article 21 du Règlement « Rome I » qui établissent expressément que « *l'application d'une disposition de la loi désignée par la présente convention ne peut être écartée que si cette application est manifestement incompatible avec l'ordre public du for* ».

30 Notamment la prohibition de l'expropriation sans indemnités (Cass. com. 17 mars 1964), le principe de la suspension des poursuites individuelles en cas de faillite (Cass. civ. 1re, 24 mars 1998), la déclaration des créances (Cass. com., 16 octobre 2007), ou la fraude procédurale dans l'exécution d'un contrat (Cass. civ. 1re, 19 décembre 1995).

31 Sur l'exception d'ordre public international en matière contractuelle au Brésil, v. Dolinger (J.), *A evolução da ordem pública no direito internacional privado*, Rio de Janeiro: Luna, 1979; Diniz (M.H.), *Lei de Introdução ao Código Civil Brasileiro Interpretada*, 12e éd. São Paulo : Saraiva, 2007, p. 424 *sq.*; Assis de Paiva (H.), « Escolha da Lei de Regência nos Contratos Internacionais », *Revista de Direito Internacional e Econômico*, Porto Alegre: Síntese/INCE, n° 7, avril 2004, p. 44-65; Strenger (I.), *Contratos Internacionais do Comércio*, 3e éd., São Paulo: LTR, 1998, du même auteur: *Da Autonomia da Vontade: direito interno e internacional*, 2e éd., São Paulo: LTR, 2000.

32 Notre traduction.

33 Dolinger (J.), *Direito Internacional Privado (Parte Geral)*, *op. cit.*, p. 324.

sur la conformité à la moralité[34], en droit brésilien, on retient une acception large des bonnes mœurs qui permet d'intégrer de manière beaucoup plus générale les principes de morale contractuelle et même les droits fondamentaux à l'intérieur de la notion d'ordre public international. La doctrine brésilienne considère les bonnes mœurs comme un ensemble de règles et d'usages acceptés par des personnes honnêtes, correctes et de bonne foi dans un milieu et dans un moment déterminé. Elles composent la morale sociale dominante, c'est-à-dire les règles éthiques munies du poids social important. Ainsi, la contrariété aux bonnes mœurs entraîne la nullité du contrat.

Il faut remarquer, cependant, que l'apparente différence entre les deux ordres à propos de bonnes mœurs s'avère plus fragile que l'on pouvait y croire dans certaines hypothèses. En droit français comme en droit brésilien, les bonnes mœurs sont en quelque sorte l'expression prétorienne d'une conception extrapatrimoniale de l'ordre public. Elles sont une conception liée à la moralité. Elles renvoient essentiellement à la morale sexuelle et à la commercialisation du corps humain.

En fait, les bonnes mœurs s'expriment dans la jurisprudence française à travers la notion d'indisponibilité. Il est ainsi, par exemple, dans les contrats de mères porteuses, où le contrat est nul, car il porte sur un droit indisponible. Or, à bien y réfléchir, l'indisponibilité à la française ressemble bien aux bonnes mœurs du droit brésilien, aujourd'hui intégrées à l'ordre public. Le droit brésilien considère un tel contrat comme étant nul, par une application élargie de l'article 199 § 4, de la Constitution Fédérale, qui interdit le commerce d'organes et de toutes substances d'origine humaine. L'indisponibilité est ce à propos de quoi on ne peut contracter. Compte tenu des termes de l'article 1128 du Code civil français, l'indisponibilité tourne autour de la personne, son corps et son esprit. L'indisponibilité de l'esprit, c'est par exemple l'indisponibilité des lieux de mémoire, ces espaces où l'esprit se manifeste encore alors même que le corps fait désormais défaut. On objectera, cependant, que l'indisponibilité ne peut pas être confondue avec la conformité aux bonnes mœurs, puisque l'indisponibilité interdit le contrat alors que des bonnes mœurs découlent seulement une exigence de conformité.

En outre, le nouveau Code civil brésilien innove la relation entre les parties, en exigeant, dans l'article 421, que la liberté de contracter soit exercée dans les limites de la fonction sociale du contrat. La fonction sociale du contrat est une notion assez floue, mais on peut comprendre qu'elle exige des cocontractants la prise en compte de la dimension sociale de leur projet, qui dépasse la simple circulation de richesses. L'individu devient moins libre pour réaliser ses affaires et doit être attentif au résultat que le futur contrat aura dans la société en général. La fonction sociale du contrat permettrait aux cocontractants d'avoir une vie plus digne, favoriserait l'accès à la consommation et empêcherait qu'une décision de contracter soit guidée par un motif discriminatoire ou inégal. Les contrats seraient en définitive plus équilibrés[35]. Un contrat qui aurait un objet illicite ou impossible,

---

34 FENOUILLET (D.), *op. cit.*, p. 487.

35 Sur la fonction sociale du contrat au Brésil, voir l'énoncé 23 du Conseil Fédéral de Justice : « La fonction sociale du contrat, prévue dans l'article 421 du nouveau Code civil, n'élimine pas le principe de l'autonomie contractuelle, mais atténue ou diminue

tel que le commerce de stupéfiants ou d'animaux sauvages, serait annulé, même s'il bénéficie aux cocontractants, en raison des préjudices qu'il apporte à la société. L'application de ce dispositif aux contrats du commerce international, hormis ceux conclus par une partie faible, est assez improbable. La fonction sociale du contrat est intimement liée à la notion de la cause et de l'ordre public.

En pratique, l'ordre public international est souvent appliqué par le Suprême Tribunal Fédéral brésilien pour dénier l'exequatur aux décisions étrangères rendues selon une procédure qui a utilisé un moyen de citation non reconnu par le droit brésilien qui exige une procédure particulière[36]. Cette condition a été exclue, en matière d'arbitrage, par la loi 9307/96[37], suffisant la citation selon la forme de la loi du lieu où l'arbitrage s'est réalisé. La doctrine et la jurisprudence brésiliennes semblent considérer, en général, comme protégées par l'exception d'ordre public les exigences de motivation des décisions, de citation effective, du principe de contentieux, d'équité et de régularité de la procédure.

L'exequatur est aussi refusé aux décisions qui violent la compétence exclusive des tribunaux brésiliens en matière de contrat de vente de biens immeubles situés au Brésil[38].

La jurisprudence la plus récente rejette l'exequatur aux demandes d'exécution de jugements concernant les dettes contractées à l'étranger en raison de jeux de hasard[39]. Selon certaines lois étrangères, à l'exemple de la loi américaine, il est possible d'exécuter une dette de jeu alors qu'au Brésil cela est interdit, puisque le jeu de hasard est illicite au Brésil et les dettes contractées par ce biais sont inexigibles, par contrariété à l'ordre public international.

Il faut alors constater que l'utilisation et la relevance accordées à l'ordre public international au Brésil sont beaucoup plus importantes qu'en France, à tel point que pour la grande majorité de la doctrine brésilienne, l'ordre public international limite même les droits acquis, protégés pourtant par la Constitution. Si l'application est plus étendue au Brésil, elle est également davantage incohérente.

---

l'étendue de ce principe devant les intérêts qui dépassent ceux de l'individu ou l'intérêt individuel lié à la dignité de la personne humaine » (notre traduction) ; v. en doctrine : Bueno de Godoy (C. L.), *Função social do contrato*, São Paulo : Saraiva, 2004, p. 131 ; Silva Martins (I. G.), « A função social do contrato », in *Aspectos controvertidos do novo Código Civil*, São Paulo : RT, 2003, p. 335 ; Villaça Azevedo (A.), « O novo Código Civil Brasileiro tramitação ; função social do contrato ; boa-fé objetiva ; teoria da imprevisão e, em especial, onerosidade excessiva (*laesio enormis*) », Escritos em homenagem ao Ministro José Carlos Moreira Alves (aspectos controvertidos do novo Código Civil), São Paulo : Revista dos Tribunais, p. 31 ; Tartuce (F.), *A função social dos contratos. Do Código de Defesa do Consumidor ao novo Código Civil.* São Paulo : Método, 2005 ; Wald (A.), « A função social e ética do contrato como instrumento jurídico de parcerias e o novo CC de 2002 », *Revista Forense*, v. 98, nov-dez. 2002, p. 21-30.

36 STJ, 4 décembre 2006, SEC 842.

37 Article 39, II, § unique.

38 STF, 15 octobre 2003, SE-Agr n° 7101.

39 STF, 21 novembre 2003, CR n° 10416 AgR.

Les juges brésiliens, ainsi que les juges français dans une certaine mesure[40], appliquent sans distinction les concepts d'ordre public et de lois de police, visant à l'application de la loi du for, avec tous les avantages que cela comporte comme, par exemple, la facilité pour le juge d'appliquer le droit auquel il a affaire tous les jours, réduisant le risque d'erreur d'interprétation, le rallongement du procès et les dépenses avec la preuve du contenu de la loi étrangère. La mauvaise utilisation de ces notions conduit au territorialisme exacerbé et à la négation du droit international privé.

En effet, les juges et les arbitres brésiliens confondent souvent les notions d'ordre public et de lois de police. Pour certains, l'ordre public est une catégorie de rattachement, couvrant les lois dites d'application territoriale. La notion est invoquée à tort et à travers dans tous les cas de lacune de la loi sur un certain sujet, ou en cas d'application d'un institut juridique inconnu du droit brésilien.

En ce sens, C. Lima Marques relève l'utilisation équivoque de la terminologie et du mécanisme des lois de police et d'ordre public international par le droit brésilien et par les organisations régionales :

> *La tendance est à l'élaboration de règles nationales, plusieurs d'entre elles considérées comme d'ordre public international, lois de police ou lois d'application immédiate, aussi bien qu'à l'approximation et à l'harmonisation des règles nationales qui assurent la protection du consommateur, au sein des organisations internationales responsables par l'intégration économique, comme l'Union européenne et le Mercosur*[41].

La notion d'ordre public ne doit pourtant pas être confondue avec celle de lois de police[42]. Si d'une part, l'exception d'ordre public est un mécanisme qui vient évincer la loi étrangère normalement compétente, pour défendre des principes de justice universelle, d'autre part, la loi de police est un mécanisme concurrent de source écrite, qui va écarter le mécanisme normal de la règle de conflit pour sauvegarder l'organisation étatique.

Dans ce sens, l'exception d'ordre public international est un mécanisme d'intervention eu égard au contenu choquant de la loi étrangère. La loi de police est un mécanisme indifférent au contenu de la loi étrangère, puisqu'elle détermine son propre champ d'application.

La jurisprudence brésilienne utilise indifféremment ces deux notions sous le terme unique de règle impérative. Cependant, on ne peut réduire l'ordre public aux seules règles impératives, dans le sens que la volonté ne peut les écarter. À l'exemple du droit européen des contrats, le régime des règles impératives et de l'ordre public international peut révéler des différences de degrés d'impérativité. Dans ce sens, les Principes du droit européen du contrat prévoient que le contrat

---

40 On trouve encore des arrêts de la Cour de cassation ou des Cours d'appel qui confondent allègrement l'ordre public et les lois de police, à l'instar de Cass. civ. 3, 30 janvier 2008, inédit.

41 Lima Marques (C.), « A insuficiente proteção do consumidor nas normas de direito internacional privado – da necessidade de uma Convenção Interamericana (CDIP) sobre a lei aplicável a alguns contratos e relações de consumo », *Revista dos Tribunais*, ano 90, v. 788, 2001, p. 19 *sq*.

42 Baptista (L. O.), *Dos contratos internacionais*, São Paulo : Saraiva, 1994, p. 69.

qui viole des principes fondamentaux est privé de tout effet[43], tandis qu'en cas de non-respect d'une règle « simplement » impérative, la sanction est soit prévue par la règle violée, soit à défaut par les Principes du droit européen du contrat qui énoncent que le contrat peut être maintenu, déclaré sans effet totalement ou partiellement ou modifié[44].

## B. L'incidence des lois de police

Force est de constater que ni l'article 3 du Code civil français, ni la Convention de Rome ne donnent de définitions des lois de police. Cependant, l'article 9, § 1, du règlement Rome I, fondé sur l'œuvre de Francescakis[45] qui a été reprise par la jurisprudence *Arblade*[46], a adopté une définition classique selon laquelle la loi de police :

> [...] *est une disposition impérative dont le respect est jugé crucial par un pays pour la sauvegarde de ses intérêts publics, tels que son organisation politique, sociale ou économique, au point d'en exiger l'application à toute situation entrant dans son champ d'application, quelle que soit par ailleurs la loi applicable au contrat d'après le présent règlement.*

Le § 2 de ce même dispositif prévoit le respect aux lois de police du for : « *les dispositions du présent règlement ne pourront porter atteinte à l'application des lois de police du juge saisi* ». Les lois de police du pays du lieu où les obligations contractuelles doivent être ou ont été exécutées peuvent aussi être appliquées, selon le § 3, « d*ans la mesure où lesdites lois de police rendent l'exécution du contrat illégale* », et à condition que soit tenu compte « *de leur nature et de leur objet, ainsi que des conséquences de leur application ou de leur non-application* ». De cette façon, sous certaines conditions, il peut être donné effet en France aux lois de police étrangères.

Les différents ordres juridiques nationaux cherchent à protéger leur patrimoine culturel à travers des lois de police comme des facteurs fondamentaux pour le maintien de la culture et de l'identité nationales. C'est le cas, par exemple, de la Constitution Fédérale brésilienne à l'article 216 et quelques conventions internationales, telles que la Convention de La Haye de 1954, sur la protection de bien culturels en cas de conflit armé et la Convention Unidroit de 1995, sur les biens culturels volés ou illicitement exportés[47].

En France, de nombreuses législations se sont vues reconnaître le caractère de loi de police par la jurisprudence. C'est notamment le cas des dispositions des lois sur la protection du droit moral de l'auteur d'une œuvre littéraire ou artistique[48] ;

---

43 Article 15 : 101.

44 Article 15 : 102.

45 Francescakis (Ph.), « Quelques précisions sur les « lois d'application immédiate » et leurs rapports avec les règles de conflits de lois », *RCDIP*, 1974, p. 1 *sq*.

46 CJCE, 23 novembre 1999, *RCDIP* 2000, p. 710 ; *JDI*, 2000, p. 493.

47 Droz (G.), « La convention Unidroit sur les biens culturels volés ou illicitement exportés », *RCDIP*, 1997, p. 239 *sq*.

48 Cass. civ. 1re, 28 mai 1991, Hutston.

sur le droit du travail[49] ; sur le traitement de surendettement des particuliers[50] ; sur la forme des actes relatifs à la propriété des navires francisés[51] ; et sur le régime protecteur du sous-traitant[52]. Il convient désormais de tenir compte de l'impact du droit communautaire, puisqu'il peut être à l'origine des lois de police[53]. Dans cette acception, on pense évidemment à l'article 7 de la Convention de Rome et, aujourd'hui, l'article 9 du règlement Rome I sur les lois de police[54].

Il faut observer, cependant, que la Cour de cassation française affirme toujours le principe général de droit international privé de la dissociation des compétences judiciaire et législative. Elle entend qu'une clause attributive de juridiction en faveur d'une juridiction étrangère doit être mise en œuvre alors même qu'une loi française de police et de sûreté serait applicable au fond du litige[55].

Contrairement à la France, la notion de lois de police n'est pas assez développée au Brésil. Il n'existe pas de texte légal, doctrinal ou jurisprudentiel important sur ce sujet. Malgré ce vide juridique, le juge va appliquer la loi brésilienne au titre de loi d'application immédiate à chaque fois qu'il se trouve face à des « dispositions impératives » du for[56]. On ne trouve pas de définition de ce que peuvent être ces « dispositions impératives », mais souvent les juges brésiliens font référence aux auteurs français quand ils appliquent le mécanisme des lois de police, sans que cela soit suivi d'une plus grande motivation.

On peut considérer ainsi que la notion de lois de police retenue par la doctrine et par la jurisprudence brésiliennes soit similaire à celle qui est adoptée en droit français, mais sa mise en œuvre reste assez différente. En effet, la tendance de la doctrine[57] et de la jurisprudence[58] brésiliennes est de considérer uniquement les règles nationales protectrices des consommateurs et des travailleurs comme des

---

49 Conseil d'État, 29 juin 1973, Wagons lits, *RCDIP*, 1974, p. 345-350 ; FRANCESCAKIS (Ph.), « Lois d'application immédiate et droit du travail », *RCDIP*, 1974, p. 273 *sq.*

50 Cass. civ. 1re, 10 juillet 2001.

51 Cass. com., 14 janvier 2004, inédit.

52 Cass. civ. 3e, 30 janvier 2008, inédit.

53 CJCE, 9 novembre 2000, Arrêt *Ingmar*, *RCDIP*, 2000, v. 89, p. 107 *sq.*

54 V. D'AVOUT (L.), « Le sort des règles impératives dans le règlement Rome I », *D.* 2008, p. 2165 ; LAGARDE (P.) et TENENBAUM (A.), « De la Convention de Rome au règlement Rome I », *RCDIP*, 2008, p. 727, spéc. n° 47.

55 Cass. civ. 1re, 22 oct. 2008, *D.* 2009. Jur. 200, note F. Jault-Seseke, et 2008. AJ. 2790, obs. I. GALLMEISTER ; *JCP* G 2008. Act. 645, obs. E. Cornut, et II, 10187, note L. D'AVOUT ; *Procédures* 2008, comm. n° 331, obs. C. Nourissat ; v. dans la doctrine : JAULT-SESEKE (F.), « L'applicabilité d'une loi de police n'entrave pas le jeu de la clause attributive de juridiction », *D.* 2009, p. 200 ; HUET (A.), « Clause attributive de juridiction à un tribunal étranger et loi française de police et de sûreté », *D.* 2009, p. 684.

56 ARAÚJO (N.), *Direito internacional privado : teoria e prática brasileira,* 3 éd, Rio : Renovar, 2006.

57 LIMA MARQUES (C.), « Some recent developments in Private International Law in Brazil », in *Kokusai Shihou Nennpou – Japanese Yearbook of Private International Law*, 2002, v. 4, p. 23.

58 Superior Tribunal de Justiça – STJ, 28 novembre 2000, RESP 258132-SP, Rel. Min. Barros Monteiro ; STJ, 12 décembre 2005 RESP 2003/0109312-3 ; STJ, 4 mai 2000, Recurso Especial 63.981-SP, Min. Sálvio de Figueiredo.

lois d'application immédiate. Cette qualification n'est pourtant pas unanime ni en France ni au Brésil, la doctrine questionnant l'intérêt général de ces règles[59]. Mais ce sujet ne fait pas l'objet de ce travail, il a été traité plus profondément par l'intervention de Mme Vieira sur la loi applicable aux contrats conclus par les parties faibles. Nous pouvons, tout de même, remarquer que la jurisprudence brésilienne, à l'inverse de la jurisprudence française, utilise plus largement l'exception d'ordre public que les lois de police, en matière de contrats internationaux. À l'exemple de l'exception d'ordre public, nous pensons que le recours aux lois de police, en tant que méthode unilatérale de détermination de la loi applicable, doit rester exceptionnel. Pour cela, le juge doit exiger un lien entre le pays de la loi de police et le contrat.

En ce qui concerne l'arbitrage, on constate qu'il existe une tendance générale, tant en France qu'au Brésil, à l'application des lois de police par les arbitres internationaux, limitant ainsi l'autonomie de la volonté des parties. En général, par souci d'efficacité de sa sentence, l'arbitre prendra en considération les lois de police dans les situations où leur non-application est de nature à priver la sentence de la reconnaissance par un juge étatique. Par ailleurs, c'est aussi un moyen pour l'arbitre de ne pas se désintéresser des impératifs de la morale dans le commerce international[60].

59 Sur les consommateurs, consulter J.-B. Racine, note de l'arrêt *Dame Moquin*, *JDI*, 2000, p. 333; sur les salariés, consulter Cass. ass. plén., 10 juillet 1992, *JCP* 1993, II, 22063, note P. Rodière; *RCDIP* 1994, p. 69, note B. Audit; Cass. soc. 14 janv. 2004, *Bull.* civ. V, n° 17.

60 Batista Martins (P. A.), «Questões que envolvem a homologação de sentença arbitral estrangeira», *Revista Forense* 1998, v. 344, p. 225.

## Table ronde du 17 juin 2008
## *L'autonomie des personnes et le droit de l'État interventionniste*
Débats de la seconde séance

### Présidence de Iacyr de Aguilar Vieira

**Iacyr de Aguilar Vieira**: Je remercie très vivement les trois intervenants qui nous ont apporté des éléments de réflexion très intéressants. Mme Jacobi Michel nous a apporté quelques innovations du droit brésilien de la famille. Il est important de voir qu'au Brésil le mariage était toujours vu plutôt comme une institution qu'un contrat. Peut-être qu'avec ces innovations on va évoluer vers un sens plus d'avant-garde. En ce qui concerne la jurisprudence en la matière, il faut remarquer que le Brésil est un pays très grand. Comme un système fédératif, on dispose d'une organisation judiciaire complexe, composée par des cours fédérales et des cours des États fédérés, raison par laquelle il est parfois difficile d'atteindre un certain degré d'uniformisation de la jurisprudence. L'exposé de Mlle Vieira da Costa Cerqueira m'amène à faire la remarque suivante : ainsi qu'en droit interne, le droit de la consommation a apporté nombre d'innovations au droit civil brésilien, il pourra procurer beaucoup d'innovations au droit international privé, car si la CIDIP VII est adoptée, nous aurons la possibilité d'avoir au Brésil, à côté de la loi sur l'arbitrage et de la Convention de Mexico de 1994 (signée par le Brésil et pas encore ratifiée), trois instruments qui consacrent le principe de l'autonomie de la volonté pour le choix du droit applicable au contrat. En ce qui concerne l'ordre public, je constate que la doctrine brésilienne commence à bien faire la distinction entre l'ordre public et les lois d'application immédiate, tout comme à mieux manier le concept d'ordre public. Je remarque également la création d'une commission dans le cadre de l'ASADIP, association de juristes américains pour le droit international privé, qui envisage faire une sorte de compilation de tous les programmes universitaires de droit international privé, afin d'harmoniser en Amérique le contenu de la discipline et la formation juridique en ce domaine. Cela donnera une autre tonalité à toutes ces questions encore pas tout à fait claires dans l'esprit de nos juristes. Je passe la parole aux professeurs intégrant cette table ronde pour qu'ils formulent leurs remarques.

**Estelle Naudin**: Je vous remercie, Madame la Présidente. Madame la Présidente, Mesdames, Mesdemoiselles, Messieurs, permettez-moi avant toute chose de remercier les organisateurs de ce colloque de leur invitation, l'approche de droit comparé permettant de revenir aux questions fondamentales du droit privé, ce qui n'est pas le moindre de ses attraits.

À cet égard, l'intervention de Mme Adriana Jacobi Michel conduit à observer que si le droit brésilien semble marqué par un recul de l'autonomie de la volonté dans les rapports entre les personnes, le droit français de la famille est, à l'inverse, marqué par ce qu'on a pu appeler un phénomène de « contractualisation ». Notre législateur laisse plus de place que par le passé à l'expression des volontés individuelles. Aujourd'hui, le contrat a souvent vocation à régir les rapports familiaux, ce qui révèle les différentes réformes qui se sont dernièrement succédées en droit de la famille, à un rythme évoquant davantage une folle *batucada* que de tranquilles « flons-flons » à la française. Pour ne prendre qu'un exemple, significatif, la loi du 23 juin 2006, outre qu'elle a retouché le jeune pacte civil de solidarité dont le régime était d'une bien mauvaise facture, a réformé le droit des successions. Cette loi permet à présent aux héritiers, par un pacte de famille, de renoncer de manière anticipée à leurs droits de réservataire, par exemple au profit d'une concubine, alors même que la réserve est traditionnellement le pilier de l'ordre public successoral sur lequel se heurte le pouvoir des volontés. C'est dire, Madame, si votre intervention ne peut que susciter l'intérêt et la curiosité du juriste français. Mon temps de parole étant compté en cette fin de journée, je me permettrai simplement de formuler une remarque et de soulever une interrogation.

Tout d'abord, votre comparaison a porté sur deux points : d'une part, le pacte civil de solidarité français fondé sur le contrat et, d'autre part, l'union stable brésilienne, fondée sur le seul constat d'une union de fait, sans que la volonté du couple ne soit prise en compte. Je me demande alors s'il ne faudrait pas entreprendre une comparaison en 3 points (encore qu'il soit dangereux, dans une rencontre France-Brésil, d'évoquer 3 points, ce qui peut réveiller de douloureux souvenirs footballistiques...). En droit français, il existe en effet deux formes de concubinage. Les relations hors mariage sont organisées par le législateur au travers du pacte civil de solidarité, mais pour autant, le concubinage « simple », hors pacs si l'on peut dire, n'est plus ignoré par notre Code civil. On se souvient de la formule de Napoléon : « *les concubins ignorent la loi, la loi ignore les concubins* ». Ce n'est plus exact depuis la loi du 15 novembre 1999, celle-là même qui a créé le pacte civil de solidarité. En effet, l'article 515-8 du Code civil prend soin aujourd'hui de définir le concubinage comme « *une union de fait, caractérisée par une vie commune présentant un caractère de stabilité et de continuité, entre deux personnes, de sexe différent ou de même sexe, qui vivent en couple* ». En dehors de tout contrat, le constat de l'existence d'une simple union de fait offre alors une certaine protection au concubin en droit français. Cette protection se manifeste par quelques textes très ponctuels, en particulier au sein du Code de la sécurité sociale. Par exemple, si la personne qui vit avec le concubin est à sa charge effective, totale et permanente, elle bénéficie, dans certains cas, de l'assurance décès. Mais la protection est surtout l'œuvre du juge qui va puiser dans les règles de droit commun pour veiller aux intérêts du concubin abandonné. Le juge sanctionne une rupture abusive du concubinage qui donne lieu à des dommages et intérêts, comme pour le « pacs ». L'existence d'un contrat ne change en rien la solution ; le juge peut encore constater une société créée de fait lorsqu'il existe des apports, une intention de collaborer à un projet commun ou l'intention de participer aux bénéfices et aux pertes ; le juge peut enfin faire application des règles des quasi-contrats, en particulier de l'enrichissement sans cause, pour offrir une compensation financière à la rupture du concubinage.

En somme, en dehors même du PACS et de tout contrat, le droit français offre également une protection minimale, légale et jurisprudentielle, qui ne va certes pas aussi loin que l'union stable brésilienne. Mais, comme en droit brésilien, cette protection n'est pas fondée sur la volonté, elle est fondée sur un constat de fait. C'est qu'il est encore des couples en France qui suivent le conseil de Brassens: « ne gravons pas nos noms au bas d'un parchemin ». En dehors de tout pacte, il y a encore lieu de protéger ces concubins. Si en droit français comme en droit brésilien, l'union de fait suffit donc à elle seule à engendrer une protection des concubins, la mesure de cette protection n'a toutefois rien de comparable. Cela explique certainement que vous ayez centré vos analyses sur le seul pacte civil de solidarité, qui offre un véritable statut patrimonial aux partenaires. À cet égard, vous avez noté qu'une des différences majeures sur le terrain patrimonial entre le « pacs » français et l'union stable brésilienne tient à l'absence de vocation successorale des concubins en droit français. En pratique, cette différence pourrait toutefois bien s'estomper : ce que le législateur ne prévoit pas quant à la dévolution de la succession, les partenaires pourraient le prévoir par un acte juridique, tout simplement par une libéralité. Et sur ce point, le législateur semble encourager ces libéralités entre partenaires qui sont, depuis la loi TEPA du 21 août 2007 (loi sur le travail, l'emploi et le pouvoir d'achat), soumises au même régime fiscal que les libéralités entre époux, avec une imposition très limitée. Ils sont notamment exonérés, comme les conjoints mariés, de tout droit de succession, et bénéficient, en matière de donation, d'un abattement de 76 000 €.

Votre intervention me conduit par ailleurs à m'interroger sur un point. L'union stable brésilienne peut-elle se concevoir pour un concubinage adultérin ? À la lecture de la définition que vous exposez, celle de Hugo Viana, à savoir « *la vie en commun entre un homme et une femme, fondée sur la volonté de ces compagnons, de caractère notoire et stable, visant la constitution d'une famille* », l'hypothèse ne me paraît pas exclue en théorie (sauf à ce que les brésiliens ne soient jamais infidèles !), mais j'imagine qu'elle doit alors poser de redoutables difficultés au regard du régime de l'union stable. En droit français, la question du concours entre un concubin et un époux ne se pose que ponctuellement : un « pacs » ne saurait en effet être conclu si l'un des partenaires est marié. Et en dehors du « pacs », l'existence d'un concubinage adultérin ne suscite pas tellement de difficultés. On s'est, un temps, interrogé sur la validité des libéralités faites à la concubine suite à un adultère, qui n'ont plus, semble-t-il, une cause immorale. On a pu encore se demander s'il y avait lieu d'indemniser le préjudice de la concubine suite au décès d'un époux infidèle, au regard de la légitimité de l'intérêt lésé. Le juge semble accepter à cet égard de prendre en compte le concubinage s'il a un caractère stable, ce qui a pu entraîner une indemnisation tant de l'épouse légitime que de la maîtresse de la victime.

En droit brésilien, le statut de l'union stable me paraît toutefois, à première vue, incompatible avec les règles du mariage, ne serait-ce qu'au regard de la vocation successorale de la concubine, mais ma perception est peut-être faussée ?

En conclusion, je tiens vivement à vous remercier pour votre intervention, qui m'a fait découvrir cette institution originale du droit brésilien qu'est l'union stable. La place de l'autonomie de la volonté dans la sphère familiale, et en particulier au sein du couple, révèle à cet égard la conception qu'un pays se fait de la famille, nos regards croisés étant riches d'enseignements en la matière. Les limites de l'ordre public restent bien délicates à cerner, tant d'ailleurs dans les relations hors mariage qu'au sein de l'union matrimoniale. Droit de la famille et pouvoir de la volonté n'ont pas fini de faire débat.

**Adriana Jacobi Michel:** Il est vrai que je n'ai traité que du Pacs et de l'union stable. Je vais vous expliquer pourquoi : le concubinage se trouvait au-delà du sujet qui m'a été confié, qui était d'inscrire le droit de la famille dans la réflexion sur le droit des contrats et l'autonomie de la volonté. Le droit brésilien connaît le concubinage, mais ce terme désigne l'union de personnes qui ne peuvent se marier en raison d'un empêchement à mariage. Au Brésil, ceux qui sont en condition de se marier et qui vivent durablement ensemble sont en union stable. Hors de cela, c'est le concubinage, les relations éphémères et les relations que l'on qualifie aujourd'hui au Brésil d'homo-affectives, par rapport auxquelles existe d'ailleurs une jurisprudence très avant-gardiste, surtout au Sud du Brésil, qui leur confère, par analogie des effets semblables au statut de l'union stable. Malheureusement, je n'ai pu en parler, puisqu'il s'agit d'un sujet très vaste par rapport auquel la jurisprudence n'est pas uniforme. Pour répondre à votre question, je dirais que l'union stable peut être judiciairement constatée suite à une action en reconnaissance. C'est un peu le contraire du mariage, dans lequel le contrat conclu auparavant entre en vigueur après la célébration du mariage. L'union stable suppose le contraire: on vit ensemble, on partage et on constitue une communauté de vie et de patrimoines entraînant l'application du statut. Après on va la dissoudre en cas de décès ou en cas de rupture. Dans le cas d'un couple formé en concubinage dont l'un des membres est l'amant d'un partenaire marié, soit on est en présence d'une union stable putative, quand la personne concernée n'est pas au courant que l'autre est mariée, soit elle le sait, et dans ce cas le statut de l'union stable est exclu et toutes les libéralités en faveur du concubin sont annulées. Je ne voulais pas être trop longue dans ma réponse, mais s'il y a encore un doute, je suis disponible pour y répondre.

**Danièle Alexandre:** Merci Madame la Présidente. Je remercie très chaleureusement les responsables scientifiques de cette Journée d'études qui ont bien voulu m'associer à cet événement, et à mes remerciements j'ajoute de très vifs éloges, parce que je trouve que cette manifestation a été merveilleusement organisée. Je voudrais également féliciter tous les orateurs que nous avons entendus aujourd'hui, et plus particulièrement les trois intervenants qui ont fait partie de notre Table Ronde. Il y a d'une part, Mme Adriana Jacobi Michel, dont j'ai eu le grand plaisir de faire la connaissance aujourd'hui et dont j'ai apprécié la grande compétence et, d'autre part, deux autres orateurs que je connais beaucoup mieux, puisqu'ils ont été nos étudiants à l'Université Robert Schuman et qu'ils approchent actuellement de la fin de la rédaction de leur thèse. Et comme je suis censée être compétente en droit international privé, je vais me contenter de faire quelques observations sur les rapports de Mlle Fernanda Vieira da Costa Cerqueira et de M. Luis Fernando Kuyven, mais très brefs, parce que je vois que le temps passe et vous avez beaucoup de mérite d'être encore présents ici.

Je voudrais simplement mettre l'accent sur quelque chose sur quoi on n'a peut-être pas suffisamment insisté : c'est la volonté des rédacteurs du Règlement Rome I d'harmoniser les nouvelles dispositions qu'ils ont prises avec le Règlement Bruxelles I. Effectivement, vous le savez sans doute, le Règlement Bruxelles I est celui qui règle la compétence internationale, la reconnaissance et l'exécution des jugements dans le cadre de l'Union Européenne, tandis que le Règlement Rome I, dont vous avez la grande primeur, puisque bien que venant d'être adopté il n'est pas encore publié au Journal Officiel de l'Union Européenne, (donc félicitations aux intervenants qui sont arrivés à actualiser leurs rapports), ne s'occupe que de la loi applicable aux obligations contractuelles. L'idée des rédacteurs du Règlement Rome I est d'harmoniser, autant que possible, les règles et les notions qui sont utilisées dans les deux domaines, et notamment pour déterminer le tribunal compétent d'une part, et la loi compétente d'autre part (voir les considérants du Règlement Rome I, notamment n° 7, 17, 24) ; Mlle Fernanda Vieira da Costa Cerqueira vous l'a dit : on a estimé que pour les contrats conclus par des consommateurs, il fallait que la notion d'activité dirigée, à laquelle il n'était pas fait référence dans la Convention de Rome de 1980 et qui a été introduite dans le Règlement Rome I (art. 6-1b) comme condition d'application des règles de protection du consommateur, corresponde à la notion qui a déjà été adoptée dans le Règlement Bruxelles I (art. 15-1c). Et chaque fois qu'on reprend des notions, on estime qu'il vaut mieux avoir une interprétation commune, afin d'arriver à une harmonisation aussi poussée que possible à l'intérieur de l'Union Européenne. Cela était une première remarque que je voulais faire, sur le lien entre les deux Règlements.

Je voudrais également insister sur l'idée qu'aux yeux des rédacteurs du Règlement Rome I, l'Union Européenne forme un tout. Cela apparaît notamment dans l'article 3 du Règlement relatif à la liberté de choix de la loi applicable. L'article 3 de la Convention de Rome prévoyait uniquement dans son paragraphe 3 que le choix par les parties d'une loi étrangère, assorti ou non de celui d'un tribunal étranger, ne peut, lorsque tous les autres éléments de la situation sont localisés au moment de ce choix dans un seul pays, porter atteinte aux dispositions auxquelles la loi de ce pays ne permet pas de déroger par contrat, ci-après dénommées « dispositions impératives ». L'article 3 du Règlement Rome I reprend cette même idée, bien que dans des termes non identiques, dans son paragraphe 3, mais ajoute un paragraphe 4 qui déclare que « lorsque tous les autres éléments de la situation sont localisés, au moment de ce choix, dans un ou plusieurs États membres, le choix par les parties d'une autre loi applicable que celle d'un État membre ne porte pas atteinte, le cas échéant, à l'application des dispositions du droit communautaire auxquelles il n'est pas permis de déroger par accord, et telles que mises en œuvre par l'État membre du for ». Il s'agit là d'une disposition visant à prévenir la fraude au droit communautaire et surtout à renforcer l'impérativité des normes communautaires. Cela dénote un état d'esprit : il faut imposer le respect des règles impératives communautaires même si les parties ont choisi la loi d'un pays tiers, dès lors que la situation présente un lien avec la Communauté, peu importe que les éléments de la situation soient localisés dans un seul ou dans plusieurs États membres. Il existe certes d'autres limites à l'application de la loi normalement compétente : le respect des lois de police (du for ou étrangères) et de l'ordre public du for, mais je laisserai le soin de parler de ces questions à Monsieur Nicolas Nord, particulièrement compétent en ce domaine (et dans tant d'autres).

Permettez-moi, pour clore mon intervention, de renouveler mes très vives félicitations aux trois intervenants de cette Table Ronde qui ont présenté des rapports vraiment très instructifs, à la plus grande satisfaction de l'auditoire.

**Nicolas Nord**: Merci beaucoup. Je voudrais moi aussi remercier les organisateurs de m'avoir invité aujourd'hui. Je suis très content, parce que cela m'a permis de faire connaissance, un peu mieux, avec le droit brésilien et, parce que le droit international privé occupe une place importante dans le programme de ce colloque. Cela fait toujours chaud au cœur lorsqu'on peut s'ouvrir un peu l'esprit en traitant d'un droit international privé étranger.

Je voudrais vous faire part, tout simplement, de quelques réflexions qui me sont venues à la lecture des rapports des deux personnes qui ont traité du droit international privé. Pour cela, j'aimerais vous présenter rapidement l'évolution du droit français sur les deux aspects qui ont été abordés, et essayer de voir s'il est possible de tirer des leçons en droit international privé brésilien pour ces deux questions : l'apparition de la règle de conflit spéciale en matière de droit de la consommation et la distinction entre l'ordre public et les lois de police.

Tout d'abord l'apparition de la règle de conflit spéciale. Dans de nombreux systèmes juridiques, l'application des règles de conflit générales a montré ses limites pour certains contrats. Ils nécessitent un traitement particulier. En France, le problème s'est posé notamment pour les contrats de consommation. Pourquoi le problème est-il apparu ? Tout simplement, parce que la partie forte pouvait systématiquement imposer un choix de loi à la partie faible, le consommateur, et donc accentuer le déséquilibre qui existait entre elles.

La jurisprudence s'est rendu compte du problème, des ravages provoqués par l'autonomie de la volonté. Qu'a-t-elle fait ? Elle a essayé de recourir à des correctifs et à des expédients. Ainsi lorsque les parties ne disent rien, très bien, le juge applique la loi française. Il n'a pas l'obligation d'appliquer d'office la règle de conflit de lois. Même réflexion, un peu plus tard : les deux parties sont françaises, donc forcément on est en présence d'un contrat interne, soumis au droit français, même s'il y a des éléments d'extranéité.

L'ordre public international a également été employé, à tort et à travers, pour reprendre l'une des expressions qui a été utilisée : application immédiate, éviction, mais sans vraiment s'intéresser au droit étranger, etc. L'idée fondamentale était, tout simplement, que le consommateur méritait une protection. Et surtout le consommateur domicilié en France doit, j'allais dire d'une manière presque naturelle, être soumis à la loi française. Ce constat n'a pas été fait qu'en France. Il a été fait dans de nombreux États européens : l'Allemagne, la Suisse, l'Autriche, l'Italie, etc. Un peu partout, ces mêmes correctifs fleurissaient. Avec l'idée que le juge de chaque État va appliquer sa propre loi pour le consommateur domicilié sur le territoire de cet État.

Par la suite, il a été relativement facile, lors de la négociation de la Convention de Rome du 19 juin 1980, d'aboutir à une bilatéralisation de la règle de conflit, puisque tout le monde ou presque faisait pareil. La plupart des États concernés appliquaient leur propre loi pour un consommateur domicilié sur leur territoire. Il était aisé d'adopter une règle de conflit bilatérale, en ajoutant ensuite un phénomène nouveau, qui est l'ordre public social. Les parties peuvent choisir la loi à condition de respecter le seuil minimal qui est fixé par la loi de la résidence habituelle du consommateur. La règle de conflit de l'article 5 de la Convention de Rome, désormais le Règlement Rome I, n'est donc pas apparue spontanément. Elle est le fruit d'une évolution jurisprudentielle. Cette évolution n'est certes pas satisfaisante intellectuellement, puisqu'il y a des arrêts rendus il y a vingt ou trente ans, qui sont un peu aberrants. Les raisonnements suivis sont plus que contestables. Mais ces arrêts ont contribué à nourrir la réflexion et ensuite à aboutir à une règle de conflit qui est désormais beaucoup plus satisfaisante, surtout avec l'amélioration introduite par le Règlement Rome I.

Alors, le Brésil, d'après ce qu'ont pu dire les deux intervenants, semble en être à la première étape, celle de la mise en évidence jurisprudentielle d'un nécessaire traitement particulier pour certains contrats. Le recours quasi-systématique aux lois de police brésiliennes révèle une lacune du droit positif, qui n'est pas adapté aux nécessités sociales. La réponse est peut-être approximative. Mais, Mme la Présidente vous êtes intervenue en le précisant, il y a désormais des réflexions qui sont faites, la doctrine prend d'ores et déjà le relais. C'est-à-dire que face à des hésitations jurisprudentielles, la doctrine s'empare du problème et propose des solutions.

Cette mécanique particulière, cette dynamique de droit international privé se retrouve donc au Brésil : un besoin mis en évidence par la jurisprudence qui essaie de colmater les brèches et à terme, espérons-le, prise de relais par une règle de conflit écrite.

Ajoutons également que l'unification des solutions, la confrontation de l'expérience des différents ordres juridiques lors de la négociation d'une convention internationale est précieuse. C'est là encore ce qui semble se produire sur le continent américain. À partir de cette confrontation, il y a une sorte d'émulation qui permet d'accélérer la transformation de l'exception en principe.

La phase de tâtonnement peut être observée avec scepticisme, comme l'a relevé Mme Vieira da Costa Cerqueira. Elle n'est guère satisfaisante pour le juriste qui a soif de rigueur dans la mise en œuvre du droit international privé. Pourtant, on peut se risquer à affirmer qu'une telle étape est indispensable. Les règles de conflit qui naissent sans être passées par ce stade sont en général mal adaptées aux nécessités sociales.

Le jugement ne doit donc pas être trop sévère envers le droit international privé brésilien. Il se trouve simplement dans une phase de construction. Et donc, là encore, comme cela a été dit tout à l'heure lors de la table ronde précédente, retrouvons-nous dans dix ans et il y aura peut-être des solutions qui seront beaucoup plus satisfaisantes.

Même chose pour la distinction entre ordre public et lois de police. La distinction, M. Luiz Fernando Kuyven vous l'a dit, est difficile au Brésil. La doctrine elle-même ne distingue pas toujours les deux notions. L'ordre public est souvent considéré comme une catégorie de rattachement. Le résultat dans les deux cas, ordre public et lois de police, quel est-il ? C'est l'application du droit brésilien. La confusion est donc très souvent de mise parce que les juges n'ont pas d'intérêt à motiver correctement leur décision. De toute façon, le résultat est le même. Il est alors inutile de s'embêter en plus à motiver de manière rigoureuse. L'essentiel est d'aboutir à l'application de la loi brésilienne. Là encore, même remarque pour l'ordre juridique français il y a quelques années. On pourrait même dire, dans une certaine mesure, à l'heure actuelle, puisque M. Kuyven a peut-être été un peu optimiste sur ce point.

Des arrêts récents de la Cour de cassation ou de cours d'appel qui confondent allègrement l'ordre public et les lois de police peuvent encore être trouvés. Des expressions étranges, comme « règles d'application impérative internationale » ou « règles d'ordre public international » sont toujours employées. Je vous mets au défi en lisant ces décisions d'identifier le mécanisme qui a été utilisé. L'ordre public ou les lois de police ? Ce sont souvent les deux de manière cumulative, sans aucune rigueur. La loi française est une loi de police et de toute façon la loi étrangère est contraire à l'ordre public. Peu importe le raisonnement puisque la loi française est appliquée.

Ici encore, on pourrait être assez critique et dire que tout cela n'est pas satisfaisant, si même la Cour de cassation française n'arrive pas toujours à distinguer nettement les concepts, alors que la doctrine française et la Convention de Rome distinguent très clairement, l'ordre public, d'un côté, et les lois de police, de l'autre. Pourtant une autre observation s'impose : cette confusion est de mise en France et au Brésil. Mais elle est aussi de mise dans la plupart des systèmes juridiques qui connaissent à la fois l'ordre public et les lois de police. On pourrait donner des dizaines et des dizaines d'exemples, c'est le cas en Suisse, en Italie, en Autriche, en Belgique, aux Pays-Bas, etc. Il s'agit d'un phénomène banal dans ces ordres juridiques.

Pour se rassurer, on peut remarquer que la notion de loi de police est relativement récente en droit international privé, si vous comparez les règles de conflit qui sont connues depuis plusieurs siècles et la notion de loi de police qui est apparue seulement au cours de la deuxième guerre mondiale, 1941-1942, avec les travaux de Wilhelm Wengler en Allemagne et plus tard encore en France avec Phocion Francescakis.

On peut alors se risquer à affirmer que les lois de police sont un phénomène qui n'est pas encore maîtrisé. La jurisprudence, petit à petit, commence à se familiariser avec ces lois de police. Nous sommes encore dans une phase de maturation en France, bien sûr, parce que les lois de police sont apparues il y a une cinquantaine d'années, mais aussi au Brésil où l'apparition est encore plus récente. Il est logique que les juges brésiliens hésitent encore eux aussi dans l'application et dans la terminologie à employer. Donc, phase de maturation et de construction.

Ne soyons donc pas trop sévères avec la jurisprudence française et brésilienne, tout simplement, parce que c'est avec la pratique que, peu à peu, se forgeront ces deux concepts qui sont distincts. Alors, rendez-vous dans quelques années pour voir si ces propos, qui peuvent effectivement vous paraître trop optimistes, se réaliseront. Merci beaucoup.

**Iacyr de Aguilar Vieira** : J'avais reçu la tâche de conclure cette Journée d'étude avec un rapport de synthèse. Mais après toutes ces explications très claires et, surtout, après le rapport introductif avec lequel Monsieur le professeur Michel Fromont nous a honorés, je pense qu'il serait superflu d'ajouter des remarques à propos de tout ce qui a été dit ici. Je voulais remercier le Centre du droit de l'entreprise, pour avoir soutenu ce projet, ainsi que l'École Régionale des Avocats du grand-Est (l'ERAGE) et tous les participants de cette journée. Je voulais remercier les professeurs français que sont venus écouter les étudiants brésiliens. Je félicite de tout mon cœur tous les organisateurs et aussi tous les intervenants. Je ressens beaucoup le fait d'être le seul professeur brésilien ici présent, parce que, tout d'abord je crois que je ne suis pas à la hauteur, surtout en droit public que je connais très peu en tant que privatiste. Je regrette également que d'autres professeurs brésiliens ne soient pas là pour contribuer avec leurs connaissances et aussi pour voir tout ce courage, toute cette réussite des étudiants brésiliens ici présents. Je suis très heureuse de voir qu'ils soutiennent très bien leurs travaux et leurs idées. Ils ont essayé de montrer un panorama du droit brésilien. Une journée ne suffit pas et je pense qu'ils ont fait un excellent travail. Nous avons remarqué tout au long de cette journée que tant le droit brésilien que le droit français comme l'a dit Monsieur Nord, sont marqués actuellement par un développement très effervescent : le droit brésilien avec l'intervention très forte de l'État par le législateur et par le juge, et le droit français avec l'emprise très forte du droit communautaire. Je crois finalement que nous avons beaucoup appris de cette journée. Un grand merci à tous, y compris le personnel de la MISHA, qui nous ont soutenus tout au long de cette journée et nous ont fourni des ressources techniques très importantes.

# Bibliographie francophone sur le droit brésilien et la comparaison juridique franco-brésilienne

Thales Morais da Costa
Gustavo Vieira da Costa Cerqueira

Cette bibliographie non exhaustive vient s'ajouter aux deux précédentes parues en 1998[1] et en 2005[2]. Elle comporte des ouvrages, des articles, ainsi que des mémoires et des thèses publiés[3] ou reproduits en microfiche, écrits en français.

Nous avons répertorié plus de 400 références dans 30 rubriques concernant le droit brésilien et la comparaison juridique franco-brésilienne.

## Références générales

Canivet, Guy. « Tirer profit du droit brésilien » (Préface), *in* Wald, A.; Jauffret-Spinosi, C. (dir.). *Le droit brésilien hier, aujourd'hui et demain*, Paris: Société de législation comparée, 2005, p. 11-13.

Carpano, Eric; Mazuyer, Emmanuelle. *Les grands systèmes juridiques étrangers: Allemagne, Arabie Sãoudite, Brésil, Chine, Égypte, États-Unis, Inde, Royaume-Uni.* Paris: Gualino-Lextenso éd., 2009. 207 p.

David, René. « Le droit brésilien jusqu'en 1950 », *in* Wald, A.; Jauffret-Spinosi, C. (dir.). *Le droit brésilien hier, aujourd'hui et demain*, Paris: Société de législation comparée, 2005, p. 25-182.

1 Bibliographie concernant des pays lusophones: *Bibliographie des livres disponibles en français sur le Portugal, le Brésil, l'Afrique lusophone et l'Asie de culture portugaise*, Paris: Librairie portugaise, 1998, 61 p.

2 Bibliographie juridique: « Bibliographie sommaire des travaux sur le droit brésilien » *in* Arnoldo Wald et Camile Jauffret-Spinosi, *Le droit brésilien hier, aujourd'hui et demain*, Paris: Société de législation comparée, 2005, p. 525-538.

3 L'inventaire des travaux universitaires non publiés concernant le droit brésilien peut être consulté sur le site du Centre de recherches sur le Brésil contemporain: http://www.ehess.fr/CRBC.

—. « Structure et idéologie du droit brésilien », *Cahiers de législation et de bibliographie juridique de l'Amérique Latine*, n° 17-18, Janvier-Juin, 1954, p. 5-20.

DUMON, Frédéric. *Le Brésil : ses institutions politiques et judiciaires : sources, caractéristiques, évolution, comparaisons.* Bruxelles : Université Libre de Bruxelles-Institut de Sociologie, 1964. 291 p.

FAUVARQUE-COSSON, Bénédicte. « Le droit brésilien, cet "inconnu" qui ne l'est plus », *in Revista Culturas Jurídicas* (www.culturasjuridicas.com.br), vol. 2, n° 2, juillet-déc. 2007.

FROMONT, Michel. *Grands systèmes de droit étrangers.* 6e éd. Paris : Dalloz, 2009. 256 p.

—. « Le regard d´un juriste européen sur le droit brésilien », *in Revista Culturas Jurídicas* (www.culturasjuridicas.com.br), vol. 2, n° 2, juillet-déc. 2007.

—. « Préface », *in* Païva de Almeida, D. (dir.), *Introduction au droit brésilien*, Paris : L'Harmattan, 2006, p. 11-13.

GERKENS, Jean-François. *Droit privé comparé*, Bruxelles, Larcier, 2007. 251 p.

JAUFFRET-SPINOSI, Camille ; WALD, Arnoldo. « Le droit brésilien, cet inconnu », *in* Wald, A. ; Jauffret-Spinosi, C. (dir.). *Le droit brésilien hier, aujourd'hui et demain*, Paris : Société de législation comparée, 2005, p. 17-22.

LAMBERT, Jacques. *Le Brésil : structure sociale et institutions politiques.* Coll. Cahiers de la Fondation nationale des sciences politiques. Paris : Colin, 1953. 163 p.

LAMETHE, Didier. « Le droit brésilien : un mortier d'une diversité », *in* Wald, A. ; Jauffret-Spinosi, C. (dir.). *Le droit brésilien hier, aujourd'hui et demain*, Paris : Société de législation comparée, 2005, p. 519-523.

LEGEAIS, Raymond. *Grands sytèmes de droit contemporains. Aproche* comparative, Litec, 2004. 457 p.

LUDWIG, Marcos de Campos ; FORGET Patrick. « Lumières sur le droit brésilien », à propos de l'ouvrage : Wald, A. ; Jauffret-Spinosi, C. (dir.). Le droit brésilien hier, aujourd'hui et demain, Paris : Société de législation comparée, 2005, in *Revue de droit de McGill*, 2007, n° 52, p. 193-200.

L'ESTOILE-CAMPI, Agnès de. *Brésil : droit fiscal, droit social, droit des sociétés et des affaires, réglementation des relations avec l'étranger, règlement des différends.* Coll. Dossiers internationaux Francis Lefebvre. Levallois-Perret : F. Lefebvre, 2008. 253 p.

NORTHFLEET, Ellen Gracie. « L'originalité du droit brésilien », *in* Wald, A. ; Jauffret-Spinosi, C. (dir.). *Le droit brésilien hier, aujourd'hui et demain*, Paris : Société de législation comparée, 2005, p. 15-16.

PAÏVA DE ALMEIDA, Domingos. « Regards sur le droit brésilien », *in Revue internationale de droit comparé*, n° 4, 2007, p. 879-890.

—. (dir.). *Introduction au droit brésilien*, coll. Logiques juridiques, Paris : L'Harmattan, 2006. 508 p.

WALD, Arnoldo ; JAUFFRET-SPINOSI, Camile (dir.). *Le droit brésilien hier, aujourd'hui et demain.* Paris : Société de législation comparée, 2005. 538 p.

WALD, Arnoldo. « Le droit brésilien et le Code civil de 2002 », in *Code Civil brésilien*, Édition bilingue Brésilien / Français, traduit sous la direction d'Arnoldo Wald, Paris : Société de législation comparée, 2009, p. 15-28.

—. « L'évolution du droit brésilien pendant la deuxième moitié du XXe siècle », *in* Wald, A. ; Jauffret-Spinosi, C. (dir.). *Le droit brésilien hier, aujourd'hui et demain*, Paris : Société de législation comparée, 2005, p. 183-201.

WITZ, Claude. « Compte rendu de l'ouvrage : Wald, A. ; Jauffret-Spinosi, C. (dir.). Le droit brésilien hier, aujourd'hui et demain, Paris : Société de législation comparée, 2005 », *in Revue internationale de droit comparé*, n° 4, oct.-déc. 2006, p. 1283-1287.

## Comparaison et influence des systèmes juridiques (en général)

BLANQUER, Jean-Michel. « Le droit brésilien et l'originalité des droits d'Amérique latine », *in Revista Culturas Jurídicas* (www.culturasjuridicas.com.br), vol. 2, nº 2, juillet-déc. 2007.

JUNQUEIRA BOTELHO, Eliane. « La sociologie juridique à travers le miroir », *in Revue Droit et Sociétés*, 1992, nº 22, p. 433-44.

DAVID, René. « L'originalité des droits de l'Amérique latine », in René David, *Le droit comparé: droits d'hier, droits de demain*, Coll. Etudes Juridiques Comparatives, dirigée par A. Tunc, Paris: Économica, 1982, p. 161-173.

JAUFFRET-SPINOSI, Camille. « La circulation du modèle juridique français en Amérique latine: rapport général », *in Travaux de l'Association Henri Capitant, Tome XLIV – La circulation du modèle juridique français: journées franco-italiennes (1993)*, Paris: Litec, 1994, p. 109-120.

JUNQUEIRA DE AZEVEDO, Antônio. « L'influence du droit français sur le droit brésilien », *in* Wald, A. et Jauffret-Spinosi, C. (dir.). *Le droit brésilien hier, aujourd'hui et demain*, Paris: Société de législation comparée, 2005, p. 456-479.

SANTOS, Claudio dos. « Influence du droit français dans la jurisprudence du Tribunal Supérieur de Justice », *in Travaux de l'Association Henri Capitant, Tome XLIV – La circulation du modèle juridique français: journées franco-italiennes (1993)*, Paris: Litec, 1994, p. 137-139.

VALLADÃO, Haroldo. « Le droit comparé au Brésil: la vision de 1950 », *in* Wald, A.; Jauffret-Spinosi, C. (dir.). *Le droit brésilien hier, aujourd'hui et demain*, Paris: Société de législation comparée, 2005, p. 455-479, également publié dans le *Livre du centenaire de la Société de législation comparée*, vol. 2, Paris: LGDJ, 1971, p. 311-321.

VILLARD, Pierre. « La tradition juridique française dans l'œuvre de Teixeira de Freitas », in S. SCHIPANI *Augusto Teixeira de Freitas e il diritto latinoamericano*, Atti del Congresso di Roma, 1, Padova: Cedam, 1988. 561 p.

WALD, Arnoldo, « Le droit français et la législation brésilienne », *in La lettre du Centre français de droit comparé*, nº 58, oct/2009, p. 2-4.

—. « Le droit comparé au Brésil », *in* Blanc Jouvan, X. *et al.* (dir.). *L'avenir du droit comparé*, Paris: Société de Législation comparée, 2000, p. 69-103.

—. « Le droit comparé au Brésil: la vision de 2000 », *in* Wald, A.; Jauffret-Spinosi, C. (dir.). *Le droit brésilien hier, aujourd'hui et demain*, Paris: Société de législation comparée, 2005, p. 481-518, également publié à la *Revue international de droit comparé*, 1999, p. 805-839.

—. « Doit-on repenser les familles juridiques? », *in de tous horizons. Mélanges Xavier Blanc-Jouvan*, Paris: Société de législation comparée, 2005, p. 187-199.

—. « L'influence du Code civil en Amérique latine », *in 1804-2004 – Le Code civil, un passé, un présent, un avenir*, Paris: Dalloz, 2004, p. 855-870.

—. « La circulation du modèle juridique français en Amérique latine: rapport brésilien: première partie », *in Travaux de l'Association Henri Capitant, Tome XLIV – La circulation du modèle juridique français: journées franco-italiennes (1993)*, Paris: Litec, 1994, p. 125-135.

## Droit constitutionnel et institutions politiques

BROUE, Pierre. *Quand le peuple révoque le président: le Brésil de l'affaire Collor*. Paris: L'Harmattan, 1993. 171 p.

BRASIL. *Constitution (1988)*. Traduction de Jacques Villemain et Jean François Cleaver. Edition mise à jour en 1998. Brasília: Senado Federal, Subsecretaria de Edições Técnicas, 1998. 228 p. Texte intégral disponible sur http://www.bresil.org/images/stories/ambassade-documents/le-bresil-politique-constitution.pdf.

CAVALCANTE LOBATO, Anderson Orestes. « Les secondes chambres et le pouvoir exécutif », *in* N. Ba Mohamed *et al.* (dir.). *Les secondes chambres parlementaires*, Tunis: Académie internationale de droit constitutionnel, 2003, p. 325-347.

*Corpus constitutionnel*, t. 1, fasc. 3 – Bahreïn Barbade Belgique Bhoutan Birmanie Bolivie Botswana Brésil, publié sous le patronage de l'Union Académique Internationale et Académie des sciences morales et politiques, Leyde: E.J. Brill, 1972. 418 p.

FERREIRA NUNES, Brasilmar; NASCIMENTO, Elimer. « Vers une nouvelle Constitution: la longue transition », *in Temps modernes*, n° 491, 1987, p. 44-61.

GONÇALVES FERREIRA FILHO, Manoel. « Effets pervers en droit constitutionnel: considérations sur la Constitution brésilienne de 1988 », *in Mélanges Patrice Gélard*, Paris: Montchrestien, 2000, p. 393-398.

—. « La Constitution brésilienne de 1988: une évaluation », *in Revue européenne de droit public*, vol. 7, 1995, p. 1041-1054.

—. « La Constitution de 1988: aspects généraux », *in* Maus, D.; Bon, P. (dir.), *La nouvelle République brésilienne: études sur la Constitution du 5 octobre 1988*, Paris: Economica, 1991, p. 59-66.

—. « La Constitution économique », *in* Maus, D.; Bon, P. (dir.), *La nouvelle République brésilienne: études sur la Constitution du 5 octobre 1988*, Paris: Economica, 1991, p. 145-152.

—. « Le système de gouvernement », *in* Maus, D.; Bon, P. (dir.), *La nouvelle République brésilienne: études sur la Constitution du 5 octobre 1988*, Paris: Economica, 1991, p. 109-116.

—. « Le veto partiel en droit constitutionnel brésilien », *in Perspectivas del derecho público en la segunda mitad del siglo XX – Homenaje a Enrique Sayagués Laso*, Madrid: Instituto de Estudio de Administración local, 1969, t. 3.

HERZOG, Jacques-Bernard. « Observations sur la situation constitutionnelle du Brésil: l'Acte institutionnel du 9 avril 1964 », *in Revue international de droit comparé*, 1965, vol. 17, n° 2, p. 433-442.

LIMA JÚNIOR, Olavo Brasil de. « Brésil: le nouveau congrès, ni vraiment nouveau, ni vraiment différent », *in Problèmes d'Amérique latine*, juil.-sept. 1991, p. 87-103.

LYRA TAVARES, Ana Lucia de. « La Constitution brésilienne de 1988: données à l'intention des comparatistes », *in* Wald, A.; Jauffret-Spinosi, C. (dir.). *Le droit brésilien hier, aujourd'hui et demain*, Paris: Société de législation comparée, 2005, p. 327-354.

MATHIEU, Bertrand. « de la prise en compte de la situation de certains états d'Amérique du Sud dans les propositions de la commission Avril relatives à la responsabilité du président de la république », *in Mouvement du droit public: du droit administratif au droit constitutionnel, du droit français aux autres droits – Mélanges en l'honneur de Franck Moderne*, Paris: Dalloz, 2004, p. 1135-1144.

MAUS, Didier; BON, Pierre (dir.). *La nouvelle constitution brésilienne: études sur la Constitution du 5 octobre 1988*, Paris: Economica, 1991.

MODERNE, Franck. « La nouvelle Constitution brésilienne et le constitutionnalisme latino-américain », *in* Maus, D.; Bon, P. (dir.), *La nouvelle République brésilienne: études sur la Constitution du 5 octobre 1988*, Paris: Economica, 1991, p. 11-44.

—. « La résurgence des procédures de démocratie semi-directe dans les régimes présidentialistes d'Amérique latine », *in L'esprit des institutions, l'équilibre des pouvoirs - Mélanges en l'honneur de Pierre Pactet.* Paris : Dalloz, 2003. p. 757-777.

—. « Les avatars du présidentialisme dans les États latino-américains », *in Pouvoirs*, n° 98, 2001/3, p. 63-87.

MONCLAIRE, Stéphane. « Brésil », *in Dictionnaire constitutionnel*, Paris : PUF, 1992, p. 91-92.

—. « Eléments d'archéologie de la Constitution brésilienne de 1988 », *in Revista Culturas Juridicas* (www.culturasjuridicas.com.br), vol. 2, n° 2, juillet-déc. 2007.

—. « Les auteurs de la Constitution », *in* Maus, D. ; Bon, P. (dir.), *La nouvelle République brésilienne : études sur la Constitution du 5 octobre 1988*, Paris : Economica, 1991, p. 75-88.

MONCLAIRE, Stéphane ; BARROS FILHO, Clovis de. « L'écriture d'une Constitution », *in Politix*, n° 2, 1988, p. 68-81.

PECAUT, Daniel ; SORJ, Bernardo (dir.). *Métamorphoses de la représentation politique au Brésil et en Europe.* Paris : Ed. du CNRS, 1991, 385 p.

PINHEIRO DO NASCIMENTO, Elimar. « Brésil : l'affaire Collor de Mello », *in Problèmes d'Amérique latine*, janv.-mars 1993, p. 65-77.

—. « Constituante et Constitution », *in Problèmes de l'Amérique latine*, n° 90, 1988, p. 23-38.

REALE JUNIOR, Miguel. « Les grands débats », *in* Maus, D. ; Bon, P. (dir.), *La nouvelle République brésilienne : études sur la Constitution du 5 octobre 1988*, Paris : Economica, 1991, p. 89-107.

TACITO, Caio. « L'ordre social dans la Constitution de 1988 », *in* Maus, D. ; Bon, P. (dir.), *La nouvelle République brésilienne : études sur la Constitution du 5 octobre 1988*, Paris : Economica, 1991, p. 137-143.

—. « La loi et la hiérarchie des lois », *in* Maus, D. ; Bon, P. (dir.), *La nouvelle République brésilienne : études sur la Constitution du 5 octobre 1988*, Paris : Economica, 1991, p. 159-163.

TUPIASSU, Lise. « Le droit constitutionnel : les institutions politiques », *in* Païva de Almeida, D. (dir.), *Introduction au droit brésilien*, Paris : L'Harmattan, 2006, p. 15-45.

VIEIRA, José Ribas. « Le cadre constitutionnel brésilien postérieur à 1964 : une approche critique », *in Procès*, n° 10, 1982, p. 117-132.

WANDER CHAVES BASTOS, Aurélio. « Autoritarisme et parlementarisme : quelques considérations sur les initiatives législatives au Brésil », *in Revue internationale de droit comparé*, n° 3, 1990, p. 955-966.

## Fédéralisme et décentralisation

CHICOT, Pierre-Yves. « La collectivité municipale au Brésil et en France : éléments choisis de comparaison », *in Collectivités territoriales intercommunalité*, n° 11, nov. 2005, p. 6-11.

COSTA PORTO, Walter. « L'organisation fédérale », *in* Maus, D. ; Bon, P. (dir.), *La nouvelle République brésilienne : études sur la Constitution du 5 octobre 1988*, Paris : Economica, 1991, p. 127-135.

CONTY, François. *L'indépendance financière des États-fédérés du Brésil.* Paris : [s.n°], 1926. 268 p.

GABBI, Ligia Villas Boas. *Gouverner une mégapole : l'expérience de São Paulo.* Paris : L'Harmattan, 2009. 158 p.

GONÇALVES FERREIRA FILHO, Manoel. « Particularités du fédéralisme brésilien dans la Constitution de 1988 », *in Mélanges Francis Delpérée*, Bruylant, 2008, p. 527-538.

JOUSSEMET, Anita. *La recherche sur la ville au Brésil: actes des journées franco-brésiliennes du PIR Villes*, Coll. Cahiers internationaux du PIR Villes. Paris: CNRS Editions, 1997, 283 p.

LORDELLO DE MELLO, Diogo. *Le gouvernement local au Brésil*, Paris: Unesco, 1958. 23 p.

MODERNE, Franck. « Le "município" comme entité politique dans l'organisation territoriale fédérale du Brésil », *in La profondeur du droit local: mélanges en l'honneur de Jean-Claude Douence*, Paris: Dalloz, 2006, p. 347-363.

NILO DE CASTRO, José. *La contribution du droit brésilien à l'étude du pouvoir régional*. Belo Horizonte: Del Rey, 2005, 556 p.

RIVIERE D'ARC, Hélène. « Du national au particulier: le débat sur la décentralisation dans trois pays d'Amérique latine (Brésil, Mexique, Cuba) », *in Cahiers des Amériques latines*, n° 11, p. 7-22.

TIETZMANN E SILVA, José Antônio. « L'élaboration participative du budget communal, l'exemple d'une ville brésilienne », *in Revue d'études foncières*, n° 103, Paris: ADEF, 2003, p. 30-35.

## Démocratie, violence et droits de l'homme

ABREU DALLARI, Dalmo de. « Les droits humains dans la Constitution brésilienne », *in Droit, politique et littérature: mélanges en l'honneur du professeur Yves Guchet*. Bruxelles: Bruylant, 2008, p. 193-209.

CAPANEMA P. DE ALMEIDA, Sílvia; FLÉCHET, Anaïs (dir.). *de la démocratie raciale au multiculturalisme: Brésil, Amériques, Europe*. Bruxelles, Bern, Berlin: P.I.E. Peter Lang, 2009. 273 p.

DOSSIER: « Dialogues franco-brésiliens sur la violence et la démocratie », *in Cultures et conflits*, numéro spécial, nº 59, 2005, p. 5-203.

FARIA, José Eduardo. « Justice et conflit au Brésil: le pouvoir judiciaire face aux droits de l'homme et aux droits sociaux », *in Droit et société*, n° 32, 1996, p. 131-140.

FARO DE CASTRO, Marcus. « Les tribunaux, le droit et la démocratie au Brésil », *in Revue internationale des sciences sociales*, vol. 49, n° 152, 1997, p. 265-278.

LÖWY, Michael. « La démocratie participative comme alternative au néo-libéralisme: l'expérience du Rio Grande do Sul, Brésil », *in Pensée*, n° 329, 2002, p. 43-49.

LEMOS CAPELLER, Wanda de. « Les droits de la défense au Brésil: "de la caserne aux favelas", vers une conscience des droits de l'homme », *in Archives de politique criminelle*, 1993, p. 87-96.

MARTIN, Kathia. « La dictature militaire et la réconciliation nationale au Brésil », *in L'Astrée*, n° 8, 1999, p. 19-24.

MOREIRA DE CARVALHO, Inaia Maria. « Droits légaux et droits effectifs. Enfants, adolescents et citoyenneté au Brésil », *in Cahiers des Amériques latines*, n° 22, 1996, p. 5-24.

OLIVEIRA, Luciano. « Violation des droits de l'homme et redémocratisation au Brésil: sous l'Etat scélérat, la société perfide », *in Droit et société*, n° 22, 1992, p. 447-463.

PAOLI, Maria Celia. « Institution et destitution des droits sociaux au Brésil », *in Mana*, n° 7, 2000, p. 27-43.

SILVA MARTINS, Ives Gandra da; LUCENA DE MENEZES, Paulo. « Droit public interne: rapport brésilien », *in Travaux de l'Association Henri Capitant, Tome LII – Les minorités: journées mexicaines (20 au 20 mai 2002)*, Paris: Société de législation comparée, 2005, p. 677-691.

TACITO, Caio. « Les droits fondamentaux dans la Constitution de 1988 », *in* Maus, D.; Bon, P. (dir.), *La nouvelle République brésilienne: études sur la Constitution du 5 octobre 1988*, Paris: Economica, 1991, p. 189-195.

VÉRAN, Jean-François. « L'esclavage en héritage (Brésil) : le droit à la terre des descendants de marrons », *in Séries: Hommes et sociétés*, Paris: Karthala, 2003, p. 373-381.

## Discrimination et principe d'égalité

GONÇALVES FERREIRA FILHO, Manoel. « La discrimination dans la vie publique », *in Travaux de l'Association Henri Capitant, Tome LI – La discrimination: journées franco-belges (28 mai-1er juin 2001)*, Paris: Société de législation comparée, 2004, p. 761-767.

—. « Les discriminations positives: Brésil », *in Annuaire international de justice constitutionnelle*, vol. 13, 1997, p. 91-94.

MAGANO, Octavio Bueno. « La discrimination dans la vie du travail », *in Travaux de l'Association Henri Capitant, Tome LI – La discrimination: journées franco-belges (28 mai – 1er juin 2001)*, Paris: Société de législation comparée, 2004, p. 281-288.

—. « L'étranger dans la vie du travail », *in Travaux de l'Association Henri Capitant, Tome XLVIII – L'étranger: journées luxembourgeoises (1997)*, Paris: Librairie générale de droit et jurisprudence (LGDJ), 2000.

TEPEDINO, Gustavo; SCHREIBER, Anderson. « La discrimination dans la vie privée », *in Travaux de l'Association Henri Capitant, Tome LI – La discrimination: journées franco-belges (28 mai-1er juin 2001)*, Paris: Société de législation comparée, 2004, p. 495-510.

WALD, Arnoldo. « La discrimination dans la vie des affaires », *in Travaux de l'Association Henri Capitant, Tome LI – La discrimination: journées franco-belges (28 mai-1er juin 2001)*, Paris: Société de législation comparée, 2004, p. 81-92.

—. « L'étranger dans la vie des affaires », *in Travaux de l'Association Henri Capitant, Tome XLVIII – L'étranger: journées luxembourgeoises (1997)*, Paris: Librairie générale de droit et jurisprudence (LGDJ), 2000.

## Justice constitutionnelle

BARBOSA GOMES, Joaquim B. *La Cour suprême dans le système politique brésilien.* Paris: LGDJ, 1994. 299 p.

FERREIRA MENDES, Gilmar. « Questions au président du Tribunal fédéral suprême », Dossier « Le Tribunal fédéral suprême du Brésil », *in Cahiers du Conseil constitutionnel*, nº 26, 2009.

GONÇALVES FERREIRA FILHO, Manoel. « L'évolution du contrôle de constitutionnalité au Brésil », *in Renouveau du droit constitutionnel: Mélanges Louis Favoreu.* Paris: Dalloz, 2007, p. 209-221.

GRACIE NORTHFLEET, Ellen. « Présentation du Tribunal fédéral suprême et place dans le système judiciaire brésilien », *in Cahiers du Conseil constitutionnel*, nº 26, 2009.

GRAU, Eros Roberto. « L'évolution du contrôle de constitutionnalité au Brésil », *in Cahiers du Conseil constitutionnel*, nº 26, 2009, p. 62-64.

LYRA TAVARES, A.-L. « Aspects de l'acclimatation du "Judicial Review" au droit brésilien », *in Revue internationale de droit comparé*, nº 4, vol. 38, p. 1135-1159.

MORAIS DA COSTA, Thales, « Le droit constitutionnel: la protection des droits fondamentaux », *in* Païva de Almeida D. (dir.), *Introduction au droit brésilien.* Coll. Logiques juridiques. Paris: L'Harmattan, 2006, p. 47-88.

POUILLIEUTE, Antoine. « Regard d'un français sur le Tribunal fédéral suprême », *in Cahiers du Conseil constitutionnel*, n° 26, 2009.

RODRIGUES DE ALCKMIN, José Geraldo. « Droit constitutionnel : rapport brésilien », *in Travaux de l'Association Henri Capitant, Tome XXIX, 1978 : L'interprétation par le juge des règles écrites : journées louisianaises de la Nouvelle-Orléans et Baton-Rouge.* Paris : Economica, 1980, p. 161-169.

SILVA VELLOSO, Carlos Mario da. « Le contrôle de constitutionnalité », *in* Maus, D. ; Bon, P. (dir.), *La nouvelle République brésilienne : études sur la Constitution du 5 octobre 1988*, Paris : Economica, 1991, p. 165-179.

—. « Les nouvelles garanties constitutionnelles », *in* Maus, D. ; Bon, P. (dir.), *La nouvelle République brésilienne : études sur la Constitution du 5 octobre 1988*, Paris : Economica, 1991, p. 203-221.

TORRECILLAS RAMOS, Dircêo. « Constitution et droits acquis au Brésil dans le droit comparé », *in Renouveau du droit constitutionnel : Mélanges Louis Favoreu*, Paris : Dalloz, 2007, p. 1723-1730.

WALD, Arnoldo. « La protection des droits individuels au Brésil : le "mandado de segurança" », *in Revue internationale de droit comparé*, 1964, vol. 16, n° 2, p. 307-317.

## Droit administratif

COUTO E SILVA, Almiro do. « Le pouvoir discrétionnaire en droit administrative brésilien », 11es journées juridiques franco-latino-américaines (Porto Alegre, 15-20 octobre 1989), *in Journées de la Société de législation comparée*, vol. 11, 1989, p.321-335.

GOUVEA VIEIRA, Jorge Eduardo. « La loi sur les concessions de services publics », *in Cahiers juridiques et fiscaux de l'exportation*, n° 3, 1995, p. 487-492.

GRAU, Eros Roberto. « Le pouvoir discrétionnaire au Brésil », 11es journées juridiques franco-latino-américaines (Porto Alegre, 15-20 octobre 1989), *in Journées de la Société de législation comparée*, vol. 11, 1989, p. 337-343.

JUSTEN FILHO, Marçal. « Le contrat administratif : rapport brésilien », *in Travaux de l'Association Henri Capitant, Tome LV – Le contrat : journées brésiliennes (23 au 27 mai 2005)*, Paris : Société de législation comparée, 2008, p. 209-223.

MEDAUAR, Odete. « Un aperçu du droit administratif brésilien », *in Confluences : Mélanges Jacqueline Morand-Deviller.* Paris : Montchrestien, 2007, p. 437-442.

PAÏVA DE ALMEIDA, Domingos. « Le droit administratif », *in* Païva de Almeida, D. (dir.), *Introduction au droit brésilien*, Paris : L'Harmattan, 2006, p. 125-169.

SANTOS-NIVAULT, Maria Isabel dos ; CORTE REAL BAENA SOARES, Luciana. « Dossier Brésil : appel d'offres et concessions de services publiques », *in Cahiers juridiques et fiscaux de l'exportation*, n° 2, 2001, p. 325-339.

SENNA GANEM, Adalnio. « L'expérience de la gestion déléguée au Brésil : entretien avec M. Adalnio Senna Ganem », *in Revue des concessions et des délégations de service public*, n° 6, 1999, p. 11-22.

WALD, Arnoldo. « La nouvelle législation brésilienne relative au régime des concessions de service public », *in Revue internationale de droit comparé*, 1996, p. 65-91.

—. « La protection des créanciers de l'Etat : rapport brésilien », *in Travaux de l'Association Henri Capitant, Tome XLVII – Les garanties de financement : journées portugaises (20 au 23 mai 1996)*, Paris : Litec, 1998, p. 743-756.

—. « Le contrat administratif : rapport général », *in Travaux de l'Association Henri Capitant, Tome LV - Le contrat : journées brésiliennes (23 au 27 mai 2005)*, Paris : Société de législation comparée, 2008, p. 171-183.

WALD, Arnoldo ; LEMOALLE, Edouard. « Le droit brésilien des concessions de services publics et des partenariats public-privé », *in* Wald, A. ; Jauffret-Spinosi C. (dir.). *Le droit brésilien hier, aujourd'hui et demain*, Paris : Société de législation comparée, 2005, p. 379-403.

WHITHAKER DA CUNHA, Fernando. « La nullité, l'annulation et l'inexistence des actes en droit public brésilien », *in Travaux de l'Association Henri Capitant, Tome XIV - Journées de Luxembourg (31 mai-4 juin 1961) et Journées de Turin (4-7 juin 1962)*, Paris : Dalloz, 1965, p. 828-836.

## Réforme de l'État

BICHARA, Jahyr-Philippe. *La privatisation au Brésil : aspects juridiques et financiers.* Paris : L'Harmattan, 2008. 250 p. (Texte remanié de la thèse de doctorat soutenue à l'Université Paris 1 en 2004).

CARVALO DE FREITAS, Theodoro ; CARVALHO PETERSEN FILHO, Antonio-Oscar ; DIAS RAMOS, Daniella. « La privatisation au Brésil », *in Cahiers juridiques et fiscaux de l'exportation*, n° 2, 1997, p. 371-401.

DELAUNAY MACULAN, Anne-Marie. « Processus de privatisation et modernisation des télécommunications au Brésil », *in Tiers Monde*, n° 35 (138), avril-juin 1994, p. 279-296.

FAUCHER, Philippe. « Politiques d'ajustements ou érosion de l'État au Brésil ? », *in Revue canadienne d'études du développement*, 1994, p. 241-263.

MONCLAIRE, Stéphane. « Entre insatisfaction multiforme et persistance des périphéries : l'illégitimité de l'Etat au Brésil », *in Cahiers des Amériques latines*, n° 16, 1993, p. 113-129.

—. « Urgence et retards des privatisations au Brésil », *in Cahiers des Amériques latines*, nouvelle série, n° 26, 1997, p. 145-171.

OLIVEIRA CHAIA, Romulo. *La réforme de l'État : administration et politique au Brésil.* Lille 3 : ANRT, 1999. Thèse de doctorat en 2 microfiches de 392 images.

SARAVIA, Enrique. « La réforme de l'État au Brésil : l'influence du New Public Management », *in Revue Française d'Administration Publique*, n° 105, 2003, p. 55-65.

VIEIRA ORSI, Ricardo. « La transformation du rôle de l'État à l'égard des crises bancaires dans l'Union européenne et au Brésil », *in Revue juridique Thémis*, 2000, vol. 34-1, p. 1-130.

## Politiques publiques et droit de l'économie

ALMEIDA DA DUTRA, Pedro Paulo de. *Réflexions sur le contrôle des entreprises publiques, à partir des données du droit brésilien : une proposition de changement.* Lille 3 : ANRT, 1989. Reproduction de thèse de doctorat en 2 microfiches.

ALMEIDA PRADO, Mauricio. « Croissance économique au Brésil : quelles réformes ? », *in Recueil Dalloz Sirey, n°* 40, 19 novembre 2009, p. 2736.

BONAVIDES, Paolo. « Néolibéralisme et état social au Brésil », *in* von Burkhardt Ziemske *et al.* (Hrsg). *Staatsphilosophie und Rechtspolitik : Festschrift für Martin Kriele zum 65.* Geburtstag, München : Beck, 1997, p. 1479-1488.

CAVALCANTI, Themístocles. « Les sociétés d'économie mixte, les entreprises publiques et les fondations : rapport général », *in Travaux de l'Association Henri Capitant,*

*Tome XV – Journées brésiliennes de Rio de Janeiro (7-14 juillet 1963)*, Paris: Dalloz, 1967, p. 185-191.

CLARK, John W. «Évolution du droit et de la politique de la concurrence au Brésil», *in Revue de l'OCDE sur le droit et la politique de concurrence*, n° 3, 2000, p. 201-257.

COELHO ARAÚJO, Gilvandro. «L'autorité brésilienne de régulation des télécommunications», *in Environnements: les mots du droit et les incertitudes de la modernité: mélanges en l'honneur du professeur Jean-Philippe Colson*, Grenoble: Presses universitaires de Grenoble, 2004, p. 451-463.

CORDOVIL, Leonor. «La régulation de la concurrence dans les télécommunications», *in Travaux de l'Association Henri Capitant, Tome LVI – La concurrence: journées marocaines (18-22 septembre 2006)*, Paris: Société de législation comparée, 2010, p. 759-772.

Dossier. «L'Etat et le marché au Brésil», *in Lusotopie*, 1994, p. 277-379.

FAUCHER, Philippe. «Politiques d'ajustements ou érosion de l'Etat au Brésil?», *in Revue canadienne d'études du développement*, 1994, p. 241-263.

FERNANDEZ-CURTIS, Jaime-E. «La réglementation de la concurrence au Brésil», *in Cahiers juridiques et fiscaux de l'exportation*, n° 2, 1997, p. 449-452

FIECHTER, Georges-André. *Le régime modernisateur du Brésil, 1964-1972: étude sur les interactions politico-économiques dans un régime militaire contemporain*. Leiden: Sijthoff, 1972. 297 p.

GRAU, Eros Roberto. «La régulation au Brésil», *in* Marcou, G.; Moderne, F. (dir.), *Droit de la régulation, service public et intégration régionale, tome I – Comparaisons et commentaires*, Paris: L'Harmattan, 2005, p. 167-190.

MAURA COSTA, Ligia. «Droit brésilien: les cas d'abus de position dominante et les comportements restrictifs de concurrence», *in Revue de droit des affaires internationales-International Business Law Journal* (RDAI), 1993, n° 2, p. 237-246.

MORAIS DA COSTA, Thales. «Compte-rendu de l'ouvrage "Cuéllar L.; Bockmann Moreira E., *Estudos de direito econômico*, Belo Horizonte: Ed. Forum, 2004"», *in* Frison-Roche, M.-A. (dir.), *Les engagements dans les systèmes de régulation*, Paris: Presses de SciencesPo et Dalloz, 2006, p. 269-276.

MOURA COSTA, Mauricio de. *Le droit brésilien de la concurrence: étude comparée avec le droit français et le droit communautaire de la concurrence*. Lille: ANRT, 2003. Reproduction de thèse soutenue à l'Université Paris 2 en 1996.

PARAISO ROCHA, Roberto. «Les sociétés d'économie mixte, les entreprises publiques et les fondations de droit public: le droit positif de l'état de Guanabara (Brésil)», *in Travaux de l'Association Henri Capitant, Tome XV – Journées brésiliennes de Rio de Janeiro (7-14 juillet 1963)*, Paris: Dalloz, 1967, p. 309-316.

SANTIAGO JÚNIOR, Fernando Antônio. «Le droit public économique», *in* Païva de Almeida, D. (dir.), *Introduction au droit brésilien*, Paris: L'Harmattan, 2006, p. 171-197.

SOLA, Lourdes; KUGELMAS, Eduardo. «Fédéralisme, stabilisation monétaire et démocratisation au Brésil», *in Critique internationale* (Paris, 1998), n° 11, 2001, p. 131-144.

TACITO, Caio. «Les sociétés d'économie mixte, les entreprises publiques et les fondations de droit public au Brésil», *in Travaux de l'Association Henri Capitant, Tome XV – Journées brésiliennes de Rio de Janeiro (7-14 juillet 1963)*, Paris: Dalloz, 1967, p. 299-306.

TEIXEIRA FILHO, José Carlos; BAGNOLI, Vicente. «Les sanctions en cas d'atteinte à la concurrence: rapport brésilien», *in Travaux de l'Association Henri Capitant,*

*Tome LVI - La concurrence: journées marocaines (18-22 septembre 2006)*, Paris: Société de législation comparée, 2010, p. 307-320.

WAISERG, Ivo. «Les autorités de régulation nationale de la concurrence: rapport brésilien», *in Travaux de l'Association Henri Capitant, Tome LVI - La concurrence: journées marocaines (18-22 septembre 2006)*, Paris: Société de législation comparée, 2010, p. 585-594.

WALD, Arnoldo. «L'ordre public dans l'économie: rapport brésilien», *in Travaux de l'Association Henri Capitant, Tome IL - L'ordre public: journées libanaises (25 mai 1998)*, Paris: Librairie générale de droit et jurisprudence (LGDJ), 2001, p. 89-98.

## Droit de l'environnement, urbanisme et droit agraire

CAUBET, Christian. «Au Brésil, un tribunal de l'eau», *in Ecologie politique*, n° 9, 1994, p. 75-86.

COLSON, Jean-Philippe. «IBAMA, l'autre regard», *in Pour un droit commun de l'environnement. Mélanges Prieur.* Paris: Dalloz, 2007, p. 849-851.

D'AVILA RUFINO, Gilberto. «Le droit de l'homme à l'environnement dans la Constitution de 1988 du Brésil», *in Revue juridique de l'environnement*, n° 4, 1994, p. 363-371.

FERREIRA MACEDO D'ISEP, Clarissa. «La certification environnementale comme instrument de gestion du risque écologique à l'égard du droit brésilien», *in Pour un droit commun de l'environnement. Mélanges Prieur*, Paris: Dalloz, 2007, p. 1239-1261.

FORMIGA JOHNSSON, Rosa Maria. «La nouvelle politique de l'eau au Brésil: forces et enjeux d'une transformation vers une gestion intégrée», *in Tiers Monde, t.* 42, n° 166, 2001, p. 403-425.

SOARES GONÇALVES, Rafael. *La construction historique d'un objet juridique: les favelas de Rio de Janeiro de la fin du XIX^e^ siècle à nos jours.* Lille: ANRT, 2008. (Reproduction de thèse de doctorat en 2 microfiches).

GRAEFF CHAGAS PINTO, Bibiana. «Le nouveau cadre juridique des services publics de distribution et d'assainissement de l'eau et les droits fondamentaux: Réflexions en droit comparé français et brésilien», *in Les Petites Affiches*, n° 98, 2007, p. 4-13.

LEME MACHADO, Paulo Affonso. «La Constitution et l'environnement», *in Cahiers du Conseil constitutionnel*, n° 15, 2003, p. 162-168.

—. «La mise en œuvre de l'action civile publique environnementale au Brésil», *in Revue juridique de l'environnement*, n° 1, 2000, p. 63-77.

—. «Le droit comparé et le droit de l'environnement de l'Amazonie brésilienne», *in Rivista trimestrale di diritto pubblico*, n° 2, 1991, p. 315-328.

—. «Le génie génétique et l'administration publique fédérale au Brésil», *in Pour un droit commun de l'environnement. Mélanges Prieur.* Paris: Dalloz, 2007, p. 241-263.

—. «L'accès en justice et l'action civile publique environnementale au Brésil» *in* Martin Führ; Rainer Wahl; Peter von Wilmowsku (Hrsg.). *Umweltrecht und Umweltwissenschaft: Festschrift für Eckard Rehbinder*, Berlin: Erich Schmidt Verlag, 2007, p. 223-236.

MARTINS-COSTA, Judith. «Le préjudice écologique: rapport brésilien», *in Travaux de l'Association Henri Capitant, Tome LIV - L'indemnisation: journées québécoises (13 au 17 septembre 2004)*, Paris: Société de législation comparée, 2008, p. 339-360.

MOTA MAIA, José. «La maîtrise du sol (droit rural): rapport brésilien», *in Travaux de l'Association Henri Capitant, Tome XLI - La maîtrise du sol: journées camerounaises (12 au 12 février 1992)*, Paris: Economica, 1992, p. 611-615.

SANTILLI, Juliana; BAPTISTA, Fernando Mathias. « Brésil : Constitution protectrice », *in Courrier de la planète* (2007-01/03), n° 83, p. 50-53.

TELES DA SILVA, Solange. « La pollution atmosphérique dans la région amazonienne brésilienne : l'expérience de la législation brésilienne », *in Revue juridique de l'environnement*, n° 2, 2008, p. 191-204.

—. *L'eau et l'air en droit français et brésilien.* Lille : ANRT, 2008. (Reproduction de thèse de doctorat)

—. « Le droit de l'environnement au Brésil », *in Confluences : Mélanges Jacqueline Morand-Deviller,* Paris : Montchrestien, 2007.

—. « Le droit à l'environnement et les aires protégées au Brésil », *in Pour un droit commun de l'environnement. Mélanges Prieur.* Paris : Dalloz, 2007, p. 379-391.

TIETZMANN E SILVA, José Antônio; BASTOS, Rodolpho Zahluth. « Le droit de l'environnement », *in* Païva de Almeida, D. (dir.), *Introduction au droit brésilien,* Paris : L'Harmattan, 2006, p. 225-269.

## Justice et droit du procès

ARAGÃO, José Guilherme. *La juridiction administrative au Brésil.* Rio de Janeiro : Departamento de Imprensa Nacional, 1955. 255 p.

BARBOSA MOREIRA, José Carlos. « La publicité des actes de procédure comme garantie constitutionnelle en droit brésilien », *in Mélanges en l'honneur de Henri-Robert Schupach,* Basiléia-Genebra-Munique, 2000.

—. « Quelques aspects de la procédure civile brésilienne et de ses rapports avec d'autres systèmes juridiques », *in Revue internationale de droit comparé,* 1982, vol. 34, n° 4, p. 1215-1224.

BOTTINI, Pierpaolo. « Le processus de réforme et de modernisation du pouvoir judiciaire au Brésil et ses manifestations pour la célérité, l'accès, la transparence et la sécurité juridiques », Numéro spécial sur regards croisés sur la sécurité juridique, Cour de cassation, 19 septembre 2005, séminaire franco-brésilien, *in Les Petites Affiches,* n° 254, 21 décembre 2006, p. 3-4.

BUZAID, Alfredo. « Vérité et justice (la vérité et le procès) : rapport brésilien », *in Travaux de l'Association Henri Capitant, Tome XXXVIII – La vérité et le droit : journées canadiennes (18-22 mai 1987),* Paris : Economica, 1989, p. 633-643.

CAVALCANTI, Themistocles. « Les institutions brésiliennes et le Conseil d'Etat français », *in Le Conseil d'Etat. Livre jubilaire publié pour commémorer son cent cinquantième anniversaire.* Paris : Sirey, 1949, p. 609-617.

GRAU, Eros Roberto. « Le point de vue du juge constitutionnel : l'expérience du Brésil », Numéro spécial sur regards croisés sur la sécurité juridique, Cour de cassation, 19 septembre 2005, séminaire franco-brésilien, *in Les Petites Affiches,* n° 254, 21 décembre 2006, p. 6-8.

MEDAUAR, Odette. « Droit public interne : rapport brésilien », *in Travaux de l'Association Henri Capitant, Tome XXXVI – L'effectivité des décisions de justice : journées françaises (17-21 mai 1985),* Paris : Economica, 1987, p. 561-568.

MONTEIRO DE BARROS, Rodrigo Janot. « Les particularités du ministère public brésilien », Numéro spécial sur regards croisés sur la sécurité juridique, Cour de cassation, 19 septembre 2005, séminaire franco-brésilien *in Les Petites Affiches, n° 254,* 21 décembre 2006, p. 34-36.

RABELLO TAMM RENAULT, Sergio. « Le pouvoir judiciaire au Brésil : réformes et perspectives », *in* Wald, A.; Jauffret-Spinosi C. (dir.). *Le droit brésilien hier, aujourd'hui et demain,* Paris : Société de législation comparée, 2005, p. 445-452.

SILVA BRAGA, Valeschka e. « L'organisation juridictionnelle », *in* Païva de Almeida, D. (dir.), *Introduction au droit brésilien,* Paris : L'Harmattan, 2006, p. 89-123.

VIDIGAL, Edson. « Le point de vue du juge judiciaire et du juge administratif : l'expérience du Brésil », Numéro spécial sur regards croisés sur la sécurité juridique, Cour de cassation, 19 septembre 2005, séminaire franco-brésilien, *in Les Petites Affiches,* n° 254, 21 décembre 2006, p. 15-18.

WALD, Arnoldo. « Droit privé interne (droit civil, droit commercial, droit du travail) : rapport brésilien », *in Travaux de l'Association Henri Capitant, Tome XXXVI – L'effectivité des décisions de justice : journées françaises (17-21 mai 1985),* Paris : Economica, 1987, p. 71-79.

—. « Vérité et justice (la vérité et le procès) : rapport général », *in Travaux de l'Association Henri Capitant, Tome XXXVIII - La vérité et le droit : journées canadiennes (18-22 mai 1987),* Paris : Economica, 1989, p. 529-544.

## Droit pénal et procédure pénale

ARAÚJO JUNIOR, João Marcello. « Brésil, les systèmes pénaux à l'épreuve du crime organisé », *in Revue internationale de droit pénal,* n° 2, 1997, p. 689-695.

—. « L'extradition dans la Constitution brésilienne de 1988 », *in Revue internationale de droit pénal, L'extradition - Actes du Séminaire International tenu à l'Institut supérieur international de sciences criminelles Syracuse (Italie), 4-9 décembre 1989,* vol. 62 (1/2), 1991, p. 567-585.

—. « Les problèmes juridiques et pratiques posés par la différence entre le droit criminel et le droit administratif pénal », *in Revue internationale de droit pénal,* vol. 59, 1988, p. 117-133.

ARAÚJO JUNIOR, João Marcello ; CERVINI SANCHEZ, Raúl. « Brésil. Les systèmes pénaux à l'épreuve du crime organisé », *in Revue internationale de droit pénal,* 1999, p. 457-496.

ARAÚJO JUNIOR, João Marcello ; DUEK MARQUES, O. H., « Les rapports entre l'organisation judiciaire et la procédure pénale au Brésil », *in Revue internationale de droit pénal / International Review of Penal Law,* vol. 60, 1989, p. 705-722.

ARIEL DOTTI, René. « Les atteintes à l'environnement, responsabilité et sanctions pénales en droit brésilien », *in Revue internationale de droit pénal,* n° 3-4, 1994, p. 815-830.

BATISTA, Nilo. « Brésil : Rapport national », « Actes du Colloque International, "Conception et principes du droit pénal économique et des affaires y compris la protection du consommateur", tenu à Freiburg-en-Brisgau, République Fédérale d'Allemagne, 20-23 septembre 1982 », *in Revue internationale de droit pénal,* vol. 54 (1-2), 1983, p. 157-169.

BATOCHIO, José Roberto ; CAMARGO, Antonio Luis Chaves. « La régionalisation du droit pénal international et la protection des Droits de l'Homme dans les procédures de coopération internationale en matière pénale, rapport sur le Brésil », *in Revue internationale de droit pénal,* 1994, p. 201-204.

BRITO ALVES, Roque de. « Les principaux aspects de la Partie générale du Code pénal brésilien », *in Archives de politique criminelle,* n° 10, 1988, p. 137-152.

CAMPOS, Francisco. *Le nouveau code pénal du Brésil et l'exposé des motifs.* Trad. Nico Gunzburg. Rio de Janeiro : Imprensa Nacional, 1942. 288 p.

CYMBALISTA, Tatiana. *Poursuites et alternatives aux poursuites en droit pénal comparé (droit français, droit brésilien).* Villeneuve d'Ascq : A.N.R.T. Université de Lille III, 2005. (Reproduction de thèse de doctorat en 3 microfiches).

FOUCHER, Victor (trad.). *Code criminel de l'Empire du Brésil, adopté par les Chambres législatives dans la session de 1830.* Collection des lois civiles et criminelles des États modernes. Paris : Imprimerie royale, 1834. 137 p.

GUNZBURG, Nico. *La trajectoire du crime : études sur le nouveau code pénal du Brésil.* Rio de Janeiro : Livraria Jacintho, 1941, 229 p.

JAPIASSU, Carlos Eduardo Adriano ; TELLES DE MENEZES, Eduardo Quintanilha ; MAGNO DE OLIVEIRA, Patricia Fonseca Carlos. « Le défenseur public et l'exécution des peines au Brésil : une approche sur l'accès effectif à la justice dans l'État de Rio de Janeiro », *in Revue pénitentiaire et de droit pénal,* n° 3, 2008, p. 595-608.

—. « Le système pénitentiaire au Brésil », *in* Cere, J.-P. ; Japiassu, C. E. A. (dir.), *Les systèmes pénitentiaires dans le monde,* Paris : Dalloz, 2007, p. 81-98.

KOSOVSKI, Ester. « Politique criminelle et drogues au Brésil », *in Archives de politique criminelle,* n° 15, 1993, p. 97-110.

LEMOS CAPELLER, Wanda Maria de. « Instrumentalité et stratégies de pénalisation dans un système juridique d'exception : l'exemple du Brésil des Généraux », *in Revue interdisciplinaire d'études juridiques,* n° 29, 1992, p. 49-66.

—. *La mise en œuvre des politiques criminelles au Brésil : Réception et adaptation des modèles occidentaux.* Lille : A.N.R.T, 1992 (Reproduction de thèse en 2 microfiches de 420 images).

—. « Négocier le pénal, expériences brésiliennes », *in* Fauvarque-Cosson, B. ; Wald, A. (dir.). *L'arbitrage en France et en Amérique Latine à l'aube du XXI^e^ siècle.* Paris : Société de législation comparée, 2008, p. 411-422.

MARTIN-CHENUT, Kathia. « Actualités du droit brésilien », *in Revue de science criminelle et de droit pénal comparé,* n° 4, 2008, p. 1020-1027.

MARTIN-CHENUT, Kathia ; MELO-FOURNIER, Fábia de. « Le droit pénal », *in* Païva de Almeida, D. (dir.), *Introduction au droit brésilien,* Paris : L'Harmattan, 2006, p. 353-387.

MELO-FOURNIER, Fábia de. « La procédure pénale », *in* Païva de Almeida, D. (dir.), *Introduction au droit brésilien,* Paris : L'Harmattan, 2006, p. 389-421.

—. « Le parquet brésilien entre sens et contresens », *in* Lazerges, C. (dir.), *Figures du parquet.* Paris : PUF, 2006, p. 201-217.

OLIVEIRA, Edmundo. « Les grands axes de la politique criminelle et pénitentiaire au Brésil », *in Archives de politique criminelle,* n° 15, 1993, p. 131-147.

—. « Statistique pénitentiaire et conditions de vie carcérale au Brésil », *in Revue de science criminelle et de droit pénal comparé,* n° 4, 1993, p. 749-754.

PARREIRAS, Décio. « Données et considérations sur le trafic illicite de la cocaïne et des feuilles de coca en Amérique du Sud, avec une annexe sur la réglementation des stupéfiants au Brésil », *in Bulletin des stupéfiants,* 1961, vol. 13, n° 4, p. 33-36.

PELLEGRINI GRINOVER, Ada. « Le nouveau modèle consensuel de la justice pénale brésilienne », *in Le droit pénal à l'aube du troisième millénaire : mélanges offerts à Jean Pradel,* Paris : Editions Cujas, 2006, p. 865-875.

SENISE FERREIRA, Ivette. « La responsabilité pénale des personnes morales : rapport brésilien », *in Travaux de l'Association Henri Capitant, Tome L – La responsabilité : aspects nouveaux : journées panaméennes (15-18 mars 1999),* Paris : Librairie générale de droit et jurisprudence (LGDJ), 2003, p. 709-716.

## Droit social et du travail

CACCIAMALI, Maria Cristina. « Dégénérescence du droit du travail et ajustement sur le marché du travail au Brésil dans les années 1990 », *in Cahiers des Amériques latines*, nouvelle série, n° 30, 1999-1, p. 105-125.

CESARINO JUNIOR, A. F. « Influence du droit économique sur l'actuel droit brésilien du travail », *in Mélanges André Brun - Etudes de droit du travail.* Paris : Librairie sociale et économique, 1974, p. 131-137.

GUSMAO, Xerxes. « Le droit du travail », *in* Païva de Almeida, D. (dir.), *Introduction au droit brésilien,* Paris : L'Harmattan, 2006, p. 319-351.

HALFELD FURTADO DE MENDONÇA SCHMIDT, Martha. *Pertinence et devenir du principe protecteur en droit du travail.* Villeneuve d'Ascq : A.N.R.T., 2004. (Reproduction de thèse de doctorat en 3 microfiches).

MAGANO, Octavio Bueno. « L'ordre public dans les relations de travail : rapport brésilien », *in Travaux de l'Association Henri Capitant, Tome IL – L'ordre public : journées libanaises (25-28 mai 1998),* Paris : Librairie générale de droit et jurisprudence (LGDJ), 2001, p. 705-707.

—. « Les groupements dans la vie du travail : rapport brésilien », *in Travaux de l'Association Henri Capitant, Tome XLV – Les groupements : journées japonaises (24-26 mai 1994),* Paris : Litec, 1996, p. 543-547.

PALHARES DOS ANJOS TELLECHEA, Maria Cristina. « Brésil, droit social », *in Revue mensuelle du Conseil des Marchés Financiers* (CMF), n° 5, 2000, p. 1039-1070.

## Droit fiscal

BACHUR, João Paulo. « Fédéralisme fiscal, attributions fiscales constitutionnelles et péréquation régionale : États-Unis, Allemagne et Brésil dans une perspective comparée », *in Revue Française d'Administration Publique (RFAP),* n° 119, 2006, p. 439-458.

CAMPOS, Dejalma de ; TAVARES NOGUEIRA DE PAULA, Edylcea. « Régime fiscal international des sociétés de personnes en matière d'impôt sur le revenu, rapport national : Brésil », *in Cahiers de droit fiscal international,* n° 80, 1er mai 1995, p. 113-121.

COSTA, Rogério da. « La fiscalité au Brésil », *in Cahiers juridiques et fiscaux de l'exportation,* n° 3, 1er sept. 1999, p. 449-476.

COSTA, Vitor Rogério da. « Brésil, la fiscalité des personnes physiques expatriées », *in Cahiers juridiques et fiscaux de l'exportation,* n° 5, 1er oct. 2000, p. 1071-1084.

—. « Taux d'imposition et assiette des impôts brésiliens », *in Cahiers juridiques et fiscaux de l'exportation,* n° 3, 1er mai 1995, p. 493-500.

GEST, Guy. « L'affaire des crédits d'impôt brésiliens, ou les limites de l'interprétation littérale des conventions », *in Droit fiscal,* n° 50, 2006, p. 2124 -2133.

GOMES DE SOUZA, Renato A. « L'imposition des fonds de placement, rapports nationaux », Brésil, *in Cahiers de droit fiscal international,* n° 82, 23 oct. 1997, p. 311-327.

HORTA ANDRADE RIGHI, Simone. « Le droit fiscal », *in* Païva de Almeida, D. (dir.), *Introduction au droit brésilien,* Paris : L'Harmattan, 2006, p. 199-223.

L'ESTOILE-CAMPI, Agnès de ; MACHADO DAVID, Thiago. « S'implanter au Brésil », *in Option Finance,* n° 978, 21 avril 2008, p. 24-25.

MEIRELLES DE MIRANDA, Aloysio. « Les aspects fiscaux des instruments financiers dérivés, rapport national : Brésil », *in Cahiers de droit fiscal international,* n° 80, 1er mai 1995, p. 103-117.

MONTEIRO SOARES DE CAMARGO, Estela L. « Aspects internationaux de la sous capitalisation, rapport national : Brésil », *in Cahiers de droit fiscal international*, n° 81, 5 sept. 1996, p. 367-375.

PEE, Rio. « La réforme fiscale brésilienne », *in Cahiers juridiques et fiscaux de l'exportation*, n° 2, 1er avr. 1997, p. 452-458.

SANTOS-NIVAULT, Maria Isabel dos. « La convention fiscale franco-brésilienne », *in Cahiers juridiques et fiscaux de l'exportation*, n° 3, 1er mai 1995, p. 501-504.

TIXIER, Gilbert ; LAMULLE, Thierry. « Les prix de transfert et la notion de revenus distribués au regard de la convention fiscale franco-brésilienne », *in Droit fiscal*, n° 5, 2 fev. 1994, p. 238-240.

XAVIER, Alberto. « Principes de détermination du revenu et du capital des établissements stables, application aux banques, compagnies d'assurances et autres institutions financières, rapport national : Brésil », *in Cahiers de droit fiscal international*, n° 81, 5 sept. 1996, p. 303-313.

## Droit de la santé

DANTAS, Eduardo. « Dilemmes bioéthiques : consentement informé, exercice de l'autonomie et analphabétisme fonctionnel. Le problème dans le contexte social brésilien », *in Revue générale de droit médical*, nº 32, 2009, p. 243 -252.

GANDOLFI DALLARI, Sueli. « Le concept de démocratie sanitaire : l'expérience brésilienne », *in Revue générale de droit médical, nº* 12, 2004, p. 61-65.

MENDES BERTI, Silma. « L'accès aux soins et aux médicaments : rapport brésilien », *in Travaux de l'Association Henri Capitant, Tome LIX – La santé : journées suisses (8-12 juin 2009)* (à paraître).

PERES GEDIEL, José Antônio. « Le statut juridique du corps humain : rapport brésilien », *in Travaux de l'Association Henri Capitant, Tome LIX – La santé : journées suisses (8-12 juin 2009)* (à paraître).

TEPEDINO, Gustavo ; SCHREIBER, Anderson. « La personne en fin de vie : rapport brésilien », *in Travaux de l'Association Henri Capitant, Tome LIX – La santé : journées suisses (8-12 juin 2009)* (à paraître).

## Droit civil (en général)

BITTAR, Eduardo. « Globalisation, cosmopolitisme et droit brésilien », *in Les sources du droit : aspects contemporains*, Colloque des 11 et 12 mai 2006. Paris : Société de législation comparée, 2007, p. 63-67

BULHÕES CARVALHO, Francisco Pereira de. « La théorie de l'inefficacité des actes juridiques selon le droit brésilien », *in Travaux de l'Association Henri Capitant, Tome XIV – Journées de Luxembourg (31 mai-4 juin 1961) et Journées de Turin (4-7 juin 1962)*, Paris : Dalloz, 1965, p. 578-582.

COELHO RODRIGUES, A. *Exposé des motifs du projet de Code civil brésilien* / rédigé en vertu du décret du 15 juillet 1890. Genève : Impr. suisse, 1894. 79 p.

COUTO E SILVA, Clovis do. « Le droit civil brésilien : aperçu historique et perspectives d'avenir », *in Quaderni Fiorentini per la storia del pensiero giuridico moderno*, XVIII, 1989, p. 147-169.

FROMONT, Michel. « L'influence de la Constitution sur le Code civil au Brésil », *in La lettre du Centre français de droit comparé*, n° 58, oct/2009, p. 4-6.

GOULÉ, P.; DAGUIN, C.; D'ARDENNE DE TIZAC, G. (traduit et annoté par). *Code civil des États-Unis du Brésil: loi nº 3071 du 1er janvier 1916, avec les modifications résultant de la loi nº 3725 du 15 janvier 1919*, Paris: Imprimerie Nationale, 1928, 480 p.

JACOB DE FRADERA, Véra Maria. « La partie générale du Code civil », *in* Wald, A.; Jauffret-Spinosi, C. (dir.), *Le droit brésilien hier, aujourd'hui et demain*, Paris: Société de législation comparée, 2005, p. 203-221.

LEMOALLE, Édouard. « Le droit civil », *in* Païva de Almeida, D. (dir.), *Introduction au droit brésilien*, Paris: L'Harmattan, 2006, p. 271-293.

LIMA MARQUES, Claudia. « Tendances récentes de la prescription extinctive en droit brésilien », *in Extinctive Prescription - On the Limitation of Actions - Reports to the XIVth Congress International Academy of Comparative Law, 1995, Nederland*, The Hague: Kluwer Law International, 1995, p. 75-90.

TEPEDINO, Gustavo; SCHREIBER, Anderson. « Culture et droit civil: rapport brésilien », *in Travaux de l'Association Henri Capitant, Tome LVIII - Droit et culture: journées louisianaises (19-23 mai 2008)*, Bruxelles: Bruylant, 2010, p. 87-98.

—. « Droit civil: rapport brésilien », *in Travaux de l'Association Henri Capitant, Tome LII - Les minorités: journées mexicaines (20-24 mai 2002)*, Paris: Société de législation comparée, 2005, p. 255-273.

WALD, Arnoldo. « La réforme du droit brésilien », *in Revue internationale de droit comparé*, 1962, p. 713-723.

—. « Droit civil et rural: rapport brésilien », *in Travaux de l'Association Henri Capitant, Tome XXXI - La réaction de la doctrine à la création du droit par les juges: journées italiennes de Florence (1980)*, Paris: Economica, 1982, p. 53-64.

—. « Les nouveaux codes de l'Amérique Latine: le Code brésilien », *in L'avenir de la codification en France et en Amérique latine*, Actes du congrès de l'Association Andres Bello des juristes franco-latino-américains (2-3 avril 2004), p. 125 *sq.*

—. « Le droit civil brésilien, entretien: trois questions à Arnoldo Wald », *in Recueil Dalloz*, 2007, nº 17, p. 1192.

—. (dir.). *Le code civil brésilien: édition bilingue brésilien/ français*. Paris: Société de législation comparée, 2009. 614 p.

WITZ, Claude. « Regards d'un juriste européen sur le nouveau Code civil brésilien », *in* Arnoldo Wald (dir.), *Le code civil brésilien: édition bilingue brésilien/français*, Paris: Société de législation comparée, 2009, p. 29-45.

## Droit de la famille et des personnes et droit des successions

ARISTON BARION PERES, Ana Paula; FOSSIER, Thierry. « Vulnérabilité ou affaiblissement: quel statut civil pour la personne âgée? Les exemples français et brésilien », *in Droit de la famille*, nº 10, 2005, p. 12-14.

BAPTISTA VILLELA, João. « La vérité dans le droit des personnes: aspects nouveaux: rapport brésilien », *in Travaux de l'Association Henri Capitant, Tome XXXVIII - La vérité et le droit: journées canadiennes (18-22 mai 1987)*, Paris: Economica, 1989, p. 71-76.

—. « La vérité dans le droit des personnes: aspects nouveaux », *in Travaux de l'Association Henri Capitant*, XLIII, 1992. Paris: Litec, 1994.

CRESPO BRAUNER, Maria Claudia. « Le nouveau Code civil brésilien: changements culturels et permanence dans la protection des relations familiales », in *Les cahiers de droit*, 2005, vol. 46, nº 1-2, p. 379-395.

FACHIN, Luiz Edson. « Innovation et tradition du droit de la famille contemporain selon le nouveau Code civil brésilien », *in* Wald, A.; Jauffret-Spinosi, C. (dir.). *Le droit brésilien hier, aujourd'hui et demain*, Paris : Société de législation comparée, 2005, p. 307-325.

HERZOG, Jacques-Bernard. « La protection juridique et sociale de l'enfant au Brésil », *in Revue internationale de droit comparé*, 1951, vol. 3, n° 1, p. 36-66.

JOUBERJEAN, G. « La condition juridique de la femme au Brésil », *in Revue de droit international et de droit comparé*, 1993-4, p. 303-350.

JUNQUEIRA DE AZEVEDO, Antônio. « L'ordre public dans les relations de famille : rapport brésilien », *in Travaux de l'Association Henri Capitant, Tome IL – L'ordre public : journées libanaises (25-28 mai 1998)*, Paris : Librairie générale de droit et jurisprudence (LGDJ), 2001, p. 393-403.

LEITE, Eduardo de Oliveira. « Les procréations médicalement assistées au Brésil : état des questions », *in M.* T. Meulders-Klein ; R. Deech ; P. Vlaardinger Brock. (dir.), *Biomedicine, the family and the human rights*, The Hague : Kluwer Kaw International, 2002, p. 259-274.

RODRIGUES, Silvio. « Droit civil (régimes matrimoniaux, successions, libéralités) : rapport brésilien », *in Travaux de l'Association Henri Capitant, Tome XXXIX – Aspects de l'évolution récente du droit de la famille : journées turques (16-20 mai 1988)*, Paris : Economica, 1990, p. 203-209.

—. « Les nouveaux moyens de reproduction et les droits de la personnalité : rapport brésilien », *in Travaux de l'Association Henri Capitant, Tome XXXVII – Les nouveaux moyens de reproduction : journées néerlandaises (26-30 mai 1986)*, Paris : Economica, 1988, p. 69-71.

SANTOS-NIVAULT, Maria Isabel dos. « Brésil, régime juridique des divorces », *in Cahiers juridiques et fiscaux de l'exportation*, n° 5, 2000, p. 1029-1037.

VAZ FERREIRA, Eduardo. « La légitimation adoptive au Brésil et au Chili et ses antécédents français et uruguayen », *in Revue internationale de droit comparé*, 1968, vol. 20, n° 2, p. 309-315.

VILLELA, Anna-Maria. *La transmission d'hérédité en droit brésilien et en droit français*. Paris : Librairies Techniques, 1971, 102 p.

WALD, Arnoldo. « L'évolution récente du régime matrimonial légal dans les législations contemporaines : Brésil », *in Revue internationale de droit comparé*, 1965, vol. 17, n° 3, p. 633-637.

## Droit des biens et suretés

BARBERIS, Julio A. « La conception brésilienne de l'*uti possidetis* », *in Liber amicorum Mohammed Bedjaoui*, La Haye : Kluwer, 1999, pp. 49-63.

COSTA PORTO, Walter. « Sur le régime de quelques droits fondamentaux : le droit de propriété », *in* Maus, D. ; Bon, P. (dir.), *La nouvelle République brésilienne : études sur la Constitution du 5 octobre 1988*, Paris : Economica, 1991, p. 197-202.

FROES, Carlos Enrique. « Les nouveaux biens : rapport brésilien », *in Travaux de l'Association Henri Capitant, Tome LIII – La propriété : journées vietnamiennes (17 au 21 novembre 2003)*, Paris : Société de législation comparée, 2006, p. 229-233.

GLANZ, Semy. « Le logement et le propriétaire : rapport brésilien », *in Travaux de l'Association Henri Capitant, Tome XXXIII – Le droit au logement : journées mexicaines (6-10 septembre 1982)*, Paris : Economica, 1984, p. 527-532.

JABLON, Samuel. « Prescription acquisitive dans les favelas », *in Études foncières (ADEF)*, n° 121, 2006, p. 37-39.

JACOB DE FRADERA, Vera. «La propriété des sols: rapport brésilien», *in Travaux de l'Association Henri Capitant, Tome LIII - La propriété: journées vietnamiennes (17 au 21 novembre 2003)*, Paris: Société de législation comparée, 2006, p. 69-77.

OLOUMI, Zia. «Le droit de la propriété au Brésil», *in La Gazette du Palais*, n° 76, 17 mars 2006, p. 38-43.

SILVA TELLES, Olivia. «Problèmes actuels des sûretés réelles: rapport brésilien», *in Travaux de l'Association Henri Capitant, Tome XLVII - Les garanties de financement: journées portugaises (20 au 23 mai 1996)*, Paris: Litec, 1998, p. 99-110.

TEPEDINO, Gustavo. «Les droits réels dans le nouveau Code civil», *in* Wald, A.; Jauffret-Spinosi C. (dir.). *Le droit brésilien hier, aujourd'hui et demain*, Paris: Société de législation comparée, 2005, p. 287-306.

TEPEDINO, Gustavo; SCHREIBER, Anderson. «Successions et contrats: rapport brésilien», *in Travaux de l'Association Henri Capitant, Tome LIX - Les successions : journées roumaines (23-28 mai 2010)* (à paraître).

—. «Les garanties de la propriété: rapport brésilien», *in Travaux de l'Association Henri Capitant, Tome LIII - La propriété: journées vietnamiennes (17 au 21 novembre 2003)*, Paris: Société de législation comparée, 2006, p. 519-530.

WALD, Arnoldo. «Les nouvelles fonctions de la propriété: rapport brésilien», *in Travaux de l'Association Henri Capitant, Tome LIII - La propriété: journées vietnamiennes (17-21 novembre 2003)*, Paris: Société de législation comparée, 2006, p. 371-377.

## Droit de la propriété industrielle

AMARAL, L. H. do. «Marques notoires, la situation brésilienne», *in Propriété industrielle Bulletin documentaire* (PIBD), n° 553, 1993, p. 158-159.

BERNARDES MARQUES, Marilia. «Brevets pharmaceutiques et accessibilité des médicaments au Brésil», *in Revue internationale de droit économique*, 2000, p. 98-107.

BITTAR, Carlos Alberto. «La publicité et les droits intellectuels: rapport brésilien», *in Travaux de l'Association Henri Capitant, Tome XXXII - La publicité-propagande: journées portugaises de Lisbonne (18-22 mai 1981)*, Paris: Economica, 1983, p. 269.

—. «L'entreprise de publicité et ses contrats», *in Travaux de l'Association Henri Capitant, Tome XXXII - La publicité-propagande: journées portugaises de Lisbonne (18-22 mai 1981)*, Paris: Economica, 1983, p. 467.

DIAS VARELLA, Marcelo. «Propriété intellectuelle et semences: les moyens du contrôle des exportations agricoles par les entreprises multinationales», *in Revue internationale de droit économique*, n° 2, 2006, p. 211-228.

—. «L'Organisation Mondiale du Commerce, les brevets, les médicaments et le rapport Nord-Sud: un point de vue du Sud», *in Revue internationale de droit économique*, n° 1, 2004, p. 79-117.

GOSAIN, R. «Les brevets déposés en vertu du régime transitoire: exceptions aux droits du breveté et médicaments génériques au Brésil», *in Propriété industrielle Bulletin documentaire* (PIBD), n° 726, 2001, p. 128-129.

GOSAIN, R.; SHERRILL, H. K. «Les incidences de l'Accord relatif aux Aspects des Droits de Propriété Intellectuelle qui touchent au Commerce (ADPIC) conclu dans le cadre des négociations du GATT sur la législation brésilienne en matière de brevets», *in Propriété industrielle Bulletin documentaire* (PIBD), n° 595, 1995, p. 143-144.

GUSMÃO, José Roberto. *L'acquisition du droit sur la marque au Brésil.* Paris: Litec, 1990. 260 p.

—. « Les caractéristiques du système brésilien de la propriété industrielle », *in Cahiers juridiques et fiscaux de l'exportation*, n° 6, 1997, p. 1249-1263.

LEONARDOS, Flavio. « La reproduction par la mise en mémoire sur ordinateurs : rapport brésilien », *in Travaux de l'Association Henri Capitant, Tome XXXVII – Les nouveaux moyens de reproduction : journées néerlandaises (26-30 mai 1986)*, Paris : Economica, 1988, p. 366-373.

LEONARDOS, F. ; LEONARDOS, L. « L'influence française sur le droit brésilien de la propriété industrielle », *in Mélanges en l'honneur de Paul Mathély*, Paris : Litec, 1990, p. 235-248.

MARTINS-COSTA, Judith ; SANTANA FERNANDES, Márcia. « La santé et la propriété intellectuelle : rapport brésilien », *in Travaux de l'Association Henri Capitant, Tome LIX – La santé : journées suisses (8-12 juin 2009)* (à paraître).

MENDES BERTI, Silma. « Les nouveaux moyens de reproduction, papier, sonores et audiovisuels : rapport brésilien », *in Travaux de l'Association Henri Capitant, Tome XXXVII – Les nouveaux moyens de reproduction : journées néerlandaises (26-30 mai 1986)*, Paris : Economica, 1988, p. 265-274.

## Droit des contrats

AGUILAR VIEIRA, Iacyr de. « La formation du contrat de vente de marchandises en droit brésilien, en droit français et dans la convention de Vienne de 1980 », *in Revista da Faculdade de Direito da UFRGS (Edição especial em homenagem à cooperação acadêmica UFRGS-França)*. Porto Alegre : UFRGS/Nova Prova, maio 2008, p. 276-310.

BIGOT, Jean. « Le nouveau Code civil brésilien et le contrat d'assurance. Brève présentation », *in Revue Générale du Droit des Assurances, n° 2*, 2006, p. 385-386.

JUNQUEIRA DE AZEVEDO, Antônio. « La bonne foi dans les relations entre particuliers (dans la formation du contrat) : rapport brésilien », *in Travaux de l'Association Henri Capitant, Tome XLIII – La bonne foi : journées louisianaises (14-17 mai 1992)*, Paris : Litec, 1994, p. 77-84.

—. « La révision du contrat : rapport brésilien », *in Travaux de l'Association Henri Capitant, Tome LV – Le contrat : journées brésiliennes (23 au 27 mai 2005)*, Paris : Société de législation comparée, 2008, p. 343-359.

TEPEDINO, Gustavo ; JACOB DE FRADERA, Véra Maria. « La rupture du contrat : rapport brésilien », *in Travaux de l'Association Henri Capitant, Tome LV – Le contrat : journées brésiliennes (23 au 27 mai 2005)*, Paris : Société de législation comparée, 2008, p. 695-712.

WALD, Arnoldo. « L'assurance automobile obligatoire : rapport sur le droit brésilien », *in Travaux de l'Association Henri Capitant, Tome IX – Journées belges de Louvain, Bruxelles et Bruges (1er-5 juin 1955)*, Paris : Dalloz, 1957, p. 207-210.

—. « La bonne foi dans les relations entre particuliers (dans l'exécution du contrat) : rapport brésilien », *in Travaux de l'Association Henri Capitant, Tome XLIII – La bonne foi : journées louisianaises (14-17 mai 1992)*, Paris : Litec, 1994, p. 251-263.

—. « L'évolution du contrat et le nouveau Code civil », *in* Wald, A. ; Jauffret-Spinosi C. (dir.). *Le droit brésilien hier, aujourd'hui et demain*, Paris : Société de législation comparée, 2005, p. 223-247.

## Droit de la responsabilité civile

COUTO E SILVA, Clóvis. *Principes fondamentaux de la responsabilité civile en droit brésilien et comparé : cours fait à la Faculté de droit et sciences politiques de St. Maur (Paris XII)*. [S.l.] : [s.nº], 1988. 193 p.

DANTAS, Eduardo. « La chirurgie plastique comme obligation de moyens. Aspects de la responsabilité civile dans le droit brésilien », *in Revue générale de droit médical*, nº 26, 2008, p. 23-37.

JACOB DE FRADERA, Véra Maria. « La responsabilité médicale : rapport brésilien », *in Travaux de l'Association Henri Capitant, Tome L – La responsabilité : aspects nouveaux : journées panaméennes (15 au 18 mars 1999)*, Paris : Librairie générale de droit et jurisprudence (LGDJ), 2003, p. 217-220.

MARTINS-COSTA, Judith ; SOUZA PARGENDLER, Mariana. « Us et Abus de la fonction punitive (dommage-intérêts punitifs et le droit brésilien) », *in Revue internationale de droit comparé*, nº 4, oct.-déc. 2006, p. 1145-1184.

TEPEDINO, Gustavo. « Les peines privées : rapport brésilien », *in Travaux de l'Association Henri Capitant, Tome LIV – L'indemnisation : journées québécoises (13 au 17 septembre 2004)*, Paris : Société de législation comparée, 2008, p. 69-88.

WALD, Arnoldo. « La responsabilité civile des constructeurs : rapport brésilien », *in Travaux de l'Association Henri Capitant, Tome XLII – La responsabilité des constructeurs : journées égyptiennes (12-16 mai 1991)*, Paris : Litec, 1993, p. 51-59.

—. « La responsabilité civile et le Code civil brésilien de 2002 : l'influence du droit français », *in* Wald, A. ; Jauffret-Spinosi C. (dir.). *Le droit brésilien hier, aujourd'hui et demain*, Paris : Société de législation comparée, 2005, p. 275-286.

—. « La responsabilité des professionnels du droit : rapport brésilien », *in Travaux de l'Association Henri Capitant, Tome L – La responsabilité : aspects nouveaux : journées panaméennes (15 au 18 mars 1999)*, Paris : Librairie générale de droit et jurisprudence (LGDJ), 2003, p. 473-482.

## Droit de la consommation

ARMELIN, Donaldo. « Le consommateur et le procès : rapport brésilien », *in Travaux de l'Association Henri Capitant, Tome LVII – Le consommateur : journées colombiennes (24-28 septembre 2007)*, Bruxelles : Bruylant, 2010, p. 625-634.

BARRETO FILHO, Oscar. « La publicité et le consommateur : rapport brésilien », *in Travaux de l'Association Henri Capitant, Tome XXXII – La publicité-propagande : journées portugaises de Lisbonne (18-22 mai 1981)*, Paris : Economica, 1983, p. 53-56.

CHÉNIER-LAFLÈCHE, Etienne. « Le système brésilien de protection et de défense du consommateur », *in Revista da Faculdade de Direito da UFRGS (Edição especial em homenagem à cooperação acadêmica UFRGS-França)*. Porto Alegre : UFRGS/Nova Prova, maio 2008, p. 376-386.

JACOB DE FRADERA, Véra Maria. « Les contrats du consommateur : rapport brésilien », *in Travaux de l'Association Henri Capitant, Tome LVII – Le consommateur : journées colombiennes (24-28 septembre 2007)*, Bruxelles : Bruylant, 2010, p. 55-64.

LIMA MARQUES, Claudia. « L'expérience de la codification et de la réforme du droit de la consommation au Brésil », *in Tribute to Claude Masse*, Quebéc : Foudacion Claude Masse, 2006, p. 74-91.

—. « Le droit de la consommation au Brésil à l'épreuve des OGM », *in* Aronovictz, A. (dir.), *Gastronomie, alimentation et droit : Mélanges en l'honneur de Pierre Widmer*, Zürich : Schules, 2003, vol. 1, p. 285-300.

—. « Les contrats de crédit dans la législation brésilienne de protection du consommateur », *in* Ramsay, Iain (dir.). *Consumer Law in the Global Economy: National and International Dimensions*, Ashgate : Dartmouth, 1997, p. 321-348.

MIRANDA PEREIRA, Wellerson. « Pourquoi protéger les consomateurs ? Analyse comparative entre les systèmes socio-économiques et juridiques européens et brésilien », *in Revista da Faculdade de Direito da UFRGS (Edição especial em homenagem à cooperação acadêmica UFRGS-França).* Porto Alegre : UFRGS/Nova Prova, maio 2008, p. 311-357.

TENREIRO, Mario. « Un code de la consommation ou un code autour du consommateur ? : quelques réflexions critiques sur la codification et la notation du consommateur », *in Law and diffuse interests in the European legal order : liber amicorum Norbert Reich.* Baden Baden : Nomos, 1997, p. 339-356.

TEPEDINO, Gustavo. « Les contrats de consommation au Brésil », *in* Wald, A.; Jauffret-Spinosi, C. (dir.). *Le droit brésilien hier, aujourd'hui et demain*, Paris : Société de législation comparée, 2005, p. 433-443.

TEPEDINO, Gustavo; SCHREIBER, Anderson. « La sécurité du consommateur : rapport brésilien », *in Travaux de l'Association Henri Capitant, Tome LVII - Le consommateur : journées colombiennes (24-28 septembre 2007)*, Bruxelles : Bruylant, 2010, p. 337-352.

WALD, Arnoldo. « Les consommateurs et les services publics : rapport brésilien », *in Travaux de l'Association Henri Capitant, Tome LVII - Le consommateur : journées colombiennes (24-28 septembre 2007)*, Bruxelles : Bruylant, 2010, p. 547-552.

## Droit commercial et économique et droit des nouvelles technologies

AGUILAR VIEIRA, Iacyr de; VIEIRA DA COSTA CERQUEIRA, Gustavo. « L'influence du Code de commerce français au Brésil : Quelques remarques sur la commémoration du bicentenaire du Code français de 1807 », *in Revue internationale de droit comparé*, n° 1, 2007, p. 27-77.

ASSIS DE ALMEIDA, José Gabriel. « La protection des méthodes d'affaires au Brésil », *in Revue Lamy droit de l'immatériel ex Lamy droit de l'informatique*, n° 22, 2006, p. 55-56.

CARVALHO DE FREITAS, Theodoro. « Brésil : Les contrats commerciaux », *in Cahiers juridiques et fiscaux de l'exportation*, n° 6, 1997, p. 1265-1290.

CASELLA, João Carlos *et al.* « Le logement et l'entreprise », *in Travaux de l'Association Henri Capitant, Tome XXXIII - Le droit au logement : journées mexicaines (6-10 septembre 1982)*, Paris : Economica, 1984, p. 239-247.

DOBSON, Juan Malcolm. « Le régime juridique de la faillite dans les lois de l'Argentine, du Brésil et de l'Uruguay », 12es journées juridiques franco-latino-américaines (Buenos Aires - Rosario, 4-8 novembre 1991), *in Journées de la Société de législation comparée*, vol. 13, 1991, p. 289-299.

FERREIRA DA SILVA, Ricardo *et al.* « L'informatique au Brésil, aspects juridiques », *in Cahiers juridiques et fiscaux de l'exportation*, n° 5, 1993, p. 1029-1035.

FOUQUET, Bernadette. « Brésil, recommandations sur la manière d'appréhender la mobilité au regard du droit français », *in Cahiers juridiques et fiscaux de l'exportation*, n° 5, 2000, p. 1085-1092.

FREIRE BASILIO, Celestino Sa. « L'entreprise et les pouvoirs publics en droit brésilien », *in Travaux de l'Association Henri Capitant, Tome XV - Journées brésiliennes de Rio de Janeiro (7-14 juillet 1963)*, Paris : Dalloz, 1967, p. 307-308.

GRAU, Eros Roberto. « La réserve de marché, au Brésil, pour la production de biens informatiques », *in Revue internationale de droit économique*, 1989/2, p. 219.

HUCK, Hermes Marcelo. « Droit commercial et économique, interne et international : droit international : rapport brésilien », *in Travaux de l'Association Henri Capitant, Tome XXXIV – Le rôle de la pratique dans la formation du droit : journées suisses (20-24 juin 1983)*, Paris : Economica, 1985, p. 215-218.

LEONARDOS, Flavio. « La reproduction par la mise en mémoire sur ordinateurs », *in Travaux de l'Association Henri Capitant*, XXXVII, 1986. Paris : Economica, 1988.

LYON-CAEN, Charles (dir.). *Les Lois commerciales de l'univers : Recueil comprenant l'ensemble des textes relatifs au droit commercial, avec des références au droit civil, aux lois d'organisation judiciaire et à la procédure. IV Brésil* / Textes originaux et commentaires avec traduction française en regard par de nombreux collaborateurs de tous pays. Paris : Libr. Générale de Droit et de Jurisprudence, 1911. 242 p.

MAURA COSTA, Ligia. « L'Internet et le nom de domaine au Brésil », *in Revue de droit des affaires internationales-International Business Law Journal* (RDAI), 2002, n° 7, p. 807-816.

MELO VALENÇA FILHO, Clávio de. « Le Code de commerce : un point de vue brésilien », *in Bicentenaire du Code de commerce : 1807-2007 – Les actes du colloque (sous l'égide de l'Association du Bicentenaire du Code de commerce)*. Paris : Dalloz, 2007, p. 265-270.

MORAES, Luiza Rangel de ; SADDI, Jairo. « Culture et droit des affaires : rapport brésilien », *in Travaux de l'Association Henri Capitant, Tome LVIII – Droit et culture : journées louisianaises (19-23 mai 2008)*, Bruxelles : Bruylant, 2010, p. 565-578.

OTTO, Samira. « Le droit des affaires », *in* Païva de Almeida, D. (dir.), *Introduction au droit brésilien*, Paris : L'Harmattan, 2006, p. 295-317.

SAINT-JOSEPH, Antoine. *Concordance entre les Codes étrangers et le Code de commerce français*, 2e éd. Paris : Videcoq, 1851, p. 171.

WALD, Arnoldo. « Droit commercial et économique, interne et international : droit interne : rapport brésilien », *in Travaux de l'Association Henri Capitant, Tome XXXIV – Le rôle de la pratique dans la formation du droit : journées suisses (20-24 juin 1983)*, Paris : Economica, 1985, p. 205-214.

## Droit des sociétés

ALIX, Pierre. « Les sociétés anonymes au Brésil », avec une préface de René Demogue, Paris : Recueil Sirey : Bibliothèque de droit commercial, 1931, 151 p.

BAPTISTA, Luiz Olavo. « Les groupements dans la vie des affaires : rapport brésilien », *in Travaux de l'Association Henri Capitant, Tome XLV – Les groupements : journées japonaises (24-26 mai 1994)*, Paris : Litec, 1996, p. 399-411.

—. « La responsabilité des groupes bancaires internationaux pour leurs filiales (y compris les problèmes suscités par la nationalisation des banques) », *in Travaux de l'Association Henri Capitant*, XXXV, 1984. Paris : Economica, 1986.

BAPTISTA, Luiz Olavo (Advogados). « Droit des affaires : rapport brésilien », *in Travaux de l'Association Henri Capitant, Tome LII – Les minorités : journées mexicaines (20-24 mai 2002)*, Paris : Société de législation comparée, 2005, p. 65-72.

CARVALHO DE FREITAS, Theodoro. « Brésil, modifications de la loi sur les sociétés anonymes », *in Cahiers juridiques et fiscaux de l'exportation*, n° 5, 1997, p. 1009-1015.

COUTO E SILVA, Clovis V. do. « Les groupes de sociétés au Brésil », 11es journées juridiques franco-latino-américaines (Porto Alegre, 15-20 octobre 1989), *in Journées de la Société de législation comparée*, vol. 11, 1989, p. 447-469.

FRAGOSO, Heleno Claudio. « La responsabilité pénale des administrateurs des sociétés en droit brésilien », *in Travaux de l'Association Henri Capitant, Tome XV – Journées brésiliennes de Rio de Janeiro (7-14 juillet 1963)*, Paris : Dalloz, 1967, p. 157-159.

GANADOS, Ernesto. « Le statut des sociétés binationales argentino-brésiliennes », 12es journées juridiques franco-latino-américaines (Buenos Aires - Rosario, 4-8 novembre 1991), *in Journées de la Société de législation comparée*, vol. 13, 1991, p. 301-311.

GIL, Otto. « La responsabilité civile des administrateurs de sociétés anonymes dans le droit commercial brésilien », *in Travaux de l'Association Henri Capitant, Tome XV - Journées brésiliennes de Rio de Janeiro (7-14 juillet 1963)*, Paris : Dalloz, 1967, p. 76-85.

KONDER COMPARATO, Fabio. « Les groupes de sociétés dans la nouvelle loi brésilienne des sociétés par actions », *in Revue internationale de droit comparé*, 1978, p. 791-810.

LAMETHE, Didier. « Le partenariat international au sein d'un bloc de contrôle : Exemple de l'entreprise brésilienne "Light serviços de eletricidade" », *in Journal du droit international* (Clunet), n° 2, 2002, p. 409-447.

MAFRA DE LAET, Carlos Maximiano ; WALTER, Dominique. « Les sociétés, les associations et la représentation commerciale », *in Cahiers juridiques et fiscaux de l'exportation*, n° 3, 1995, p. 477-486.

PORTO, Sérgio. « Les sociétés unipersonnelles en droit brésilien », 11es journées juridiques franco-latino-américaines (Porto Alegre, 15-20 octobre 1989), *in Journées de la Société de législation comparée*, vol. 11, 1989, p. 525-535.

SALOMAO FILHO, Calixto. « Le contrat de société entre institution et contrat : rapport brésilien », *in Travaux de l'association Henri Capitant, Tome LV - Le contrat : journées brésiliennes (23-27 mai 2005)*, Paris : Société de législation comparée, 2008, p. 61-70.

SOUZA, Norões E. ; WALD, Arnoldo. « La responsabilité civile des administrateurs de sociétés commerciales au Brésil », *in Travaux de l'Association Henri Capitant, Tome XV - Journées brésiliennes de Rio de Janeiro (7-14 juillet 1963)*, Paris : Dalloz, 1967, p. 86-100.

VIANNA DE LIMA, Claudio. « La responsabilité civile des administrateurs de sociétés commerciales : la responsabilité des directeurs de banques et de "maisons bancaires" au Brésil », *in Travaux de l'Association Henri Capitant, Tome XV - Journées brésiliennes de Rio de Janeiro (7-14 juillet 1963)*, Paris : Dalloz, 1967, p. 101-112.

WALD, Arnoldo. « La responsabilité civile des administrateurs de sociétés : rapport général », *in Travaux de l'Association Henri Capitant, Tome XV - Journées brésiliennes de Rio de Janeiro (7-14 juillet 1963)*, Paris : Dalloz, 1967, p. 11-25.

—. « Le droit de l'entreprise au XXI siècle et le Code civil brésilien », *in* Wald, A. ; Jauffret-Spinosi, C. (dir.). *Le droit brésilien hier, aujourd'hui et demain*, Paris : Société de législation comparée, 2005, p. 249-273.

—. « Les groupements dans la vie des affaires : rapport général », *in Travaux de l'Association Henri Capitant, Tome XLV - Les groupements : journées japonaises (24-26 mai 1994)*, Paris : Litec, 1996, p. 357-374.

## Droit bancaire et financier

AZEREDO, Theophilo de. « Les engagements abstraits pris par le banquier : rapport brésilien », *in Travaux de l'Association Henri Capitant, Tome XXXV - La responsabilité du banquier : aspects nouveaux : journées brésiliennes (14-18 mai 1984)*, Paris : Economica, 1986, p. 249-254.

AZEREDO SANTOS, Teofil. « Le régime juridique des sociétés de crédit, de financement et d'investissement dans le droit brésilien », *in Travaux de l'Association Henri Capitant, Tome XV - Journées brésiliennes de Rio de Janeiro (7-14 juillet 1963)*, Paris : Dalloz, 1967, p. 423-438.

BAPTISTA, Luiz Olavo. « L'endettement des professionnels : rapport brésilien I », *in Travaux de l'Association Henri Capitant, Tome XLVI – L'endettement : journées argentines (1995)*, Paris : Litec, 1997, p. 365-369.

—. « La responsabilité des groupes bancaires internationaux pour leurs filiales (y compris les problèmes suscités par la nationalisation des banques) : rapport brésilien », *in Travaux de l'Association Henri Capitant, Tome XXXV – La responsabilité du banquier : aspects nouveaux : journées brésiliennes (14-18 mai 1984)*, Paris : Economica, 1986, p. 411-416.

BORGES DA FONSECA, Herculano. « La responsabilité civile des directeurs d'établissements bancaires au Brésil », *in Travaux de l'Association Henri Capitant, Tome XV – La responsabilité civile : journées brésiliennes de Rio de Janeiro (7-14 juillet 1963)*, Paris : Dalloz, 1967, p. 113-120.

—. « La responsabilité de l'Etat et des organismes publics à raison de la direction du crédit et de la surveillance des établissements de crédit : rapport brésilien : première partie (aspects jurisprudentiels) », *in Travaux de l'Association Henri Capitant, Tome XXXV – La responsabilité du banquier : aspects nouveaux : journées brésiliennes (14-18 mai 1984)*, Paris : Economica, 1986, p. 531-536.

CAMARGO VIDIGAL, Geraldo de. « L'assurance crédit : rapport brésilien », *in Travaux de l'Association Henri Capitant, Tome XLVII – Les garanties de financement : journées portugaises (20 au 23 mai 1996)*, Paris : Litec, 1998, p. 563-577.

—. « L'endettement des professionnels : rapport brésilien II », *in Travaux de l'Association Henri Capitant, Tome XLVI – L'endettement : journées argentines (1995)*, Paris : Litec, 1997, p. 371-379.

—. « La responsabilité de l'Etat et des organismes publics à raison de la direction du crédit et de la surveillance des établissements de crédit : rapport brésilien : deuxième partie », *in Travaux de l'Association Henri Capitant, Tome XXXV – La responsabilité du banquier : aspects nouveaux : journées brésiliennes (14-18 mai 1984)*, Paris : Economica, 1986, p. 536-548.

COSTA, Vitor Rogério da; CAMARET, Francis. « Le régime des capitaux étrangers », *in Cahiers juridiques et fiscaux de l'exportation*, n° 2, 1995, p. 469-476.

GRAU, Eros Roberto. « L'intervention de l'État dans le secteur bancaire », *in Cahiers juridiques et fiscaux de l'exportation*, 1988, nº 6, p. 2203.

KONDER COMPARATO, Fabio. « La responsabilité du banquier dispensateur de crédit : rapport brésilien », *in Travaux de l'Association Henri Capitant, Tome XXXV – La responsabilité du banquier : aspects nouveaux : journées brésiliennes (14-18 mai 1984)*, Paris : Economica, 1986, p. 103-108.

TACITO, Caio. « La responsabilité de l'Etat et des organismes publics à raison de la direction du crédit et de la surveillance des établissements de crédit : rapport général », *in Travaux de l'Association Henri Capitant, Tome XXXV – La responsabilité du banquier : aspects nouveaux : journées brésiliennes (14-18 mai 1984)*, Paris : Economica, 1986, p. 501-509.

VIN, Jean-Marc; SHIMABUKURO, Aristeu. « Le Brésil et l'harmonisation comptable internationale », *in Revue de droit comptable*, n° 3, 1997, p. 86-103.

WALD, Arnoldo. « La responsabilité personnelle du directeur de banque en droit brésilien », *in Études offertes à Roger Houin : problèmes d'actualité posés par les entreprises*. Dalloz : Sirey, 1985, p. 151-165.

—. « Le régime du capital étranger », *in* Wald, A.; Jauffret-Spinosi, C. (dir.). *Le droit brésilien hier, aujourd'hui et demain*, Paris : Société de législation comparée, 2005, p. 355-362.

—. « Le régime des marchés financiers et des capitaux », *in* Wald, A. ; Jauffret-Spinosi, C. (dir.). *Le droit brésilien hier, aujourd'hui et demain*, Paris : Société de législation comparée, 2005, p. 363-377.

—. « Le système bancaire brésilien : aspects juridiques et institutionnels », *in Banque et Droit*, n° 50, 1er nov. 1996, p. 14-19.

—. « Le système bancaire brésilien : son évolution et ses particularités », *in Mélanges en l'honneur de Michel Vasseur*. Paris : LGDJ, 2000, p. 143-167.

—. « Quelques aspects pathologiques du crédit documentaire secured red clause », *in Revue de droit bancaire et de la Bourse*, n° 47, 1995, p. 2-11.

## Droit de l'arbitrage

Aguilar Vieira, Iacyr de. « L'arbitrage au Brésil », *in Bulletin du Centre du droit de l'entreprise de l'Université de Lausanne (CEDIDAC)*, n° 52, décembre 2009, p. 1-7.

Assis de Almeida, José Gabriel. « L'arbitrage et le droit public », *in* Fauvarque-Cosson, B. ; Wald, A. (dir.). *L'arbitrage en France et en Amérique Latine à l'aube du XXIe siècle*. Paris : Société de législation comparée, 2008, p. 317-327.

Azevedo Gomes, Rosângela Maria. « La solution alternative des conflits dans les relations privées », *in* Fauvarque-Cosson, B. ; Wald, A. (dir.). *L'arbitrage en France et en Amérique Latine à l'aube du XXIe siècle*. Paris : Société de législation comparée, 2008, p. 299-303.

Conejero Ross, Cristian ; S. Grion, Renato. « L'arbitrage au Brésil : droit et pratique dans une optique CCI », *in Bulletin de la Cour Internationale d'Arbitrage de la CCI*, n° 17-2, 2007, p. 11-43.

Dunham, Philip ; Garcia Represa, José Manuel. « La consolidation de l'arbitrage commercial international au brésil : état des lieux en 2008 », *in Décideurs Juridiques et Financiers*, n° 99, nov. 2008, p. 118-119.

Couto e Silva, Clovis do. « L'arbitrage en droit brésilien », 10es journées juridiques franco-latino-américaines (Bogota, 30 novembre au 3 décembre 1986), *in Journées de la Société de législation comparée*, vol. 8, 1986, p. 593-601.

Ferreira de Assumpção Alves, Alexandre. « L'arbitrage en droit des sociétés », *in* Fauvarque-Cosson, B. ; Wald, A. (dir.). *L'arbitrage en France et en Amérique Latine à l'aube du XXIe siècle*. Paris : Société de législation comparée, 2008, p. 393-410.

Guerreiro Lopes, Maruska. « La nouvelle loi brésilienne sur l'arbitrage », *in Dalloz affaires*, n° 37, 1997, p. 1205-1211.

Huck, Hermes Marcelo. « La nouvelle loi de l'arbitrage au Brésil », *in Bulletin de l'Association Suisse de l'Arbitrage* (ASA), n° 15-4, 1997, p. 570-575.

Keutgen, Guy. « Considérations sur le droit brésilien de l'arbitrage », *in Liber Amicorum Jacques Malherbe*. Bruxelles : Bruylant, 2006, p. 615-631.

Lee, João Bosco ; Valença Filho, Clavio. « Note sous Supremo Tribunal Federal, 12 décembre 2001, MBV Commercial and Export Management Establishment contre Resil Indústria e Comércio Ltda. », *in Revue de l'arbitrage*, n° 2, 2003, p. 529-536.

Lee, João Bosco. « La reconnaissance de la clause compromissoire en droit brésilien. Note sous Tribunal supérieur de justice du Brésil, 24 avril 1990 », *in Revue de l'arbitrage*, 1995, p. 137-146.

—. « Le nouveau régime de l'arbitrage au Brésil », *in Revue de l'arbitrage*, n° 2, 1997, p. 199-228.

Mantilla-Serrano, Fernando ; Silva-Romero, Eduardo. « Note sous Juge de première instance de Curitiba, 3 juin 2003 : Companhia Paranense de Energia (COPEL) c/

UEG Araucária Ltda; Maintenue par Tribunal du Paraná, 26 juin 2003; Troisième Cour de Curitiba, 15 mars 2004», *in La Gazette du Palais*, n° 294, 21 octobre 2005, p. 56.

—. «Note sous Tribunal de justice de l'État du Paraná (Brésil), 10 mai 2005: Energética Rio Pedrino S.A. c/ Copel Distribução», *in La Gazette du Palais*, n° 294, 21 octobre 2005, p. 57.

NEHRING NETTO, Carlos. «La nouvelle loi brésilienne sur l'arbitrage», *in Bulletin de la Cour Internationale d'Arbitrage de la CCI*, n° 580, 1997, p. 11-14.

—. «L'arbitrage au Brésil: le passé, le présent et l'avenir», *in Bulletin de la Cour Internationale d'Arbitrage de la CCI*, n° 2, 1993, p. 52-56.

NEHRING NETTO, Carlos; AVELLAR FONSECA, Sueli. «Une décision judiciaire brésilienne très importante en matière d'arbitrage international», *in Revue de droit des affaires internationales-International Business Law Journal* (RDAI), 1992, vol. 7, p. 872-876.

SÁ VIANNA, Manoel Alvaro de Souza. *L'arbitrage au Brésil.* Coll. Conférences de la Bibliothèque Nationale de Rio de Janeiro. Série 1915. Rio de Janeiro: Impresa nacional, 1917. 67 p.

TIBURCIO, Carmen. «Panorama sur l'arbitrage au Brésil», *in* Fauvarque-Cosson, B.; Wald, A. (dir.). *L'arbitrage en France et en Amérique Latine à l'aube du XXIe siècle.* Paris: Société de législation comparée, 2008, p. 305-316.

WALD, Arnoldo. «La ratification de la Convention de New York par le Brésil», *in Revue de l'arbitrage*, n° 1, 2003, p. 91-101.

—. «La résolution, par l'arbitrage, des conflits entre l'administration publique et les entreprises privées en droit brésilien», *in La Gazette du Palais*, n° 194, «Les cahiers de l'arbitrage, numéro 2007/2», 11 juillet 2007, p. 6 -16.

—. «L'évolution de la législation brésilienne sur l'arbitrage», *in Bulletin de la Cour international d'arbitrage et de la CCI*, vol. 12, n° 2, juill.-déc. 2001, pp. 44-51.

—. «Le droit brésilien de l'arbitrage», *in* Wald, A.; Jauffret-Spinosi, C. (dir.). *Le droit brésilien hier, aujourd'hui et demain*, Paris: Société de législation comparée, 2005, p. 405-432.

—. «Les récents progrès de la jurisprudence brésilienne en matière d'arbitrage commercial international», *in Bulletin de l'Association Suisse de l'Arbitrage (ASA)*, n° 24-2, 2006, p. 206-215.

—. «L'évolution de l'arbitrage au Brésil», *in* Aksen, G. [et al.], *Global Reflections on International Law, Commerce and Dispute Resolution: Liber amicorum in Honour of Robert Briner*, Paris: International Chamber of Commerce (ICC), 2005, p. 903-917.

WALD, Arnoldo; FAUVARQUE-COSSON, Bénédicte (dir.). *L'arbitrage en France et en Amérique Latine à l'aube du XXIe siècle.* Paris: Société de législation comparée, 2008. 422 p.

WALD, Arnoldo; SCHELLENBERG, Patrick. «L'efficacité de la clause compromissoire au Brésil: La nouvelle loi à l'épreuve de la jurisprudence», *in Revue de l'arbitrage*, n° 3, 2000, p. 429-446.

ZIVY, Isabel. «L'arbitrage au Brésil et les entreprises françaises», *in Revue de droit des affaires internationales-International Business Law Journal* (RDAI), 2004, p. 95-108.

## Droit international privé et des affaires internationales

AGUILAR VIEIRA, Iacyr de. *L'Applicabilité et l'impact de la Convention des Nations Unies sur les contrats de vente internationale de marchandises au Brésil.* Strasbourg: Presses Universitaires de Strasbourg (PUS), 2010. 472 p.

BAPTISTA, Luiz Olavo. « Brésil » (Chronique de jurisprudence brésilienne), *in Journal du droit international-Clunet*, t. 134, n° 1, 2007, p. 177-190.

—. « Brésil » (Chronique de jurisprudence brésilienne), *in Journal du droit international-Clunet*, 2, 1999, p. 445-452.

—. « Chronique des Jurisprudences nationales relatives aux contrats internationaux - Brésil », *Droit et Pratique du commerce international*, Paris, t. 8, 1982, n° 1, p. 109-117.

BOUTAUD SANZ, Philippe. « Bref aperçu du droit international privé au Brésil », *in* Païva de Almeida, D. (dir.), *Introduction au droit brésilien*, Paris : L'Harmattan, 2006, p. 449-487.

GAMA JUNIOR, Lauro. « La reconnaissance des sentences arbitrales étrangères au Brésil : évolutions récentes », *in Bulletin de la Cour Internationale d'Arbitrage de la CCI*, n° 1, 2005, p. 71-76.

LIMA MARQUES, Claudia. « Les leçons de la réunion préparatoire de Porto Alegre pour la Conférence spécialisée de droit international privé - CIDIP VII - sur la protection des consommateurs et des négociations subséquentes », *in Revista da Faculdade de Direito da UFRGS (Edição especial em homenagem à cooperação acadêmica UFRGS-França)*, Porto Alegre : UFRGS / Nova Prova, maio 2008, p. 136-167.

NEHRING NETTO, Carlos ; MARA FERREIRA, Tania. « Panorama de l'évolution des lois brésiliennes concernant les investissements étrangers », *in Revue de droit des affaires internationales*, 1992, n° 7, p. 867-871.

OCTAVIO, Rodrigo. « L'Amérique et la Codification du droit international privé », *Revue critique DIP*, 1930 (25), p. 633-665.

—. *Droit international privé dans la législation brésilienne*, Paris : Sirey, 1915.

ORDRE DES AVOCATS À LA COUR D'APPEL DE PARIS. « Droit des affaires internationales : actes du colloque franco-brésilien de droit économique, 1-4 décembre 1988 (Rio de Janeiro et São Paulo) », *in Cahiers juridiques et fiscaux de l'exportation*, n° 6, 1988, p. 1881-2358.

PONTES DE MIRANDA, Francisco Cavalcanti. « La conception du droit international privé d'après la doctrine et la pratique au Brésil », *Recueil des cours* (1932), vol. 39, p. 551-677.

REZEK, Francisco. « Droit international privé (divorce, filiation) : rapport brésilien », *in Travaux de l'Association Henri Capitant, Tome XXXIX - Aspects de l'évolution récente du droit de la famille : journées turques (16-20 mai 1988)*, Paris : Economica, 1990, p. 433-440.

SOARES, Guido F. S. « Droit international privé : rapport brésilien », *in Travaux de l'Association Henri Capitant, Tome XXXVI - L'effectivité des décisions de justice : journées françaises (17-21 mai 1985)*, Paris : Economica, 1987, p. 399-407.

SOUBLIN, Jean. « Conversion de la dette Brésilienne : mécanismes et conséquences », *in Revue de droit des affaires internationales*, 1990, n° 2, p. 281-286.

WALD, Arnoldo. « La Conversion de la dette Brésilienne en investissements », *in Revue de droit des affaires internationales*, 1990, n° 2, p. 231-244.

WHITHAKER DA CUNHA, Fernando. « Droit international privé : rapport brésilien », *in Travaux de l'Association Henri Capitant, Tome XXXIV - Le rôle de la pratique dans la formation du droit : journées suisses (20-24 juin 1983)*, Paris : Economica, 1985, p. 377-382.

ZIVY, Isabel. « Conversion de la dette Brésilienne », *in Revue de droit des affaires internationales*, 1990, n° 2, p. 227-229.

## Droit international[4] (public, économique et des relations internationales)

ALEXANDROV, Stanimir A. « Brésil – programme de financement des exportations pour les aéronefs », *in La jurisprudence de L'OMC, 1999-1,* Leiden : Nijhoff, 2006, p. 179-270.

ARRUDA BOTELHO, A. Roberto de. *Le Brésil et ses relations extérieures.* Paris : Les éditions mazarines, 1935. 260 p.

BAHADIAN, Adhemar G. ; CARVALHO LYRIO, Mauricio. « Les négociations commerciales de la ZLEA (ALCA) : une vision de la co-présidence brésilienne », *in* Remiche, B. ; Kors, J. (dir.), *L'Accord ADPIC : dix ans après : regards croisés Europe-Amérique latine : actes du séminaire de Buenos Aires organisé par l'Association internationale de droit économique,* Bruxelles : Larcier, 2007, p. 505-526.

BALTHAZAR, Ubaldo Cesar. « Le Brésil et les négociations sur le commerce de services dans le cadre du GATT », *in Revue du marché commun,* 1988, n° 317, p. 266-270.

DIAS VARELLA, Marcelo. « L'expression des différences de perception de la nature et de l'environnement dans la construction du droit international de l'environnement », *in Revue européenne de droit de l'environnement,* n° 3, 2006, p. 251-274.

DIAS VARELLA, Marcelo ; FREITAS FILHO, Robert. « L'organisation mondiale du commerce : un révélateur des divergences internes aux pays en développement », *in Revue internationale de droit économique,* 2008, vol. 22, n° 3, p. 487-507.

DUPUY, Pierre-Marie. « La gestion concertée des ressources naturelles : à propos du différend entre le Brésil et l'Argentine relatif au barrage d'Itaipu », *in Annuaire français de droit international,* 1978, vol. 24, p. 866-889.

JARDIM, Tarcido Dal Maso. « Le projet brésilien de mise en œuvre du Statut de Rome », *in* Neuner, M. (dir.), *National legislation incorporating international crimes,* Berlin : Berliner Wissenschafts-Verlag, 2003, p. 209-219.

LEWIN, André. « Les années France-Brésil : projet conventionnel ou nouveau mode de relations internationales ? », *in Annuaire français de droit international,* 1986, vol. 32, p. 866-872.

MACEDO SOARES, José Carlos de. *Le Brésil et la Société des Nations.* Paris : Pedone, 1927. 282 p.

OXMAN, B. H. « L'accord entre Brésil et les États-Unis concernant la pêche à la crevette », *in Annuaire français de droit international,* 1972, vol. 18, p. 785-803.

PATELIN, Patrick ; AMBROSELLI, Constance. « Argentine et Brésil : terres d'élection pour la mise en œuvre de projets issus des mécanismes de flexibilité du protocole de Kyoto », *in Les Petites Affiches,* n° 199, 5 oct. 2001, p. 4-14.

RICHIERI HANANIA, Lilian. « La contribution du Brésil au droit international public », *in Païva de Almeida, D. (dir.), Introduction au droit brésilien,* Paris : L'Harmattan, 2006, p. 423-448.

ROLAND, Denis. *Le Brésil et le Monde. Pour une Histoire des Relations Internationales des Puissances Émergentes.* Paris : L'Harmattan, 1998. 251p.

STRENGER, Irineu. « La bonne foi dans les relations internationales : rapport brésilien », *in Travaux de l'Association Henri Capitant, Tome XLIII – La bonne foi : journées louisianaises (14-17 mai 1992),* Paris : Litec, 1994, p. 507-511.

TURCOTTE, Sylvain F. « Le multilatéralisme brésilien et le libre-échange dans les Amériques », *in* Deblock, C. ; Turcotte, S. (dir.), *Suivre les États-Unis ou Prendre une autre voie ? :*

4 Pour d'autres références, voir le catalogue en ligne de la Bibliothèque du Palais de la Paix : http://www.ppl.nl/.

*diplomatie commerciale et dynamiques régionales au temps de la mondialisation*, Bruxelles : Bruylant, 2003, p. 81-110.

## Enseignement juridique et rapports académiques franco-brésiliens

ENGELMANN, Fabiano. « La redéfinition de l'enseignement juridique et de l'espace juridique brésilien », *in Cahiers du Brésil Contemporain*, 2004-2005, n° 57/58-59/60, p. 177-201.

—. « Diversification de l'espace juridique et invention de la "critique du droit" au Brésil dans les années 1990 », *in Revue Droit et société*, 2007, n° 65, p. 163-169.

PORTO, Sérgio José ; NORONHA, Carlos Silveira ; LIMA MARQUES, Claudia (org.). *Homenagem à cooperação acadêmica UFRGS-França Revista da Faculdade de Direito da UFRGS, Edição especial.* Porto Alegre : UFRGS/Nova Prova, maio 2008, p. 392 p.

VIEIRA DA COSTA CERQUEIRA, Gustavo. « Les rapports entre les Facultés de Droit de l'Université Féderal do Rio Grande do Sul et de l'Université Robert Schuman de Strasbourg : un exemple de colaboration fructueuse entre le Brésil et la France », *in Revista da Faculdade de Direito da UFRGS (Edição especial em homenagem à cooperação acadêmica UFRGS-França).* Porto Alegre : UFRGS / Nova Prova, maio 2008, p. 252-259.

## Liste des intervenants

AGUILAR VIEIRA (DE), Iacyr
*Professeur à l'universidade Federal de Viçosa – Brésil*

ALEXANDRE, Danièle
*Professeur émérite de l'université de Strasbourg*

BARBOSA DOS REIS, Gisela
*Juriste d'entreprise*

BAUERREIS, Jochen
*Maître de conférences HDR à l'u niversité de Strasbourg, Professeur honoraire à l'université de Freiburg – Allemagne*

CONSTATINESCO, Vlad
*Professeur à l'université de Strasbourg*

FONSECA TINOCO, Karlo
*Avocat aux Bareaux de Porto Alegre et São Paulo – Brésil, Doctorant en droit de la propriété intellectuelle à l'université de Strasbourg.*

FROMONT, Michel
*Professeur émérite de l'université Paris I Panthéon-Sorbonne*

GRAEFF CHAGAS PINTO, Bibiana
*Professora substituta de l'Universidade Federal do Rio Grande do Sul, Professeur du Programme de 3e Cycle de l'Universidade do Vale dos Sinos – Brésil*

JACOBI MICHEL, Adriana
*Juriste spécialisée en droit de la famille*

KUYVEN, Luiz Fernando Martins
*Avocat au Barreau de São Paulo et Porto Alegre – Brésil, Docteur en droit des affaires de l'université de Strasbourg*

MARCHESSOU, Philippe
*Professeur à l'université de Strasbourg*

MARTINI VILARINO, Tanisia
*Haut fonctionnaire des Impôts à l'État du Rio Grande do Sul – Brésil, Doctorante en droit fiscal à l'université Paris I Panthéon-Sorbonne*

MICHEL, Valérie
*Professeur, Directrice de l'École doctorale de droit, science politique et histoire de l'université de Strasbourg*

MORAIS DA COSTA, Thales
*Avocat au Barreau de Curitiba, Brésil, ancien ATER et Doctorant à l'université Paris I Panthéon-Sorbonne*

Naudin, Estelle
*Professeur à l'université de Strasbourg*

Nord, Nicolas
*Maître de conférences HDR à l'université de Strasbourg*

Païva de Almeida, Domingos
*Avocat au Barreau de Recife - Brésil, Assistant juridique en droit comparé à la cellule de droit comparé du Conseil d'Etat, Consultant au Cabinet Chenut Oliveira Santiago, Docteur en droit de l'université Paris I Panthéon-Sorbonne, Post-doctorat à l'Institut universitaire européen de Florence.*

Pignatta, Francisco Augusto
*Docteur en droit, Avocat au Brésil et au Portugal, Intervenant à Paris, Membre de la Chambre de commerce du Brésil en France*

Ribeiro Oertel, Roberta
*Avocate au Barreau de São Paulo, Porto et Strasbourg, Responsable pédagogique de la délégation de formation continue de l'ERAGE, Doctorante en droit international privé à l'université de Strasbourg et à l'Universidade de São Paulo –Brésil*

Rontchesvsky, Nicolas
*Professeur à l'université de Strasbourg*

Schmidt, Joanna
*Professeur émérite de l'université de Strasbourg*

Storck, Michel
*Professeur, Directeur du Centre du droit de l'entreprise de l'université de Strasbourg*

Tupiassu-Merlin, Lise
*Professeur au Centro Universitário do Pará - Brésil, Avocate au Barreau de Belém - Brésil, Docteur en droit de l'université Toulouse I*

Vieira da Costa Cerqueira, Fernanda
*Docteur en droit international de l'université de Strasbourg et de l'Universidade Federal do Rio Grande do Sul à Porto Alegre - Brésil. Diplômée de la Faculté de droit de Strasbourg: DEA de droit international et Maîtrise en droit privé. Diplômée de la Faculté internationale de droit comparé de Strasbourg (1er et 2e cycles)*

Vieira da Costa Cerqueira, Gustavo
*Avocat aux Barreaux de Porto Alegre et Vitória - Brésil, Doctorant à l'université de Strasbourg et à l'Universidade de São Paulo –Brésil*

Wachsmann, Patrick
*Professeur à l'université de Strasbourg*

Witz, Claude
*Professeur aux universités de la Sarre et de Strasbourg*

Wojcikiewicz Almeida, Paula
*Professeur et chercheur en droit international et communautaire de la Faculté de droit de la Fundação Getúlio Vargas, Rio de Janeiro - Brésil, Avocate aux Barreaux de São Paulo et Rio de Janeiro, et Doctorante de l'université Paris I - Panthéon-Sorbonne en droit international et européen.*

TABLE DES MATIÈRES

**L'HARMATTAN, ITALIA**
Via Degli Artisti 15 ; 10124 Torino

**L'HARMATTAN HONGRIE**
Könyvesbolt ; Kossuth L. u. 14-16
1053 Budapest

**L'HARMATTAN BURKINA FASO**
Rue 15.167 Route du Pô Patte d'oie
12 BP 226
Ouagadougou 12
(00226) 76 59 79 86

**ESPACE L'HARMATTAN KINSHASA**
Faculté des Sciences Sociales,
Politiques et Administratives
BP243, KIN XI ; Université de Kinshasa

**L'HARMATTAN GUINÉE**
Almamya Rue KA 028
En face du restaurant le cèdre
OKB agency BP 3470 Conakry
(00224) 60 20 85 08
harmattanguinee@yahoo.fr

**L'HARMATTAN CÔTE D'IVOIRE**
M. Etien N'dah Ahmon
Résidence Karl / cité des arts
Abidjan-Cocody 03 BP 1588 Abidjan 03
(00225) 05 77 87 31

**L'HARMATTAN MAURITANIE**
Espace El Kettab du livre francophone
N° 472 avenue Palais des Congrès
BP 316 Nouakchott
(00222) 63 25 980

**L'HARMATTAN CAMEROUN**
BP 11486
(00237) 458 67 00
(00237) 976 61 66
harmattancam@yahoo.fr

539539 - Septembre 2013
Achevé d'imprimer par

1livre.com
du rêve à la réalité !

www.ingramcontent.com/pod-product-compliance
Lightning Source LLC
LaVergne TN
LVHW021137061026
849535LV00002B/274